自驾之旅 自由之行

上篇

七旬夫妇放飞自我De快乐人生

冯平章　宋华都　编著

中国农业科学技术出版社

图书在版编目（CIP）数据

自驾之旅　自由之行：七旬夫妇放飞自我 De 快乐人生 / 冯平章，宋华都编著. -- 北京：中国农业科学技术出版社，2023.6

ISBN 978-7-5116-6179-1

Ⅰ.①自…　Ⅱ.①冯…　②宋…　Ⅲ.①旅游指南－中国　Ⅳ.①K928.9

中国版本图书馆 CIP 数据核字（2022）第 249270 号

责任编辑　张志花
责任校对　李向荣
责任印制　姜义伟　王思文

出 版 者　中国农业科学技术出版社
　　　　　北京市中关村南大街 12 号　　邮编：100081
电　　话　（010）82106636（编辑室）（010）82109702（发行部）
　　　　　（010）82109709（读者服务部）
网　　址　https://castp.caas.cn
经 销 者　各地新华书店
印 刷 者　北京地大彩印有限公司
开　　本　185 mm × 260 mm　1/16
印　　张　69
字　　数　1250 千字
版　　次　2023 年 6 月第 1 版　2023 年 6 月第 1 次印刷
定　　价　358.00 元（上、下篇）

锦绣山河
大美祖国

序　言

离退休老同志是党和国家的宝贵财富，是党执政兴国的重要资源，是推进中国特色社会主义伟大事业的重要力量。尊重老同志、爱护老同志、学习老同志、重视发挥老同志作用是党的光荣传统。2016年，中央办公厅、国务院办公厅印发了《关于进一步加强和改进离退休干部工作的意见》，强调新时期要更加注重发挥离退休干部的独特优势，坚持不懈开展以“展示阳光心态、体验美好生活、畅谈发展变化”为主要内容的为党和人民的事业增添正能量活动，组织引导离退休干部践行社会主义核心价值观，弘扬中华民族传统美德，传递向上向善的精神力量，影响和带动周围群众坚定不移跟党走，共同释放正能量。

冯平章、宋华都夫妇是中国农业科学院植物保护研究所退休职工。退休前，冯平章同志长期从事昆虫分类、植物保护、农药加工等科技研究及管理工作，曾任植物保护研究所党委书记、副所长，取得了一系列研究成果，为我国植物保护研究工作和研究所的发展建设作出了积极贡献。宋华都同志长期从事学会管理工作，曾任中国植物保护学会常务副秘书长，积极为学会的发展贡献力量。退休后，他们秉承老有所为、老有所乐、老有所得的理念，用近10年时间游历了祖国1000余个景点，饱览大好河山，感受祖国巨变，品味幸福生活。特别难能可贵的是，他们对旅游经历进行了整理，著成《自驾之旅　自由之行——七旬夫妇放飞自我De快乐人生》一书，

通过图文并茂的形式抒发了对祖国大好河山的无比热爱和赞美之情，歌颂了改革开放 40 多年来特别是党的十八大以来祖国面貌的日新月异、各行各业取得的翻天覆地的巨大变化，展现了全国各族人民在党的正确领导下安居乐业、快乐奔小康的幸福生活，也展示了中国农业科学院离退休职工积极向上的精神风貌。

莫道桑榆晚，为霞尚满天。冯平章、宋华都夫妇积极乐观的离退休生活态度，是中国农业科学院广大离退休职工的一个缩影。多年来，在院党组的坚强领导下，一代代农科人毅然投身科学救国、科技报国、科技兴国、科技强国伟大事业，退休后仍关心关注党和人民的事业，以不同方式继续发挥余热、贡献力量。愿一代代农科人共同努力，不断为党的事业的高质量发展做出新的更大贡献。衷心祝愿广大离退休老同志健康长寿、阖家幸福、万事如意！

农业农村部党组成员
中国农业科学院院长
中国工程院院士

2023 年 6 月 16 日

自 序

旅游，不仅仅是经济、时间，更是决心。

我们的旅游爱好，不是培养的，也不是诱迫的，是与生俱来的。

还在幼年时就对旅游情有独钟，只是那时对其真谛的理解还不完全到位，条件还不完全具备，旅游仅仅停留在梦中，真正形成系统想法和实现，是在完全退休以后。

从退休至今已 10 余年，我和老伴儿华都放飞自我，快乐旅行。我们参加过国内旅游团，也自由行过，但主要还是自驾游。因而，对国内自驾旅游积累了较多经验，吸取了较多教训，也产生了较多思考。但没有想到，有一天会把这些收获形成文字，编著成书，与有兴趣的旅者共享，给需要的旅者提供参考和帮助。

直到 2020 年，女儿陪我们老两口自驾去南方旅游时，一天，她对我们说："爸、妈，为什么不把你们的旅游经历写成书呢？"当时我们真没这种想法，说说也就过去了。

快到年底，老伴儿膝关节动手术，预计要在家休养恢复半年左右，一天，她突发奇想，要不然，利用这段时间，把我们这些年旅游的上万张照片精选一些汇编成册，留给孩子们作纪念。华都想到哪一天我们去了天堂，能给孩子们留下点什么！

这个话题引起我们的慎重思考。是的，半年多不能出去，加上新冠疫情何时退去，不得而知，何不利用在家的时间做点有意义的事，把近些年的旅游经历、见闻、体会编写成书，岂不美哉！

经过几天几夜思考，我们得出的结论是可以试试。但要做就正规地做，认真地做，好好地做，最好能正式出版。即使不能正式出版，也可做成精美的资料，不仅留给家人亲朋，还可留给更多人参考，何乐而不为呢！想清楚即开始行动。经过几年努力，终于写成《自驾之旅　自由之行——七旬夫妇放飞自我 De 快乐人生》一书。

书中用大量文字和图片记录了我们夫妻二人 8 年 10 余次自驾汽车旅行全国的过程，介绍了旅行的初心、定位、景点线路、行前准备、旅行途中、归来总结，以及对旅行有关问题的思考。重点还对所到的近 1000 个景点逐一介绍，每个景点既不是简单概括，也不是详细解说，而是介于二者之间的娓娓道来。通过旅行途中的所见所闻，抒发了对祖国大好河山的无比热爱和赞美之情；歌颂了改革开放以来，祖国面貌日新月异，各行各业欣欣向荣、取得翻天覆地巨大变化的可喜成果；体现了我国各族人民在中国共产党的正确领导下，建设国家、安居乐业、快乐健康的幸福生活。读者仅用一点闲暇时间，就能对景点有既全面又重点的了解，留下深刻记忆。希望对有相同需求的人士提供参考和借鉴。

全书分为两大部分：上篇、下篇。上篇包括概论的6个章节和5条独立的线路，下篇包括6条独立的线路。各章节分别以一个题目或自驾线路为中心展开编写。既互不关联，独立成章，又关系密切，串联成书。全书90多万字，1000多幅照片。

全书没有惊天动地的场景，没有奢华美艳的文字，有的仅是亲身亲为的经历，眼见为实的记录，朴素无华的描述。希望带给读者感同身受的真实和享受，以及可借鉴的经验。

没有想到，以上这些工作一晃做了近三年，这两年多我们除了继续按计划去景点旅游，放飞自我，快乐人生，也积累著书素材，形成文字。只要在家就不顾古稀之年，废寝忘食，勤耕不息，奋笔疾书，穷尽努力，没有一天偷懒，没有一天闲暇。几乎天天是清晨四五点钟就起床，每天著书写作10个小时以上，没有随意虚度一点宝贵的时间。除了近三年的勤奋努力，还得益于前几年每次旅游所做功课和归来总结的积累，若干的文字策划、若干的景点记录、若干的各种图表……，我们似乎又经历了一次上班的过程。

在本书的编写过程中，得到了亲友们的关心和帮助，特表示衷心感谢！

本书的完成特别得到家人的支持，正是有他们的具体帮助，才得以顺利完成。女儿夫妇为了支持我们自驾旅行，特别把一辆小轿车卖掉，换成一辆适合我们夫妇野外行驶的城市SUV车，女儿还陪伴我们去南方自驾游，女婿为我们每次自驾前后做许多汽车的准备和收尾工作。儿子和儿媳特意带着两个小孙子，驾车陪伴我们走完318国道西藏青海甘南一线，并为我们写书做了许多具体帮助。就连远在加拿大读书的外孙女都在电话和微信中对我们予以大力支持和鼓励。特别感谢他们！

当然，还要由衷地感谢责任编辑张志花，是她的敬业担当、认真负责、执着坚持，本书才最终得以完成。同时，也要感谢中国农业科学技术出版社的大力支持，本书才得以正式出版。最后，特别感谢吴孔明院长为本书作序。

书稿虽然杀青，但因时间紧迫，完书匆忙及作者水平所限等，留下了些许不足和遗憾，敬请读者体谅。

目　录

上　篇

线路二　冀豫线——中原大地之旅 / 076

线路三　辽吉黑蒙线——北国风光之旅 / 148

虎山

上篇

初心——岁月悠悠 初心未变

莫道桑榆晚，为霞尚满天。

我们的人生已经走过漫长的70余年岁月。

还是孩童时代，心灵孕育最多的憧憬和选择，是不是就是初心了？

初心有各式各样的理想，有五颜六色的梦幻，有精彩美妙的期待。

旅行就是我们的理想、梦幻、期待，是我们最重要的初心。

旅行，是对祖国美好的名山大川，厚重的历史及人物典故，源远流长、古色古香的各式建筑，漫长的中国革命史实的累积和动人故事……的憧憬和向往，渴望着在欣赏和享受中漫步，在体验和思考中审视，在深沉和古今中继承。

还是少年时，曾把一本已过时的风景台历每页插图剪切后汇集收藏，不时翻阅，烂熟于心。憧憬未来一定要去游历这些名胜古迹，欣赏这些迷人景致，瞻仰这些心灵神往的地方。

年轻时自费订阅《地理知识》期刊，对每一期都爱不释手，认真阅读，从中了解到中国地理的博大精深，美不胜收的景色和美轮美奂的奇谈怪事，心灵常常受到震撼，更是增加了对祖国山川的无限热爱和向往。

光阴似箭，日月如梭。转眼间几十年过去了，旅行之初心始终未改，已伴随我们走过大半生。在成长、成熟、老去的阅历中，除了翻来覆去的梦想外，还有过一些具体的行动。

随着改革开放，国家教育体制的变革，恢复了停顿10年的高考，开启了大学本科和研究生招生。

1980年，经过全国统一考试，我怀揣献身中国农业科技的梦想，跨进了中国农业科学院研究生院的大门，攻读硕士学位。

期间，在南京农业大学学习完一年基础课程，7月放暑假，和当时尚在贵州农学院工作的华都约定：我从南京到杭州，华都带着女儿小薇（8岁）、儿子小海（6岁）

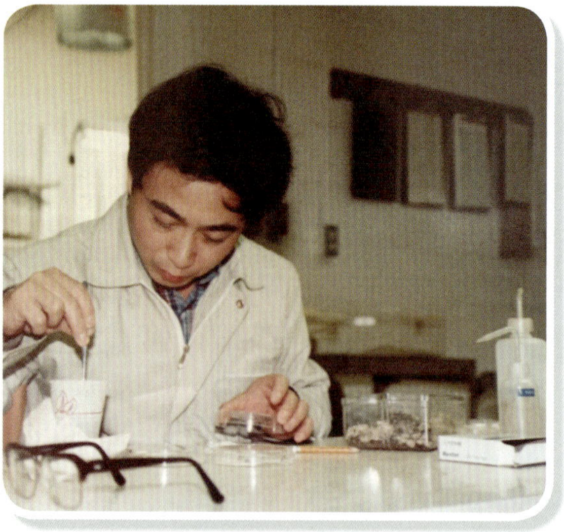

研究生期间（1981年）

从贵阳乘火车到杭州，从那儿开始全家人的第一次旅行——“贵阳至北京东上西下环线旅游”。

然后，从杭州出发，经上海、苏州、无锡、南京、曲阜、北京、天津、秦皇岛、北戴河、山海关到北京。

其中，主要是乘坐火车。同时也第一次尝试了其他交通工具，从苏州乘船夜晚穿越太湖到无锡，清晨在船上看太湖日出；从北京乘飞机到达天津，过了一次坐飞机的瘾。在 80 年代初，对于一般中国人来说，一家人自费乘坐飞机还是很奢侈的，虽然航程很短；在北戴河乘游轮到大海深处观光，对于来自大山深处的我们，第一次见到大海的旅者又该是多么新鲜、多么刺激。当然，也幸免不了晕船而瘫倒在甲板上，还稀里哗啦不停地呕吐！

记得，短短十几天的旅行，我们还品尝了各地美食：杭州西湖醋鱼、苏州馄饨、无锡糖醋排骨、南京盐水鸭、天津狗不理包子。当然，北京前门烤鸭是必不可少的。特别是北戴河刚从海里捕捞上来的大螃蟹，就近加工，立刻就吃，那种口感真是无法用语言形容。几十年过去，始终念念不忘，每每提及，仍津津乐道，回味无穷。

本来这第一次旅行，计划是我要同全家一道从杭州到北京后，再绕道郑州、洛阳、西安、成都、重庆，回到贵阳，完成一个大圈旅行，新学期开学再返回北京。但计划赶不上变化，由于学业原因，导师要求论文提前开题，没有充足的时间允许按计划游完，只好作罢。原先计划中“高大上”的“贵阳至北京东上西下环线旅游”只能降格为“东部 7 省市单程游”了，给本来应该是很完美的旅行留下了些许遗憾！

华都在首都机场（1981 年）

华都携薇、海姐弟在苏州（1981 年）

但是，华都带小薇、小海回贵州却发生了一段小插曲。虽然似乎和旅行不是很和谐，但却给不足的行程打上了一个补丁，堪称“完美”。为此，我们全家回忆、调侃了一辈子。

事情是这样的：华都带着孩子们乘火车回到贵阳，亲戚到火车站台接他们。出站经过检票口时，检票员要华都出示 3 个人的乘车票。可是，华都只拿得出两张，原因是当年火车卧铺票实在是难买极了，好不容易才搞到两张卧铺票。另外，儿子小海当时才 6 岁，认为是可以不用买票的。

由于少一张票，华都陷于非常尴尬的境地，正不知所措之时，来接站的亲戚灵机一动，解围说，孩子是我带来接站的。检票员这种情况经历多了，不慌不忙俯下身对小海说，“小朋友，你昨晚在什么地方睡的觉呀？”小海用稚嫩的贵州话回答说：“我睡倒是在火车上睡的，但是我没有睡着。”孩子刚一说完，引得在场的全体人员一阵大笑，“谎言”不攻自破。不但老老实实地乖乖补票，还得表扬小海说得对，遇事要诚实。从此，在我们家几十年的生活中，这段旅游经历，常为笑谈。一遇到类似情况，就会拿出来调侃一番，引来阵阵欢声笑语。

对旅行的爱好，我和华都出奇地一致，我们都有着矢志不渝的初心。

严格意义上来说，我们最初的旅行可追溯到学生时代。

1965 年我们进入大学，1966 年“文化大革命”开始，随即是想不到的“革命大串联”。全国大、中学生都汇入这股洪流，开始了在全国范围内的大串联。顿时，全国从南到北，从东到西，所有火车、汽车上都是红卫兵学生的身影。

我们也不例外，投身其中。直接从贵阳乘坐火车到了北京，又从北京站直接进入到天安门广场，参加了 9 月 15 日毛主席第三次接见红卫兵。

天安门广场（1966 年）

八达岭长城（1966 年）

第二天，几个要好的同学一同去往天安门广场游览、照相，留下了我们人生严格意义上的第一张旅游照片。

尽管我们非常热爱旅游，但学生时代的纯真，一点没有想到利用这个千载难逢的好机会趁机去其他旅游胜地游览一番。

韶山毛主席故居（1966 年）

到了 11 月，因为种种原因，我们又第二次来到北京，几个同学邀约一同步行去了八达岭长城，在长城旁的一个林场接待站住了一晚。

第二天，长城下了雪，风嗖嗖地刮，温度骤然下降到 -28℃。所有上到长城的人都躲在长城旁的一个商店及其周围，我们有幸挤进了商店里。瞅准瞬间风小时，赶快跑上城墙照了相，总算留下了这辈子最珍贵的一个镜头。这张照片见证了恰同学少年的我们“不到长城非好汉”的气魄，伴随我们一生，激励我们在人生的道路上攻克一个又一个难关、斩劈一个又一个惊涛骇浪，到达胜利的彼岸！

更难能可贵的是两天后，我们乘火车回贵州，途经湖南株洲时下了火车，又一次步行，经过湘潭，到达毛主席的故乡韶山冲，参观了毛主席故居，并留了影。记载了我们这生一次非常难忘而有意义的旅行。

1970 年 7 月，学生时代结束，我们被分配到了贵州黔东南苗族侗族自治州的黎平县，每月工资 42.5 元。两年后工作转正，每月工资 54 元，旅游从此有了经济基础的支撑，似乎觉得有足够的条件，可以把初心变为实际行动了。我们共同策划了多次旅游。但除了如前所说的“贵阳至北京东上西下环线旅游”执行了一半外，其他几次都搁浅了。

第一次是 1972 年，经过精心策划，计划好旅行结婚。但因父亲当年突然病重，亲戚们在焦虑中促成我们在老家遵义匆匆地结婚冲喜，祈求父亲病很快好起来，自然，旅行结婚就只能泡汤了。

第二次留下深刻记忆的是 1988 年，我作为中国访问学者，在美国田纳西大学学习、合作科研，待了两年多时间。计划在我访问结束回国时，华都以探亲的名义去美国，一同从美国东部开车自驾旅行到西部，从洛杉矶乘飞机回国。为此，我在美国买了二手汽车学习驾驶，考取了驾照，也积攒了点资金，在工作之余做了些许准备。

华都已在 1985 年调入中国农业科学院植物保护研究所工作。华都、两个孩子及孩子的爷爷 4 人户口都迁入北京，这在任何年代都是件了不起的事。我们一辈子都感谢恩师吴福祯先生，感谢我们所在的研究院所，感谢这个改革开放的伟大时代。

华都如去美国探亲，爷爷和两个孩子就暂时无人照顾，我们只好又取消了这个计划。直到 26 年后的 2016 年，我们两人才一同去美、加旅游，圆了此梦。

尽管这样，我自己仍游览了美国东部。到了纽约、华盛顿、波士顿、亚特兰大、奥兰多等。去佛罗里达大西洋游泳，去奥兰多迪士尼乐园坐过山车，在美、加边境的尼亚加拉瀑布乘游轮，也光顾了哈佛大学、麻省理工学院等。

美国华盛顿（1990 年）

计划同家人一同外出的旅游，从这一系列的失败中，我们总结出了一个基本事实：旅游最起码必须具备两个基础条件，其一，经济条件；其二，时间条件。工作后，第一个条件基本有了，第二个条件就得视情况决定了，而我们恰恰学习、工作都很繁忙。从而，取得了一个共识：在工作期间就不要再妄想和家人一同去旅行之事了，放到退休后再说吧！

因此，在工作期间出差到达任何城市，我们一般都不会特意去旅游景点。始终寄希望于退休后，有了自由时间，孩子们都长大独立了，我们夫妻俩再一同去实现我们的初心，去圆我们的旅游梦。

而事实上，随着时代进步，国家工作重心转移到经济建设上来后，越来越重视经济发展多元化，以及全民福利，劳动者工作之余的休假。提倡旅游经济，把促进全民旅游看成经济发展三套马车中消费马车的重要方面，是提拉国民经济 GDP 增长的重要手段。因而，工作人员全年有了许多法定假期，除了将每周的公休，从一日改为两日外，还增加了其他公休日。包括元旦、春节、五一、十一、清明、端午、中秋等长、短假，以及工作年假。这些假期的单独、合并、组合使用，从 20 世纪 90 年代以来，在职员工也就有了可观的、可用于旅游的时间了。能否达到旅行的期望值，就要靠对属于自己的时间是否能报以平和心态的认识、精心周密的策划以及科学合理的使用了。2012 年，我们全家就是利用国庆长假，回贵州老家，既探亲又旅游，留下了这么多年来唯一在旅游景区全家人的合影记录，弥足珍贵，尽管当年照相才八口人，最小的孙子小豆豆尚未出生呢！

至于退休人员，则有更多的可用于旅游的大把时间，可灵活机动地安排旅游。

2006 年，华都如期退休。我却因需要，还在继续工作。虽然我们也利用节假日到国内外做了几次短暂旅游，但毕竟有限。华都在等待我退休后，一起去实现从学生时代就梦寐以求的雄心勃勃的旅游计划。

可是，这一等很快六七年就过去了，不仅华都失去耐心，开始抱怨，连孩子们也开始有些“微词”，家人都对我继续工作有意见了。

我也感到再不出去，随着年纪越来越大，恐怕机会越来越少，等到哪一天真动不了，悔之晚矣！不仅自己留下遗憾，特别是耽误了华都的梦想，也背离了我们的初心。因而我决定尽快退休，以口头和书面形式向单位领导多次提出申请，终于在 2014 年底获批。这时，我们都已经 67 周岁了。

2012 年全家在家乡贵州旅游

从 2015 年开始，我们加快了国内外旅游步伐，计划在有生之年，至少要走遍世界 50 个国家和地区，要尽量多走一些国内重要的旅游景点，了却我们对旅游的心愿。

我们的旅行初心，内容不变，但要实现，确有较大难度，毕竟我们很快就迈入古稀之年了。因而，旅行的方式必须要有所变化。

随着时代的变迁，改革开放的发展，这种思路应该是可行的。

在改革开放前，中国人旅行是比较封闭的，旅游市场也基本是计划经济。旅游机构除了中国旅行社、中国国际旅行社、中国青年旅行社等少数几家全国范围的国营旅行社及分布各省区市的旅行分社外，几乎少有其他旅行社。而业务范围大多也是针对公事公差出行，很少有纯粹的个人旅行。

而改革开放的深入，特别是进入 20 世纪 90 年代后，随着全民收入普遍提升，老百姓兜里的余钱、闲钱逐年增多，休假、空闲时间也越来越多，旅游成了中国人度假、消费的主要方式，尤其是庞大的退休老年人队伍的大量汇入。

这些年来，全国各地的旅游热情高涨，中国旅游市场异常火爆。大大小小的旅行社、旅游公司像雨后春笋般涌现出来。中国人普遍参加旅行社、公司组织的各种旅游。除了国内游，即使出国、出境游也很方便易行了。

旅行方式也有了很大改变，出现了休闲娱乐度假游、商务会议专业访问游、健康医疗游、风景人文游、古城古镇古村古建游、院校游、文化游、红色经典游

自由行（贵州南江大峡谷）

等各种名目、各种线路的旅游。除了团体游，也出现了自由行、自驾游、定制游等。曾一时眼花缭乱，竟然不知什么方式的旅行才最适合我们。

我们冷静地思考了各种旅游方式，列举了旅游的方方面面，把参团游、自由行、定制游、自驾游等，都做了认真仔细的研究、对比、分析。认为目前可供选择的旅游方式，都各有利弊，很难说清哪一种方式最好，也很难区分哪一种方式较其他方式更优越。

具体到每个人，究竟选择什么样的方式旅游，完全取决于自身的条件和喜好，取决于更偏重对某方面的重视和依赖。例如，有的重视旅游环境，有的重视自由度，有的重视安全，有的图省心省力，有的更希望降低成本，等等。

我们花了几年时间，尝试了各种旅行方式。

团体游。最先是参加旅行社组织的团体游，主要是到国外旅游。通过几次这样的活动，感觉参团游，虽然省心、省力、省钱了，但玩得不是很痛快。一些想去的景点，团队不安排，一些希望多留些时间的景点，时间安排不够。特别是一些团队游，变得越来越功利，随心所欲加景点加钱，商店购物，变相强买强卖。甚至出现导游与旅客因这些而对立、刁难、辱骂、斗殴的事件。有时，搞得心情很糟糕。近年来，国家主管部门开始重视和整治这些旅游乱象，旅游市场虽然开始好转，进程却很缓慢，并不断反复。这种正反的博弈还会有相当长的时间。

参团游（德国勃兰登堡门）

自由行（海南五指山）

自驾行（广东大海边）

自由行。这种方式其他不必多说，绝对自由，最大优势是可到达许多参团到不了的景点，但在交通上却费心费力，特别是在转场时，拖着行李赶车，疲于奔命。上了年纪的人偶尔可采用这种方式，但绝不适宜长期这样。

定制游。所谓最能体现个性和爱好的旅游方式。现在网上有不少人强烈推荐，到旅游目的地找当地旅游接待达人定制旅游。和其他旅游方式进行比较，各有优劣，性价比也并不是最好的，看不出有多大优势。例如，我们将广西五天四晚定制游与自驾游进行比较。同样时段，同样内容，自驾比定制可多走 2 ~ 3 个景点，线路更优，费用更低。当然，定制这种方式也可能会比参团游、自由行要省心省钱一些，但在景点、住宿等方面优势也并不显著。特别是这种方式还有一些一般人感觉不到的缺陷。

应该选择一种什么样的旅行方式，才能规避参团游、自由行、定制游等方式面临的这些烦心事，减少时间支出，减少体力支出，甚至减少费用支出，而又能有足够时间按自己的喜好，多去一些想去的景点、有兴趣的景点，走遍祖国的山山水水，真正享受自由行、快乐行，实现自己的旅游初心，用有限的时间去完成自己退休旅游的人生梦想呢？

通过不断尝试、反思和利弊比较，我们最后认定，到国外旅游，虽然参团和自由行经费上会适当高一些，但相对安全、省力省心，目前还是首选。而在国内旅游，自驾游应该是最适合我们的一种旅游方式，尽管也会有一些这样那样的问题。

当然，自驾游首先是要有用于旅行的汽车。而在认定自驾游最适合我们时，还没有属于我们自己的汽车。

北京购买汽车是要通过摇号取得资格。我们按规定报名排队抽号，到我退休的 2014 年，已经排队三年了。运气很不好，就是抽不上。眼看周围的熟人、同事、朋友一个个都抽上号，有的比我们晚排队，有的家庭已经有一辆，又抽上一辆，我们却似乎遥遥无期。虽然有些怨气，但更多的是感叹自己运气不佳。

一晃退休过去了两年，摇号依然杳无音信，毫无希望，我们开始抱怨小汽车摇号制度。

我们对摇号真的是绝望了，只好想其他办法，于是盯上了当前正在兴起的电动车。可是，前几年电动车的续航能力对自驾游、跑长途风险很大，孩子们都认为不妥。他们每家都有两辆车，让我们随便开哪家的车去旅游都行。我们真心不愿意，因为每次驾车旅游时间都不短，不能因为我们的爱好影响孩子们的正常工作、生活。

终于，2016 年 9 月，当我们去美、加旅游回来时，女儿家已经把他们一辆车卖掉了，车牌空出来，准备购进一辆适合我们长途旅行的新车。在女婿育成的具体操办下，买了一辆新的别克昂科威城市 SUV 车。满足、凑齐了自驾游的基础条件，有了属于我们自己的汽车，朝着实现旅行初心迈进了一步。

有车，还必须得有驾车的资质，意味着我们夫妻俩必须至少有一人有这个资格。事实上，我在 2012 年就已经考取了驾驶执照，做好了自驾车的准备。

我们的爱车——别克昂科威

说到开车，早在 30 多年前的 1988 年，我就已经在美国考取了驾照，并拥有自己的一辆二手车，有了驾驶汽车的经历。至今，过去 30 多年，也算一个不折不扣名义上的“老司机”了。

退休后，旅游是我们的最爱，成了我们生活的全部。

华都还特别喜欢唱歌、跳舞、弹琴，退休后在等待我的这几年，一直在农业农村部老年大学参加唱歌、跳舞、电子琴课程学习。

我对写字、绘画和围棋都很有兴趣。从上小学时就爱好，工作后较忙，这些爱好只好暂时封存。计划退休后，集中精力继续学习、提高，借以消遣度日。

如果不旅游，相信我们的退休生活仍然很丰富，也会很悠闲自在。但为了旅游，我们毅然放弃了其他爱好，全部精力投入在旅游上。

退休后的最初两三年，不断有同学、朋友、同事问，退休了成天在家干什么？我们回答说，就干 4 件事。第一，每天要抽 1 小时锻炼身体，每周还会有一两天去附近的紫竹院或圆明园、颐和园公园散步。第二，每天要自做早、午、晚三餐，时不时地“研修”、提高烹饪技术。特别是孩子们每周六回来聚会那天，连买带做要忙一两天。第三，偶尔也给儿女们搭把手，带一带孙辈。我们告诉孩子们，不承诺专职、长期带孩子，实在太忙时，可临时搭把手，帮他们渡过“难关”。他们也很理解和支持我们，尽量不给父母增加负担。现在外孙女已 18 岁，孙子一个 13 岁，一个 7 岁。第四，旅游，这是退休后唯一花最多时间做的正事。或在准备中，或在旅途中，或在归来的总结思考中。旅游使退休生活过得充实，使我们精神矍铄。即使在 2020 年新冠疫情中，出国游去不了，我们就瞄准国内。在疫情

青岛海滨

西藏纳木措

非洲肯尼亚看动物迁徙时与非洲朋友

南美洲巴西伊瓜苏世界第一瀑布

国内外旅游

减退，可自由行走的时期，4 次驾车出去，既完成旅行目标，也始终保持着一种精神活力。孩子们见我们生活充实，精神饱满，都说：“老爸能很快适应退休生活，心态真好！”刚退休时，子女们还暗暗担心，怕一生“工作狂”的老爸退下来，一时半会儿适应不了。

特别在新冠疫情年份仍不停行走的我们，也用实际行动支持了国家经济生活复苏。我国骄傲地成为疫情年份唯一经济呈正增长的国家，对世界经济给予了应有的贡献。为我们的国家感到无比自豪！

迄今为止，我们自驾游已完成了 11 条线路，去了国内的 31 个省区市，到过 200 余座城市，1000 多个景点景区。另外，参团游去了国外 50 多个国家和我国的港澳台地区。

至今，我们初心不变，仍在追求！

旅行定位——自由　快乐　满足

2014 年底退休后，似乎得到极大的释放，对旅游的热情立刻迸发出来，迫不及待地想立即开始我们的旅游历程。

当时正值元月，尚在寒冷的冬季，国内很多地方都不适合去旅游了。但为了抓紧时间，尽快进入休闲旅行状态，我们去了海南三亚。国内的连续旅游，我们的退休旅行人生，就这样从 2015 年元月海南之行开始，拉开了帷幕。

那时，儿子一家度假先去了三亚，他们在大东海边一幢公寓楼内租了房，我们去后和他们住在一起。后来，女儿一家也凑热闹度假来到三亚，两家都在当地租了车。全家九口人开着两辆车在岛上旅游，我们去了三亚湾、亚龙湾、陵水海边、兴隆农场、野生动植物园、五指山、天涯海角、黎族村寨……，更多时间是在海边“发呆”。

春节假期结束，孩子们先后离岛返京。我们搬到儿媳安婷为我们租的另一套公寓，在阳光广场边，离海更近。每天到海边广场，看大妈们跳广场舞，坐在海边公园长椅上发呆，在三亚城区找小吃或买海鲜回住处自己加工。住了一段时间后，我们乘火车去了乐东和文昌探亲访友，顺便继续旅游。

一周后，从海口乘火车过琼州海峡到广州。一路到了珠海、惠州、东莞、深圳、广州多处景点，品尝当地特色美食。后从广州乘高铁回到北京。

这趟海南旅游，经历了自驾和自由行两种方式，留下许多宝贵的经验和思考，更加坚定了我们自驾游的信心。

海南、广东旅游，是我刚退休，急于投身旅游的一次冲动。虽然也是旅游初心的积极面对，勇敢行动，但比较随心所欲，缺乏整体构想、安排和长远打算，缺乏事先的策划和准备，目的性不明确，准备不充分。如果没有和子女们在一起，没有他们的安排照应，一定会很尴尬，费时费力，旅游也玩不好。

在许多人心目中，旅游不外乎就是游玩，在家烦了，工作累了，出去换个环境解解闷，休息一下疲惫的身心，随处看看风景，难道还需要有多明确的目的，事先做什么准备吗？

我们不是这样看待。任何一个行为都应该有相对应的目的，必要的筹划，不论事情大小，旅游也是如此。

我们旅游初心，魂牵梦绕几十年，已近乎热烈。退休后旅游更是我们全部的生活，最后的人生，要坚持下去。“生命不息，旅游不止”，直到动不了的那天，也许至少还有十年八年。时间不算短了，好好筹划一下，有一个明确的目的，围绕目标展开一切，不是会更有意思、更积极主动一些吗！

经过这几年的实践和思考，对旅游有了新的更多的理解。特别是国内自驾游，绝不仅仅停留在简单的景点游玩、吃住行等的需求上，而是从旅游表征去探寻它所包藏的内涵，它所表现的顽强生命。简单说来，就是一种开放自由，对“美好”的追求，达到视觉、心灵的快乐境界，获得心理上的满足、成功，最终获得思想境界、人生路途的升华。

有了这样的认识，我们的旅游定位在：以“自由、快乐、满足”为目的的休闲度假自驾游。

自由，是旅游中所要全面追求的。

我们工作几十年，受工作纪律、制度、时间的约束，未有越雷池半步。好不容易迎来了退休，似乎失去了一些，其实，却获得了更多、更大的自由。

对旅行的需求，也要体现这种自由，处处“随心所欲”，不再受任何的“束缚羁绊”。出国参团游，国内自驾游，说走就走，想停就停。

可是，这几年参加了多次跨境出国游，也有好几次国内参团游，都是严重受限。我们认为的旅游六大要素——食、住、行、购、景、时，都是旅行社、团队统一安排，极不自由，受约束极大，这不是我们想要的。

所以我们定位，国内游采取自驾游，就是强烈表现个性的张扬，放飞自我。对所热爱的旅行自由的重视和追求，表现在：

饮食方面，丰俭由己，自主选择；
住宿方面，高低不限，可好可次；
交通方面，可快可慢，可走可停；
购物方面，可买不买，多少无谓；
景点方面，可多可少，自主掌控；
时间方面，自由自在，不受限制。

在祖国各地旅游

近几年，在国内旅游，完全自驾，说走就走，自由自在。已自驾7年，行程10多万千米。从北极村到天涯海角，从东方明珠到纳木措，从皑皑雪山到茫茫草原，从大漠深处到繁华都市，都曾留下我们的足迹，都曾飘过我们的身影。在自由中呼吸新鲜空气，在自由中舒展全身筋骨，在自由中追求精神升华。

我们无比快意，我们充满自豪。每天都在期盼中迎接新的一天到来，又在满足中送走快乐的一天，希望就这样自由自在地一直走下去。

快乐，旅者的快乐，在旅途中可得到不一般的充分体现。

我们有深深的体会，每次只要一踏上旅途，就感到心情放飞，心旷神怡，完全沉浸在享受大自然的新鲜空气和优美环境的快乐之中。

自驾旅游本身就是一个相聚的平台。出行常常是与情侣、爱人、子女、亲朋、好友、同学、同事等结伴而行。无论是在车上途中、景点景区还是酒店饭馆等，都会沉浸在互动交流中，或是对途中见闻的讨论，或是对景致环境的欣赏，或是对趣物轶事的追捧，或是对人物历史的回顾。情绪随之变动起舞，体现情感的喜怒哀乐，最终收获的是一种旅行的内涵和旅者的快乐。

这几年，我们已经到过数百个景点。大自然的鬼斧神工、千百年风霜的精雕细琢，每一个景点都突显自身的特色，都蕴藏着各自的神秘，都有许多说不完的故事，给我们带来惊喜，带来震撼，带来快乐。不仅是视觉的美妙，更是心灵的满足。在呼伦贝尔大草原，我们的心胸变得宽广；在大兴安岭茫茫森林，我们呼吸到久违的清新空气；在大渡河谷的惊涛骇浪中，我们惊叹大自然的威力；在炎热夏天的宁武冰洞，我们体会到地球世界的神奇。

除了自然风景名胜外，丰富多彩的古代建筑、道不完的历史故事、红色经典所弘扬的英雄豪气，充满了我们每天的行程，我们始终沉浸在忙碌和欢乐中。

旅途中，会接触更多的同行者。抱着互相欣赏、互相支持、互相鼓励、互相交流、互相关心的心态去结识新朋友，这本身就是件极其快乐之事。

在去庐山白鹿洞书院游览时就结识了比我们年轻的一对夫妻。那天，车到了书院大门，到核心建筑群还有一段很长的下坡路段，除非自驾，无其他交通工具，需要游人步行。平时不是太大问题，可是，那天下着大雨，步行是绝对不行的。这时，他们夫妻不得不在售票处躲雨，无法去书院参观游览，征询我们能否搭载他们。见此情况，我们爽快答应，立即腾出空位让他们上了车，一同前往书院。

游览完毕，雨虽然小了许多，我们仍然邀请他们上车。车到庐山路口，我们上庐山，就此道别，各奔前程。在短暂的同行中，我们互报家门，真是无巧不成书，男士小刘不仅是贵州老乡，还同为遵义市人；女士小王南京人，早年随父母三线建设到了贵州遵义，也是半个老乡。他们在北京朝阳和贵州贵阳都有家，常年两地来回跑。既然是老乡，又同住北京城，我们互留了电话。

更凑巧的是两天后，在南昌滕王阁参观时又碰面了，我们都说："缘分！"这几年，两家每年都在北京见面，互相到家做客，在一起聚餐，还一起游览京城景点，成了要好的朋友。

每次旅行到学习、工作过的地方，或是生活过的城镇，特别是生于斯长于斯的家乡，都会见到一些老同学、老朋友、亲戚。和他们见面聊天、游乐，有说不完的话，唱不完的歌，回忆过去，议论当下，约定今后，都感到无限的愉悦。尤其是在他们的陪同下探访亲友，旧地重游，温故探新，照相留影，给我们的旅行、退休生活带来无尽的快乐。

与遵义亲友合影

满足，我们把每次旅行的“自由、快乐”结果定位于“满足”。

遵义城区一隅

这个问题似乎还带有一点哲学气息。人的一生就是在满足与不满足的矛盾中度过的，而矛盾的解决良药就是“知足”。人们常说的“知足常乐”，不就是满足者快乐吗！快乐的最高境界就是满足。

人不满足了就会贪婪，“人心不足蛇吞象”。有的人官当得不小，国家都为他（她）考虑安排很周到了；有的人财富积累得够多，子孙都花不完。可是，他们仍不满足，不思为党更好工作，为人民更好服务，不思回报社会，为社会作贡献，而是一门心思还想要更多，贪得无厌，不能自拔。最后掉进深渊，沦为阶下囚，受人唾弃，遭社会淘汰，这时才醒悟，才明白满足的道理。但已悔之晚矣！我们在游览曲阜孔府时，就有类似的一段警示，很值得去品味。

闲话少叙，言归正传，还是回到我们的旅游主题。我们的祖国有 5000 年的悠久历史，有 960 万平方千米的广袤国土；有辽阔的海疆，最高的山峰，秀美的长江，奔腾的黄河，永不倒的万里长城；56 个民族各具特色的风俗传统文化；有孔孟儒家学说，老子道教文化，还有庄子、墨子等各种文教流派，不同宗教信仰；有千姿百态的古城古镇古村古建；百年的中国反帝反封建的民主革命斗争史，众多的英雄名人典故、成语诗词故事，等等。凡此种种构成我国的旅游资源，极其丰富，极其诱人。只要你对美有向往，对美有追求，你就会对旅游有一种冲动，你就会在旅游中一次又一次地领悟到快乐，得到充分的满足。

中国是世界上自然环境、风景名胜最美的国度之一。我们有最美的三大雅丹，五大峰林，五大沙漠，五大湖泊；有最美的六大冰川，六大瀑布，六大沼泽湿地，六大草原，六大溶洞穴；有最美的七大丹霞，八大海岸，十大森林，十大名山，

兴义万峰林

呼伦贝尔草原

南澳大海

黄河壶口

祖国丰富的旅游资源

十大海岸，十大峡谷……有这么多最美的风景名胜，我们每走完一景，就有新一次的启迪和满足。同时，又燃起一个新的希望，去实现下一次的满足。

由于我们起步较晚，在策划上的某些失误，或是对交通等困难的顾虑太多，等等，不可能完成更多风景名胜的旅游。虽然留下遗憾，但因曾经有过追求，曾经有过奋斗，自信已经是很幸运的了。无论今天还是明天，我们都将很满足了。

这些年的自驾旅行中，除了对旅游本身，对自驾这种形式，我们也是报以感谢和满足。自驾，加快了“自由、快乐、满足”的进程，对这几年的自驾经历，我们感到有一种莫名的自豪和满足。尽管自驾旅游有时也会累，也想停下来，但却因为信念，因为热爱而坚持下来了。特别是当这套书正式出版的那天，除了对自我有一个总结交代，给孩子们留下一些永远的记忆外，如果还能给抱有同样梦想的旅者带来些许借鉴和帮助，我们的自驾旅游就更有价值了！我们也享受到无尽的快乐和满足！

经过对之前的旅游的审视、剖析、总结，在定位“自由、快乐、满足”为目标的休闲度假自驾旅游框架内，对国内旅游的思路进行了调整，目的进一步明确，行动进一步细化。从 5 个方面进行规划，形成全面、系统的认识和规范的做法。

第一，明确定位，围绕目标做好长计划、短安排；

第二，精心选择景点，详细制订线路；

第三，行前准备充分，做好攻略功课；

第四，旅途是重点，感受过程，充分释放个性和追求自由；

第五，归来及时总结，争取一次较一次趋于完善。

我们的目标是，只要身体条件允许，就将一直旅游下去。“生命不息，旅游不止！”这是我们退休后，放飞自我，旅游人生的口号！

景点选择　线路制订——关键环节　精雕细琢

据不完全统计，中国旅游景点（区）有数十万个之多，任何旅者都不可能在有生之年跑遍所有景点。当然，也没这个必要。能最大限度地走到自己想去，而又应该去的景点，就相当满足了。

走了若干景点和跑了多条线路后，在归纳、吸收、创新中逐渐加深了景点选择和线路制订方面的体会。

作为一个旅者，对景点的选择、线路制订要有个高标准的认识，这是关键环节，至关重要，牵涉到旅游的方方面面，包括：时间、经费、安全、吃住、舒适度等，直接决定旅游质量的好坏。

选择什么样的景点、制订什么样的线路见仁见智。网上，各种资讯平台上，常会看到“× × 地 10 大旅游景点”，甚至更夸张的是“中国排名前 50 旅游景点”“中国前 100 旅游景点”等。其实，所谓“前 50”“前 100”，都是一种促销宣传，有没有不知道。即使有些评审、推荐存在，也是暂时的、相对的，不变是暂时的，变是永恒的，不能受其影响。要有自己的主张，结合自身情况，有个正确的理解和认知，在制订线路、选择景点上，也要遵循“有所为，有所不为”。

景点选择、线路制订，对旅者既是一门艺术、学问，考验自身的综合素质和水平，也是自身对事物的认识、兴趣和能力的体现，更是一个绝好学习、长知识、提升自己的难得机会。绝不能等闲视之，来不得半点懒惰和马虎。

景点选择、线路制订这个环节所耗时间较长，须细致、耐心，精雕细琢。选择自己喜欢的、适合自己的、最优的景点和线路，争取达到事半功倍的效果。

特别不能忽视，我们是自驾游者，对选择景点、制订线路是有时间、交通等优势的。要充分发挥长处，避免短板，把优势发挥到极致。

每次我们在选择景点、制订线路时，都不吝时间，做很多认真、细致的工作。简单归纳为 3 个方面。

一、充分讨论，长计划短安排

在多年旅行信息积累和大量资料查询、学习吸收基础之上，正确、科学、合理地制订线路计划，长短结合，全面规划。

长计划，设定的时段较长，以初步确定旅行线路，为整体旅行提供较多线路参考。我们在 2016 年制定了一个 3 ~ 5 年的自驾旅行计划，基本上确定了东北（东北三省加内蒙古东路）、中西部（晋陕宁蒙）、新疆（加甘肃）、西南（云贵川）、华东（苏浙皖）、华南（闽粤桂）、北京周边等 5 个方向 7 条线路并附加一些顺带的省市。后来又根据各种情况有所增删、撤并。增加了 4 条线路：中国中东部及长江沿线 8 省市大环线、沿 318 国道线、海南线、拾遗补漏线等，达到 11 条路线，更趋完善。我们的线路都是以北京为起点和终点，不可避免的是这些线路互有交接，甚至有短暂重复，尤其是临近京城的进、出路段。

短安排，即在执行长计划的过程中，在每年末和第二年初，认真进行讨论和研究，规划全年旅游安排。制订一个全年“旅游表”，在确定全年时间分配的基础上，具体到某条旅行线路的初步确定和制订。

每年我们均要到国外旅行几次。首先确定出国游的次数及具体时间，在满足出国游时间的基础上，再敲定国内自驾游时间，然后按当年计划走的线路，具体选择景点、制订线路。

根据我在职时的职级，出国受到国家相关部门管理，退休后仍要执行。这套程序对计划全年时间安排和出行上多少有些影响，与国内游常常发生冲突，顾此

高速公路上的服务设施

失彼。因而，计划性，特别是提早计划就更显重要。

线路的选择要符合我们自定的原则，辅以参考资料，再学习、借鉴他人的感受。最后用自己制订的规则来圈定，我们选择线路的原则如下。

按国家行政区划 基本按国家行政区划选定线路，相对较好分割，也较合理可行。

时间季节 基本都选定较适合旅行的季节及对应设计线路，排除冬季、雨季、最热季。这些年在外基本上未碰到极端情况。

旅游价值 未去过的空白景点多、价值高的线路优先，特殊景点适当照顾到，去过但值得再去的景点尽量考虑，避开重复景点。

交通可达和安全、适用 通行是基础，最为重要。包括主线、分线的道路等级：尽量按高速—国道—省道—县道—乡道顺序选择线路，也不排除在安全前提下，选择景点优、多的低阶道路；选择最近的道路，走畅通的道路，走贯通多个景点的道路。还要考虑路途休息、住宿、餐饮、加油、高速进出口、岔道及景观等因素。

灵活可变 路线确定后，仍可依据以上原则的改变而变化，使其更合理、科学、经济、适用。

二、选择确定景点，制订最终线路

选择景点，制订线路。顺序是：线路—景点—线路。首先在长计划中确定要走的意向线路，在线路上选择拟去景点，在景点确定基础上，再制订详细线路。

虽然，一晃我们已到古稀之年，但旅游之初心始终未改。几十年来，我们对祖国山河无比热爱，时刻牵挂，处处关心，每每追求。自然而然，心中装着祖国无数的美景，很多熟悉而又陌生的景点，许多想走的线路，退休之后要去实现初心，完成使命。该去的景点，应走的线路立即跃然于脑海，这是一辈子的思考，也是一辈子积累的深厚基础使然。

要去的景点，不是盲目、随心所欲、心血来潮随便敲定的。而是在自身多年的追寻、研究，已有足够多的想法基础上，通过大量查阅书刊网络资料，阅读其他的各种介绍，以及其他旅者的游记、心得等综合判断而选择的。

自信，我们每一次旅行每一条线路所选定景点，可以毫不夸张地说，都是优质的，都是优中又优的。有许多景点是一般旅行者想不到、到不了的。有的景点也是要经过千辛万苦、艰难探寻才能一睹风采的。例如，我们曾多次开车到乡道、到村中、到人迹罕至的边远区，寻问若干老乡，甚至车到不了，下车步行二三里或更多，在乱树林、杂草坡，甚至危险地方，才能探寻到隐藏在草丛灌木中的、荒坡乱坟树林中的，仅有一块“全国重点文物保护单位”碑，或“××省重点文物保护单位”碑记的景点。我们看重这样的景点，不嫌弃它“丑陋”的外表，不嫌弃它远在荒野无人问津的处境。我们更愿意体会它丰富的内涵，隐藏在它身后的历史风云，更尊重它在历史上的辉煌和地位，人类、社会发展中的价值，不顾及它现在受到的冷落，只需一睹就心满意足矣！

仅有一块“全国重点文物保护单位”碑的三国受禅台遗址

景点选择、线路制订是每次旅游的精髓，我们在走了若干景点和跑了多条线路后，更加深了这方面的认识、理解，总结出以下景点选择原则。

按国家标准 旅游景点（区）国家标准是经过专业评审组织、行业专家评判、选定，国家认可，甚而世界认可的，具有不可替代的权威性。例如，从1961年第一批公布，到2016年第八批公布，全国已经挂牌的“全国重点文物保护单位”5000多个。因而，我们按照国家标准来选择“全国重点文物保护单位”旅游景点，绝对是严肃的、必要的和可信的。一般情况下，全国重点文物保护单位是在省级重点文物保护单位的基础上的晋级。

分级别层次 在认同国家标准的前提下，每次选择景点时，严格遵循横向由少到多，由重点到一般，由国家级、省级到县乡级景点选择。纵向依次为：世界遗产—全国重点文物保护单位—国家重点风景名胜区—国家级旅游景区（还可划分为AAAAA级景区、AAAA级景区、AAA级景区等）—省区级重点文物保护单位—其他景点景区。

方便连贯 选择景点和制订线路一定要行驶方便，通达连贯，便于一线走到，一气呵成。

两个结合 一是结合兴趣爱好，二是结合景点自身的特色组合。

兴趣爱好，除了夫妻二人相同的兴趣爱好：名山大川、风景名胜、文化艺术、中国近代革命史迹等，也因为两人性别不同，有所区别，关注的焦点不一样。我的兴趣爱好：历史、考古、文物、建筑、名人等。华都的兴趣爱好：美妙传说、趣闻轶事等。在旅游中结合各自的兴趣爱好，都充分照顾到。

景点组合，即有特色共性的景点，或有必要联系在一起的景点，捆绑成一组特定的景区组合，冠以一个共同的名称，如“三山五岳”“土司文化”“三大高山湖泊”等。我们在旅游中有意识地都照顾到，使到过的景区能呈现“整建制”，是一套一套的。如已经完成的“套装”包括：“三大高山天池”“中国最美五大城市”“中国古代四大书院”“四大石窟”等。

照顾年岁、身体 这是不能忽视的。斗转星移，我们一年年地老去，近两年已感到有些心有余而力不足了。有些景点景区很想去，但到了附近，甚至到了门口，都没去成，原因就是受年龄、身体限制，只好忍痛割爱。

特别是这几年，华都因老年性膝关节退行性病变，走路疼痛。自驾游刚开始两年，还能克服疼痛，尽量不放弃所到景点，甚至还爬了武夷山、张家界、黄山等。可是，近两三年就完全不行了，常常是到了需要爬山或阶梯多一点的景点，只能在山下找个方便的位置坐下休息等我。2016 年做了右腿膝关节修补手术，2020 年冬，又做了左腿膝关节单髁人工置换手术。这两次手术都比较成功，目前走路已基本恢复正常，左腿稍有疼痛。即使这样也必须悠着点，不能掉以轻心，保护好身体，稍有磨损腿脚的景点都慎行或放弃。

而我这几年则是有山必爬、有景必上，一概不落下，如爬了陕西华山、湖南衡山、江西三清山、山西恒山、云南玉龙雪山、安徽黄山、江西庐山……。但最近这一年多，有的大山，有的险地，我也不能完全光顾了，有的高山也爬不到山

四姑娘山双桥沟美景

顶了，到了山底或半山，也只能望山兴叹，留下遗憾！2019 年，到了梦寐已久的四川四姑娘山，我们就没有选择最具刺激的长坪沟路骑马爬山、海子沟路步行爬山，而是选择了较为平坦、可乘车的双桥沟路，刺激性效果自然差了不少。所以，经验教训，旅游越早越好，千万不要依着年轻，等等再说。到那时，选择就受限了，有些美景、有些感受就体验不到了！

景点选择确定后，将这些景点串联起来，自然形成线路，这时的线路才是我们制订的最终线路。它包括所选定的全部景点，以及综合考虑到所涉及的其他相关联的信息和单元，包括：路景，服务休息区、卫生间，加油站，饭店，岔道、变道，进、出口等。

三、制订行程表

景点选择、线路制订确定后，最终都要落实到制订的“行程表”中。在表中，集中了与景点、线路关联的最大信息量。为了实用，也为了在途中便于执行，便于检查、督促。在制表时，力求全面、清晰、简单。包括以下几类信息。

时间 含日期、每天的时间进程。

行程 每天的里程及加油。

游览景点 基本情况、名称、特色特点、门票、内部交通。

住宿 基本情况、酒店名称、地址、交通。

餐食 基本情况、一日三餐及小吃、零食。

费用 各项相关费用及费用总预算。

最后一项经费总和，即是全程的费用计划，这项工作要体现两个原则：其一，要细致、精确，尽量在预算范围内；第二，在预算时可适当留有余地，放宽预算。

以上表格制订，是在景点、线路选定的基础上完成的。同样，也需要查阅大量资料、信息，还要进行精确计算。如任意两地的距离，景点门票费，甚至景区内部交通费用等。好在现代社会资讯发达，提供了可能和简便，所要信息基本都能查询到。

除了各类表格，还将线路制成线路图，内容包括了行走的路线，高速、国道或其他道路，住宿的城市，旅游的景点等，都用不同符号标识进行标注，便于在途中随时查阅参考。

行前准备——至关重要 必不可少

旅行前的准备工作人们习惯叫“攻略”或“做功课”。

这几年自驾旅游的确感触颇多，每次行车前的准备工作至关重要，必不可少，关系到旅行的质量。

准备工作千头万绪，归纳起来不外乎几点：景点的选择和线路的制订，酒店预判（不是预定），制订行车日程，资料准备，必要物资准备，拍照摄像准备，自驾汽车准备等。

景点的选择和线路的制订 这是准备工作的重中之重，既费精力，也费时间。如果把此项工作看成是学知识、长见识，甚至看成是实际旅行的前奏——沉浸在图片、文字中的旅行，你一定会感到乐趣无限，很有意思，甚至不亚于旅游自身。

前面已用较大篇幅介绍了景点、线路的选择制订原则，这里再次强调，选择景点制订线路，除了自身掌握的有关知识、内容外，要尽量多查阅一些相关资料，阅读一些相关记载、介绍、游记等。多了解、熟悉景点的内容、故事、特点、内涵、地位、重点，使景点和线路的确定有依据、有档次、有个性，到景点参观时，才不致盲目摸瞎。既可省时省心，还可最大限度地丰富旅游内容，提升旅游质量。景点线路选择好，可以毫不夸张地说：走过的地方都是历史、文化，观察到的都是美景、名胜。

对一些重要景点景区，要多一些关注。

对一些自己看重的景点，要突破世俗，敢于一探究竟。

特别是对业界或民间一些有争议、有分歧的景点可多一些了解。

不论属于哪一类景点，一旦选中，就应对其仔细研究，形成文字留存，不仅

安徽涡阳老子故里

河南鹿邑老子故里

有分歧、争议的景点

仅是对景点自身的属性，甚至与其相关的其他知识点，都最好有一些简单了解，尤其是一些重要景点，曾发生过对自然的规律、对人类的进程、对世界的变化、对社会的进步、对人民的生产生活、对国家的发展等具影响力的景点景区更应如此。

酒店预判 旅行到达目的地，能很快确定酒店入住，是解除旅途劳顿或尽快进入景点的关键。要解决好此环节，行前攻略显得特别重要，主要集中在几方面。

- 酒店档次及价位（等级、知名度、价格范围）。
- 酒店位置（离进入城区道口，离城市中心区，离美食街区，离要去的景区等的距离）。
- 酒店自身条件（建筑，客房水平，周边环境，是否提供早餐，是否有停车场等硬件条件。特别注意：停车场是自驾游的必备条件）。
- 服务水平等。

这些方面的了解，主要途径是网络。目前经营酒店订住业务的网站有很多，我们常去光顾的主要是携程、去哪儿、美团等四五家，各家的服务水平各有所长。

要重点关注顾客评论留言，绝大部分是可信的，是我们选择住宿的重要参考。但也有不完全真实的，这就需要自身的判断能力了。

也可通过景点反查相关酒店、宾馆信息。

旅游市场经过近些年的建设、发展，各种类型、档次、价格的酒店宾馆已不缺乏，比比皆是。平时出行基本上不用事先预定（碰到当地有大型活动时或全国性节假日例外），到达目的地后再选择也不为迟。出行前攻略要做的仅仅是一般性的了解并做出预判即可。

我们对住宿的理解和定制也是经过一个不断提高认识和不断完善的过程。开始比较盲目，到了目的地才临时找酒店，开着车挨家问，许多酒店就在街道旁，但按交规还不能停车。有时到达目的地已是晚上，找酒店更加不便。

在网上查询，提前预订，也常常有问题：到了才发现有的酒店档次、条件和网上宣传介绍的相去甚远，但已预定，费用已交，很难取消，特别影响情绪。例如，2017年在辽宁丹东，那天车进入市区较早，准备住下后就去个景点。手机联系美团网上预订的酒店，才发觉酒店并不在市区，而在刚离开的前一景点，离丹东市区几十千米，也属于丹东管辖范围，不可能再开车返回去了，早到达目的地的愉悦心情马上一落千丈。经过一番折腾，在市区鸭绿江边大道上另订了酒店住下，并向美团网提出取消预定，要求退款的申请。开始他们不同意，理由是已超过规定时间。后来，经多次沟通，据理力争，直到联系总部，才折中处理，同意退回30%费用。过了两个多月，钱才退回到账上。

经反复实践、研究总结出：攻略必须认真做，多看酒店评论，一般不预订，只进行预判，一个目的地一般可选择 3 个意向酒店，在自己的日程表上，依次排序，等待最后选定。

行车到达或即将到达目的地时与酒店联系，至少要了解 5 个相关信息：酒店位置，客房质量，是否能停车，特别是房价，是否含早餐，然后与网上价比较，决定是网上订还是门店订。酒店前台大都较好，会给你参谋并协助预订，还会帮助选定较适宜的房间。有的住宿不是很紧张的酒店，甚至会升级你的房间，不增加费用。当然，也有的酒店这样做的目的是需要你给个“好评”！

住宿在自驾旅程中很重要，关系到是否休息得好，涉及驾车安全，也涉及时间和费用。

酒店住多了，又从方便、省钱、省时上下工夫。从最先住百家店开始向会员店转移，经过比较选择了中档酒店较多的集团公司，经常选择住的是其旗下的酒店等。

几年下来，我们已经从一般会员到银卡会员再到金卡会员，到现在的最高级别铂金会员，享有以下一些权益。

- 住宿价可享受 85 折。
- 可享受 2 人免费早餐。
- 退房可延迟到下午 2 时。
- 订房后如不想住，只要尚未办理入住，可随时退房等。

到任何城市、景点景区，只要有该集团的酒店并可停车，我们都住那里，似乎已住出感情。即使个别加盟酒店，条件、质量差一点，也会体谅而无怨言。

唯一不满的是，会员级别也是有时效的，每年住宿不能少于多少次，否则，即使你已升为最高级别会员也是会被取消的。

资料准备　这项工作很重要。在旅行中，需要临时查阅的资料很多，特别是地图，涉及道路、景点、酒店信息，还有出发前攻略制订的各类文字表格信息等。

这些信息整理成纸质资料，一目了然，放在手边，随时查阅，省时省心。这是我们这一代老年人的习惯。而年轻人，也包括近几年退休的老年轻朋友，都是将信息存储进电脑、手机中，更是方便。只是电脑相对笨重，使用会有所限制。手机屏幕相对较小，老年人用起来不便，使用后感觉不如纸质的理想。年轻朋友则更习惯电脑、手机。还是老话，最适合自己的是最好的，根据时间、环境、用途等，结合使用更理想。

物资准备　这项工作虽然看似简单，但很有“学问”。

自带物资，由需要、汽车空间、人员多少而决定。五座的车，同车人员一般不超过四人为宜，储物空间尚可。自驾车自备的物品一般比参团、自由行等更齐全。包括这样几大类。

● 各种证件、资料：身份证件、驾驶证、行驶证、银行卡、钱币、地图、各种资料表格等，现许多已实现电子化，手机与银行卡绑定即可，但带少量现金也是必要的，以应急需。

● 各种电子设备：手机、笔记本电脑、照相机，有的还备有无人机。

● 各类洗漱用品、化妆品。

● 穿、戴物品：适季衣裤、头饰围巾、鞋袜、泳装，这类物品是最易多带而又占空间的，特别要控制。

● 必需的药品、保健品。

● 食品、饮品，适当带，路途中可随时补充。

● 露营用品：简易帐篷、睡袋、折叠桌椅、简易炊具、少量食物原料、气炉。露营不是为了省钱，更是体验、乐趣、方便、应急等。

● 收纳盒、旅行冰箱等，根据需求及车留空间决定。

物资准备的几个小原则。

● 必须带的，如雨具：雨伞、雨衣、雨靴，轻便的或一次性的。

● 在路上能买到的酌情带，特别是食品、小零食等。

● 常用小物件，如笔、眼镜、放大镜、针线、剪刀，放在小收纳盒里，随身包内，方便使用。

● 随身包最好是双肩包，便于腾出双手。

汽车准备 汽车是自驾游的必需品，汽车大小、好坏，关系到自驾游的质量，甚至安全。一定要准备适当大一点、质量好一点、最好配置高一些的车，最好是SUV，每次行前做一次保养，全面检修一次。

汽车安全行驶和事故应急用品一定要带齐，如备胎、三角牌、灭火器、简单的修车工具等。

关于汽车的各种证件、手续，包括保险单等。

我们对汽车状况特别重视，特意购置一辆别克昂科威 2.0 SUV 新车，配置较高，每次出行前都到 4S 店进行保修，检查一切正常，才放心上路。

为了熟悉车况，《汽车指南》随车带。每次出行前认真阅读，变成自己的语言文字，配上示意简图，便于查询。

在途中开车十分小心，悉心保护车辆，不乱停乱放，不开“英雄车”，不冒险，始终保证车辆的完好安全状态。该检修保养一定要及时进行，我们曾在上海、广州、合肥、克拉玛依等地去4S店保养、检修、更换机油等。

拍照摄像准备 拍照摄像是极其重要的，不仅是个人历史资料档案，“到此一游”的留存，更是与家人、亲朋好友交流的需要。其地位已超过旅游的方方面面，因而拍摄设备的准备不可掉以轻心。

为了保证取景需求，拍摄高质量的照片和录像，要准备较好的相机、摄像机，要付出高昂的经济代价。我们因对旅游的热爱，也曾为拍摄做过可观的投入，不同时期，拥有过海鸥120、珠江135、美能达120、佳能数码相机等。除相机主机外，还配备长、短镜头。可是，随着时代前进，科技发展，相机的一般功能、地位已被手机替代。现在，只要一部手机，一般的摄影照相全都搞定。如果对拍照摄像有更高追求，仍然需要备些专业设备。如果想玩更新奇的，还可备一台无人机。我们出去也常带相机，这家伙太重，携带不便。其实，备一部质量好的手机即可。

不管你对拍照的要求是什么水平，摆弄好所带设备是必需的，否则，拍摄不出满意效果，旅游质量会大打折扣。

在旅途中，有时也想拍个合影，自然要请游人帮助。见每位旅者都手握相机、手机，在不停地拍摄照片，很像那么回事，可一旦请其帮忙，往往很难碰到高手，大多照砸，虽然也很尽心尽力。我们体会太深，后来发现，倒是十几岁左右，看上去像大、中学生的，请他（她）们照，反而很好。他们认真负责，设备玩得溜，我们提的要求一点他们就心领神会。

途中——自驾精髓 价值体现

途中，是自驾游的重中之重。

自驾游的精髓、价值，“自由、快乐、满足”的理念，在旅行途中都将得到淋漓尽致的体现。

某AAAAA级景区河面垃圾

我们把自驾游的所有活动都看成是一种自由交流，

贯穿在整个旅途中。人与人之间，人与自然之间，人与社会之间，从而让心情、行为得到充分的自由放飞，一切都显得那么悠然自得，让人深深地感悟到一种旅行生活的快乐和满足。

途中，所有的具体活动如下。

景点游览 绝大部分景点一般都是在出行前攻略中就已选定了，按部就班游览即是。这恰恰是每一趟旅行的重心，是整个旅行的中心环节。

当你深入到景点，无论是风光山水、历史文物，还是红色经典、风流人物、文人墨客，或是那些轶闻趣事、精灵神话、古怪传说，都会让思绪随之波涌起伏，或豪迈奔放，或许久伫立沉思，或品味着酸甜苦辣，世态炎凉，甚而会有些许的惆怅和惋惜。这时，常常会忘掉一切，唯有的是感叹自然，感叹社会，感叹人生！

记住了途中每个景点，每个因景而生的典故，因情而存的美妙景致，以及带给我们的无穷联想，对历史的借鉴和对现实的珍惜，这就是我们旅游的意义和价值。

尽管也有名不副实、让我们失望的景点，但往往不是景点本身，而是那里管理的缺失，管理得不到位，只收入不投入，过度的被消费等。

行车观景 完全凭着对自然、景点的感动和交流欲望，在一些特定景点开慢车游览，甚至停车游览，是自驾游必不可少的。

新疆那拉提草原

西藏巴松措

江南水乡美景

五大连池夕阳

祖国美景

由于时间有限或是不方便等诸多原因，不可能所有景致都停车观赏。且许多自然风光，是一种泛景观，景美高远，连绵数里，甚至数十里，高达数百米至数千米。这时就只能在行车途中观景，在车上慢慢欣赏。

自驾游的理念优势，在行车观景时体现得淋漓尽致。可快可慢、可停可行，甚至开到岔道深入景观一些也无妨（当然，高速路上不能这样，须严格遵守交规）。而走国道、省道往往比走高速更自由，更有价值，更适合景观游。

我们曾在许多自然优美的风景中行车观景，如东北大兴安岭原始森林、内蒙古呼伦贝尔大草原、川西贡嘎拉雪山、渝鄂长江岸边、S305 东谷天然盆景大道等。道路两旁的森林、草原、雪山、大川都尽收眼底，一饱眼福，留下永生难忘的美妙回忆，更因此而感到自驾游的无比优势。

加景点　对旅行的爱，也是初心的实践，尽管又开车又游览，但不感到劳累。

每天到了驻地，休息前都要对当天活动行程记录整理，并计划第二天的行程。往往还会依据最新了解到的情况，对第二天行程进行微调。有时在途中会临时增加景点，这是必不可少的。一般遵循这样两个原则。

- 新增景点值得一去。
- 新增景点基本顺路，绕行少（也有个别非常值得一去的景点绕行较多），

衙门　文庙

青石板路

昭化古镇

例如，四川昭化古镇，原计划没有，可是到了广元，了解到该镇是整个川东最大的古镇，历史上水陆交通发达、历史文物众多、文化韵味深厚、故事精彩纷呈、曾经极度辉煌过，是一个很重要的景点，很有必要游览参观，于是毫不犹豫地临时增加了此景点。

游览后，真心觉得就一个字：“值”。走在主街磨得锃亮光滑的石板路上，瞬间感到古镇的沧桑变化；走进一定规模的孔庙，感到古镇文化的厚重；踏进威严的衙门，感到古镇地位的显赫。历史在这里重现，古镇游在这里完美体现，“值”了！

品尝小吃 美食小吃是旅游途中的另一道风景线。

各地都有当地的美食名吃，有的名吃是真心好吃，有的名吃是真有意义，有的名吃就是一张名片……。无论属于哪一种，自驾游有足够的时间和机会，都应去自由遍尝所到之地美食。几年时间自驾游，到了许多地方，也品尝了很多美食小吃，对地方特色美食小吃有了一些新的感悟。

其一，什么是当地的特色美食小吃？我们认为：简单说来，需要满足两个条件：一是当地特有，二是名优。随着社会进步、经济发展，人们生活水平提升，沟通交流越来越方便，美食小吃也展现出百花齐放、不断推陈出新、南来北往的大好局面。

各地美食小吃这些年演变剧烈，味道百变，在保留当地特色的基础上，也不再墨守陈规，更倾向于适应社会，适应新生人群。

其二，真正正宗的当地特色美食小吃已经很难寻到，如果没有熟悉情况的本地人带领，那就更难吃上“正宗”的当地特色美食小吃了。

我们对美食小吃既有体会，更有些研究。平常在家常琢磨试做一些各地美食小吃，颇有一番心得，对“正宗”也有些感悟。以家乡遵义为例，家乡美食名吃众多，鸡蛋糕、羊肉粉、豆花面、和尚米皮、茶汤、锅巴、糍粑块等，不下十几种。每一个特色小吃都接地气、具人脉，承载了久远的历史，可谓“正宗”名吃！发展至今，经历了无尽的变化，现在已基本上感觉不到几十年前孩童记忆的美食味道了。不但味道，连加工方式都有天壤之别。过去常常是一家一店，前堂售卖，后厨加工，精工细作，支撑全城的专事作坊也是手工式的。

今天，遍街仍是那些美食小吃，回到家乡，想吃羊肉粉，亲朋带到“正宗”的店吃到的“正宗”羊肉粉，跟当年的味道比较，最多也只有 50% 的像，大概仅仅是原料名义上大部分还是那些。因而，只要吃到，就无所谓张家还是李家，东城还是西城。所谓正宗与否，只要自我感觉美妙就是正宗，只要受到大众的追捧就是美食。更不必说新到一地，来去匆匆，哪知道什么是正宗不正宗，只要吃到

各地小吃

的是当地名吃就当是正宗的吧。

记得东北 ×× 地，我们参观完“八女投江”纪念地，已到午餐时间，驾车沿着乡野公路行走，打算找家饭馆午餐。看到路边一小饭店，门面不大，但院子里停了三四辆小车，心想可能不错。经老板推荐，要了两个菜、两碗米饭，其中，“小鸡炖蘑菇”是老板推荐的。吃后，感到这道东北有名的特色菜肴真的是相当不错，色、香、味俱全。正宗的野生榛蘑浸入小鸡熬出的汤汁，入口一咬，美味四溢，香喷喷，美滋滋的。正如老板推荐所说，“太美味”！这是我们吃过的最具特色的“小鸡炖蘑菇”了，是之前之后再也没有碰到过的美味佳肴了，留下深刻记忆。在一个乡村荒野的饭店能说有多么正宗吗！但它就是给我们留下了至今难忘的深刻印象。说我们品尝了正宗美食名吃“小鸡炖蘑菇”，不为过吧！

其三，各地美食小吃都不少，只能品尝到部分代表性的当地美食。随着年龄的增长，我们对美食的需求越来越受限，不能像许多年轻人那样，每到一地，定要尝遍美食，方可罢休。只能因地制宜，因时制宜，不拘一格，重点选择一两道，或二三道当地代表名吃品尝，也就罢了，也就满足了！

社会调研 旅行除了欣赏到美景，陶冶自己的情操，增长见识外，也是进行社会调研的绝佳机会。

有时，我们会主动深入社会，适当地进行一些社会调研。

在旅途中，也会时不时地到农贸市场、商业街区去做一些调查了解。了解市场形势、物资供应、商品物价、老百姓收入等最一般的国民生计问题，加深对国家现行方针、政策、做法的理解、支持和服从，这也成了我们旅行的重要内容。

除了主动调研外，行车途中所见所闻也是一种变相的社会调研。例如，沿途的城市建设，田间地头农作物的生长情况，公路上运输车辆的繁忙，甚至高速服务区车辆、加油等都能感觉到国家经济的脉搏，人民群众的生活及其幸福感。特别是新冠疫情的肆虐，对国家经济的影响，这两年在旅途中体会更是深刻。我们盼望着疫情赶快过去，也坚决拥护、执行国家对疫情防治的策略，按规进行核酸检测，及时打疫苗、戴口罩、少外出、不聚集，非必要不出京，2022 年全年都没外出旅行。

行车安全 自驾游途中第一重要的，就是行车安全。我们自己有严格规定，坚决执行。

第一，不疲劳驾驶。长途驾驶，最易疲劳，而疲劳驾驶是最危险的，最易发生车祸，一旦发生，轻则伤，重则丧生，绝对不能等闲视之。所以，我们行车途中，每行 1 个半小时到 2 小时，高速路必须进服务区，其他道路寻找路边安全位置，停车休息半小时到 1 小时，即使不到规定时间，一旦感觉疲劳，也必须立即停车休息。中午午餐半小时，休息 1 小时，休息时在车内睡觉。春、秋季节开 2 个前车门，空气对流，夏季打开空调睡觉，往往能睡半小时左右，对消除疲劳很管用。

第二，严格限制速度，“宁停三分，不抢一秒”。我们对交通规则总怀着一种敬畏，绝不有意违犯。行车一般都是比交规最低限速少 10% 左右的速度行进，绝不超速，绝不乱停车、乱行车。每天途中总的行程一般不超过 300 千米，常常维持在 200 千米左右。纯粹赶路时，高速行 600 ~ 800 千米，其他道路 400 千米左右。特殊情况可适当超标几十千米，全天行程超过 600 千米的，屈指可数。

汽车驾驶除了“大节要保”“小节不能忽视”，很多事故皆因小不忍酿成。“宁停三分，不抢一秒”，这句话现在很难听到了，但我们却体会深刻。多次险情发生，险些造成大祸皆是因为等不了短短几分几秒，着急“抢”那几秒。我们有两次在云南、四川山区省道、景区道上，都是在转弯处与长挂大车会车，本来停下让一让，什么事都没有，结果等不及照常开车，有一次差点被挤到路边沟里。还有一次几乎要被卷进大车轮下，幸好鸣笛及时，双方都停车，才得以慢慢磨开。

但也终于有一次，在北京某商场停车场，前方道路左右都有车，右前方是一辆大车在等卸货，我看两车之间似乎可行，为了赶时间，就强行在两车之间过去。

没想到突然前面一辆自行车冲过来，车上还带有一人，我下意识地向右拐让了一点，车后门立即和大车左尾角吻住，顿时在车后门和油箱外壁划下深深的一道长划痕，当时我肠子都悔青了。千不该万不该去抢那几秒，教训深刻。事故常常就在一闪念或一两秒瞬间，千万不能急，更不能有侥幸心理。

第三，警惕弱项。每个人都会有自己的弱项。开车的人，有的喜好开快车，有的开车技术好会轻视交规。一定要保持正常心态，警惕弱项。我们因为年龄原因，弱项相对较多一些，一定要有自知之明，不能逞强。如视力原因开夜车就是弱项，尽量不开夜车。几年下来，天黑了还未住下的，没有超过10来次。又如反应迟缓，倒车、停车是薄弱环节。尽量不急，稳、慢进退，以致多次倒、停车时，停车场的人指挥几下后，都懒得指挥了，“太慢了，随你自己吧”！个别脾气急的，还要骂两句，甚至大声斥责，“你的驾驶证是不是买来的？”即使这样我们也不急不火，甚至开两句玩笑，调侃一下，缓和紧张气氛。也有的大爷一看是比他年龄还大的大爷开车，怪不好意思，错怪了！

几年下来，车很少剐蹭，违规很少。有的线路行驶三四十天，一二个月，跑一万多千米，没有违规记录。个别线路二三十天下来，行走几千、上万千米也就一两次轻罚（如停错车位、并线车轮压黄线），也往往都是不知情或无法避免的情况。2021年在新疆行车近2月，车程一万多千米，硬是一次违章都没有。当然，这除了我们自身注意，遵守交规外，也深刻体会到新疆、甘肃等一路过来的省份交规违章处罚的人性化，标志着我国交规的改革及进步，十分感谢这些地方交规执法的相关部门和交警同志！

第四，不断总结行车经验，杜绝行车中的各种失误。我们在行车中，由于经验不足，出现过多次行车失误，好在尚能弥补，没有酿成大祸。因而，在行车中一定要不断总结经验，减少甚而杜绝各种失误，避免造成不必要的损失。例如，在高速路上行车，对要下高速的路口一定要充分知情，早有判断，避免驶过路口。我们曾多次错过应下的高速路口，只好到下一路口纠正，一下多开出几十千米，有的还延误时间，耽误了行程。又如车加油，也一定要了解信息，准备充分，时常保持适当油量。我们曾在高速路上因加油站不是中石油、中石化而错过加油。计划到下一个服务区再加，意想不到的是，服务区因故临时关闭。而油表上指示针已到了红色警示区，到下一服务区还有几十千米路程。一路上提心吊胆，不停注视油表，好不容易到了下一服务区，居然没有加油站！找服务区的工作人员打听，告之往前再走十多千米出口下高速后几千米处有个加油站。我们这才稍稍松了口气。到了加油站，油表指示针已到红色警示区的最后一格了，真悬！说来，这种低级错误很容易避免，但就是这类失误，我们还犯过好几次，不要小看了！

做好数据表格记录填写 这是途中的一项重要工作。记录下有关数据，便于日后使用、比较、分析，对行程进行总结、改进。

数据表格在旅行前做攻略时就做好，上路后只需按实际情况在项目栏填写即可。用纸质或在手机上操作都行，这样可真实记录下行车中的第一手资料。

数据表格分两三种，也是在旅行中逐渐改进、完善的。

其一，日程表，是关于全天各相关项目的详细记录。

其二，简表，是日程表的更精练化，重点是有关费用的项目。

其三，汇总表，是一个综合表，可进行对比、研究，得出多项结论。

归来——既是结束 又是开始

退休后，旅游就是我们的全部，精力、时间完全都用在这方面。

旅游—归来—再旅游—再归来，周而复始，不亦乐乎。

每一次归来，既是上次旅游的结束，也是下次旅游的开始。上下之间的空档，除了为下次出行做准备外，同样重要的是对上次旅游做总结。通常分为 3 个方面。

整理行程记录 在旅途中，再忙再累，每天休息前，也一定要认真整理、填写全天行程表。归来后，及时将行程表分散的内容进行归纳，整理成一张“总表”。在这张表上反映出本次旅游的七大方面十多个信息，具体如下。

- 时间方面：全程用了多少天。
- 行车方面：全程一共行驶多少千米，油费、过路费、停车费及其合计多少。
- 城市景点方面：全程到了哪些城市，游览了哪些景点。
- 住宿方面：住宿地、酒店及费用多少。
- 餐饮购物方面：早、午、晚餐及小吃、购物等费用。
- 景区门票及交通方面：我们已到古稀之年，根据国家规定，各景区均出台相关购票政策，很是优惠。一般仅交通（景区摆渡车、索道缆车）需本人负担，门票减免。充分体现了国家及相关景区对老人的照顾及体恤，老年朋友均十分欣慰及感激。当然，也有极个别景区不完全执行国家规定，对老年人不实行购票优惠或优惠幅度很小。
- 总费用方面：总结表除了显示以上各方面的单项和合计外，还列出总计。既能反映局部，也能反映全部，还能在线路之间进行比较、权衡。

绘制行程图 在全国地图上绘制全部旅行线路图。既能全面、直观地体现几年来驾车旅游全貌，也是“自由、快乐、满足”的另类体现。这项工作看似简单，却十分耗时耗力。精细程度充分体现了我们对旅游的热爱，以及所付出的努力。在著作此书时，只做些微调即搬上书页，早早为我们出书作出了贡献。

总结 每一次旅游结束，都会发现有不少缺失，同时，积累不少的经验和教训。所以，每一次旅游结束后的总结显得很有必要。用文字记载这些，是为了今后的旅游可得以借鉴，使其更加规范，效果更好。没想到的是，这次将旅游经历编写成书，这些资料帮了大忙，极大地压缩了著书时间。

特别没有想到的是，完成书稿之时，竟是我们夫妇金婚之日。儿女们组织全家照了一组纪念照，并在北京郊外为我们办了一个简单纪念仪式，大家在此共同度过了一个快乐、满足的团聚时光。

这一天，我们也重新进行了思考。是否可以说，我们之前的旅行随着图书的完成已告一段落。过去的已过去，今后的将重新开始。我们的旅行方式随着年龄的变化，也应该与时俱进，有所改变。今后的旅行可否由旅行游览转变为旅行休闲，从过去的快节奏转变为今后的慢节奏，从过去的长途跋涉转变为今后的平静安逸。但是，总的宗旨是不改变的，即初心不变，生命不息，旅行不止！

这些年来，对自驾旅行的相关问题我们也有过一些思考。

金婚全家留影

思考一，自驾游者的素质。我们常常从旅者自身如何去适应旅游的角度来思考这个问题。认为作为旅者，要初心不改，砥砺前行，不断提升自我。除了个人德行素质外，至少，还应该具备另两方面的素质。

其一，学习素质。

旅游一方面是游历、玩耍、消遣，在工作、生活之余，身心得到自由放飞，享受自由带给旅者的无尽快乐，无尽快乐带给旅者的优质满足；另一方面是寓学习、长知识于游乐中。旅游中接触到的知识面非常广泛，所到景点涉及政治、军事、文化、艺术、宗教、经济、金融、科技、历史、自然、地理、天文、考古、建筑、传说、神话……，方方面面，应有尽有。需要旅者在消遣之中，认真对待，对所见所闻进行必要的吸收，有意识地去学习、接受新知识、新思维，更新自身固有的观念，提高自身的文化修养素质。

其二，团队合作素质。

每一次旅行，汽车是一个平台，车上所有人就是一个团队。要完成实现“自由、快乐、满足”的旅行，需要团队的每个成员具有分工、合作，相互配合，共同完成一项使命的精神。

我们虽然只有两人，但分工合作很好，配合默契。所以这几年才能快乐、顺利、安全地完成了六七年的旅行，十多万千米的行程。

我是男同志，承担了最主要的体力活——驾驶汽车。除此，还负责景点选择，线路制订。华都也曾跃跃欲试，要去学驾驶，为的是能分担繁重的驾驶任务。可是，遭到全家人的一致反对，一颗骑自行车都担惊受怕的心，开汽车还不知惊悚到怎样，还是免了吧！

但华都玩手机或许称得上老年群体中的“高段”，她就负责订酒店、汽车导航、费用、外交及其他后勤工作。另外，华都最重要的任务是担任“汽车驾驶督查”，监督我交通安全遵守情况。这项重中之重的工作，常常逼得她在行车途中困得不行了，还始终不愿“眯”一会，一直瞪着眼，紧盯前方，忠于职守。

当然，如果同行的团队不是两人，而是三人、四人，或更多的人，那么彼此的合作，每个成员的相互包容、相互配合就显得更重要，极大地关系到旅行的质量，甚至是旅行的成功与否。绝不能等闲视之！

思考二，自驾游环境。旅游环境对旅者心理和行为影响十分重要。从开始萌生自驾游想法，就对这种方式信心不大，对自驾环境无把握。通过这几年的自驾，已完全打消了各种顾虑，增强了自驾的无限信心。甚至到现在大声疾呼，提倡凡有条件的旅者自驾汽车，自由旅行。

自驾游环境越来越好，主要体现在如下几个方面。

● 自驾的基础条件——汽车。厂商推出适合长途安全旅行的新款车越来越多，除了 SUV 车，还出现各种款式的房车、床车，给了自驾游旅者更多选择。

● 通往景点和景区内的道路越来越完善，更适合自驾行。这曾经是我们自驾之初最担心的，几年自驾下来，基本上没有在此问题上栽过。到景区的最后一段路受到地方政府、主管部门的重视，顺利走车不成问题。

从湖北九宫山景区到闯王李自成墓，在做攻略时，查阅资料都说这段路程 30 多千米，路很难走。到九宫山住了一晚，准备第二天去闯王墓。晚餐时顺便找人打听，也都说可去，但路不好走，反正都没去过。

我们很犹豫，去还是不去？这可是在鄂赣两省交界的大山中，当天还打算赶去参观三国赤壁景区，如困在大山中进退维谷，怎么办？但这又确是仅有的机会，已到了门口，30 多千米，最多一小时，不去即失之交臂，以后恐怕再没机会了。

而闯王李自成的故事从小就吸引我们，是我们心目中的英雄。尽管他在夺得天下后，放纵“腐败”铸成大错，被吴三桂引入清军赶出北京城，那是农民英雄的历史局限。现在史界对他的历史地位，以及他的为人尚有争议。但我们仍想游览英雄被害，而又有着神秘色彩的地方。

最后，我们不顾是否险途，仍开车上路。结果完全出乎预料，乡村水泥路，虽然不规范，很窄，很多路段仅能过一辆车，会车都得停下避让，但路途全程好走。一路上来回仅会了两三次车。从侧面证明，当时去参观游览的人的确不多。我们很顺利地完成了李自成遇害地及墓地的游览。

目前已走过的其他景区，道路都还不错，有的已很好，有的正在重建。特别是一些发达地区或重点景区，通往景区的路可媲美国家一、二级公路了。

当然为了安全，在一些深山险处中的景点，道路状况不明时，还是要十分小心。雷雨风暴等特殊天气时，最好暂不要自驾去。

● 适合自驾住宿酒店越来越多。能停车是自驾游的必备条件，过去偏远地区酒店有停车条件。在城市中心，寸土寸金的地面，往往缺少停车场。但近些年，这种情况发生很大变化，特别是中档住宿连锁酒店，对停车场等驻车设施越来越重视，大多设置停车场，不论大小、豪华简陋，甚至不惜租借就近单位停车场。

● 社会稳定，环境安全。自驾游六七年来，很重要的一个体会，国家社会安全值越来越高，人们幸福感越来越强，我们常常担心的社会安全问题也都不是问题。

我们到过大小数百城镇，从热闹繁华的大城市中心，到人迹罕至的荒山野岭，从东北的大、小兴安岭到西南的哀牢山，从内蒙古大草原到南海之滨，从来没有过安全的顾虑。即使有时行车几十、上百千米，全在大山、森林、荒漠里转，再偏远、再人烟稀少的地方，也没感到过安全的威胁。从未因社会环境安全影响过行程。只有在我们的国家才有这种体会，很自豪吧！

在加拿大定居的同学，听到我们自驾游，问的第一个问题就是：是否安全？我们毫不犹豫肯定地告诉他“很安全”。奇怪的是，再次见面，他又问同样的问题。当然，我们也是同样地回答。

细想起来，一点不奇怪。同学已在异国他乡生活多年，对国内情况的印象还停留在从前！最近，资料上说，我国是世界上公认的最安全的国家之一，安全指数全球排名已挺进前 10 位。

● 国民对自驾游这一旅行方式的认同和适应性越来越强。这些年随着国家发展，国民收入也随之普遍提升，生活质量越来越好。自驾也成为旅游的重要选择，有的不仅在国内自驾，还自驾到国外。不时有这方面的报道，国民都是报以热情支持。而且，越来越多的人在效仿。我们在国内自驾游，不管到什么地方都受到尊重，得到赞扬，得到热情帮助，让人非常感动。

● 国家对自驾游这一旅行方式的认同和支持度越来越高。这些年国家发展快，社会环境稳定，鼓励全民旅游，狠抓旅游环境，大力提倡各种旅游方式。自驾游以其独特的优势正在受到国民的青睐，越来越多的人加入这个队伍。我们自驾游到过很多地方，深深感到社会各方面的包容、支持。

作为自驾旅者，还衷心地希望，随着国家改革开放深化，“双循环”经济的健康快速发展，自驾旅游环境还会有更大的改善和发展，更加适合自驾游。如建设更多电动车充电设施，增加更多的自驾车营地，不仅是房车，也包括床车、其他旅游车等都能有自己的露宿天地。

● 堵车问题。这是自驾游当前或今后一段相当长的时间，仍会面临的最棘手问题。我们这些年的驾车之旅中，对此问题深有感触。碰到大的堵车有四五次，每次延误的时间至少在半天。2021 年 10 月，我们从新疆、甘肃返程回京途中，因为大雨洪水，高速封路，改走 108 国道，因大雨引起多路段塌方、泥石流等，国道双向四列车，排成长龙，交通公路养护员工抢修一段，交警指挥放行一段，走走停停，缓慢行进，整整一天，从 7：30 到 21：00 多，近 15 个小时，仅走了不到 150 千米路程。至于平时一般性的堵车，耽误一两个小时，甚至三四个小时，是常有的事。这个问题已成了交通运输最棘手的难题。堵车的原因是多方面的，有道路的问题，有气候的问题，有驾车人的问题，等等，是世界性难题。对每一个驾车个体来说，最有效的是错峰出行，有意识地避开堵车的高频率地区、高频率时段，尽量选择路况好，非节假日出游。遇上堵车，要冷静，不忙不躁，听从交警或其他管理人员的指挥调度，尽快走出困境，尽量减少堵车带来的损耗。

思考三，自驾旅游之未来。旅游业已经是世界许多国家的支柱产业，自驾旅游是一分支，在发达国家很受追捧，发展很好。在我国兴起的时间不长，原因是自驾的基础——家庭自有汽车的历史不长。

但随着国家经济发展，家庭自有汽车的普及，近些年自驾汽车旅游以较快速度增长，出现方兴未艾的发展势头。未来必将更加快速发展，这已是毋庸置疑的事实。有以下方面可佐证。

- 国家的快速发展，政策措施、基础条件更趋完善。自驾旅游作为一个重要朝阳产业地位已成必然。国家必然会继续狠抓消费，促进国民经济的全面、稳定、向上发展。旅游业是拉动社会消费的重要方面，必将受到更大重视。相关政策、管理措施及相关基础条件的建设和完善已成必然，旅游的全面发展无疑会带动自驾旅游的发展。

- 旅游资源丰富，具有超强的旅游发展基础。我国疆域辽阔、历史悠久，有960万平方千米的国土，5000年的文明史，在这片土地上孕育了数不尽的自然美景，经历了一桩桩波澜壮阔的历史事件。近些年这些资源得到维护、挖掘、发展，加上大批现代娱乐、休闲旅游区建成，形成立体、全方位适合各类人群的丰富旅游资源。这种旅游业自身的优势，也极大地吸引着越来越多的旅者向往和加入。

- 人口众多，有着旅游人口红利的基础。在丰衣足食，迈入小康的基础上，人们注意力正逐渐转移到旅游业上。每年仅是五一、十一旅游人口就达数亿，许多人是自驾游，已形成自驾游的人口基础。另外，近些年，我国正快步向老年社会迈进，目前60岁以上的老人已逾2.6亿。这么庞大的一个老年群体，无疑是旅游业的广大市场。且这部分人的主体大多是刚离开工作岗位，经济宽裕、时间富裕，都会驾驶汽车，精力充沛，对自驾旅游怀有较高的期望值。将形成一个退休年轻族的自驾旅行大群体，必然有力地促进自驾旅游业的快速发展。

G108因大雨引发泥石流堵车严重

线路一

山东线——自驾序曲之旅

山东省简称“鲁”，也常称“齐鲁大地”。位于我国东部沿海，胶东半岛上，面积约36万平方千米。暖温带湿润季风气候，四季分明，春秋短，冬夏长，年平均气温11～15℃。

山东旅游资源丰富，据不完全统计：被列入《世界文化遗产名录》的景点4个，全国重点文物保护单位228个，AAAAA级旅游景点13个，AAAA级旅游景点212个。山东是中国古代灿烂文化发祥地，是孔、孟故乡；有五岳之尊的泰山；黄河在这里入海；大运河穿流而过；《水浒传》中梁山108将曾在这里聚首。山东海岸线漫长，有著名海滨景点蓬莱、威海、芝罘，以及璀璨明珠青岛。还有姜太公、颜子、晏婴、诸葛孔明、戚继光、王羲之这样的大家。

山东特色产品众多。食品有烟台苹果、莱阳梨、肥城佛桃、平度葡萄、乐陵金丝小枣、青岛啤酒、德州扒鸡。可供欣赏的有淄博陶瓷、潍坊风筝，可与洛阳牡丹齐名的菏泽牡丹。

山东公路发达，尤其是一级公路、高速公路已形成网络，遍布全省。

于是，我们这些年的自驾之旅，序曲就从山东之行拉开了帷幕。

做了初步准备，过完国庆节，10月13日，我们夫妻俩便迫不及待地开着崭新的爱车别克昂科威，兴致勃勃地出发了。沿着京沪高速一路欢歌，快乐向前！

正是：

爱车悠悠走高速，心情愉悦离京都，
秋风徐徐送凉意，伴我夫妇自驾游。

经过大半天长途跋涉，行驶670千米，下午两点到达山东省济南市。决定当天不走了。

导航把我们带到一家酒店，虽然不大，但有一个小型停车场，可以容纳十几辆车停放，有停车场是我们住店的必备条件。

济南有三个景点最具代表性，它们是千佛山、趵突泉和大明湖。

在酒店休息了1小时，疲劳稍稍恢复，我们便乘公交车去了千佛山公园。酒店门前的公交车正好直达公园，仅有半小时路程。乘公交可省去停车麻烦，何乐而不为呢！

千佛山名胜古迹众多，随山势凿窟，雕刻数千佛像。万佛洞集中国四大佛窟精华于一体，是极为宝贵的文物。

千佛山 又称历山、舜耕山。国家AAAAA级旅游景区。位于济南城南部，随山势凿窟，雕刻数千佛像，称千佛山。占地166公顷，海拔285米。始建于隋开皇七年（公元587年）至开皇十五年（公元595年），距今1400多年。千佛寺

兴国禅寺大门

位于山腰，唐代改“千佛寺”为“兴国禅寺”，从元代开始，“三月三”“九月九”均举行庙会，逐渐成为香火胜地。门票价格：30 元 / 人。内部景点有的还另收费。

我们去时公园正是举行“千佛山第三十四届九九重阳山会”期间，很热闹。但当天时间已晚，游人不多，公园道路两旁的商户有的已打烊。我们无心逛商摊，直接快步登山。

千佛山名胜古迹众多，尚有历山院、唐槐亭、文昌阁、弥勒胜苑、18 罗汉像、观音园、辛亥革命烈士陵园等。

释迦牟尼侧身花岗岩卧像，长 10 米，重达 50 吨，全山东之最。佛像卧姿慈祥，仪表雍容，气势恢宏。

观音园铜质观音像，立于水池中央，高达 15 米，慈眉善目，神态安详，可亲可敬。周围 26 尊观音像，表现了各种化身及佛法。

千佛寺，是千佛山主体建筑。寺门“兴国禅寺”系赵朴初手书。寺内建筑金碧辉煌，多处名人题刻，往南千佛崖开凿佛窟 9 洞，130 余尊佛像，最远距今已 1300 余年，是极为宝贵的文物。主殿大雄宝殿，供奉释迦牟尼佛像，两侧塑有 10 大弟子雕像，个个端庄大气、肃然伫立，形象生动。

据说，千佛山不止千尊佛，而有 3 万多尊，万佛洞聚集中国 4 大佛窟精华于一体，表现了莫高集锦、龙门精华、麦积奇观、云冈荟萃的精致，神奇而久远。

由于来得较晚，有的景点已关门，有的正在关门，为了不耽误工作人员下班，游览比较匆忙。到了山下，游人更少，很是清静，我们也很快离去。经验是以后去景点不能太晚。

第二天清晨，按计划我们开车直接到了趵突泉公园。

趵突泉　以泉显赫，以泉名扬天下。国家 AAAAA 级旅游景区。全园有 30 多眼泉水，趵突泉居首，是济南最有名气的公园之一。位于山东省济南市历下区，南靠千佛山，东临泉城广场，北望大明湖。面积达 158 亩，门票价格：40 元 / 人。

趵突泉，历史悠久，最早记载于商代，宋代知州曾巩正式赋予“趵突泉”之称，系地下涌出三眼泉水，冒出水面数米之高。泉水食之甘甜可口，传乾隆帝下江南品之，即弃所带北京玉泉山水，改饮趵突泉水，并封为“天下第一泉”。

古迹“观澜亭”位于池北岸边，石碑“第一泉”和石碑“趵突泉”分列于“观澜亭”左右两侧水面，字迹浑厚饱满，苍劲有力。分别出自明代书法家胡缵宗和清代王钟霖之手。我们和众多游人都站立观澜桥上看泉，泉水从池面突突冒出，

趵突泉

形成一个个美妙的同心圆圈又沉入水下，周而复始，永不知停。人们都不停地惊叹，赞美！当年老舍说出大家的心里话，“泉太好看了！”“我完全陶醉在美丽的泉水上了，呆呆地望着泉水，忘了一切。”

在趵突泉附近，散布着金线泉、漱玉泉、洗钵泉、柳絮泉、皇华泉、杜康泉、白龙泉等30多个名泉，构成了趵突泉泉群。

公园内古迹众多，观澜亭、观澜桥、广会桥、龟石、乐源堂、来鹤桥、望鹤亭、白雪楼、娥英祠、尚志堂、李清照纪念堂、沧园、万竹园、李苦禅纪念馆、王雪涛纪念馆等。

我们最欣赏的还是南大门古色古香的牌坊，横匾上“趵突泉”蓝底金字，为清乾隆帝御笔。

离开趵突泉，驱车来到济南城的三大历史名胜之一大明湖。

大明湖 和刚才游览的趵突泉、昨天游览的千佛山公园合称济南城的三大历史名胜，国家AAAAA级旅游景区。门票价格：免费。观光车票10元/人，游船票10元/人。

大明湖大门

大明湖最初于北魏郦道元《水经注》中称“历水陂”，唐时称“莲子湖”，北宋称“西湖”“北

湖”。金代文学家元好问在《济南行记》中始称大明湖。20 世纪 40 年代曾有过“辟为大明湖公园”的记载，1957 年正式建成大明湖公园。经过几十年的修缮、扩建、改造，现已建成名副其实的“城中湖”公园。

大明湖水主要靠分布于附近四周的 20 多处泉水供补，湖水流向东北，经泺水河注入小清河。

大明湖历史悠久，素有“一阁、三园、三楼、四祠、六岛、七桥、十亭”之说，16 景可游览，最大特色是古建筑及自然景观众多。大多围绕纪念古代名人政绩和行踪，典故诗赋贯通，故事颇丰。

历下亭，历代文人雅士宴集之地。大诗人杜甫踪迹至此，留下“海内此亭古，济南名士多”的诗句。亭中匾额“历下亭”三字，为清乾隆皇帝手书。亭北名士轩中，墙上嵌有杜甫、李邕的石刻画像及济南历代名人的画像，门前抱柱上刻有郭沫若撰写的对联：“杨柳春风万方极乐，芙渠秋月一片大明。”

铁公祠，为纪念明洪武三十一年（公元 1398 年），燕王朱棣与侄朱允炆帝争夺皇位战争中，济南守将铁铉。颂扬其忠于信仰，舍生取义，宁死不屈的精神。

汇波楼，宋神宗熙宁五年（公元 1072 年）所建两层高城楼，为济南之唯一北城门。人们登临游览，历代文人墨客题咏集宴赋诗之处。

南丰祠，古典式庭院，建于宋代，原名曾公祠，为纪念北宋文学家曾巩而建。位于湖东北岸，占地 2535 平方米，由大殿、戏厅、水榭、游廊等建筑构成。

遐园，著名藏书楼。建于 1909 年，誉为“济南第一标准庭院”美称。造型古雅，景致优美，藏书颇丰，与宁波“天一阁”齐名，素有“南阁北园”之称。园内还有岳飞手书的前后《出师表》石刻。

稼轩祠，1961 年建立，纪念抗金英雄辛弃疾。

北极阁，道教庙宇，供奉真武大帝。

新的一天开始，旅游目的地：陶瓷之都、风筝之乡。

清晨，车出济南城，向东一路奔驰，很快就到了陶瓷之都淄博市。

我是第二次光顾这座曾给我的职业生涯带来过好运的城市。不妨道来：还是10多年前的2003年，刚离开研究所的党委书记、副所长领导岗位，转任所办企业中保集团公司总经理。和分管销售的副总陈昶等几位同志下市场做调研，并拜访一些知名企业，取经学习，我们来到了淄博农药厂。

和农药厂老总是认识多年的老朋友了。说明来意，他高兴而毫无保留地带我们参观厂区，随后又介绍、传授研发、生产、销售各个环节的做法和经验。众多经验中有一条引起了我们的注意和重视，即他们通过技术研发、技术改造向国家申请到大笔经费支持，极大帮助了企业的产业提升，增强了市场竞争力，创造了可观业绩。

作为一个民营企业尚可申请到国家大额资金支持，而我们作为一个国营企业、国家队，更应该争取到国家的支持。之前我们还是思想放不开，不敢想，不敢干，不敢有所突破。

从那以后，我们在企业下一步发展中，明确提出要争取国家资金支持，加快发展速度。在所领导和有关职能部门领导的大力支持下，经过两三年的努力，先后申请到国家创新研究项目3项，总经费达到数千万元，极大地支撑了企业研发和设施改善，为企业发展作出了积极贡献。企业效益年年都有较大幅度的增长。至今，年销售额已达数亿元。

淄博就是这样一个给我们带来过好运的城市！

淄博中国陶瓷馆 位于山东淄博市区中心文化广场，占地40余亩。建于2002年，并对外开放。门票价格：免费。

淄博中国陶瓷馆

青釉莲花尊

陶瓷是陶器和瓷器的总称，是中华民族的艺术瑰宝，陶瓷文化艺术博大精深，源远流长。

淄博是齐文化发祥地，是中国陶瓷五大产区之一。淄博中国陶瓷馆，系国家级博物馆，建筑地下一层，地上四层，总建筑面积5万平方米，展厅面积2万平方米，是一个集研究、收藏、展览、陈列、社会教育和销售于一体的现代综合性博物馆。全馆已开放近25个展厅，展示了从新石器时代的后李文化至今，历8000多年，淄博出土、生产和收藏的各类陶瓷精品2500余件（套），其中，古代展品249件。此外，还有大量近、现代陶瓷精品。

踏进展馆，顺序参观浏览。万件展品，众多说明介绍，让人应接不暇。

整个展览无声地述说着淄博陶瓷在中国的地位，仅从展、藏品即可窥见一斑。

一层展厅大型陶艺组雕给我们以震撼，场景气势宏大，人物栩栩如生，惟妙惟肖，制品精致秀丽，精美绝伦。如陶魂，展示了制陶的全过程。清明上河图，再现了大宋当年社会井然有序，一派生机繁忙的景象。

二层左厅，有镇馆之宝，国家一级文物“青釉莲花尊（北朝，公元439—581年）”，形体硕大，高59厘米，造型优美，色泽滋润，线条分明，装饰错落有致，颇具典雅高贵之风姿。淄川区的龙泉镇和庄村东的北朝晚期墓葬出土。这种国宝级别的文物，全馆收藏有数十余件（套），充分体现了博物馆的实力。

陶瓷包含了陶瓷和琉璃，尤以琉璃的地位不容挑战，其成就得到世界的承认与尊重。

随着时代的发展，淄博陶瓷在继承的基础上，借鉴了佛学、道教，以及中国其他文化元素的精髓，不断推陈出新，每件作品都被赋予生气，承载着生命。近代出现了单色釉作品和彩瓷作品等许多精品，使当代陶瓷更具独特的神韵和魅力，感动着中国，也感动着世界！

淄博距潍坊仅115千米，全程高速，1个半小时后，我们已到素有“风筝之乡”美称的潍坊了。

风筝，起源于中国，又称纸鸢，顾名思义是纸糊成的鹰。

潍坊风筝博物馆 位于潍坊市区内，占地1.2万平方米，建筑面积8100

潍坊中国风筝博物馆

平方米，展厅3000平方米，12个展馆。始建于1987年，1989年竣工并对外开放，是目前国内仅有的风筝专业博物馆。顶部屋脊，取意于潍坊龙头蜈蚣风筝造型，具有中华文化特色，夸张犹如一条巨龙欲腾空而起。门票价格：免费。

潍坊风筝，历史悠久，极负盛名，相传起源于战国时期，已有2000多年的历史。唐宋时期很是普及，清代至鼎盛，当代得到更大发展，漂洋过海，遍及全世界。

潍坊风筝博物馆，收藏、陈列、展出古今中外风筝珍品1000余种及其相关的文史资料300余件，资料介绍了风筝的历史、分类、制作、创新、活动、交流，涉及传统、现代、国际三大方面。

各式各样的风筝

展品中不乏精品，或人物，或花鸟，各种造型，蝴蝶、龙头蜈蚣是主角。

风筝形式上划分为5类：板子、硬翅、软翅、长串、筒子。有的硕大无比，有的凹凸立体有致，有的微微默默，有的高大威猛，有的慈眉善目，有的含情脉脉，有的沉稳淡定，各自坚守着自己的岗位，履行着自己的职责。

风筝最大的特点，不仅仅是制作艺术，观赏性极高，最重要的是放飞。风，才是风筝制作的灵魂，正如清“扬州八怪”之首郑板桥诗“纸花如雪满天飞，娇女秋千打四围。五色罗裙秋摆动，好将蝴蝶斗春归。”在展馆中有着充分而形象的体现。

每个放飞风筝的人，都须在室外空旷之场所，才能进行此项活动。或跑或走或停，或立或坐或卧，千姿百态，形象可掬。可在放飞中锻炼身体、舒缓心情、培养情操，是一项十分有益于身心的活动，千百年来受到人们的青睐和推崇。

参观潍坊风筝，不能不提的是一年一度的盛会——潍坊国际风筝节，每年4月的第3个周六举行。尽管我们来的不是时候，无缘盛会，但在馆内参观，也嗅到了风筝节的气息。盛会期间有来自风筝联合会67个会员国代表及30多个国家和地区代表团参会。活动包括：开幕式、放飞仪式、国际风筝比赛、国际风筝大奖赛、评选风筝10绝、参观风筝博物馆、观看杨家埠民间艺术表演、参观民俗旅游村，与农民同吃、同住、同娱乐等。

到2016年，潍坊国际风筝节已举办33届，加快了潍坊的对外交流和走向世界的步伐，极大地促进了潍坊地区的经济发展。

从潍坊到蓬莱也很快，仅1个小时。蓬莱城市小巧玲珑，紧靠海边。订好酒店，步行几分钟即入景区。

蓬莱阁 全国重点文物保护单位，国家AAAAA级旅游景区。位于临海的丹崖山上，分为前区、中区和后区。建于北宋嘉祐年间，距今900多年。早在2000多年前，就有蓬莱、瀛山、方丈山渤海三神山之传说。三山烟雾缥缈，上有神仙居住，炼长生不老仙丹，引得秦皇汉武，多次东寻探求。蓬莱阁是中国四大名楼之一，蓬莱旅游景区以此名片而名扬四海。门票价格：120元/人。

蓬莱景区，大门是一个四柱三门牌坊，正面“人间蓬莱”四个鎏金大字系北宋苏东坡手书。走过弯弯曲曲的小径，过了水城石桥，进入前区，依台阶拾级而上，即进入弥陀庵。后门出庵，前面八角亭，内有硕大万民感德石碑，书写“万寿无疆”四个大字，路人都去摸石碑留影，过过皇瘾！

出亭子几步，到达中区，进入丹崖门，游览龙王庙、后天宫、三清殿。

再往前，游人更多，空间却越来越狭窄，顺着人流涌上前，到达滨海后区。传说中的八仙醉卧蓬莱阁中，东倒西歪，豪放不羁。挤上前去隔门观望，一睹八仙那万事不以为意的风采，联想传说中的他们漂洋过海，各显神通，战胜惊涛骇浪，成功到达彼岸的团结合作精神，至今仍是人们颂扬、学习、提倡的。这儿自然是要留影，可是，蓬莱阁游人太多，地方窄小，施展不开，好不容易留下“蓬莱阁”

三字，意思已到了。

醉卧八仙

随着人流，摩肩接踵，蹭到城墙边，往前看是一望无际的大海，往后看许多古人墨宝，不能错过，仔细欣赏一番。

海市蜃楼是蓬莱景区一大奇观。遗憾的是当天天气阴暗，好似雾霾天。惦记着要看的海市蜃楼，却只能见到雾茫茫一片。

随后，参观了八仙过海出发地，民族英雄戚继光操练水军的重点文物保护单位蓬莱水城，以及中国最早的古船博物馆。

戚继光，民族英雄，军事家，杰出的抗倭名将。

戚继光故里 全国重点文物保护单位。位于蓬莱城中，占地面积 19 000 平方米，建筑面积 2210 平方米。街道东西两头竖立着一对威严高大、雕刻精湛的明代嘉靖年间牌坊。东边是朝廷表彰戚继光祖母和他父亲的“母子节孝”坊，西边是表彰戚继光和他父亲的“父子总督”坊。崇祯年间修建的戚继光祠堂，为三进院落家庙式建筑，距今近 400 年历史。门票价格：25 元 / 人。

戚继光，山东登州（蓬莱）人，民族英雄，军事家，杰出的抗倭名将，一生抗击倭寇 10 余年，最终扫平倭贼。镇守北方边关，抗击蒙古部族内犯 16 年，百姓得以安居乐业。所建戚家军，治军严谨，战斗力强，威名远扬。历经水陆大小数百仗，战无不胜。著兵

戚府大门

书三部，流传后世。戚继光还是书法家、诗人。工诗文，善书法，行草笔法娟秀，豪劲端重，有不少流传于世的书法作品。

在景区街道两旁分布：戚继光祠堂、兵器陈列馆、戚继光抗倭事迹展馆、戚府等景点。一一走到，感触颇多。纪念馆坐北朝南，东西两侧建有碑亭，分别立“忠”“孝”字碑，碑阴刻有戚继光和父戚景通生平。主体为中轴对称二进式仿古建筑，每进有正厅和东西厢房各一，且有回廊相连。展厅内容以展现戚继光保国卫民、戎马一生为主线。特别是辕门斩子，后花园忠孝石碑，充分展现了戚继光的为子、为夫、为父、为臣、为人的品格，堪称齐家治国平天下之典范。

阳主庙是中国有史记载的最古老寺庙之一，始建于春秋时期。目前许多国家航海图上仍以“芝罘”之名代表烟台。

芝罘岛 古称罘山，又称青城山。位于烟台老城区北，民间亦称其为北岛。原为海中孤岛，后因海底抬升和泥沙堆积，在岛的南岸中部，形成一条纵长3千米，宽约600米的沙坝，使岛与大陆连在一起，成为中国著名的陆连岛。整个地形宛若一棵巨大灵芝，呈“丁”字形，斜横在碧波万顷的黄海中。岛体呈菱形，东南—西北走向，长9千米，宽0.5～1.8千米，面积11.5平方千米，主峰老爷山海拔294.1米。岛岸线曲折，长22.5千米。岛上气候温和，冬无严寒，夏无酷暑，是烟台著名旅游景区。门票价格：免费。

阳主庙

芝罘岛风光绮丽，北岸峻崖峭壁，最高达百米，分布有海蚀崖、海蚀洞和海蚀柱，怪石嶙峋，千姿百态。近岸处的“婆婆石”，海拔43.40米，形似老婆婆盘坐于碧涛之中，蔚为奇观。南岸坡度较缓，林木葱茏。其西段环绕水质清新的套子湾，东段怀抱古老的芝罘湾，放眼南望为繁忙的烟台港和高楼林立的闹市区。岛西有历史胜景“石门春波”——石壁穿洞若门，海浪回涌，激流腾旋，春暖风和时，碧波如画。岛东可观“芝罘朝日”，凌晨，登峰远眺，旭日浮波，赤天金涛，霞光万道。附近海域偶尔会出现“芝罘海市”奇景。

芝罘岛上有许多古迹和古遗址。主峰西侧海拔 289 米处，有战国时期齐康公墓遗址。

岛的南坡坐落有千年古庙——阳主庙，到芝罘必游阳主庙。阳主庙是中国有史记载的最古老寺庙之一，坐落在烟台芝罘岛阳坡，占地 40 余亩。约始建于春秋时期。庙内供奉的是先秦时期东方神祇——八主神之一的“阳主神”，为齐国祭祀的“八神将”之一，排行第五，专管民间水、旱、瘟，反映了当地悠久的神仙信仰传统。庙为典型的合院式宫观建筑，布局方正严整，古朴典雅，历经扩建修葺，始成规模；四进院落，殿房 36 间，呈“工”字形排列，建筑十分壮观。大殿东西两侧有配殿，供奉着送子娘娘和王母娘娘。朱漆庙门上，分别写着“灵著之山”和“恩覃寰海”8 个楷书大字。山门高大崔嵬，周围环卫着 4 个将军，手执各种不同兵刃，神情威猛，令人望而生畏。现为 1991 年重建的阳主庙，背山面海，由山门、门殿、大殿、后殿及两廊房组成，为典型的封闭式寺院建筑，布局严整，造型古朴典雅，正殿供奉梁王大帝（阳主）。

秦始皇东巡时，曾 3 次登上芝罘岛，向阳主行礼封禅，刻石勒碑颂扬功德。汉武帝也于“太始三年（公元前 94 年）行东海”，驾临芝罘岛，行祭祀阳主大典。芝罘岛因而名留千古，目前在世界许多国家的航海图上仍以“芝罘”之名代表烟台。

> 刘公岛，一个不大的岛屿，但极具战略价值，自古以来就是兵家必争之地。

刘公岛 全国重点文物保护单位、国家 AAAAA 级旅游景区、全国爱国主义教育示范基地等。位于山东半岛东端威海湾口，具有极其重要的军事价值，自古以来就是兵家必争之地，素有“东隅屏藩”“不沉的战舰”之称。门票价格：138 元 / 人（含船票）。

从威海码头乘渡船到刘公岛仅 2 海里（约 3.7 千米）。刘公岛不大，但名气颇大，主要是 120 多年前，这儿发生了与日本国的系列海战。由于清政府的腐败无能，在优势情形下战败，北洋海军全军覆没。中国满清海军从此一蹶不振，中国政府割地赔款。

到这儿来就是为了探寻历史、追忆海战、缅怀先烈；不忘国耻、牢记使命、振兴中华。仔细参观了“中国甲午海战陈列馆”“中国甲午海战博物馆”，受到莫大教育和启示。

刘公岛，满满的海战氛围，进一步深深地感悟到，国防军事对国家强盛的重要性。而对于具有20000千米海岸线的我国国防军事而言，海军位置不可替代。可是，在新中国成立前的久远历史上，中国历代统治者没有海权意识，认识不到掌握海权、发展海权对国家存亡兴衰的重要性。仅鸦片战争后的100多年间，英、法、日、俄、美、德等列强，从海上入侵我国就高达84次之多，入侵舰艇达1860多艘次，入侵兵力达47万。中国无海权，则国无兴盛。而帝国主义者却很早就看到“海权包括凭借海洋或通过海洋能够使一个民族成为伟大民族的一切东西”，因而抓住海权不放。

参观展览，甲午战争的惨痛教训不堪回首，影响深远。知耻而后勇。新中国成立不久，毛泽东主席就高瞻远瞩发出“我们一定要建设强大的海军”号召。习近平总书记指出，建设强大的现代化海军是建设世界一流军队的重要标志，是建设海洋强国的战略支撑，是实现中华民族伟大复兴中国梦的重要组成部分，给我国海军发展指明了方向。经过几十年，特别是近二三十年的时间，我国海军得到长足发展，已跻身世界海军强国之列。

刘公岛上历史文物丰富，与甲午海战相关的景点就达28处之多。另有优美的自然风光，素有“海上仙山”和“世外桃源”的美称。参观完展馆，我们还参观了如下景点。

北洋海军提督署，又名“海军公所”，即当年北洋海军司令部，建于1887年，是中国近代第一支海军的指挥机构。建有前、中、后三进院，每院设一中厅，左右两陪厅，大门两旁蹲着一对威武雄狮，忠实地守卫着提督署，整个提督署大气，简朴，陈设齐备，展示了北洋海军的历史风貌。大门前古牌坊上刻“甲午战争博物馆”。

威海水师学堂，创办于1890年，是北洋水师培养后备力量的教育基地。

丁汝昌寓所，建于1889年，丁汝昌及其眷属居此6年。现辟为丁汝昌生平展馆。丁汝昌，安徽人氏，官至北洋水师提督。

定远号战列舰，7000吨级一等装甲舰，甲午海战期间被炸沉。2020年9月才最终确定其埋藏位置及保存状态。现于刘公岛展出的是 1∶1 规格模型。

炮台，刘公岛上有清代炮台 6 座，建于 1889—1890 年，共存有各种口径的古炮 58 门。炮台工程规模宏大、造型巧妙、坚固实用，并互为呼应。

龙王庙，建于明朝末年，供奉龙王，庙外是戏楼，戏楼两旁石柱上对联："龙袍乌纱帽如花石斑斓辉光照耀玉皇阁，奏响管弦声似波涛汹涌音韵传闻望海楼"，见证了当年多么欢声笑语、莺歌燕舞、官民同乐的繁荣景象。

刘公庙，为纪念汉代刘公岛人刘公、刘母而建祠庙，1994 年重建。

望海楼，是地方官员当年为迎接女皇武则天东巡而建行宫，是岛内最高建筑，以能极佳地观望大海取胜。始建于唐代，后毁重建，内藏多种艺术珍品。

中华海坛，是纪念甲午战争 110 周年而建，前方石壁上雕刻 56 条飞龙，象征中华 56 个民族团结友爱、亲如一家。海坛上方巍巍耸立着 16.8 米的定海神针，顶是 1.6 米的夜明珠，向世人昭示：中华民族的万里海疆固若金汤，再也不容侵犯，伟大祖国繁荣昌盛，永远屹立于世界强国之列。

已经在海滨多天，终于有空到了一家餐厅，两人要了一条鱼、一盘虾、一碗海螺汤，还炒了一盘青菜，美美品尝了一把海鲜。

离开威海，开车直奔青岛崂山，乘景区车进入参观游览。

青岛崂山 因蒲松龄《聊斋志异》中的"崂山道士"而闻名天下。崂山又名劳山、牢山、鳌山等，是中国海岸线第一高峰，海拔 1132.7 米。崂山景区包括巨峰、流清、太清、棋盘石、仰口、北九水和华楼等九大游览区，有巨峰旭照、龙潭喷雨、明霞散绮、太清水月、海峤仙墩、那罗佛窟、云洞蟠松、狮岭横山、华楼叠石、九水明漪、岩瀑潮音、蔚竹鸣泉 12 美景，个个景色优美、奇秀壮丽，风光绝伦，各具特色。自古就有"海上第一名山""泰山虽云高，不如东海崂"之称。门票价格：180 元 / 人。

崂山中国最大的老子铜像

崂山景区，有 3 条观光线路，我们选择了比较常规的南线。这条线山海相连，靠山临海，有寺庙、道观，既可看山，也可望海，充分感受到海天一色、山海凌云的美景。

第一站，太清宫，崂山道士居所。包括宫门前牌坊、旧山门和三层院落：三官（天官、地官、水官）殿、三清殿（道德天尊、元始天尊、灵宝天尊）、三皇殿（伏羲帝、神农帝、轩辕帝），以及钟、鼓楼。这里古树参天，幽然清静，漫步其中，恍如隔世，有成仙成道之感。著名的道教祖师爷张三丰、丘处机等都曾在此修道。我们在太清宫门前牌坊照相留影。据说在太清宫看月出，别有一番风味。可是，我们等不到月出了。

第二站，华严寺，这是佛家庙宇，始建于明崇祯年间（公元1628年），毁于战火，清初重建，1931年改名华严寺至今。寺庙三面靠山，一面临海，规模不大，古朴幽静，不失为一个好去处。

第三站，仰口，先坐缆车上到山口，下山后去海边，岸边建筑群皆是白墙红顶，错落有致，和希腊的白墙蓝顶相媲，也另有一番美感。随后在海边沙滩上照相留影。海沙很软，海风很大。

特别要去看的是坐落在老君峰下的老子像，耗铜150吨，据说是中国最大的老子铜像。老子左手指天，右手指地。何意？要知，不妨去崂山亲自寻求答案。

第一天全在崂山度过，第二天在青岛城区度过。

青岛海滨　青岛旧称胶澳，山东半岛上的一颗璀璨明珠。以“红瓦绿树，碧海蓝天”为名片，独特建筑，古风道路，传承悠久历史，啤酒之城、帆船之都等享誉世界。可供旅者参观游览的景致不少，我们选择了海滨景区。

海滨，许多沿海城市都有漂亮的海滨，给城市增色不少，但海滨离热闹的市区总有那么一点距离。而青岛的海滨却和繁华的市区紧紧依偎在一起。沿着海滨一线分布着一系列景点：栈桥、八大关、太平角、海天中心、音乐广场、帆船中心，以及各大海滨浴场。视觉和感观，在这儿似乎模糊了，楼房、道路、沙滩、海洋、依次排列而又浑然一体。远处错落有致的城市建筑，似乎呈现的是“海市蜃楼”。门票价格：免费。

青岛栈桥海滨

八大关，中国最有名的六大古城区之一。集中了以长城八个关隘命名的八条道路，居庸关路、紫荆关路、嘉峪关路、韶关路、正阳关路、宁武关路、临淮关路、函谷关路，纵横联络形成独特的风景区。区内还有八大关小礼堂，花石楼、公主楼、蝴蝶楼、元帅楼等漂亮建筑。另集中了欧洲 20 余国建筑风格的无数小楼别墅，有“万国建筑博览会”之称。关内繁花绿树，高墙小院，欧式建筑、道路跌宕起伏。两旁树、花各具特色，海滩、海水、海风相得益彰，奠定了青岛第一美景的地位。来到青岛，不能不去哦！

栈桥，国家 AAAA 级旅游景区，建于清光绪十八年（公元 1892 年），长 200 米，宽 10 米，是青岛最早的军事专用人工码头。经多次重修和改造，长 401.54 米，南端建八角阁亭“回澜阁”，阁内两层，34 级螺旋式阶梯，栈桥为青岛 10 景之“飞阁回澜”。

五四广场，青岛的中心广场，与五四运动有着深深的渊源，记录了这个城市的过去、现在和将来，是一个集草坪、喷泉、雕塑于一体的现代化广场。钢铁火炬雕，据说重量是全国城市之最。红彤彤的火焰、蓬勃跳动、螺旋向上，远远就能感到中华民族反帝反封建的信念和力量，宣告着中国的崛起，受帝国主义列强欺凌的时代已经一去不复返了。

还有青岛啤酒中心、青岛火车站、浙江路天主教堂、江苏路基督教堂，以及海军博物馆等，我们都赶去打卡。尽管匆匆忙忙，却也留下深刻印象。除了兴趣使然，最主要是这些景点自身的独特魅力，或名扬天下，或历尽沧桑，或风姿绰约，或厚重史实，它们都当之无愧，值得人们为之倾情倾慕，顶礼膜拜。

青岛除了美景美色，还有美食美海鲜不容错过。离开青岛时，在酒店餐厅用餐，品尝海鲜，味道鲜美，且价格不高。我们边吃边说：争取有机会再来！

离开青岛，继续沿219国道向西南方向行驶，在日照观海后离开沿海大道，向西行进一个多小时到达临沂市。

临沂，一座历史文化名城，有2400多年历史，又是著名的革命老区。

到临沂计划是去参观“华东革命烈士陵园”，该陵园是全国著名烈士陵园，据称有大型纪念塔、堂等建筑物近20座。可是，由于正在准备迎接北京来客，那两天闭园不对外。我们傻眼了，千里迢迢专程赶来参观，缅怀先烈，到了门前却被拒之门外，不管怎么央求，说我们也是北京来的客人，也不行。这是为哪般？遗憾极了！只好在大门外远远拍张照，作为留念。

第二天，离开临沂前，参观了书圣王羲之故居。

王羲之故居 全国重点文物保护单位，国家AAA级旅游景区。位于临沂市洗砚池街20号。1989年在原址上重建。为一古典园林式建筑，小巧玲珑，大门向南，立柱四根，门上悬挂“王羲之故居”匾额。门票价格：30元/人。

王羲之（公元303—361年），字逸少，祖籍琅琊（今山东临沂）。东晋王家，名门望族，家世显赫，伯父二人，一人拜相，一人拜将（最高军事统帅），父为淮南太守，王羲之本人官至江州刺史、右将军，王氏名重一时，有“王与马，共天下”之说，居东晋王、谢、郗、庾四大望族之首，炽盛隆贵。

王羲之，东晋著名书法家，人称“书圣”，其书法誉满天下。精于行书，兼隶、草、楷各体，续继古人，又多创新；用笔细腻，结构多变，自成一家，影响深远。其书法代表作《兰亭集序》被誉为“天下第一行书”，但真品现已流失不知何方，现世皆为后人临摹仿品。除此，其楷书《黄庭经》《乐毅论》，以及草书《十七帖》等也极负盛名。

故居，园内绿树成荫，花草繁茂，假山怪石伫立水池边。进入故居，往前直行来到池边，名洗砚池。传说当年王羲之练字洗笔、砚，池中清澈透明的水已被墨水染成了黑色，至今千余年仍黑而不变。

碑廊

池西建有碑廊，长数10米，壁嵌大理石碑石刻80余块，皆是全国书法名家所题，阅之大饱眼福，真不愧是到了书圣家园。

再往东去，有一石桥，便是孝行桥。桥虽小，上刻有二十四孝故事，临沂就占了七孝，可称“孝城”了。

池北建有砚碑亭，内立有“晋王右军洗砚处”和“洗砚石”碑2座，字迹厚重古朴。池东有晋墨斋，内存文房四宝及书、画等，砚碑亭北有一高台，其上立晒书台石碑，是书圣当年习字晒书的地方。

书台北建有书院，内存书圣碑帖石刻及全国书法名家精品。

流觞亭，最负盛名的八角亭，是书圣当年与良朋好友雅集饮酒赋诗题序之处。

出亭往东，便是王右军祠，供奉王羲之及其儿子王献之，7世孙智永和尚。三人均是书法名家，王羲之、王献之父子二人，人称“二王”。

再往前即是普照禅寺，寺内大雄宝殿为琅琊八景之首“普照夕阳”，每当夕阳西下时，阳光从宝殿西窗斜照至金色佛像，金光四射，蔚为壮观。

周围还有集柳碑，系集柳公权字成碑，既记叙了王氏南迁舍此为寺的史实，又保存了柳书的精华，此构思何其良苦，又何其高远。

鹅池，中国古代文人流传有著名的“四爱”，即“周敦颐爱莲，陶渊明爱菊，孟浩然爱梅，王羲之爱鹅”。鹅池再现了王羲之所爱，从中悟出了许多书法之道。

五贤祠，供奉了临沂古代五位贤士，中间一位是大名鼎鼎的诸葛孔明，东侧的两位是二十四孝中同父异母兄弟王览和王祥，西侧两位是尽忠报国的大书法家颜真卿和颜杲卿堂兄弟。

临沂，真不愧是座历史文化名城也！

流觞亭

离开临沂，很快就到了当天最后一站——台儿庄。

有人说：万里长城是人字的一撇，京杭运河是人字的一捺。又有人说观长城到八达岭，看运河到台儿庄。足见台儿庄在中国历史、中国文化及中国遗产上的地位。

到台儿庄第一站就参观了“台儿庄大战纪念馆”。进一步全面了解了台儿庄的抗战历史背景、过程、胜利及意义，缅怀为国牺牲的同胞、英雄，增强了不忘过去，牢记使命，振兴中华的决心和自立于世界强国之林的信心。

台儿庄大战纪念馆 占地 34 000 平方米，总建筑面积 6000 平方米。整个纪念馆融展览馆、书画馆、影视馆、全景画馆为一体，气势雄伟，庄严肃穆。馆前 38 级汉白玉大理石台阶告诉人们，它所纪念的那场震惊中外的台儿庄大战发生于 1938 年；馆中 24 根雄伟的立柱支撑着白色的天棚告诉人们，中华民族顶天立地，永远屹立于世界民族之林；馆顶硕大的圆球结构建筑体告诉人们，这场大战是举世瞩目的壮举；馆东外壁一个巨大的十字架饰物，以宗教的神圣告诉人们，莫忘“数万条健儿，在这里做了国殇……”（臧克家诗句）；著名书法家启功题写的馆名，镶嵌在天棚的前额；程思远撰文、全国书法家权希军书写、张爱萍题名、用一方巨大的黑色大理石雕刻成的“台儿庄大战纪念碑”矗立在馆前广场上。门票价格：免费。

台儿庄大战纪念馆

沿馆前 38 级台阶拾级而上，依次步入展览馆的 3 个展厅和全景画馆，600 多件珍贵文物史料，集声、光、塑、形及气势恢宏的画面于一体的巨幅全景画，把当年那一幕幕惊天地、泣鬼神的悲壮与惨烈，生动地再现在世人面前。

从 1938 年 3 月 23 日黄昏，日军七八千发炮弹在台儿庄内炸响，到 1938 年 4 月 7 日日军的全线溃逃，历时半月的血战，我军共歼敌 11 984 人，俘敌 719 人，缴获步枪 1 万余支、机枪 913 挺、大炮 127 门、战车 40 辆，击毁敌机 3 架。我 3 万将士为国捐躯！这就是震惊中外的台儿庄大战！它的胜利向全世界表明了中国人民的抗战决心和必胜的信心，彻底打破了日本侵略者“皇军不可战胜”的神话和“三个月灭亡中国”的狼子野心。“台儿庄区区之地，经此一役之后，几成民族复兴之象征”，成为中华民族的“扬威不屈之地”，成为世界反法西斯战争史上的一部悲壮史诗。台儿庄大战纪念馆的建设，使这一悲壮史诗所凝聚的巨大精神财富，得到了有效的发掘与弘扬。

京杭大运河的中点，有一个颇多美誉的古城，那就是台儿庄古城。

台儿庄古城 被列入《世界文化遗产名录》，全国重点文物保护单位，国家 AAAAA 级旅游景区。位于山东省枣庄市台儿庄镇，建城始于秦汉，发展于唐宋，繁荣于明清。震惊中外的台儿庄大战使这座古城“无土不沃血，无墙不饮弹”，满目疮痍，成为一片焦土，一片废墟。经过多年恢复、建设、发展，现台儿庄已焕发青春、面目一新，俨然一座美丽的城市，著名旅游景区。门票价格：100 元 / 人。

台儿庄古城

台儿庄，是京杭大运河的中点，是一个名满中外的历史名镇，享有“中国最美水乡”“活着的古运河”“天下第一庄”的美誉，与波兰华沙同属世界上仅有的两座因第二次世界大战炮火毁坏，而作为世界文化遗产重建的城市。除了名人多，人才辈出外，景点亦众多。经过当地政府近二三十年的规划、投入、打造，已恢复相当的古镇风貌，再现了北方大院、鲁南民居、徽派、水乡、闽南、客家、欧式、宗教 8 种风格的建筑，包括了儒教、道教、佛教、基督教、伊斯兰教中、外五大宗教及其信仰，以及关帝庙景区、西门安澜景区、纤夫村景区、运河街市景区、板桥花门楼景区、水街商业景区、清真寺九龙口景区、湿地公园八大景区，29 个著名景点，是中国目前最大的古城。加上融入时尚文化，能让游人既看了古城，畅游了古运河，又亲临了大战地；既勾起了思古幽情，领略了古老文化，又亲临了时尚长河，享受了现代生活。

重点游览了几个有代表性的景点。

中河台儿庄段及沿线古码头，称之为“活着的古运河”，世界文化遗产即指此段，据说长约 3 千米，我们走了约 500 米。现存有 11 座古码头和保存完好的石驳岸。对运河我们一直情有独钟，在好几个旅游景点都看过运河，还专门去杭州和京城京杭大运河的始、终点看过运河码头。如今又到台儿庄古运河，进一步感受古运河沧桑变化及所见证的历史。

古城西门，这个景点包括了两层西门城楼、城楼上乾隆帝手书“天下第一庄”匾额，以及进入城楼不远处的“天下第一庄”牌坊，护城河岸边的“世界文化遗产——中国大运河”的标牌。此景点是古城精华所在，必到一游。

参将署，俗称大衙门，始建于清康熙年间，是古城最高官阶正三品参将行署，建筑虽不高大，门前一对石狮见证了其显赫的地位，是来古城必打卡之地。

天后宫，典型的闽南建筑风格，最早建设于清代，几次重建，和我们在福建各地所见天后宫建筑几乎无差别，只是在规模上有所不同，是古城包容各种建筑风格的最好见证。

步云廊桥，是古运河上的景观桥，有平步青云之意。建筑精致，金碧辉煌，到了夜间，在灯光的衬托照耀下，更是好看。

清真古寺，建于明代，在大战期间曾是交战双方先后的指挥中心，受到重创。现存部分建筑，既古朴又秀丽，来游览的人络绎不绝。几十年来，它仿佛在不断地向人们诉说着那段既是屈辱，也是辉煌的过去，告诫人们勿忘历史。

下一站去微山湖，天气不好，一路下着小雨。为了安全，车开得较慢。

微山岛没有桥梁相通，需要乘船轮渡，一次只能过十来辆车，上、下船又很慢，因而耽误了一些时间。

岛上没有大的酒店、宾馆，只有渔民一家一户开设的农家乐，既可住宿也可吃饭。大的有二三十间客房，小的仅十来间。由于已到晚秋，又下着雨，岛上游人很少，也没人接客揽生意。我们随便找了个农家乐，吃、住都在他家，住宿相对便宜，吃饭根据菜品单算。

微山湖 中国六大淡水湖泊之一，国家 AAAAA 级旅游景区，位于微山县。包括微山、昭阳、独山、南阳 4 个湖泊。湖光山色，波光粼粼，荷花芦荡秀美，凤凰山、桃花山依湖而立。是著名的“一都两乡”，即中国荷都，北方水乡，铁道游击队故乡。门票价格：70 元 / 人。

铁道游击队纪念碑

铁道游击队纪念园，我们正是慕名而来，冒着雨驱车到了微山湖“铁道游击队纪念园”参观。纪念园包括展览馆和大型雕塑两部分，展览馆采用大型壁画、雕塑、图片资料、文物，现代数码声、光、电、控等多种现代艺术手法相结合，全方位地展现了当年游击队的战斗、生活情景及现在各种纪念活动。大型雕塑集中体现了游击队乘船扬帆疾行，胜利归来的欢乐情景。

无论是参观展览，还是瞻仰雕塑，记忆把我们带回到青少年时代。曾经的一册图书、一部电影、一首歌曲，把铁道游击队的英雄事迹深深植根于心中，“爬飞车、搞机枪、撞火车、炸桥梁，就像那钢刀插入敌胸膛，打得鬼子魂飞胆丧。”歌唱得别提有多高兴，多来劲！刘洪、小波，还有芳林嫂，一个个栩栩如生的英雄形象，我们记忆了一辈子。歌曲至今还常常唱响，欢快抒情的旋律，乐观向上的精神，对胜利充满信心，感染了一代又一代的中国人。

住在岛上，微山湖的鱼是第一选择，没有米饭，只有馒头，美中不足。

微山湖湿地，亚洲最大的湿地公园，集旅游观光、生态科研和历史文化保护于一体，每年都会吸引数百万游客。

想象要是在晴天，湖面一望无边，湖水碧波荡漾，荷花迎风摇曳，芦荡随风起舞，小船推开波浪，一定是多么浪漫而美丽的景致。由于雨天，我们只能在车上观湖了。湖面朦朦胧胧，在一个小岛边停息着数百只各种鸟，一有风吹草动，它们立即飞向天空，盘旋来回，好看极了。虽然另有一番风味，但与“西边的太阳快要落山了”失之交臂，还是多少有些遗憾！

微山岛，是湖中第一大岛，岛上有许多名胜古迹。我们冒雨下车参观了历史文物景点三仁寺。三仁即商代（公元前 1100 年）的三位重臣：宋国君微子、太师箕子、丞相比干。他们皆因不满纣王的暴政，不断向纣王进谏，但纣王听不进，仍一意孤行。微子出走，箕子装疯，比干被杀剖心。

三仁寺是为了纪念三仁而建，寺内三仁殿的规模不是很大，但气宇轩昂，金碧辉煌，内供奉三仁神像，墙上绘有相关彩绘壁画故事。殿后崇德阁共 9 层，高

华都在宋氏始祖墓碑前留影

81 米，称为亚洲第一高阁，可乘电梯登楼，一览微山湖全景。

随后又游览了三贤墓，即殷微子墓、春秋目夷墓、汉张良墓。

微子，姓子，名启，字孟，是殷帝乙的长子，宋襄公的先祖，殷纣王庶兄。被至圣先师孔子誉为“殷代三仁”微子、箕子、比干之首，卒后葬在微山岛凤凰台上，故微山、微山湖及微山县皆因微子而得名。

没有想到的是，周成王三年，微子被封为宋国国君，天下宋姓皆此出，微子即是宋氏始祖，这一无意的“重大发现”，（宋）华都一定要在老祖宗“宋氏始祖微子墓碑”旁拍照留念。

目夷墓，距微子墓约 1 千米。目夷系微子 17 世孙，春秋五霸之一宋襄公的庶兄，古代著名军事家，因景仰先祖微子，死后亦葬于此。

张良墓，是三贤墓中规模最大的。张良，字子房，汉初杰出的政治家、军事家，帮助汉高祖刘邦平定天下，建立汉王朝。刘邦称赞其“运筹帷幄之中，决胜千里之外”。张良墓，全国有多处，争议颇多，但离微山不远的留城是其封地，晚年避居封地，死后就近安葬，顺理成章。此处是其真正的墓地最有可能。

冒雨游览参观，雨伞完全不管用，全身都被淋湿了。

午餐后驱车来到邹城，这里是亚圣孟子的故乡。天色已晚，住下第二天再继续游览。

孟庙孟府 包括孟府、孟庙、孟林三景点。孟府，又称“亚圣府”，全国重点文物保护单位。位于邹城市南关，是孟子后世子孙居地。建于金元时期，历代重修扩建，现占地 60 余亩，共 7 进院落，有楼、台、亭、阁、室 100 多间。保存着封建帝王所赐的朝服、龙袍、圣旨、诰封、文书、档案、字画、珠宝等大量珍贵文物。门票价格：40 元 / 人。

孟庙，又称“亚圣庙”，全国重点文物保护单位。亦位于邹城市南关，比邻孟府，

棂星门

是历代祭祀孟子的地方。始建于宋徽宗宣和三年（公元 1121 年），历代重修扩建，现占地 60 余亩，共 5 进院落，有殿宇 64 间。主体建筑亚圣殿为七楹，高 17 米，横宽 27 米，进深 20.48 米。以亚圣殿为主体建筑，南北为一中轴线，左右作对称式排列。前部三大进院，后部分左、中、右三路，主体建筑左右对称排列。庙内现存历代碑刻 300 余块。

孟林，位于邹城市东北 12.5 千米处，四基山西南麓，是孟子及其后裔的墓地。历代重修扩建，现占地 1 万余亩，内建享殿 5 间，有御桥、神道等。四面环山，近水，古柏参天，各种古树万余株，俨然森林一片。

孟子（公元前 372 年—公元前 289 年），名轲，字子舆，战国中期邹国（今山东邹城）人。中国古代著名的思想家、政治家、教育家，儒家代表人物。晚于孔子约 100 年。在继承孔子儒家思想的基础上，有所创新、发展，独立形成了自己的政治理念和学术思想，孔子称“至圣”，孟子称“亚圣”，合称“孔孟之道”。

孟子亲民，为民请命。主张“民为贵，社稷次之，君为轻”，主张以德治天下，其学说以“性善论”为出发点，提出“仁政”“王道”。所以，不为当时的统治者推崇，退隐著书，著有《孟子》七篇十四卷传世。

《孟子》与《论语》一样，也是以记言为主的语录体散文，但它与《论语》又有所不同。《论语》文字简约、含蓄，《孟子》却有许多长篇大论，气势恢宏磅礴，议论尖锐、机智而雄辩。有人说，《论语》给人的感觉是智者的谆谆告诫，《孟子》给人的感觉就是仁者的侃侃而谈，对后世的散文写作产生了深刻影响。

《孟子》的地位确立经过一个较长时期，直到汉文帝时，才把《孟子》与《论语》相提并论，都列为“传记博士”，到南宋孝宗时，大思想家朱熹编《四书》，列入了《孟子》，才正式将《孟子》提到一个很高的地位。元、明以后，成为科举考试的内容，更是读书人的必读书籍了。

参观完三孟，驱车直奔曲阜，去游览中国儒家学说创始人孔子的故乡。途中在网上订了市中心的曲阜酒店，到达时天色已全黑，就近酒店用餐。

曲阜，鲁国都城，中国历史文化名城，孔子的故乡。

孔庙孔府 景区与孔林合称三孔，被列入《世界文化遗产名录》，全国重点文物保护单位，国家 AAAAA 级旅游景区。三孔中，孔庙孔府比邻，位于城区，孔林位于城郊。门票价格：140 元 / 人。

孔庙，建于孔子去世的第二年（公元前 478 年），仅房屋三间，经数百年大小数百次的修缮、增扩，直到明弘治年间才成规模，建筑时间久远、规模宏大、保存完整、东方建筑特色突出。

孔庙第一座牌坊“金声玉振”坊，比喻孔子思想集古圣先贤之大成。

孔庙第一道门“棂星门”，为乾隆所书。

孔庙孔府

去过全国许多孔庙，无论大小，建筑形制几乎都是标配。但在曲阜的孔庙，自然是其他孔庙不能比拟的。这周围还有几座坊、门，虽然建筑年代不同，但都工艺精湛，与周围建筑配合默契，布局得体，相得益彰，代表对孔圣人思想的阐述和颂扬。

往前，有一大碑，高 6 米，宽 2 米多，碑文对孔圣人推崇备至，以其独特的辩论形式写成，书法美妙。由最能承重的龙的六子赑屃驮负。

下面的木结构建筑是“奎文阁”，亦称藏书楼。

再往前进入的庭院，东西各有一门，称之东华门、西华门。院中分布着 13 座碑亭，南 8 座，北 5 座，一共保存 55 幢石碑，建于唐、宋、元、明、清各个朝代及民国时期，多为皇帝对孔子的追谥加封，开庙亲祭，整修庙宇的记载等。

最后是孔庙的主院，前排5门并列。正中大成门，金声门、玉振门相佐，最西边为启圣门，最东边为承圣门。

再后是名声显赫的“大成殿”。它是中国最负盛名的三大殿群之一，与北京故宫太和殿，承德避暑山庄齐名。

大成殿，高24.8米，宽45.7米，深24.89米，四周环有28根石雕龙柱，工艺精湛，气势磅礴。尤其是殿前廊的10柱深浮雕滚龙柱，堪称稀世珍宝。每柱两龙，上下对翔，升腾盘绕戏珠子，神态各异，无一雷同。其余18根是八棱的浅浮雕龙柱，一个棱面刻有9条龙，共1296条，世间罕见。殿内供奉着孔子塑像，两侧为四配，东面是复圣颜回、述圣孔及，西面是宗圣曾参、亚圣孟子。再外是12哲。

孔庙是一巨大博物馆，亦是孔子文化再现的平台，每年都要举行各式各样的国际孔子文化节，孔子诞辰纪念仪式，以及其他丰富多彩的文化、旅游活动，吸引着全国、全世界的孔子文化爱好者光临参观。

孔府，又称“衍圣公府”，位于曲阜市内，孔庙东临，是历代衍圣公的官署和私邸，后世子孙居住地。为中国仅次于北京故宫的贵族府第，号称“天下第一家”，亦是典型的官衙与内舍合一的贵族庄园。建于宋仁宗景祐五年（公元1038年），历代重修扩建。占地240余亩，共9进院落，有厅、堂、楼、轩、屋等各式建筑152座，480间，鳞次栉比；长廊曲径，扑朔迷离，雕梁画栋，富丽堂皇。建筑风格受到儒家礼仪的制约，留下儒家宗法制度与伦理观念的烙印，体现主次分明，内外有别，男女授受不亲，主人、下人的尊卑差别等。

孔府大门，坐北朝南，门上悬挂“圣府”二字，蓝底金字，堂皇威严，两侧明柱上一副楹联，上联“与国咸休安富尊荣公府弟”，下联“同天并老文章道德圣人家”。建筑群中贯轴线，左右对称，分左、中、右三路布局。其中，官衙内设三堂、六厅、辖四衙门，是处理公务、会客、对外活动的场所。内宅则包括前上房，前堂楼，后堂楼，后五间及后花园等，是家族生活的环境。府内陈设豪华，戒备森严，保存大量文字文书、档案、字画，历史文物，明清衣冠，

戒贪图

珠宝等珍贵文物、各种各样艺术珍品。如最著名的青铜礼器“商周十器”“鎏金千佛曲阜塔”等。

特别是在内宅门里置彩色壁画，称为“戒贪图”，画中动物名“�”，是天界贪婪神兽，其已占据许多宝物，但仍不知足，还对太阳张开血盆大口，妄图吞食太阳，占为己有，最后终因贪得太多而落得葬身大海的可悲下场，以此警示孔氏后人，做官要廉正，懂得律己，不要贪得无厌。至今仍有现实意义，成为第一批全国廉政教育基地。

孔林，位于曲阜城北，是孔子及其后裔的墓地。自汉以来，历朝历代重修扩建，现占地3000余亩，垣墙长7.2千米，墙高3米，厚约5米。神道长达1000米，尽头是大门，二门是一座城堡式建筑“观楼”，楼后洙水河。河北不远处为享殿，殿前列多个石兽。殿后孔子墓，巨大墓碑上篆刻“大成至圣文宣王墓”，红色垣墙长里许。东边为其子“泗水候”孔鲤墓，前为孙“沂国述圣公”孔子思墓。据传此墓布局寓意“携子抱孙”。园内各种古木古树170 000多株，奇花异草，碑石如林，上书名人名家墨宝，不仅俨然一座天然植物园，更是一座名副其实的碑林。

孔子（公元前551年—公元前479年），名丘，字仲尼。春秋后期鲁国曲阜人，祖先宋国人。

孔子是中国古代伟大的思想家、政治家、教育家，儒家创始人。在华夏5000年的历史上，是对中华民族的思想、性格、气质、传统、文化最具影响的人物。特别是对读书人影响深远。

孔子，创建了完整的“德道”思想体系，主张“仁、礼”之德性、德行。其仁，体现的是人道；其礼，体现的是礼制，即精神、秩序和制度。这种仁和礼的结合构成了孔子政治思想的精华，最高理想就是世界大同，天下为公。而又立足于现实，最高理想实现前的社会，仍然要推崇仁治和依靠礼治。既要教育引导，又要有制度规章约束。鼓励人人成为正人君子，具有责任和担当，见利思义，罕言利，取之有义。

孔子是伟大的教育家，主张所有人都有接受教育的权利，主张素质教育，把德育放在首位。采取启发式教育，学习与思考结合，学习与实践结合。孔子曾带领部分学生游历各国，是真正的“桃李满天下”，相传其弟子多达3000人，最杰出的有72人，其中，许多人都成了名人、大家，春秋各国的栋梁。最杰出的有颜回、子路、曾参等。

孔子曾隐而修著《诗》《书》《礼》《乐》《易经》《春秋》等。

《论语》是关于孔子的最重要的著作，是其弟子及再传弟子记录孔子及其弟子言行的一部语录体著作，成书于战国初期。

不知不觉，我们已来到山东西部城市梁山。

还在初中阶段，就读了长篇小说《水浒传》，后来又陆续读过多遍。水泊梁山108个好汉每人都有一独特的英雄形象，深深地留在我们的记忆中。到水泊梁山一游，一直是我们的梦想，现终于实现了。

水泊梁山 全国重点文物保护单位，国家AAAA级旅游景区。位于山东西南部的梁山县境内，由四主峰七支脉组成。门票价格：55元/人。

梁山，海拔仅197.9米，虽然说不上高大，却有些陡峭。一看便知，是一处易守难攻，适合占山为王的好去处，如果山下不因黄河改道，无源之湖泊水渐干枯，仍是一片方圆800里的泽国，这梁山及周围的水泊，绝对是一帮草莽英雄落草的最佳之地了。

900年前，《水浒传》的故事就发生在这里。

进了山寨大门，爬了数十级台阶，到达第一平台，前面石壁上“水泊梁山”四个大字赫然在目。《水泊梁山记》文，短短368字，刻画了梁山水泊的险峻挺拔，雄关漫道的自然景象。

顺着险峻的山道继续向上，一组石刻壁画，再现了《水浒传》中荡气回肠的经典故事“林冲夜奔”。过去，每当阅读这个章节，甚至观看电影电视作品时，无数次为英雄的蒙冤屈辱而愤愤不平，为英雄的觉醒反叛夜奔梁山而欣慰。

武松、鲁智深雕像矗立路旁，一个行者，一个花和尚，高大威猛，英雄气势。因仗义、豪放、武功超群、大口吃肉、大碗喝酒而美名扬天下，无人不知，无人不晓。

往上一会儿就到了“断金亭”，取自《易经》中“二人同心，其利断金”。

易守难攻的水泊梁山

水浒传中具有转折意义的“火并白衣秀士王伦”故事就发生在此，宣示了水浒108兄弟大伙从此同心同德，团结一致，所向披靡，无往而不胜。

断金亭

接着往前，又经过以下景点。

分军岭，是虎头峰、雪山峰、郝山峰的交汇处。当年梁山众将士就在此处，调兵遣将，分配人马守备各处关隘。

宋江马道，蜿蜒曲折、幽幽深谷，是进攻、防守、后勤保障的要道。

黑风口，是一险隘，风大谷幽，素有“无风三尺浪，有风刮掉头”之说，当年号称梁山第一险关，现已是行走大道，无险之感。但李逵雕像却还是那样尽职尽责，随时防备着来犯之敌，尽显当年他一夫当关万夫莫开之勇。

孙二娘脚坑，梁山著名女中豪杰孙二娘，派活时见没派到自己，一时性急跺脚，在石地上留下一千年脚坑。

宋江寨墙遗迹，是梁山首要军事要塞，已是断壁残垣，当年却是固若金汤，易守难攻。

最后到达梁山核心景点“忠义堂”。最先叫聚义厅，山寨第一把交椅，晁盖中毒箭身亡后，继位的及时雨宋江改名忠义堂。这也是当年水泊梁山的最高指挥中心，是商议大事、分析军情、调兵遣将、决议重要事情的场所。梁山所有108将在此都能找到自己的座位。至于座次，猜想应该是根据每人对水泊梁山作出的贡献、武艺高低强弱、道德品行及名誉声望等排定。当然，也融进了中国古代神话天命的特色，三十六天罡排在之前，七十二地煞排在之后。

在忠义堂内，有一种威严神秘之感。可以想象，众多的草莽英雄聚在一起，虽说是何等的尽兴豪气，但也是何等的嘈杂喧嚣。怎么议事，怎么决策，又怎么高效运转，但凭每位身临其境旅者的想象了。我们也打趣，坐在头把交椅上拍照留存，做了一回“大哥大”。

离开水泊梁山，下一个景点还是与《水浒传》相关。其故事情节是《水浒传》中最精彩的片段之一，景阳冈武松打虎。

武松雕像

景阳冈 全国重点文物保护单位，国家AAA级旅游景区。位于阳谷县东16千米处，张秋镇境内。门票价格：30元/人。

据文献记载：景阳冈原名东沙堌堆，这一带沙丘起伏，莽草无涯，古木参天，人烟稀少，野兽出没。直到后周世宗显德元年（公元954年），派宰相李谷来这一带治灾病逝后，周世宗亲赐玉碑以资纪念。碑铭文前三句最后一字相连为“景阳冈”三字，后人为纪念李谷，将东沙堌堆改名为“景阳冈”。现有景点如下。

“三碗不过冈”酒馆，坐落在进山的必由之路旁，招摇旗醒目悬挂、警示着每一个进冈的过者。

武松庙，沿着青石板路上山到顶即是，由山门、碑亭和大殿组成，大殿中是武松坐姿塑像，右手紧握拳，左手握佛珠。既塑造了一个铮铮铁骨的武者形象，又展现了一个义薄云天，行善向上的佛者风貌。

虎啸亭，下到半山，有著名国画大师徐悲鸿夫人廖静文题名的凉亭，可凭栏小憩，感受一下那只斑斓大虎的仰天长啸！

武松打虎处，武松醉卧过的大青石，以及当年被武松灭掉的那只老虎塑像。

最后，来到毛泽东主席手书的“阳谷县是打虎英雄武松的故乡”碑，欣赏主席那龙飞凤舞、遒劲潇洒，独具特色的毛体书法。真是不枉此行也！

开车从梁山到聊城，仅80千米，我们直接去了聊城古城景区。

聊城古城 素有“凤凰城”之美称。位于冀、鲁、豫三省交汇处，长、宽均为1千米，以光岳楼为中心，四门分别向外辐射，形成东、南、西、北四条主城区干道。其他大街小巷与干道纵横交错，垂直分布，呈网格状，有 9 街 18 巷 72 胡同之说。民居、店、铺，顺街道而建，均保持白墙、灰瓦、脊屋顶的建筑风格。为 2500 年悠久历史的重镇。城墙始建于宋熙宁三年（公元 1070 年），初为土城。明洪武五年（公元 1372 年），改筑为砖城。门票价格：免费。

北方最大的城市湖泊东昌湖环城而抱，美不胜收。誉为“漕挽之咽喉，天都之肘腋，江北一都会”，自然构成“城在水中，水在城中，城中有湖，湖中有城，城湖河一体”的北国江南的独特水城风貌。京杭大运河等多条河流穿境而过，彼此相通。孕育了众多风景名胜古迹，集中在运河两岸。

东昌湖，北方最大的城市湖泊，现有水域 5 平方千米，环绕古城。始建于宋熙宁三年（公元 1070 年），在原护城河基础上扩展而成。京杭大运河穿湖而过，湖、城、河一体。景色宜人，环境优美，游人如织，摩肩接踵。

古城光岳楼

光岳楼，全国重点文物保护单位。位于古城中心，占地 1236 平方米。建于明洪武七年（公元 1374 年），距今已 640 余年。四重檐歇山十字脊过街式楼阁，有东、南、西、北四个拱门，四门相通，具门额。正方形，底边长 33 米，楼高 24 米，楼下墩台高 9 米，上到二楼的通道仅一个，便于防卫。三、四楼呈空井，便于通风，三楼过渡层，四楼顶层，有四个瞭望口，可看到古城全貌。

山陕会馆，全国重点文物保护单位。位于古城南，运河西岸。始建于清乾隆八年（公元 1743 年），历 270 余年。会馆建有戏楼、钟、鼓楼，关帝大殿、火神殿、财神殿、春秋阁。会馆最为精彩的是各种雕刻，包括石雕、木雕、砖雕等。内容涵盖八仙过海、二十四孝、果蔬花鸟鱼虫等。技艺精湛，惟妙惟肖，雕梁画栋，精美绝伦。

隆兴寺铁塔，全国重点文物保护单位。位于聊城区运河西岸，原护国隆兴寺内。塔高 15.8 米，13 层，由塔身和塔座两部分组成，外壁有许多石刻浮雕装饰图案，塔四面有门窗等，仅供观赏，不能攀登。建筑风格、石雕艺术都有较高的艺术价值。

海源阁藏书楼，清代四大藏书楼之一，中国最著名的私人藏书楼之一。全国重点文物保护单位。位于光岳楼南万寿观街路北杨氏宅院内，始建于清道光二十年（公元 1840 年）。总计藏书 4000 余种，22 万余卷。

历史学家傅斯年、民族英雄范筑先、领导干部的楷模孔繁森纪念馆也都在此。

游了一天，住进酒店已累得不行，草草洗漱完毕，倒头便呼呼睡去。

天津与北京近在咫尺，我们到过无数次。这次回北京前又到天津待了两天，去了几个景点，买了不少特色食品。

天津 亦称津门，历史文化名城，中国北方重镇。临海背靠京畿，位置独特，历史悠久，始于隋。最先只是漕运码头、军事要塞。后经历朝历代经营，设州升府，演变成繁华商贸中心，大型港口，直至中国四大直辖市之一。

津门故里

天津在中国近现代史上，具有特殊位置，是中国许多重大历史事件的策源地，留下诸多历史遗迹，是近代中国历史的缩影。洋务学堂从这里起步，大学从这里开始。这里故事颇多，有许多世界第一、中国第一，中国之最。如中国第一套邮票、最早的电报局、第一台蒸汽机、第一条有轨电车；新中国生产的第一块手表、第一辆自行车、第一台电视机；第一条跨省高速公路、第一条城际快速轨道工程等。天津还是连接华北、东北、西北的交通枢纽，是依托京津冀，服务环渤海，辐射三北，面向东北亚的对外门户。

天津气候四季分明。春天百花开，夏日赶海潮，秋季看红叶，冬日赏冰雪。

天津独特的地理位置、和谐的自然环境及悠久的历史文化，也孕育出众多的风景名胜、人文景观，除了号称津门十景之外，还有如下景点值得一游。

独乐寺，又称大佛寺，全国重点文物保护单位。位于蓟州区武定街北侧，始建于唐太宗贞观十年（公元 636 年），辽代统和二年（公元 984 年）重建，明、清多次维修，占地面积 1.6 万平方米。全寺除清皇帝行宫、僧房外，主体建筑有：山门、观音阁、卧佛殿。整个建筑简洁，而又不失宏伟庄严，极显时代特色。观音阁是我国仅存的古老木结构高层楼阁，观音像是我国仅存的最大泥塑之一。山门为现存最早、等级最高的庑殿顶山门，山门正脊上有最早的鸱吻。

广东会馆，有名的广东会馆全国各地为数不少，修建很是气派，风格也比较接近，具有广东建筑特色。大门前有高大的门楼，砖石结构，门前枕石多为狮子一对，门额镌刻“广东会馆”。会馆呈长方形，由门楼、四合院、戏楼三部分组成，四合院位于南部，正面是正房，左右为东西配房，戏楼位于四合院北面，东、西有贯通戏楼和四合院的通道。整个建筑以青砖墙封护，内部均为木结构，门、窗、墙均雕刻细致，配置典雅。会馆在凝聚广东客商、沟通津广方面，起到极重要的作用。

五大道，实为六大道，这是天津小洋楼的代名词，就在这儿分布着2000多座风格迥异的花园式洋房。

古文化街，又称津门故里，在街南口的古典牌楼上镌刻有“津门故里”四字，这里曾是天津城市的发源地。最早只是一个寨子，称直沽寨。后经数百年的拓展，历经沧桑，演变成现今立在渤海湾的大都市。在这儿最能体会天津味，每次到天津必来此地。特别是过春节时，全家人到此，定要体会浓浓的津年味，品尝津味小吃，狗不理包子、天津麻花……，购买各种小商品。免不了还要“围观”一下泥人张手下的小猴小狗，欣赏一下杨柳青年画、风筝魏的绝活。另外，也要去天后宫凑凑热闹。

瓷房子，位于天津市区。原是一栋百年老别墅，在2000年时被天津的一位著名商人买下，用了8年时间，将别墅改造成一栋瓷房子。使用了20多吨水晶石与玛瑙，4000多件古瓷器，300多尊历代石雕造像及7亿多片古瓷片，装修成法式洋楼。建筑由瓷房子主人亲自设计，所用瓷器和瓷片年代从汉代一直跨越到清代，中国所有种类的官窑、民窑瓷几乎都可以在这里看到。被人们称为一座价值连城的“中国古瓷博物馆”，是天津市的地标建筑之一。

这次也不例外，除了逛景点，也去品尝了海鲜，购买了一堆天津的特色小吃带回，为首次自驾旅游完美收官。

线路二

冀豫线——中原大地之旅

冀豫线，冀是河北的简称，豫是河南的简称。河北、河南两省位于我国华北平原，面积共约 36 万平方千米。地处暖温带和北亚热带过渡地区，温带亚湿润性大陆性季风气候，四季分明，年平均气温 4 ~ 15℃，一年四季均可旅游。

冀、豫旅游资源丰富，大约有各类景点数千处，据不完全统计：河北省，有省级以上文物保护单位达 930 处，居全国第一位。被列入《世界文化遗产名录》的景点 4 个，全国重点文物保护单位 294 个，AAAAA 级旅游景点 10 个，AAAA 级旅游景点可达 100 多个。河北地理位置，围绕首都北京，故有“京畿重地”之称。拥有邯郸、保定、承德、正定、山海关 5 个国家级历史文化名城。河北是长城途经距离最长、保存最完好、建筑风格最具代表性的省份，境内长城遗存达 2000 多千米；承德避暑山庄是世界现存最大的皇家园林，其周围的外八庙是中国最大的皇家寺庙群；清东陵和清西陵是中国现存规模最大、保存最完整的皇家陵墓群之一；赵州桥被誉为“世界拱桥之祖”，是世界最古老的敞肩石拱桥，迄今已有 1400 余年的历史；这里还有“新中国从这里走来”的红色景点西柏坡。

河南省共有 A 级景区 400 多处，被列入《世界文化遗产名录》的景点 5 个，全国重点文物保护单位 399 处，AAAAA 级旅游景点 14 个，AAAA 级旅游景点可达 100 个。河南地理位置，坐落在我国的中心地区，因此，从古至今便有“九州腹地、十省通衢”的美称。拥有郑州、洛阳、开封、安阳、南阳、商丘、浚县 7 个国家级历史文化名城。河南地处黄河中下游，是中国古代文明发祥地之一。中国历史上就曾有 20 多个朝代、200 多位帝王建都或迁都这里。洛阳龙门石窟，是我国四大著名石窟之一；安阳殷墟是中国考古诞生地、甲骨文发祥地，闻名于世，被评为 20 世纪中国“100 项重大考古发现”之首；这里还有中国功夫发祥地“少林”，以及众多自然景点、景观。

冀、豫的美食有封丘石榴、灵宝大枣、开封小笼包、河南烩面、胡辣汤、道口烧鸡、黄河大鲤鱼、驴肉火烧、唐山麻糖、花生酥糖、白洋淀松花蛋、藁城宫面等。

两省交通发达，几乎每个区域都有高速通达，特别适合自驾汽车旅游。河北省境内有 27 条国家干线公路，高速公路通车里程达 2007 千米，居中国第 3 位。河南高速公路通车里程 6966.76 千米。境内有京港澳高速、连霍高速、大广高速等 17 条国家高速公路大动脉，50 余条区域高速公路及 G105、G106、G107 等 23 条国道。

冀豫线第一站——清东陵。

我 1983 年研究生毕业，分配到中国农业科学院植物保护研究所工作。所里组织学生到清东陵参观游览，那是第一次到清东陵；1985 年所里组织职工游览，又第二次去了清东陵；这次自驾是第三次到清东陵。

清东陵 被列入《世界文化遗产名录》，全国重点文物保护单位，国家 AAAAA 级旅游景区。位于河北省遵化市境内，距北京市区 125 千米，占地 78 平方千米。始建于康熙二年（公元 1663 年），距今 360 年，是中国现存规模最宏大，体系最完整，布局最得体的帝王陵墓建筑群。门票价格：108 元 / 人。

清东陵是一块难得的“风水”宝地。当年顺治皇帝到这一带行围打猎，被这片灵山秀水所震撼，情有独钟，当即传旨“此山王气葱郁可为朕寿宫”。从此，这里便开辟为清代皇家陵寝，陆续建成 217 座宫殿牌楼，组成大小 15 座陵园，计埋葬 5 个皇帝——孝陵的顺治帝、景陵的康熙帝、裕陵的乾隆帝、定陵的咸丰帝、惠陵的同治帝，以及东（慈安）、西（慈禧）太后等 15 个皇后和 136 个嫔妃，3 个皇子，2 个公主，共计长眠 161 位帝、后、妃及皇子、公主们。目前，清东陵 15 座陵园中，只开放了裕陵和东、西太后陵及香妃墓 4 处，供游客参观游览。

清东陵大牌楼

清东陵的布局严谨，主次分明，建筑恢宏、壮观、精美。陵园以顺治帝的孝陵为中心，排列于昌瑞山南麓，均由宫墙、隆恩门、隆恩殿、配殿、方城明楼及宝顶等建筑构成。其中方城明楼为各陵园最高的建筑物，内立石碑，碑上以汉、满、蒙三种文字刻写墓主的谥号；明楼之后为大坟头“宝顶”，其下方是停放灵柩的“地宫”。由陵区最南端的石牌坊向北到孝陵宝顶，由一条约 12 米宽、6 千米长的神道连成一气，沿途大红门、大牌楼、石像生、龙凤门、七孔桥、小牌楼、隆恩门、隆恩殿、方城明楼等建筑依次排列，精致幽雅，井然有序。在 580 多个单体建筑组成的庞大古建筑群中，有中国现存面阔最宽的石牌坊，五间六柱十一楼的仿木结构，精美绝伦，巧夺天工；中国保存最完整的长 6000 多米的孝陵主神路，随山势起伏，极富艺术感染力；乾隆裕陵地宫精美的佛教石雕，令人叹为观止，被赞誉为“不可多得的石雕艺术宝库”；慈禧陵三座贴金大殿，其豪华装修举世罕见，“凤上龙下”石雕匠心独具……。清东陵以其无可辩驳的魅力，厚重的历史，难能可贵的艺术和科学价值于2000年被正式列入世界文化遗产名录，被誉为“人类具有创造性的天才杰作”。

清东陵至今360年的历史，记载着从辉煌到衰败，传颂着动人和神秘。引来过江洋大盗，也为毛贼所光顾。俱往矣！回顾历史，展望未来，相信，只有人民才是历史永远的主人。

承德避暑山庄是中国园林史上一个辉煌的里程碑，中国四大名园之一。这是我们第二次到访了。

承德避暑山庄 被列入《世界文化遗产名录》，全国重点文物保护单位，国家AAAAA级旅游景区。位于河北省承德市中心北部，是中国现存占地最大的古代帝王宫苑，是中国四大名园之一，也是中国园林史上辉煌的里程碑，中国古典园林艺术的杰作和中国古典园林之最高范例。始建于康熙四十二年（公元1703年），至乾隆五十七年（公元1792年）最后一项工程竣工，经历了康熙、雍正、乾隆三代帝王，历时89年。避暑山庄是中国三大古建筑群之一，它的最大特色是山中有园，园中有山，大小建筑有120多组，其中康熙以四字组成36景，乾隆以三字组成36景，这就是山庄著名的72景。伴随避暑山庄的修建，周围寺庙也相继建造起来。门票价格：130元/人。

承德避暑山庄门额

清康熙、乾隆帝，每年大约有半年时间要在承德度过，清前期重要的政治、军事、民族和外交等国家大事，都在这里处理。因此，承德避暑山庄也就成了北京以外的陪都和第二个政治中心。随着清王朝的衰落，避暑山庄也日渐败落。

新中国成立后，国家明确了以“抢救和整修”为主的保护原则，国家和地方政府相继投入巨大专项资金，用于避暑山庄古建维修、园林整治和文物保护区周围环境的综合治理。

整个山庄东南多水，西北多山，是中国自然地貌的缩影。平原区西部绿草如茵，一派蒙古草原风光；东部古木参天，具有大兴安岭莽莽森林景象。山庄整体布局巧用地形，因山就势，分区明确，景色丰富，与其他园林相比，有其独特的风格。山庄宫殿区布局严谨，建筑朴素；苑景区自然野趣，宫殿与天然景观和谐地融为一体，达到了回归自然的境界。山庄融南北建筑艺术精华，园内建筑规模不大，殿宇和围墙多采用青砖灰瓦、原木本色，淡雅庄重，简朴适度。与京城的故宫，黄瓦红墙、描金彩绘、堂皇耀目，呈明显对照。山庄的建筑既具有南方园林的风格、结构和工程做法，又多沿袭北方常用的手法，成为南北建筑艺术完美结合的典范。避暑山庄不同于其他的皇家园林，而是按照地形地貌特征进行选址和总体设计，完全借助于自然地势，因山就水，顺其自然，同时融南北造园艺术的精华于一身。享有“中国地理形貌之缩影”和“中国古典园林之最高范例”的盛誉。

承德避暑山庄的建筑布局大体可分为宫殿区、苑景区两大部分。

苑景区又可分成平原区、山区和湖区三部分。

平原区，位于山庄北部，占地 60.7 万平方米。主要是一片片草地和树林，是避暑山庄内重要的政治活动中心之一。

山区，位于山庄西北部，面积 443.5 万平方米。相对高差 180 米，形成了群峰环绕、山壑纵横的景致。

湖区，位于山庄东南，面积 49.6 万平方米。有大小湖泊 8 处，湖区的风景建筑大多是仿照江南名胜而建造。

宫殿区，由正宫、松鹤斋、东宫（已毁）和万壑松风 4 组建筑组成。位于山庄南部，占地 10.2 万平方米。正宫是宫殿区的主体建筑，包括 9 进院落，分为“前朝”“后寝”两部分。主殿叫“澹泊敬诚”，是用珍贵的楠木建成，因此也叫楠木殿。宫殿区是清帝理朝、听政、举行大典和寝居之所。正宫辟为博物馆，陈列清代遗留下来的宫廷文物，藏有珍贵文物 2 万余件。

在避暑山庄周围依照西藏、新疆喇嘛教寺庙的形式修建喇嘛教寺庙群，供西方、北方少数民族的上层及贵族朝觐皇帝时礼佛之用。共有 11 座寺院。因其中 8 座有朝廷派驻喇嘛，享有“俸银”，且在京师之外，故称外八庙。庙宇按照建筑风格分为藏式寺庙、汉式寺庙和汉藏结合式寺庙三种。多利用向阳山坡层层修建，融合了汉、藏等民族建筑艺术的精华，气势恢宏，雄伟壮观，极具皇家风范。主要殿堂耸立突出，呈烘云托月之势，象征着边疆各族人民和清中央政权的关系。表现了中国多民族国家统一、巩固和发展的历史进程。

不仅造型朴实厚重、周边景致秀丽、建筑宏伟，而且内藏商武文化，具有悠久的光荣历史，这就是大境门长城。

大境门长城 全国重点文物保护单位，国家 AAAA 级旅游景区。位于张

大境门

家口市桥西区北端，全长450千米，其中属于桥西境内长城全长3700米，沿山势修建，就地取材，以石垒筑，灰浆勾缝而成。建于明崇祯十七年（公元1644年），距今已有370多年历史。门票价格：20元/人。

大境门、山海关、居庸关、嘉峪关并称为万里长城“四大名关”。但只有张家口的这个关口被称作“境门”，这其中包含着“商文化”和“武文化”的魅力。大境门外东、西太平山巍然对峙，地势十分险要，历史上这一带是兵家必争之地，是扼守京都的北大门，连接边塞与内地的交通要道，中国历史上许多重要事件也发生在此，为中国革命立下过汗马功劳。同时，也是蒙、汉、回、藏等族多元文化友好交流的场所，是十分重要的商业都市，为牲畜、毛皮、蘑菇等货物的集散地，对发展蒙、汉等各族人民的友好关系，沟通内地与边寨贸易，发挥了重要作用。中国人自主设计建造的第一条铁路“京张铁路”就从北京修至张家口。

大境门，气势宏伟，粗犷苍劲，朴实厚重，精致秀美，是一座条石基础的砖砌拱门，门墙高12米，底长13米，宽9米，有木质铁皮大门两扇。顶部为一平台，长12米，宽7.5米。外有1.7米高的垛口，内有0.8米高的女儿墙。门楣上有原察哈尔都统高维岳书写的“大好河山”4个颜体大字，苍劲有力，颇为壮观，为景点增添了风采。

周围大大小小景点还有：西太平山明长城、西太平山北魏长城、二郎庙、关帝庙、石刻、永顺门、卧龙亭和将军亭等。

宣化古城——北方现存古城中规模较大、等级较高、保存较好的一座城池。

宣化古城　全国重点文物保护单位，国家AAAA级旅游景区。位于河北省北部燕山丛中，地势平坦开阔，城周长10千米，距张家口市30多千米。始建于唐信宗文德元年（公元888年），清康熙三十二年（公元1693年）改置为宣化府，是京城以西第一座府城，故称“京西第一府”。一直是州、镇、府、县的治所，古城旅游资源丰富，有3处全国重点文物保护单位，10处河北省重点文物保护单位，9个“京西第一”。我们选择了3个全国重点文物保护单位参观游览，分别是清远楼、镇朔楼和下八里村的辽墓壁画。真是名不虚传，太精彩、太满足了，绝对不枉此行！门票价格：免费。

清远楼

镇朔楼

清远楼，又名钟楼，全国重点文物保护单位。始建于明成化十八年（公元1482年）。位于古城宣化正中，是一座气势雄伟、造型别致、结构精巧的高大古楼，为我国古代建筑的精品，具有较高的建筑艺术价值，对研究我国古代建筑史有着重要作用，被人们誉为“第二黄鹤楼”。楼外观3层，内实2层，通高25米，是一座重檐多角十字脊歇山顶的高大建筑。楼阁高17米，为3开间，6塔椽，四周有游廊，支立24根粗大廊柱。上搪为绿色琉璃瓦顶，腰搪、下搪为布瓦顶。梁架斗拱精巧秀丽，生机盎然。楼建在高8米的十字券洞上，南与昌平，北与广灵，东与安定，西与大新四门通衢。楼内有铜钟，重约万斤，用四根通天柱架于楼体上层中央，其钟声悠扬洪亮，可远传20余千米。城台下券洞与当时古街道相通，石板地面上留下了20多厘米深的古代车辙，再现了宣化当年南来北往、车水马龙的繁荣景象。

1986年国家文物局主持对清远楼进行了全面修复。修复后的清远楼碧瓦青砖，金龙玉兽傲首长空，飞檐翘角气宇轩昂，廊柱斗拱披红挂翠、富丽堂皇。古钟高悬，风铃叮当，显得古朴、典雅、雄伟、壮观。特别是晚间，配以五彩缤纷的灯光装饰，更是优美妖娆！

镇朔楼，又称鼓楼，全国重点文物保护单位，是宣化古城内最高大、最宏伟的古代建筑。建于明正统五年（公元1440年），以明代宣府镇总兵所佩“镇朔将军印”而得名。乾隆亲书“神京屏翰”4个大字匾额悬于镇朔楼上，坐落在古城宣化区的中轴线上，南与拱极楼、北与清远楼遥相呼应，构成了古城宣化独特的靓丽景观。楼为重檐九脊歇山顶的高大建筑，两层通高15米，十分雄伟、壮观。清乾隆五年（公元1740年）和同治四年（公元1865年）曾两次修缮。1986年，国家文物局投资对镇朔楼再次大修。对瓦顶、梁架、地面、墩台、券洞进行全面修复，并且重新油饰彩绘。同时，还复制了长 2.2 米、直径 1.5 米的大鼓一面，置于楼上。重修后，以古朴庄重的姿态再现世人，不仅见证了镇朔楼的古姿、风韵，楼的新生，更成为人们旅游观光的理想去处。

宣化下八里辽代墓群，地下艺术长廊，在中国古代美术史上占有一席之地。

宣化下八里辽代墓群 全国重点文物保护单位。墓址位于河北省张家口市宣化区下八里村，距古城宣化约 4 千米。墓主为辽检校国子监祭酒兼监察御史张世卿。墓室四壁和顶部均绘有壁画，共有约 86 平方米。壁画描绘了墓主人生前的豪华奢侈生活，有出行、伎乐、宴饮等场面，其中《散乐图》描绘由 12 人组成的乐队和舞蹈者。乐器有排箫、大鼓、腰鼓、琵琶等，最前面当中的一人身着长袍，脚穿高腰靴，正在敲打横鼓，惟妙惟肖。墓顶绘星象图，以我国古代二十八宿为主，吸取古代巴比伦黄道十二宫之说，组成了中外合璧的星图。壁画内容丰富，人物姿态生动，线条优美，色彩鲜艳，年代准确。张世卿墓壁画是辽代末年，汉人墓葬中最为精彩的。绘在墓室墙上的彩色壁画是辽墓的精华部分，其特点是壁画数量多，分布集中，内容丰富，保存完好。壁画共计 98 幅，总面积达 360 平方米，在我国是独一无二的。壁画中有天文、茶道、散乐、出行、启门、挑灯、备经、备宴、对弈、婴戏、花鸟图等，宛如一个小小的地下艺术陈列馆。

辽墓壁画

下八里辽墓壁画表现的内容十分丰富，绘画技艺精湛，在中国古代美术史上占有重要地位，是辽代晚期中国北方民间绘画艺术的代表，被誉为“地下艺术长廊”，被评为“1993 年度全国十大考古新发现”之一。侧面反映了辽代的社会经济、文化、宗教和民族融合，为研究辽代市井气象、风土人情提供了极为珍贵的实物资料。

下八里辽墓壁画被《中国大百科全书》《中国文物之最》等权威书刊收录。壁画摹本多次在日本、美国等国家各大博物馆内展出，引起极大反响。宣化辽墓壁画走出了国门，走向了世界。

鸡鸣驿——两次被列入100处世界濒危遗产名单，中国邮传、军驿的宝贵遗存。因不允许擅动而破败不堪，期盼着全面修整，恢复历史上繁荣发达的本来面目，以飨游者。

鸡鸣驿 因背靠鸡鸣山而得名。两次被列入100处世界濒危遗产名单。全国重点文物保护单位，国家AAAA级旅游景区。位于河北省怀来县鸡鸣驿乡鸡鸣驿村，距北京城区约150千米。占地220 000平方米，海拔540 ~ 550米。成吉思汗始建驿站于公元1219年。鸡鸣驿至明永乐十八年（公元1420年）扩建，是一处建于明代的驿站遗存，也是中国邮传、军驿的宝贵遗存，具有很高的文物价值。门票价格：40元/人。

鸡鸣山驿城门

驿站，在中国历史上起着非常重要的作用。古代用快马传递文书、消息等，因马的体力和奔跑距离都很有限，距离远时中途须换马，因此就在沿途建立许多马站。马站又演变成接待过往官员、商人的驿站。驿站蒙古语称为站赤，元代的站赤有非常具体而又详尽的规定。以后每朝每代对站赤的规定都有不同程度的增补，如里程、时间等，功能日趋完善。感觉就像现代的“闪送”，令人叹为观止。驿站不仅具邮驿功能，更具军事、机密、安全作用。全国驿路星罗棋布，脉路贯通，朝令夕至，声闻必达。

鸡鸣驿，全城近方形，城墙周长1891.8米。城墙表层砖砌，里层夯土。墙体底宽8 ~ 11米，上宽3 ~ 5米，高11米，城墙四周分布着4个角台。东西各开城门，建有城楼，城外有烟墩。城内的5条道路纵横交错，将城区分成大小不等的十二个“井”字区域。所有建筑分布有序，设有驿丞署、驿仓、把总署、公馆院、马号等建筑，还有戏楼和寺庙。驿署区在城中心，城南的旁城有驿道东西向通过。在东、西城墙偏南处设东、西两座城门，门额分别为“鸡鸣山驿”“气冲斗牛”。门台上筑两层越楼，上面城墙均筑战台。北城墙中部筑玉皇阁楼，南城墙中部筑寿星阁楼，两座阁楼古朴端庄、遥相呼应，驿站里最有名的是慈禧太后和光绪皇帝逃难留宿的“贺家大院”。泰山庙的壁画至今仍清晰可见，富于层次感。城下的东、西马道为驿马通道，城南的“南宫道”即是当年驿卒传令干道。每当驿卒快马加鞭，浓尘滚滚，风驰电掣般乘骑传递，何等威风。城内还有许多古代遗留的商店和民居，尽管因不允许擅动而破败不堪，鸡鸣驿仍是目前国内保存最好、规模最大、最富有特色的邮驿建筑群，具有重要的历史、艺术、科学价值，被称为邮政考古、机要考古的一座“活化石”。我们也深深感觉，这儿的确久负盛名，具有很高的游览价值。

野三坡——中国北方极为罕见的自然景观。

野三坡 国家AAAAA级旅游景区。位于河北省西北部，保定市涞水县境内，中国北方两大山脉（太行山脉和燕山山脉）交汇处，总面积498.5平方千米。1984年开发，1986年正式接待游客。野三坡是中国北方极为罕见的融青山绿水、奇峡怪泉、文物古迹、名寺古禅于一体的风景名胜区。以“雄、险、奇、幽”的自然景观和“古、老、精、美”的人文景观融于一体，深受海内外游人的青睐。门票价格：150元/人。

野三坡

野三坡以“野”著称，地质遗迹具有典型性、稀有性、系统性，是华北板块内造山带的典型代表。原生态的自然环境孕育了异常丰富的动植物资源，共有种子植物92科713种，药用植物200余种。野生脊椎动物达184种，其中国家重点保护动物15种，如褐马鸡、黑鹳等，堪称“天然植物园”和“野生动物王国”。主要景点如下。

百里峡景区，有“天下第一峡”“百里画廊”之美誉。

拒马河景区，拒马河流经野三坡35余千米，两岸群峰耸立，怪石峥嵘，河水潺潺，清澈照人，是休闲、娱乐、避暑的最佳选择。

龙门天关景区，有华北地区最大的金、明、清历代摩崖石刻群。其中“万仞天关”“千峰拱立”字体高2.15米，笔力遒劲有力，蔚为壮观。

白草畔森林游览区，海拔1983米，山势雄伟挺拔，奇峰怪石林立，森林遮天蔽日，野花遍山盛开，野生动物成群。可观日出，赏云海，听松涛，观千亩杜鹃。

鱼谷洞，深约1800多米，别有洞天，泉水清冽，长年涌流不息。

野三坡大剧院，占地面积11 000平方米，舞台面积1200平方米，可同时容纳3500人，演出大型舞蹈史画《印象野三坡》。

清西陵——有了东陵，何有西陵？褒贬不一，让历史评说。

清西陵 因与河北省遵化市东陵东西相对而称西陵，被列入《世界文化遗产名录》，全国重点文物保护单位，国家 AAAAA 级旅游景区。位于河北省易县城西 15 千米的永宁山下，距北京 120 千米，建筑面积达 58 万平方米。始建于雍正八年（公元 1730 年），距今近 300 年，是一处规模宏大，国内现存最完整、陵寝建筑类型最齐全的古代皇家陵墓群。门票价格：108 元 / 人。

清西陵共有 432 座建筑单体，组成大小 14 座陵园，有 4 座皇帝陵，3 座皇后陵，4 座王爷、公主、阿哥园寝，两座附属建筑永福寺、行宫。埋葬着雍正（泰陵）、嘉庆（昌陵）、道光（慕陵）、光绪（崇陵）4 位皇帝，9 位皇后、57 位嫔妃、2 位王爷、6 位阿哥，共计 78 人。这样规模宏大的古建筑群，严格遵循清代皇室建陵制度，帝陵、后陵、王爷陵，均采用黄色琉璃瓦盖顶，妃、公主、阿哥园寝均为绿色琉璃瓦盖顶，不同的建筑形制，展现出不同的身份、景观和风格。景区还有“中国最大的人工古松林”之誉，15 000 株古松和 20 万株幼松遍布陵区，松柏葱郁，松涛声响，山清水秀，景致美极，14 座红墙、黄瓦、绿瓦的陵寝掩映在遮天蔽日的松林之中，若隐若现，极似一幅幅绚丽的山水画卷。

泰陵，位于永宁山主峰之下，是清西陵的首陵，居于陵区的中心位置。其余各陵，分布在东西两侧，规制与清东陵基本相同。泰陵的神道宽 10 余米、长 2.5 千米。由三层巨砖铺成，两边苍松翠柏，从南往北分布着 40 多个大大小小的建筑。

清西陵具有极高的历史、艺术价值，泰陵有世界上单体规模最大的品字形石牌坊；嘉庆的昌陵隆恩殿，地面采用花斑石铺漫，有满堂宝石之誉；道光的慕陵建有世界上最大的楠木雕龙隆恩殿；光绪的崇陵，采用贵重的铜铁木建造，有“铜梁铁柱”之称；孝和睿后的昌西陵建有中国古代帝后陵寝中唯一的回音壁和回音石；永福寺、行宫为清代陵寝附属建筑孤例仅存。

有了东陵，何有西陵？这就得从西陵最大、最早的主陵——泰陵主人雍正帝

清西陵神道

说起。一说，雍正帝生前发现永宁山下风水很好，离北京较近，尤其是距离陵墓所需用的汉白玉石料产地更近，可以节省许多不必要开支，于是决定建陵寝于此。另一说，雍正谋杀了父亲康熙篡位，死后不敢去见父亲，才在西陵另建坟墓。而乾隆帝却没有效仿其父，逝后仍把自己豪华的陵墓建在了东陵。尽管这样，也不愿冷落了自己的父亲，因此下诏子孙"昭穆次序，隔代埋葬"。这才有了东、西陵的并驾齐驱，给后人增加了一处 AAAAA 级景区，给世界多留下一份遗产。

从清西陵穿越近 2000 年来到西汉中山靖王刘胜的陵寝，见证了中国大地稍不小心就会掘到文物宝藏，悠悠 5000 年的历史真不是闹着玩的。

满城汉墓 全国重点文物保护单位，国家 AAAA 级旅游景区。位于河北省保定市满城区陵山，距保定市区 21 千米。两座墓，分别属于西汉中山靖王刘胜及其妻窦氏，被评为"中国 20 世纪 100 项考古发现"之一，也是中国保存最完整、规模最大的山洞墓葬宫殿。1968 年，解放军某部在此施工时偶然发现，经周恩来总理亲自批示发掘。1990 年底，满城区对满城汉墓进行开发，先后又兴建了 10 个附属景点，并于 1991 年 5 月正式对外开放接待游客。门票价格：刘胜墓 + 窦绾墓联票：50 元 / 人，索道票：单程 15 元 / 人。

西汉中山靖王刘胜是汉景帝刘启的儿子，汉武帝刘彻的庶兄，景帝前元三年（公元前 154 年）被封为中山王，死于武帝元鼎四年（公元前 113 年），在位长达 42 年。西汉中山国有十代王，刘胜是第一代王。

刘胜墓与窦绾墓，均采用以山为陵的营建方式，墓道及墓室凿山而成，呈弧形，平面布局上两墓形制大体相同。由墓道、车马房（南耳室）、库房（北耳室）、前堂（中室）和后室等部分组成。刘胜墓洞全长 51.7 米，最宽处 37.5 米，最高处 6.8 米，容积约计 2700 立方米。窦绾墓，在刘胜墓北侧，就墓室建造来说，规模之巨大、气魄之宏伟、开凿之工整，均超过刘胜墓水平。平面布局则大同小异，总长 49.7 米，最宽处 65 米，最高处 7.9 米，容积达 3000 立方米。

满城汉墓大门

墓内除了华丽的陈设和棺椁外，随葬品豪华奢侈，共出土金器、银器、铜器、铁器、玉器、石器、陶器、漆器、丝织品等遗物1万余件。其中仅金银器、玉石器、铜器、铁器等精品便有4000多件，各类铜灯19件，尤以长信宫灯、错金博山炉等最为珍贵。刘胜、窦绾两套完整的金缕玉衣，是全国考古工作中首次发现。国家邮政局特意选取中山靖王墓出土的4件具有代表性的国宝级文物，于2000年10月20日发行《中山靖王墓文物》邮票一套四枚。4件文物分别是：金缕玉衣、错金博山炉、长信宫灯、鎏金铜壶。

刘胜的金缕玉衣长1.88米，共用玉片2498片，所用金丝，约1100克；在“玉衣”内还发现玉璧十八块及饭含等佩戴物。窦绾的金缕玉衣略小，全长1.72米，共有2160块玉片，金丝约700克。两套金缕玉衣葬服保存完整，形状如人体。系首次重大发现，是十分珍贵的历史文物，堪称国宝，享誉中外。

除以上4件国宝级文物，满城汉墓中的文物还创造多项全国之最：一整套质地最好、时代最早、保存最完整的西汉时期医疗器具；年代最早的一个古代天文学计时器；体积最大、时代最早、设计科学、构思奇妙的铜石复合粮食加工工具。刃部淬火新工艺的铁剑，保存最完整的西汉铁铠甲，最早的国产玻璃容器等。

满城汉墓的发现，揭示了西汉时期诸侯王的墓葬结构和埋葬制度，为研究汉代冶炼、铸造、漆器、纺织等手工业和工艺美术等方面的发展情况提供了重要的实物资料。满城汉墓出土文物数量多、品级高，文物科技价值和工艺价值高，在一定程度上反映出当时社会财富的积累和生产力的发展水平。满城汉墓的发掘，为研究西汉早期的政治、经济、军事和文化科学技术提供了重要的实物资料，充分体现了古代劳动人民的勤劳和智慧。

我们家乡贵州遵义，是中国革命五大圣地之一，因而，其他4个一直是想去参观的地方。终于有机会来到圣地之一——西柏坡。

西柏坡中共中央旧址

西柏坡旧址

全国重点文物保护单位，国家AAAAA级旅游景区，位于河北省石家庄市平山县，总面积16 440平方米。始建于唐代。曾是中共中央所在地，党中央和毛主席在此指挥了震惊中外的辽沈、淮海、平津三大战役，

西柏坡——中共中央 中国人民解放军总部旧址

召开了具有伟大历史意义的七届二中全会，为中国五大革命圣地之一。1978 年，中共中央旧址和纪念馆同时开放。门票价格：免费。

西柏坡，冀西山区滹沱河北岸的小山村，依山傍水，风光秀丽，稻麦两熟，水土肥美，是解放战争后期中国共产党中央和中国人民解放军总部所在地，是解放全中国的最后一个农村指挥所。西柏坡具有革命基础和政治优势，交通便利，工作方便，保密安全。景区包含以下景点。

西柏坡中共中央旧址，目前对外开放的主要有毛泽东、刘少奇、周恩来、朱德、任弼时、董必武旧居；军委作战室、中国共产党七届二中全会会址、九月会议会址、中共中央接见苏共中央和上海人民和平代表团代表旧址、防空洞和中央机关小学旧址等 12 处。

西柏坡陈列馆，邓小平题写馆名。建筑面积 3344 平方米，共 12 个展室。展览内容以解放战争后期，中共中央在西柏坡时期活动为主线，运用了大量文物、照片和历史资料，辅之以绘画、雕塑、景观、幻影成像、半景画等高科技手段，展现中共中央在西柏坡的伟大革命实践。藏品原件较多，革命文物有 2000 多件，其中一级品 8 类 15 件。基本陈列有革命遗址复原陈列和纪念馆辅助陈列。通过文物、文献、图片、资料，系统形象地反映了中共中央和领袖们在西柏坡期间的革命实践活动。该馆出版有《西柏坡纪念文集》；珍藏的实物精品有：毛泽东用过的办公桌、刘少奇用过的文件箱、朱德用过的金属桌椅、董必武用过的百寿杖等。

五位领导人铜铸像，位于西柏坡纪念馆广场中央，均高 2.5 米，青铜铸像。艺术地再现了西柏坡时期，中国共产党第一代领导集体充满胜利的喜悦和对未来无限憧憬的情景。

另外还有：庄严典雅的周恩来评语碑、邓小平同志的手迹西柏坡纪念碑、著名书法家作品西柏坡石刻园、西柏坡青少年文明园、国家安全教育展览馆、情景交融的领袖风范雕塑园、巨卷型文物保护碑、功德碑等。

离开西柏坡，慕名来到天桂山。景区大门在高高的100多级台阶之上，华都因腿伤，只好在停车场周围转转，我则是一人独自上山游览。

天桂山 国家AAAA级旅游景区。位于河北省石家庄市西北平山县境内，距市区90千米，总面积132.5平方千米，是我国北方著名的山岳古刹型风景名胜区。境内奇峰突起，怪石林立，林繁花茂，古刹重重。既有雄秀交融的天然风光，又有皇家园林的高贵气韵、道家仙山的庄严气势及神秘色彩。素有“皇家道院”之称、“北方桂林”之誉，为我国名山大川中的奇苑。门票价格：65元/人。

天桂山风景区，处于新华夏构造体系太行山隆起带井陉凹陷的北缘，由各种灰岩、石英砂岩、页岩等构成风景区山峰的主体。

风景区地势由西南向东北倾斜。最高峰黑狗尖海拔1426米，天桂山主景区三清峰海拔1054米。风景区内海拔1000米以上的山峰有30多座，出现三山夹两谷（沟）的地貌格局，形成了山高谷深、地形破碎的构造特点。有的山顶残留夷平面，成平顶山；有的进一步发育，山顶脊线呈梁状的墙状山。还有峰丛、孤峰等。山崖边缘常见造型怪石地貌及大小不等的溶洞、天缝、天生桥等暖温带典型的喀斯特地貌类型。气候比较温凉湿润，从谷底到山顶气候垂直分布比较明显。平均气温8～11℃，夏季凉爽，为消夏避暑提供了气候条件。

天桂山自然景观极其丰富，人文景观也毫不逊色。

整个景区层峦叠嶂，争奇斗险，奇峰悬崖，惊心动魄；山形如尖锥直刺云端，峰尖呈双或如怪石立于山崖、石墙，造型如人似物，像兽似禽；天生桥横跨于绝壁之上，下临万丈深渊，无不让人感叹大自然的鬼斧神工；喀斯特地貌溶洞奇观，不同角度观赏呈不同的造型，大自然之造化，令人赞叹；瀑布众多，旱时轻泄如帘，雨季下注如飞；春、夏、秋三季皆多云雾，时而缭绕，时而浮沉，时而浩浩荡荡、

雄秀天桂山

万马奔腾，时而无影无踪、烟消云散；天桂两湖，是游人划船、垂钓、休憩、娱乐的绝佳之处；植被茂密，绿树成荫，森林覆盖率 90% 以上，乔、灌、草和藤本植物多达 500 余种，绚丽多彩，争奇斗艳。

从明末清初始，建筑青龙观道院、苍岩殿、玉皇殿、三丰殿、天桂金顶、白毛女艺术陈列馆，以及魁星阁、文昌庙、关圣殿等。住持一代接一代，周围近百里群众赶庙，焚香还愿，唱戏祈福，热闹非凡。这里常年香烟缭绕，前来祈拜的善男信女络绎不绝。

天桂山除了极高的观赏价值、旅游价值外，也有重大的科考价值。

苍岩山距天桂山不远，驾车很快就到了。游览完苍岩山，被其美景迷倒，心情绝好，见游人众多，不觉赋诗一首：

雄奇秀险幽苍岩，脍炙人口十六台，古建檀柏锁三绝，招得游人竞相来。

苍岩山 全国重点文物保护单位，国家 AAAA 级旅游景区，中国历史文化名山。位于河北省石家庄市西南的井陉县境内，距石家庄市 50 千米，占地总面积 63 平方千米，海拔 1039.6 米。福庆寺作为核心景区，建于隋朝初年，距今已 1400 余年。隋炀帝女儿南阳公主曾在此出家为尼，度过 62 个春秋。门票价格：60 元 / 人。

苍岩山

苍岩山，在河北与山西交界处，是河北的著名风景名胜区，位于太行山群峰之中，环境优美，山险峰峭，怪石嶙峋，涧深谷幽。景区山虽不高，却有缆车，一站到山上，直达核心旅游区。站在山上举目远眺，四周高山，一条小溪沿着山谷蜿蜒伸向远方，一条公路伸向沟外，是进出景区的唯一通道。山上主要建筑有书院、万仙堂、桥楼殿、大佛殿、藏经楼、公主祠、碑亭等。所有建筑依山就势，小巧玲珑，或建于断岩，或跨于险壁，或红墙黄瓦，或在平坦山顶伫立，或隐在树丛中遮面，斗拱飞檐，构造宏丽，云蒸霞蔚，颇为壮观。仅凭其景名，就让我们感到山之美、之秀、之险、之书卷和华贵。

苍岩山，构成景区核心的是“苍岩三绝”。

一绝“桥楼殿”。桥凌驾于百仞峭壁之间，仰视蓝天一线，俯首万丈深渊。桥上建楼，楼内建殿，殿内三尊大佛，谓为中国三大悬空寺之一。

二绝“白檀树”。大大小小的檀树布满苍岩山涧，树根裸露，盘抱巨石；奇姿异态，千奇百怪，遮天蔽日。许多树龄均在百年、千年以上，蔚为壮观。

三绝“古柏朝圣”。上千万棵千年生崖柏、沙柏、香柏，长于悬崖峭壁之上，无论长势怎样，不分东南西北，都朝着南阳公主祠的方向生长，岂不神哉！

除三绝，还有著名的十六景，个个称奇，将这古老的寺院山林，化作一幅幅美丽的画图展现出来：岩关锁翠、风泉漱玉、书院午荫、碧涧灵檀、悬登梯云、桥殿飞虹、峭壁嵌珠、绝献回栏、空谷鸟鸣、悬崖奇柏、说法危台、虚阁藏幽、尚书古碣、阴崖石乳、窍开别天、炉峰夕照。

千百年来，苍岩山以“雄、奇、秀、险、幽”众美为一体的独特自然风光，加上历史悠久，各种民族民间活动及传说、故事，美妙宜人，感人至深，吸引了无数海内外游客前来观光旅游，游戏参与，咏诗作画，影视拍摄等。

当我们开车离去，尝试走出深山再看山，跳出涌流再观水，山依然，水依然，山美水美树美景美，苍岩美哉！

从河北进入河南，第一个景点便是大名鼎鼎的林州红旗渠。

红旗渠 全国重点文物保护单位，国家 AAAAA 级旅游景区。位于河南省林州市，于河南、山西、河北三省交界处，历史上严重干旱缺水。据史载，从明代正统元年（公元 1436 年）至 1949 年，514 个春秋，林县发生自然灾害 100 多次，大旱绝收 30 多次，百姓生活十分困苦。1960 年 2 月引漳河水入林水利工程动工，3 月将工程正式命名为“红旗渠”。1965 年 4 月总干渠通水，1969 年 7 月支渠配套工程全面完成，历经 10 年。红旗渠不仅造福一方，现已成旅游热点。门票价格：100 元 / 人。

红旗渠：山碑 - 青年洞

红旗渠，有“人工天河”之美称。工程规模

宏大，成绩斐然，共削平 1250 座山头，架设 151 座渡槽，开凿 211 个隧洞，修建各种建筑物 12 408 座，挖砌土石 2225 万立方米。灌区干渠、分干渠 10 条，总长 304.1 千米，其中总干渠全长 70.6 千米；支渠 51 条，总长 524.1 千米；斗渠 290 条，总长 697.3 千米；农渠 4281 条，总长 2488 千米。沿渠兴建小型一、二类水库 48 座，塘堰 346 座，库容 2381 万立方米，还建了水电站和提水站，已成为“引、蓄、提、灌、排、电、景”配套的大型工程体系。

红旗渠工程总投工 5611 万个，总投资 12 504 万元，参与群众 7 万人。红旗渠修建 10 年当中，涌现出许多英雄模范人物，先后有 81 位干部和群众献出了自己宝贵的生命。

红旗渠的建成，彻底改善了林州市人民靠天等雨的恶劣生存环境，结束了林州“十年九旱、水贵如油”的苦难历史。

在红旗渠修建过程中孕育形成“自力更生、艰苦创业、团结协作、无私奉献”的红旗渠精神，成为林州人一笔宝贵的精神财富，是林州人民的传家宝。

红旗渠也是党和人民刻在太行山岩上的一座丰碑，红旗渠精神已成为民族精神的一个象征。

从红旗渠来到太行大峡谷，阴雨连绵，像极了贵州的梅雨天，严重影响行程和游览效果。

太行大峡谷 又名“林州大峡谷”。国家 AAAAA 级旅游景区。景区南北长 50 千米，东西宽 1.25 千米，海拔 800 ~ 1739 米，相对高差达 1000 米，植被覆盖率 90%，森林覆盖率 80%。太行大峡谷通常包括 3 个景区，一般是按以下线路旅游：王相岩景区—桃花谷景区—太行天路景区。区间有交通车运行，可下车自由参观游览，天路景区需乘车游览。太行大峡谷景区一定要天空晴朗时游览，雨雾天时，看不远，当然欣赏不到峡谷风光。我们去的当天毛毛小雨，雾气

太行大峡谷

重重，峡谷风光什么都未看到，但门票价格不会受影响：160 元 / 人。

王相岩景区，被誉为“太行之魂”。相传商王武丁（王者）和奴隶出身的宰相傅说（相者），都曾在这里居住过，因此被称为王相岩。这里集峰、峦、台、壁、峡、瀑、嶂、泉于一处，是“北雄风光”的典型代表，有“妍秀如峨眉，雄伟胜岱宗”“蓬壶阆苑之境”“峨眉三峡之胜”的美誉。

桃花谷景区，是一条长谷，谷中有黄龙潭、飞龙峡、丫字瀑、二龙戏珠瀑、九连瀑、神龟兆寿、龟蛋石等景点。沿着挂壁道一路上行，赤色的断崖，瀑布轻轻击在潭中，飘起点点浪花，小桥流水潺潺，石板路，雨中行时需格外小心。

太行天路景区，坐景区小车游览，可领略大自然的鬼斧神工，太行大峡谷的雄姿险峻尽收眼底。但我们去的当天因气候，虽远眺万山雄，遗憾的是只听到人声，见不到仙景。去之前查资料介绍，这条线路以五指峡、龙泉峡、王莽峡三大峡谷为主线，串联真泽宫、紫团洞、九龙洞、女妖洞、云盖寺、崇云寺、万佛寺、“猫路”险道、“天桥”奇观等风景名胜，有景观 400 余处，景点 44 个。自然景观和人文景观有机融合，奇趣无比，其乐无穷。游览时没见到，十分遗憾，可寻机会再去！

从林州市到辉县市本来很近，因走错了路，比预定时间晚到 1 个多小时。导航有些时候也会失灵，几年间，多次把我们带进“死胡同”，走了不少冤枉路。尽管这样，仍是功大于过，不能没有它。

郭亮洞 又称“郭亮洞挂壁公路”，国家 AAAA 级旅游景区。位于河南省新乡市辉县市沙窑乡郭亮村，包括郭亮隧道、万仙山绝壁长廊、郭亮村绝壁长廊。始建于 1972 年，1977 年完工，历时 5 年。门票价格：免费。

郭亮洞挂壁公路

郭亮村人祖先是为避难才逃入此绝境。村里出入道路是一条直接在 90 度的石崖上开凿的石阶，称为“天梯”。羊肠陡峭，仅容一人通行，无任何防护措施，出入非常危险。“天梯”主要是供村民将山货背到山外，换取一些紧俏的日常用品。牛、羊、猪等牲畜大多是在犊子时就从“天梯”背上，养大后再绕上约 15 千米山路转下山去，卖给外村。郭亮村人祖祖辈辈就这样维持现状，无怨无悔地生活着。

直到 1971 年，村里人为了积极响应毛主席的号召，摆脱世代穷困的宿命，让后世子孙不再行走在这险峻的天梯上，在村党支部书记申明信的提议下，发誓要凿穿绝壁，打出一条通向山外的大路。1972 年开始，村里人自发卖掉山羊、山药，集资购买钢锤、钢錾。在无电力、无机械的恶劣条件下，由被称为郭亮洞“十三壮士”的十三条青年汉子组成的凿洞突击队，聚在天梯下举拳面壁，发下誓言，一定要完成绝壁长廊工程。从此，冒着烈日，顶着风雪，腰系麻绳，悬于峭壁之上，握紧铁钎，舞起铁锤，在红岩绝壁上凿出排排炮眼，炸开块块岩石，挖开段段隧道，把生死置之度外。历时 5 年，用生命和热血让天堑变通途。到 1977 年终于开辟出“世界最险要十条路”之一、“全球最奇特 18 条公路”之一——郭亮洞挂壁公路。

今天走在这条公路上，宽敞、坡缓、路面平整、天窗外风景秀美，相机拍摄下一张张美照。很难想象，这是太行山坚硬无比的沉积岩石，郭亮村人是怎样一钎一撬、一眼一炮，从岩石中凿出这条高质量的公路，并且还派生了红崖峡谷、崖上人家、天梯、天池、瑶池、珍珠泉、白龙洞、观景台等许多游览景点，与瀑布竞泻、周围群山、石屋柳绿、袅袅炊烟等共同构成“世外仙境”般的诗情画意，吸引着成千上万来自各地的旅游者观光游览。从此，山不再高，路不再难，改变了他们的生活，也改变了他们的理念和命运！

早就闻名云台一奇景，决定离开主线，专程去云台一睹。

云台山 位于河南省修武县境内，是全球首批世界地质公园、国家地质公园、国家森林公园，国家 AAAA 级旅游景区。是一处以裂谷构造、水动力作用和地质地貌景观为主，以自然景观和人文景观为辅，集科学价值与美学价值于一身的综合性国家级地质公园。景区面积 190 平方千米，含泉瀑峡、潭瀑峡、红石峡、子房湖、万善寺、百家岩、仙苑、圣顶、叠彩洞、青龙峡十大景点。主峰茱萸峰海拔 1304 米。门票价格：30 元 / 人，摆渡车 60 元 / 人。

红石峡景区，是一个峡谷，顾名思义，是一片片红石，系丹霞地貌。峡谷中一泓清水流经，时而奔驰向前，时而缓缓通过，时而形成大小瀑布，时而一潭平静的池水。素以“三步一泉，五步一瀑，十步一潭”而著称。游客行走在峡谷两壁上开凿、搭建的路径或栈道，可居高观景，也可下到横于峡谷的石台或碇步，近距离接触峡石、流水。红石峡景区游人集中，显得最多。出了红石峡，就是子房湖，据说是因

云台山红峡谷

汉刘邦重臣张良（字子房）功成名就退休在此隐居而得名。湖面较为宽阔、平静，一般游人都会在这儿乘坐快艇，过把水上游之瘾。

云台山以水叫绝，有众多各式飞瀑。落差314米的全国最高大瀑布——云台天瀑，犹如擎天玉柱，蔚为壮观。其他的白龙潭、天门瀑、黄龙瀑、丫字瀑皆飞流直下，形成了云台山独有的瀑布景观。

云台山还以山称奇，整个景区山峦起伏，奇峰秀岭连绵不断。登上景区主峰茱萸峰顶，近看林木葱郁，花草遍地，泉水淙淙，景色迷人；远望太行深处，巍巍群山层峦叠嶂，怀川平原沃野千里、田园似棋，黄河如带，让人不禁心旷神怡，无限感慨：大好河山不可不游矣！

车一直开到黄河风景名胜区停车场，这是第二次来这里，距上次相隔仅1个月，上次大门紧闭不让进，无为而返。

黄河风景名胜区 国家AAAA级旅游景区。位于河南省郑州市西北20千米处黄河之滨，南依巍巍岳山，北临滔滔黄河。黄河风景名胜区现已开放面积20多平方千米，已经建成并对外开放的五龙峰、岳山寺、大禹山、炎黄二帝、星海湖五大景区，分布着炎黄二帝巨塑、哺育像、大禹、黄河碑林、万里黄河第一桥、毛主席视察黄河处、浮天阁、极目阁、孔雀园等50余处景点。

黄河

迫不及待地步行到黄河边近距离游览。这里是黄河地上“悬河”的起点，黄土高原的终点，黄河中下游的分界线。黄河郑州段博大、宏伟、壮丽，有优美的自然景观。她处于中华民族发源地的核心部位，景区历史古迹丰富，文化遗产深厚。可看到京广铁路大动脉，想当年，从贵州到北京乘坐火车，南来北往，每次都要在这桥上过，感到既神秘又稀奇。当时规定，过桥时不准打开车窗，只能隔窗观黄河。现在早已成历史，世上的事真是此一时彼一时，何必较真呢！

步行到大路，乘坐摆渡车到下一景点。

郑州黄河国家地质公园历经40年的开发建设，已形成了融观光旅游、休闲度假、科普教育、寻根祭祖、弘扬华夏文明为一体的大型风景名胜区，成为国内不可多得的旅游胜地，是“中华民族之魂”——黄河之旅的龙头景区。在这里，既可领略浩瀚的大河风光，欣赏优美的风景名胜，又能体味黄河文化的历史渊源，纵览社会主义现代化建设的成就，这正是黄河风景名胜区的文化魅力所在。

一路走走停停，有时也乘摆渡车。游览了五龙峰黄河母亲塑像——“哺育”；景区岳山寺紫金阁、铁索桥等；炎、黄二帝雕像广场及附属设施；观瞻毛主席视察黄河的大型纪念铜像，毛主席在这里发出“要把黄河的事情办好”的伟大号召。

几天天气都不好，游览中又下雨了，只好上车，吃干粮等雨停。可是，午餐后雨仍没停的迹象，只好开车离去。下一站去杜甫故里。

杜甫故里 河南省重点文物保护单位。位于河南省巩义市站街镇南瑶湾村邙岭上，占地34亩。唐太极元年（公元712年），杜甫出生于笔架山一座窑洞里的官宦人家。自幼在此生活和学习，虽然以后一生漂泊在外，始终心系故里，履行“奉儒守官”及“诗是吾家事”的家族使命。于唐代宗大历五年（公元770年）在湖南省平江县洞庭湖附近湘江舟中与世长辞，享年58岁。当时家贫无力归葬，暂葬在湖南省千江县南15千米的小田村。43年后，唐宪宗元和八年（公元813年），其后人遵先人嘱托，将杜甫灵柩归葬故乡巩义市南瑶湾村的邙岭上，其子宗文、宗武陪葬墓侧，当地称“圣人三冢”。门票价格：65元/人。

杜甫故里大门

杜甫，生活在唐王朝由盛转衰的时期，历经战乱。一生留下了1400余首不朽诗篇。杜诗具有丰富的社会内容，强烈的时代色彩和鲜明的政治倾向，始终贯穿着忧国忧民的主线，反映安史之乱的历史时代，被称为一代“诗史”。杜诗体制多样，奄有众长，兼工各体，风格以沉郁顿挫独步诗坛，意境开阔壮大，感情深沉苍凉，语言和韵律屈折有力。集古典诗歌之大成，并加以创新和发展，给后世以广泛的影响，被尊为“诗圣”。

杜甫故里，坐北向南，由大门楼、杜甫大型雕像、双层亭、诗圣堂、诗圣碑林、杜甫故居、吟诗亭、望乡亭、草亭、献殿、墓园等组成。整个景区花草茂密、绿树成荫、松柏辉映，风格清静、朴实、典雅。杜甫故居，坐东向西，宅院长20米，宽10米，院内有东西向瓦房3间，硬山式灰瓦顶，东侧有房2间，北侧有一窑洞，洞口为砖砌墙壁。洞高3米，宽2米，深20米。郭沫若书“杜甫诞生窑”额。西墙上嵌清代张议草书“诗圣故里”碑一通，为《唐工部杜文贞公碑记》。

杜甫雕像，高达4.7米，其左手握书卷，右手扶山体，造型逼真，神志沉重。其雕法细腻，线条流畅。底座基高3米，黑色大理石砌成，正面“诗圣杜甫”题。前方有诗书。

诗圣碑林，为长120米，宽2.5米的长廊。廊内容纳石碑百余通，内容大都为杜诗，汇聚国内外著名书画家的墨宝，楷、草、隶、篆、行古今书法各具特色，堪称书法宝库。

巩义是诗圣的故乡，是洛河水培育了诗人高尚的情怀，巩义市人民为之感到骄傲与自豪。诗圣杜甫在国内受到人们千百年来的崇敬与热爱，在国际上同样得到世界各国人民的尊敬。1962年斯德哥尔摩世界和平理事大会上杜甫被列为世界文化名人，得到全世界人民的纪念。诗人一生忧国忧民，其爱国精神和关怀人民的真挚情感，为世人所推崇，而他留下的优秀诗篇更是让人们世代传颂。

巩义石窟寺，雕刻精湛，堪称国宝，是研究中国早期石窟雕刻史的重要实物。

巩义石窟寺 原名“希玄寺”，唐称“净土寺”，宋改称“石窟寺”。全国重点文物保护单位，位于河南省巩义市东北9千米的大力山南麓。始建于北魏熙平二年（公元517年），东魏、西魏、北齐、隋、唐、宋各代相继凿窟造像，形成石窟群。门票价格：15元/人。

巩县石窟坐北向南，有洞窟5所、千佛龛1个、小佛龛225个、摩崖造像3尊、摩崖造像碑刻题记256方、佛像7743尊。第1～4窟为中心塔柱窟，第5窟为方形。佛像脸形方圆，总体风格与龙门石窟相近，但规模小得多，整体造像艺术水平也不如云冈石窟和龙门石窟，但其小巧玲珑、惟妙惟肖，不乏精品。

巩义石窟寺

石窟内留有中心方柱，这也是与其他石窟不同的特点。除佛、菩萨、弟子、千佛、释迦多宝并坐、维摩变、飞天等北魏石窟常见的造像外，最有特点的题材是礼佛行列、伎乐、神王、怪兽等浮雕。如第一窟是一个高、阔均为6米的正方形洞窟。石窟正中有顶天立地的中心方柱。方柱四面凿有佛龛，雕有一佛、二弟子、二菩萨，及其他装饰，热闹非凡。洞门内壁两侧，千佛龛下为三层浮雕《帝后礼佛图》。左侧三幅以皇帝为主，后随文武大臣。右侧三幅以皇后为主，嫔妃依次排列，行列前有身穿袈裟的和尚为前导，后面紧跟着雍容华贵的帝后及为他们提挈拖裙的宫女，前呼后拥，反映了皇室的宗教活动。构图协调，造型逼真，雕刻精湛，堪称国宝。

石窟外除摩崖大像外，有些唐代小龛雕凿亦非常精致。如第4窟外壁唐龙朔二年的119号龛，规模虽然不大，但它的总体设计和工匠的高超技艺，说明它应是帝室营建，是研究中国早期石窟雕刻史的重要实物。

在造像风格上，石窟也有明显特点。表现石刻造像艺术风格逐渐由北魏向唐代的演进。

大量的伎乐人雕刻，使用的乐器和演奏姿态，可以清楚地看到1400年前的乐器形状和演奏方法，弥足珍贵。

由于孝文、武二帝的倡导，北魏佛教盛行，佛教被定为国教，巩县石窟兴于魏晋，盛于隋唐。吸收了印度佛教艺术精华，融汇了中国绘画和雕塑的传统技法和审美情趣，反映了佛教思想及其汉化过程，是研究中国社会史、佛教史、艺术史及中外文化交流史的珍贵资料。

巩义，河南省历史文化名城，国家确定的长城、大运河、丝绸之路三条线遗产，有两条涉及巩义；全国150处大遗址，巩义拥有两处。遗产数量和质量在河南全省名列前茅。除了有杜甫这样的文豪，石窟这样的佛寺，还有百万富族。

康百万庄园 又名“河洛康家”，全国重点文物保护单位，国家AAAA级旅游景区。位于河南省巩义市康店镇，占地240余亩，总建筑面积64 300平方米，有33个院落，53座楼房，73孔窑洞和1300多间房舍。始建于明末清初，是17、18世纪华北封建堡垒式建筑的代表。康百万是明清以来对“中原活财神”康应魁家族的统称，康氏家族前后12代人在这个庄园生活，跨越了明、清和民国3个时期，共计400余年，是全国三大庄园（康百万庄园、刘氏庄园、牟氏庄园）之一。与山西晋中乔家大院、河南安阳马氏庄园并称“中原三大官宅”，被誉为豫商精神家园，中原古建典范。因慈禧太后的册封而名扬天下。门票价格：75元/人。

康百万庄园大门

庄园背依邙山，面临洛水，因而有“金龟探水”的美称。明代初年，康家先祖在巩县康店镇洛河边安家，开了一个小饭馆。经过康家几代人的不断努力，到了清代，方圆几十里都是康家的田地，已是富甲一方，小小的“康家店”变成了一座庞大庄园。随着家族财富的积累，康家在原有庄园的基础上又进行扩建，将房舍增加到了山顶，从而构成了这个具有中世纪风格的城堡型建筑。其围墙环绕山腰一周，临街建楼房，靠崖筑窑洞，四周修寨墙，濒河设码头，集农、官、商风格于一体。布局严谨，规模宏大。全庄园划分为19个部分，辅以牌楼、牌坊、花园等辅助建筑，从而形成了一个依山傍水、错落有致，一座集“古、大、雅、美”于一体的恢宏建筑群，被称为17、18世纪华北黄土高原封建堡垒式建筑的代表。庭院建筑为豫西地区典型的两进式四合院，兼具园林艺术和宫廷艺术特色。慈禧太后赐其“康百万”封号，康家的庄园便成了康百万庄园。

康百万庄园，庞大的建筑群仅有一个入口。没有知情认路人带领，陌生人极难找到出口，庄园中的路弯弯曲曲宛如迷宫。庄园的中心区轮廓全貌保留得近乎完好，宅院、书房、厨房、画室等位列其中。

庄园建筑以寨上主宅区为核心，向寨下其他区域以扇面形式展开，建成功能不同、形式各异的群体院落。深宅大院、重脊高檐、垂花门楼、间或以假山、曲廊的“障景”法作点缀，达到移步换景的艺术效果，一派庭院深深的幽雅与宁静。既保留了黄土高原民居和北方四合院的形式，又吸收了官府、园林和军事堡垒建筑的特点。

这里最大的一个特点，就是无处不在的匾额楹联，充分展现出了豫商的文化气息，也显出了主人的身份与品位。其中有一副楹联是这样写的：心术不可得罪于天地，言行要留好样于子孙，教育康家子孙们要注意自己的品德和言行。

康百万庄园，是一座雕刻艺术的宝库，砖雕、石雕、木雕都有极高的水准。建筑物上自房顶屋瓦，下至门窗廊柱，都有雕刻饰件。艺术表现上则采用了透雕、浮雕、圆雕等不同工艺手法，设计新颖，工艺精湛，风格各异。走过不同的大小门时，会看到门枕石和柱础上的石刻浮雕，咫尺之间，人物、动物活灵活现，生动传神；牌楼上精美的砖雕图案栩栩如生；屋檐下龙飞凤舞的木雕图案，格调雅秀。显示古代工匠非凡才智和精湛技艺的，当属保存完好的一具华丽檀木三进式顶子床，它雕刻细致入微，纹饰繁缛，据说工匠们花费了1700多个工作日才雕刻完工。

此外，庄园里还保存有碑刻、牌匾、家具、古玩、书画、器皿、衣帽等历史文物3000余件，对于研究明清文化、民间风俗、古代建筑等都具有极高价值。

游览参观康百万庄园，犹如遨游在一个建筑大观园，可欣赏到19种不同风格形式的建筑群。既有明代的建筑楼院，又有清代的建筑堂屋，是中原民居代表性的古建筑群。庄园里，住宅、商栈、作坊、学馆、祠堂、寨堡、花园、亭台以及关押犯人和豢养兵丁等建筑，设计巧妙，布局合理，功能实用。除此之外，还能欣赏到各种不同风格形式的石、木、砖雕艺术，足见建筑与雕刻的完美统一。

到达宋陵·永昭陵景区，下着大雨，景区前广场已四处积水。华都自然待在车上，我仍兴致不减，换上雨靴，打着雨伞，冒雨参观，一会身上就全湿了。好在雨靴挺管用，既行走无忌，又保护了脚，其他无所谓了。

宋陵·永昭陵 即“北宋皇陵”和“宋仁宗赵祯之陵”，两个景点合为一处，或说是“一块牌子两个景点”。全国重点文物保护单位，国家AAAA级旅游景区，

“十一五”期间国家100处大遗址保护重点工程之一。位于河南省巩义市内新华路与建设路之间。宋乾德元年（公元963年），赵匡胤将父母的遗骨迁葬到巩义县西南，开始营建宋陵，前后达160余年，是北宋皇帝及其陪葬宗室的陵寝。宋陵共有300余座陵墓，占地面积约156平方千米，存700多件石刻，具有重要的文物价值和艺术价值。陵墓群涵盖了北宋除徽钦二宗之外的其余七帝，加上赵匡胤的父亲赵弘殷的陵墓，统称“七帝八陵”。围绕八座帝陵有皇后陵、皇室宗亲墓、名将勋臣墓300余座。如寇准、包拯、杨继业等名臣勇将的陵墓也在其中。开创了几种设置陵区的先河，体现了尊卑有序、等级森严的皇家秩序，形成了理论严谨、独具特征的皇家丧葬文化。门票价格：免费。

按照自然环境和北宋皇帝的埋葬顺序，宋陵分为：西村陵区、蔡庄陵区、孝义陵区和八陵陵区4个陵区。现仅城内宋仁宗赵祯的永昭陵开放。

宋陵的诸帝陵园建制统一，平面布局相同，皆坐北朝南，分别由上宫、宫城、地宫、下宫4部分组成，围绕陵园建筑有寺院、庙宇和行宫等。

整个陵园，包括后妃陵墓在内，广种松柏和枳橘。神道上的石像生保存较完整，从中可以看到宋代石刻风格前后期的变化。早期造型质朴，雕凿技巧较为粗犷，带有晚唐遗风；中期转向写实，刻画真实；晚期朝着生动活泼方向迈进，技巧较前娴熟，刻画人物、动物均更为细腻。

其他石刻也多有可圈可点之处，宫人有女性的特征，内侍体态微胖；武士身躯高大，或拄剑肃立，或手执斧钺；文臣执笏在前，武臣拄剑在后。华表为方基莲花座，六棱或八棱柱身，柱顶为合瓣莲花。帝陵柱身为缠枝牡丹云龙纹，后陵柱身为翔凤纹。

永安陵是宋陵的首陵，又称“指挥坟”，是赵弘殷昭宪杜太后的合葬墓，祔葬4位皇后及陪葬子孙121坟。

永昌陵是北宋帝王陵区第二座皇陵，也是实际的首陵。陵台现存石刻47件。陵园石像为宋代早期石刻的代表。陵西北祔葬有太祖孝章宋皇后、真宗章怀潘皇后保泰陵。

永昭陵，宋仁宗赵祯之墓，是目前唯一开放陵。陵区南高北低，南北长980米，东西宽260米，由帝陵、后陵和下宫组成，神台三层。永昭陵鹊台、乳台、四神门、

宋陵・永昭陵大门神道

四角阙楼、陵台全部按照原建筑基址大小，重新复原。

宋仁宗是宋朝第四代皇帝，是《七侠五义》章回小说中狸猫换太子中的太子。其在位时正是宋国泰民安，文臣武吏荟萃，经济发达，文化兴盛，宋朝鼎盛时期。陵墓规模庞大，建筑雄伟，神道宽阔，石人石兽雄浑高大，形态逼真，活灵活现，栩栩如生。永昭陵西北祔葬慈圣光献曹皇后陵。

北宋末年，金在中原扶植的“大齐”皇帝刘豫曾对宋陵进行大规模盗掘，金占据中原后，宋陵建筑彻底毁坏，珍宝被盗掘一空。

去嵩阳书院及少林，走国道、省道，没想到一路上车太多，特别是大货车，一辆接一辆，又高又长，形似巨无霸。在它们边上行进，提心吊胆，压力很大。为了避开它们，也为了抄近路，翻越嵩山，走了一条不规范的山路，虽然路窄弯多，路面也不太好，但车少，路似乎也近了许多。

嵩阳书院 是中国古代著名的高等学府，中国古代四大书院之一，被列入《世界文化遗产名录》，全国重点文物保护单位，国家 AAAAA 级旅游景区。位于河南省郑州市登封市嵩山南麓。初建于北魏太和八年（公元 484 年），南北长 128 米，东西宽 78 米，占地面积 9984 平方米。中轴建筑共分五进院落，由南向北，依次为大门、先圣殿、讲堂、道统祠和藏书楼，中轴线两侧配房相连，共有古建筑 108 间，多为硬山滚脊灰筒瓦房。古朴大方，雅致不俗，与中原地区众多的红墙绿瓦，雕梁画栋的寺庙建筑截然不同，具有浓厚的地方建筑特色。嵩阳书院因其独特的儒学教育建筑性质，被称为研究中国古代书院建筑、教育制度及儒家文化的“标本”。门票价格：80 元 / 人。

嵩阳书院

大唐碑

书院是中国封建社会特有的一种教育组织，在中国古代教育史上占有重要而又独特的地位，具有举足轻重的影响。嵩阳书院是中国古代四大书院之一，是书院中的佼佼者，对传播中华民族传统文化和培养造就人才发挥了重要作用。

历史上嵩阳书院以理学著称于世，以文化赡富，文物奇特名扬古今。先后在嵩阳书院讲学的有范仲淹、司马光、程颢、程颐、杨时、朱熹、李纲、范纯仁等24人，司马光巨著《资治通鉴》第9～21卷就是在嵩阳书院和崇福宫完成。嵩阳书院成为北宋影响最大的书院之一，是宋代理学的发源地之一。书院曾毁于兵火，历经元、明、清各代重修增建，鼎盛时期，学田1750多亩，生徒数百人，藏书2000多册，如《朱子全书》《性理精义》《日讲四书》以及九经等。清代末年，废除科举制度，设立学堂，经历千余年的书院教育走完了科举历程，完成了自己的历史使命。

嵩阳书院经历代多次增建修补，院内建筑布局保持着清代前风格。现存殿堂廊房500余间，由五进院落组成，院中有先贤祠、先师殿、三贤祠、丽泽堂、藏书楼、道统祠、博约斋、敬文斋、三益斋等建筑。首为先贤祠，供奉与书院有关的先师先贤，其后为讲堂，讲堂后为道统祠，最后是藏书楼。院内廊房墙壁上镶嵌有历代文人墨客题字，其内容书法各具特色。重要景点有：大唐碑，古柏三大将军，明代石刻“登封县地图”，二程手植槐，寺伦统碑，杏坛，唐至清代碑碣70条品等。

离嵩阳书院不远处便是久负盛名的少林寺，这是我们第三次踏进少林寺参观游览了。

少林寺 因坐落于嵩山腹地少室山茂密丛林之中，故名“少林寺”，是中国佛教禅宗祖庭和中国功夫的发源地。被列入《世界文化遗产名录》，全国重点文物保护单位，国家AAAAA级旅游景区。位于河南省郑州市登封市嵩山五乳峰下，占地面积约57 600平方米。始建于北魏太和十九年（公元495年），孝文帝为安顿来朝传授小乘佛教的印度僧人跋陀，在与都城洛阳相望的嵩山少室山北麓敕建而成。现任方丈是曹洞正宗第47世、第33代嗣祖沙门释永信。少林寺是世界著名的佛教寺院，是汉传佛教的禅宗祖庭，在中国佛教史上占有重要地位，被誉为“天下第一名刹”。因其历代少林武僧潜心研创和不断发展的少林功夫而名扬天下，素有“天下功夫出少林，少林功夫甲天下”之说。门票价格：80元/人。

少林功夫，是中国武术中体系最庞大的门派，武功套路高达700种以上，又因以禅入武，习武修禅，又有“武术禅”之称。“少林”一词成为中国传统武术的象征。少林功夫包含少林七十二绝技、少林拳术、棍术、枪术、刀术、剑术等。少林功夫的要旨是禅武合一。少林寺是佛教禅宗的祖庭，禅宗以明心见性、顿悟成佛为要旨。在佛门眼中，参禅是正道，拳勇一类乃是末技，僧众们不过是借练功习武达到收心敛性、屏虑入定的目的，同时，也有强壮身体，益寿延年的效果。

少林寺，元代以前曾有五大宗派，元初福裕和尚统一了五大宗派，创立了少林寺雪庭曹洞之宗，并撰写了子孙辈谱诀，标志着少林寺从此形成了一个子孙相继的禅院。

少林寺，常住院建筑在登封少溪河北岸，从山门到千佛殿，共七进院落。主要包括常住院、塔林、碑铭和初祖庵等。

少林寺

常住院，坐北朝南，建筑沿中轴线自南向北依次是山门、天王殿、大雄宝殿、藏经阁（法堂）、方丈院、立雪亭、千佛殿等。

塔林，少林寺西约300米处的少室山山脚下，有一片中国最大的塔林。它是少林历代高僧、住持方丈的墓寝。现存从唐代至今的各类塔256座，其建筑风格、砖石雕刻为研究我国建筑艺术留下了宝贵实物。更难能可贵的是，几乎每座塔都有塔铭留存，为研究少林寺的历史和元代文化提供了珍贵资料。塔林入选世界纪录协会世界最大古塔建筑群，是古塔建筑群世界之最。

碑铭，少林寺保存唐以来碑碣石刻甚多，其中元代碑铭数量最可观，且大都具有珍贵的文化价值。它是研究元代宗教、政治、历史、书法艺术、中外交流不可多得的实物文献。

初祖庵，塔林北约1千米处，是为纪念达摩面壁而修建的一座木结构建筑。

殿的檐柱、内柱、墙下雕石以及神台周围都有浮雕。大殿神龛内供着达摩祖师像。

二祖庵，位于少林寺西南方向钵盂峰峰顶。殿前有“苦、辣、酸、甜”四眼井。

达摩洞，五乳峰上，深约 7 米，高宽 3 米余，传说达摩曾在此面壁十年。由于功夫深厚，他的身影形状被印在山石上，留下了极富传奇色彩的“达摩影石”。

截至 2016 年 3 月，少林寺下院已有 18 家，并正在筹建海外寺院，少林寺不但走向全国，还将走向世界。

风穴寺景点不顺路，为了不落下这个重要景点，另多走了 100 多千米。

风穴寺 又名“香积寺”“千峰寺”“白云禅寺”，全国重点文物保护单位，国家 AAAA 级旅游景区。位于河南省汝州市东北 9 千米的嵩山少室山南麓风穴山中，总面积约 50 余亩，现存唐至清历代建筑 140 余间。始建于东汉初平元年，毁于董卓之乱，重建于北魏，距今 1800 多年，是中国最古老的佛寺之一，与少林寺、白马寺、相国寺齐名，被称为“中原四大名刹”。后经北魏、唐、宋、金、元、明、清历代重修与扩建，风穴寺现存主要建筑有天王殿、中佛殿、悬钟阁、藏经阁、七祖塔等。在中原四大名寺中，保留了诸多唐、宋、金、元、明、清的建筑遗存，为中国建筑史上留下厚重的实物资料，被古建专家誉为“中国的古建博物院”。门票价格：免费。

风穴寺景区，是风穴寺、上下塔林、风穴寺国家森林公园等自然景观与人文景观有机结合的旅游景区。从山口游客中心需步行数里路才能到达寺庙，确有“深山藏古寺”“曲径通幽处”的诗情画意。

风穴寺，所有建筑依山而建，没有明显的中轴线，参差错落有致，美妙精湛绝伦。其中，唐代七祖塔、宋代悬钟阁和金代中佛殿，被称作风穴寺的三大国宝建筑。

七祖塔，唐开元二十六年（公元 738 年）所建，为全国现存 7 座唐代高塔之一。

悬钟阁，建于宋代，重檐三滴水歇山式，巍峨高耸。内悬 9999 斤（约 5000 千克）重的宋宣和七年（公元 1125 年）铸造

风穴寺悬钟楼

大铁钟，铸造精致，声音洪亮，为稀有珍品。

中佛殿，金代建筑，面阔、进深均为三间，单檐歇山顶。殿内供奉释迦牟尼和二菩萨、二弟子像。

风穴寺，现存有明代汉白玉石佛、缅甸送佛像以及明代嘉靖年间石佛 30 余尊、木雕佛像 7 尊。寺内碑碣林立，或记事、或题咏，楷、草、隶、篆风格迥异，存有唐代的尼陀罗咒、宋代的经幢、元代的塔铭。

寺院周边的山坡上还分布着上下两处大型塔林，包括唐、元、明、清和近代的僧人墓塔及其他砖塔石塔 146 座，数量仅次于河南登封少林寺和山东长清灵岩寺，位居中国第三。保存元以降墓塔 115 座，另有历代碑刻和元、明、清各代的佛教造像等。

风穴寺，还有珍珠帘、大慈泉、锦屏风、吴公洞、望州亭、玩月台、升仙桥、悬钟阁八大景；有小龙门、石龙头、活风尾、东山仙人等七十二小景和冬暖夏凉的三十六福地。

唐代岑参、刘禹锡、元稹等人，都曾在此留下诗作。寺前，有初唐诗人刘希夷墓园；寺侧，有宋儒吴几复隐居读书山洞等。

风穴寺，周围群山环抱，古柏葱茏，流水潺潺，景致秀丽。据说，节假日人山人海。

始祖山——中华民族的人文始祖轩辕黄帝的故居。

黄帝故里 全国重点文物保护单位，国家 AAAA 级旅游景区。位于河南省新郑市千户寨乡始祖山（具茨山）主峰顶上，面积约 12 平方千米，山清水秀，风景如画，黄帝文化遗迹遍布山野。始祖山，又名南石山，原名风后岭或风后顶，是具茨山系的主峰，面积 3 平方千米，

黄帝像

海拔 793 米，相对高度 540 米。始祖山是中华民族的人文始祖轩辕黄帝的故居。黄帝建立国家后，又在这里营建了国都，可见始祖山在中华文明史上的重要地位。景区由轩辕庙区和黄帝大宗祠区组成。门票价格：免费。

轩辕庙区在始祖山顶峰，由轩辕庙、嫘祖洞、中天门、中天轩辕阁、迎日峰等景点组成。

黄帝大宗祠区现有气势恢宏的黄帝大宗祠，险峻奇特的迎日峰，泉水跌宕、溪流淙淙的黑龙潭和玉女池，水清气爽、宽敞舒适的黄帝避暑宫，禅声悠扬、香烟缭绕的幽胜寺，碧波荡漾的青岗庙水库，中华一绝的琴声回音道，庄严雄伟的中天轩辕阁以及展示原始文化风貌的原始部落村等。

嫘祖洞，内有嫘祖宫，供有嫘祖、嫫姆塑像，洞内烧香拜祖的游人成群结队。

中天门，仿汉代建筑，赤柱画栋，飞檐挑角。红砖绿瓦，雄伟壮观。中天门里有中天阁。中天阁下是黄帝迎日推策峰，峰上有四台，推策台上，至今还有黄帝的脚印和黄帝与嫘祖的座印。

轩辕阁，是四层楼阁，红墙绿瓦，雕梁画栋，挑角飞檐，雄伟肃穆。登上楼阁，极目四望，景色变化无穷。

轩辕庙，大殿全是由青石板砌成，内供轩辕黄帝老年坐像。该庙歇山式建筑，坐西向东，创建年代无考。台基、墙身和屋顶均由石材构成。面阔三间 7.35 米、进深三间 4.80 米，高约 5 米，建筑面积 40 平方米，单檐歇山。正面明间辟门，门高 2.18 米，门宽 1.73 米。

石刻碑群，在轩辕庙北边，是历代名人登山拜祖颂黄帝的石刻碑群。每年三月三登山拜祖，延续至今。近年来有海外华人组团登山拜祖。

这个没有任何可炫耀头衔的新景点，之所以来此，是因为它的主人——曹操。不仅是一代枭雄，挟天子以令诸侯，成就一番伟业，更是因曹氏三父子（曹操、曹丕、曹植）的建安文学成就。

曹丞相府 位于河南省许昌市区，魏武帝广场东侧，占地 18 亩，是中国第一个全方位展示曹魏文化的主题景区。整个景区由曹丞相府、魏武帝游园、周边旅游商业街区等部分构成。占地面积约 30 000 平方米，建筑面积约 8000 平方米。曹丞相府由府门、求贤堂、七步阁、议事堂等汉代仿古建筑组成，成为曹魏故都的标志性景观。门票价格：35 元 / 人。

史料记载，曹操于建安年间迎汉献帝于许昌，进位丞相，挟天子以令诸侯，加九锡，封魏王。后曹丕篡汉，曹氏府第由相府而王府，复又演变为皇宫。

曹丞相府

丞相府，是曹操处理军国大事的地方，奠定曹魏霸业的屯田令和求贤令都在这里诞生。景点主要包括三重主体建筑，由前至后分别如下。

求贤堂，体现曹操识人用人、招才求贤、一统天下的政治抱负。

议事厅，体现曹操运筹帷幄、商议决断、决胜千里，展示曹操的政治、经济与军事成就。

赋诗楼，体现曹氏三父子文学才华和生活的侧面，是舞墨弄文、赋诗会友聚众的地方。主要展示曹氏三父子的文学成就，和以建安七子为背景的建安文学时期的轶闻故事。而“七步诗”“汉代八美”的设计又能让游客参与进去、增加看点、更有兴趣。

除了大型浮雕、塑像、文字、诗简、木质烙画、脸谱等实物烘托、说明外，还用现代电子产品、手段，如数码技术、三维图像等，让游客去感受、品味曹操，品味相府。

整个曹丞相府的景点布局，突出层层渐进、一步一景的效果。尽管此景点现代新建痕迹较明显突出，展区也为景点结合史实、吸引旅游者做了极大努力。

受禅台是中国历史上唯一的禅让活动纪念地，别有一番意义。我们专程驱车前往。

受禅台遗址 全国重点文物保护单位。位于河南省许昌市西南 17 千米的漯河市临颍县繁城镇。建于东汉延康元年（公元 220 年），为汉末三国时魏王曹丕接受汉献帝禅让的地方。门票价格：免费。

建安二十五年（公元 220 年）冬十月，魏王曹丕在南北交通方便、风水宝地繁亭（今繁城）筑灵台，举行受禅大典。受禅台高 20 米，长、宽各约 30 米，受禅台上原有大殿等建筑。现仅存高台一座，台分三层，坐北朝南，呈上圆下方状，高约 13 米，底周长 368 米，总面积 8448 平方米。

受禅大典盛大，魏王侯公卿将军，请来的匈奴、南单于、东夷、南蛮、西戎、北狄王侯君长及数十万将士参与。彩旗招展，锣鼓喧天，在一片万岁欢呼声中，魏王曹丕接受汉献帝的禅让，代汉立魏，改年号为黄初，称魏文帝。受禅台见证了曹魏篡汉的历史时刻，从此结束了大汉帝国400余年的历史，开始了我国历史上家喻户晓的魏、蜀、吴三国时代。

受禅台前有两碑，即《受禅表》和《公卿将军上尊号奏》。详细记录了黄初元年（公元220年）冬十月二十九日受禅经过，见证了曹魏篡汉的事实。两碑并列，立于镇内的献帝庙旧址上。碑呈圭形，额有穿，没有华丽的装饰。

站在受禅台上，思绪万千，放眼望去，似乎1800多年前的那场禅位，就像一场和平演变，没有刀枪相向，没有喊声厮杀声，是为什么呢！深层的原因还是归于“实力”，是实力太过悬殊的较量，成败自然一目了然，今天仍有很强的现实意义。抓住时机，韬光养晦，壮大实力，是国家强大，自立于世界强国之前提和必然。

太昊陵庙，史前文化的一个重要组成部分，对中华民族文化的发展产生了深远影响，非常典雅、幽静的一个陵庙区。我们感到似乎已穿越数千年，来到世外桃源，尽享这里的宁静和舒适。

太昊陵庙 祭祀中华人文始祖太昊伏羲氏的大型陵庙。全国重点文物保护单位，国家AAAA级旅游景区。位于河南省周口市淮阳区，坐北朝南，蔡河与蓍草园之间，南北长750米，占地875亩。春秋已有伏陵墓，汉代在此建祠，以后历代扩建，达现存规模，具有6500多年的历史文化积淀，中国十八大名陵之一。分外城、内城、紫禁城三道“皇城”。景区内主要景点是明、清建筑，保持了明、清风格，包括中轴线上的一系列建筑：九龙照壁、午朝门、玉带河桥、道仪门、先天门、太极门、统天殿、显仁殿、太始门、八卦坛、太昊伏羲陵墓、蓍草园等。门票价格：40元/人。

太昊陵，构成了史前文化的一个重要组成部分，虽起源于结绳记事的原始时代，但其对中华民族文化的发展产生了深远影响。太昊伏羲氏居三皇之首，其陵称“天下第一陵”，历朝历代 50 余帝王来此御祭。随着对人祖伏羲尊崇祭祀的提高，陵庙规模不断扩大，形成现存陵庙。如此规模宏大、规划布局合理、陵庙合一的庞大建筑群，在全国都极为罕见。主要建筑如下。

午朝门，俗称“午门”，是太昊伏羲陵的第一道门。建于明代，单檐歇山式，面阔三间，进深一间，红门金钉，九排九路，属帝王规制，是为了歌颂太昊伏羲氏创立先天八卦，故有说，淮阳是八卦的发源地。

玉带桥，在玉带河立有貔貅和金蟾，招财吐金，祝来陵庙的人们好运发财。

太极门，旧称太极坊或戟门，以伏羲先天八卦之数理而命名，是太昊陵的中心位置，三间三楼柱不出头式牌楼。

统天殿，俗称大殿，奠定了中华民族的根基，开创了一统天下的大业，故名。大殿建于明代，通高 15.7 米，单檐歇山式，面阔五间，进深三间，是陵庙内等级最高的建筑，殿内供奉人祖伏羲金像。

显仁殿，俗称二殿，显示仁爱。统天殿北 36.2 米处，等级仅次于统天殿。殿通高 16.4 米，重檐歇山式，面阔七间，进深五间，灰筒瓦顶，坐落高台之上。周围巨柱林立，结构朴实、端庄、严谨。

寝殿，即太始门，御碑亭。距显仁殿 7 米，为重檐歇山式高台建筑，通高 16.66 米，面阔三间，进深三间，灰筒瓦覆顶。该殿下为古城门式门洞，门洞下方嵌有阴刻楷书“太始门”三字，右悬“继天立极”，左悬“赞神明”铁匾。殿内有明正德八年（公元 1513 年）朱元璋御碑一通。祠内，还有不少其他建筑及陵墓。古树很多，近些年尤以“柏抱檀”最为有名。整体环境幽雅，宁静秀美。

太昊陵庙午门

老子故里，有关争议不断，从此景点几通价值极高的石碑及碑文可见，这种争议恐怕已是上千年的久远之争了，谁又能判个输赢，说个明白呢。

太清宫遗址 是我国古代杰出思想家、道家学派创始人老子的诞生地，初为老子庙，大殿内供有老子塑像。全国重点文物保护单位，国家 AAAA 级旅游景区。位于河南省鹿邑县城东的太清宫镇，距城区 5 千米，占地 872 亩，各种建筑 600 余间，殿阁棋布，雄伟壮观。建于东汉桓帝延熹八年（公元 165 年），后经唐、宋、元、明、清历代皇帝加封、修整、扩建，极盛一时。自“靖康之难”后，太清宫屡遭破坏，后又数度重修。现存建筑为明清所建，包括太清宫和洞霄宫。门票价格：60 元 / 人。

太清宫称前宫，洞霄宫称后宫。前宫祀老子，后宫祀李母。两宫间隔一河，河上有桥，河名“金水”，桥称“会仙”。太清宫现存主体建筑太极殿五间，洞霄宫仅存清代建筑三圣母殿五间，娃娃殿三间，宋碑一通。

太清宫内最珍贵文物当属以下几通石碑。

太清宫遗址

其一，唐开元神武皇帝道德经注碑，碑文是唐玄宗对道德经的释文，为文物之珍品。该碑位于太极殿前神道东侧，立于唐天宝元年（公元 742 年），是留下来的近 20 通碑刻中现存最早的碑刻，距今已近 1300 年了。

其二，金续修太清宫碑记，详细记载了太清宫的历史兴衰，有极高的史料价值。位于前神道西侧，立于金朝明昌二年（公元 1191 年），距今 800 余年。

其三，太清宫执照碑，镶嵌在太极殿正墙西侧，元朝中央政府于元世祖忽必烈中统元年（公元 1260 年）五月一日颁布。

其四，太清宫圣旨碑，镶嵌在太极殿东墙上，元世祖忽必烈中统二年（公元 1261 年）颁布。此碑现保存完好，是对汉文化、老子博大精深思想的认同，也是对老子以及太清宫地位的肯定。

除此之外，太清宫内还有许多名胜古迹：太极殿、望月井、碑铭、古柏、隐山遗址、先天太后之赞碑、洞霄宫、圣母殿、娃娃殿等。具有极高价值的有望月井、古柏等。

望月井，每年的阴历八月十五日，风清月圆之时，能见到明月正投影于望月井中央，正应了“天上月是水中月”的古诗意境。

古柏，太极殿前两株丹桂古柏，老子所植，距今已有2500多年的历史了。

铁柱，即赶山鞭。纪念老子之物，地上高4.3尺（约1.4米），周围0.8尺（约0.3米）。

“女扮男装，替父从军”，家喻户晓。我们从小就很钦佩的巾帼英雄人物——花木兰。

木兰祠 是纪念花木兰的祠堂，河南省重点文物保护单位。位于河南省商丘市虞城县城南35千米的营廓镇大周庄村，占地160亩，始建于唐代，距今1300多年，后历朝历代都重修扩建。至20世纪40年代，木兰祠各类建筑120余间，占地10 000余平方米，另有祠地400亩，其住持僧10余人。后因战火毁。1992年，虞城县人民政府为保护这1000多年的历史遗存，斥资重修木兰祠。本着修旧如旧的原则，在历史遗存的基础上，基本恢复了木兰祠原有的历史风貌，建成了花木兰祠、花木兰文化广场、花木兰陵园，并对游客开放。门票价格：10元/人。

景区自北向南依次为祠堂区、文化广场区、陵园区。木兰广场的中心位置是一座戎装跃马的花木兰石雕像。祠的西面是毛泽东主席亲笔手书的《木兰辞》诗壁。祠前，一座仿唐代庄重朴拙、高阔润朗的建筑门楼，“木兰祠”3个大字高悬其上。祠内幸存祠碑两通，一通为元代石刻真品，一通为清代，详细记载了木兰身世、英绩及历代修祠情况。在两座石碑之间正中的一条甬道尽头是木兰祠，又名孝烈将军祠。该祠大殿高16米，系砖木水泥仿唐建筑，舒展沉实，庄重大方，色调简洁明快，廊柱高耸、斗拱飞檐，艺术加工与结构造型严

木兰祠

整统一，建筑构件体现了力与美的完美结合。走进祠内，迎面正中是一座高大的木兰戎装像。木兰身着黄金铠甲，戴黄褐斗笠，披果绿战袍。

祠围墙内外，植有柏树、槐树。大殿内塑有木兰闺装像，左侧是一组“木兰出征”塑像。右侧则是“木兰还乡”塑像：贺元帅、刘将军、校尉均铠甲鲜明。献殿内塑有木兰戎装像，两组塑像是依据《木兰诗》和戏剧作品构思雕塑而成。后楼塑有木兰全家像。祠内外，有历代官府、名人撰文、题诗、书画及60余通香火碑。木兰祠对面是木兰陵园，墓地两座，一座是木兰的家人，另一座就是孝烈大将军花木兰之墓。

2000年，国家邮政局在这里举办了“木兰从军”纪念邮票首发仪式。“木兰从军”邮票共4枚，分别为“木兰纺织”“木兰从军”“木兰征战”“木兰还乡”，艺术地再现了古代巾帼英雄花木兰的光彩足迹。

商丘——既是中华圣人文化的诞生地，又是中国思想文明的演绎之地。

商丘古城 又名“都大邑”，全国重点文物保护单位，国家AAAA级旅游景区，国家历史文化名城。位于河南省商丘市睢阳区。它是世界上唯一集八卦城、水中城、城摞城三位一体的大型古城遗址。门票价格：免费。

史载1万多年前的远古时代，燧人氏在商丘建立燧明国，开创了华夏文明，被尊为三皇之首。约公元前2400年，五帝之中的颛顼高阳氏曾迁都商丘，商丘古城也有4500年历史。春秋五霸之一的诸侯国宋国，立都商丘，在继承与发展殷商文化，特别是商业文化方面，功不可没，是当时中国最大的商业中心。这一时期，与疆土一起强大起来的，是以商丘为中心辐射开去的中华圣人文化的诞生，或者说商丘是中国思想文明的演绎和雄起之地。老子、孔子、孟子等思想家经常在这

古城拱阳门

里讲学，庄子、墨子、惠子、宋钘、计然、原宪、司马耕等一大批驰名华夏的思想家均诞生于此。开凿大运河弃古汴水而改走睢水（通济渠），途经商丘，大唐时期的商丘已成为当时中国著名的大都市之一。直至明嘉靖十九年（公元1540年）在城墙外约500米的圆周上筑起新的城郭，才形成城墙、城湖、城郭三位一体，形如“‘古铜钱币’外圆内方”的独特格局。修建成的商丘古城城墙周长3.6千米，砖城内面积1.13平方千米，有东西南北四门，城内地势为龟背形，共有93条街道，商丘古城规模完全形成。20世纪90年代初，中美联合考古、发掘商丘古城，以上一切在此印证，商丘不愧有最具文化底蕴的“历史文化名城”荣誉称号。商丘古城的格局是古代城池的典范之作，不仅在中国，就是在世界上其他国家现存的古城池中也是绝无仅有的，这也是商丘古城目前最有价值的部分之一。在古城游览，许多景点是最好的佐证。

归德府城墙，元代归德府城，在明弘治十五年（公元1502年）时被淹，次年筑土围城。

归德府文庙，孔子周游列国时，曾在此地讲学，后人为纪念孔子，在此修建了文庙，并立有范仲淹的塑像。位于商丘市第二高级中学老校区院内，是河南省现存规模最大的文庙建筑，始建于明嘉靖三十四年至三十八年（公元1555—1559年），距今已有近500年的历史。与全国其他各地文庙前殿后学（堂）布局不同的是，归德府文庙是唯一一座学堂建在大殿右侧的文庙，形成了左殿右学的独特建筑格局。

天主教堂，1924年迁至商丘古城中山南街64号。1948年，先后建大小楼房5座，210余间，占地14亩，分为5个院落。第一道院，供教友望撒，住宿和小学医疗所之用；第二道院，神甫院，包括神甫楼，主教府，大小礼堂各一座，平房6间；第三道院，男修道院，有楼房一座，平房5间；第四道院，女修道院，有楼房一座平房数间；第五道院，婴孩院，有北屋平房6间。

穆氏四合院，原为一宅九院，存留下来的前院、东院和后院，只是当初整个建筑的1/3。穆氏四合院按照传统的建筑形式，坐北朝南，以中轴线为中心，左右对称、前低后高的形制而建，反映了长幼有序、男女有别的封建礼制。穆氏四合院展示出了古代建筑艺术的辉煌，为研究明清时期的中国建筑提供了一个良好范本，也反映了当时社会经济的发展状况。

壮悔堂，又名侯方域故居。位于商丘古城北门内附近，为明末四大才子之一、中国古典名著《桃花扇》的主人公侯方域所建。侯方域故居庄重典雅，古色古香。五脊之上形态别致、姿势各异的奇兽独具风采，建筑技巧令人叫绝。

燧皇陵，即燧人氏陵。燧人氏“钻木取火，以化腥臊”，开创了人类走向文明的新纪元。燧皇陵坐落在商丘古城西南1.5千米处，燧皇陵总占地面积约440亩，墓冢占地面积约4万平方米。

燧皇陵

阏伯台，亦称火星台、火神台，位于商丘古城西南1.5千米火星台村，是距今4000多年的观星台的遗址，是中国现存最早的观星台。火神台形如墓，高35米，火神台上建有阏伯庙，庙里有大殿、拜厅、钟鼓楼等。台下有戏楼、大禅门等建筑。

阏伯台

开元寺，位于商丘古城西南2千米外，火文化景区内，殿宇巍峨，佛像端庄，始建于唐朝开元年间。

张巡祠，坐落在商丘古城南门外、八关斋对面，是为纪念“安史之乱”中为保卫睢阳而殉难的张巡、许远等人所建。

圣寿寺塔，建于宋代，距今千年，是商丘时代最早、造型奇特的名塔之一。

圣寿寺塔 全国重点文物保护单位。位于河南省商丘市睢县闫庄村。原面积超过50亩，拥有100多座建筑物，因战争、灾害等毁，现仅存圣寿寺塔。建于宋代，距今千年。作为商丘的宋塔代表，不仅是时代最早、造型奇特的名塔之一，也是商丘市内地面上现存最古老的名胜古迹。门票价格：免费。

圣寿寺塔，由塔身、塔心室、塔刹、地宫组成。几乎没有基座，高22米，周长28.4米，是一个六角形的九级密檐砖塔，塔身分内外两层，外涂白色，门为拱券式，券外绘方形图案，设有砖雕门额、门簪。东、西、南、北四面设券门，其余面辟棂窗，窗由大方砖雕刻而成。塔的各层，均叠涩出檐，檐角皆有挑檐木，

圣寿寺塔

外端挂着原始风铎（大铃）。圣寿寺塔的内在设计艺术也十分精湛，外墙精细的佛像砖雕犹如鱼鳞，260件佛像外砌在佛塔建筑上，惟妙惟肖，无一雷同。

圣寿寺塔，历经破坏，许多雕像已不存在；大部分砖的雕像是复制品，但并未影响圣寿寺建筑外观和整体意义上的艺术。造型优美别致，形象亲切生动，表情各异，面目清秀，温文尔雅。回廊两侧设有25个壁龛，龛内有壁画或泥塑像，回廊尽头有雕刻复杂的天花板，彩绘十分细腻精美。宋代的佛像在人物外貌及内心的表达上，赋予了佛像活的灵魂，让人感觉到气度非凡，气质高雅，亲切而生动，深刻地表现了宋代艺术家雕刻模制技艺的精美娴熟。具有重大的历史文化遗产价值，极高的文物价值及艺术价值。对研究北宋的佛学、建筑、美术、书法、音乐等都有极其重要的意义。

中国古代著名的四大书院之一，北宋最高学府——应天府书院。

应天府书院 又称“应天书院”“睢阳书院”。全国重点文物保护单位，国家AAAA级旅游景区。位于河南省商丘市睢阳区商丘古城南湖畔，是中国古代著名的四大书院之一。门票价格：70元/人。

应天府书院前身为“南都学舍”，是五代后晋时的商丘人杨悫所创办。北宋大中祥符二年（公元1009年），宋真宗正式赐额为“应天书院”。宋仁宗景祐元年（公元1034年），应天书院改升为府学，称为“应天府书院”。宋庆历三年（公元1043年），应天府书院改升为“南京国子监”，成为北宋最高学府。学舍150间，聚书1500余卷，广招学生。

北宋书院多设于山林胜地，唯应天府书院设立于繁华闹市之中，人才辈出。随着晏殊、范仲淹等人的加入，应天府书院逐渐发展为北宋最具影响力的书院，成为中国古代书院中唯一升级为国子监的书院。

靖康国难，金兵南侵，中原沦陷，应天府书院被毁，学子纷纷南迁，中国书院教育中心随之南移，应天府书院没落。历代虽有人重修书院，但未能成功。现应天府书院只剩下残存建筑，供人瞻仰。

21 世纪初河南省开始投入巨资恢复重建书院，经过十几年，总建筑面积达 4116.8 平方米，道路占地 2523.4 平方米。主体工程崇圣殿竣工，书院的大门、围墙、道路等工程完成。2007 年 10 月 1 日，修复后的应天府书院正式对游客开放。

应天府书院创始人杨悫去世后，他的学生楚丘人、戚同文继承师业，继续办学。范仲淹任教应天府书院时，其治学精神和忧国忧民的言行誉满全国。书院在全国声望空前，四方学子、学者纷纷慕名而来。教师来自不同学派，晏殊、孙复、胡瑗均曾在应天府书院讲学，其各自不同的政治主张不时引起辩论，学术气氛浓厚。择生只有品德和学业上的基本要求，没有年龄、身份和地域的限制，生徒来源广泛，院生可随意流动，不受地域、学派限制，均可前来听学。学院的基本课程是儒家经典《诗》《书》《礼》《易》《乐》《春秋》，强调“夫善国者，莫先育才。育才之方，莫先劝学。劝学之要，莫尚宗经。”学生可按照不同专长而入读各项分科，课程主张学以致用，提倡实地考察，即所谓“明体达用”。提出“固国本”“厚民力”“重名器”“备戎狄”“杜奸雄”“明国事”6 件大事。主张选拔人才要德才兼备，首先注意德。一时“人乐名教，复邹鲁之盛”，俨然为中州一大学府。应天府书院提供免费教育，学生多为贫寒好学之士，形成刻苦严谨的学风，培养出诸如宗度、许骧、陈象舆、高象先、郭成范、王砺等，其后来都成为台阁重臣的著名人物。

我们到过许多书院，作为知识分子，因到过中国古代最知名的四大书院，感到自豪，也有许多感慨！体会到：书院是培养国家栋梁之材所，选拔人才要德才兼备，首先注重德行，此乃安邦固国之本。古人尚且如此，现人更应效行。

应天府书院

朱仙镇岳飞庙与汤阴、武昌和杭州岳飞庙齐名，称为全国四大岳飞庙，享誉中外。

朱仙镇岳飞庙 俗称“岳王庙”，全国重点文物保护单位。位于河南省开封市朱仙镇西南隅，占地 27 亩。始建于明成化十六年（公元 1480 年），经明、清多次整修和重建，保存至今，许多历史名人到此瞻仰留墨。门票价格：30 元/人。

朱仙镇在开封城西南 22 千米处，因相传是战国时魏国义士朱亥的故里而闻名。为开封唯一的水陆转运码头，店铺聚集，商贾繁荣，明、清时期为中国四大名镇之一，向来是通向开封的战略要地。南宋绍兴十年（公元 1140 年），著名抗金英雄岳飞挥师北伐，在郾城大败金兀术，并取得了著名的朱仙镇大捷。正当岳飞即将收复东京（开封）时，主张议和卖国的皇帝赵构和奸臣秦桧等却在一日内连下十二道金牌，令其收兵，岳飞扼腕长叹“十年之功，毁于一旦”。后被赵构、秦桧等以“莫须有”的罪名将其杀害于风波亭。

朱仙镇岳飞庙

岳飞庙，坐北朝南，外廊呈长方形，三进院落。整个殿堂威严肃穆，碑亭众多，刻绘塑铸，丰富多彩。岳庙存有碑碣多方，具有文物价值，其中岳飞真迹诗文《送紫岩张先生北伐》和《满江红》两碑最为著名，字体苍劲流畅，为碑中上品。山门、拜殿、寝殿、东西厢房、五将祠，均为 20 世纪 80 年代修建而成。山门面阔三间，青台石阶，两边中柱上有对联一副，充分表现了人们对赤胆将军岳飞的赞扬和冤屈的惋叹，对黑心奸臣的谴责和愤慨，令人印象深刻。

自明、清以来，岳飞庙在当地民众的文化生活中发挥了重要的积极作用。朱仙镇围绕岳飞等历史人物展开的商业庙会和民间娱乐活动十分热闹、兴旺。

《清明上河图》是名扬四海的传世名作，堪称一级国宝，不仅在我国绘画史上占有极其重要的位置，还有相当高的史学价值、社会价值，成为研究我国宋代社会方方面面极其珍贵的形象资料。

清明上河园 是按照 1∶1 的比例，把宋代著名画家张择端的代表作《清明上河图》复原、再现的大型宋代历史文化主题公园，国家 AAAAA 级旅游景区。位于河南省开封市龙亭区龙亭西路 5 号，占地 600 余亩，其中水面 180 亩，大小古船 100 多艘，房屋 400 余间，景观建筑面积 30 000 多平方米。始建于 1992 年，1998 年建成，正式对外开放。门票价格：120 元 / 人。

《清明上河图》堪称中华民族艺术之瑰宝，是中国古代一幅弥足珍贵的社会民俗生活长卷，画中内容反映了开封作为中国北宋时期都城的社会生活、市井风情和城建格局。景区按图复原设置八大功能景区：驿站、民俗风情、特色食街、宋文化展示、花鸟鱼虫、繁华京城、休闲购物和综合服务等，还设立了《清明上河图》展馆、古灯博物馆、文房四宝馆等。景区主要集中展现宋代酒楼、茶肆、汴绣、官瓷、年画等现场制作及民间游艺、杂耍、风情等。主要景点如下。

牌坊：园林入口，给人第一古代感，一下穿越到千年前。

汴河：3800 米长，展现当年汴京水上人文景观。

虹桥：中国古代桥梁史上的一项重要创造，被列为中国十大名桥之一，也是清明上河园中的一处主要景观。

石雕清明上河图：清明上河图石雕全长 33.32 米，高 2.23 米，是迄今为止世界上最大的一幅《清明上河图》石雕。

拂云阁：供放宫廷重要文件及国画书籍，高 31.99 米，是园内最高的建筑，故是园内登高远眺绝佳处。

清明上河水域

宣德、宣和殿：演出皇家皮影戏和编钟乐舞。两殿造型一致，融为一体，远观似城楼，近看如皇宫，建筑结构精细，加以彩绘，精彩绝伦。

趣园：趣园是孩子们自由玩耍的天地和大人们童心复萌的乐园，可纵情嬉戏，体验宋代游戏的乐趣。

官驿：备有标准间、夫妻间和豪华套房，供游客休息下榻。

张择端纪念馆：一卷长画传千古，一代巨匠美名留。

主题广场：与码头、古船巧妙结合，象征着京城水陆繁忙带来的京城商业、民俗、文化等的繁荣。

民俗街：游客在此选购宋代气息浓郁又有欣赏珍藏价值的古玩字画。

东京食街：古都开封特色小吃，应有尽有。不在这儿游览几天几夜，美食吃不过来。我们挑选黄家包子、开封炒凉粉、开封锅贴、杏仁茶，小小饱餐一顿。

在游览中还观看了民俗踩高跷等表演。

驰名天下的开封府，不仅仅是都城，而是因府尹中出过三个皇上，更因赫赫有名的清官包龙图也曾在此打坐。

开封府 又称“南衙”，国家AAAA级旅游景区。位于河南省开封市包公东湖北岸，是北宋京都官吏行政、司法的衙署，被誉为天下首府。始建于五代后梁开平元年（公元907年），已有1000多年历史。北宋开封府共有183任府尹，尤以包公打坐南衙而驰名中外。今日重建的开封府，占地60余亩，建筑面积1.36万平方米，与位于包公西湖的包公祠相呼应，同碧波荡漾的三池湖水相映衬，形成了东府西祠、楼阁碧水的秀美景观。门票价格：60元/人。

开封府城门

北宋太祖建隆元年（公元960年），陈桥兵变后，以开封为国都，称东京。开封府建制不变，辖15县。从太祖建隆元年（公元960年）到钦宗靖康二年

（公元 1127 年），东京历经 9 个皇帝，历时 167 年。

开封府题名碑记，记载了宋太祖建隆元年（公元 960 年）至宋徽宗崇宁四年（公元 1105 年），146 年间 183 名开封府府尹名录。其中，宋太宗、宋真宗以及后来的宋钦宗三位皇帝都曾潜龙在此，另先后有寇准、包拯、欧阳修、范仲淹、苏轼、司马光、苏颂、蔡襄、宗泽等一大批杰出政治家、思想家、文学家、军事家在此任职，在建筑形式上，开封府依照北宋的建制形式，布局规整，庄重典雅，高挑的屋脊、精细的彩绘，处处体现了宋代的建筑风格。它以府门、仪门、正厅、议事厅、梅花堂为中轴线，辅以天庆观、明礼院、潜龙宫、清心楼、牢狱、英武楼、寅宾馆等 50 余座大小殿堂、楼宇，根据陈展内容的不同，大体分 9 个展区。

竖立在正厅院里的巨石，就是“戒石铭”。其南面镌刻“公生明”，提醒官员只有公正，才能明察秋毫，一心为公，才能清正廉明；其北面的“尔俸尔禄，民脂民膏；下民易虐，上天难欺”，提醒官员洁身自好，是老百姓养活你们。为官一任，造福一方，自觉为百姓服务。否则，天理难容，必遭报应。

绕过戒石铭，便是开封府的正厅，是北宋开封府长官发布政令，处理政务以及府衙举行重大活动、公开审理要案的地方。大堂有一种庄严肃穆的气氛，大堂前就是大家熟知的“龙头”“虎头”“狗头”三口铜铡，令人望而生畏。

随后来到的院落是潜龙宫，是宋仁宗为纪念他的父亲宋真宗曾任开封府尹而建造的。而后的大殿是潜龙殿，殿内是三位皇帝的雕塑，他们在没做皇帝之前都曾做过开封府府尹或开封府府牧，所以有人说开封府是藏龙卧虎之地。

在开封府，还可看到一些演出，有戏剧、舞蹈、武术等。特别是关于包公开庭、升堂断案等大众耳熟能详的演出。一般剧院都很少光顾的我们，在这儿却看得高兴异常，跟着情节大呼小叫，不断起哄。其实，除了图个热闹，也是放松放松，累了休息片刻！

开封包公祠是纪念我国古代著名清官包拯而建的纪念场馆。

开封包公祠 全国重点文物保护单位，国家 AAAA 级旅游景区。位于七朝古都开封城内碧波荡漾、风景如画的包公湖西畔，占地 60 000 平方米。自金、元以来，开封就建有包公祠，是一组典型仿宋风格的古建筑群，气势宏伟，风格凝重、典雅。门票价格：20 元 / 人。

包拯，人称包公，又称包青天，是我国北宋时期著名的清官。他一生忧国忧民，刚正不阿，抑强扶弱，铁面无私。为百姓伸张正义，赢得了古今中外，妇孺皆知

包公祠

的美名——包青天，千百年来深受人们的尊敬与爱戴。

包公祠内分主展区、园容风景区、功能服务区。

主展区内有大门、二门、照壁、碑亭、二殿、大殿、东西配殿。大殿内的包公铜像极其引人注目，只见包公正襟危坐、身着蟒袍冠带，一身浩然正气，令人万分敬仰。展区以文物、史料典籍、铜像、蜡像、模型、拓片、碑刻、画像等全面、详细地介绍了包公的生平、历史，展示了包公的清正廉明。

园容风景区，假山、瀑布、玉桥、石雕等在花丛绿树中点缀，与主展区相辅相成，显示了整个展区满目翠绿、花香扑鼻，处处幽雅宜人，气势之不凡。

开封包公祠，集中、全面、深刻地展示了包拯高尚人格、刚正不阿的为官之道；高风亮节、清廉家风的做人之道，对后世对家国的深远影响。在此参观游览，触景生情，有欣赏有思考，加深了对包公那跨越时空人格的敬仰之情，更加强烈地呼唤包公精神的回归，既是对社会正义的追求，也是对国家繁荣昌盛的追求。

杨家是我少年时期从小说中接触、认识最多的历史上的英雄家族。杨家的经历跌宕起伏，坎坷不平，精忠报国，几乎满门或惨死疆场，或为奸雄刀俎，留下一门孤儿寡母，其仍念念不忘上疆场保家卫国。何其悲壮！何其英雄！何其忠烈！

天波杨府 是北宋抗辽英雄杨继业的府邸，国家 AAAA 级旅游景区。原位于河南省开封市城内西北隅天波门金水河旁，故名“天波杨府”。恢复重建于开封市龙亭湖风景区，是一处集湖光山色、历史文化和宋代建筑群于一体的大型私家园林，于 1994 年建成开放。门票价格：30 元 / 人。

天波杨府，依据相关历史文献记载所建。建筑规格按当时正一品武官级别修成，与杨继业受封太尉和大同节度使的官职相一致。占地面积约 60 000 平方米，其中水域面积 4000 平方米，绿地面积 26 000 平方米，仿古建筑物占地 13 253 平方米，是一座典型的仿宋古典园林建筑。

天波杨府大门

天波杨府由东、中、西3个院落组成。

东院，设有威武森严的点将台、排兵布阵的演兵场及帅旗等，是杨家将士们操兵练武的场所。

中院，采用对称规整的建筑布局，由大门、照壁、钟楼、鼓楼、过厅、天波楼、东西配殿、后殿以及串联各厅的回廊所组成，是杨继业处理军机要事的地方。有展示宋代兵器以及文图齐备的“三十六式秘传杨家枪法”的兵器殿，有13组展示杨家将英勇杀敌，保家卫国英雄气概的群雕故事，有杨家的家庙孝严祠。中院大门高悬“天波杨府”金匾，门前有下马石。宋太宗曾下旨，凡经杨府门前通过的官员，“文官落轿，武官下马”，以示对杨家的敬仰。进大门有照壁。天波楼为带夹层的重檐歇山式建筑，高24米，建筑面积1000平方米。上为宋式斗拱雀替，下为条石台基，室内做藻井天花，室外做五彩遍装油漆彩绘。此楼即相传宋太宗赐予杨继业的“清风无佞天波滴水楼”，两侧是钟楼、鼓楼。

西院，是一座具有江南园林风格的杨家花园，北区有一座硬山式楼房，有回廊连接，天波碧潭之水从杨家西湖引入，有假山、水池、曲桥、亭子、水榭、竹林等。

在开封，有一建筑，虽不含铁质，却有铁打铜铸的深厚气质，那就是开封铁塔。

开封铁塔 又称“开宝寺塔”，全国重点文物保护单位。位于开封市东北角归远门里铁塔公园东北部。公园占地面积51.24公顷，其中有9.62公顷的水域面积；铁塔高55.88米，八角13层。因遍体通砌褐色琉璃砖，混似铁柱，从元代起民间称其为“铁塔”。铁塔的建造同一颗舍利有关。相传佛舍利由印度传入中国后，历经战乱，宋太祖将佛舍利供奉在有“京城之冠”的13层开宝寺木塔内，不久，开宝塔毁于雷火。北宋皇祐元年（公元1049年），宋仁宗重修开宝塔于上方寺，为了防雷、火，建筑材料由木料改成了砖和琉璃面砖，这就是今天我们所见到的铁塔。已有近千年历史，享有“天下第一塔”之美称。门票价格：40元/人。

铁塔，设计精巧，完全采用了中国传统的木式结构形式，是一座非常完美的巨型艺术品。远望，铁色琉璃瓦遍饰全身，色调具有铁打铜铸的深厚气质，而且整座塔身上下比例协调自然，匀称美观，气势惊人。走近细看，遍身装饰都是琉璃浮雕艺术品，各种花纹图案砖有50余种，有佛像砖，菩萨、飞天、伎乐等；有动物图案砖，狮子、云龙、麒麟等；有花卉砖，莲荷花、牡丹花、芍药花等；还有璎珞、流苏等装饰花纹砖。在挑角、拔檐、转角等处采用各种艺术装饰砖。砖与砖之间如同斧凿，有榫有槽，垒砌严丝合缝，建成900多年来，历经战火、水患、地震等灾害，依然屹立，令专家、游人叹为观止。在游览参观中，了解到铁塔跌宕起伏、不平凡的一生，不得不佩服它的坚韧不拔，堪称非常完美的琉璃艺术品，具极高的文物价值，既是当之无愧的国宝，也是古城开封的镇市之宝。

开封铁塔

铁塔，正前面是接引殿，仿汉白玉砌成，系三门牌楼式仿宋建筑，宽70米，高12米。大门左右墙壁上，对称镶嵌着8尊庄严、肃穆、圣洁青石佛坐像，为重檐歇山式建筑。殿前，石狮雄踞，鼎香缭绕；殿周，24根大柱抱殿而伫；大殿台基，青石栏杆守护，96只小狮子环绕排开，惟妙惟肖，栩栩如生。

除此之外，园内还依次建有“盆景苑”“天下第一塔”石碑，“极乐世界”牌坊，宁静雅致的“静苑”，为了让游客更好地了解铁塔历史而兴建的“铁塔嬗变艺术宫”；以及“竹园”“梅园”“赏心园”等小品式建筑。

开封大相国寺不愧为名寺大院，不论是历史，还是今世，其建筑辉煌，宝藏众多，在中国佛教史上有着重要的地位和广泛的影响。

开封大相国寺 国家AAAA级旅游景区，位于开封市中心自由路西段路北。初名“建国寺”，因寺内供奉一尊高一丈八尺（约6米）的弥勒佛像，始称现名。始建于北齐天保六年（公元555年），历史悠久，多代多朝对大相国寺进行过大修、扩建。到了宋代，相国寺屡有增修，成为全国最大的皇家寺院，占地540亩，下辖64个禅、律院，每个院都设有住持，并赐予封号，众僧达万余人，是中国汉

开封大相国寺

传佛教十大名寺之一，与白马寺、少林寺、风穴寺齐名，被称为“中原四大名寺”。北宋灭亡之后，大相国寺遭到严重破坏。现存的大相国寺是清乾隆年间在原址上修建的。遗留下来的为四进院和古建筑群，雄伟壮观，仍不失皇家寺院的辉煌。1992 年 8 月恢复佛事活动，复建钟楼、鼓楼、放生池、山门殿、牌坊等建筑。整座寺院布局严谨，巍峨壮观，逐渐恢复当年的辉煌气派。门票价格：45 元 / 人。

唐、宋两代是大相国寺的鼎盛时期，尤其是北宋时期，大相国寺是全国最大的佛教寺院，寺内建筑巍峨，雕梁画栋，巧夺天工，金碧辉煌，有“金碧辉映，云霞失容”之称，被誉为皇家寺院。

现存相国寺为中国传统轴线布局，主要建筑有：大门、天王殿、大雄殿、八角琉璃殿、藏经楼等。由南至北沿轴线分布，大殿两旁东西阁楼和庑廊相对而立。藏经阁和大雄宝殿均为清朝建筑。

天王殿五间三门，飞檐挑角，黄琉璃瓦盖顶，居中塑有一尊弥勒佛坐像，北边便是赫赫有名的正殿——大雄宝殿。大殿重檐斗拱，雕梁画栋，金碧交辉。大殿周围是青石栏杆，雕刻着几十头活灵活现的小狮子，令人喜爱。

过了大雄宝殿，便是罗汉殿了，俗称“八角琉璃殿”，它结构奇特，系八角回廊式建筑，别具一格。殿内回廊中有大型群像“释迦牟尼讲经会”，五百罗汉姿态各异，造型生动，堪称艺术杰作。罗汉殿中间，有一木结构八角亭高高耸立，内有一尊四面千手千眼观音木雕像。高 6.6 米，出自乾隆年间，由艺术巨匠用一株白果树雕刻而成，每面有 6 只大手，200 余只小手，手心有一只慧眼，总共千余只，故名千手千眼佛。

藏经楼位于整个寺院的后半部，是一座两层楼阁的建筑，雕梁画栋，富丽堂皇。原为珍藏经卷之处，因天灾兵祸，经卷文物大多散失，尚有相国寺传法手卷八帧，现存于开封博物馆。

寺内东角有一亭子，悬铜钟一口，高 2.67 米，重 5000 余千克，铸于清乾隆三十三年（公元 1768 年），是该寺的珍贵文物。该钟霜天杵，钟声悠扬深远，声震全城，因此“相国霜钟”为汴京八景之一。

相国寺现存来自马来西亚的佛舍利一颗，洁白完好；珍藏佛经两部，分别为清乾隆版《大藏经》和日本版《大正藏》。

新中国成立后，依循古制，几度维修，宝刹重光，再现辉煌。大相国寺作为一座弘扬佛教文化、对外开放的旅游胜地，现已添置了宝鼎、隆藏经等，同时将不断充实和完善。

宋太祖赵匡胤在陈桥兵变，“黄袍加身”，开创了宋朝。陈桥被列为宋史卷首，永载史册，名扬中外。

陈桥驿 国家 AAA 级旅游景区。位于河南省新乡市封丘县东南 13 千米处陈桥乡的陈桥村，占地 15 000 平方米。现存建筑有山门、前大殿、后大殿、东西厢房、东西花园，还有当年宋太祖系战马的老槐树，少量碑、刻等。陈桥始建于五代，后周时设驿站，名陈桥驿。门票价格：免费。

我们到时，此景点正在维修中，同时也开放。很幸运，没白跑，反而在极清静中，慢慢地、仔细地游览了景点。

宋太祖建隆元年（公元 960 年），后周大将赵匡胤在陈桥发动兵变，“黄袍加身”，开创了宋朝，史称北宋，定都开封。像这样不流血的王朝更替，在中国 2000 年的封建社会中，是前无古人，后无来者的。

陈桥驿，担负着北宋朝廷大量的政令、军事情报传递任务及负责迎送和安排过往官员的住宿。随着发展，宋徽宗崇宁四年（公元 1105 年）下诏，改驿站为“显烈观”。陈桥作为七朝古都开封北郊第一个商贸基地，当时繁荣发达，按明代说法：开

陈桥驿

封府，南有朱仙镇，北有陈桥镇。

清末、民国初年，陈桥还保持着原来的风貌。有城墙四门，分南北道、东西司，官府衙门。后来，由于军阀割据，战乱不休，特别是日寇侵华之后，黄河改道，战争破坏，民不聊生，陈桥镇趋向萧条。

现存景观东岳庙，坐北朝南，是一幢保存完整的清代建筑，有山门、大殿、东西厢房。砖木结构，悬山式灰色瓦、黄色琉璃瓦盖顶。

当年宋太祖系战马的一棵老槐树，树围5.4米，历经千年，树干中空，已枯萎。但盛世逢春，千年古槐，又见新绿，是千年前"陈桥兵变"的唯一见证，弥足珍贵！

比干，中国古代为官的楷模。比干庙，中国第一座墓庙合一的庙祠，占有举足轻重的历史地位，不愧为我国古代书法、诗文之丰富的艺术宝库。

比干庙 全国重点文物保护单位，国家AAAA级旅游景区。位于河南省卫辉市顿坊店乡比干庙村，距新乡市20千米，占地面积80万平方米，建筑面积达4.7万平方米。北魏孝文帝太和十八年（公元494年）因墓而建庙。历朝历代都有祭祀、维修、或封谥或扩建，现存留的建筑群为明代弘治七年（公元1494年）重建。比干庙是重要的庙墓合一建筑群，是中国第一座含墓祭人之祠庙，称为"天下第一庙"，比干墓为中国第一座有记载的坟丘式墓葬，具有重要的历史价值。庙宇宏敞，建筑巍峨，古朴壮观，显示了我国古代汉族劳动人民的聪明才智和艺术创造力。门票价格：40元/人。

比干庙大门

比干，殷商王室重臣，官至少师，因犯颜直谏被剖心而死葬于此，为中国历史上以死谏君的忠臣。成为中国历代为官者之楷模，周武王封比干为国神。

比干庙，具历史悠久、布局完整、规模宏大、文化积淀丰富等特点，占有举足轻重的历史地位，整个庙宇的主体建筑由神道、照壁、山门、二门、木坊、碑廊、配殿、大殿、御碑亭、石坊等组成，沿庙中心的甬道前进，便是比干庙大殿院落。主体建筑有正殿、拜殿和东西两个配殿，大殿面阔五间，进深三间，九脊歇山顶，掩映在浓荫丛中，上额书“殷太师庙正殿”。大殿系纯木结构，不用一枚铁钉，无论梁架、斗拱，全是凿木相吻，相互制约，显得绮丽壮观，气宇轩昂，古朴典雅。正殿里供有比干塑像，其神态端庄，威严肃穆。大殿前有巍峨的拜殿，庙内保存着很多有重要历史价值的文物古迹，其书法、雕刻、建筑风格都有很高的品位。最突出的特色是，庙内的碑碣。

二门过后，甬道两旁碑廊里碑石林立，现在珍存的86方碑碣，大都出于历代明君贤相、地方官吏和文人墨客的手笔。孔子剑刻“殷比干墓”碑，是迄今发现的唯一的孔子真迹，被誉为“天下第一碑”；唐太宗的《封殷太师比干诏》《祭殷太师比干文》高达丈二（约4米），魄力雄健，气宇轩昂；北魏孝文帝的《皇帝吊殷比干墓文》相传为南北朝著名书法家崔浩书，为魏碑精品之上；元朝刘敏中的《敕修比干墓碑》极具特色；清乾隆御书的《过殷太师墓有感》为端正的楷书，笔韵严整雍容，华丽端庄，有帝王之风；碑廊左侧第四通石碑，为清朝刘希龙行书“三代孤忠”4个大字，气势磅礴，端庄得体。以上这些都是举世名碑，是我国古代书法艺术的丰富宝库。

还有李白、王维、孟郊、陶潜、邵雍等留下赞美比干浩然之气的千古绝句。不难看出，书、雕者是怀着何等心情挥毫弄刀的，不愧为艺术价值极高的稀世珍品。

另外，庙内的特色植物开心柏、板柏，形成了奇特的自然景观。山门对面，巍然耸立着一座高6米、宽10米的照壁，是明代弘治年间的建筑物。壁后正中央是由24块高浮雕绿色琉璃砖拼砌的一丛丛“没心菜”，其脍炙人口的传说故事吸引着一批批游人在此驻足。

纪念岳飞等民族英雄，是中华民族千百年来忧国忧民、伸张民族正气正能量的体现，在当今民族复兴的伟业中更需要发扬光大。

汤阴岳飞庙 原名“精忠庙”，又称“宋岳忠武王庙”。是纪念南宋抗金英雄岳飞的祠庙。全国重点文物保护单位，国家AAAA级旅游景区。位于河南省汤阴县城内岳庙街86号，占地6300平方米，建筑面积2100平方米。始建不

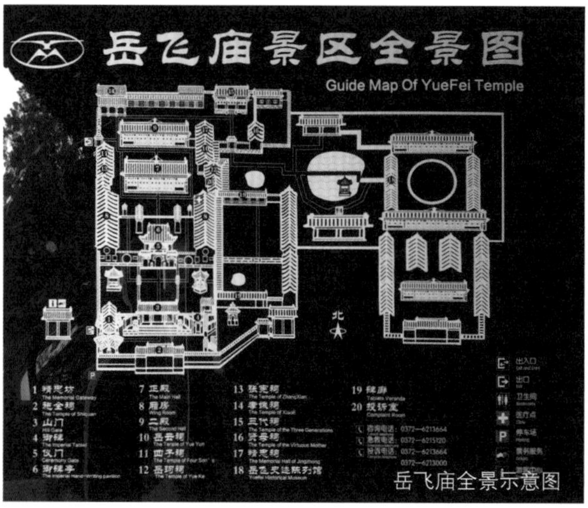

岳飞庙全景示意图

详，现址建于明景泰元年（公元1450年），清代续修，现存大多为明代建筑，保存较完整。门票价格：40元/人。

岳飞（公元1103—1142年），字鹏举，宋河北西路相州汤阴县菜园镇程岗村人。16岁从军，20余年的戎马生涯，坚主抗金，曾4次举兵北伐。32岁擢节度使，累官至太尉、宣抚使、枢密副使，绍兴十一年遭投降派秦桧、高宗杀害，年39岁。南宋隆兴元年（公元1163年）得以昭雪，追封为武王、穆王、鄂王和忠岱王。

岳飞庙，现辟为岳飞纪念馆。坐北朝南，九进院落，殿宇建筑近百间，外廊呈长方形，临街大门为精忠坊，面西，木结构，斗拱形制九踩四昂重翘，坊之正中，明孝宗朱祐樘赐额阳镌"宋岳忠武王庙"。两侧八字墙上阳刻"忠""孝"两个大字，字高1.8米，遒劲端庄，格外醒目。过精忠坊为山门，坐北朝南，三开间式建筑，两侧扇形壁镶嵌有蛟龙戏水浮雕，门前一对石狮分踞左右。山门檐下一排巨匾，上书"精忠报国""浩然正气""庙食千秋"。两侧还有一副楹联，山门对面为施全祠，内塑全铜像，对祠前秦桧、王氏、万俟卨、张俊、王俊五奸党铁跪像，呈镇压之势。穿过御碑亭，便是岳庙之主体建筑，大殿、东西厅、寝殿等，周围有岳云殿、张宪祠、四子殿、孝娥殿、岳珂殿、三代祠等。其建筑整体布局严谨，气势雄伟。正殿巍峨，庄严肃穆，面阔五间18.30米。进深三间11.60米，高10米。体态稳重，气势恢宏。殿门楣上悬有五块巨匾，分别是"乃武乃文""故乡俎豆""忠灵未泯""百战神威""乾坤正气"。其中"百战神威"和"忠灵未泯"为清帝光绪和太后慈禧所题。正殿中央为岳飞彩塑坐像，高丈余，威武英姿、浩然正气。上悬"还我河山"贴金巨匾。四周墙上，悬挂着国内现代著名书画家颂扬岳飞的书画墨宝，内容多样，各具特色。大殿两侧的东西庑中，现为岳飞史迹陈列室。庙内保存有彩色塑像30余尊，历代名人刻石碑碣300余通。既有岳飞所作千古绝唱《满江红》《还我河山》《宝刀歌》和著名的书法珍品手书前、后《出师表》等，也有历代名家名人为赞颂岳飞所作书画石刻等，也正是这些书法碑碣之宝库，吸引爱好者流连忘返，迟迟不愿离去。我们打算择机再来，多逗留一些时日，好好欣赏、学习其精湛的书法艺术。

其他建筑，是岳飞家人的塑像和故事，有著名的岳母刺字，叫人肃然起敬；

英烈孝娥，故事感人；小将岳云、张宪临死不屈，英年早逝，甚为惋惜！

第二次到殷墟了，到了就能长知识的地方，去多少次都不为多。

殷墟 原称“北蒙”，被列入《世界文化遗产名录》，全国重点文物保护单位，国家AAAAA级旅游景区，被评为“中国20世纪100项考古大发现”之首。位于河南省安阳市，总面积约36平方千米，是中国商代晚期的都城，也是中国历史上第一个有文献可考，并为甲骨文和考古发掘所证实的古代都城遗址，距今已有3300年的历史。自公元前1300年盘庚迁殷，到公元前1046年帝辛亡国的255年间，这里一直是中国商代晚期的政治、经济、军事、文化中心，商灭亡后这里沦为废墟。1987年，安阳市政府征购小屯东北地（殷墟宫殿区）农田近8万平方米，对该遗址采取了有效的保护措施，并在此兴建了遗址型的博物馆殷墟博物苑，集中展现了殷代王宫殿堂的布局与建筑，成为集考古、园林、古建、旅游于一体的胜地。门票价格：90元/人。

殷墟，总体布局严谨，以小屯村殷墟宫殿宗庙遗址为中心，沿洹河两岸呈环形分布，现存遗迹主要包括殷墟宫殿宗庙遗址、殷墟王陵遗址、洹北商城等。规模巨大，范围广阔，长约6千米，宽约5千米，总面积约24平方千米，是一座开放形制的古代都城。现存雄伟壮阔的宫殿宗庙建筑基址、等级森严的王陵大墓、星罗棋布的商城遗址，居住遗址、家族墓地，密布其间的手工业作坊和以甲骨文、青铜器为代表的丰富的文化遗存，甲骨窖穴、铸铜遗址、制玉、制骨作坊等众多遗迹。构成了殷墟独特的文化内涵，展现出这座殷商王都的宏大规模和王者气派。

殷墟遗址大门

来到这里，立即会感到一种久远的过去，一种考古时空的穿越，就像回到3300多年前。从最初的铁云藏龟，商代甲骨文发现，到殷墟的发现、发掘，直至今天的硕果累累，既诡秘又漫长。如今，

甲骨文发现地

能将殷墟清晰、真实、传奇般全面展现在国人面前，是考古界多少先辈们默默无闻、前赴后继的不懈努力和贡献。

景区主要景点如下。

殷墟王陵遗址，号称世界“第二个古埃及”。在这里累计发现大墓 13 座，陪葬墓、祭祀坑与车马坑 2000 余处，并出土了数量众多、制作精美的青铜器、玉器、石器、陶器等。在王陵的东边出土的后母戊大方鼎，重量达 875 千克，是至今世界上发现的最大铜器鼎。原件藏中国历史博物馆，其仿制品放大，露天陈列在大殿前的广场上。造型庞大雄浑，纹饰精美细腻，是中国青铜器文化中的瑰宝，美术史上的璀璨明珠，为“世界之最”，反映了商代科学冶炼等的发达和创造力。

宫殿宗庙遗址，是商王处理政务和居住的场所，包括宫殿、宗庙等建筑基址 80 余座，出土甲骨约 1.5 万片，有类似宫墙的环抱。该区还有商王武丁的配偶妇好和其他高级贵族墓，出土器物多达 1928 件，包括青铜器、玉器、骨器及海贝。墓室有殉人 16 具。

洹北商城遗址，呈方形，四周有夯筑的城墙基槽。这处商城遗址的发现，延长了殷商的历史时间，延伸了殷墟的范围，很可能是商代中后期的一处都邑遗址。

近年来，殷墟考古不断有惊喜发现，1990 年、1991 年、1999 年、2001 年等不同年份，一系列重要考古发现，震惊中外学术界，从而更加印证殷墟的价值与潜力。根据目前殷墟发掘的情况和现有地域判断，殷墟范围内必然还有大量的文化遗存未被发现。这些遗存必然会给人们以新的宝藏和新的知识，殷墟范围和影响力也还会随着进一步考古发掘和科学研究而得到扩展。

用有限的区区1000多字来表述殷墟这一惊天地的伟大考古发现，是多么苍白和有限。朋友，如需知之更多，亲自去景区游览一番吧！

灵泉寺，地处深山，交通不便，无公车往来，只能自驾去矣！这就是自驾的优势。

灵泉寺 原名“宝山寺”，全国重点文物保护单位，位于河南省安阳县善应镇南坪村南，高僧道凭法师所创。隋文帝开皇十一年（公元591年），封灵裕法师为国统僧官，管理全国寺院僧尼，将宝山寺改为灵泉寺。门票价格：40元/人。

道凭法师（公元488—559年），是北朝赫赫有名的慧光大师的亲传弟子，其本人又是名震京师的佛学大理论家、大禅师。学生弟子颇多，隋朝佛教首领灵裕法师就是他亲传弟子的代表人物。

灵泉寺，为北方佛教圣地。历史源远流长，山青翠绿，谷幽林深，规模宏大。寺坐北朝南，中轴线上依次有山门、天王殿、玉皇阁、大佛殿、菩萨殿、千手千眼佛殿等，僧房、舍连成一片。唐代时，灵泉寺一直是全国佛教中心，号称“河朔第一古刹”，除了道凭法师烧身塔外，还曾存有玄林禅师塔一座。现存精美的唐代九级石塔一对，隋狮一对，唐碑3通。这里是中国最早的石塔。

道凭法师来到此寺后，在寺院东西两山，大造石窟，山岩遍刻塔龛，于东魏孝静武定四年（公元546年）完工，当时叫道凭石窟，俗称“万佛沟”“小龙门”。现有东魏至宋代的石窟造像、摩崖石塔200余处，并有北齐双塔和唐代双石塔。灵泉寺摩崖石塔按年代编排，反映出历代塔式的沿革，堪称中国最大的高浮雕塔林群。灵泉寺石窟，为研究中国古代建筑史、石刻艺术史、佛教史、音乐史等，提供了珍贵的实物资料。

灵泉寺正门

近年来灵泉寺的出名，是因为吴云清法师以102岁坐化三年肉身不腐（据传他高寿160岁，但多方查证，应该在102岁）。

从河南进入河北，结束本线路旅游的日子不多了，抓紧按计划进行。

赵苑公园 位于河北省邯郸市西北部，总占地 1158.5 亩，是市内最大的公园。大约在 2300 年以前，赵国第四代国君赵武灵王实行胡服骑射改革，曾在这里带领将士苦练骑马射箭。苑内保留了插箭岭、南北梳妆楼、铸箭炉、汉墓、皇姑庵、照眉池等遗址，地势起伏，文化丰厚，是一座融历史与生态、人工景观与自然风貌于一体的综合性公园。门票价格：免费。

赵苑，正门坐南面北，整个建筑是群雀式建筑，雄伟壮观。高高耸立的两门柱之间，镶嵌着巨大的“古赵名宝”——和氏璧，鲜明地突出了古赵特色。苑内景观由 4 部分组成。

公园大鼎

东部为古名胜遗址区。在插箭岭、梳妆楼、照眉池、铸箭炉等古赵遗址的基础上，又兴建了气势雄伟的赵王殿、诸子百家殿、历代帝王宫、古代兵器陈列馆和成语典故园等。

南部为苑囿区。区内汇集鸳鸯园、野炊园、家家乐游艺园、植物迷宫园、吉祥园、鲜果园，6 个园皆风景如画，各具情趣，是家庭、集体游玩，情侣、挚友外出漫步的理想去处。

西部为现代游乐区。众多游乐宫殿，富丽堂皇，运用了“声、光、电”等现代科技手段，使各种人物造型生动、活灵活现。水上世界占地 26 亩，可容纳游人 3000 人以上，是冀南地区较大的水上活动场所。

北部为度假区。赵苑度假村有仿古宾舍、高档游泳池、舞厅、酒吧、健身房、棋社、台球房和小型放映厅等系列成套设施，可提供全面、高档的服务，是疗养、度假的好地方。

河北民歌《小放牛》从小就会哼上几句，“赵州桥来什么人修，玉石栏杆什么人留，什么人骑驴桥上走，什么人推车压了一趟沟嘛咿呀嘿。”歌中充满了神秘色彩，一直梦想何时去看看这些遗迹。

赵州桥 别名“安济桥”“大石桥”，全国重点文物保护单位，国家

AAAA级旅游景区。位于河北省石家庄市赵县，距石家庄市42千米。横跨在37米多宽的洨河上面，桥体全部用石料建成。建于隋开皇十五年至隋大业元年（公元595—605年），距今已有1400多年的历史，由著名匠师李春设计建造，是古代劳动人民智慧的结晶，开创了中国桥梁建造的崭新局面。赵州桥是世界上现存年代最为久远、跨度最大、保存最完整的单孔坦弧敞肩石拱桥。门票价格：40元/人。

赵州桥，其设计兼具美学与科学，施工技术更是巧妙绝伦，全桥结构匀称，与四周景色和谐相融，全长50.82米，桥宽9.6米，桥高7.23米，主孔跨径37.02米；主拱券等厚1.03米，上部有护拱石；桥梁重2800吨。全桥设有1个大拱和4个小拱；大拱弧形桥洞如一张弓，由28道拱券拼成，各道窄券的石块间加有铁钉，相互连成整体，每道拱券都能独立支撑上方重量，避免一道拱券受损影响其他拱券；赵州桥采用敞肩拱设计，大拱两侧各有两个净跨分别为3.8米和2.85米的小拱，可增加过水面积16%；增强泄洪能力；可节省石料260立方米，减轻自身重量700吨，从而减少桥身对桥台和桥基的垂直压力与水平推力及主拱券的变形，提高桥梁的承载力和稳定性，宣泄洪水以及增强美观效果。桥面栏槛望柱，石栏、石板及锁口石等雕刻古朴美观，细致的狮象龙兽形象逼真，琢工精致秀丽，不愧艺术珍品。路面平缓，按“中间行车马、两旁走行人”的理念设计。

赵州桥高超的技术水平和不朽的艺术价值，充分显示出了中国劳动人民的聪明才智。赵州桥的设计构思和工艺的精巧，不仅在中国古桥是首屈一指，据对世界桥梁的考证，像这样的敞肩拱桥，欧洲到19世纪中期才出现，比中国晚了1200多年。

赵州桥

赵州桥建成至今1400多年，经历了10次水灾，8次战乱和多次地震，特别是1966年邢台7.6级地震，赵州桥距离震中只有40多千米，毫发无损，真是奇迹。1963年的水灾，大水淹到桥拱的龙嘴处，站在桥上都能感到桥身很大的晃动，但赵州桥亦安然无恙。

这得益于桥的设计完全合乎科学原理，包括：赵州桥桥址选择合理，使桥基稳固牢靠；赵州桥的砌置方法新颖、施工修理方便；在保持大桥稳定性方面采取了许多严密措施等。

在赵州桥游览的意义，不仅是参观了赵州桥，更是参观了桥史展览，受到极大震撼。中华大地，宝贝实在太多，知识实在太广，旅游资源实在太丰富。想在旅行中受益的朋友们，赶快行动起来吧。

我们慕名专门去了周家庄乡，这里确实保持着五六十年前，人民公社式的组织结构和社会主义的集体制度理念，在经济活动中实践、诠释新时期共同富裕之路。

周家庄乡 号称“最后的人民公社”，是当今我国唯一保留人民公社制度的乡镇。位于河北省晋州市中部，面积16.25平方千米，常住人口17 765人（2017年），西距石家庄市50千米。1983年建农工商合作社。周家庄乡现辖6个自然村，划分为10个生产队，全乡实行集体经营、统一核算、专业承包、分工分业的管理模式，是全国唯一实行乡级核算管理体制的乡镇。从1962年至今，周家庄人民公社已经存活了60年。那里的许多社员仍依赖着集体计划经济生活，记工分、分口粮、集中耕作、统一分配是周家庄的主要劳动形态。在市场经济规律下，这里的集体经济依然红火。经营着特色农业观光采摘园，乡里的奶牛场饲养着1100多头奶牛，是石家庄地区最大的奶牛场。建成了4000亩红地球葡萄、3000亩鸭梨出口、1000亩高档苗木和10 000亩优质小麦繁育4个专业生产基地。

周家庄乡

工业上建起了阀门厂、彩色胶印厂、建筑公司、纸箱厂等集体企业10多家。其中阀门厂成为长江以北大型阀门生产企业之一。

村镇建设上对全乡6个自然村进行了高标准规划设

计，统一建起了二层住宅楼房。

建设了文化宫、影剧院、图书阅览室、岗前综合培训中心和农民乐园，对全乡所有街道进行了水泥硬化、绿化、亮化和净化。同时，该乡借助独特体制和现有旅游资源的优势，进一步打造周家庄品牌，开发建设了周家庄乡特色旅游项目。自 2007 年至今，接待游客 120 万人次，旅游收入 4000 多万元。

随着经济的发展，为广大群众办了养老津贴、退休制、用电补助、集体负担新农合筹资款等 11 项福利事业，全乡形成了“经济繁荣、人民富裕、社会稳定、环境文明”的良好局面。多年来周家庄乡的人均生活水平一直高于晋州农民人均纯收入，如 2013 年，周家庄乡人均纯收入 14 104 元，高于河北省农民人均纯收入，和同年全国农民人均纯收入相比，高出近 6000 元。

周家庄乡先后荣获各种荣誉称号 70 多项（次），自 1985 年至今连续被河北省委命名为“文明乡镇”。获评 2017 中国最美村镇 50 强。

正定县，是一个文化大县、文物大县、旅游大县。文物古迹众多，隋唐以来建筑 38 处，全国重点文物保护单位 10 处，在全国县级行政区中位居第二。馆藏文物 7672 件，国家一、二级文物 264 件。素有“三山不见，九桥不流”“九楼四塔八大寺，二十四座金牌坊”的美誉。不愧入选 2021 年文化百强县。

隆兴寺 又称大佛寺，全国重点文物保护单位，国家 AAAA 级旅游景区。位于河北省石家庄市正定县城东门里街，占地面积 82 500 平方米。寺院始建于隋朝开皇六年（公元 586 年），初名龙藏寺，唐改龙兴寺。北宋开宝四年（公元 971 年），奉宋太祖赵匡胤旨，于寺内铸造一尊巨大的 42 臂铜质千手观音菩萨像，并盖大悲宝阁，此后，寺内大兴土木进行扩建，以大悲阁为主体的宋代建筑群便相继告成。金、元、明、清各代均对寺内建筑进行不同程度的修葺和增建，至现存格局。康熙四十九年（公元 1710 年）赐匾额“隆兴寺”并沿用至今。门票价格：50 元 / 人。

世界孤例——摩尼殿

寺院坐北朝南，东为僧徒起居之处，中为佛事活动场所，西为帝王行宫三路并举的建筑格局。中轴线南端为一座高大的一字琉璃照壁，自三路单孔石桥向北依次为天王殿、大觉六师殿（遗址）、摩尼殿、牌楼门、戒坛、慈氏阁、转轮藏阁、大悲阁、御书楼、集庆阁、弥陀殿、毗卢殿、龙泉井亭等十几座殿阁。其中，宋代建筑有天王殿、摩尼殿、慈氏阁、转轮藏阁，至今仍保持宋代形制和风格。寺内建筑总体主次分明，高低错落，气势恢宏。著名古建学家、建筑大师梁思成称之为“京外名刹之首”，是研究我国古代佛教寺院建筑布局的典型实例。

寺内东北侧建有集文物展示、旅游休闲为一体的明清式园林——龙腾苑，占地 40 余亩，园内古迹荟萃、风景优美，有北朝石造像、金代广惠大师经幢、元代壁画墓、明代龙泉井亭和“三世中丞”石牌坊，同时还能欣赏到紫虚山、明远亭、龙吟榭、千秋鉴园、春荫亭、延光堂等园林景观。

隆兴寺，是国内现存时代较早、规模较大而又保存完整的佛教寺院之一，寺内有 6 处文物堪称全国之最：①摩尼殿，宋代建筑，造型独特，被梁思成誉为世界古建筑的孤例；②五彩悬塑观音，精致美奂，被鲁迅誉为“东方美神”；③转轮藏，我国早期最大，风格粗犷豪放；④龙藏寺碑，被推崇为“隋碑第一”“楷书之祖”；⑤铜铸千手千眼观音菩萨，举高 21.3 米，是我国古代最高的铜铸大佛；⑥铜铸毗卢佛，设计先进，构造巧妙，堪称一绝。同时，寺内还荟萃了历代碑碣、壁画、瓷器等艺术珍品，均有很高的历史、艺术和科学价值。

正定开元寺为正定八大寺之一，特色是塔、楼相对称的平面格局，被誉为中国现存寺院中之孤例。

正定开元寺 原名“净观寺”，隋朝改名“解慧寺”，唐开元年间更名为“开元寺”。全国重点文物保护单位，国家 AAAA 级旅游景区。为正定八大寺之一，坐落在正定城中心偏南燕赵南大街西侧。始建于东魏，距今约 1400 余年，寺中塔和楼相对称的平面格局，被誉为中国现存寺院中之孤例，是研究我国后唐至五代时期历史的宝贵实物，是国内罕见的艺术珍品，堪称天下第一，具有极高的文物价值。现寺内仅存天

正定开元寺塔-楼

王殿、钟楼、须弥塔和法船殿遗址。门票价格：免费。

钟楼，始建于晚唐时期，是我国现存唯一的唐代钟楼，也是我国最古老的一座钟楼，具有极高的古建价值。钟楼为砖木结构的二层楼阁式建筑，平面呈正方形，面阔、进深各三间，建筑面积 135 平方米。单檐歇山顶，上布青瓦，通高 14 米。其木结构、柱网、斗拱都展示了唐代建筑艺术风格。屋檐四角悬有风铃。楼上挂铜钟一口，高 2.9 米，口径 1.56 米，厚 15 厘米，为唐代所铸，其造型古朴大方，钟上无铭文，钟声浑厚悠远。它是我国现存古钟中年代较早、体重较大、保存完整的珍贵实物，可称稀世珍品。据说此钟与苏州寒山寺的古钟齐名，并流传着“南有姑苏寒山，北有真定开元”的说法。

须弥塔，又称雁塔，坐落于钟楼西侧。塔身位于高约 1.5 米的正方形砖砌台基上，塔平面为正方形，密檐九级，举高 39.5 米，塔身第一层较高，下部砌石陡板一周，各面两端均浮雕一尊雄劲有力的力士像。石腰线以上全部由青砖砌筑。正面辟石券门，门框刻以花瓶、花卉图案，门楣浮雕二龙戏珠，门楣上端镶嵌长方形石匾，上面镌刻“须弥峭立”4 个楷书大字。每层砖砌叠涩檐，四角悬挂风铃。塔身宽度自第二层开始收缩，外观清秀挺拔、简朴大方，是叠涩出檐塔的典型作品。塔内第二层上部原作木斗八藻井，已毁。今塔内呈空筒式，内壁垂直，上下贯通。第二层以上的八层，虽然各设一方形小窗，但无台阶攀登。

另在开元寺考古，首次发现了唐、五代、北宋、金、元、明、清 7 个历史时期的连续文化层叠压，共出土跨越唐至明清时期的瓷器、陶器、石器等器物近 2000 件，发现遗迹 94 处。

赵云庙，景点不大，建筑并不是很辉煌，级别不高，但主人赵云却大名鼎鼎，中国百姓无人不知、无人不晓，来到正定，一定要到赵云庙一仰。

赵云庙大门

赵云庙 国家 AA 级旅游景区。位于河北正定县城中，占地 12 亩，建筑面积 1500 平方米，是在清代道光年间的旧址上第四次重修的。这次重修的赵云庙，基本保留了原庙的历史风貌和特点，1997 年正式对外开放。门票价格：20元/人。

赵云（卒于公元229年），字子龙，常山真定（今河北省正定县）人，三国名将，有勇有谋，功绩卓著，善始善终。有“常胜将军”之称，刘备称他一身是胆，军士则称他为虎威将军。逝后追谥为顺平侯。

寺庙大门匾上的“赵云庙”字样是已故中国佛教协会原会长、全国政协原副主席赵朴初所题。在庙前广场的中心，有一尊赵云的雕像，这是著名的长坂坡战役时，赵云只身冲入曹军，怀抱阿斗跃马挺枪的英雄形象。

赵云庙气势恢宏，该庙采用仿明清古建筑结构，从山门正式进入。由一院、二院和后院组成，气势雄伟，造型简单。主要建筑有山门殿、四义殿、五虎殿、君臣殿和顺平侯殿。君臣殿，坐北朝南，位于院子中间，两边各有一个六边形的亭子，在亭子旁边有一块石碑。题字均取自《三国志》里的赵云传和赵云别传。赵云是刘、关、张桃园三结义后与刘备关系最为密切的人，并且刘、关、张三兄弟也常常称赵云为四弟，四义殿供奉着刘、关、张、赵四人。三分天下以后，刘备进位汉中王，封侯拜将，关羽、张飞、赵云、马超、黄忠被封为五虎上将，五虎殿供奉着蜀汉五虎上将。

赵云庙基本保留和丰富了原庙的历史风貌，并与周围的隆兴寺、荣国府等著名景点相映相成，为中外游客及赵云的后裔提供了一处瞻仰凭吊、游览观光的场所。

才离正定开元寺，又来到定州开元寺。两个城市相距不远，同一寺名，不觉奇怪！其实，据不完全统计，在中国叫开元寺的不下数十座之多。

定州开元寺塔 是世界上现存最高的砖木结构古塔之一。全国重点文物保护单位，国家AAAA级旅游景区。位于河北省定州市内，因建于开元寺中而得名。又因北宋时定州地处宋辽交界边陲，此塔“扼贼冲，为国门户”，登之可瞭望契丹，以料敌情，亦名“料敌塔”（或“瞭敌塔”）。始建于宋真宗咸平四年（公元1001年），落成于宋仁宗皇祐四年（公元1052年），前后经历50余年。工程浩大，用材极多，塔高83.7米，是中国现存最高的砖塔。著名古建专家罗哲文誉其为“中华第一塔”。开元寺塔已有900多年的历史，其间经历了10多次地震，清光绪十年（公元1884年），塔的东北面从上到下塌落下来，破坏了这一雄伟古建的完整，1988年正式实施修复工程，至2001年主体工程基本竣工。后又进行其他修复，现塔依然挺拔屹立。门票价格：免费。

开元寺塔

开元寺塔，为八角形楼阁式建筑。由塔基座、塔身和塔刹 3 部分组成。塔身 11 级，从下至上逐层收缩，外部 1 ~ 9 层 4 个正方向辟门，4 个侧方向辟彩绘盲窗。10 ~ 11 层因军事所需，八面辟门。塔内结构为外塔体环抱内塔体，楼梯穿越内塔体盘旋而至 11 层。塔内 1 ~ 7 层顶部为斗拱平棋叠涩顶，8 ~ 11 层为拱券式顶。塔身 8 个角之间以粗大的木筋相连，结构牢固。塔身顶部为屋脊，呈八坡八脊式，每脊边各站立一尊铸铁力士。其上为塔刹，由砖雕莲花瓣底座、束腰仰覆莲纹铁钵、铜制宝珠和宝顶组成。

整个塔的造型端庄威武，极具北国山川的雄浑气势，又兼江南秀水的柔美风姿。登临塔顶，可远眺近观，有"中山巨观"之美称。塔内有北宋至清代的 30 多块碑刻和数处名人题记；有号称"北宋建筑彩画重要遗存"的斗拱彩画；特别是塔内一层西南面回廊上的宋代佛教人物壁画，历经千年而色彩依旧，栩栩如生，是一座集历史价值、建筑工艺、佛教文化、书法绘画艺术于一体的宝塔，在中国古代建筑史中占有重要地位。

在无险可据的华北大平原，地道战是一种伟大的创举，既能保存自我，又能歼灭敌人，英雄的华北人民创造的不仅是地道，而是创造了奇迹，创造了历史。

冉庄地道战遗址　全国重点文物保护单位。位于河北省保定市清苑区西南冉庄镇冉庄村，距县城 15 千米，是第二次世界大战中，中国共产党领导下的华北抗日斗争中一处重要的战争遗址。面积 30 万平方米，重点区 26 万平方米。1938 年开始挖地洞，并由单口洞逐步发展成为双口洞、多口洞，最后挖成村内地道 25 千米，村外地道 16 千米的地道网。冉庄民兵利用地道优势，在抗日战争和解放战争中，配合武工队、野战军对敌作战 157 次，歼敌 2100 余名，荣获"地道战模范村"称号。门票价格：免费。

冉庄地道战纪念馆

1937 年七七事变后，日军大举南侵，采取“铁壁合围”“纵横梳篦”的清剿战术，对冀中平原进行灭绝人寰的“大扫荡”，实行“烧光、杀光、抢光”的“三光”政策，使冀中人民蒙受了巨大的战争苦难。

冀中人民以其聪明才智和创造精神，展开了地道斗争，在无险可守的平原地区保存了自己，消灭了敌人。采取坚持敌后抗战、扩大抗日根据地、扭转战局的一种独特战斗方式，做出了不平凡的业绩。

冉庄地道战遗址，现仍保留着三四十年代冀中平原原貌和当年构筑的地道及各种作战工事。地道以十字街为中心，分东西南北 4 条主干线，长 25 千米。南北支线 13 条，东西支线 11 条。旧时的街道、房屋、墙院、猪舍等处隐藏着伪装十分巧妙的地道口和 34 处纵横交错的作战工事，和原建筑一模一样，使敌人很难发现。地道一般距地面 2 米，洞内高 1 ~ 1.5 米，宽 0.8 ~ 1 米，分为作战用的军用地道和供群众隐蔽用的民用地道两种，地道内建有各种设施。冉庄地道战工事的主要特点是三通、三交叉和五防。三通：高房相通，地道相通，堡垒相通；三交叉：明枪眼与暗枪眼交叉，高房火力与地平堡火力交叉，墙壁火力与地堡火力交叉；五防：防破坏，防封锁，防水灌，防毒气，防火烧。冉庄地道战是冀中平原 25 万平方千米能打能藏、可攻可守、进退自如的抗日地下长城的缩影。

1959 年，冉庄地道战纪念馆老馆落成。2010 年，新馆落成，占地 24 亩，总建筑面积 3260 平方米，其中展厅 1800 多平方米。新馆除了保存、珍藏老馆原有的大批宝贵文物外，还增添了现代多媒体设施，运用墙体电影、模拟动画等综合表现手法向游客立体式再现冀中平原人民对敌斗争的场景。游客在这里可互动，亲身体验、接受红色教育。

过定州，入保定，游览莲花池，碑刻、莲池书院是其名片。

保定古莲花池 原名“雪香园”。1921 年，北洋政府总统徐世昌亲书了“古莲花池”横匾，该名沿用至今。全国重点文物保护单位。位于河北省保定市莲池区，总面积2.4万平方米，其中池水面积7900平方米。始建于金元之交的公元1227年，建成于公元1234年，距今已有近800年的历史。保定八景之一，是与苏州拙政园、北京颐和园、圆明园等齐名的全国十大历史名园之一。原为金末元初著名军事将领张柔的居所，历经私人、官府、书院、行宫和公共园林的历史变迁，现对外开放。门票价格：30元/人。

古莲花池，以池为主体，临漪亭为中心。主要建筑有水东楼、藏书阁、藻咏厅、君子长生馆、响琴榭、高芬轩、寒绿轩、临漪、濯锦、洒然、不如、六幢、观澜等亭，宛虹桥、曲桥和元建白石桥等，构成“湖中有景，景中含诗”的优美画卷，使人领略到古典园林之美。

池水以中心岛为界分为南北两塘。蜿蜒曲折的东、西二渠将两塘沟通一体。南塘呈半月形；北塘呈不规则矩形；水心亭居其中。莲池自古就环水置景，以水为胜，因荷得名。园中诸景建制小巧玲珑，优雅别致，拙中见巧，朴中有奇。汇集了中国南北古建筑园林风格的精华。

公元1284年被地震毁，仅存深池清水，俗称为“莲花池”。到了清代，兴建了莲池书院，一时间人才济济，扬名中外。莲池又辟为皇帝的行宫，皇帝多次出游驻跸。古莲池几经修建，达到了极盛，形成了著名的莲池十二景。

莲池的出名，不仅仅是由于它有着“摇红涤翠、虫儿带霞衣”的婀娜风姿，更主要的是它有着浓郁的从古到今延续下来的文化氛围，主要体现在莲池碑刻、莲池书院。

古莲花池牌坊

莲池的碑林散落于园内亭台楼阁的四周，收藏有相当可观的经幢碑碣和石造像等，仅碑石就有140余方。莲池碑刻除了它的文学价值和史料价值以外，最主要的还是它的书法价值，其中《莲池书院法帖》集书法6家8种，艺术水平最高。莲池的东、西碑廊中保存了7通清代乾隆、嘉庆、道光三位皇帝的亲笔御制诗碑。在乾隆十一年（公元1746年），乾隆为祝贺保定莲池行宫的建成，将其祖父康熙的圣迹——“龙飞”二字带到莲池供奉，在莲池众多的碑石中，“龙飞”二字是最雅俗共赏的书法艺术作品。另外，还有唐田琬德政碑，宋岳飞、蔡京书法碑，明王阳明诗碑等，都是十分珍贵的文化遗产。

莲池不仅以“林泉幽邃，云物苍然”闻名，更因与莲池书院同处一址而名声大振。清雍正十一年（公元1733年），在莲池北部建直隶省最高学府莲池书院。书院院长多为学识渊博之士，开设英语、日语，招收外籍留学生，聘请外籍教师等，使学院“声播四方”，培养出一批批经世致用的人才。毛泽东主席曾说：“莲池之所以有名，关键是莲池书院有名，莲池书院在清末可称为全国书院之冠”。

来到这里，不仅漫步在绿树成荫、楼台亭阁间，还犹如置身在一座书法、文化艺术宝库之中，摄取养分，心情愉悦！

罕见联匾，突显地位，一座府衙，半部清史。历经沧桑的直隶总督署，承载了74位总督的功过是非，积淀了丰富的历史内涵，怎能不吸引游人驻足！

直隶总督署 又称“直隶总督部院”，全国重点文物保护单位，国家AAAA级旅游景区。位于河北省保定市莲池区裕华路，占地面积30 000平方米，房屋105间，是中国保存完整的一所清代省级衙署。始建于元，清雍正八年（公元1730年）经过大规模的扩建后正式建立总督署，历经8帝，182年，直到宣统三年（公元1911年）废止，可谓“一座总督衙署，半部清史写照”。中华人民共和国成立后，河北省人民政府也曾驻此。门票价格：30元/人。

直隶，因其直接隶属京师而得名。清初所设置的直隶省，至光绪年间，其辖区包括今河北、北京、天津、山东、山西、河南、辽宁及内蒙古的一部分，位列全国八督之首。

直隶总督权重位显，集军事、行政、盐务、河道及北洋大臣于一身，权力极大，非重臣莫属，其权利已大大超过直隶省范围。一般为正二品官员，凡加尚书衔者，为从一品，从雍正二年（公元1724年）到宣统三年（公元1911年）止，187年

直隶总督衙门

间共产生直隶总督75人，99任次，任职5年以上的只有10余人。其中李鸿章任期最长，3次受命，先后达28年之久。历经沧桑的直隶总督署，承载了75位总督的功过是非，积淀了丰富的历史内涵，成为清王朝政治、经济、军事、文化的缩影。

在中国近代史上，直隶总督署曾与不少重要事件直接相关，如光绪二十六年（公元1900年），外国侵略者端坐在总督署大堂，以纵容“拳匪”杀洋人、烧教堂的罪名嫁祸于人，将直隶护理总督廷雍等人五花大绑。在直隶总督署的历史上留下奇耻大辱的一页，也是落后必然挨打的惨痛教训。

直隶总督署的建筑布局，既承袭了前代衙署的特色，同时又受到了明清北京皇家宫殿建筑布局乃至民居建筑规制的影响。整座直隶总督衙署建筑坐北朝南，东西宽约134.4米，南北纵深约224米，其建筑分东、中、西三路。中路至今保存完好，有大门、仪门、大堂、二堂、官邸、上房五进院落，配以左右厢房耳房，均为小式硬山建筑。东路的东花厅、外签押房等建筑基本保存完好。大门以外，有辕门、照壁、旗杆、乐亭、鼓亭、一对石狮、东西班房，以及西辕门外专供每日报时及拜发奏折之用的炮台等附属建筑。大门前两根对称旗杆高33.6米，是全国同类古建之最。院内数十株粗大的桧柏上猫头鹰栖息，称“古柏群鹰”，为衙内一景。大堂明柱上悬挂着醒目的抱柱联，为李鸿章七十大寿时光绪及慈禧所赐的联匾，既突出，又稀有，彰显其身份地位。

白洋淀，被誉为“华北明珠”，依托河淀湖水，别有一番特色。到这里旅游，玩得特别尽兴。

白洋淀风景区 旧称“白羊淀”，又称“西淀”，是中国海河平原上最大的湖泊，国家AAAAA级旅游景区。位于河北省保定市安新县（雄安新区）境内，距保定市区30千米，是在太行山前的永定河和滹沱河冲积扇交汇处的扇缘洼地上汇水形成。现有大小淀泊143个，其中以白洋淀较大，总面积336平方千米。堤防围护，河淀相通，波光荡漾，芦苇婆娑，构成了一幅生态美景，素有“华北明珠”之称、亦有“北国江南、北地西湖”之誉。门票价格：40元/人。

白洋淀是冀中平原的大洼淀，于任丘、安新、高阳、雄县、容城5县之间，形状如胃，汇集了唐河、府河、漕河等9条河水，从淀泊东面经赵王新河、大清河汇入海河，85%的水域在安新县境内，平均降水量5522.7毫米，流域面积31199平方千米，占大清河水系流域面积的96.13%。

淀区地形复杂，常年有水面积 325 000 余亩，沟壕 3700 条，交汇错落，百亩以上大淀 99 个，尤以白洋淀为最大、最著名，因此命名。最适宜的水位是 7 ~ 9 米。淀区内村庄、苇地、田园星罗棋布，纯水村 39 个，淀边村 134 个。人口除了汉族外，还有 14 个少数民族。安新县政府驻地安新镇，位于淀区内西北部，系白洋淀之政治、经济、文化、交通、旅游中心。

白洋淀是典型的北方湿地，自古以来就以物产丰富著称，是鸟的王国、鱼的乐园、水生植物的博物馆，有着得天独厚的旅游资源。白洋淀划分六大景区，即鸳鸯岛民俗文化景区、荷花观赏景区、生态游乐景区、休闲娱乐景区、码头观光景区、民俗村观光景区，还有不少名胜古迹和大量历史传说、故事。

白洋淀除了“野趣”，书卷气也十足。“渥城书院”与建于安州的“正学书院”“葛乡别墅”及建于三台的“静修书院”，并称白洋淀上四书院。

白洋淀人民还有着光荣的革命传统。在抗日战争时期，著名的白洋淀水上游击队“雁翎队”，利用河湖港汊开展游击战争，威震湖泊，打得敌人魂飞魄散。还孕育出了以白洋淀为背景的《小兵张嘎》《新儿女英雄传》等有影响的抗日影视、文学作品。

正值盛夏，淀水涨满，鱼跃水面，芦苇摇曳，菱叶灿灿，荷花吐艳，一派水乡景色。湖面上各类游船、小舟穿梭往来，船舟亲密，甚而触吻，吼声叫声此起彼伏。

白洋淀水产资源丰富，是有名的淡水鱼场，盛产鱼、虾、河蟹等40余种之多，甲鱼不少。加之水生植物遍布，野鸭大雁栖息，可捕捞鱼虾，采挖莲藕，近观水禽，一年四季，一片繁忙，故被人称为“日进斗金，四季皆秋”的聚宝盆。一天下来游得尽兴、玩得开心、吃得爽心。因临近返家，我们还多了一趣，购得鲜活甲鱼3只带回，慰劳自己，也犒劳孩子们。

白洋淀

线路三

辽吉黑蒙线——北国风光之旅

辽吉黑蒙线，地处我国东北地区，广义上包括辽宁、吉林、黑龙江以及旧为东三省管辖之内蒙古东四盟市（呼伦贝尔市、兴安盟、赤峰市、通辽市）。总面积126万平方千米，风景名胜是名副其实的北国风光。能驾车自由驰骋在这块广袤的土地上，是我们多年梦寐以求的。

东北气候主要属于温带季风气候，跨暖温带、中温带与寒温带，冬季寒冷漫长，夏季温暖短暂，南北温度差异明显，降水多集中在夏季，冬季降雪较多，地表积雪时间长，是中国降雪最多的地区。内蒙古东部与东三省毗邻，寒温带和中温带大陆性季风气候。春季干旱多风，夏季短促温热，秋季霜冻早，冬季寒冷漫长，全区域气候具有冷湿的特征，以夏、秋季旅游最佳。

有种说法，东北旅游资源就像东北人一样，性格特征强烈，并高大上。这里有旖旎的海洋，有著名的黑水白山，有广阔的东北大平原，有浩瀚的大草原，有茂密的大森林，还有曾经占我国90%的重工业基地，这些造就了东北景致的独特优势。被列入《世界文化遗产名录》的景点7个，全国重点文物保护单位360多个，国家AAAAA级旅游景区约21个，国家AAAA级旅游景区近400个。

辽宁紧靠渤海湾，因而孕育出丰润婉约的性格，以人文资源著称，是清王朝的发祥地，拥有大量前清历史遗迹。

吉林有风景壮阔的长白山，曾孕育过汉时的高句丽和唐时的渤海等古国，拥有独特朝鲜风情的延边朝鲜族自治州，堪称丰富旅游资源的代表。

黑龙江位于中国最北端，与俄罗斯交界，来自异域风情的开放性，有各种风格的建筑，独特的冰雪旅游文化，哈尔滨之夏，更是引来无数游人的青睐。

蒙东地区不仅拥有世界上原生植被保存最好的呼伦贝尔大草原，而且还有原始森林、湿地、温泉、湖泊、冰雪、历史遗迹等旅游资源。特别是独特的边疆少数民族民俗文化，主要包括蒙古族歌舞，蒙古族“男儿三艺”——赛马、摔跤、射箭，那达慕大会等；还拥有18个对外开放口岸优势。其中以满洲里和二连浩特规模最大，且发展最快，是内蒙古对俄罗斯、蒙古国贸易的主要口岸。

东北的特色——人参、貂皮、鹿茸不能错过，还有大马哈鱼、江白鱼、山菇、辽西梨和苹果一样不能少，品着通化葡萄酒，喝着哈尔滨啤酒，吃着蒙东的饸饹面，还有畅销全国的秋林红肠，好不惬意！

东北的交通以各省会城市为中心呈放射状布局，辽宁、吉林高速网络发达，黑龙江靠北及内蒙古东北部相对薄弱一点，但国道、高等级公路建设也很好，完全能满足驾车旅行，一些主要的景点都能顺畅到达，许多路段是漂亮的景观公路。在东北旅行一定要注意安全，不仅是行车安全，而且更要重视防火安全。

北戴河素有黄金海岸之称，风景众多，美不胜收！

北戴河 被《关于特别是作为水禽栖息地的国际重要湿地公约》命名为“北戴河湿地”。国家级风景名胜区，国家 AAAAA 级旅游景区。位于秦皇岛市北戴河区。

北戴河，景色秀丽，气候宜人，群山环抱，森林茂密，海鸟齐鸣，古迹众多。充分展现了“海”的魅力，“林”的幽静，“山”的灵气，形成了以鸽子窝、中海滩、联峰山为主的三大风景区，以及各类游乐园。有的免费，有的收费。

鸽子窝公园，有一巨型临海悬崖似雄鹰屹立，故名鹰角石。过去常有成群的鸽子，或朝暮相聚，或窝于石缝之中，因此得名鸽子窝，是观赏海上日出的最佳去处。门票价格：22 元 / 人。

中海滩，位于北戴河海滨风景区，以老虎石海上公园为中心，占地面积 3.3 万平方米。公园内形态不一的礁石，状似群虎，散落在晶莹的沙滩里，密林中，吸引着国内外游客到此消夏观光，玩水嬉戏。门票价格：8 元 / 人。

联峰山，位于北戴河海滨风景区西部，因状似莲蓬，故又名莲蓬山。长超过 2.5 千米，最高海拔 153 米。山峦俊秀，林深谷幽，各式楼房别墅，掩映在松林之中，别有情趣。山上还有观音寺，寺前甬道两旁，整齐排列几十株白皮松。山海相映，如诗如画，令人流连忘返。门票价格：30 元 / 人。

怪楼奇园，位于海滨黑石路上，园名是我国著名漫画家华君武所题。仿东山园艺场院内的老怪楼建筑，占地 110.8 亩，建筑面积 999 平方米，共设置奇景、怪景 99 处。身临其中，乐趣无穷。门票价格：15 元 / 人。

奥林匹克公园，2004 年 4 月，为奥运会建设滨海大道并冠以“奥林匹克大道”，位于北戴河景区中心地带，长 3 千米、宽 90 米，是全国唯一以奥林匹克命名的街道，并在奥林匹克大道东侧建设奥林匹克公园，以多种形式展现奥运发展史，成为人们健身、娱乐、观赏的精神乐园。门票价格：免费。

北戴河

鸟的乐园，景区有 6600 多公顷森林，50 多万亩湿地，为南北候鸟迁徙的一个驿站，是世界四大观鸟地之一。除冬季外，一年中随时可见大量野生候鸟，已发现的种类分属 20 目 61 科 409 种，其中不乏世界珍稀种。

除此之外，还有秦行宫遗址：免费；碧螺塔酒吧公园：100 元 / 人；集发观光园：33 元 / 人；海滨国家森林公园：30 元 / 人；北戴河影视城：20 元 / 人等众多景点可供游览。

明代，中山王徐达奉命修永平、界岭等关隘，带兵到此地。以古渝关非控扼之要，于古渝关东（30 千米）移建关城，北倚燕山，南连渤海，故得名山海关。

山海关 又称“榆关”“渝关”“临闾关”，被列入《世界文化遗产名录》，全国重点文物保护单位，国家 AAAAA 级旅游景区。位于河北省秦皇岛市东北 15 千米处。始建于明洪武十四年（公元 1381 年），历经洪武、成化、嘉庆、万历、天启、崇祯六朝修筑，耗用大量人力、物力和财力，前后用时 263 年，建成了七城连环，万里长城一线穿的军事城防体系。冀、辽两省在此分界，是明长城的东北关隘之一，素有中国长城“三大奇观之一”“天下第一关”“边郡之咽喉，京师之保障”之称。门票价格：联票 90 ~ 120 元 / 人。

山海关城楼

山海关，城周长 4727 米，城高 14 米，厚 7 米。有 4 座主要城门，多种防御建筑。东墙为长城主线，关城四面建有 4 座城门，东门“镇东门”，即“天下第一关”，保存最为完整。城门台座上有天下第一关城楼，实乃箭楼格式。“天下第一关”的匾额长 5 米，高 1.5 米，每个字都一米有余。有关书写人，有 4 种说法，以明代成化八年进士、山海关人萧显较真，其所题字为楷书，笔力苍劲浑厚，与城楼风格浑然一体，堪称古今巨作。城台高 12 米，城楼高 13.7 米，东西宽 10.1 米，南北长 19.7 米。楼分两层，第一层高 5.7 米，第二层高 8 米。城楼建筑，上为歇山重檐顶，顶脊双吻对称，下为砖木结构，四角飞檐上，饰以形态各异的脊兽，造型美观，栩栩如生。西门“迎恩门”，南门“望洋门”，北门“威远门”，四门城台上均建有城门楼。关城四门之外均筑有瓮城，偏侧开门，现仅存东门瓮城，周长 318 米，瓮城门向南开，与第一关券门成直角形。城墙的东南、东北隅处于长城主线，各建有东南角台和东北角台，角台上分别建角楼，是关城转角处防御性建筑。镇东楼南北两侧还建有临闾楼、牧营楼和新楼。在关城的东南、西北和西南隅各设水门一座，墙外有护城河环卫。

山海关古城，是明万里长城上的重要军事城防体系，气势雄伟，形势险要，称“天下第一关”，是山海关古城的标志性建筑。城外瓮城回护，形成重城并守之势，坚固雄伟，展示出中国古代严密的城防建筑风格。天下第一关为万里长城东部起点的第一座关隘，是关内关外的分界线，是明朝京师——北京的重要屏障。是以展现明代重要关口和平原长城为主的历史遗迹人文景区。山海关为战略要地，既是军事重镇，又是商贸重镇，也是文人雅士登楼览胜的场所。

老龙头，曾经的明万里长城东起点，曾经名副其实的陆海军事要塞，因历史变迁而失去往日的辉煌和地位，但抱天揽海的壮丽美景却永远不会过时。

老龙头 因入海石城犹如龙首探入大海、掀涛作浪，得名“老龙头”。全国重点文物保护单位，国家 AAAA 级旅游景区。位于河北省秦皇岛市山海关区老龙头路，山海关城南 5 千米的渤海之滨，是明长城的东部入海处，向东接水上长城九门口。抗倭名将戚继光始建于明，是万里长城唯一集山、海、关、城于一体的海陆军事防御体系，后毁于外国入侵。自 1985 年开始，山海关区响应邓小平同志的“爱我中华、修我长城”的号召，历时 8 年，经过 4 期工程，终于使老龙头再现昔日雄姿。由入海石城、海神庙、靖卤

山海关老龙头

台、南海口、澄海楼、宁海城和滨海长城7部分组成，占地面积700亩。门票价格：50元/人。

老龙头最为著名的建筑当属有“长城连海水连天，人上飞楼百尺巅”之称的澄海楼。楼高14.5米，面宽15.68米，进深12米。楼分二层，木结构，歇山重檐瓦顶。清康熙、乾隆帝曾多次登临此楼，眺海赋诗，其“澄海楼”的额匾为乾隆帝亲笔所书，“雄襟万里”为明代大学士孙承宗所题。另外一块匾额“元气混茫”和一副楹联“日光用华从太始，天容海色本澄清”也是乾隆帝御笔亲题。澄海楼两侧的墙壁上还镶着多块石碑，上面镌刻着几位帝王和众多文人墨客登楼时所吟诵诗词。楼内陈列有在老龙头地区出土的文物，以及新中国成立后部分党和国家领导人的题词等。

老龙头，与角山长城、威远城构成犄角之势，拱卫着山海关城。从明初洪武年间到明末崇祯年间的260余年中，老龙头不断修建，逐步完善，拱卫北方，功不可没。直至清入关，长城内外成为一统，老龙头从此失去了军事防御的作用，转而成为帝王将相、文人墨客观光览胜的佳境，现为人民群众参观游览胜地。

登上老龙头，面对波涛汹涌、水天一色的大海，顿觉心旷神怡。可尽览天海的壮观美景，作无尽的遐想。也可学古人赋诗唱词，抒发胸中的豪情抱负。

兴城古城，国之古城池，近600年历史，雄踞咽喉之地，兵家必争。

兴城古城 明称“宁远卫城”，清称“宁远州城”。民国三年（公元1914年）重新启用兴城之名，沿用至今。全国重点文物保护单位，国家AAAA级旅游景区。位于辽西走廊中部咽喉之地，辽宁省兴城市老城区中心，是唯一一座方形卫城，城墙高8.8米，周长3200米。始建于明宣德三年（公元1428年），至今已近600年历史，与西安古城、荆州古城和山西平遥古城同被列为我国迄今保留完整的四座古代城池。背倚辽西丘陵，南临渤海，雄踞辽东地区通往中原的交通要

宁远古城钟鼓楼

道，历来是兵家必争之地。门票价格：通票 100 元 / 人。

兴城古城，城墙设有东、南、西、北四门，城门外筑有半圆形瓮城，城墙四角筑有炮台，用来架设红夷大炮。明天启六年（公元 1626 年）和明天启七年（公元 1627 年），明著名守将袁崇焕以不足两万人兵力击败努尔哈赤和皇太极的两次进攻，史称“宁远大捷”。清太祖努尔哈赤被红夷大炮击中，身负重伤，回盛京（今辽宁省沈阳市）之后不久身亡。东南角建魁星楼一座。城内东、西、南、北大街呈十字形相交。古城的正中心，有一座雄伟壮观的钟鼓楼，楼高 17.2 米，分为三层。基座平面为正方形，高如城墙，下砌通向四条大街的拱形十字券洞，与四座城门箭楼遥相对应，显得更加威武庄严，气势磅礴。二楼还架设一面巨型牛皮大鼓。大鼓直径 2.25 米，为整张牛皮绷制，实为全国罕见。登上鼓楼，古城风光尽收眼底。

文庙，国家重点文物保护单位，是东北三省保存最古老的一座文庙，占地 16 800 平方米，建筑有状元门、状元桥、大成殿、论语墙、圣迹图等，以及成林的各种古树、古柏。

城内还有祖氏石坊两座、城隍庙、蓟辽督师府、周家住宅等文物古迹。城外国家级海滨风景名胜区是我国唯一集山、海、岛、泉、城于一体的游览疗养胜地。这里有被誉为“第二北戴河”之称的美丽海滨，有巍峨壮美的首山，有海景壮阔的菊花岛，有颇具休闲度假氛围的温泉群等。

至今，古城内许多店铺仍保持着幅式雕嵌的金字匾额，兴城民俗博物馆、宁远驿站等，均古朴典雅、金碧辉煌。行走在石板街道，体会着古城的古今沧桑，浮想联翩。而古城夜晚，流光璀璨，秀丽漂亮，尽显现代文明。亦古亦今，相得益彰，恰到好处，令人拍手称道：妙哉！美哉！

慕名来到义县奉国寺，寺门不是很高大，但门前的一对石狮却很醒目。直到进入寺庙，深入参观，才感到奉国寺的高深内涵，深藏而不露，高远而独特。

奉国寺 初名“咸熙寺”，又称“大佛寺”“七佛寺”。全国重点文物保护单位。位于塞北佛乡、文化重镇，有 2215 年历史的义县古城东街，占地 5 万余平方米。始建于辽开泰九年（公元 1020 年），是世称释迦牟尼转世的辽朝圣宗皇帝耶律隆绪，在母亲萧太后的“家族封地”所建的皇家寺院，国内现存辽代三大寺院之一。其标志性古建筑大雄殿是古代遗存的最大佛殿，堪称世界之最。殿内有世界上最古老、最大的泥塑彩色佛像群。现今，保存完好的有清代的内山门、牌楼、钟亭、碑亭、天王殿，辽代的大雄殿和殿内遗存的众多文物。整个寺院有佛殿 5 座，供奉佛、菩萨共计 44 尊，是集古建筑、绘画、考古、佛教等历史科学文化艺术于一体的古代寺院。门票价格：50元/人。

奉国寺大门

大雄殿，辽代建筑，中国古代建筑遗存中最大的单檐四阿顶木构建筑，是建筑技术与历史文化艺术完美结合的典范。建筑学家梁思成称：辽代寺院为千年国宝、无上国宝、罕有的宝物。奉国寺盖辽代佛殿最大者也。中国五千年历史文化传承，可移动和出土文物浩若繁星，但遗存千年以上的伟大建筑却凤毛麟角。从11世纪的1020年到21世纪的2020年，奉国寺承载着1000年的光辉璀璨，仍以其完美的遗存使中华文明通过建筑及其附属文物的艺术形式鲜活闪亮地展现给世人。

大雄殿，面阔9间，通长55米，进深5间，通宽33米，总高24米。建筑形制为五脊单檐四阿顶（庑殿式）七铺作木构建筑，是中国古代高等级建筑遗存中的最高等级制式。奉国寺大雄殿继承唐代建筑形制的同时，融南北风韵于一体，尽展北方粗犷和恢宏豪迈，彰显了辽代建筑的独特魅力，是中国古代建筑发展进程中承上启下最重要的里程碑。其建筑形制，对后世金、元、明、清时代直至近代建筑风貌都具有深远的影响。无论建筑外观还是建筑技艺均撼人心魄，其建筑结构形制是独有的，是取殿堂（阁）和厅堂建筑形制两者之长，两种结构相互搭配运用，将实用灵活性和技巧科学性融合至极。

大雄殿

大雄殿，不仅建筑上至高，乃旷世之杰作，殿内所供奉辽塑的佛像也与众不同。高大的佛坛上由东而西排列着7尊佛像。正中的毗婆尸塑像最高，通高9.5米，是世界上最古老、最大的彩绘泥塑。向两侧依次低下，诸佛神态端庄，高大慈祥。

另遗存的辽代14尊菩萨造像，通高2.7米，精美雕塑无与伦比。

佛坛东西两端，各塑一尊威武刚劲的天王像。在七佛正中一佛，即毗婆尸的背后，有明代重塑的侧座男性观音菩萨，格外引人注目。这些塑像，代表了辽代雕塑的水准与宗教观念。奉国寺集中国古代木构建筑、雕塑、彩绘、壁画、碑刻、匾额、遗址等于一体，具有突出的历史文化艺术和科学价值。

在大雄殿的梁枋上，呈现着辽代建筑彩绘，色彩艳丽，形象逼真。有飞天、莲荷花、海石榴、草凤等，最为生动者当数梁架下面的飞天，面相丰润，衣饰缤纷，姿态优美，各自有趣。四面墙上还有元、明历代描绘的十佛、八菩萨、十一面观音及十八罗汉壁画，历经沧桑而黯然，但依然保持自然风韵。

据有限的资料记载，自辽到金元之际，为奉国寺极盛时期。元末时，战火频频，奉国寺也日渐寥落。到明清时期，仅存大雄殿，现有的六角钟亭、四角碑亭、无量殿、牌坊、小山门及西院祥堂均为清代续建。现已成为中外闻名的旅游胜地。

游览完奉国寺，我们驱车来到辽西名山胜景医巫闾山。

医巫闾山 古称“于微闾山”“无虑山”等，今简称“闾山”，满语意为翠绿的山，国家重点风景名胜区。位于辽宁省北镇市境内，景区面积45平方千米。医巫闾山是一座历史文化名山，有着从尧舜至明清4000年的文明史。历朝历代皆对闾山有封号，古代帝王为祈祝风调雨顺、国泰民安，都会亲临或遣重臣到闾山祭祀朝拜。尤以辽、元、明、清时期为鼎盛，辽王朝视闾山为龙兴之地，皇家寝陵就坐落于闾山的峰峦谷坳之间，萧太后死后葬在医巫闾山的乾陵。元朝重臣耶律楚材幼年随母在闾山苦读诗书，研习治国经略，成为辅佐当朝圣帝的贤臣名相，功绩千秋；明代许多文人雅士隐居闾山，在此题诗吟咏、建亭刻碑，抒发情怀；尤其是清代，把闾山视为大清的发祥地，每年必到此祭拜。康熙、雍正、乾隆、嘉庆、道光先后数次来闾山祭祖巡游，山上留下大量的御笔题咏碑刻，赋予了医巫闾山无穷的历史知名度和游览资源。医巫闾山是舜封全国十二大名山之一，位居东北三大名山（医巫闾山、

“医巫闾山”石碑

千山、长白山）之首，有着重要的自然、历史地位。门票价格：62 元 / 人。

医巫闾山风光兼具粗犷、秀丽，自然与人文景观完美结合，素有“泰山之雄、华山之险、黄山之奇、峨眉之秀”的美誉，山上林木茂密、山峰耸立、岩洞幽深、飞瀑随处、云雾缭绕，令人目不暇接。一年四季景致各有特色，风景如画，美不胜收，皆可游玩。

自古以来，名山多寺，医巫闾山更有着它独特而神秘的宗教文化。这里有千年古刹——观音阁；有赵朴初馈赠的弥足珍贵的紫砂铜佛“圣母观世音”；有东三省唯一一座五路财神殿；有唯一亲受皇封的胡仙堂；有建在贤臣名相读书堂内的文殊院；有新建的罗汉坡，数百罗汉簇拥如来佛。这些深山中的古刹庙祠，无一不展示着它的文化底蕴，体现医巫闾山集佛、道、仙信仰为一体的龙山仙境，常年香客不断，游人如织。

如今，幽奇之地的医巫闾山景观景点建设完善，旅游服务设施齐全，交通便利。山上索道缆车凌空飞架，完成了山脊游览线工程。山门区整体改造，延展了景区深度、广度。新建了可容纳万人的山门广场，百米瀑布墙，四座展示镇山文化的功能门。这一切给远古神奇的医巫闾山注入了新的血液，使其焕发了新的活力！闾山风景区已跻身于辽西著名旅游胜地，受到游人青睐。

举世罕见的红海滩，世界最大的芦苇荡，自然环境与人文景观的完美结合。

盘锦红海滩 国家 AAAA 级旅游景区，国家级自然保护区。位于辽宁省盘锦市大洼区赵圈河镇境内，属于湿地生态旅游景区。它以全球保存得最完好、规模最大的湿地资源为背景，以举世罕见的红海滩，世界最大的芦苇荡为依托，是自然环境与人文景观的完美结合，是集游览、观光、休闲、度假于一体的综合性绿色生态旅游景区。门票价格：110 元 / 人。

红海滩

红海滩是大自然孕育的一道奇观，闻名海内外。其火红的碱蓬草颜色，织就了片片火一样的红海滩。每年 4 月，一棵棵纤柔的碱蓬草长出地面，初为嫩红，渐次转深，9 月由红变紫。它无需播种，无需耕耘，年复一年地自生自灭，任火红的生命色泽，点缀大好河山，孕育出片片红海滩。还有 86 万亩世界上最大的芦苇田，无垠的苇海里栖息着 2260 余种数十万只鸟类。这里是丹顶鹤繁殖的最南限，也是世界珍稀鸟类黑嘴鸥的主要繁殖地，园内现有国家一级保护鸟类 6 种，国家二级保护鸟类 18 种。

红海滩码头，坐落在辽河三角洲的入海口处，距接待中心 18 千米，有摆渡大巴不停地运送游客。沿途多个停靠车站点，游客可凭自身兴趣爱好，随上随下。

九曲廊桥，位于码头，全长 680 米，由 519 根木桩支撑，自岸边逶迤而行，延伸进海中。观景平台面积高达 2000 多平方米，由 1998 根木桩在滩地上傲然支撑，是观景的最佳处。

接官厅，是纯木质结构建筑亭，由长约 200 米的古式长廊连接。它是为纪念抗清英雄袁崇焕将军，在明清时代旧亭子基础上恢复重建而成，复原了明代末年在盘锦历史上遗落的时代碎片，成为饱含历史积淀的人文景观。

观光船“宁远号”，是具有明代海船特点的船型景观建筑，内设贵宾接待室、观光平台、生态环保餐厅等综合设施，为游客提供一处可休憩观光的休闲场所。“宁远号”是景区观光的制高点，在这里可俯瞰红海滩，饱览大自然的神奇。

苇海观鹤，一个体验自然的好去处。苇海迷宫内让你在自然环境中感受苇海探险桥的刺激；鸟语林是近距离观察鸟类的地方，可与丹顶鹤和大天鹅等国家级保护鸟类近距离接触。

来到红海滩，异常震撼，茫茫大海一片红。想起曾经的“红海洋”这个久远的词，这里是真正名副其实的“红海洋”，彰显了大自然的神奇力量。

世界最大“释迦牟尼－渡海观音”玉佛，堪称“国宝”。

玉佛山风景名胜区 国家 AAAA 级旅游景区。位于辽宁省鞍山市区东部，规划面积 20.21 平方千米，现管辖面积 8.64 平方千米。2001 年，由供奉世界最大玉佛的玉佛寺景区，以罗汉文化为主题的罗汉圣地景区，以园林文化为主题的二一九景区，以生态文化为主题的东山景区等组成。景区依山傍水，风景秀丽，是集健身、游憩、休闲、娱乐、科普等功能于一体，以生态、经济、文化和谐发展为理念的都市型风景名胜区。门票价格：70 元 / 人。

玉佛阁

玉佛山地貌自东向西倾斜，海拔 45.7 ~ 206 米。东部为低山丘陵地带，23 座山峰连绵起伏，逶迤蜿蜒，植被繁茂。西部为变化多端的山脚平原过渡带，自然形成的 5 个大小不等的湖区，以及多种游乐设施吸引众多游客前来游赏。

玉佛寺，坐落在东部山区和西部湖区的交汇处，占地 4 万平方米，主体建筑玉佛阁，高 33 米，宽 66 米，纵深 58 米，红墙碧瓦气势恢宏。殿内供奉的世界最大“释迦牟尼 - 渡海观音”玉佛，堪称“国宝”，如一颗得天独厚的璀璨明珠，镶嵌在钢城版图的核心位置。玉佛是由 1960 年发现于玉乡岫岩的“玉石王”精雕细琢而成，高 7.95 米，宽 6.88 米，厚 4.1 米，重达 260.76 吨，正面为释迦牟尼佛，背面为观世音菩萨，佛面天成，巧夺天工。玉佛以其博大雄伟、色彩斑斓、光泽瑰丽，于 1997 年荣膺吉尼斯世界之最。2002 年 5 月 26 日（阴历四月十五——世界佛陀日），玉佛寺举行了玉佛圣像开光法会。300 多名高僧法师，近 20 万信众、游人参加，场面宏大、盛况空前。以规模最大的开光仪式，荣膺 2002 年的吉尼斯世界之最。

二一九公园，以 1948 年 2 月 19 日鞍山解放纪念日命名，占地面积为 112.5 公顷，依托自然湖区，风格各异的桥、廊、亭、阁，为景区增添了妩媚和秀美。公园内现有东北虎、非洲狮、丹顶鹤等观赏动物 40 多种、300 余只。游乐园内有大小游乐设施 37 项。

东山风景区占地面积 16.42 平方千米，23 座山峰连绵起伏，空气清新，环境幽雅，植被覆盖率达 93.3%，为鞍山的“城市之肺”。

玉佛山绿道是鞍山市绿道系统的重要部分，建设有彩色道路，仿木栈道，休闲节点，照明标识，监控系统等服务设施，具有良好的生态环境和社会环境。

来到玉佛山景区，正遇上下雨。打着雨伞，行走其中，游人自然不多，任由漫步，呼吸着新鲜空气，别有一番风味。

原来，鞍山留给我们的记忆是：钢城——东北一座重工业城市，想必厂房烟囱林立，空气混浊，没想到却有玉佛山这样优美的风景区，更没想到的是，还有更漂亮的AAAAA级风景区——千山。

千山龙华门及弥勒殿

千山 峰总数为999座，其数近千，故名“千山”，又名“积翠山”“千华山”等。国家AAAAA级旅游景区。位于辽宁省鞍山市东南17千米处，占地面积44平方千米，主峰高708.3米，素有“东北明珠”之称。以山高峰秀、石峭谷幽、花盛林密、庙古佛高等著称，具有景点密集、山水秀美、玲珑剔透的特色，一年四季景色各异。千山有寺、观、宫、庙、庵等20余处，错落有致，分布在奇峰秀谷之中，与自然景物彼此烘托，融为一体，构成一幅优美、雅致、幽静的动人画面。此外，景区还有无数洞、塔、亭、碑，是千山景观的重要组成部分，人称胜境。门票价格：80元/人。

仙人台，又名观音峰，景区最高峰，是观看日出的最佳去处。峰头似蛇背，长20余米，宽10米，修建成仙人台。基石上刻有棋盘，周围安放八仙和南极寿星的石雕坐像，布阵为庆寿，弈棋行图。登高望远，诸峰千姿百态，无限风光尽收眼底，顿觉心旷神怡，好不美哉！

千山弥勒大石佛，是自然造化的全国特大石佛之一。佛像身高70米，体宽46米，头高9.9米，头宽11.8米，耳长4.8米，依山而坐，貌似弥勒，神态可掬，栩栩如生。石佛端坐于千朵莲花山之中，为千山增添了几分神秘色彩。

天上天，以奇峰、怪石、古庙、岩松而著称。著名无量道观和禅林祖越寺位于此景区。景区分为上、中、下三段，上看怪石，中看秀峰，下看奇松。著名景点有天上天、一线天、夹扁石、探海松等100余处。乘景区索道可直达主峰天上天，尽览千山的秀美景色。景区有全国唯一、民间普遍信奉的喜神、财神、三星（福、禄、寿）、文昌帝君等民神为主的喜神殿，以及财神殿和文昌阁。

百鸟园，占地5600多平方米，分内、外两部分，由人工湖、桃花岛、水坝、草坪、服务设施和工艺雕塑组成。占地2400平方米的天网式观赏鸟园形成一座“园中园”，是亚洲第一大鸟语世界，是千山景区特色。整座百鸟园拥有鹤、鹭、鸵鸟、斑鸠等七大类100多种近5000只鸟，国家一、二类保护鸟类近10种。此外，还有珍稀的巴哈马鸟，中美洲的“琉璃金刚”鹦鹉等。在类似自然环境中，群鸟飞翔、尽展风姿，是游览的好去处。在鸟的世界，令人格外兴奋。观赏鸟儿的自由翱翔，不禁产生共鸣，旅游也正如此，在祖国壮美大地上自由驰骋，也如飞翔的小鸟：自由、快乐、满足。

离开鞍山来到沈阳，刚进酒店不久，我就感到咽喉不适，不一会就几乎说不出话，这可吃惊不小，何来如此？萌生返回的想法，后又想还是等等看吧！买了点药服下，居然没事了。从此再没重犯，继续旅行吧！

沈阳故宫 为清代初期的皇宫，是中国仅存的两大宫殿建筑群之一，又称盛京皇宫。被列入《世界文化遗产名录》，全国重点文物保护单位，国家AAAAA级旅游景区。位于辽宁省沈阳市沈河区，占地面积63 272.53平方米。始建于后金天命十年（公元1625年）。后经康熙、乾隆时期的改扩、增建，形成了现有宫殿、亭、台、楼、阁、斋堂等建筑100余座、500余间，占地面积达6万平方米的格局。这是清王朝的第一座大气庄严的帝王宫殿建筑群，具有浓郁多姿的满族风格和中国东北地方特色。故宫在清朝

沈阳故宫大政殿

迁都北京后，被称作“陪都宫殿”，是中国著名的古代宫廷艺术博物馆，藏品中包含十分丰富的宫廷艺术品。门票价格：60 元 / 人。

沈阳故宫，是在明王朝走向衰弱，满族不断崛起的历史背景下创建的。公元 1625 年，大政殿和十王亭，是营建沈阳故宫之开端。公元 1626 年努尔哈赤辞世，其第四子皇太极继承汗位，续建了由大清门、崇政殿、凤凰楼、清宁宫、麟趾宫、关雎宫、衍庆宫、永福宫等组成的大内宫阙。迄皇太极逝世止，盛京宫殿始终是清王朝的政治、军事、经济、文化中心。

公元 1644 年，清迁都入关后，盛京皇宫成为“陪都宫殿”，以开国先皇“龙兴重地”之宫阙圣迹的崇高地位，备受清历代帝王特殊的重视。公元 1671—1829 年的 150 余年间，康熙、乾隆、嘉庆、道光四朝皇帝曾先后 10 次东巡，拜谒祖先陵墓，瞻仰先皇的旧宫圣迹和遗物，以抒发对祖先开国创业功德的仰慕之情。陪都宫殿为供东巡盛京的皇帝和后妃居住之用，乾隆帝对盛京皇宫进行了多次改建和扩建，形成了先皇旧宫与皇帝行宫并存的特色；其增修的西路建筑，又使沈阳故宫拥有了东、中、西三路建筑中轴对称的新格局。

不仅如此，还源源不断地从北京运来洋洋大观的皇家珍宝于此贮藏，使沈阳故宫成为当时与北京宫苑和热河行宫齐名的清代皇家三大文物宝库之一。1981 年，正式定名沈阳故宫博物院。

沈阳故宫按照建筑布局和建造先后，分为 3 个部分：东路、中路、西路。主要建筑有：大政殿、十王亭、大清门、崇政殿、凤凰楼、清宁宫、文溯阁等。其中，崇政殿，在中路前院正中，俗称“金銮殿”，是沈阳故宫最重要的建筑。整座大殿全是木结构，面阔五间进深三间。前后出廊硬山式，辟有隔扇门，围以石雕的栏杆。殿顶黄琉璃瓦，镶绿剪边，正脊饰五彩琉璃龙纹及火焰珠。殿身廊柱方形，望柱下有吐水螭首。殿柱圆形，两柱间用一条雕刻的整龙连接，龙头探出檐外，龙尾直入殿中。实用与装饰完美地结合为一体，增加了殿宇的帝王气魄。

沈阳故宫博物院，不仅是古代宫殿建筑群，还以丰富的珍贵收藏而著称于海内外。尽管沈阳故宫绝大部分珍宝于新中国成立前流失了，但新中国成立后重获新生的沈阳故宫立即获得社会各界的支援，陆续从南京、承德、上海、陕西等地调入一批文物。特别是 1954—1980 年，北京故宫先后 8 次调拨文物给沈阳故宫，使其藏品日渐丰富。现故宫文物可大致划分为 6 类：一是供皇帝东巡时帝后宫中陈设的物品 2000 多件；二是唐至清历朝 100 多位书画家的名作 300 多幅；三是清帝御笔书画 300 多幅；四是清代帝王所用的武器；五是清内府所刻书籍和墨刻，至清末共 1100 多部，15 000 多册；六是瓷器，多数为康、雍、乾三朝官窑烧制，另有几千件明代制品。

雄踞沈阳，雄霸东北，张家父子，官邸私宅，或称“大帅府”，又称“少帅府”，都称作“张氏帅府”。

张氏帅府 全国重点文物保护单位，国家AAAA级旅游景区。位于辽宁省沈阳市，是张作霖及其长子张学良的官邸和私宅。总占地面积3.6万平方米，总建筑面积2.76万平方米。始建于民国三年（1914年），民国五年（1916年）张作霖正式入住，以后又不断扩建，逐步形成了东院、中院、西院和院外建筑4个部分，建筑风格各异。1998年，辽宁省在此设立“张学良旧居陈列馆”。2002年更名为张氏帅府博物馆暨辽宁近现代史博物馆。门票价格：50元/人。

张氏帅府，既是张作霖官邸，也是张氏家族的私宅。“前政后寝”的建筑功能表现非常鲜明。这样的建筑流程、布局方式，也是张作霖头脑中权贵思想的物化表现，将自己的府邸比作皇宫宝殿，以期通过建筑的表现形式达到张氏政权的至高无上。

张氏帅府大青楼

张氏帅府，坐北朝南呈“目”字形，共有11栋57间，建筑面积1768平方米。四合院正门南侧有一座起脊挑檐的影壁，刻有“鸿禧”大字的汉白玉板镶嵌在影壁正中，正间两侧各立着一对抱鼓石狮和上马石。内侧门楣上方悬挂着“护国治家”的大字牌匾。由东西走向并排的东、中、西三座辕门和一座大型影壁构成的1500平方米的前庭院是进入帅府的导入区。一进院东厢房为内账房，西厢房为承启处；东耳房是厨房，西耳房为库房；东西门房分别为电话室、传达室和卫兵室。通往二进院的大门是一座雕刻镂花的门楼，称垂花仪门。三进四合院是典型的中国传统古典建筑，又有东北辽南民俗风格。门廊柱的油饰彩绘独具特色，窗下墙身的砚石浮雕堪称一绝，是研究民族建筑和民间习俗的珍贵艺术资料。

东院由大、小青楼和帅府花园等组成。

大青楼，张氏帅府的标志性建筑，整体建筑规模宏大，外部立体浮雕和内部主要房间的壁画装饰都具有较高艺术价值。大青楼堪称民国时期东北建筑的经典之作。大青楼融办公与居住于一体，作为张作霖、张学良父子两代主政东北时期的重要办公场所。曾历经两次直奉大战，东北易帜，处决杨、常，武装调停中原大战等重大历史事件。

小青楼，由于地处张氏帅府花园的中心，又有“园中花厅”的美誉，是一座中西合璧式的二层砖木结构小楼，整座楼体呈凹字形。

红楼群，是张氏帅府规模最大、房屋最多的建筑。以北欧古典主义风格为主要特点。位于西院，大楼均为3层，另有地下室，其中有厢楼2幢，正楼4幢，形成一个“U”形的前院。建筑布局规整而活泼，设计手法成熟而高超。

赵四小姐楼，张学良的红粉知己赵一荻（人称赵四小姐）曾在此居住而得名。位于张氏帅府大院的东墙外，为一座二层中西合璧式建筑，独立成院。

此外，还有舞厅、边业银行、关帝庙等建筑及一些著名厅室、花园。园内建有假山、花坛、雨路、亭台水榭、荷池、给排水设施及隧道等。

每幢建筑门窗上面均采用镇石砖雕，配有大量的木雕、砖雕等中国传统工艺装饰。风格各异，构图搭配和谐，布局严谨对称，具有较强的艺术观赏性。

参观张氏帅府，感触颇多，军阀大帅不用多议。少帅怎么定论？但可肯定的是，封建主义、资本主义社会之不公，贫富差距之巨大，没落是必然的。共产党的初心，是为人民谋幸福，走共同富裕的道路，这是何等的崇高。如何坚持，取得成效，初心尚未成功，仍须努力啊！

清昭陵是清初关外永、福、昭陵中规模最大、气势最宏伟的一座，中国现存最完整的古代帝王陵墓建筑之一。

清昭陵 也称“北陵”，是清朝第二代开国君主太宗皇太极及孝端文皇后博尔济吉特氏的陵墓。被列入《世界文化遗产名录》，全国重点文物保护单位，国家AAAA级旅游景区。位于辽宁省沈阳市古城北，占地面积16万平方米，是清初关外永、福、昭陵中规模最大、气势最宏伟的一座。清昭陵是清代皇家陵寝和现代园林合一的游览胜地，是中国现存最完整的古代帝王陵墓建筑之一。门票价格：40元/人。

清昭陵，坐北朝南，南北狭长，东西偏窄。陵区最南端是下马碑4座，华表1对，石狮1座，分别立在道路的两旁。石狮之北建有神桥，神桥往北为石牌坊。石牌坊东西两侧各有一座小跨院。东跨院是皇帝更衣亭和静房。西跨院是省牲亭

昭陵大门

和馔造房。石牌坊以北是陵寝正门——正红门，此门周围是环绕陵区的朱红围墙。正红门内一条南北笔直的石路神道，神道两侧由南往北依次立有擎天柱、狮、獬豸、麒麟、马、骆驼、象各1对。再往北，在神道正中有神功圣德碑亭一座，碑亭两侧有“朝房”。碑亭之北是方城，方城正中是隆恩殿，隆恩殿后有二柱门和石祭台。再后是券门，步入券门是月牙城，月牙城正面有琉璃影壁，两侧有“蹬道”可上下方城。月牙城之后是宝城、宝顶，宝顶之下为地宫，宝城之后是陵山。另在陵寝西侧，与宝顶遥遥相对还有一组建筑“懿靖大贵妃、康惠淑妃园寝”，是安葬太宗众妃的茔地。除此之外，在陵寝东西两翼各三里（1.5千米）许有陪葬墓，左侧有武勋王杨古里墓及奶妈坟，右侧有贞臣敦达里及安达里殉葬墓。这种以功臣陪葬的形式是古代陵寝制度，体现了封建君王“事死如事生”的愿望，也体现了忠君思想和严格的封建等级制度。

另在陵区之外还有藏经楼、关帝庙、点将台等建筑。昭陵建筑布局严格遵循“中轴线”及“前朝后寝”等陵寝规制，陵寝主体建筑全部建在南北中轴线上，其他附属建筑则均衡地安排在两侧。这样的设计思想主要是体现皇权至高无上，同时，达到使建筑群稳重、平衡及统一等美学效应。

昭陵近闹市。陵寝前半部已辟为北陵公园，进入门票6元/人，市民均可购票进入。上午到时，园内游人已不少，许多家长带着孩子在这里嬉戏游乐。在我们心目中，帝王陵寝都是独立成园，幽静肃穆，游人悄声。这里恰恰相反，给了我们一错觉，开始还以为走错了地方。中午，就近在公园对面餐馆就餐。

福陵远离闹市，清幽静穆。作为民众，更喜欢这里的自然美景，是一个休闲度假的好去处。

清福陵 清太祖努尔哈赤的陵墓，因地处沈阳东郊，故又称“东陵”。被列入《世界文化遗产名录》，全国重点文物保护单位，国家AAAA级旅游景区。

福陵建筑群

位于沈阳市东北11千米处的东陵公园内，总面积约19.48万平方米。始建于天聪三年（公元1629年），顺治八年（公元1651年）基本建成，后经顺治、康熙、乾隆年间的多次修建，形成了规模宏大，设施完备的古代帝王陵墓建筑群。距今已有370余年历史。崇德元年（公元1636年）定陵号为“福陵”，形制为外城内郭，由前院、方城和宝城三部分构成，自南而北渐次升高。陵园周边为青松古林环抱，称“天柱排青”，是盛京胜景之一。与沈阳市的昭陵、新宾县永陵合称“关外三陵”“盛京三陵”。自1929年起被政府辟作公园，目前除方城明楼毁于雷火已被修复外，其余皆保存完好。门票价格：42元/人。

努尔哈赤，姓爱新觉罗，受明册封为女真族（满族前身）建州部首领，后来统一了女真族各部，建立了金（史称后金）政权。他精通汉、蒙文字，不仅在军事上颇有建树，而且创立了八旗制度和满族文字，在政治、文化上也为满族的初期发展作出了卓越贡献，死后葬于福陵。

福陵，背倚天柱山，面临浑河，气势宏伟，风景优美。陵寝建筑因山势形成前低后高之势，南北狭长，从南向北可划分为三部分：大红门外区，神道区，方城、宝城区。陵寝建筑规制完备，礼制设施齐全，保存较为完整。陵寝建筑群南面正中有正红门，门东西两侧墙上镶嵌有蟠龙五彩琉璃壁。门前有华表、石狮、石坊、下马碑等。进入正红门内，一条神道垂直北上，神道两侧，排列着石狮、石马、石骆驼、石虎等石像生。过桥拾级而上是108蹬石阶，再后是康熙二十八年（公元1689年）增建的牌楼，内立有龟趺座的康熙皇帝亲撰《大清福陵神功圣德碑》文，碑重达50多吨。牌楼后面城堡式建筑为方城，是陵园主体建筑部分。围墙上有角楼四座，每座二层。北面是明楼，内有石碑一座。门外石案设五供案桌，方城正中为隆恩门，方城内正中台基上坐落隆恩殿。方城北面是宝城，正中突起土堆即是宝顶，其下地宫埋葬着努尔哈赤和叶赫那拉氏骨灰坛。

福陵规模尽管比昭陵小，处于城郊，距离较远。然而，由于它自身特色明显，加之环境优美，古木参天，幽静肃穆，独具魅力。我们游罢昭陵，依然能兴致勃勃地继续游览福陵。这里犹如一座环境优雅的自然公园，漫步其间，在整株树木凿成的木椅上小憩，非但没有雷同厌倦感，还别有一番情趣，身心俱佳！

来到沈阳，参观“九一八”历史博物馆是必须的，在这里可亲临其境，接受一次国耻教育、革命传统教育、近现代史教育和爱国主义教育。

“九一八”历史博物馆　是世界上全面反映“九一八”事变历史的博物馆。国家 AAAA 级旅游景区，国家一级博物馆，全国爱国主义教育示范基地。位于沈阳市大东区望花南街 46 号，坐落于震惊中外的“九一八”事变发生地，“南满”铁路柳条湖路段遗址的东南侧，占地面积 35 000 平方米，建筑面积 12 600 平方米，展览面积 9180 平方米。共设有 7 个展厅，展览照片 800 余幅，实物 300 余件，文献、档案资料近 100 件。始建于 1991 年，于“九一八”事变 60 周年之际正式对外开放；1997 年 9 月在原残历碑以及地下展厅的基础上改扩建；1999 年 9 月 18 日“九一八”历史博物馆新馆正式落成并开馆；2008 年 1 月 31 日，改造工程全面竣工重新开放。门票价格：免费。

“九一八”历史博物馆，是纪念碑和陈列馆相结合的建筑。主体建筑即为如今博物馆标志性建筑残历碑。碑为砖石水泥筑成的空心体，纪念碑从平面上看其形状是一幅巨大的东北地图。前方有一几何形的广场，底座四周为不规则的绿色草坪所围绕，整个建筑高 18 米，宽 30 米，厚 11 米，用混凝土铸成。花岗岩贴面，呈立体台历状，两边对称，上面布满弹痕与骷髅。台历的左面刻着“1931 年 9 月 18 日”，右面记录着事变的发生过程。

“九一八”历史博物馆，是对广大民众进行爱国主义教育、举办重大抗战纪念活动的重要场所，以其独特的艺术造型和深邃的思想内涵，表达了国人勿忘国耻、勿忘“九一八”，振兴中华的永恒主题。

“九一八”历史博物馆碑

“九一八”历史博物馆，是全面反映“九一八”事变史的博物馆。博物馆通过大量文物、历史照片及多种现代化展示手段，真实反映了日本帝国主义策划、发动“九一八”事变及对中国东北进行残酷殖民统治的屈辱历史；再现了东北人民和全国人民一道，在中国共产党领导下不屈不挠、浴血奋战，最终取得抗日战争伟大胜利的历史画卷。整体陈列是一座记录庄严的民族解放战争的历史丰碑，是向人民群众进行国耻教育、革命传统教育、近现代史教育和爱国主义教育的重要载体。

本溪水洞是迄今发现的世界第一长地下充水溶洞，可乘船游览的地下最长河岩溶洞穴，具有浓郁的地方特色和极高的观赏价值及科普价值。

本溪水洞 国家 AAAAA 级旅游景区，国家级重点风景名胜区。位于辽宁省本溪市东北 35 千米处，是迄今发现的世界第一长地下充水溶洞，是距今 40 万年前形成的大型地下河岩溶洞穴。洞内分水、旱二洞。洞口坐南面北，高 7 米，宽 25 米，呈半月形断面，上端刻有“本溪水洞”4 个大字。门票价格 135 元 / 人。

进入洞口，是一座长、宽、高各 20 多米，气势磅礴，可容纳千人的“迎客厅”。大厅正面有 1000 多平方米的水面，可同时停泊游船 40 艘，从护岸石阶拾级而下，通过长廊上船，即可泛舟畅游水洞，欣赏水洞之大、之长、之深、之美。已探明旱洞段总长 3689.50 米，水洞全长 5800 米，在国内首屈一指。现已开发 2800 米，面积 3.6 万平方米，空间 40 余万立方米。洞时阔时狭，迂回曲折，最开阔处宽 50 米，高 32 米。洞内空气流畅，恒温 7 ~ 12℃，水流终年不竭。平均水深 2 米，最深处 7 米，河水清澈见底，洞内分“三峡”“七宫”“九曲”“二门”等 100 余处景点。水域沿洞体展开，银河两岸钟乳石林立，石笋、石柱、石幔，千姿百态，光怪陆离，呈黄白两色。采用先进的声、光、电技术装饰打扮，各种造型惟妙惟肖，各具特色。特别是玉米塔、玉像、雪山三景，更是名实相符，几可乱真。泛舟其中，如临仙境，这是水与石浑然天成的神秘洞穴，是迄今世界上已发现的可乘船游览的地下最长暗河。

本溪水洞

进洞大厅向右，有旱洞长 280 米，洞穴高低错落，洞中有洞，洞洞相通，曲折迷离，各有洞天。洞顶和岩壁钟乳石多沿裂隙成群发育，呈现各式物象，不加修凿，自然成趣，宛若龙宫仙境，令游人遐想联翩，流连忘返。

本溪地质博物馆坐落在本溪国家地质公园核心区——水洞景区内，是本溪国家地质公园的重要组成部分。博物馆于2006年开始建设，占地面积13 000平方米，建筑面积3080平方米，共分为5个展厅：①地球科学厅；②生命进化厅；③矿产资源厅；④地质遗迹厅；⑤多功能厅和综合厅。用声、光、电等现代媒体技术展示地球诞生46亿年来，主要的地质变化及类型特点，馆中陈列了国宝级珍贵标本30余件、珍稀标本3300余件。馆内地质藏品数量大，精品多，科学内涵丰富，并且具有浓郁的地方特色和极高的观赏价值及科普价值。

此外，景区还有太子河漂流、鳄鱼园、九顶铁刹山等景点可游览。我们因时间关系，这几个景点都没光顾。但没想到的是，仅水洞景区已是人山人海，游人如织，硕大的停车场几乎停满，不禁感叹中国民众旅游热情的高涨！

凤凰山，在全国有无数，而丹东凤凰山，素以“雄伟险峻，泉洞清幽，花木奇异，四季景秀”的自然美著称于世。

丹东凤凰山　全国重点文物保护单位，国家AAAA级旅游景区。位于辽宁省凤城市郊，距市中心仅3千米。最高峰为攒云峰，海拔836米，面积216平方千米。素以“雄伟险峻，泉洞清幽，花木奇异，四季景秀”的自然美著称于世。分为西山、东山、庙沟和古城四大景区。以自然景观为主，历史文化古迹、边塞田园风光、风俗民情为辅的山岳型风景名胜区。门票价格：80元/人，索道费：50元/人。

凤凰山国家级自然保护区

相传，丹东凤凰山美景的闻名，始于晋代，游人登临览胜形成名山。修筑庙宇，成为焚烧香火之地。兴盛于明清时期，文人墨客在大石崖上题词镌刻，使凤凰山融自然美与人工美于一体，以秀美的自然山岳风光称绝，以独特的宗教人文景观为特色，形成世人瞩目的众多景色。有的只听美名，便能体会到形神兼备，妙不可言，如“金蟾望月”“石壁鹤影”“金龟求凰”“龟猴朝圣”。

而尤以十大美景著称：石棚避暑、涧水飞涛、斗母圣境、山云铺海、苍松伫月、怪石凌空、松径寻秋、天池在望、垒障留云、东地瀛洲。这些美景让人倍感大气磅礴，而又细致入微。每当云雾从山谷腾起，山雾弥漫中，石笋怪石类似仙鸟，腾空而起，时隐时露。凌空飞舞的彩练，五彩缤纷，令人眼花缭乱。静静的峡谷深处，流淌出一条山涧溪水，急湍蜿蜒流出山外。远远的山水喷瀑而下，银珠垂落，沁人心脾。山间巨石相托，峰峦相叠，绿树簇拥其间。攀爬行走在山路上，倦乏之感，随风消失。爬上“神马峰”，古松顽强生长在石缝间，再向西望，桦枫相间，金色之秋时日已不远，遗憾的是我们看不到了。为了赶路，不能再继续攀登。

明弘治初年以来，凤凰山佛、道同山。紫阳观等道教建筑，朝阳寺等庙宇古刹，依山傍水，各自伫立，气势恢宏。每日晨钟暮鼓，禅声悠悠。

凤凰山自然景色宜人，人文景观丰富，是人们休闲旅游、品味自然、寻幽探险的好去处。

到达丹东市，已近傍晚，匆忙赶去酒店。电话联系，才知网上订的酒店，号称丹东，其实是在离丹东尚有50千米之外的凤城，即凤凰山附近，于是决定退掉这家酒店。可是酒店声称退订单的有效时间已过，不能退了。为此在电话上和他们理论，还闹到了其北京的总部。最后，经总部调解，只答应退全款的30%。无奈，只好如此！从此，订酒店时更加谨慎，一定要搞清楚酒店的具体位置，不能受其迷惑误导。这样的事，六七年中再没发生过。发生这种事，经济损失只是一方面，特别是影响心情。

丹东鸭绿江 古称“坝水”，汉称“呰水”，唐朝始称“鸭绿江”，因其水色青绿、恰如鸭头而得名，国家级风景名胜区。位于鸭绿江中下游丹东市境

鸭绿江

鸭绿江

内，东起浑江口，西至大东港，全长 210 千米，总面积 824.2 平方千米（含朝鲜水面），保护区面积 200 平方千米。与朝鲜国碧潼、清水、义州、新义州隔江相望，蜿蜒舒缓。两岸峭壁嶙峋，林木郁郁葱葱，形成了绚丽多彩的自然景观。古代城堡遗址，明代万里长城遗址，近代战争遗迹，现代桥梁和大型水利工程，组成丰富精彩的人文景观。分为六大景区，即江口、大桥、虎山、太平湾、水丰、绿江景区。门票价格：免费；断桥 15 元，游艇 50 元。

鸭绿江发源于吉林省长白山南麓，流经长白、集安、宽甸、丹东等地。向南注入黄海，全长 795 千米，是中朝两国的界河。鸭绿江流经丹东市约 300 千米，此段江面宽阔，两岸风光秀丽，在入海口一带，盛产大银鱼。

鸭绿江断桥为鸭绿江上诸多桥中的第一桥，1909 年 5 月动工，1911 年 10 月竣工，为当时殖民机构日本驻朝鲜总督府铁道局所建。始为铁路桥，长 944.2 米，宽 11 米，十二孔，从中方数第四孔为开闭梁，以四号墩为轴，可旋转 90 度，便于过往船只航行。1943 年 4 月，当时对中国东北和朝鲜实行殖民统治的日本人在此桥上游不足百米处建成第二座铁路大桥，即当今中朝友谊桥，为铁路、公路两用桥。全长 940 米，属中朝两国共管。它是中朝两国的交通要道，也是游人观光览胜的景点。游览区地理位置优越，气候冬暖夏凉，以其山清水秀，一览中朝两国自然风光而独具特色。第一桥，改为公路桥，1950 年 11 月至 1951 年 2 月被美

军炸断，为废桥，中方一侧所剩四孔残桥保留至今，习惯称为“断桥”。1993 年 6 月动工修整，辟为旅游景点，命名为“鸭绿江断桥”，桥身漆为浅蓝色，意在不忘殖民统治和侵略战争，祈盼和维护世界和平。

乘船从丹东市上溯到浑江口，可以饱览中朝两国的自然风光，又可一睹众多著名风景点的风韵：水丰湖、水丰发电站、抗联英雄纪念塔、黎明抗联遗址和雅河抗联遗址、明长城遗址、明时所建“六奠”城堡、白石砬子国家级自然保护区、岫岩龙潭湾、清凉山、岳山、鹿圈石门沟和凤城市的玉龙湖、东汤温泉、蒲石河、岫岩北沟新石器文化遗址、松树羊老古庙等。这些景观各异，建筑造型也各具特色，周围风景秀丽，别有一番情趣，对研究辽南地区的历史颇具重要价值。

来到这里，对每个中国人都有着相同的历史意义，这就是对帝国主义本质的认识，不可战胜的美帝国主义神话在此破灭。中国人民，中国人民志愿军给全世界人民作出了最好的表率。前事不忘，后事之师，中国人民是不好惹的，抗美援朝战争就是最好的例证！

千百年来，中国人对万里长城的记忆，就是“东起山海关，西到嘉峪关”。现在，随着新的发现，应该改成“东起虎山，西到嘉峪”了。

丹东虎山长城 全国重点文物保护单位，国家 AAAA 级旅游景区，国家级风景名胜区。位于丹东市城东 15 千米的鸭绿江畔，是国家级鸭绿江风景名胜区的一个重要景区，隔江与朝鲜的于赤岛和古城义州相望。始建于明成化五年（公元 1469 年），主要作用是防御建州女真人的侵扰。努尔哈赤称王以后，为了保住其“龙兴之地”，在修柳条边时下令将包括虎山长城在内的大部分辽东长城拆除掉。现重建，已修复 1250 延长米，有过街城楼、烽火台、敌台、战台、马面等 12 个重要旅游景点。门票价格：60 元 / 人。

虎山长城

虎山原名马耳山，至清代演化为今日的虎山，突起于鸭绿江边，平地孤耸，视野开阔。作为国门，为了控制战斗的主动权，在虎山建长城顺理成章。

然而，历经几百年，虎山长城几乎是濒于湮没，以致很长一段时间里，人们都将万里长城东端起点，误认为是“天下第一关”——山海关。其实早在《明史·兵志》中就曾有记载：“终明之世，边防慎重，东起鸭绿，西至嘉峪”。但直到20世纪90年代初，文物考古部门发掘出虎山南北连绵不断的长城墙体和墙基，才实地考察确认为万里长城东端起点，使教科书中的传统说法得以改写，政府部门也随即组织展开了大规模的修复工作。

修复后的明长城依山就势，蜿蜒北去，像一条巨龙横卧于山岭，江边的帮山台是万里长城的东部起点。虎山附近有汉代城池西安平县遗址和甲午中日战争、日俄战争战场遗址。

虎山面积4平方千米，主峰高146.3米，峰顶是万里长城第一个烽火台。站在烽火台上环顾四周，朝鲜的义州城、中国的马市沙洲和连接丹东与新义州的鸭绿江大桥清晰可见。“一步跨”是中国距朝鲜水陆最近的地方之一，因最近处一步就能跨到朝鲜而得名。在这里，游人不但能近距离看到朝鲜人民生活、劳动及工作的场面，朝鲜的自然风貌、人物景观也能尽收眼底。

虎山景区的千米栈道是在原栈道遗址上修建的，走在上面既惊险又刺激，特别是“虎口”这一段20多米长，更是惊险。头上是探出来的巨大而嶙峋的岩石，脚下几乎没有路。走出“虎口”，是一段下坡路，前面就是索桥，由5根粗大的钢索组成，30多米长。走在上面摇摇晃晃，使人有一种挑战极限的感觉。

虎山长城历史博物馆于2003年5月开馆，是继嘉峪关、八达岭、山海关之后又一处以介绍各个朝代长城防御功能为主的长城历史博物馆。博物馆分上下两层，馆内尤其引人注目的是两幅大型半景画，集声、光、电等多种科技手段于一体，逼真地再现了秦代修筑长城浩大场面和明代灭亡、长城被攻陷时的悲烈场面，给人以身临其境之感。

虎山游览的特别意义，是纠正了我们心中珍藏几十年的概念。明长城的东始点，已不是“天下第一关”的山海关，而是长期名不见经传的虎山长城。亲临实地，印象深刻，旅游的意义可见一斑。

离开虎山，驱车向北。去青青山沟，游绿绿江水，看莽莽森林，望幽幽飞瀑。

丹东青山沟 国家AAAAA级旅游景区。位于辽宁省丹东市宽甸满族自

青山沟

治县境内北部山区，距宽甸县城 70 千米。景区面积 149.8 平方千米，其中水域面积 23.3 平方千米。这里有浓绿的森林、清澈的江水、幽深的峡谷、宁静的深潭，宛如“童话世界”。点缀着 126 个景点，被联合国专家列为全球六大无污染的自然景区之一。门票价格：128 元 / 人。

青山沟风景区群山环抱、层峦叠嶂，地势自西向东倾斜，呈东低西高之势。森林覆盖率为 80%，年气温 8 ~ 32℃，年平均降水量 1200 毫米左右，无霜期 180 天。

碧绿的浑江宛若两条龙须盘绕奇峰异石，缓缓流入鸭绿江。山峦间大小瀑布 36 条，新发现的“飞云瀑”落差 81 米，居东北之首。八面威山顶的小天池，至今没人能说清它的奥秘，更是神秘莫测。

青山沟，动、植物资源十分丰富，有植物 98 科、1900 种，其中木本植物就有 200 多种，珍贵植物有 8 种。森林以落叶阔叶林为主。有名贵药材、各种野生菌菇及各种山珍等。还盛产驰名异国的蕨菜、刺嫩芽、大叶芹等山野菜。

动物资源有各种兽类、鸟类、两栖类、爬行类、鱼类等 200 余种。山上有黑熊、獐、狍、狐、兔、水獭及各种山雀。水中不仅有珍奇稀有的龙爪龟、娃娃鱼等两栖动物，还有鼋鱼、高背鲤、池沼公鱼、林蛙、溪水龙虾等。

由于景区植被覆盖率高，水土保持好，无污染，江、河、涧、溪大部分流水可直接饮用，甘甜可口，含有多种人体所需的微量元素与矿物质。

青山沟由八大景区构成，现已开发出“虎塘沟”“青山湖”“飞瀑涧”“中华满族风情园”四大景区。

虎塘沟景区，树木苍老遒劲，林荫蔽日，溪流潺潺，幽谷深深。有黑熊望月、九曲天水、老虎背、仙姑瀑、响溪、叮咚泉等景点及传说故事。

青山湖景区，景点众多，水域辽阔，长达百里。景区备有游船、快艇、豪华龙舟等，能同时载客 300 人游湖、观瀑、垂钓、购买山货等。冬季的青山湖，银装素裹，湖上游乐更别有一番北国风情。

飞瀑涧景区，有闻名遐迩的“青山飞瀑”，飞瀑从 32 米高的断层峭壁上飞流直下，状如玉带银河，气势磅礴，动人心魄，让人流连忘返。“刘青山烈士墓”“杨靖宇抗联指挥部遗址”“靖宇泉”等景点，将带游客踏上一段“红色之旅”。

中华满族风情园景区，占地面积 3.6 万平方米。园内所有建筑既有清宫特色，又有民俗风韵，体育游乐场和规模浩大的民俗活动，将游人引入远古的满族部落。色彩艳丽和底蕴丰厚的民族风情，格调高雅和扣人心弦的满族文化，频频赢得广大游客的赞许。

清初“关外三陵”，或称“盛京三陵”，我们已走过昭陵、福陵，这天来到永陵。费了大劲才安顿下来，住在镇上，条件较差，吃、住都只能说“凑合”。

清永陵 大清皇帝爱新觉罗氏族的祖陵，被列为《世界文化遗产名录》，全国重点文物保护单位，国家 AAAA 级旅游景区。坐落在辽宁省抚顺市新宾满族自治县城西 21 千米启运山脚下的苏子河畔，占地 1.1 万余平方米。永陵建于明末清初，明万历二十六年 (公元 1598 年)，至今已有 400 余年的历史。永陵与沈阳福陵、昭陵并称为“关外三陵”。永陵，具有中国古代建筑的优秀传统和满族艺术风格，是中国宝贵的文化遗产。门票价格：50 元 / 人。

陵内葬着努尔哈赤的六世祖、曾祖、祖父、父亲等。公元 1648 年，他们被分别追封为“肇祖原皇帝”“兴祖直皇帝”“景祖翼皇帝”“显祖宣皇帝”。事实上，葬在这里的 4 位皇帝生前在历史上并无建树，只因子孙为帝而贵，才被追封为“肇兴四祖”。

清永陵大门

在陵宫正前500余米处，左右各有一个下马碑，用满、蒙、汉、藏、维5种文字，刻有“诸王以下官员人等至此下马”的字样。由下马碑往北，是一条宽约13米的黄沙大道，笔直地伸向陵园正门，亦称正红门，又称前宫门。它是一座暗三间硬山式琉璃瓦顶的建筑，装有六扇朱漆木栅栏门。

进入正红门就是陵区，由前院、方城、宝城3个部分组成。首先是神功圣德碑亭四座，碑通高6.12米，满、蒙、汉3种文字镌刻，洋洋数千言碑文，均是歌功颂德的溢美之词。碑亭从顺治十二年（公元1655年）起，历时七年才相继落成。至今仍显得颇有气派。清王朝入关进京后，历朝皇帝都为自己建造单独陵寝，永陵的“四祖碑亭”就成为大清皇陵中的一曲绝唱。

碑亭之北是方城。方城的南门称为“启运门”，东西有照壁相对，入门正中是永陵的正殿启运殿，它是祭祀拜谒祖先的场所，也是陵园的主体建筑。大殿建在长方形月台之上，单檐歇山式，黄琉璃瓦顶，四壁嵌饰着五彩琉璃蟠龙，四门八窗。殿内有四座大暖阁，阁内设有宝床；四座小暖阁，每阁供奉有两块神牌，阁前有八个龙凤宝座，四张五供案桌。启运殿的东、西两侧各有配殿三楹，西配殿前有焚帛炉一座。绕过启运殿便是宝城，俗称月牙或坟院。

清朝皇帝历来主张以仁孝治天下，并将皇陵祭典列为国家最重要的典礼之一。清皇室把永陵视为“兆基帝业钦龙兴”之地，所以清代祭陵非常频繁。按照清朝典制，永陵每年要举行4次大祭，24次小祭。此外，逢国家重大庆典，清帝东巡谒陵也要举行祭祖大典。每次大祭的主祭官要由皇帝钦派，一般由宗室王公大臣或盛京将军担任。每月的小祭活动主要由永陵总管、永陵掌关防官主持。

离开大清皇帝爱新觉罗氏族的祖陵，转眼来到大清皇帝爱新觉罗氏族发迹的龙兴幸运地。

赫图阿拉城 满语，汉意为横岗，即平顶山岗。全国重点文物保护单位，国家AAAA级旅游景区。位于辽宁省新宾满族自治县永陵镇。始建于明万历三十一年（公元1603年），距今400余年。明万历四十四年（公元1616年）正月初一，努尔哈赤于此黄衣称朕，建元天命，建国号金，史称“后金”。龙兴之地赫图阿拉故城是清代关外三京（兴京——赫图阿拉故城、东京——辽阳、盛京——沈阳）之首，被御封为“启运之地”。门票价格：60元/人。

赫图阿拉城，在史学界被称为“清王朝第一都城”，为清太祖努尔哈赤所筑，城池依势筑于一条东西走向的山岗之上。峭壁峥嵘，三面环水，易守难攻。城内

赫图阿拉城门

地势南高北低，四周筑有高高的城垣。外城东西长 1335 米，南北宽 1352 米，周长 5230 米，占地约 155.9 万平方米。内城东西长 551 米，南北宽 512 米，周长 2027 米，占地约 24.6 万平方米。外城设九门。即南三门、北三门、东二门、西一门。建有点将台、校场、仓廪区；外城内、内城外建有驸马府。内城建有汗宫大衙门、八旗衙门、启运书院、关帝庙、城隍庙、文庙等七大殿宇。汗宫大衙门呈八角形，俗称“金銮殿”。外城外建有玉皇庙、地藏寺、满族民俗博物馆、满族老街、满族历史文化长廊等古建筑群。赫图阿拉故城不仅因清太祖努尔哈赤出生于此享誉神州，更因这里曾是满族第一国都而蜚声海内外。

公元 1616 年，努尔哈赤在此登基称汗，创建了史称后金的大金国。公元 1619 年，努尔哈赤在这里指挥了关系到清朝命运的萨尔浒大战。为以后逐鹿中原，统一华夏打下了坚实基础。

清代以后，在赫图阿拉城还建有协领衙门、理事通判衙门、堵阁祠等。该城曾居住人口 10 万余人，辟有 5 千米商贾闹市，车水马龙，呈现一派繁华景象。清军入关之后，赫图阿拉城被称作兴京，设专职人员守护。但却在 1904 年的日俄战争中，沙俄军队将古城破坏殆尽，原有风貌荡然无存，现已部分修复。城中的土道被青石道代替，保存下来的古榆树和新铺的草坪使整座城池显得既有历史遗韵，又有现代气息。汗宫大衙门已在原址上重建起来。而那口被誉为千军万马饮不干的“汗（罕）王井”，则见证了 400 多年的风风雨雨。

杨靖宇将军抗日英名及事迹，早在中小学时就已耳熟，十分敬佩，盼望有朝一日有机会前去瞻仰缅怀，终于如愿以偿了，不惜冒雨参观。

杨靖宇烈士陵园 全国重点文物保护单位，国家 AAA 级旅游景区。位于靖宇县城东南 6 千米，靖白公路沿线的三道崴子，占地面积 150 亩。始建于

1958 年，1963 年 10 月正式开馆。2007 年、2016 年、2018 年多次进行升级改造陈列布展，至现存制式。由纪念碑、纪念塔、靖宇县博物馆组成。门票价格：20 元 / 人。

杨靖宇将军纪念塔

杨靖宇（1905—1940 年），原名马尚德，字骥生，汉族，河南省确山县人，中国共产党优秀党员，无产阶级革命家、军事家、著名抗日民族英雄，鄂豫皖苏区及红军的创始人之一，东北抗日联军的主要创建者和领导人之一。1932 年，受中共中央委托到东北组织抗日联军，历任抗日联军总指挥、政委等职。率领我东北军民与日寇血战于白山黑水之间。他身经百战，出生入死，屡立战功。由于叛徒出卖，杨靖宇将军在此地遭日军围困。经过激烈交战，在冰天雪地，弹尽粮绝的紧急情况下，最后孤身一人与大量敌人周旋战斗几昼夜后壮烈牺牲。

为纪念人民英雄杨靖宇将军，在他殉国的地方相继修建了纪念碑和纪念塔。杨靖宇将军殉国地分为前导区、中心区和旅游区。登上最高点雄风亭，以牌楼、塑像、正气亭、石阶、拱桥、纪念碑、纪念塔为轴线，曲桥两侧的碧水亭、丹心亭相对称，纪念馆和广场为主体。南面是钢筋水泥结构的纪念塔，塔身呈方形，塔顶有五角红星，塔身正面刻有朱德同志题词："人民英雄杨靖宇同志永垂不朽"13 个金色手书大字。塔基分两层，每层设 5 步台阶，四周架设钢管扶栏，纪念塔的结构设计每一部分都有特殊的含义：第一层台基的北面石柱 1.905 米，标志着杨靖宇出生于 1905 年；第二层台基北面石柱 19.27 米，标志着杨靖宇 1927 年加入中国共产党，并领导了河南确山农民起义；第二层基座高 1.932 米，标志着杨靖宇 1932 年担任中共满州省委、军委代理书记；外台基边长 19.40 米，标志着杨靖宇 1940 年壮烈殉国；塔高 15 米，标志着靖宇自 1925 年加入共青团到 1940 年为国捐躯，为民族解放艰苦奋斗 15 年；塔座顶柱高 3.5 米，标志着杨靖宇自出生到为人民解放事业献出宝贵生命仅仅活了 35 年；塔身周长 10 米，标志着靖宇县 10 万人民永远怀念之情。

纪念塔四周修有花池，在塔与广场之间的花池边，设有路灯 8 盏。广场东北二道蒙江河上建有 6 孔石拱桥一座，长 105 米、宽 5 米、高 8.8 米，桥孔半径 5 米，桥栏是用花岗岩石制成。桥基拦河形成的将军湖，面积 2.2 万平方米，湖水清澈，湖中有汉白玉雕成的白鹤一对，游人可划船观景。北岸桥头便是古式建筑的将军门，高 5 米、宽 8 米。门旁是将军石，在将军石对面东山顶上，采用民族式黄色琉璃瓦建造，重檐蘑菇顶的雄风亭，高 12 米。

以小河、大山、苍松、翠柏为衬托，殉国地风光尽收眼底。无论草木浓茂的阳春，还是繁花似锦的仲夏，无论是洒满枫叶的金秋，还是银装素裹的隆冬，来到这里参谒旅游，都会被宏伟壮观的建筑群落和幽雅肃穆的自然景色所吸引。既受到爱国主义教育，又观赏到矿泉城美丽的自然风光。

都说长白山天池真容难得一见，游览当天，我们可是足足地见到了。漂亮极了，有照片为证。

长白山天池 国家 AAAAA 级旅游景区，国家级自然保护区。天池略呈椭圆形，南北长 4.4 千米，东西宽 3.37 千米，水面周长 13.1 千米，水面面积 9.82 平方千米，平均水深 204 米，最深处达 373 米，总蓄水量 20.4 亿立方米，水温 0.7 ~ 11℃，年平均气温 7.3℃，海拔 2189.1 米，2000 年荣获海拔最高的火山湖吉尼斯世界之最。天池形成于 1200 万年前的地质造山运动，经过多次喷发而形成

长白山天池

巨型伞面体，当火山休眠时涌泉溢出，火山口形成 10 余平方千米的浩瀚水面。积水成湖，像一块瑰丽的碧玉镶嵌在雄伟的长白山群峰之中，是中国最大的火山湖，也是世界上最深的高山湖泊。被 16 座山峰环绕，仅在天豁峰和龙门峰间有一狭道池水溢出，飞泻成长白瀑布，是松花江的正源。景区门票：125 元 / 人；环保车 85 元 / 人。

长白山有广义和狭义之分，一般多指狭义的长白山，即长白山脉的主峰区域。是中华十大名山，以神山圣水而闻名于世，有“关东第一山”之称。自古以来就是中国的神圣领土，是松花江、图们江和鸭绿江三江发源地。因其诸多主峰多白色浮石与积雪而得名。1949 年以前全部属于中国，在金日成欲“建立朝鲜革命圣地”的多次恳请下，1962 年中朝政府重新划定边界。中国国界线在天池地段后退 30 千米，天池被割送一半给朝鲜。此处，长白山由中国独有变为中朝界山，天池成为界湖。

1960 年划定了长白山自然保护区，面积 196 465 公顷，是地球上同纬度地带原始状况保存最好、物种最丰富、生态系统最完整的自然保护区。域内不仅有原始状态的森林，还有苔原、草甸、湖泊、河流、沼泽等，是亚欧大陆北半部山地生态系统的典型代表。

天池，为中国东北地区最高和最深的湖泊。天池周围火山口壁陡峭，周围 16 座环状山峰，海拔均在 2500 米以上，其中将军峰最高，海拔 2749 米，位于朝鲜一侧。白云峰海拔 2691 米，在天池西侧，为中国东北的第一高峰。介于铁壁、华盖两峰之间，山峰不显，有公路直抵山巅，可俯瞰天池。天池北侧有一缺口，古称闼门，水北流称乘槎河（又称通天河）。该河夹流在天豁峰与龙门峰之间，全长 1250 米，在其尽头形成高达 68 米的长白瀑布。瀑布下有长白温泉，均与二道白河相通，为松花江的正源。十六峰千姿百态，经过漫长岁月的风雨雕蚀，山峰嶙峋峭奇，姿态各异，有的如宝剑刺天，有的似少女梳妆，有的如雄鹰衔物，环列成一个大圆周，或白或黄、或青或绿，护佑着一泓碧水天池。

另外，天池水畔的文化古迹还有 3 处，它们是补天石堆、八卦庙、女真祭台。

都说长白山天池很难一睹真容，不是阴雨不清，便是云雾遮挡。抱着忐忑一试之心态上得山去，居然天公作美，晴空一片。“之”字形的上山路全是人，熙熙攘攘，我们跟着人流，很快到了天池边。寻得一恰当位置，好好欣赏了一番天池，并从多角度拍下多张照片留存。

当天心情很好，乘坐景区交通车，不用自驾，偷闲小憩一会，一解多天赶路的疲乏。

镜泊湖，中国最大、世界第二大高山堰塞湖，被列为世界地质公园。

镜泊湖 唐称“忽汗海”，辽称“扑鸗水”，金称“必尔腾湖”，清初以湖水照人如镜而命名为“镜泊湖”。中国最大、世界第二大高山堰塞湖，被列为世界地质公园，国家AAAAA级旅游景区。位于黑龙江省牡丹江市宁安市境西南部的松花江支流牡丹江干流上，距宁安市50千米。湖形略似“S”形，全湖南北总长45千米，湖的南部较宽，最宽处约6千米，北部较窄，最窄处仅400米左右，平均宽约2千米，面积约95平方千米。湖水深度平均为40米，落差750米左右，海拔351米，常年一般水位最高353.65米，最低345.61米，蓄水量16.25亿立方米。注入湖泊的河流除牡丹江干流外，还另有大小约30多条河流，呈向心式汇入湖中。从湖的东北处流出，注入瀑布深潭，流入牡丹江中。门票价格：95元/人。

镜泊湖，由玄武岩构成陡峻的峭壁，湖水由上冲泻而下，形成一个宽约30多米、落差20多米的镜泊湖瀑布，俗称“吊水楼”。湖水从南向北逐渐加深，最高水位多出现在8—9月，最低水位多出现在3—4月，镜泊湖景区由百里长湖景区、火山口原始森林景区、渤海国上京龙泉府遗址景区三部分组成。总体规划面积为1726平方千米。以湖光山色为主，兼有火山口地下原始森林、地下熔岩隧道等地质奇观，以及唐代渤海国遗址为代表的历史人文景观，是可供科研、避暑、游览、

镜泊湖水景

观光、度假和文化交流活动的综合性景区。

我们到达时，镜泊湖刚过涨水期，公园内许多景点还有积水没退去。瀑布处河水汹涌澎湃，数里外能闻落水声，场面很是壮观。瀑布宽度至少已达五六十米，天空布满雾气，中间一个小亭时隐时现，落水处波涛翻滚，水和浪花腾起数米高，水流沿河湍急而下。站在观景台向瀑布方向看去，煞是好看。旁边观景的人说，很难得，被我们赶上了，很是庆幸！来到公园湖面景区，尽管湖中游船业务因涨水已停，但湖面却很平静，未能乘船一游，稍稍留下些许遗憾。

离开镜泊湖，一会就到了渤海国遗址，对此景区及所藏之历史，尤感兴趣。渤海国其实具有双重身份，既是国又是大唐一地方州制，得以生存200多年，为辽所灭。

渤海国上京龙泉府遗址 全国重点文物保护单位。位于黑龙江省宁安市渤海镇，距宁安城区40千米。公元755年渤海国三世王大钦茂自中京迁至上京为国都近200年。现今可见的遗址有：渤海国遗址、上京龙泉府、兴隆寺。

渤海国遗址，渤海国（公元698—926年）是我国唐朝时期，以粟末靺鞨族为主体，联合其他部族建立的唐朝地方政权。武则天圣历元年（公元698年），粟末靺鞨首领大祚荣建立靺鞨国，自号震国王。公元713年，唐玄宗册封大祚荣为渤海郡王，统辖忽汗州，加授忽汗州都督。从此粟末靺鞨政权以渤海为号，成为唐朝版图内的一个州。公元762年，唐廷诏令渤海为国，都城上京龙泉府，自大祚荣始，传位15代王，盛时设5京、15府、62州、130余县。门票价格：免费。

渤海国遗址

渤海国在发展过程中，因受中原文化的影响，迅速完成了封建化的进程，各项典章制度、文化教育均仿效唐朝。社会、政治、军事、经济、农业、手工业、交通有了显著的发展和进步，达到了较高水平，同内地的“就市交易”及互市岁岁不绝，与海外的贸易也相当活跃，涌现出一批新兴城市。儒学、宗教、文学、音乐、歌舞、绘画、雕塑以及科学技术等，都取得了一定的成就。涌现出一批著名学者、文学家、艺术家、航海家，创造了“海东盛国”的辉煌。

上京龙泉府遗址

上京龙泉府遗址，代表着渤海人创造的“海东盛国”的灿烂文明，基本上照唐都长安城模式营建，面积约为长安的1/5。平面呈长方形，东西约4.68千米，南北约3.47千米，周长近16.3千米。由外城、内城和宫城组成。外城垣为土墙，有10座门、5条大街纵横排列，中央大街宽110米。内城周长4.5千米，为石墙，建在外城北部的中间；在内城建有宫城，周长2.5千米，玄武岩筑成。5座大殿中轴排列，并有回廊相连。另有10寺5桥、八宝琉璃井、点将台、驸马府、御花园等遗迹。为当年仅次于唐长安京城的东亚第二大都会。公元926年，渤海国为辽国所灭，历时229年。门票价格：35元/人。

兴隆寺遗址大门

兴隆寺，是现今保存最完整的遗址，俗称“南大庙”，是那个时期仅存的代表作。主要遗物有石灯幢、大石佛、舍利函、大石龟、文字瓦等。门票价格：20元/人。

兴隆寺，五重庙宇均为木制斗拱结构，朱栏红廊，雕梁画栋。再加上屋檐上的琉璃瓦，在阳光照耀下金碧辉煌。寺前有一大石龟，造型别致，富有浪漫色彩。大雄宝殿中有一尊大石佛，是渤海时期的遗物。石佛身披袈裟，手持宝扇，项挂念珠，双目炯炯有神，造像庄严、慈祥。位于兴隆寺大雄宝殿前的石灯幢或石浮屠，是唐代渤海时期保存下来的唯一完整的大石雕。渤海盛行佛教，而石灯塔是典型的佛教石雕艺术作品。由塔刹、相轮、塔盖、塔室、莲花托、中柱石、莲花座和底座等部分组成。雕刻精细，刀法娴熟，敦实古朴，巍然壮观，是渤海具有代表性的石雕珍品。虽经千年风雨剥蚀，仍未减当年之风姿。

在兴隆寺附近的田野和草原中还可见石座碑，上大大书写“国家考古遗址公园：渤海上京”以及“渤海上京国家考古遗址公园全景图”和“唐渤海国疆域图”等标牌。我们停车漫步，流连于遗址地域，仔细观赏，浮想联翩，似乎已穿越到千年前的渤海国。

孩童时，抗联八女投江，英勇牺牲，深深植根于心，刻在脑海，几十年不能忘怀。这次自驾车到东北，无论如何也要到英雄为国捐躯的地方，缅怀她们，悼念她们。

“八女投江”纪念地 国家 AAA 级旅游景区。位于黑龙江省林口县刁翎镇，占地面积 1552.89 平方米。为了缅怀先烈，教育后人，林口县人民政府于 1982 年在乌斯浑河畔修建了一座八女投江纪念碑。八位女英雄有六位是林口人，她们在生死关头，用血肉之躯铸就了不朽的中华民族之魂，成为中华民族历史上永放光彩的千古绝唱。“八女”是林口人的骄傲，是林口人民族精神的亘古永存。

“八女投江”遗址纪念馆，位于八女英雄殉难地——牡丹江市林口县刁翎镇三家子村附近，是以八女英雄及抗联二路军史实为主体的抗战史实纪念馆。分别是序厅、展厅一、展厅二、展厅三。内共六部分：蒙尘岁月、抗日烽火、八女投江、日寇罪证、迎来曙光、英名永存。以实物、照片、模拟实景等形式向人们展示了革命先烈的英雄事迹。在高大的“八女英雄光照千秋”碑前的广场上塑有八女英

八女英雄纪念碑及塑像

雄半身塑像，端庄肃穆，浩气长存。2011 年 9 月对外开放。门票价格：免费。

八位英勇的女战士分别是抗联第二路军第五军妇女团指导员冷云，班长胡秀芝、杨贵珍，战士郭桂琴、黄桂清、王惠民、李凤善和被服厂厂长安顺福。她们中最大的 23 岁，最小的只有 13 岁。八位女英雄中，唯一拥有真实照片的就是冷云。冷云从桦川女子师范学校毕业后，到悦来镇南门里初级小学任教。她以教师身份作掩护，从事党的地下工作。1936 年冷云参加东北抗联第五军，在背水一战至弹尽的情况下，八名女战士面对日伪军逼降，誓死不屈。原本有三次生存的机会，但她们为了掩护大部队，毅然选择吸引火力，以身殉国。

站在巍峨雄壮的纪念馆和八位烈士雕像前，望着河水东去，内心波涛汹涌。悼念烈士，不忘国耻，教育子孙后代，永远热爱祖国，永远忠诚祖国，珍惜当下，奋发图强，把祖国建设得更加强大，捍卫祖国和平。

不觉来到五国头城，这是一个非常特别的景点，是一个寄托无限哀思，承载无限屈辱的地方。

五国头城遗址 国家 AA 级旅游景区。位于黑龙江依兰县城北的松花江南岸，占地 4 万平方米，素有“松花江门户”之称。公元 10 世纪，分布在依兰以下松花江和黑龙江沿岸的女真人，形成闻名的五大部族，通称五国部。越里吉部的驻地位最西，又为五国部盟城，故又称五国头城。成为辽代“以镇东北境”的军事重镇。五国头城金天会五年（公元 1127 年），金军攻占北宋都城汴梁（今开封市），宋徽、钦二帝被掳，初押至金上京城（今黑龙江省阿城市白城），后又转囚禁于此。公元 1135 年和公元 1155 年，徽、钦两帝相继病亡。

五国头城经过近千年的历史变迁，已面目全非，仅存部分残垣断壁。城平面呈长方形，东、西墙长约 850 米，南、北墙长约 450 米。墙周长 2600 米。现存墙高 1 ~ 4 米，墙基底宽 8 米、顶宽 1.5 米。墙垣以土堆筑，不见马面遗迹，门址已荡然无存。城内已垦为耕地，地表散布着残砖、断瓦及陶瓷片，俯拾可得。

五国头城城楼

出土文物有青盖盘龙镜、双鲤鱼纹镜、带柄镜及铜印等；铜钱有宋代“崇宁通宝”和金“大定通宝”等。1976 年曾于城中出土东夏国的“监造提控所印”一颗。五国头城是辽金乃至清代东北重镇之一。门票价格：20 元 / 人。

现五国头城经重建修整，呈长方形，周围有古城墙，周长 2210 米，城垣夯筑，残垣高 3 米，城墙 4 角各设角楼，正门为古城牌楼，两层重檐，浑厚古朴，气势宏伟。从正门入城，百米处是“坐井观天遗址”牌坊，牌坊东为“韦妃南归亭”，西为“洪皓传书亭”“卧龙泉”。广场北端是徽、钦二宗的石雕，宋徽宗坐姿，宋钦宗立于其后，父子遥望南天，只见雁阵南飞，不知何日归故乡。一条东西路连接着二帝初到五国头城居住的地窖子和后来居住的“昏德宫赵府”“重昏候赵府”，府内是二帝住的四合院。“坐井观天”来源于此。广场东侧是胡里改路万户府，正殿是胡里改路沿革简介，西配殿是“靖康之变历史”展室，东配殿是“二帝在五国头城”展室。广场西侧是东路都统兵寨，西配房是囚禁刘文彦、赵愕“二逆”牢房，东配房是“五国名鹰海东青”展室，后院是金兵演武场。

仔细参观遗址，特别是各个历史展室和宋徽、钦二宗来到五国头城最先住的地窖和后来搬住的“府邸”，感慨颇多。既恨昏君的昏庸无能，也恨敌国的穷凶极恶；既恨昏君的苟且偷生，毫无民族骨气，也恨敌国的残忍无情，羞辱降君臣等。这就是亡国的下场，非常现实，给我们的启迪，千条万条只有一条：唯有自强不息，自我强大才是硬道理！前事不忘，后事之师，这是中华民族世世代代都不能忘记的、颠扑不破的真理！

一个名不见经传的景区，在我们的行程中本没有停留的计划。但经过时，被它美如画的景致所吸引和折服，在这里暂缓了我们的步伐。

迴龙湾国家森林公园 位于黑龙江东北部，伊春市西南部，小兴安岭深处，鹤伊公路110千米处，占地面积2680公顷，陆路交通十分方便。始建于1993年，拥有独特的红松原始林、连片的杜鹃花海、神奇的廻龙潭，水湿地是国内少有的景致。公园的奇峰怪石、沟谷幽深、林茂花繁，与寺庙古刹形成幽静古朴、和谐自然的休闲观光佳境。门票价格：50元/人。

廻龙湾国家森林公园是传说中黑龙的诞生地，是集旅游、度假、避暑、观光于一体的森林生态旅游胜地，2006年被第三届东亚旅游国际博览会评为十佳知名景区，并被盛赞为世外桃源、湖山胜境。其原生态、纯绿色的自然景观展在崇山峻岭中，与飞瀑流泉、险峰山峦相映成趣，构成了廻龙湾国家森林公园迷人的魅力，演绎出古朴原始、美轮美奂的自然风光。主要旅游设施及游乐项目分布在廻龙潭两侧，高档木制别墅区建筑面积3000平方米，拥有客房及豪华套房120间。有欧式风格的临清别墅、洗浴中心、露天游泳池、特色综合餐饮娱乐大厅、能容纳100～200人的会议室及千余人的综合会议大厅。廻龙潭上有曲桥，潭边有百米长廊，潭内有机动船、小木船10多艘供游人游玩。旅游、度假等服务十分完善，享有盛名。

沿曲桥顺山而上，踏上108步石头台阶，两旁树木葱郁，野花争艳。登上20米高的东皋台，整个廻龙湾尽收眼底。远望林海无边，层峦叠嶂，松涛阵阵，小兴安岭真美！近看，连绵起伏的黛色群山之中，点缀着一个个相对独立、风格各异的建筑。那欧式建筑风格的长廊、曲桥、门楼、黑龙腾天雕塑及蒙古包餐厅相映成趣。而廻龙潭水面像一条玉带，托起一个个绝妙的建筑，使建在山腹地的廻龙湾似一幅天工巧造的图画，令人叹为观止！

廻龙湾佛教文化苑位于廻龙湾景区西北部，苑内有临海观音、弥勒佛、释迦牟尼三尊露天大佛。其神态威仪、慈眉善目，引大批游客前来祈福膜拜。

廻龙湾国家森林公园牌楼

据说，金沙河漂流是景区亮点，落差大、水流急，两岸美景如画，坐在橡皮筏上顺流而下，尽享惊险刺激，宛如身临仙境妙不可言。限于年龄，我们就免了。

出于对自然的热爱，我们对森林情有独钟，特意绕道百余千米，再次到了五营国家森林公园游览。

五营国家森林公园 国家 AAAA 级旅游景区。位于黑龙江省伊春市五营区，距城区约 19 千米，占地 141.41 平方千米。始建于 1990 年，是中国红松的集中保护区，森林覆盖率高达 82.2%，有中国规模最大、保存最完整的红松原始森林带。公园里生活着 250 多种野生动物，主要有熊、野猪、狍子、虎、马鹿、紫貂、草兔、松鼠、黄鼬等。生长着七八百种植物，主要有云杉、冷杉、黄菠萝、胡桃楸、山葡萄、五味子、黄瓜香、人参、刺五加、木耳、猴头等。主要景点有：丽丰湖、松乡桥、观涛塔、杜鹃园、天赐湖、绿野仙居、黑瞎岭、虎啸山、观松大道、森林浴场、响水溪、园中园等。门票价格：60 元 / 人。

丽丰湖，人工湖泊，湖上有游乐船只。湖西岸建有林区别墅、饭店、旅店、旅游纪念品商店、停车场、游客中心等服务设施。

观光小火车，起于景区入口处的丽丰湖，止于公园核心区入口，长 3.5 千米。由三列特别制作的观光小火车“红松号”“蓝莓号”“白桦号”组成。

观涛塔是一处人文景观，塔高 46.8 米，钢架结构，塔梯螺旋式上升，登塔眺望，茫茫林海尽收眼底。

杜鹃园，面积为 2000 平方米，园中的兴安杜鹃是小兴安岭野生花卉之一。距公园主楼 3000 米。

五营国家森林公园天赐湖

天赐湖，湖面宁静，景色优美，湖边上花朵绽放，五颜六色，淡淡香气沁人心脾，很多游人都在此拍照。

50 多年前，大学刚毕业，分配到贵州省林区黎平县劳动锻炼 1 年。我们曾有过到山上伐木，住在茫茫森林中的经历。但当时是重体力劳动，森林的美景顾不上欣赏。后来，每当回忆起这段经历，就有再住森林里，轻松享受一下“森林待遇”的愿望，这次终于实现了。我们住进了森林公园附近的酒店，四周静极了，天空中繁星点点，任由我们观赏和想象。睡到自然醒，早餐后游览森林景区。一片片红松林，有700年的红松王，有将军松，还有成片的小白桦林。参观“少奇号”森林小火车，在森林栈桥、林间小路上自由漫步，拍照。景区中用午餐。下午，观赏猎人营地，狩猎工具及作用。在天赐湖边游玩、休闲、拍照等。傍晚才驾车离开景区。

五大连池，世界地质公园，保存着形态完整、分布集中、门类齐全、状貌典型的微地貌遗迹，被称作“天然地质博物馆”。

五大连池 世界地质公园，国家AAAAA级旅游景区。位于黑龙江省黑河市五大连池市，距市区18千米。地处小兴安岭山地向松嫩平原的过渡地带，总面积1060平方千米。公元1719—1721年，火山喷发，熔岩阻塞白河河道，形成5个相互连接的湖泊，因而得名五大连池。这里保存着形态最完整、分布最集中、门类最齐全、状貌最典型的微地貌遗迹。崎岖的山巅火口，浩瀚的翻花石海，精巧似喷气锥碟。冰封的溶岩隧道，天造地设，鬼斧神功，被地质学家称作“天然地质博物馆”。门票价格：60元/人。

五大连池，由于火山活动，北东和北西方向断裂发育良好，并以北东向为主，地球内部的岩浆沿着北东和北西方向两组断裂带的交汇处喷溢而出，形成排列整

五大连池落日余晖

齐的棋盘格子式布局的14座火山锥。火山群海拔高度为400～600米。岩石成分非常特殊，是一种富钾的碱性基—中基性火山“石龙岩”。风景区是岿然独存的火山群，由莲花湖、燕山湖、白龙湖、鹤鸣湖、如意湖组成串珠状的湖群，另外，还有周边火山群地质景观、相关人文景观、植被、水景等。与同纬度地区相比，显示出与附近不同的气候特点。动植物种类十分丰富，成为生态演变过程的主要见证，展示了大自然顽强的生命力，是世界上研究物种适应和生物群落演化的最佳地区。

区内植被类型复杂多样，有植物143科428属1044种，其中有珍稀濒危植物47种。区内有野生动物55科121种，一级保护动物3种，二级保护动物14种。

冷碳酸矿泉闻名于世。这里堪称第一个矿泉城，目前发现的天然泉涌127个，不仅资源丰富，而且品质上乘。其中，重碳酸盐－碳酸矿泉水含有十几种有益于人体的微量元素，宜饮健生，宜浴疗疾，与法国维希、俄罗斯纳尔赞矿泉并称世界三大冷泉。

主要景点还有：五大连池外的其他大大小小矿泉、火烧山、黑龙山、龙门石寨、格拉球山天池等。

在景区游到天色已晚，驱车来到住宿的五大连池镇。这里不愧是风景优美的旅游名镇，与周围景区几乎无缝衔接。道路宽大，绿树成荫，灯火辉煌，热闹异常。生活、游乐、旅游设施完善，处处都洋溢着旅游、休闲、文化的浓郁氛围。特别是住宿的酒店停车场宽大无比，酒店价格还不高。

昨晚睡了一个好觉，白天开车很轻松，不一会就到了坐落在黑龙江畔的历史文化名城黑河瑷珲。瑷珲城是为抗俄斗争需要而建的，曾是黑龙江将军驻地，黑龙江地区第一任首府，已有310多年的历史。瑷珲，以其所经历的辉煌壮丽和屈辱愤恨而占据近代史的一页。

瑷珲历史陈列馆 全国重点文物保护单位，国家AAAA级旅游景区，全国重点博物馆，全国首批百家爱国主义教育示范基地之一。位于黑龙江省黑河市瑷珲镇，坐落在清代第一任黑龙江将军衙门驻地。公元1858年中俄《瑷珲条约》的签订地——瑷珲新城遗址，是全国唯一以全面反映中俄东部关系史为基本陈列内容，集中反映沙皇俄国逼迫清政府签订《瑷珲条约》，侵占我国大片领土这一历史事件的专题性遗址博物馆。门票价格：免费。

陈列内容分为4个部分。沿主线，以遗址、建筑、陈列三位一体，用丰富的

黑河市瑷珲历史陈列馆大门

史料、照片和文物展示了瑷珲的历史沿革、风俗民情以及沙俄入侵和人民奋起抗击的史实。以现代科技手段再现了中俄《尼布楚条约》《瑷珲条约》签订及“瑷珲被毁”等开放式场景，以半景画的形式再现了“海兰泡惨案”的悲壮场景，使游人受到强烈的心灵震撼。

瑷珲古城内矗立着一座巍峨、壮丽的魁星阁，是瑷珲历史的一个见证。凡到瑷珲古城凭吊的人，参观了瑷珲历史陈列馆后，都要游览魁星阁，并登阁远眺，发思古之幽情。

魁星阁大约建于公元 1892—1900 年。位于今瑷珲镇东南，东邻黑龙江。公元 1900 年，爆发了“庚子俄难”，沙俄侵略者用武力侵占瑷珲城后，“四面焚烧，满城烟火，鸡犬飞壕，数千余房毁尽为墟。”具有光荣抗俄斗争历史的著名古城，被烧成一片瓦砾，只有魁星阁幸免于难，成了沙俄武装入侵黑龙江流域的历史见证。它一直高耸于黑龙江畔，向人们讲述着这段悲壮史实。

一直到 1945 年，魁星阁被炮火洞穿，新中国成立后将其拆毁，经历了几十年风风雨雨的魁星阁消失了。

1980 年，黑龙江省政府决定复建魁星阁，并拨了专款。历经三年的建设，魁星阁又在瑷珲古城重新傲然屹立。新修建的魁星阁，在旧址上按原照复制，高 14 米，砖木结构。1 ~ 2 层为青砖垒筑，楼顶部为木制亭阁，雕梁画栋，浓墨重彩。红漆木柱与凭栏，绿色琉璃瓦为盖，横梁有龙头斗拱，四角正檐饰祥兽和吻头。周围有与其比肩的白杨树相衬，使魁星阁显得富丽堂皇，又典雅大方。楼南门题有“文光射斗”四字，楼内有一座魁星塑像。游人到此，多驻足观赏，以此为背景留影，并登阁远眺，令人豁然开朗，心旷神怡。1994 年，当地政府又将魁星阁进行修葺，然后向游人重新开放，使这一人文景观越来越有魅力。

瑷珲离黑河很近，开车很快就到了。作为东北边陲城市，黑河小巧玲珑，建筑都很新，道路宽敞，干净整齐，给我们留下美好、深刻的印象。

黑河 黑龙江省辖地级市，位于黑龙江省西北部，小兴安岭北麓，东南与伊春市、绥化市毗邻，西南与齐齐哈尔市毗邻，西部与内蒙古呼伦贝尔市隔嫩江呼应，北部与大兴安岭地区连接，东北与俄罗斯阿穆尔州隔黑龙江相望。辖区总面积 68 726 平方千米，辖 2 市 3 县 1 区。黑河是中国首批沿边开放城市，素有“北国明珠”“北疆重镇”等美誉。

黑河是别具北国特色的绿色净土观光带，拥有世界自然旅游资源中的冰雪、森林两大资源。世界罕见的五大连池天然火山地质博物馆，闻名遐迩的瑷珲古城，民族风情浓厚的鄂伦春、达斡尔少数民族聚居地，惊险奇特的沾河漂流，茫茫的小兴安岭林海，两岸文明迥异的中俄大界河——黑龙江，为黑河旅游增添了无穷魅力。

每年的夏季是到黑河旅游的最佳时间。此时，黑河天气凉爽、空气清新，舒适的气候，优美的自然环境使这里不但成为疗养、避暑的绝佳选择，冰雪融化之后人们还可以近距离欣赏五大连池、老黑山、火烧山等火山胜景。冬季到黑河旅游也是不错的选择，每年 10 月之后这里就迎来了寒冬，在长达近半年的冬季中，人们可以充分感受到冰天雪地的北国风情，体验各种冰雪运动。

在黑龙江边有许多游人，看似多为本地人，我们是为数不多的外地人。如果从家乡算起，我们是从祖国西南来到祖国东北，对角线斜穿全国，相距远极了！

河对岸就是俄罗斯，可见一些高楼大厦，两岸间有渡轮往返。现中俄关系良好，两国人民友好相处、往来，一片宁静祥和，这多好！为什么要侵略？要战争呢？人民热爱和平！

黑河市城区景

黑河城市建设不错，建筑高大，道路宽阔，在阳光照耀下，明亮、整洁、干净。一点感觉不到冬季的寒冷是那么严酷。寒冷是黑河地区气候的主要特征之一，年均气温只有 -1.3 ~ 0.4℃，黑河临近冷空气发源地——西伯利亚大草原，境内又有小兴安岭山脉纵贯南北，使全市呈寒温带大陆性季风气候特征，横跨三、四、五、六 4 个积温带。春季气温不稳定，干旱多风，夏季温热多雨，秋季凉爽舒适，冬季严寒、漫长而干燥，冬长夏短、四季分明。

离开江边，去逛了一个大超市。由于是边境开放城市，黑河市贸易繁荣、货物众多，商品琳琅满目。不但有蓝莓、木耳、猴头菇、蕨菜、黄芪、贝母、刺五加等当地特产，尤其来自俄罗斯的各种商品随处可见，既有质地优良的大衣、鞋帽、裘皮，结实耐用的望远镜、照相机、电动剃须刀，还有玩具、邮票、餐具等简单而又有纪念意义的小商品，以及各式各样的糖果、巧克力、奶制食品，种类丰富，游客可随意选购。我们选购了一些俄国咖啡和奶糖。

晚餐在一家俄式餐厅就餐，价格不菲。

离开黑河，驾车继续往北，直达塔河住宿。

这一路位于大兴安岭东麓，小兴安岭北部，黑龙江上游西南岸，呼玛河国家级自然保护区内，景色美极了，我们降低了驾车速度，以车游为主，不时停下车，欣赏道路两旁的美景。

呼玛河国家级自然保护区 呼玛河，为黑龙江的支流，发源于大兴安岭北段，是黑龙江一级支流，是我国纬度最高、气候最寒冷的水域之一。呼玛河

呼玛公路路景

呼玛公路管理站上海知青名录

国家级自然保护区建于1982年，位于黑龙江省北部呼玛、塔河两县境内，是以冷水鱼类为主要保护对象的水生野生动物保护区，主要保护对象为大马哈、鳇鱼等特色鱼类。此外，还盛产哲罗鱼、细鳞鱼等70多种冷水鱼类。自然保护区总面积3万公顷，植被覆盖率高，呼玛河水质清澈，降雨量大的季节河水也不混浊，沿岸丘陵、山地和沼泽地生长有茂密的原始林、天然次生林和野稗、两栖蓼、山葱、香蒲等水生植物。岸边有多种珍贵野生动物，如紫貂、水獭、麝鼠等。

我们的车沿着公路时而在森林中穿行，呼吸着森林中的清新空气，时而在丘陵，与江河相伴而行，还可以沿界江观赏对岸俄罗斯的异国情调，饱览北国风光。

没想到的是，在江边一段无名公路观景亭旁，立着一块大大的木牌，上写着“呼玛公路管理站上海知青名录”。记录了20世纪70年代初和80年代后，分配到呼玛公路管理站215名上海知青的姓名及他们的贡献。不知这些知青现在怎么样了，但愿他们都很好，但可以肯定的是当年他们才十几岁年纪，就远离父母亲人，来到几千里外的呼玛，当时一定是很艰苦的。他们为呼玛的建设、发展贡献了他们稚嫩的薄力，奉献了他们的青春，有的甚至还奉献了子孙。呼玛人，没有忘记这些知青，不忘为他们立牌铭记。我们十分感动，不禁眼眶湿润，为知青们感到欣慰，也向立牌的单位和人们致敬！

途中还经过鄂伦春民族聚居地，凡逢年过节，定居庆典，乔迁新居等，鄂伦春男女老幼便欢聚一堂，举办篝火晚会，分享猎获来的野味，对酒当歌跳起别具特色的民族歌舞，通宵达旦。

呼玛边境线长达371千米，占大兴安岭地区对俄边境总长的近1/2，是黑龙江省对俄边境线最长的县。呼玛县境内有呼玛尔古战场遗址、呼玛江边公园及抗击沙俄、抗联纪念碑等多个景点。游客可在这儿凭吊白山黑水之间，英勇战斗的东北抗日联军和为国牺牲的抗击沙俄的中国军民。

呼玛曾荣获“中国避暑养生休闲度假旅游最佳目的地”“全国人文生态旅游基地”等称号。

从塔河出发，很快就到达我国最北城市——漠河市。车在城内慢驶绕行，穿城而过，车览漠河市容。在将出城的路旁一家饭店午餐。

漠河 黑龙江省县级市。位于黑龙江省西北部，大兴安岭山脉北麓，东与塔河县接壤，南与内蒙古自治区根河市和大兴安岭地区所属呼中区交界，西与内蒙古自治区额尔古纳市为邻，北隔黑龙江与俄罗斯外贝加尔边疆区（原赤塔州）和阿穆尔州相望，边境线长 242 千米。占地面积 18427 平方千米，政府驻地西林吉镇。漠河市所辖旅游景点北极村是中国最北部的村镇。

旧石器时代，漠河已有远古人类居住。

市政府与大兴安岭西林吉林业局实行政企合一的管理体制，截至 2018 年 6 月，漠河市共辖 6 个镇，西林吉林业局始建于 1970 年，下设 5 个林场（经营所）和 3 个资源管护区。

全市地貌形态趋势为四面隆起，环绕中部一片绿洲。平均海拔为 600 ~ 1000 米。

寒温带大陆性气候，是中国气温最低的市。冬季受大陆季风和蒙古高压控制，强烈的冷空气自西向东推进，雨水骤降，异常寒冷，严寒期长。年均气温在 -11 ~ 5℃，1、2、3、11、12 月平均气温在 -42.6 ~ 3℃。当太平洋阿留申低压盛行时，海陆间气压梯度加大，气温急剧下降，一般在 -40℃以下，最低气温达 -52.3℃，无霜期 90 天左右，昼夜温差较大，有“一日四季”之说。盛行偏西或西北风。

漠河市境内河流纵横，沟溪密布，共有大小河流 800 余条。境内河流除黑龙江外，其余大小河流均系内流河，统属黑龙江水系。

北极星广场

植物种类，隶属 23 目 41 科 99 属 8000 种。鱼类 57 种（含亚种），鸟类动物，分属 16 目 40 科 237 种。

漠河交通涵盖了公路、铁路、航空，可多种选择，便利快捷。

漠河旅游以北极村为核心，带动整个旅游业。还有漠河地质公园、北极星公园、洛古河村等景区。夏季有北极探秘，冬季有各种冰雪活动，还有各种节日、民俗、美食等，可谓有张有弛，有声有色。

过了漠河，路上车很少，道路又宽阔，本可加快速度，但道路却大段大段地凹凸不平，似人们称之的“搓衣板路”。路旁不断有路面冻带试验的提醒，车速自然上不去。在这极寒冷地区，一切都不容易。这儿工作的人们，最应受到尊敬！我们的车快到北极村时，路边就有指向北极村的路牌，再行 100 多米就到了景区大门。醒目的“北极村”三个隶书大红字悬挂在大门正中，古朴而端庄，车可直接开进景区。不远处路旁堆积青石，正中一块宽大石碑，上也书写着大大的“北极村”。三次充分提示，你已进入魂牵梦绕的北极村。

北极村 原名漠河村。国家 AAAAA 级旅游景区。位于黑龙江省大兴安岭地区漠河市漠河乡，占地面积 16 平方千米，素有“金鸡之冠”“神州北极”“不夜城”之美誉，是全国唯一观赏北极光和极昼极夜的最佳观测点，是中国“北方第一哨”所在地，也是中国最北的城镇，距漠河市西林吉镇 83 千米。在清咸丰十年（公元 1860 年）始就有人居住，今为漠河乡政府所在地。北极村凭借中国最北、神奇天象、极地冰雪等国内独特的景观资源，与三亚的“天涯海角”共列最具魅力旅游景点景区榜单前十名。门票价格：60 元 / 人。

北极村

北极村处于北

纬 53° 以上的高纬度地区，因此，夏季白天通常长达 17 个小时以上，而冬季刚好相反，是北极村的一大特色。北极村全年平均气温在 -5℃左右，冬季的极端最低气温可降至 -50℃。北极村于 1997 年开辟为北极村旅游风景区，成为全国最北的旅游景区。民风淳朴，静谧清新，乡土气息浓郁，植被和生态环境保存完好。每当夏至前后白夜发生时，一天 24 小时几乎都是白昼。午夜向北眺望，天空泛白，像傍晚，又像黎明，人们在室外可以下棋，打篮球。朗朗月夜常常万里晴空，是北极光观赏的最佳时点。如果幸运的话可以看到气势恢宏、绚丽多彩的北极光。

北极村不仅是一个历史悠久的古镇，它逐渐成了一种象征、一个坐标。每年都有很多从世界各地到这里的游客，来体会那份中国最北的幸福。

在“村口第一家”标牌旁照相留影，然后又去老邮局打卡。时间还早，驱车直奔村北，去寻找“北”。到达停车场，第一个映入眼帘的是坐立在停车场旁的“中国最北一家”，在他家买了黑龙江特产马迭尔雪糕，边吃边沿着一路的标志往北。到达北极洲，包括垭口广场、金鸡广场、玄武广场、动物王国、滨水休闲区等，再往前到达北极定位广场。坐在北极勺上留影后继续往前，经过已有 200 年树龄的北极王樟子松树，到达北斗七星桩。拜过祭神树，到了绿色通道，检验身材是否发胖。还好，我们都是“标准身材”顺利通过。走过较长的木栈道，终于找到“北”了。在“我找到北了”碑柱出口，“北”字雕塑旁照相留影，标志已经到了祖国最北！

不远处是大名鼎鼎的黑龙江，可能是上游的关系，这一段江面异常平静安宁。继续向前走去。

最后，到达“金鸡之冠”，似“玺”的造型，上端采用中华民族的精神图腾——龙的造型，四面采用青龙、白虎、朱雀、玄武的神兽纹饰，“金鸡之冠”为阳刻篆体，意喻此地为中国纬度最高点，是名副其实的“金鸡之冠”地。

找到了北，又见到金鸡之冠，当天的目标基本达到。唯一遗憾的，由于时间不对，没看到北极光。时间已晚，走回停车场已累得不行。开车到村里，联系了一家民俗——崔家客栈住下。晚餐自然在他家解决。

金鸡之冠

要全天赶路，清晨早早就离开北极村，驾车向南行驶。因为要从黑龙江进入内蒙古，为了抄近道，走了204省道。路程较远，路况不明，沿大兴安岭边缘行进，计划住宿大兴安岭西侧的根河市。我们只在经过漠河时，攀爬了北极星广场高地。从黑龙江进入内蒙古，在分界桩拍景留念，在沿途风景优美的景点作了短暂停留。到达根河市已是下午5时左右了。根河城市很小，因位于大兴安岭，四周景色很漂亮。但找酒店可费了一番周折，导航在这儿也失灵了，把车带进一市场，进去走不通了，路窄只能原路倒出，人摊簇拥，难度可想而知。幸好一位小伙子主动帮助招呼指挥，才得以顺利退出。我们一再表示感谢，对根河人留下非常好的印象！

第二天驱车到达内蒙古呼伦贝尔大草原，这里有许多名胜古迹和绚丽的自然风光。我们选择了几个主要景点参观游览。

世界反法西斯战争海拉尔纪念园 国家AAAA级旅游景区。位于呼伦贝尔市海拉尔区北山(原侵华日军海拉尔要塞遗址处)，距市区3千米。园区分为地上、地下两部分。其中，地面建有海拉尔要塞遗址主题广场、地面战争遗迹、模拟战争场景、博物馆（共分为4个展厅、9个部分）、游客服务设施等；地下工事遗迹，复原了原日军司令部、士兵宿舍、卫生室、通信室等遗址。门票价格：60元/人。

世界反法西斯战争海拉尔纪念园

海拉尔要塞，是日本关东军为进攻苏联在中国东北边境设立的15处军事工事中最大的两处要塞之一（另一处为黑龙江东宁）。位于海拉尔城区北部，总面积110公顷，工事总面积10 000平方米。为日本关东军在中国东北修建的规模最大和目前国内同类遗址中保存最完好的一处。海拉尔要塞由5个主阵地和4个辅助阵地组成，以敖包山和北山阵地为主体，占地22平方千米。军事工事在修建过程中，日本关东军抓来数万名劳工。工程结束后，为保守军事机密，关东军将劳工全部残忍杀害，海拉尔河北岸“万人坑”内的累累白骨就是铁证。

世界反法西斯战争海拉尔纪念园，是国内唯一以多个国家参与，反映爱国主义、国际主义、革命英雄主义的红色旅游景区。园区建设风貌气势磅礴、恢宏大气、深沉凝重、发人深省。通过大量文字、图片、实物展出和高科技含量的布展手段，生动形象地证明了日本关东军在中国东北所犯下的滔天罪行。通过挖掘东北沦陷时期中俄蒙抗日的史实，赞颂中国东北抗联、东北军爱国将士和呼伦贝尔各族人民反抗日本侵略的爱国主义精神；赞颂苏联共产党、苏联红军及蒙古国军队支援中国革命、与日本侵略军英勇作战的国际主义和革命英雄主义精神。通过对海拉尔要塞的进一步展示，揭露日本关东军妄图进攻苏联、永久霸占中国东北进而占领亚洲的战争野心和罪行，警示世人须保持警惕，坚决遏制日本军国主义的死灰复燃，反对战争，坚决拥护世界和平。

原侵华日军海拉尔要塞遗址是集爱国主义、国际主义、革命英雄主义于一体的军事主题红色旅游景区，是国内少有同类题材的主题公园之一。1996 年被评为内蒙古自治区重点文物保护单位，1998 年被命名为呼伦贝尔市爱国主义教育基地。

海拉尔区内的和平公园、苏炳文广场景区与苏联红军烈士陵园、小孤山等作为该园区的重要补充景区，一起形成了海拉尔“红色一日游”精品线路。

呼伦贝尔古城 位于呼伦贝尔市海拉尔区正阳街一带。始建于公元 1734 年，至今已 280 多年，是呼伦贝尔市重要的文物古迹。早在清雍正年间，清政府为了保卫《尼布楚条约》划定的额尔古纳河为界的北部边疆，就在这一带建城戍边。呼伦贝尔城与瑷珲城是清政府雍正年间在黑龙江设立的仅有的两座边防城，当时很有名望，为捍卫祖国边界发挥了巨大的作用。随着政治、军事作用的加强，商贸和交通中心地位自然形成。到乾隆年间，晋、冀、鲁等地商人不远万里接踵而来，他们在城内竞相购地建房，投资设肆，呼伦贝尔城相继出现“巨长城”“隆太号”等商业八大家，现设商户更多。门票价格：免费。

呼伦贝尔古城牌坊

由于呼伦贝尔城所在的地理位置，其发挥出巨大的辐射作用，南通齐齐哈尔，西达古北口、张家口，北至黑山头、吉拉尔、库伦（今乌兰巴托）等古道。驿站逐渐开通，当年盛极一时的草原盛会——甘珠尔庙会，就是因呼伦贝尔城的建立而形成的。在城西，建有西屯（已毁于战火），城南建有南屯（今巴彦托海镇）两个卫星屯。在呼伦贝尔城的带动下，呼伦贝尔草原空前繁荣起来。作为重要文物古迹，保护呼伦贝尔城意义重大。古城的建立能增加城市历史的厚重感，提升城市品位，成为城市建设的一大亮点。海拉尔区2008年开始陆续“还原”呼伦贝尔古城。现已恢复、重建一些仿古建筑，城门、雕塑、古楼台亭阁，成为拉动旅游的一个新支点。

再往前行，即进入令人向往的呼伦贝尔大草原，这是我们第一次来到这样广阔而美丽的大草原。忘记年龄，忘掉一切，在这片草原上奔跑、跳跃、躺平……用各种肢体语言来表达我们的自由、快乐、满足。

呼伦贝尔草原 因呼伦湖、贝尔湖而得名，还有一个美丽动人的传说。国家AAAAA级旅游景区。位于内蒙古自治区东北部，大兴安岭以西，世界著名的天然牧场，世界四大草原之一，全国旅游二十胜景之一，被称为世界上最好的草原。地势东高西低，海拔650～700米，总面积约10万平方千米。门票价格：免费。

呼伦贝尔草原天然草场面积占80%，这里地域辽阔，3000多条纵横交错的河流，500多个星罗棋布的湖泊，一直延伸至松涛激荡的大兴安岭。草原四季分明，被世人誉为世界美丽的花园。呼伦贝尔草原年平均温度0℃左右，无霜期85～155天，温带大陆性气候，属于半干旱区。年降水量250～350毫米，年气候总特征为：冬季寒冷干燥，夏季炎热多雨。年温差、日温差大。能种植春小麦、马铃薯及少量蔬菜。

呼伦贝尔大草原是中国当今保存完好的草原。水草丰美，有碱草、针茅、苜蓿、冰草等120多种营养丰富的牧草，有牧草王国之称。呼伦贝尔大草原也是一片没有任何污染的绿色净土，出产肉、奶、皮、毛等畜产品，备受国内外消费者青睐，牧草也大量出口日本等国家。它是一代天骄成吉思汗的出生地，是中外闻名的旅游胜地。

呼伦贝尔大草原

呼伦贝尔陈巴尔虎草原上的莫尔格勒河被当地人称为第一曲水，是以游牧部落为景观的旅游景点。每逢夏季，陈巴尔虎旗走敖特尔的蒙古族和鄂温克族的牧民们便在这山清水秀、水草丰美的所在，自然形成一个游牧部落群体。但现在我们看到的草原已受到污染，草场已不纯粹清洁，有一蓬蓬的乱草丛。

呼伦湖是呼伦贝尔草原的一大美景。站在湖边一眼望去，看不到边际。在湖畔牛羊成群，蓝天白云，映在湖中，水天合一，美妙极了。

呼伦贝尔草原是中国少数民族的摇篮。中国历史上的鲜卑人、契丹人、女真人、蒙古人等，都是在这个摇篮里成长，又都在这里度过了他们历史上的青春时代，从这里向西攻打长城的大门，杀进黄河流域，走上中国历史舞台。有说呼伦贝尔是中国游牧民族历史舞台的后台。

这里的人们还用各种活动和美食来欢迎客人，著名活动有献哈达、祭敖包、摔跤、射箭、舞蹈、篝火狂欢晚会等。游人可以品尝到民族小食品，如奶茶、奶干、奶皮子、奶酪、炒米、白瓜子、全羊肉和呼伦湖的鲜鱼、虾等。

再向北就到达满洲里市区，在这儿住一晚，然后去参观游览满洲里国门景区。满洲里市区很漂亮，一幅现代化城市建设模样，道路宽阔、整齐、规范，两旁楼房清一色俄式建筑。

满洲里国门 国家AAAA级旅游景区。位于满洲里市西部中俄边境处我方一侧，二连市区北部军事区，距市区9千米。景区南北长约1800米，东西宽约720米，占地约130万平方米。景区以国门、界碑为核心，以“边关文化”和爱国主义教育为主题，以二连城市历史变迁发展为主线，全力打造一个国内独具边境文化特色，并集旅游观光、军旅体验、爱国主义教育

满洲里国门

于一体的综合性景区。景区分为迎宾区、沿途引景区、火车纪念广场区、国门参观区、警犬训练区和界碑参观区儿部分。门票价格：80 元 / 人。

景区核心景点国门为第五代国门，建成于 2007 年，总长 105 米，宽 46.6 米，高 43.7 米，过桥高 16.9 米，总建筑面积 6000 平方米，建筑风格为后工业时代风格。随着中俄两国经贸关系不断升温和铁路货运量的持续攀升，原有国门已经不适应中俄两国贸易快速发展的需求。现在的第五代国门充分考虑到了中俄贸易发展前景，铁路由原来的一宽一准改建为两宽一准，同时还预留了两线准轨位置。

满洲里第五代国门目前是中国陆路口岸最大的国门，庄严肃穆。在乳白色门体上方嵌着“中华人民共和国”7 个鲜红大字，上面悬挂的国徽金光闪闪，五星红旗在微风中高高飘扬，国际中蒙铁路在下面通过，是连接首都北京和乌兰巴托、莫斯科的铁路交通大动脉，被誉为“欧亚大陆桥”。

国门气势磅礴，宏伟壮观，共 4 层。主体为钢结构减力墙，外墙为花岗岩板和槽钢骨架、玻璃丝绵保温组成的复合墙体。横跨铁路中间部分为玻璃幕墙结构，安装了闭路监视系统和防雷接地系统。其中一层为纪念品销售处；二层为墨宝室、中蒙友好关系发展史；三层设有国门博物馆、高档休息区、国门影吧；四层设有国门会务室、展区、眺望区、休息区。我们沿楼梯拾级而上，一层层游览、参观。国门的过去和现在，通过大量图片和文字的展览、对比，真是天壤之别。站在国门之上，一种祖国正在日益强大、已跻身于世界强国之林的自豪感油然而生。向北远眺，具有俄罗斯建筑风格的蒙古国边城扎门乌德火车站大楼，具有民族特色的居民小木楼及具有草原风情的蒙古包群尽收眼底。通过高倍望远镜，蒙古国边城扎门乌德一览无余。国门对面不远处是俄罗斯国门，国门上“РОССИЯ”6 个硕大金色字母，格外引人注目。俄罗斯国徽镶在国门北侧立柱上方。俄国境内贝加尔斯克区车站、建筑、街道、行人尽收眼底。异域风情尽显无遗！

离开满洲里前，特别去参观游览了套娃广场景区。清一色的俄式、童话式建筑，以套娃为主题，围绕套娃这一艺术品，设立游乐场，商贾店铺，据说全国各地商家都来这儿采购套娃商品，销往全国各地。

满洲里套娃广场 国家 AAAAA 级旅游景区。位于满洲里市华埠大街 23 号，规划面积 54 万平方米，主题广场面积 6 万平方米，主体建筑是一个高 30 米的大套娃，建筑面积 3200 平方米，是世界上最大的套娃。满洲里俄罗斯套娃广场是全国唯一的以俄罗斯传统工艺品——套娃为主题的旅游休闲娱乐广场，集中体

满洲里套娃广场

现了满洲里中、俄、蒙三国交界地域特色和中、俄、蒙三国风情交融的特点。门票价格：148 元 / 人。

广场主体套娃内部为俄式餐厅和演艺大厅。套娃外部彩绘由代表着中、俄、蒙三国的美丽女孩组成。主体套娃周围有 8 个功能性套娃、200 个代表全世界不同国家和地区的小套娃和 30 个色彩缤纷的俄罗斯复活节彩蛋。在广场音乐喷泉的周围还有代表中国传统文化的十二生肖和西方占星文化的十二星座。夜色中，在近千盏彩灯的映射下，广场上流光溢彩，仿佛是一个五彩缤纷的童话世界。俄罗斯套娃广场，中、俄、蒙三国风情和东西方文化完美融合在一起，是集旅游观光和趣味性、娱乐性于一体的满洲里标志性旅游景区。

俄罗斯套娃不但形象乖巧，憨态可掬，逗人喜爱，而且，载有丰富内涵：象征俄罗斯农村母亲的妇女形象；代表了俄罗斯不同地域特征；表现了各不相同特色的历史人物、当代政要至普通人群，是一份精美的寄予亲情、见证爱情、表达思念的异域风情礼品。套娃用材严格，做工考究，按照肚子里含有小娃娃个数的不同，套娃可以分成 5 件套、7 件套、12 件套、15 件套等。

俄罗斯套娃颇受人们青睐，有机会去广场的人都会买一套甚或几套带回家。因为套娃不仅是孩子们的好伙伴，还是独具俄罗斯风情的艺术品。离开时，我们也购了一套娃，留作永久纪念。

我们走了整整一天，开车纪录近 800 千米，到齐齐哈尔已是晚 9 时多了。在高速上开夜路还是第一次，视线不好，还是尽量少走夜路。我们在齐齐哈尔和大庆，选择了 4 个方向景点游览参观。分别是：①佛家寺庙大乘寺，代表东北佛家寺庙规模、建筑特色、福事活动；②考古文化遗址，昂昂溪新石器时代遗址，距今约 7000 年，为中国北方草原渔猎文化、新石器文化的突出代表，被誉为“北方的半坡氏族村落”；③通过对自然景观扎龙国家级自然保护区的了解，关注生物、生态系统的价值、保护、利用，从而提升对人与自然和谐相处的认识；④通过对人文景观大庆“铁人纪念馆”参观，进一步深入了解铁人王进喜及其铁人精神，体会“爱国、创业、求实、奉献——石油魂”。

齐齐哈尔大乘寺 又称“大佛寺”。省重点文物保护单位。位于齐齐哈尔市铁锋区大乘路 2 号。始建于 1939 年，1942 年竣工，1990 年重建。占地面积 3.2 万平方米。坐北朝南，整体布局呈八卦形，由山门、配殿、正殿、前殿、后殿组成。庙宇采用斗拱式建筑，玻璃瓦覆盖，院墙呈八边形结构。以大雄宝殿为中心，每边有一座配殿，共 7 座配殿。每座配殿距离大殿恰好 88 米，而且均面向大殿。配殿斗拱式建筑，屋顶由彩色琉璃瓦铺成，均高 4 米，宽 3.3 米，长 8.3 米，各 5 间。7 座配殿与山门组合，呈八卦形排列，配殿与山门之间由涂红砖墙连接。门票价格：5 元 / 人。

距山门 26.3 米的中轴线上，是天王殿（前殿），高、宽均 4.6 米，长 12 米，各 5 间，中 3 间连贯为一。供奉弥勒佛祖，坐北面南，高 4 米，下首左为阿弥陀佛，右为燃灯佛。新颖独特，气势壮观。东单间供奉观世音菩萨，西单间供奉地藏王菩萨。

距天王殿 18.3 米的中轴线上是大雄宝殿（正殿），是大乘寺的主体建筑，长 12 米，宽 8.3 米，高 4.8 米，各 5 间。屋脊中央的麒麟背驮一玲珑宝塔经幌，排

大乘寺大门

檐下为各种珍奇动物的彩色木雕。正殿中间供奉释迦牟尼佛，左文殊菩萨，右普贤菩萨。隔扉后为坐南面北的观世音菩萨。其东单间供奉太上老君，西单间供奉孔圣人。

距大雄宝殿18.3米的中轴线上是藏经楼（后殿），两层，每层高4米，各5间，楼下中室供诵经用。

距藏经楼18.3米的中轴线上是北配殿。新辟有500罗汉堂和高8米的观世音供奉殿。

山门西侧是钟楼和鼓楼，二层阁楼上分别悬着直径1.8米的大鼓和5000千克的大钟，钟上刻着一整部《金刚经》。

寺内外古木参天，环境优雅，虽为近代所建，因采用传统的古建筑形式而独具一格，是黑龙江省现存规模最大的琉璃瓦建筑之一。

昂昂溪古文化遗址 全国重点文物保护单位，位于昂昂溪区以西6千米处，是中国北方渔猎文化代表性遗址之一。1930年，考古学家梁思永在此发掘考察，以后又多次发掘，从遗址和墓葬中出土了大量用于渔猎的压制石器和骨器。经碳-14测定，其年代距今5000～6000年。昂昂溪文化在中国乃至世界古代史上占有重要位置。昂昂溪古文化遗址发掘和采集的文物约有3000件，主要是石器、骨器、陶器和精美的玉器等。种类繁多，器形复杂，具有较高的历史、文化、科学艺术价值，同时也具有较高的观赏价值，是我国北方细石器文化、渔猎文化的考古基石之一，也是这两种文化的代表，被命名为“昂昂溪文化”。距今约7000多年，由包括22处遗址与17处遗物点组成。

昂昂溪遗址

昂昂溪遗址现已成为中国北方草原渔猎文化、新石器文化的突出代表，被誉为“北方的半坡氏族村落”。该遗址建有“昂昂溪文化陈列馆”，开放五福遗址、滕家岗遗址两处遗址供参观旅游、考古研究和访根问祖。门票价格：免费。

昂昂溪遗址博物馆，是依托滕家岗遗址而建的黑龙江省首座史前文化专题博物馆，占地11 000平方米，建筑面积1850平方米。建于2002年。展出出土文物

1500 余件，利用现代高科技多媒体技术完美再现了 7000 年前远古人类生产生活的场景。博物馆现展出两个内容：“北方渔猎文明的摇篮”和“梁思永先生与昂昂溪文化”。第一内容包括：旷世考古、渔猎文明、保护研究、参与互动 4 个部分。第二内容包括：中国第一位专门考古学者——梁思永先生、梁思永先生与昂昂溪文化的确立、梁思永先生对中国考古事业的贡献、缅怀梁思永先生 4 个部分。

扎龙国家级自然保护区　国家 AAAA 级旅游景区，国家级自然保护区，是中国最大、世界闻名的扎龙湿地。位于黑龙江省齐齐哈尔市东南 30 千米处，保护区南北长 65 千米，东西宽 37 千米，总面积 21 万公顷，其中核心区 7 万公顷，缓冲区 6.7 万公顷，试验区 7.3 万公顷。1976 年开始筹建，主要保护对象为丹顶鹤等珍禽及湿地生态系统，景区内湖泽密布，苇草丛生，是水禽等鸟类栖息繁衍的天然乐园；是中国首个国家级自然保护区，也是世界最大的芦苇湿地，被列入中国首批“世界重要湿地名录”；是中国北方同纬度地区中保留最完整、最原始、最开阔的自然保护区。门票价格：65 元 / 人。

扎龙国家级自然保护区，属湿地生态系统类型的自然保护区，位于松嫩平原西部，主要为平原区河湖相冲击地貌类型，地处中纬度地带，属于中温带大陆性季风气候。年平均气温 3.5℃，年均相对湿度 62%。保护区河道纵横，湖泊、沼泽星罗棋布，湿地生态保持良好。湿地的周围是草地、农田和人工鱼塘。沼泽地最大水深 0.75 米，湖泊最大水深达 5 米。

保护区内有高等植物 468 种，隶属于 67 科，草本植物占绝大多数。

有昆虫类 277 种，隶属于 11 目 65 科。鱼类 46 种，隶属于 9 科。两栖类有 4 科 6 种，爬行类有鳖和麻蜥 2 种。兽类 21 种，隶属 5 目 9 科。

扎龙国家级自然保护区

有鸟类约260种，隶属17目48科。其中国家重点保护鸟类有35种，最为著名的是鹤类，全世界有15种，中国有9种，本区就有丹顶鹤、白鹤、白头鹤、白枕鹤和蓑羽鹤5种，全世界丹顶鹤不足2000只，扎龙就有400多只，不愧为独步世界的“鹤乡”。

游客可登望鹤楼，远眺鹤类等水禽赖以栖息繁殖的湿地景观，参观展览厅和鹤类驯养繁殖场；在苗圃和林场内，可观察到林栖鸟类和草原旷野鸟。

大庆是20世纪五六十年代，中国石油工人从荒漠上建设起来的一座新兴石油工业城市，是我们梦寐已久的地方，怀着一种年轻的崇敬，老年的追思，我们是来圆梦的。从齐齐哈尔到大庆很近，开车半小时就到了。晚上住宿大庆宾馆——一座高楼大厦，带有宽敞的停车场，很气派。

第二天，我们车览大庆市容，感觉具有新兴城市的共同特征：房屋现代、道路宽阔、环境整洁、经济发达、生活方便。通过对人文景观大庆“铁人纪念馆”的参观，进一步深入了解铁人王进喜及其铁人精神，体会“爱国、创业、求实、奉献——石油魂”和上升为一种民族魂的必然。当今，仍要大力提倡和拓展，塑造一种全民共同努力奋斗，共同奔富裕路的现代民族魂。

铁人王进喜纪念馆 国家AAAA级旅游景点，国家一级博物馆，全国爱国主义教育示范基地。位于黑龙江省大庆市解放二街8号。1971年建成，新馆在

铁人王进喜纪念馆大门广场

2006年大庆油田发现47周年之际开馆。位于让胡路区世纪大道和铁人大道交汇处。占地面积11.6公顷，全馆总占地面积5.4万平方米，其中绿地面积3万平方米。主体建筑面积2.45万平方米，展厅总面积4790平方米，展线总长度917延长米。主体建筑外形为“工人”二字组合，鸟瞰呈“工”字形，侧看为“人”字形，象征这是一座工人纪念馆。主体建筑高度47米，正门台阶共47级，寓意为铁人47年不平凡的人生历程。建筑顶部为钻头造型，象征大庆油田奋发向上，积极进取。门票价格：免费。

铁人王进喜，甘肃省玉门市人，新中国第一批石油钻探工人，全国著名劳动模范。1956年加入中国共产党。他率领1205钻井队艰苦创业，打出了大庆第一口油井，并创造了年进尺10万米的世界钻井纪录。他以“宁可少活二十年，拼命也要拿下大油田”的顽强意志和冲天干劲，被誉为油田铁人，为中国石油工业发展作出了应有的贡献，受到毛泽东主席的亲切接见和赞扬。1959年，在全国“群英会”上被授予“全国先进生产者”称号，中共第九届中央委员，第三届全国人民代表大会代表。王进喜为发展祖国的石油事业日夜操劳，终致身心交瘁，积劳成疾，于1970年患胃癌病逝，年仅47岁。

铁人纪念馆，是我国第一座工人纪念馆。在馆前广场平台上，两大片草坪间，耸立着一尊铁人王进喜手持刹把的高大塑像。绕过塑像，进入展馆，已开放3个展厅，在建筑和布展上，均体现了“厚重、大气、质朴、昂扬、粗犷、豪放”的风格。以“爱国、创业、求实、奉献——石油魂”为主题，以铁人王进喜生平事迹为主线，以大庆石油发展历史为副线。共分序厅“石油魂”“不屈的童年”“赤诚报国”“艰苦创业”“科学求实”“无悔奉献”“鞠躬尽瘁”“精神永存”和尾厅“永远的铁人”9部分。走进序厅，迎面是一组国内最大的铸铜雕像《石油魂》，它气势磅礴，真实生动地刻画了以铁人王进喜为代表的英雄群体形象。

纪念馆共展出展品1780件，陈列了200余幅照片和300多件珍贵实物，展馆展示内容丰富翔实，形式多样。除了采用照片、文字、电动图表等传统的展示手段外，还采用了硅胶像、沙盘、场景复原、多媒体等现代展示手段。铁人故居、牛棚指挥所、破冰取水保开钻、大庆会战半景画等场景，真实地再现了历史场景；大型群雕——《石油魂》《崛起》《奋进》《民族的脊梁》《六个传家宝》等错落有致地矗立于馆区；端水湖、标杆山以及铁人王进喜生前率领1205钻井队使用过的同型号贝乌40型钻机，形成完整独特的纪念景观；巨幅国画《大庆工人无冬天》、战报墙、会战诗抄墙和宣传铁人与石油会战的美术作品展现了大庆精神、铁人精神的神韵。所有这一切都展示了铁人王进喜的主要经历，在大庆石油会战中的英雄业绩和大庆35年来学习铁人王进喜精神，奋发向上，积极进取的精神风貌。

哈尔滨是东北重镇，是同时具有浓郁东北风味和俄罗斯风情的省会大城市。过去出差来过几次，却没怎么游览过。太阳岛公园、中央大街、索菲亚大教堂、文庙，这组景点既有自然景观，也有人文景观，既有中国建筑，也有外国建筑，很是完美。

太阳岛公园 松花江中的一个河岛，避暑胜地。因 20 世纪 80 年代的一首歌曲《太阳岛》而走红，闻名全国，国家 AAAAA 级旅游景区。位于哈尔滨市松花江北岸，太阳岛风景区警备路 3 号，与斯大林公园隔江相望，总面积 88 平方千米，分为东区、中区和西区，是闻名遐迩的旅游胜地。从市区到岛上有 3 种交通方式：汽车、轮渡、索道，10 元 / 人往返。门票价格：免票；岛上观光电瓶车：20 元 / 人，可自由上下。

哈尔滨太阳岛风景区

太阳岛景区，夏季绿树成荫，各种花卉争奇斗艳，动物有梅花鹿、小松鼠等。有湖水、瀑布，健身步道及俄罗斯风情园等欧式别墅建筑，掩映在满是绿色的林木之中。主要景点有：太阳岛、太阳石、外滩湿地、雪雕艺术园、花卉园、鹿苑、笨熊乐园、天鹅湖、东北抗联纪念园、于庆成雕塑园、俄罗斯艺术馆等。

俄罗斯风情小镇，是主要景点，环境很不错，规划很好，各种各样的俄罗斯风情小屋，屋前有种菜的、种花的、养动物的……满满一个俄罗斯梦幻主题乐园。

太阳岛也是冬季国内规模最大的以雪为主题的冰雪乐园，主要是看雪雕，游玩冰雪世界。据说票价不菲。有兴趣冬季再来。

中央大街步行街 初称“中国大街”。位于哈尔滨道里区，大街北起松花江防洪纪念塔，南至经纬街，全长 1450 米。中央大街以其独特的欧式建筑，鳞次栉比的精品商厦，花团锦簇的休闲小区以及异彩纷呈的文化生活，成为哈尔滨市一道亮丽的风景线。始建于 1898 年，1925 年改称为沿袭至今的“中央大街”，

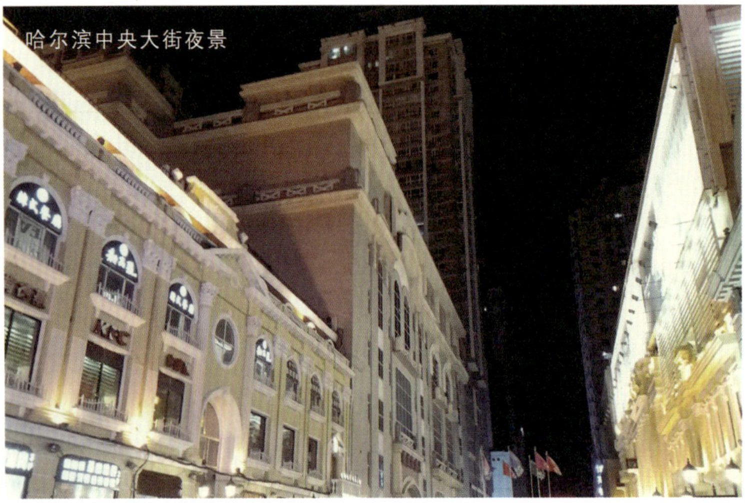

现在发展成为哈尔滨市最繁华的商业步行街，凡到哈尔滨市的游人首选游览之景。门票价格：免费。

中央大街是哈尔滨的缩影，哈尔滨的独特建筑文化和哈尔滨人的欧式生活，都在这里有明显的体现，并且被称为“亚洲第一街”。占地面积约1平方千米，最具特色的就是整条街由方石铺成，方石块为花岗岩雕筑，长18厘米、宽10厘米，其形状和大小如俄式小面包，精巧光亮。马路方石路宽10.8米。街区内共有休闲区17个，停车场18个，欧式古典路灯152盏，草坪绿地14处，约2600平方米，各类雕塑小品5个，喷泉3处。设监控中心1个，全街区共设置30个摄像头，实行全覆盖的24小时不间断监控，确保各类突发事件能得到及时有效处置。

中央大街建有欧式及仿欧式建筑71栋，并汇集了文艺复兴、巴洛克、折衷主义及现代多种风格市级保护建筑13栋，是中国国内罕见的一条建筑艺术长廊。

中央大街上以西餐为主，最为有名的西餐厅有五六家，均是早年就在此经营，主要经营俄式大菜。特别有名气的是马迭尔冰棍，价廉物美，已成一种文化被人们接受。

我们从头逛到尾，观看浓妆艳抹的化装游行，防洪纪念塔照相留影，挤进人群购买马迭尔冰棍品尝。还特意选了一间有名气的俄罗斯西餐厅解决晚餐。在大街一直游览到晚10时才返回酒店。

索菲亚教堂，哈尔滨市标志性建筑，建筑类人文风景旅游区。以其精美绝伦的建筑艺术和丰富的历史文化内涵享誉中外。

索菲亚教堂 全国重点文物保护单位，国家AAAA级旅游景区。位于哈尔滨城中心区域，总占地面积5万平方米，建筑面积721平方米。通高53.35米，平面呈拉丁十字布局，是典型的拜占庭风格建筑。始建于1907年3月，原为沙俄东西伯利亚第四步兵师修建中东铁路的随军教堂。全木结构，1911年，在木墙外砌了一层砖墙，成为砖木结构式教堂。1997 年，哈尔滨市政府对教堂进行保护性修复，并对周边环境进行综合整治，命名为“哈尔滨市建筑艺术馆”。成为市民和国内外游人欣赏建筑艺术和休闲娱乐的场所。门票价格：免费。

修复后的教堂与当年教堂保持了一致风格，巨型的洋葱头式大穹顶是典型的俄罗斯建筑的屋顶形式。宏伟壮观的构思可同莫斯科的瓦西里教堂相媲美。索菲亚教堂的主穹顶，4 个小帐篷顶及后屋顶共有 6 个十字架。十字架通体是金黄色，与绿色的穹顶、帐篷顶互相映衬，使整个教堂愈发显得雄伟恢宏、高贵典雅。主穹顶的顶部距地面高 48.55 米，给人以耸入云霄、蓬勃向上的想象空间。饱满而巨大的洋葱头式穹顶在建筑中央构成了特殊球面，形成巨大而丰满的室内空间，是教堂画龙点睛之笔。

篷顶以主穹顶为轴心，分布于主穹顶前后左右的 4 个帐篷大小不一，装饰十分精美，与主穹顶形成了主从结构，由若干连续拱券托起的篷顶，特别是帐篷顶上火焰形尖券，以惯用的篷顶冠戴小洋葱头式穹顶而结束的设计手法，既衬托出大穹顶的雄浑气势，又突出反映整个外墙体华丽多彩的细部。外墙主体为清水红砖结构的多面体，以大小套叠的拱券构成母体，组成的细部丰富而生动。位于大穹顶下方的是一个 16 面体的大鼓座，其高侧窗，檐口装饰线角为花瓣形和神乳体。鼓座下部经过多层线角过流到下层八面体的大柱墩。底部棱、角、线和谐连接，为罗马风格的边疆拱券的设计风格。几十个窗两侧砌成的壁柱方圆相连，为整个建筑平添了几分异域风情。

索菲亚教堂

索菲亚教堂，是哈尔滨市标志性建筑，建筑类人文风景旅游区。由索菲亚教堂展馆、城市建设规划展示馆、建筑艺术广场、中心休闲广场、地下多功能厅 5 个部分构成。展馆内近千幅美妙的图片，展示文化名城哈尔滨的历史、现状与未来。比例为 1∶600、面积近 400 平方米的大型城市规划沙盘，运用了声、光、电及升降等高科技手段，描绘了未来哈尔滨的宏伟蓝图。

索菲亚教堂气势恢宏，巍峨壮美，富丽堂皇，典雅超俗，以其精美绝伦的建筑艺术和丰富的历史文化内涵享誉中外。

哈尔滨文庙规模虽次于山东曲阜孔庙和北京孔庙，但仍不愧为哈尔滨的“故宫”，以其独特的东方建筑风格、雄伟壮观的气势，屹立在以西欧建筑风格为主要基调的建筑群体之中。

哈尔滨文庙 全国重点文物保护单位，国家AAAA级旅游景区。位于哈尔滨市南岗区文庙街25号，占地2.3万平方米。始建于1926年，是黑龙江省境内保存最完整，规模最宏大的古建筑群。门票价格：免费。

哈尔滨文庙，是为祭祀中国古代杰出的教育家、思想家孔子而建的。始建于民国十五年（1926年），建成于民国十八年（1929年）。原占地面积6万平方米，现存2.3万平方米，建筑面积5674平方米。其规模次于山东曲阜孔庙和北京孔庙。主殿大成殿是11开间，等级为全国之最。

由于哈尔滨文庙建筑雄伟壮观、金碧辉煌，被称为哈尔滨的“故宫”。文庙是典型的三进式仿清古建筑群，结构为三进院落。以大成殿为中心，南北形成一条中轴线，由南端的影壁墙向北，经泮池、泮桥、棂星门、大成门，至第二进院落大成殿，最后收尾于第三进院落的崇圣祠。坐落在中轴线两侧的牌楼、石碑、配殿、掖门都是对称配列的。文庙的三进院落在中轴线的贯穿下层层递进，一气贯通。它雄伟壮观的气势，向人们展示着空间之美。文庙主体建筑物使用清代最尊贵的黄琉璃瓦，即“皇顶”，是需经帝王恩准，才能使用的建筑规格。屋顶款式也使用了最高级的“庑殿顶”与“重檐庑殿顶”。彩绘为清所创造的“金龙和玺”彩绘。

哈尔滨文庙

文庙庭院之内的园林，别具特色。古木参天，灌木葱郁，鸟语花香，环境清雅。庭院里的古树种繁多，据统计，在五六十种以上，因此，又是哈埠一处颇佳的园林景观。

大成殿，是主体建筑，按大祀祭孔仪式规格设计建造。为横阔 11 间（9 堂 2 夹室）的重檐庑殿顶大殿，超过了曲阜孔庙大成殿横阔 9 间的规格。台基也环以玉石雕栏，廊檐色彩富丽堂皇，气势轩昂庄重。哈尔滨文庙没有正门，代之照壁，这就形成了哈尔滨文庙的独特一景：倒走状元桥。游客们只能从两侧逆行走上状元桥，然后按正常路线到主殿祭祀孔子。

文庙的孔子塑像有两尊。一尊在大成殿，一尊在院中心中路甬道上。孔子行教铜像，身高 3.3 米。正殿大成殿内供孔子及四配神、十二先贤牌位。大殿两边是两座配殿，内供孔子的弟子牌位。

途经长春，给中华民族带来深重灾难的日本帝国主义曾在此横行，扶持建立了伪满洲国。这段屈辱和灾难，中国人民永远铭记于心。长春建城较晚，至今也就 220 余年的历史。因为被殖民统治，因此伪满遗迹较多，我们选择了两个有特殊意义的景点参观。

伪满皇宫博物院 全国重点文物保护单位，国家 AAAAA 级旅游景区。位于长春市宽城区光复北路 5 号，是清朝末代皇帝爱新觉罗・溥仪充当伪满洲国傀儡皇帝时的宫廷遗址，占地面积 25 万平方米，是国内现存比较完整的宫廷遗址之一，也是日本侵略中国、推行法西斯殖民统治最典型的历史见证。建立于 1962 年，对外称吉林省日本帝国主义侵略东北十四年罪行陈列馆。2001 年，更名为“伪满皇宫博物院”。已开放景点 30 多处，展览面积 4.7 万平方米。门票价格：80 元 / 人。

伪满皇宫前身是民国时期管理吉林、黑龙江两省盐务的吉黑榷运局官署。1932 年 3 月，在日本侵略者扶持下，溥仪出任“满洲国执政”。4 月，迁居于此，这里便成为“满洲国执政府”。1934 年，伪满推行帝制，“满洲国”改为“满洲帝国”，3 月 1 日，溥仪在勤民楼举行登基大典，由“执政”改头换面为“皇帝”，“执政府”随之改为“帝宫”，俗称“皇宫”。此后 7 年间，伪满帝宫进行了较大规模的扩建，先后修建了怀远楼、同德殿、东御花园、防空地下室、假山、嘉乐殿、建国神庙等建筑。

伪满皇宫遗址以中和门为界分为内廷和外廷。内廷主要有缉熙楼、东御花园、西御花园、同德殿、书画楼等，是溥仪及其眷属的生活区。外廷区主要有勤民楼、怀远楼、嘉乐殿、宫内府等，是溥仪的政务活动区。此外，还有一些附属设施。

伪满皇宫建筑风格古今并陈、中外杂糅，具有典型的殖民性特点，是日本侵略中国的产物，真实地反映出中国封建社会末代皇帝的垂死挣扎，更见证了日本侵略中国，实行殖民统治的血腥与残暴，是中国近现代殖民文化的典型警示性纪念地之一。主要建筑如下。

同德殿，建筑面积5758平方米，是一座集政治活动、日常生活和娱乐为一体的二层宫殿式建筑。

缉熙楼，建筑面积1036平方米，是一座青砖铁皮房顶的欧式二层楼房。原为吉黑榷运局办公楼，1932年4月3日之前经改建维修，成为溥仪及其后妃婉容、谭玉龄居住、生活的寝宫。

书画楼，建筑面积670平方米，是一座小二层楼，藏有溥仪从北京故宫带来的善本古籍、历代名人书画、清宫珍贵文物数十箱。后多有失散，皆是对中国、中华历史文化之又一犯罪矣！

勤民楼，建筑面积1392.7平方米，是一座欧式建筑风格的二层楼房，为溥仪的办公楼。二楼有溥仪举行所谓登基大典的正殿勤民殿。

怀远楼，建筑面积1483.69平方米，是一座二层青砖楼房，是溥仪祭祀祖先之地及部分办公室和清宴堂。

东御花园，占地面积11 100余平方米，是由日本人设计的一座日本园林风格的花园，是供溥仪及其“后妃”休息、娱乐的场所。园内建有供奉日本皇室祖先“天照大神”的“建国神庙”，以及仿满族的发祥地——长白山及其瀑布。

博物馆还不时举办与其任务、性质相适应的特色陈列展览，成功打造了“从皇帝到公民——爱新觉罗·溥仪的一生”“勿忘‘九一八’——日本侵略东北史实”等50余个基本陈列展览和原状陈列展览，构建了独具特色的陈列展览体系。

长春伪满皇宫博物院

当年用于傀儡政府行政办公的八大公共建筑，现服务于长春市民的方方面面，已成为长春机关、医院和学校。

伪满八大部 部分为全国重点文物保护单位。位于长春市中心的新民大街两侧，坐落着曾经为伪满洲国的八大机构，包括伪治安部、司法部、经济部、交通部、兴农部、文教部、外交部和民生部，今天称之为“伪满八大部”。门票价格：15 元 / 人。

长春原伪满司法部建筑——现吉林大学新民校区白求恩医学部

当年，侵华日军扶持溥仪傀儡上台后，邀请了中、日、法、德等国的著名建筑师设计并建造，用于傀儡政府行政办公的八大公共建筑。这八大建筑各不相同，但风格一体，既有宏伟的外观，又有翠绿的庭院，不仅中西结合，在外观上试图给人以压倒性的气势。结构上以钢筋混凝土建造，在平面上多以“日”字和“亚”字成形，暗示对抗日军民的压制，喻意军国主义侵略扩张的野心。尽管这样，也没有逃脱覆灭的历史规律，随着时代的改变，大楼旧址没变，但职能都已改变。现服务于长春市民的方方面面，八大部已成为长春机关、医院和学校。伪满治安部，位于新民大街 1 号，是当年的伪满“军事部”，后改“治安部”，现是吉林大学白求恩第一临床医学院。

伪满司法部，位于新民大街 6 号，是当年的伪满“司法部”，现为吉林大学新民校区白求恩医学部。

伪满交通部，位于新民大街 7 号，是当年的伪满“交通部”，现为吉林大学公共卫生学院。

伪满经济部，位于新民大街 9 号，是当年的伪满“财政部”，后改称“经济部”，现是吉林大学白求恩第三临床医学院。

伪满民生部，位于人民大街 133 号，是当年伪满“厚生部”，后改为“民生部”，现为吉林省石油化工设计院。

伪满文教部，位于自由大路18号，是当年的伪满“文教部”，现为东北师大附属小学。

伪满兴农部，位于自由大路20号，是当年的伪满“兴农部”，现为东北师大附属中学。

伪满外交部，位于建设街30号，是当年的伪满外交部，现为吉林省社会科学院。

除此，还有伪满国务院，现为吉林大学白求恩医学院基础医学教学楼，是全国重点文物保护单位，国家级旅游景区。

八大部位于长春闹市区，又较分散。自驾停车、乘坐公交都不太方便，参观游览时可择重参观，不必一一走到。

回北京途中，参观游览了此条线路中最后一个景点。

喀喇沁亲王府 原称“喀喇沁旗右翼旗王府”，民间称王爷府，全国重点文物保护单位，国家AAAA级旅游景区。位于内蒙古自治区赤峰市喀喇沁王爷府镇，距赤峰市70千米，现存2.98万平方米，5进22幢正堂、配房和厢房构成连续四合院式格局。始建于清康熙十八年（公元1679年），距今340多年，是内蒙古现存王府建筑中建成年代最早、建筑规模最大、规格等级最高、保存最好、知名度最高的一座古建筑群。王府建成后300多年间，先后有12代喀喇沁蒙古王爷在此袭政，其中最有影响的是蒙古族杰出的思想家、政治家、改革家贡桑诺尔布。门票价格：50元/人。

贡桑诺尔布，喀喇沁末代亲王，史称贡王，字乐亭，生于1872年，光绪二十四年（公元1898年），27岁时接任王位，是蒙古民族近代史中重要的开拓者，也是赤峰及蒙东地区近代史中最为著名的历史人物。深受戊戌变法影响、立志民族强盛的亲王，治世开明，提倡新政，享誉遐迩。从1902年始，相继创办崇正学堂、毓正女学堂和守正武学堂，出版《婴报》，兴办邮电，派遣留学生，开办实业，建树良多。民国年间，连续担任蒙藏事务局和蒙藏院总裁16载，为振兴近代蒙古族文化作出了杰出贡献。1931年因脑溢血死于京城，时年59岁，死后葬于辽宁建平王子坟。

亲王府的建筑布局精巧，建筑壮观，结构严谨，是典型的清代建筑群。建筑规模为内蒙古49旗蒙古王府之首，集塞北地区、蒙古民族、藏传佛教三大建筑特

中国清代蒙古王府博物馆大门

色于一身，具有浓郁的民族特色、宗教特色和地域特色。其建筑色调淡雅、古朴、庄重，气势宏伟，融古典风格和现代陈列艺术于一体。它既具有清代建筑雄浑、质朴、轩昂、洒脱的风格，又有中国传统宫殿轴线对称、主次有序的结构特点，体现出建造者独具匠心的设计构思与精巧布局。被有关专家誉为中国最大的蒙古王府博物馆。清朝中期以后，喀喇沁亲王府一带逐渐成为卓索图盟的政治、经济、文化中心。

亲王府前后五进院落，沿南北中轴线，由南向北为大堂、二堂、回事厅、议事厅和承庆楼。每座正堂两侧各有配房，五进院落均有东西厢房。主建筑群外，东西两侧建有跨院，左右对称，每个跨院有若干四合院，由垂花门和回廊相连。承庆楼后为王府花园，花园与北山自然风景区毗连呼应。府内苍松翠杉，府围青山绿水，环境优美和谐。拥有 10 000 余平方米的府前广场，可供停车、演出、集会使用。

1997 年起，喀喇沁旗投资 2000 多万元对该建筑群进行了修缮，现已建成 20 个展室，有千余件珍贵文物。分别开辟了“喀喇沁亲王府历史陈列”“书画陈列”“喀喇沁亲王府复原陈列”“王府校史陈列”等 17 个展室，藏品丰富。仅明清时期的文物就有 1400 多件，珍藏了喀喇沁王府传世文物精品百余件。

参观完喀喇沁亲王府，我们就再也没在路上停留，直奔京城。下午不到 4 时回到北京，结束此线路之旅。

线路四

东中部8省市环线——水乡泽国长江沿线之旅

近几年，已经自驾旅行多次，经历丰富，积累了一些经验。这次我们设计了一条较长线路“苏浙皖赣湘渝鄂豫线”，即江苏、浙江、安徽、江西、湖南、重庆、湖北、河南，一共8省市，历时2个多月。

此条线路跨了我国华东、华中和西南地区，位于广阔的长江中下游平原，江南水乡，中部湖区。西部是长江最为峻美的一段，总面积近100万平方千米。这个区域跨度大，除集中了经济发达的东部省市外，也是旅游资源最为丰富的地区。风景名胜古迹众多，自然、历史、文化丰富。被列入《世界文化遗产名录》的景点25个，全国重点文物保护单位780多处，AAAAA级旅游景点66个，AAAA级旅游景点近1000个。

这是一片“物华天宝，人杰地灵”的土地。横跨我国主要河流长江、黄河、淮河，环绕我国最大的淡水湖泊洪泽湖、鄱阳湖、洞庭湖、太湖。这一路，我们的车穿行于许多知名城镇，驻足在美丽的水村泽乡。在临海迎来朝阳，在大巴山中送走落日，在苗乡参与歌舞，也在白帝城、昭君的故乡追思远古。这里，曾有给我们民族留下过深刻创伤的南京大屠杀，也有孕育中国革命摇篮的瑞金红色景区。这条线路，自然资源深厚，人文历史丰富，实现了我们旅行的多个梦想，也使我们更多思考旅行的意义。

这个区域美食、特产丰富，在《舌尖上的中国》记录的就有数十种之多。可随便挑选几样品尝或带回家，和家人朋友们一道分享那芳香四溢的美味、源远流长的传统工艺品：扬州小吃、南京板鸭、镇江香醋、西湖龙井、金华火腿、古井贡酒、符离集烧鸡、江西米粉、长寿五香酱干、重庆火锅、武昌鱼、杜康酒、武夷红袍，以及苏州刺绣、杭州丝绸、长沙湘绣、安徽文房四宝、景德镇瓷器、重庆竹编、洛阳牡丹等。

这条线路虽然走过的省份最多，却少有惊险刺激。因大多穿行在东、中部城镇，交通道路四通八达，等级高，质量好，设施设备完善。就连原先交通落后，素有“蜀道之难难于上青天”的巴山蜀水，现已高速、国道纵横。

清晨从北京出发，下午就到了徐州。第二天参观淮海战役纪念馆——世界上最大的陆战博物馆。

淮海战役纪念馆 位于徐州淮海战役烈士纪念塔园南侧，是全国著名爱国主义教育基地与红色旅游景区。纪念塔高 38.15 米，塔的上端雕刻着由五角星、步枪和松子绸带组成的塔徽。塔身正面镶嵌着毛主席当年题写的“淮海战役烈士纪念塔”鎏金大字。塔座正面镌刻着鎏金碑文，记载着淮海战役的历史经过及烈士们前赴后继、广大群众奋勇支前的英雄事迹。门票价格：5 元 / 人。

1948 年 11 月 6 日至 1949 年 1 月 10 日，中国人民解放军在以徐州为中心的地区进行了伟大的淮海战役。参战部队全体指战员敢于打大仗、打硬仗，表现了一往无前、压倒一切的英雄气概。淮海地区的地方党政机关和 200 万民兵、民工，冒着枪林弹雨，忍风雪饥寒，千里远征，随军转战，对战役的胜利作出了巨大贡献。淮海战役的胜利，是毛泽东同志伟大军事思想的光辉体现，是人民解放军和广大人民艰苦奋斗、军民团结、英勇善战的结果。矗立在凤凰山下的淮海战役烈士纪念塔，正是战役胜利光荣历史的见证，也是激励后人前行的丰碑。

淮海战役烈士纪念塔

淮海战役纪念馆新馆，是世界上最大的陆战博物馆。2007 年 7 月建成开放。建筑面积 2.5 万平方米，陈展面积 1.2 万平方米。共展示文物、照片、艺术作品近 3000 件。凭借其现代化的展示手段、丰富的藏品、宏大的规模，成为徐州红色旅游一大亮点。展馆中心画面高 20 米，周长 150 米，与地面塑型浑然一体，再现了淮海战役的不朽画卷。声、光、电等现代先进的多媒体技术，营造、模拟的真实场面更加立体和

淮海战役总前委领导人雕塑

生动，观众仿佛置身于战争场景中，经过聆听讲解，能更加全面、真实地了解整个淮海战役的进程。

淮海战役总前委群雕位于园林中，他们是：邓小平、刘伯承、陈毅、粟裕、谭震林。建成于 1997 年。高 7 米，宽 9.5 米，由 70 块花岗岩雕砌而成。站在高大的群雕像前，让人肃然起敬。瞻仰群雕后，去粟裕司令墓前凭吊、默哀。老一辈无产阶级革命家为中国革命作出了不可磨灭的伟大贡献，永世流芳。

英雄们的伟大业绩与日月同辉！烈士们的革命精神万古长青！

旅游界有这么一种说法：“明清文化看北京，秦唐文化看西安，两汉文化看徐州”。

徐州汉文化景区 国家 AAAA 级旅游景区。位于江苏省徐州市云龙区三环兵马俑路 1 号，整个景区占地面积 1400 亩，是集历史博览、园林景观、旅游休闲于一体的汉文化保护基地和精品旅游景区。呈现为一部立体的汉代史，成为集“两汉三绝”为一体、国内最大的汉文化主题公园。门票价格：90 元 / 人。

汉文化代表遗产当属“汉代三绝”，即汉墓、汉兵马俑、汉画像石。其中又以汉墓位列第一。

汉文化园区

江苏徐州地区的汉代楚王陵为西汉时期分封在徐州的楚王及其王后的墓葬，时代延续整个西汉王朝，是我国汉代诸侯王陵中保存最完整、序列最清晰的一个系列。徐州地区汉代王陵发现和发掘的较多，自 1980 年正式发掘第一座崖洞墓以来，已累计发现 8 处 18 座墓葬，分别是：狮子山 2 座、驮篮山 2 座、北洞山 2 座、卧牛山 3 座、龟山 2 座、东洞山 3 座、南洞山 2 座、楚王山 2 座。这些墓葬均分布在西汉楚国都城彭城（今徐州市区）周围的山上，一般与徐州市距离不超过 10 千米。

景区由核心区和外延区两部分构成。主要景点：狮子山楚王陵、水下兵马俑博物馆、竹林寺、徐州汉兵马俑博物馆等。以上墓葬除楚王山 2 座汉墓和狮子山之王后墓未经发掘，其余 7 处 15 座皆经过考古发掘。徐州汉代楚王陵能够排出比较明确的序列并归纳出一些基本特征，它的发展具有自身的系统性，对于汉代陵寝制度、典章制度、文物考古、社会历史等方方面面的研究具有重要意义。徐州地区汉代楚王陵考古历程在一定程度上也是中国考古学百年发展的缩影，对于中国考古学的发展是极其重要的经验和启示。

狮子山楚王陵是西汉早期分封在徐州的第三代楚王刘戊的陵墓。遗址年代远古，规模宏大，但近些年对此陵是何王陵墓出现分歧，待进一步考古研究。

狮子山楚王陵 全国重点文物保护单位。位于徐州狮子山，是西汉早期分封在徐州的第三代楚王刘戊的陵墓。葬于汉景帝前元三年（公元前 154 年）前，遗址距今已有 2100 余年的历史。近来又有人考证为第二代楚王刘郢的陵墓。位于其西侧 300 米远的汉兵马俑则是楚王陵园的一个组成部分，象征着卫戍楚王陵的部队。

狮子山楚王墓

狮子山楚王陵、汉兵马俑，在 1984 年 12 月发现，由徐州博物馆发掘。这座楚王陵凿山为葬，结构奇特，工程浩大，凿石量高达 5100 立方米。此墓早年被盗，但在墓道中塞石的外侧发现了东西排列的 3 个小耳室未经盗扰，从中清理出单个重 390 克的金带扣 4 个、金羊头浮雕饰物、玉羽觞、玉杯、玉卮、玉璧、玉璜、玉龙、玉兽、玉蝉、玉豹等珍贵文物，以及铜壶、铜鉴、铜鼎和铜戟、剑、铍等器物。此外，墓中出土：金、银、铜、铁、玉、陶等各类珍贵文物 2000 余件套，包括国内出土的一件最有名气的徐州狮子山楚王陵金缕玉衣。据介绍，这件金缕玉衣目前有很多全国之最：年代最早，入土年代不晚于公元前 154 年，距今已 2100 多年；玉片最多，在国内已发现的玉衣中，一般所用玉片少于 3000 片，而此件玉衣玉片达

4248片，金缕1576克；玉质最好，玉衣全部由新疆和田白玉、青玉组成，温润晶莹；工艺最精，保存最好，这些玉片最大的10平方厘米，最小的不到1平方厘米，且非常薄，有的仅厚0.1厘米，玉片的表面抛光光洁度很高，打孔工艺也很规范。镶玉漆棺、玉卮、金腰带扣等，工艺精绝，令人叹为观止，现存徐州博物馆。还发掘东北方向300米远的陪葬坑群，出土大量青铜器，侍俑、兵马俑等，1995年开放。该墓的发掘被评为1995年全国十大考古新发现之首、中国20世纪100项考古大发现之一。位于楚王陵南侧的羊龟山，推断为楚王王后之陵墓，暂未正式发掘。

徐州汉兵马俑是继西安秦兵马俑后的又一重大发现。汉兵马俑的发现，对研究当时的墓葬制度，兵俑的装备和组成，骑兵、车兵的建制和运用等提供了重要资料。

徐州汉兵马俑 徐州汉兵马俑博物馆建于原址，占地面积6000平方米。由汉兵马俑主馆和水下兵马俑博物馆两部分组成，展出的是复原的俑坑和精心修复的兵马俑。形态各异的兵俑整齐地排列在6条俑坑中，是一支威武雄壮的地下部队。博物馆建于1985年。据初步推测，此墓的主人为汉代分封到徐州的某一代楚王，汉兵马俑是其陪葬品，是楚王拥有军事力量的缩影。4000多件汉俑，具有很高的艺术欣赏价值。

徐州汉兵马俑

狮子山兵马俑，不仅数量众多，而且种类繁多，显示出丰富的内容：有拂袖长袍的官员俑、冠帻握兵器的卫士俑、执长器械的发辫俑、足蹬战靴抱弩负弓的甲士俑等十余种。兵马俑坑分步兵坑和骑兵坑两部分。一号坑前段全部放置站式俑，共516个，后段有陶俑约500件；二号坑前段放置各式陶俑832件，后段残存以跪坐式俑474件；三号坑尚未发掘；四号坑内有俑仅十余件，且多破坏。区别于秦兵马俑的是，这里有一支水下兵马俑，他们位于潭水之中，游客通过石桥走入陈列馆内，便可一睹水下兵马俑的风采，英姿飒爽的骑兵俑最为好看。

狮子山兵马俑既是汉代的艺术珍品，又是徐州作为军事重镇的历史见证，为后世研究提供了重要资料。不仅对研究汉代雕塑艺术有极高的价值，对于研究汉代社会生活、丧葬制度、军制战阵、骑兵、车兵的建制组成及装备和运用等都有着同样的价值。

> 汉画像石艺术博物馆，一座全国最大的陈列、收藏、研究汉画像石的专题性博物馆。

汉画像石艺术博物馆 国家AAAA级旅游景区，国家二级博物馆。位于徐州市泉山区湖东路，云龙湖风景区内，占地面积2万多平方米，建筑面积8000平方米。由北、南馆两部分组成。门票价格：免费。

2007年5月，在原馆基础上新馆正式开馆。徐州市举行了隆重的开馆庆典活动。新馆占地面积10 000平方米，建筑面积5400平方米。其建筑依山就势，风格古朴庄重，陈列展出汉画像石400余块。新馆内部设施完善，有中央空调、直升电梯、学术报告厅、视频放映厅、数字监控等现代化设备，展品布置新颖，采用立体摆放、墓室复原、灯饰照明等手段，烘托汉画像石恢宏的气势。目前，这座陈列、收藏、研究汉画像石的专题性博物馆藏品1400块，展出画像石600余块，也是全国最大的汉画像石专题博物馆。

汉画像石艺术博物馆

汉画像石与汉墓、汉兵马俑并称为“汉代三绝”，并以其独特的艺术风格、珍贵的历史价值与南京六朝石刻、苏州园林并称为“江苏三宝”。徐州汉画像石雕刻有力、画风质朴简洁。雕刻技法有阴线刻、浅浮雕两种。线刻细腻真切，浮雕浑雄苍健，既有阳刚之美，又不失阴柔之丽，体现了中国传统美的基本要素。徐州汉画像石的艺术特色是构图紧密、夸张得体、以线造型、以形传神，表现出一定的创造性。徐州画像石题材丰富、内容广泛，包括神话传说、历史故事、现实生活等。展厅分为 3 个区域：动漫展示与休闲区、汉画像石及拓片模拟制作互动区、汉画像石精品展区。以现代高科技声、光、电技术，生动、真实地再现了汉代政治、经济、文化、信仰等各个方面，充分反映了汉代人的精神气质和审美追求。博物馆包含了汉代的政治、经济、思想、文化、民俗等各个方面，既是汉代社会的一个缩影，也是一部汉代史。

徐州龟山汉墓位于徐州鼓楼区九里山以北，占地约 120 公顷。景区融合了两汉文化、皇陵文化、石刻文化等历史景观，是弘扬徐州楚风汉韵、南秀北雄地方特色的景点之一。景区内有龟山汉墓、圣旨博物馆和点石园石刻艺术馆等景点。

徐州龟山汉墓为西汉第六代楚襄王刘注夫妻合葬墓。工程浩大，气势雄伟，为世界罕见。

徐州龟山汉墓　徐州龟山景区的主要景点之一，全国重点文物保护单位，国家 AAAA 级旅游景区。位于江苏省徐州市鼓楼区龟山西麓。为西汉第六代楚襄王刘注（公元前 128 年—公元前 116 年）的夫妻合葬墓。门票价格：72 元 / 人。

墓东西长 83 米，南北最宽处达 33 米，总面积达 700 余平方米，几乎将整个山体掏空。该墓为两座并列相通的夫妻合葬墓，汉墓分为南北两个甬道，长度分别为 56 米，两甬道长度差仅为 11.90 厘米，两甬道之间的距离 19 米。共有 15 个墓室，人工开凿而成。墓室主次分明，大小配套，室室相通，墓道和墓室总面积达 700 多平方米，容积达 2600 多立方米，全靠手工开凿。此墓工程浩大，气势雄伟，实为世界罕见，中华一绝。整整 56 米长的甬道，其直度、精度居然达到了

龟山汉墓

1/16 000，两甬道的夹角为20秒，有人计算，要延伸到1000千米外的西安才会相交。甬道地平面内高外低，内外高低相差527毫米，呈1/1000的坡度，真不知道当时是如何打造出精度这么高的甬道，也是迄今世界上打凿精度最高的甬道。每条甬道有26块重达6 ~ 7吨的塞石封堵。

迄今为止，徐州汉墓已发掘清理近300座，在这些形式各异的汉墓中尤以十几座汉代王侯陵墓最具规模，而在这十几座王侯陵墓中，龟山汉墓以其规模的巨大、建筑的精美、神秘的色彩而独占鳌头。

龟山汉墓，目前了解的只是冰山一角，至今仍披着一层神秘的面纱，留给我们诸多谜团，景区设资金悬赏破解之说。

徐州圣旨博物馆，中国规模最大、最早以圣旨为载体的皇陵文化博物馆。

徐州圣旨博物馆 坐落在九里山两汉文化旅游区，与西汉楚襄王刘注墓相毗邻。总面积约为28 000平方米，建筑面积约9500平方米。由主陈列楼和点石园两个展区组成，两部分既各具特色，又和谐统一。馆中现有藏品3万余件（套），展出各类珍贵文物5000余件（套），其中不乏精品：收藏着明清圣旨数十道，有从大清顺治帝到末代皇帝溥仪十代皇帝的圣旨，承接不辍，堪称中华首家，在馆藏20余道诰命圣旨中，其中一件堪称孤品的圣旨跨越两代君王，是道光、咸丰二帝封爵奉恩将军奎定及其子玉纲世袭的，即世袭罔替之说的圣旨。明、清龙袍、霞帔、朝冠、像、书法和其他各种精品收藏以及他国圣旨等。特别是国内最大尺幅的明代天启四年的诰封圣旨，长4米，宽2米，上面用金漆书写了4道圣旨，字体隽秀绝伦，堪称正楷书法之范本，而四周则全部用金漆手绘飞龙99条。

圣旨博物馆大门

天启六年的诰命圣旨，为七彩鹤锦面，全长 4.6 米，书写 434 字，可谓字字珠玑、美轮美奂，已历经近 400 年，依然完好无损，极其难得。以及两册刻印精奇绝妙，小到只有 3.4 厘米 ×5 厘米的微型《四书五经》，却书写 20 余万字，每字大小只有 1 毫米，令人叹为观止。

此外，还陈列科举考试资料：试题、试卷、朱卷、殿试卷，以及书法绘画百余件，更奇的是还有科考时作弊的丝织夹带等。同时馆内还藏有清道光年间印制的科场考试条例录要，详尽列出科考中严格的规章制度以及从顺治至道光年间违章考生被处罚的典型事例。另有清代进士、状元等书法楹联匾额 1000 余件以及雕刻精细的圣旨匾十余件。

博物馆除有较高的观赏价值外，还为学术研究提供了极为丰富的参考资料。令游客有饱览历史风云、长见识累知识，似赴艺术文化大宴之快感！

点石园石刻艺术馆，仅观景点大门，小巧玲珑，尽显古典、古朴、古老，足以吸引游客的探访之欲。

点石园石刻艺术馆 位于圣旨博物馆南侧，是龟山景区的又一亮点，“点石园”3 个字来源于清康熙皇帝御笔，取“点石成金”之意，也寓意园中的石刻文物具有独特、珍贵的历史文化价值。点石园以石刻艺术为载体，集砖雕、木雕于一体，陈列有汉代至民国时期珍贵石刻 2000 余件，跨越 2000 余年。展现了中国“三刻”文化的发展史。点石园石刻艺术馆是龟山景区的一大亮点，号称苏北第一名园。门票和龟山汉墓、圣旨博物馆合在一起了，门票价格：80 元 / 人。

点石园大门古色古香，说不出所以然，却总感到历史文化品位极高。走进园

点石园石刻艺术馆大门

区内，完全置身在雕刻世界，砖雕、木雕、石雕争奇斗艳，各有所长，以石雕为主。明代汉白玉石虎、汉白羊，石人像、石瑞兽站在进园的醒目位置，园内北侧错落有致地矗立着多达数十通碑刻，颇有气势，其中不乏帝王、大吏、翰林、状元等的墨宝。更有不少名人骚客的大作，像张之洞、林少穆、刘墉等人的珍贵碑刻。这些经历了岁月风霜洗礼的件件艺术珍品，各有特色，弥足珍贵。

点石园不大，但专业，重点突出，除了收藏大量的石刻石雕作品，整个场馆藏品布置得也挺有特色。田园风光、小桥流水、假以山石、亭台榭阁，相映生辉、相映成趣！印象特别深刻的是百狮，每个狮子形态各异，百兽之王被刻画成天真无邪、憨态可掬的形象，别有一番风味。

点石园虽然被列入汉文化园，但似乎与楚汉文化毫无关系，作为游客更多关注的是历史、文化和艺术成就，点石园做到了！

都说历史是由胜利者书写的。看完汉代三绝，再去看楚霸王，感觉历史差一点就不是汉而是楚了，和北京、西安并驾的旅游三地，差一点就要换地了，历史是多么的奇妙！

项王故里 国家AAAA级旅游景区，江苏省重点文物保护单位。位于江苏省宿迁市宿城区梧桐巷，古黄河与京杭大运河之间，徐淮路东侧。核心景区占地面积260亩，建筑面积7.6万平方米。始建于康熙四十二年（公元1703年），立碑以为纪念。2012年宿迁市政府投资对项王故里景区进行改造，建有古城门、项羽雕像、项府、项园、项署、项羽故居、项家宗祠、霸王古今馆、虞家老宅，以及项羽为主题的4D电影院10个主要景点。门票价格：80元/人。

项王，名籍，字羽。宿迁（古称下相）人。楚国贵族，生于公元前232年，自幼丧父，跟随叔父长大成人，24岁时起兵反秦，秦末农民起义军领袖。“拔山盖世”的英雄，人称西楚霸王。大破秦兵，率诸侯入关，威风不可一世。但在与刘邦楚汉相争中失败，无颜见江东父老，羞渡乌江自刎而死，

项王故里大门

年仅 31 岁。家乡人民为了纪念英雄，在其出生地下相梧桐巷立碑、建坊，名为“项王故里”。

走进项王故里，迎面高耸着一座雄伟的石牌坊，上书“项王故里”4 个大字。门前广场塑有项王马上铜像，高 9.9 米，提兵跃马，雄迈古今。整个建筑结合了汉代民居与宫殿式建筑的风格和特色。室、阁、亭均为青砖青瓦，飞檐石基，庄严肃穆，雄伟壮观。廊柱、格扇、雕刻绘画极为精美。四周围墙呈淡黄色，上覆青色小瓦，古色古香，雍容典雅。

早在康熙四十二年（公元 1703 年），知县胡三俊所立“项王故里”青石碑位于故里前汉白玉桥旁。故里是项羽出生和度过童年的地方，现存古建筑三进院落。第一进可见山门，第二进左右为 100 米走廊，东廊镌刻着司马迁《史记·项羽本纪》全文，西廊镌刻着当代书法名家所书历代名家雅士歌颂项羽的诗文。第三进院落有象征霸王权力的“霸王鼎”、项王亲手种植槐树和同为 2000 多年的项里桐，以及项王当年的饮马槽等。后为核心建筑英风阁，正中是项王汉白玉石雕一座，上方“英雄盖世”匾额，两旁为项王所用兵器，墙上 12 幅雕刻描绘了项王一生的重大事件。

整个项王故居简洁、幽静、典雅、肃穆，恰如其身份。

离开宿迁，来到淮安，这是座历史文化名城，敬爱的周恩来总理的故乡，是我们计划中要去瞻仰的地方。当天住淮安宾馆。

周恩来同志故居 全国重点文物保护单位，国家 AAAAA 级旅游景区，被列入全国百家红色旅游经典景区。位于江苏省淮安市淮安区淮城街道境内，镇淮楼西路驸马巷 7 号，占地面积 1987.4 平方米。建于清咸丰年间（公元 1851—1861 年）到光绪年间（公元 1875—1908 年），是周恩来总理出生至 12 岁以前生活过的地方，清宣统二年（公元 1910 年）春，周恩来随伯父离家去东北求学，此后便再也没有回过家乡。1973 年，国务院值班室主任吴庆彤同志给淮安县委打电话，正式传达周恩来总理关于处理旧居的 3 条指示：①不准让人去参观；②不准动员住在里面的居民搬家；③房子坏了不准维修。1976 年 1 月 8 日，周恩来同志逝世以后，淮安县委根据亿万人民的要求，着手整修周恩来故居，把故居按清宣统二年（公元 1910 年）周恩来离开淮安时的原貌进行修复。1979 年，周恩来故居正式对外开放。1984 年邓小平题写“周恩来同志故居”匾额。2015 年周恩来故居旅游景区正式获批。门票价格：免费。

周恩来同志故居

周恩来，原籍浙江绍兴，清光绪二十四年（公元 1898 年）3 月 5 日生于江苏淮安，1921 年加入中国共产党，是伟大的马克思主义者，伟大的无产阶级革命家、政治家、军事家、外交家，党和国家主要领导人之一，中国人民解放军主要创建人之一，中华人民共和国开国元勋，是以毛泽东同志为核心的党的第一代中央领导集体的重要成员。被称为“人民的好总理”。1976 年 1 月 8 日在北京逝世，他的逝世受到极为广泛的悼念。

周恩来同志故居由东西相连的两个宅院组成，共有大小房屋 32 间，系青砖瓦木结构平房，具有明清时期典型的苏北城镇民居建筑风格。

东大院有周恩来祖父住房，继母和乳母住房，周恩来出生的房间、读书房、他提过水的水井和浇过水的菜园。西大院原为周恩来二祖父住房，辟为陈列室，展出照片近 200 幅，内容分为 5 部分：周恩来童年、家世和故乡、人民的怀念、党和国家领导人题词、周恩来书画苑和周恩来墨迹碑廊。

后院里，有童年周恩来喜爱的蜡梅两株，以及两棵 100 多年的古榆树和观音树，是国家二级保护古树。

门前有一照壁，壁外是一条小渠，凿于明嘉靖年间（公元 1522—1566 年），童年周恩来在此与家人乘小船到镇上。

记得有句“难得糊涂”的警世名言吗？它就是出自大名鼎鼎的清代“扬州八怪”领衔人物郑板桥。

郑板桥故居 又名“郑板桥故居纪念馆”。位于江苏省兴化市东城外郑家巷 7 ~ 8 号，为市级文物保护单位。故居坐北朝南，前后两进，有正屋坐南朝北房 3 间，粉墙黛瓦，兰竹萧萧，庭院清幽。整个故居建筑简朴典雅。另有门楼、小书斋、厨房各 1 间。故居内陈列郑板桥生活用具及郑板桥书画复制品，研究郑板桥的资料等。纪念馆建于 1983 年。现藏品 1181 件，其中郑板桥书画墨迹 33 幅，金农、闵贞、郑銮、刘熙载等人的书画 348 件，当代名人为纪念郑板桥而作的书画 833 件。该馆基本陈列为“郑板桥生平及艺术成就”，陈列“昭阳郑氏家谱”、郑板桥的遗物、7 种版本的《郑板桥集》、板桥墨迹的复制品和照片、有关的研究论著、资料和剧本、金石、传说故事等。门票价格：20 元 / 人。

郑板桥故居

郑板桥，字郑燮。生于 1693 年 11 月 22 日，卒于 1765 年 1 月 22 日，享年 73 岁。诗、书、画盖世，是以“诗、书、画”三绝闻名于世的书画家、文学家。曾是清代“扬州八怪”的领衔人物。郑家世代读书，可谓书香门第。郑板桥在这里度过青少年时代，直至乾隆元年（公元 1736 年），他 44 岁中进士后才从这里走出家门。他的一生可以分为读书、教书，卖画扬州，中举人进士，宦游、作吏山东及再次卖画扬州 5 个阶段。郑板桥应科举为康熙秀才，雍正十年（公元 1732 年），举人，乾隆元年（公元 1736 年）进士。官河南范县、山东潍县（今潍坊市）县令。做官前后，均居扬州，以书画营生。工诗、词，善书、画。画擅花卉木石，尤长兰竹，著有《板桥全集》。一生画竹最多，次则兰、石，也画松画菊，是清代比较有代表性的文人画家。

板桥故居在兴化东门外的郑家巷，又称竹巷，家家以竹为业。生活在这样的环境里，难免产生爱竹的情怀。“无竹不居”，是郑板桥的一大偏爱。墨竹成了郑板桥绘画作诗最主要的题材。在他的笔下，竹也化作了一种品格。青竹傲岸不屈，虚心劲节，可以说是板桥崇高气质的写照。他在潍县罢官离去时留给当地父老的诗画仍是竹的题材。在一幅墨竹图上，他写道：“乌纱掷去不为官，囊橐萧萧两袖寒。写取一枝清瘦竹，秋风江上作渔竿。”至今仍在民间广为流传。可以想见，潇潇夜雨，雨打青竹的声响，扣人心弦，在书房里读书的郑板桥便会生出无限的雅趣，照竹弄墨。他说：“凡吾画竹，无所师承，多得于纸窗粉壁日光月影中耳。”

下面要到的景点，声名显赫，曾在考古历史上有过一段误判的佳话，很有意思。从著名“帝陵”到“伪陵”，何其不堪！

隋炀帝陵 位于江苏省扬州市邗江区槐泗镇槐二村。占地3万平方米，清嘉庆十二年（公元1807年），大学士阮元经考证并出资修复，嘱托书法家、扬州知府伊秉绶书写墓碑隶书“隋炀帝陵”，同年，阮元为其立碑建石。现在的“隋炀帝陵”基本规制还是保持着阮元所修时的原状。门票价格：20元/人。

帝陵由石牌楼、陵门、城垣、石阙、侧殿、墓冢等组成，呈隋唐建筑风格。20世纪80年代以后，该处经过多次整修，已经成为扬州著名的旅游景点。1995年被列为省级文物保护单位。但2013年江苏扬州曹庄隋炀帝墓考古发现后，被确认为隋炀帝和夫人萧后最后埋葬地，还原了历史真相，扬州此陵被证实为“伪陵”。

隋炀帝陵大门牌坊

史料记载，隋炀帝陵墓曾多次迁移。唐代以后隋炀帝陵渐渐荒芜，不为人知。专家认为：阮元发现的槐泗隋炀帝陵强调的是“陵”的大致范围，并不一定就是葬身之地，从这一角度来说，阮元的考证并无讹错。如今，位于槐泗的隋炀帝陵作为一种文化遗存的符号，带有纪念意义，不会因此全盘否定阮元的考证，而且从文物保护的角度上来看，阮元所考证和修缮的隋炀帝陵也是重要的历史遗存。

雷塘隋炀帝陵和最新考古发掘出的隋炀帝墓相距仅5千米，这两个地方都可能属于古代大雷塘的范围，而且在此次考古发现的隋炀帝墓正处在蜀冈南缘，相传吴公台就位于隋宫城西侧蜀冈之上，所以新发现的隋炀帝墓在地理上既可以属于雷塘，也可以属于吴公台。

传说隋炀帝下葬用的是帝王葬礼，引起天雷震怒，轰隆隆一声巨响，击碎棺柩，掀尸棺外，雷击之处，水漫成塘。连葬三次，连遭三次雷击，最后改用平民礼制，才得草草殓埋。这三处雷击而成的陂塘，便被取名曰“上雷塘”“下雷塘”“小新塘”，此次发现的隋炀帝陵应该属于雷塘地区。

是历史还是故事都不重要，因为，我们仅是旅者，看重的是旅游中的奇闻轶事，风景名胜，自然历史……穿越时空，愉悦心境！

扬州，一座有着2500年历史的文化名城，获得“联合国人居奖”。位于中国东南部，毗邻南京、上海，总面积6634平方千米。扬州环境优美，人文荟萃，文化悠久，交通便捷，美食无数。有秀美的自然风光，独特的园林古迹，璀璨的文化艺术，无数典籍诗文、琴棋书画、音乐歌舞，也留下了许多优美的传说故事，精致的美味佳肴。扬州是一座最具中国特色魅力的城市，居住这里的人们享受着得天独厚的自然和人文资源，生活幸福；扬州也是一座最具旅游价值的城市，主要景点如下。

瘦西湖 原名“保障湖”。被列入《世界文化遗产名录》，国家AAAAA级旅游景区，国家重点风景名胜区。位于扬州市城区，总面积2000亩。原是扬州城外一条较宽的河道，长4.3千米，面积480多亩。随盐业发展，清代康乾时期形成繁荣兴盛的基本格局。有“园林之盛，甲于天下”之誉。门票价格：150元/人。

瘦西湖，湖面瘦长，蜿蜒曲折。“十余家之园亭合而为一，联络至山，气势俱贯。”盛时沿湖曾有24景，康熙、乾隆帝均6次南巡至此，对这里的景色赞赏有加。后随盐业凋敝而衰退，又历经战乱，残破不堪。经修复，形制至现。

瘦西湖，既有园林自然风光，又有丰富的历史文化，经多年经营，景点众多，妩媚多姿，无穷奇趣。尤其待到江南春色降临，烟花三月下扬州，漫步于瘦西湖畔，但见几步一柳，好似绿雾般的柔媚动人。加之山茶、杜鹃、碧桃等花朵盛开，五颜六色，多姿多彩，万般的诗情画意尽显其中。

瘦西湖

五亭桥，不但是瘦西湖的标志，也是扬州城的象征。它建于清乾隆二十二年（公元1757年），至今已有260多年的历史。五亭桥上建有极富南方特色的五座风亭，挺拔秀丽，就像五朵冉冉出水的莲花。亭上有宝顶，内绘天花，外挂风铃。五亭桥的桥墩由12块大青石砌成，形成厚重有力的“工”字形桥基。有15个桥洞，洞洞相连，洞洞相通。每当月夜，个个洞都含着一个月亮，有十五的月亮十五圆的绝妙奇境，故扬州又名“月亮城”，名不虚传。

小金山，是瘦西湖中最大的岛屿，也是湖上建筑最密集的地方。风亭、吹台、琴室、木樨书屋、棋室、月观，全都集中在这里。从小金山景区可以看到的就是瘦西湖的主湖区。那远近高低、错落有致的亭台室屋，使瘦西湖的水面显得开阔而深远，宛如一幅大写意的中国山水画。所谓“山不在高，贵在层次。水不在宽，妙在曲折。”这就是瘦西湖和小金山的妙处。

熙春台，“熙春”一词出自老子的“众人熙熙，如登春台”。意指熙春台前人来人往摩肩接踵的繁华场面。熙春台一带的建筑风格处处体现出皇家园林富丽堂皇的宏大气派。

白塔，高27.5米，比例匀称，亭亭玉立，束腰须弥塔座，八面玲珑，每面三龛，龛内雕刻着十二生肖像，和旁边的五亭桥相映成趣。

二十四桥，出自唐代著名诗人杜牧的诗句：“青山隐隐水迢迢，秋尽江南草未凋。二十四桥明月夜，玉人何处教吹箫。”二十四桥由落帆栈道、单孔拱桥、九曲桥及吹箫亭组合而成。

万石园，品种众多，争奇斗艳，充分展示了扬州特有的园林文化的魅力。来到这里，使人流连忘返，不愿离去。

个园 全国重点文物保护单位，国家AAAA级旅游景区。位于江苏省扬州市广陵区东北隅，盐阜东路10号。由两淮盐业商总黄至筠于清嘉庆二十三年（公元1818年）在原明代“寿芝园”的基础上拓建为

个园

宅邸私家园林。门票价格：45 元 / 人。

个园中最大的特色便是以竹、石为基，以遍植青竹而著名，“四季假山”的构思与建筑，在面积不足 50 亩的园子里，以著名笋石、湖石、黄石、宣石叠表现春夏秋冬四季，融造园法则与山水画理于一体，开辟了 4 个形态逼真的假山区，分别命以春、夏、秋、冬。整个园子以宜雨轩为中心，游人沿着顺时针方向，可尽览四季秀景。十二生肖石象征春天，太湖石象征盛夏的江南景色，黄石烘托秋天群山的挺拔，颜色洁白的雪石突出冬日里积雪未化的寒冷感觉，各具特色，表达出“春山淡冶而如笑，夏山苍翠而如滴，秋山明净而如妆，冬山惨淡而如睡”的诗情画意。以廊连接沟通，旨趣新颖，结构严密，游人可尽揽四季秀景，是扬州私家园林中的压轴之作，被园林泰斗陈从周誉为“国内园林孤例”。

个园小巧玲珑，是一处典型的私家住宅园林，全园分为中部花园、南部住宅、北部品种竹观赏区。从住宅进入园林，首先看到的是月洞形园门，门上石额书写“个园”二字。园门后是春景，夏景位于园之西北，秋景在园林东北方向，冬景则在春景东边。主要景点有：抱山楼、清漪亭、住秋阁、宜雨轩、觅句廊以及四季假山。

一座大型私家住宅园林，俗称“何园”，又名“寄啸山庄”。

何园 何芷舠故居。全国重点文物保护单位，国家 AAAA 级旅游景区。位于江苏省扬州市古运河北岸徐凝门街 66 号内。始建于清同治元年（公元 1862 年），光绪元年（公元 1875 年）建成，历时十三个春秋。寄啸山庄是一座大型住宅园林，由东西花园、住宅楼群、片石山房 3 部分组成。占地面积 1.2 万余平方米，建筑面积 6000 多平方米，主体建筑前后三进，全部用水磨砖砌成，是清代扬州园林的后期代表作。门票价格：45 元 / 人。

何园

何芷舠，一位集官僚、盐商等多重身份于一身的传奇人物，与中国近代史上多个赫赫有名的大家族关系十分密切，进退与共，其荣辱兴衰的生存佳话在此表现得淋漓尽致。

建筑群后为花园大门，迎面月洞门楣上嵌有“寄啸山庄”石额，花园分为东西两个景区。

享有“天下第一廊”美誉的1500米复道回廊使园林建筑四通八达，至楼阁、假山，串楼和回廊连成一片。有“中国立交桥雏形”之称。

住宅部分，主要由一座面积约160平方米的煦春堂和两座七开间的西洋楼组成。大厅分正厅、耳厅，是扬州尚存最大、最完整的楠木厅。两座西洋楼，又称玉绣楼，中西合璧，新颖别致。

楠木厅东院墙上嵌砖刻临摹石涛手书“片石山房”四字，赫赫有名。现存的湖石假山基本保持原貌，小巧玲珑，典雅别致。片石山房“天下第一山”，是画坛巨匠石涛和尚叠石的“人间孤本”。

大明寺，环境清幽古朴，风景瑰丽多彩，无愧天下闻名之胜景。

大明寺 全国重点文物保护单位，国家AAAA级旅游景区，位于江苏省扬州市区西北郊蜀岗平山堂东路1号，占地500亩。因初建于南朝宋孝武帝大明年间（公元457—464年）而得名。1500余年来，寺名多有变化，屡建屡毁，清同治九年（公元1870年）重建，取名法净寺。1980年，大明寺恢复原名。门票价格：45元/人。

大明寺

大明寺集佛教、文物古迹、园林风光于一身，天下闻名之胜地。清初为“扬州八大古刹”之首。主要景点如下。

牌楼，沿着数百节舒缓石阶登上大明寺前的广场，迎面是一座庄严典雅的牌楼。为纪念栖灵塔和栖灵寺而建，中门之上面南有篆书“栖灵遗址”四字。牌楼前面南而踞的一对石狮造型雄健威武。

天王殿，殿内供有弥勒像，背面为护法韦驮，两旁分立持国、增长、广目、多闻四大天王。

大雄宝殿，为清代建筑，面阔三间，前后回廊，檐高三重，镂空花脊。殿内释迦牟尼大佛正中坐于莲花高台之上。

栖灵塔，早在隋文帝仁寿元年（公元 601 年）于大明寺内建，塔高 9 层，塔内供奉佛骨，谓之佛祖即在此处。可惜在唐武宗会昌三年（公元 843 年）一代胜迹化为焦土。1993 年后重建。

东关街，商业氛围浓烈，文化、艺术、美食样样不缺，吃喝玩乐应有尽有，无愧中国十大历史文化名街。

东关街 国家 AAAA 级旅游景区。位于江苏省扬州市，它东至古运河边，西至国庆路，全长 1122 米，是扬州城里最具有代表性的一条历史老街，也是中国十大历史文化名街。东关街以前不仅是扬州水陆交通要道，而且是商业、手工业和宗教文化中心。门票价格：部分景点收取门票，联票价格（可游览 6 个景点）：45 元 / 人。

东关街

东关街，异常繁华，商铺林立，门类齐全，饮食店、油米坊、鲜鱼行、八鲜行、瓜果行、竹木行近百家之多。不乏众多老字号，前店后坊的连家店遍及全街，生意兴隆，声名大振。

和东关街紧紧相连的是东圈门的古街区。两条街现已结合起来共同规划、整治、开发，为的是更能突显扬州文化名城的非凡品位，形成扬州双东文化商圈。这里除有老字号店铺外，还集中了众多名胜古迹，有个园、逸圃、汪氏小苑，还有扬州较早创办的广陵书院、安定书院、仪董学堂，和明代的武当行宫、准提寺，建于康熙五十三年（公元 1714 年）的马监巷清真寺。在东关街西头，还有香火很旺的财神庙和广储门街口的砖砌圈门；东关街东口又发现了宋大城东门双瓮城遗址，名人故居就更不在少数。

扬州，其美食小吃是不能不关注的：蟹粉狮子头、文思豆腐、扬州三套鸭、扬州烫干丝、蒲菜涨蛋、扬州汤包、清炒虾仁、爆炒腰花、卤香菇等，最特别的是扬州炒饭。相传源自隋朝越国公杨素爱吃的碎金饭，是最具知名度的中国美食之一。风味各异，品种繁多，常辅以鸡蛋、海参、火腿、青豆、虾仁、猪里脊肉、香菇、竹笋、葱花等料，价廉物美。

宋大城西门遗址，遗址虽属小众景点，但打理很好，在这里参观游览，不论是遗址本身，还是陈列馆，都很清静，尽可安下心，细细品赏。

宋大城西门遗址 获1995年全国考古十大发现提名荣誉奖。全国重点文物保护单位。位于四望亭路，展示了扬州宋代城池史，总面积约7000平方米。规整的长方形，城内开十字大街，与四面城门相通，南北向大街，西侧平行一河（汶河，今填平为汶河路），河与南北水门相通。西门始建于五代，历经两宋、元、明、清和民国，沿用至今已1000余年。这一发现，揭示出扬州古城门、马面、瓮城，以及道路等重要遗迹。遗址旁设陈列馆。门票价格：免费。

宋大城不同时代的城墙、城门和道路遗址清晰可见，这在我国城市遗址考古中很少见，具有十分重要的历史研究价值和保护利用价值。

宋大城遗址

北宋晚期西门砖构券顶式城门洞的发现，是国内发现最早的实例，它比元大都和义瓮城门还要早100年以上。遗址透视宋代扬州城池概貌：北宋、南宋的瓮城分别达4.5米和3.5米，城内空间有400平方米。东西向平行街道三条，分别通过太平桥、开明桥、小市桥。相距300～500米。进出城门的砖铺路，都是立砖铺地，不仅路牙严整，路面呈中高边低的弧状，且砖与砖之间排列整齐，错落规矩。北宋路面车辙痕迹深凹，路面损坏严重，证明了北宋社会安宁，经济繁荣。南宋路面辙浅，路面平，系战乱频频，经济萧条，人口稀少的原因。可以看出宋代时我国已开始使用砖砌券顶式圆形城门洞，替代了在此以前的木构过梁式方形城门洞，这是因为宋代火药的发明，对作为战争防御功能的城门也提出了更为坚固的要求。虽为局部，毕竟展示了五代、北宋、南宋城池的差异和师承。

五代后周周世宗在唐代旧城的东南隅改筑了一小城，世称周小城，西城门在五代周小城基础上修筑，并一直沿用到清代。

从扬州到镇江，咫尺之间，过了长江便是，直接去镇江三山。

镇江三山又称京口三山，位于江苏省西南部，长江下游南岸，具有“真山真水”的独特风貌。由金山风景区、焦山风景区、北固山风景区组成，三山各具特色。门票价格：120 元 / 人。

金山 位于镇江市西北，海拔 43.7 米，占地面积 41.6 公顷。金山风景幽绝，形胜天然，为南北来往要道，自古为我国游览胜地之一。原为扬子江中的一个岛屿，有“江心一朵美芙蓉”之誉，至清光绪末年（公元 1903 年）左右与南岸陆地连成一片。门票价格：65 元 / 人。

金山

金山，名胜古迹甚多，俯拾皆是。寺庙布局依山就势，使山与寺融为一体。无论近观远眺，总见寺而不见山。金山之巅矗立着慈寿塔、江天一览亭、留玉阁；大、小观音阁围绕山顶；七峰亭、妙高台、楞阁台等环绕山腰；法海洞、仙人洞、白龙洞等镶嵌山壁；大雄宝殿旧址、天王殿、藏经楼、念佛堂、方丈堂依傍山顶；各种建筑以曲廊、回檐和石级相连，形成楼上有塔、楼外有阁、阁中有亭的“寺裹山”的奇特格局。

金山玲珑秀丽的慈寿塔立于金山西北山巅之上，高 30 米，和整个金山及金山寺配合得恰到好处，仿佛把这座山都拔高了。砖木结构的塔，上下通行，每一层都有走廊和栏杆，八面有景，层层风光都不一样。

楞枷台、妙高台、观音阁、法海洞、古仙人洞、古白龙洞等名胜古迹，皆依山傍势凿岩而建，构思神巧，令人赞叹建筑者的神奇智慧和高超艺术。

金山寺有许多历史典故与动人传说，如《白蛇传》中白娘子水漫金山、梁红玉擂鼓战金山、妙高台苏东坡赏月起舞等都脍炙人口，广为流传。

焦山 原名“樵山”，又称“浮玉山”。传说宋真宗为纪念曾隐居山中

的东汉处士焦光而改名焦山，并沿用至今。国家AAAAA级旅游景区，国家重点风景名胜区。位于市中心东北4.5千米的长江之中，海拔70米。曾是万里长江中唯一四面环水可供游人观光探幽的岛屿，与金山对峙。山上定慧寺原名普济禅寺，是江南最早的寺庙之一，寺名匾额是清康熙帝南巡时所题。门票价格：65元/人。

焦山，系“镇江三山”名胜之一，一向以山水天成、古朴幽雅闻名于世。焦山山水天然真实，山上古木葱茏，石刻林立。寺庙建筑皆掩映于老树葱茏之中，所以有“山裹寺”之说。

焦山藏有许多珍贵文物和著名古迹：明代古寺庙定慧寺，主体建筑是绿瓦朱栏，十分古雅；古树木（六朝柏、宋代槐、明代银杏），多呈虬奇古怪之态，散布在山腰水畔寺前庙后，为山寺增添上一层幽邃雅静、青翠葱郁的色彩，极宜游宾休憩；古碑刻和崖铭文物，摩崖石刻于世皆知，碑林墨宝之多，仅次于古都西安碑林，为江南第一大碑林，其中被称为“碑中之王”的《瘗鹤铭》碑为稀世珍宝。

焦山每个寺庙都曾有名僧，能诗词歌赋，善琴棋书画，清代禅僧几谷、六静和尚是著名的画家，鹤州是拓碑能手，都曾享名一时。郑板桥、柳亚子、康有为等人，曾在焦山攻读。焦山还办过佛学院，慕名来此朝佛受戒的学徒很多，因此，焦山有“文化山”之喻。

亭台楼阁有华严阁、观澜阁、吸江楼等，比较有名的有定慧寺、别峰庵等十多个庵寺。这些古建筑精华点缀江山，在自然山水中增添了绚丽的色彩。加上皇帝金口一开典故，从此焦山声名远播。此外，还有古碑刻、崖铭文物皆闻名于世。

北固山 位于江苏省镇江市长江北，形势险固，故名“北固”。国家AAAAA级旅游景区。长约200米，高约58.5米，山壁陡峭，形势险固。与金山、焦山成犄角之势，三山鼎立，北固山更显出雄壮险要，有“天下第一江山”之摩崖刻。门票价格：65元/人。

北固山居金、焦二山之间，濒临大江，由前峰、中峰和后峰三部分组成。前峰原为东吴古宫殿遗址，相传是三国孙权的宫殿和周瑜帅府所在，现已辟为镇江烈士陵园。中峰旧有北固山房，西面山廊下有凤凰池，相传朱元璋曾临凤凰池议论政事，现有国画馆。后峰是主峰，也叫北峰，临长江，三面悬崖，地势险峻，是名胜古迹集中之地。甘露寺高踞峰巅，形成“寺冠山”的特色。

北固山

峰的东南有铁塔一座。这里的亭台楼阁，山石涧道，不少与三国时孙刘联盟的历史传说有关。古往今来，来镇江的游客，都喜欢到此一游，寻访当年三国的遗迹。

甘露寺后面的多景楼，是北固山风景的最佳处。此楼二层，面对大江，楼名取自唐李德裕诗句“多景悬窗牖”，为古代长江名楼之一。米芾所书“天下江山第一楼”的匾额，高悬在楼额之上。宋元以来，历代文人名士，达官显贵，在此诗酒唱和，欧阳修、苏轼、米芾、辛弃疾和陆游等，都曾留下许多著名的诗作。登上多景楼，凭栏远眺，山光水色，奇景异姿，尽入眼帘。

镇江历史悠久，文物古迹众多，千百年的遗存，不仅有厚重的历史，还有一众美味小吃，让人记忆永久！

西津渡古街 唐代曾名“金陵渡”，宋代以后才称为“西津渡”。位于镇江城西的云台山麓，全长约 1000 米，是依附于破山栈道而建的一处历史遗迹。西津渡古街是镇江文物古迹保存最多、最集中、最完好的地区，是镇江历史文化名城的“文脉”所在。始创于六朝时期，历经唐、宋、元、明、清 5 个朝代的建设，留下了如今的规模。千百年来，这里是兵家必争之地，发生在这里的重要战事有数百次之多。还有“中国渡古博物馆”之誉。门票价格：免费。

西津渡古街，建筑多为明、清时期的遗迹。房屋砖木结构，窗栏飞檐雕花，朱红色油漆，青石板古道，街道两旁店铺林立，商家众多。各式旅游纪念品、小吃品种琳琅满目，具镇江地方特色、文化内涵、古色古香。集津渡文化、宗教文化和民居文化于一体。李白、孟浩然、张祜、王安石、苏轼、米芾、陆游、马可·波罗等都曾在此候船或登岸，留下了许多脍炙人口的诗篇，也留下许多著名景点。

五十三坡，即 53 级台阶。构思和取名来自佛教典籍《华严经》中的经典故事。

劝导人们参拜圣贤，学习积德从善，就像攀爬台阶一样，陶冶情操，净化思想，反映了人们对真善美的向往和追求。

救生会，始建于康熙三十一年（公元1692年），距今已有300多年历史。事实上，救生会的创设应追溯到宋代。救生会，顾名思义济渡救生的意思，是带有慈善性质的水上安全救助机构，专门从事义务打捞沉船和救生事宜。

西津渡古街昭关石塔

昭关石塔，是我国唯一保存完好、年代最久的过街石塔。全国重点文物保护单位。塔座分为两层，造型大气美观。重修工程中，在石塔心室里，意外地发现了两个“曼陀罗”，连同石塔都具有极高的文物价值。

除此，还有观音洞、待渡亭、超岸寺、算山以及众多的题刻等。

别忘了在此一定要品尝风味小吃，我们一边游一边品卤豆腐干、桂花糖，华都赞不绝口，还买了些带走。我们调侃，带走的不仅是小食品，而是厚重的历史，是永恒的记忆！

南京大屠杀遇难同胞纪念馆，国际公认的第二次世界大战期间三大惨案纪念馆之一，中国唯一一座有关侵华日军南京大屠杀的专史陈列馆。参观展览，勿忘历史，珍爱和平，振兴中华。

侵华日军南京大屠杀遇难同胞纪念馆 又称江东门纪念馆。全国重点文物保护单位，国家AAAA级旅游景区，国家一级博物馆，全国爱国主义教育示范基地。位于南京市建邺区水西门大街418号，南京大屠杀江东门集体屠杀遗址及遇难者丛葬地，是为铭记侵华日军攻占南京后制造的惨无人道的南京大屠杀的暴行，是中国唯一一座有关侵华日军南京大屠杀的专史陈列馆，也是国家公祭日主办地。占地面积120 000多平方米。同时，南京市还在17处大屠杀遗址设立纪念碑。门票价格：免费。

1982年，日本文部省审订通过的历史教科书将“侵略中国”的记述改为“进入”。日本在教科书里美化其侵略历史的行为激起了中国人民的极大义愤。

1985 年 2 月 3 日，邓小平题写“侵华日军南京大屠杀遇难同胞纪念馆”馆名。纪念馆的建设工程于 2 月 20 日（正月初一）动工，当年 8 月 15 日即中国抗日战争胜利 40 周年纪念日当天建成。

展馆分三期工程建成，是全面展示“南京大屠杀”特大惨案的专史陈列馆，主要用“死亡、和平”4 个字来概括，突出沉重、哀悼，圆满、胜利、浴火重生。

该馆正大门左侧镌刻着邓小平手书的“侵华日军南京大屠杀遇难同胞纪念馆”馆名。陈列分广场陈列、遗骨陈列、史料陈列三大部分。广场陈列由悼念广场、祭奠广场、墓地广场等三个外景陈列场所组成。其中悼念广场内有外形如十字架、上部刻南京大屠杀事件发生时间的标志碑，“倒下的 300 000 人”的抽象雕塑，“古城的灾难”大型组合雕塑及和平鸽等。祭奠广场有刻有馆名的纪念石壁、郁郁葱葱的松柏和用中英日三国文字镌刻的“遇难者 300 000”的石壁。

纪念馆分展览集会区、遗址悼念区、和平公园区和馆藏交流区 4 个功能性区域。展览集会区，分为史料陈列厅和集会广场。史料陈列展示基本陈列和专题陈列。基本陈列，包括序：侵华日军南京大屠杀史实展，第一部分　南京沦陷前的形势，第二部分　日军入侵南京与中国守军南京保卫战，第三部分　南京——人间的活地狱，第四部分　国际安全区不安全，第五部分　对制造南京大屠杀的日本战犯的审判。集会广场上有主题雕塑——冤魂呐喊、标志碑、灾难之墙、和平大钟，每年的 12 月 13 日，人们都会在这里集会，公祭遇难同胞，撞响和平大钟，发表和平宣言。遗址悼念区，包括“古城的灾难”大型组合雕塑、“历史证人的脚印”铜版路、《狂雪》诗碑墙、石壁墙与邓小平手写馆名、墓地广场、浮雕《劫难》《屠杀》《祭奠》、立雕《母亲的呼唤》、“万人坑”遗址陈列和悼念广场祭场、冥思厅等。和平公园区，以和平为主题，是世界各国人民进行和平交流的重要场所，包含胜利之墙、和平公园、汉白玉雕塑《和平》、紫金草花园、日本友人植树林等馆藏交流区，是寓馆藏、交流、办公为一体的综合功能区域，其主要设施有学术报告厅、图书馆、特藏库等。

纪念馆和平大钟

主要陈列的文物有当年日军屠杀现场照片，历史档案资料，中外人士当年对这次历史惨案所写的纪实、报道和出版的专著、图书、报刊，至今尚健在的1000多位幸存者的名册、证言、证词和实物；当年屠杀南京军民的日军军官和士兵的日记、供词；崇善堂、世界红卍字会、红十字会等慈善团体掩埋尸体的照片、统计表、臂章、证词以及远东国际军事法庭和中国军事法庭对南京大屠杀主犯松井石根、谷寿夫审判的照片、判决书及其他各种实物、雕塑500余件等，共有馆藏文物史料20余万件。

南京总统府，中国近代建筑遗存中规模最大、保存最完整的建筑群，近代历史的重要遗址。

南京总统府 南京民国建筑的主要代表之一。位于南京市玄武区长江路292号，府内“太平天国天王府遗址”为全国重点文物保护单位，国家AAAA级旅游景区；府内“孙中山临时大总统府及南京国民政府建筑遗存”，为全国重点文物保护单位，国家AAAA级旅游景区。总统府占地面积约9万平方米，分东、西、中3个区域：东区主要有行政院、陶林二公祠、马厩和东花园等，西区有孙中山临时大总统办公室、秘书处、西花园、孙中山起居室及参谋本部等，中区主要有国民政府、总统府及所属机构。始建于明朝初年，南京总统府即明归德侯府和汉王府，至今已有600多年的历史。清代，江宁织造署、两江总督署等设于此。近代以来，多次成为中国政治军事的中枢、重大事件的策源地，中国一系列重大事件或在这里发生，或与这里密切相关，许多重要人物都在此任职、活动过。清康熙、乾隆下江南时均以此为“行宫”。清宣统三年（公元1911年）10月辛亥革命爆发，江浙联军攻克南京，决议南京为临时政府所在地。民国三十七年（1948年）5月20日，蒋介石、李宗仁分别当选总统和副总统后，国民政府改称总统府。门票价格：40元/人。

南京总统府大门

1998年，在总统府旧址筹建南京中国近代史遗址博物馆，至2003年已初具规模。目前，博物馆占地面积9万平方米，分东、西、中3个展区，11个展馆。

保存完好的近代中西建筑遗存，大量珍贵文物和史料，风景优美的自然环境，我们随着参观的人流向前移动，好像穿行在一部中国近代史长河中。吸引我们的不仅仅是那幽幽纵深的重重门廊，深沉的朱红色基调，一个个展室，优雅秀美的江南园林，更是那厚重的历史文化，珍贵的文物史料及发生在这里改朝换代的史实和故事。

南京总统府及其遗址，600 多年间，经历无尽沧桑，其建筑群建了被毁，毁了又建，艰难地走到今天。现辟为展馆、旅游景点，向社会开放。人民群众，普通老百姓才能一睹这数百年建筑群的面目芳容。何其之幸啊！

1949 年 4 月 23 日中国人民解放军攻进南京，把红旗插上了“总统府”的房顶。这一经典时刻，在书画上、影视镜头里无数次再现，我们无数次目睹。当天来到总统府游览，体会更现实、更深刻。经典的一幕宣告：南京解放了！国民党政府垮台了！从此，天翻地覆慨而慷，苦难的中国揭开了历史的新篇章。曾经的帝国主义在这里行船、封建军阀在这里饮马的年代一去不复返了！

公元 1853 年太平军攻克南京后，定都南京，将两江总督衙门扩建为天朝宫殿，称天王府。

太平天国天王府遗址　全国重点文物保护单位，国家 AAAA 级旅游景区。位于南京市长江路总统府内，原为清两江总督衙门，太平天国改称天王府。坐北朝南，建筑规模宏伟，气势不凡，分内外两城。内城名金龙城，外城名太阳城。外城最南为照壁，内有一排旗杆，有牌楼、钟鼓楼、天父殿、下马坊、御河、朝房。内城有金龙殿、穿堂二殿、三殿，内宫七八进，宫后筑高台，四周为宫墙；除石林苑外，大殿东西两侧各有花园一座。1864 年，清军攻陷南京后，纵火烧毁了天王府大部分建筑。1870 年，清政府在此重建两江总督衙门，建筑保存到至今的有大殿（或称金龙殿），大殿前东西朝房，大殿后穿堂及暖阁，大殿后东侧内厅三进及西花园及园内的石舫，洪秀全的“纶音”碑额和碑座。特别是西花园，

南京太平天国天王府遗址

是南京风景名胜之一。门票价格：40 元 / 人。

边参观边惋惜，当年太平天国农民运动，已到了这种地步，本可继续北伐，一鼓作气，完全胜出，可是在南京却停下脚步，争王做帝。既是历史的局限，也是农民及农民运动的局限，军纪松弛，享乐腐化，内耗不团结，革命不到底，半途而废。惨痛的教训啊！

西区的西花园不愧是南京风景名胜之一，在这繁华的闹市区，难得有这小巧碧玉的幽静去处，环境优美、古朴典雅，亭台阁榭、小桥流水，绿树成荫、花影叠嶂。江南特色太湖石引人注目。湖边石舫，虽不及北京颐和园大石舫的气派，但也不失皇家的豪奢。

南京中华门，整个城堡构思奇巧，结构复杂，建造精良，巍峨雄姿，世所罕见，珍贵文物。

南京中华门 明代称“聚宝门”。全国重点文物保护单位。位于南京市中华路南端，是明朝都城的正南门，南京明朝内城墙 13 个城门中规模第二大的城堡式城门，当今世界上保存最完好、结构最复杂的古代瓮城城堡。建于明洪武二年至十九年（公元 1369—1386 年），在南唐都城正南门的基础上扩建而成。中华门城堡东西宽 118.5 米，南北长 128 米，总面积 15 168 平方米，高 20.45 米。城门 4 道，每两道之间的空地称作瓮城，形成 3 座瓮城。每道城门除置有铁皮包严的木质大门外，城门两边还有石槽，石槽内嵌有千斤闸，战时如木质城门被敌军攻破，可从城上放下千斤闸以阻止敌军前进或退却。城堡上下还设有 27 个藏兵洞，可埋伏士兵 3000 多人，以对付困在瓮城中的敌军。3 座瓮城可将攻入敌军截为 3 段，分而治之。门票价格：20 元 / 人。

南京中华门

对外的第一道城门分上、中、下 3 层，上层原建有庑殿式重檐筒瓦顶的镝楼，但毁于 1937 年侵华日军的炮火，现尚存台基残迹；中层为砖石结构，朝内一排 7 个藏兵洞，下层中间为瓮城甬道，两侧各有3个藏兵洞。2～4道城门为二层结构，上面有木质城楼，下层为砖石结构。瓮城的东西两侧各建有一条宽11米的斜坡式登城马道，供守军骑马上城，现在马道旁每隔一段都有一个真人大小的将军装束的人偶，供游人拍照留念。马道下的外侧还各有一排7个小藏兵洞。

中华门的兴建前后历时近21年，现经650多年的风雨沧桑，除木结构的建筑毁坏，砖石结构保存基本完好。整个工程浩大，结构复杂，采用巨型条石作为城门基础，城墙用砖砌筑，墙砖每块长40～50厘米，宽20厘米左右，厚10厘米上下，每块重量15～20千克不等；黏合剂采用糯米汁、石灰、桐油拌和后砌成，非常坚固，适守宜攻，充分体现了我国古代能工巧匠的智慧和技艺。

民国时期，在原聚宝门的东西两侧开辟中华门东门和中华门西门，可以同时满足南来北往汽车的通行。

中华门为明都城南门，是南京城门中最雄伟的一座，也是我国现存最大、最为完整的瓮城堡垒，在我国城门建筑史上占有极其重要的地位，是研究城垣建筑史、都城史和古代战争史的珍贵实物。

秦淮河是南京古老文明的摇篮，明、清两代，是十里秦淮的鼎盛时期，如今是集古迹、园林、画舫、市街、河房厅和民俗民风于一体的旅游线。

南京夫子庙秦淮河风光带 位于南京城南，以秦淮河风光为纽带，以夫子庙为中心，是明清风格、庙市街景合一的文化、旅游、商业、服务等多功能旅游胜地。门票价格：免费。

南京夫子庙秦淮河风光带一隅

秦淮河，长江的一条支流，全长约110千米，是南京地区的主要河道，后人误认为此水是秦时所开，所以称为“秦淮”。秦淮河是南京古老文明的摇篮。明清两代，是十里秦淮的鼎盛时期。金粉楼台，鳞次栉比，画舫凌波，桨声灯影，构成一幅如梦如幻的美景。

经过修复的夫子庙秦淮河风光带，包括瞻园、夫子庙古建筑群、白鹭洲、中华门城堡，以及从桃叶渡至镇淮桥一带的秦淮水上游船和沿河景观，可谓集古迹、园林、画舫、市街、河房厅和民俗民风于一体的旅游线，极富情趣和魅力。

夫子庙，孔庙的俗称，原来是供奉和祭祀孔子的地方。始建于公元1034年，位于秦淮河北岸贡院街。孔庙现已成为群众文化活动场所。1985年修复夫子庙古建筑群，周围茶肆、酒楼、店铺等建筑也都改建成明清风格，这里供应的传统食品和风味小吃不下200种。主要景点如下。

明远楼，四方形，高三层，飞檐出甍，四面皆窗，是用以监视应试士子入贡院考试情况的栋宇。

乌衣巷，在夫子庙文德桥南，是六朝有名的商业区和王公贵族的住宅区。

媚香楼，名著《桃花扇》中的秦淮名妓李香君的故居。

瞻园，江南名园，曾为明开国功臣中山王徐达之府邸花园，太平天国时为东王杨秀清王府。布局典雅精致，小巧玲珑，曲折幽深。园中有三座各具风姿的假山，为明代遗物。

白鹭洲公园，中山王徐达的东花园。园中有藕香居、烟雨轩、水榭、假山等景色，其中尤以桥为特色，园内宛如襟带的小桥竟有15座之多。

江南贡院，科举考试的考场所在地，清朝光绪年间，贡院内仅考试用的舍号就达20 644间，更有水池、花园、桥梁等园林景观辅佐，占地之广、规模之大，均为全国罕见。

我们这是第三次到秦淮风景区，除了欣赏变幻的美景，还有一个重要内容，就是品尝各种风味美食。到小吃比较集中的“秦淮小吃城”，一共点了10多样小吃。有桂花夹心小元宵、五色糕团、豆腐涝、葱油饼、开洋干丝、蟹壳黄烧饼、鸭油酥烧饼、什锦菜包、薄皮包饺、雨花茶等，还有几个小菜。别看点这么多，每样量都不大，价格也不太高，总体感觉，8个字：味道不错、价廉物美。

游览夫子庙秦淮风光的中心地带，可先乘车至明远楼，然后步行至贡院西街，入孔庙大成殿参观。大成殿，现辟为南京乡土文化博览馆。参观后，可去附近的东市、西市选购一些旅游纪念品，并在贡院西街一带品尝各种小吃。然后到魁星阁下码头，乘仿古画舫游览秦淮河，船上有导游介绍十里秦淮的两岸风光及历史故事，全程约45分钟。下船后，可再到李香君故居和乌衣巷等地参观。

明孝陵，南京最大的帝王陵墓，也是我国古代最大的帝王陵寝之一，被誉为中国帝陵发展史上的一座里程碑。

明孝陵 是明代开国皇帝朱元璋和皇后马氏的合葬陵墓。被列入《世界文化遗产名录》，全国重点文物保护单位，国家 AAAA 级旅游景区。位于江苏省南京市紫金山南麓独龙阜玩珠峰下，毗邻中山陵。始建于明洪武十四年（公元 1381 年），于明洪武十六年（公元 1383 年）完成了陵墓的享殿等主体工程，到明永乐十一年（公元 1413 年）整个陵园建筑才告结束，前后历时 32 年，动用 10 万军工。是南京最大的帝王陵墓，也是我国古代最大的帝王陵寝之一。明孝陵依山傍水，坐北朝南，堪称风水宝地。门票价格：70 元 / 人。

明孝陵，总体布局分两部分：一是导引建筑神道，二是陵寝主体建筑。由下马坊至文武方门神道，长 2400 米。沿神道依次有：下马坊、禁约碑、大金门、神功圣德碑碑亭、御桥、石像路、石望柱、武将、文臣、棂星门。过棂星门向东北，便进入陵园的主体部分。这条正对陵寝的南北轴线上依次有：金水桥、文武方门、孝陵门、孝陵殿、内红门、方城明楼、宝顶等建筑。所有建筑中，木结构建筑大多毁于 1853 年清军与太平军之战，现仅存下马坊、禁约碑、内红门、碑亭中壁、石像路石刻、方城明楼等下部砖石建筑。

南京明孝陵“世界文化遗产”牌

明孝陵纵深 2.6 千米，当年围绕的红墙周长 22.5 千米。规模宏伟，建制严谨，多处创新，有别于之前帝陵。关于布局，一说朱元璋尤对天象崇仰，按“北斗星”状布局；一说“北斗星”说只是巧合，并非朱元璋亲为。不论怎么说，事实是坐落在钟山的明孝陵，其神道转弯且悠长，开创了明清两代帝陵之先例。明孝陵“前朝后寝、前方后圆”的陵宫布局设计和方城明楼、宝城宝顶等建筑形式，也开创了中国明清帝王陵寝建设规制的先河。北京十三陵，河北清东陵、清西陵，沈阳清福陵、昭陵，都是依照南京明孝陵的建设规制而建造的。因此，明孝陵被誉为中国帝陵发展史上的一座里程碑。

明孝陵神道共有石像生 18 对，其中文臣 3 对、武将 3 对、站卧马各 1 对、站坐麒麟各 1 对、站卧象各 1 对、站卧骆驼各 1 对、站坐猊各 1 对、站坐狮子各 1 对。另有望柱 1 对。所有石雕像均以整块石料雕成。是明代陵寝中规模最大、最具特色的一处。

40 年前我们全家就到过明孝陵旅游。记得这一带当时尚未开发，仅孝陵静静地躺卧在山腹中，神道一片荒芜，随便进出。在主体建筑部分设有大门检票，票价仅 0.05 元 / 人。当年整个景区除了我们一家 4 口，空无一人。小薇、小海才几岁，在神道周围来回奔跑，嬉戏打闹，在石像边照相……。这次旧地重游，感慨颇多，弹指一挥间，我们也从青壮年迈入耄耋之年。如今小薇、小海的子女比当年的他们还大，看景色的变化也已相去何止十万八千里。或许 10 年、20 年后孩子们再来，又是何等的变化，何等的有趣！我们却早已驾鹤西去。

孙权墓，明孝陵前有座土丘，原名孙陵岗，是三国时吴大帝孙权的葬地，亦是南京地区最早的六朝陵墓。孙陵岗还葬有孙权的夫人步氏和后妻潘氏，宣明太子孙登也葬在附近。明初建孝陵时，主持中军都督，曾向朱元璋建议把孙权墓移开，朱元璋说："孙权也是一条好汉，留着给我看门吧！"这样在建孝陵时，仅将孙权陵前的石麒麟迁往别处，孙陵仍在原地完整地保存了下来。

中山陵，"中国近代建筑史上的第一陵"，气势磅礴、宏伟庄严，而又深含意义，具有极高的建筑艺术价值。

中山陵 孙中山先生陵墓，被誉为"中国近代建筑史上的第一陵"。位于南京市东部钟山风景区。坐北朝南，面积 31 平方千米。始建于 1926 年，历时 3 年建成。建筑群在一座山坡之上，正面为一望无际的平川，整个中山陵，犹如一座"自由钟"的造型。沿中轴线建有博爱坊、陵门、碑亭、石台阶及祭堂等主建筑，以及音乐台、流徽榭、藏经阁、永慕庐等辅助建筑，占地 120 余亩。建筑群都保持着统一的色调，白色和蓝色，庄严而又饱含深意。参观需要提前预约，建议提前一天以上预约，也可以购买套票观光，景区内有观光车。门票价格：免费。

中山陵

中山陵，入口处是一座牌坊，上有孙中山题写的“博爱”两字，牌坊也因此取名为博爱坊。牌坊整体高 11 米，宽 17.3 米，牌坊顶部有蓝色的琉璃瓦，四根石柱子夹抱鼓石，典型的中国传统建筑风格。

由博爱坊至祭堂 392 级石台阶，代表了当时中国的 3.92 亿人口，台阶是整体建筑中非常重要的组成部分，将中山陵园内的主体建筑完美地结合到了一起，显示了整体建筑的磅礴气势，并形成了自由钟的造型。长长的台阶每过一段会有一块平台以便歇脚，这是特别设计的。石台阶共分为 10 个平台，如果从下往上仰视，看不到平台仅可看到台阶，而从上往下看，仅可以看到平台，看不到台阶。

殿堂式的祭堂，皆为花岗石垒砌而成，位于第十平台。平台上有两个巨大的钟鼎。祭堂门楣之上有“民族”“民生”“民权”的字样，之上有“天地正气”4 个大字，殿堂宏伟，气势威严。在祭堂前两侧各矗立有一座高大的花岗石华表，高近 13 米，华表整体呈现六角形，且每一面均雕刻有精美的浮雕，极富立体感。祭堂中有孙中山大理石坐像。像座四周有反映孙中山革命事迹的浮雕。祭堂东西护壁大理石刻着孙中山先生手书的遗著《建国大纲》。堂后有墓门二重，上有孙中山先生手书“浩气长存”横额。二重门为独扇铜制，门上镌有“孙中山先生之墓”石刻。进门为圆形墓室，直径 18 米，高 11 米。中央是长形墓穴，上面是孙中山汉白玉卧像，下面安葬着孙中山遗体。墓穴深 5 米，外用钢筋混凝土密封。

每天都有非常多的游人前来瞻仰，须严格遵守规定，仅围绕坐像绕行一圈。

现在的灵谷寺，是 1928—1935 年在原寺址上建成的国民革命军阵亡将士公墓，新中国成立后改名为灵谷公园。

南京灵谷寺 原名“开善寺”，原建在紫金山独龙阜，即现在的明孝陵所在地。梁天监十三年（公元 514 年）梁武帝萧衍为葬其师宝志和尚所建，内葬名僧宝志和尚遗骨，造有志公塔。唐代更名宝公禅院，南唐改称开善道场，北宋称太平兴国寺，明初改名蒋山寺。明洪武十四年（公元 1381），将寺和塔迁此，并改名灵谷寺。当时规模很大，占地 500 余亩，山门上书“天下第一禅林”，毁于兵燹，后重建，习惯上仍称灵谷寺。门票价格：17.5 元 / 人。

灵谷寺大门是一座三拱门的门厅，上覆绿色琉璃瓦，两侧是红墙。中门上题“灵谷胜境”，两侧偏门各书“松声”“泉涛”。

进大门，过雨道是无梁殿。无梁殿原名无量殿，因供奉无量佛而得名，是原灵谷寺仅存的一座建筑，因整座建筑全用砖石砌成，无梁无椽，所以又称无梁殿。

殿高22米，宽46.7米，进深37.9米，南北各有3个拱门，四面皆有窗。结构坚固，气势雄伟，至今已有600多年历史。殿内墙上书刻孙中山的《总理遗嘱》、国民革命阵亡将士名单。

无梁殿后是三座阵亡将士公墓，共埋葬北伐与抗日阵亡将士1029名，弧形墓墙后是松风阁，建于几十级台阶之上，由此向北约百米就是灵谷寺的标志性景点灵谷塔。

灵谷塔高66米，九层八面，底层直径14米，顶层直径9米，为花岗石和钢筋混凝土混合结构。1933年建成，当时称阵亡将士纪念塔，俗称九层塔。塔内有螺旋式台阶绕中心石柱而上，计252级，每层均以蓝色琉璃瓦披檐，塔外是一圈走廊，廊沿有石栏围护，供游人凭栏远眺。

无梁殿东有灵谷寺，寺内大雄宝殿供如来佛，大道觉堂供玄奘法师灵骨，观音宝阁供观音菩萨，还有藏经楼、弥勒殿、祖堂等建筑。寺门对面是一座带顶的黄色照壁。再东不远处是邓演达墓。

我读研究生，在南京农业大学学习基础课期间，经常光顾这里，特别喜欢这儿环境的幽静，灵谷塔的秀美，无梁殿的神奇，更敬仰烈士们的精神。那时，景点离学校近，周边建筑不多，原汁原味，又无需门票，但游人很少，在这儿读书无比清静。周末常常来这儿一呆半天或整天，有时也转到中山陵等其他景点，还不时邀约一两个同学一道光顾，在南京快乐地度过了近一年的时光。

燕子矶为长江三大名矶之第一矶，这里发生过许多历史事件、故事、传说，遗存众多的古迹名胜。

燕子矶 因山石直立江上，三面临空，形似燕子展翅欲飞，故名为“燕子矶”。国家AA级旅游景区。位于江苏省南京市主城区北郊观音门外直渎山，高40余米，南连江岸，另三面均被江水围绕，地势十分险要。矶下惊涛拍石，汹涌澎湃，是重要的长江渡口和军事重地。被世人称为万里长江第一矶，长江三大名矶之首。门票价格：10元/人。

清康熙、乾隆二帝下江南时，均在此泊舟。矶顶有碑亭，亭中石碑正面有清乾隆帝书“燕子矶”，背面是其题诗。

燕子矶

燕子矶，西南方悬崖上有若干个石灰岩溶洞，称岩山12洞，大都是悬崖绝壁，为江水冲击而成，主要有头台洞、观音洞、二台洞和三台洞，其中以三台洞最为深广。燕子矶与这些洞组成秀丽的自然山水景致，是六朝古都著名的风景名胜，在古金陵四十八景中，就占六景："燕矶夕照""永济江流""嘉善闻经""化龙雨地"“幕府登高”“达摩古洞”。可想而知，黄昏时分，晚霞满天，江流滚滚，映照赤壁，呈现出“燕矶夕照”的景观，是何等美妙！

这里还发生过许多历史事件，有很多故事、传说。

秦始皇统一中国后，巡视全国就是从这里南下的；南朝梁末，北齐军渡江南进，陈霸先率军出此山拒战，大破北齐军；李白以石为樽，江水为酒，把酒问天，结果吞江醉石，为燕子矶留下一个“酒樽石”；在宋金战争时，当年宋军在黄天荡大败金兀术，黄天荡就是燕子矶八卦洲；观音阁旁悬壁上，原有铁索穿石而挂，传为当年刘伯温系舟之处；抗清名将史可法有诗曰：“来家不面母，咫尺犹千里。矶头洒清泪，滴滴沉江底”；鸦片战争中，英国侵略者沿江一路烧杀，首先在燕子矶登陆，攻克观音门，入南京，迫使清政府签订了丧权辱国的不平等条约；1937年12月间，侵华日军在此江滩集体屠杀中国人多达50 000名以上，使这里成为南京大屠杀的主要屠杀场地之一。为纪念受害同胞，公园内立有燕子矶江滩遇难同胞纪念碑。

最后，我们特意登上燕子矶临崖处，在我国著名教育家陶行知手书：“想一想，死不得”劝人莫轻生的石碑处照相留影。是该想一想，人世难料，一时失意，生命珍贵，不能轻生，不定哪天，时来运转，柳暗花明，好不快哉！

往南进入长三角，来到中国最富庶的地区无锡。

无锡灵山大佛 因坐落小灵山，故名“灵山大佛”。国家AAAAA级旅游景区。位于江苏省无锡市滨湖区马山镇灵山路1号，佛体位于无锡马山秦履峰南侧，占地30亩，距无锡市区17千米。1994年奠基，1997年11月15日落成开光，是无锡的城市标志之一。门票价格：210 元 / 人。

灵山大佛，通高 88 米，佛体 79 米，莲花瓣 9 米。佛体由 1560 块 6 ~ 8 毫米厚的铜壁板构成，铜板面积达 9000 多平方米，约一个半足球场大小。焊缝长达 30 余千米。用铸铜约 725 吨。能抵御 14 级台风和 8 级地震的侵袭。

灵山大佛，加座基总高度达 101.5 米。造型宏伟，气度不凡。大佛双目垂视，眼神睿智慈祥，不论游客近、远，似乎都在大佛眼神的关切之中。随着距离远近，眼微微开合，愈近眼睁得愈开；嘴角似笑而未笑，欲言而未语，诸多嘱咐即将出口，使人倍感亲切，引发种种遐想。靠近大佛向上仰视，湛蓝的天空中白云悠悠，让人产生佛在“动”的感觉。大佛身体各部匀称适度，衣饰褶纹明快流畅、飘逸灵动，更增加了动感，远观近瞻都十分相宜。

大佛的塑造，依据佛经《如来三十二相》的记载完成。大佛慈颜微笑，广视众生，右手“施无畏印”代表除去痛苦，左手“施与愿印”代表给予快乐，均为祝福之相。整个佛像形态庄严圆满，安详凝重，显现佛陀慈悲的法相。时时刻刻都在护佑和祝福着游客快乐安康！

中国历史上，每一个繁荣时代，都会出现高度文明的艺术结晶，千秋万代，经久不衰。为佛立像，成就不凡。从云冈、龙门到敦煌、大足……如今又有灵山大佛。从而在全国形成东有江苏灵山大佛，南有香港天坛大佛，西有四川乐山大佛，北有山西云岗大佛，中有河南龙门大佛的五方五佛，特立耸峙而相呼应的格局。

庄严安详的大佛，是集文化、艺术和宗教于一体的大型艺术珍品。如此浩大的工程，也只有在国泰民安、国富民强的盛世才能实现。我们游览灵山大佛，最大的体会就在于此。愿祖国更加繁荣昌盛！

无锡太湖灵山大佛景区

40 年前，我们一家 4 口到江南旅游，曾从苏州乘船渡太湖到无锡，在船上观日出，留下深刻记忆。再次到此，已是七旬老人，无限感慨！

太湖风景区 国家重点风景名胜区。位于长江三角洲中部，地跨江苏、浙江两省，是一处集湖、山、林、泉、石以及园林建筑和水乡风光于一体的大型国家级风景名胜区。南北长 68 千米，东西宽 56 千米，湖岸周长约 500 千米，面积为 2420 平方千米。仅次于鄱阳湖、洞庭湖，是我国第三大淡水湖。景区以自然湖光山色而驰名，号称有四十八岛，七十二峰。山水结合，层次丰富，形成了一幅湖中有岛、岛上有湖、山外有山的壮阔天然画卷。门票价格：免费，各景点分别收费。

太湖为吴越文化发源地，有大批文物古迹，名寺古刹、古典园林，以及相关历史人物传说和遗迹，被称为“吴中胜地”。太湖风光以雄浑清秀见长，以山水组合见胜，远中近景浑然得体，四季景色各异，晨午夜景迥然。自古以来，有不少文人雅士留下了无数名篇佳作。由于自然景观和人文景观交错组合，具有典雅、丰腴、清秀的特点。风景层次丰富、变化多端，充分体现出柔山媚水的江南田园风情。在湖周造就了一批著名旅游胜地。包括以下景点。

鼋头渚，三面环水的半岛，其鸟瞰图形如伸入湖中的一个大鼋头，故名。位于太湖北面、无锡市西南的太湖之滨，距无锡市区约 10 千米。始建于 1918 年。其特点是以天然风景为主，人工修饰为辅，园林建筑依山傍水，别具一格，是观赏太湖风光之佳地。4 个游览区，均可使游人从不同角度观赏万顷太湖。

无锡太湖

三山，亦称乌龟山、笔架山，是由东鸭、西鸭、大矶、小矶 4 个岛屿组成的湖岛。位于无锡冲山南端，距鼋头渚 2.6 千米。岛间筑有环山公路，和桥相连成一体，是太湖水上游览的必到之处。

蠡园，相传春秋末年，越国大夫范蠡功成身退，偕西施泛舟湖上而得名。位于北岸青祁村，以水饰景，是江南名园之一。三面临湖，亭、廊、堤傍水而筑，精致纤巧，色彩和谐。千步长廊，曲岸枕水，壁上嵌有苏轼、米芾、王阳明书法篆刻。外景开阔，风光明媚，景物秀丽，在江南园林中极富特色。

马迹山，又名马山，位于鼋头渚和三山西部，是太湖中第二大岛，面积 34 平方千米。整座岛山峦叠嶂，气势雄伟，自古兵家必争之地。战国时吴王夫差曾击败越王勾践于此，宋时爱国军民在此抗击金兵。

惠山，俗称惠泉山，因有惠山泉、龙眼泉等十余处泉水而名。位于无锡市西郊，雄踞于太湖北岸。东麓有唐、宋、明、清多处名胜古迹及建筑。

洞庭东山，俗称东山。半岛，位于太湖东南端。有江南“花果山”之称。山上名胜古迹众多，其中紫金庵内有十八罗汉，是古代雕塑艺术之精品。还有东山雕花大楼，明代古建筑及神话传说中的柳毅井古迹，为吴中游览胜地。

洞庭西山，太湖中最大岛屿。周长 50 多千米，面积 90 平方千米，海拔 336 米。岛上有许多奇石、溶洞及古建筑，远眺近观，千姿百态，令人目不暇接。

泰伯庙和泰伯墓，是两个独立景点。泰伯庙位于梅村镇伯渎河边，泰伯墓位于泰伯庙西北 7 千米处鸿山。泰伯是吴国的始祖，江南地区吴文化的开拓者。

无锡太湖影视基地，我国最早规划建设的影视拍摄基地，曾名声大振。一直想一窥其真实面目。

无锡太湖影视基地 包括唐城、三国城和水浒城。位于葱茏苍翠的军嶂山麓、风景秀丽的太湖之滨，是中央电视台为拍摄电视连续剧 84 集《三国演义》和 86 集《水浒传》而投资建造的大型影视文化景区，占地 1500 余亩，可使用水域 3000 余亩。始建于 1987 年。以其得天独厚的自然风光、规模宏大的人

三国城

文景观和完备的影视服务功能吸引了海内外众多摄制组和游客的光临，促进了中国影视业繁荣和无锡地方经济的发展。门票价格：三国城为 90 元 / 人；水浒城为 80 元 / 人；联票为 150 元 / 人。

三国城，占地 350 亩，建筑面积 85 000 平方米。建造了具有汉代风格的“吴王宫”“甘露寺”“曹营水寨”“七星坛”“烽火台”“辕门”等大型景点，还配套建造了 20 多条古战船。《三国演义》剧组在此拍摄了全剧最精彩的“刘备招亲”“火烧赤壁”“横槊赋诗”“草船借箭”“借东风”“诸葛吊孝”“舌战群儒”“诸葛亮祭风”等重头戏。此外，景区内还增添了“桃园三结义”场景、竞技场、八卦阵，开发了草船借箭、古船游乐、湖滨浴场、跑马、歌舞表演等参与项目。是中视股份继唐城景区之后推出的又一座集影视拍摄、旅游功能于一体的影视城。1994 年 8 月正式对外开放。

水浒城

水浒城，位于太湖之滨。南面与三国城相邻，占地 580 亩，水上面积 1500 亩。1996 年 3 月《水浒传》剧组进驻开拍，1997 年 3 月正式对外开放。水浒城主体景观可分为州县区、京城区、梁山区三大部分。

京城区，清明上河街，是根据宋代画家张择端的名画《清明上河图》中，虹桥至街市城门内外的布局设计建造的，宋代民居、民情风貌在此得以充分体现。建筑气势雄伟，富丽堂皇，有皇宫、大相国寺、樊楼、高俅府等。《水浒传》中宋徽宗临朝听政、林冲私闯白虎堂等戏均在此拍摄。

阳谷县衙，由正门、公堂、后堂等组成。电视剧中几乎所有涉及“衙门”的情节都是在这儿拍的。如及时雨宋江任押司的郓城县衙、武都头武松衙门当差等。

西门庆药铺，在县衙左边。西门庆是阳谷县一个破落财主，为人奸诈，颇有些拳脚功夫，开一家生药铺，后来发迹了。潘金莲灌武大郎的“心疼药”就是在西门庆药铺里拿的砒霜。

游览当天，没有剧组活动，游人也不多，多少显得有些冷清。现在国内这样的影视基地、影视城不少于十数家，如何更好地发挥这些基地的作用，硬件已不是问题，关键还在于软件。如何才能多出上品、精品，是影视文艺面临的最大挑战，适应市场需求和引导至关重要。

薛福成故居，被誉为“江南第一豪宅”，故居建筑群规模宏大，布局合理，填补了中国建筑史上的空白。

薛福成故居 又名“钦使第”，为近代中国著名思想家、外交家，维新派代表人物薛福成及家眷的居所。全国重点文物保护单位。位于江苏省无锡市崇安区健康路西侧。始建于清光绪十六年（公元 1890 年）至光绪二十年（公元 1894 年），占地超过 21 000 平方米，建筑面积 5600 平方米。门票价格：25 元 / 人。

薛福成，是中国清末无锡籍著名的思想家、外交家、政论家、文学家和早期资产阶级维新派代表人物。为此，清廷特赐“钦使第”一座以褒奖其历史功绩。至今，光绪皇帝御笔亲题的蓝底金字“钦使第”竖匾仍悬挂在薛府门额之上。

薛福成故居大门

薛福成故居，保存下来的建筑面积达 6000 平方米，房屋 160 余间。整座建筑气势雄伟，特色明显。体现了清末西风东渐的时代特征，填补了中国建筑史上的空白，有“江南第一豪宅”之称。

薛福成故居，特点是其思想抱负与住宅建设的完美结合。钦使第是薛福成自己亲自设计构画草图，其长子薛南溟负责建造。布局规整、功能划分严谨，宅院分中、东、西三条轴线，前窄后宽，中轴线上由门厅、轿厅、正厅、后堂、转盘楼、后花园组成；东轴线上由西式弹子房、薛仓厅、对照厅、枇杷园、吟风轩、戏台组成；西轴线由传经楼、西花园、佛堂、杂房组成。中轴线前四进面阔均为九开间，第五进、第六进的转盘楼更是面阔十一开间，为国内现存规模最大的转盘楼，有“中华第一回楼”之称。整体是一座前窄后宽呈“凸”字形的宅院，就像一只硕大无比的鲲鹏振翅翱翔，展示了薛福成的远大抱负在其宅第建设上的完美表现。

故居另一特点，是完美地把园林小景与故居建筑和谐地结合在一起。还有独立的东、西花园和后花园，使整个故居成为园林式宅第，称为薛家花园。

故居还有一特点，在轿厅、正厅这两进最引人注目的厅堂内，均采用对剖双排的独特做法进行处理，把九间大厅分别变成相对分开的三个厅堂。这种建筑结构的发明创造在无锡地区绝无仅有，在中国也是独一无二。

游览薛福成故居，浮想联翩：被官僚豪宅的建设规模所震撼；被其建筑构思和建设成就所折服，给中国社会留下一个时代的遗产；这样一座宅第就是当时社会方方面面的写照，看懂了宅第就看懂了社会。

江阴要塞与解放战争中百万雄师横渡长江密切相关，在近些年的相关影视剧中多有表现，印象深刻，终于有机会来到现场，一睹其风采。

江阴要塞 又称“黄山炮台”，是继吴淞口后的第二道长江防御要塞，享有“江河门户”“镇航要塞”之称。位于江阴黄山西街鹅鼻山、君山。始建于清康熙年间，同治、光绪年间，增筑炮台，自然形成“枕山负水”“水环峦拱”的天堑之势。使之成为防外舰入侵，中外闻名的江阴要塞。现存古迹12座混凝土炮台，分布在各个山湾，见证了古今战场胜迹。门票价格：30元/人。

1945年日军投降后，江阴要塞炮台由国民党军队重建，发展到1949年，配备的各式战炮、机械及兵力已相当于一个军的建制。辽沈、淮海、平津三大战役后，国民党南京政府仍企图凭借长江天堑和牢固的江阴要塞，负隅顽抗，分江而治。

1949年4月21日，中国人民解放军百万雄师横渡长江。国民党江阴要塞7000名官兵成功起义。调转炮口轰击国民党的军舰和其他顽抗的军队，有效地配合了解放军的作战，促使国民党军防线的迅速瓦解。从此，江阴要塞炮台，以其光荣的业绩，载入史册。

江阴要塞景区大门

江阴渡江战役纪念馆，坐落在江阴市革命烈士陵园内。地处风景秀美的黄山脚下，依傍山势，坐北朝南。占地面积34 950平方米，建筑面积2300平方米，是一座融合古今建筑风格的现代建筑群，于1999年建成开馆。

馆内陈列165件革命文物，211幅图片，紧扣渡江主题。以6个部分内容，反映了整个渡江战斗，突出了江阴渡江战役“以最小的牺牲，获得最大胜利”的特点，以一次战役的缩影，形象地再现了一场波澜壮阔的解放战争史。

华西村被誉为“天下第一村”。

华西村 位于江阴市区东华士镇西，隶属于江苏省江阴市华士镇。2001年开始，通过“一分五统”的方式，帮带周边20个乡村共同发展，建成了一个面积35平方千米，人口达30 340人的大华西，是中国最富有的6个村子之一，获得各种荣誉称号。门票价格：免费，部分景点需购门票。

华西村，建设初期，偏处一隅，是名不见经传的普通小村落。20世纪六七十年代，以革命加拼命的精神，改变生产面貌，夺得粮食连年高产。1978年推行“家庭联产承包责任制”的改革，对外开放，坚持社会主义共同富裕的道路，快速发展，建设成为社会主义新农村。吸引着全国，乃至世界各国游人到这里游览参观打卡。

华西村

进入村子，村头粉墙照壁，后为广场，彩旗飘扬。西侧千米大道，华西双桥、龙廊、商场、剧院、会场、餐厅、大会堂等各种建筑依次坐落在大道两侧。餐厅可容千人同时用餐，广播、视频不时向游人介绍华西情况。村头村尾，有万米长廊贯通。住宅区清一色三间三层别墅楼，每户村民都拥有一栋别墅，水、电、气俱全，内有客厅、卧室、餐室、浴室、车库、庭院，30%农户拥有轿车。宅区绿草成茵，繁花似锦，农民公园内有各种景点、设施。“新农村大楼”74层，建设高度250米。自有中学一所。10年前，村总收入524.5亿元，每户的人均收入已达8.5万元。

华西村有名的景点有80多处，华西金塔是它的标志性建筑，7级17层，高98米，巍峨壮观，金碧辉煌。

除此之外，建有许多公共设施和旅游景点，甚至有许多山寨版的世界著名景点和建筑。博物馆总面积达1万平方米，整个仿古建筑融合了故宫的太和殿、乾清宫、东华门、角楼、红墙等元素。还有山寨版的长城和天安门。珍藏、展示名家大师的字画、雕刻、玉器、瓷器、绣品、金属工艺品等万余件（套）。此外，华西村还有“复制”的五亭桥、美国国会大厦、法国凯旋门、澳大利亚悉尼歌剧院等。龙希国际大酒店高 328 米，共 74 层（地下 2 层），有镇楼之宝——价值 3 亿元人民币的金牛。农民公园内有鹊桥相会、三顾茅庐、桃园结义、刘备点将、十二生肖等塑像景点，可供游客参观游览。

大凡上了点年纪的人可能都会记得 20 世纪六七十年代的 8 个样板戏之一《沙家浜》，沙家浜芦苇荡景区就是以此为原型建设起来的旅游景区。

沙家浜芦苇荡景区 国家 AAAAA 级旅游景区，全国百家红色旅游经典景区。位于江苏省常熟市阳澄湖畔，距常熟市区 10 余千米，占地 6000 多亩。华东地区最大的生态湿地之一。建设有各种游览、休闲、体验、影视及民俗文化、美食购物等功能区。门票价格：110 元 / 人。

景区重点开展以传统教育为主题的红色旅游。以沙家浜革命斗争为主线，以湖区、芦荡为基础，新建和恢复重建了一批景点、展馆等建筑和设施。采用现代多媒体声、光、电等高科技手段和雕塑、绘画、木刻等现代艺术表现手法，形象、生动地再现了当年新四军伤病员泰山压顶不弯腰的革命精神，以及军民鱼水情，共同团结战斗杀敌的英雄气概。

沙家浜碑亭

展馆，占地 130 亩，建筑面积 1860 平方米，陈列了 400 多幅沙家浜革命斗争历史照片和 60 多件革命文物，以及 200 多幅常熟市双拥成果照片。

红石村，集江南水乡特色建筑之大成，再现抗日战争时期江南水乡小村风貌，建筑依水而建，一派农家景象。设有沙家浜史料馆、“春来茶馆”、古船馆、水乡农具馆，可边品茶边欣赏京剧、舞龙、舞狮等表演，再现了沙家浜的民俗风情。

芦苇活动区，景区的核心区，纵横交错的河巷和茂密的芦苇，构成辽阔、狭长、幽深、曲折等多种形态的水面或陆上芦苇空间，似一个个迷宫。为游客提供了一个追寻野趣、体验农家生活和再现新四军转战芦苇荡情景的区域。

水乡影视基地，为了配合电视连续剧《沙家浜》的拍摄，建成了沙家浜水乡影视基地。同时，还被多家影视剧组确定为拍摄基地，已完成多部影视剧的拍摄。

游览之余，沙家浜特色菜肴：阳澄湖大闸蟹一定不要错过，绝对正宗、新鲜，吃起来有种嫩嫩、糯糯的感觉。

转眼来到苏州园林，从水乡进到城区，不一样的体验。

拙政园 是江南古典园林的代表作品。被列入《世界文化遗产名录》，全国重点文物保护单位，国家 AAAAA 级旅游景区。位于苏州城东北街 178 号，占地 78 亩。始建于明正德初年（16 世纪初），以后，不断易主，不断荒芜，不断修复。与北京颐和园、承德避暑山庄、苏州留园一起被誉为中国四大名园。1992 年 9 月建成了我国第一座以园林为专题的博物馆。该馆按四进厅堂布置成“园原”“园史”“园趣”“园冶”4 个展厅，展现苏州园林在 2500 多年历史中的历程和风采。门票价格：90 元 / 人。

苏州园林甲天下，而作为苏州园林的代表，拙政园，这一大观园式的古典豪华园林，以其布局的水曲、山岛、竹坞、松岗、花木、楼台、亭阁之趣，被誉为“天下园林之母”。

拙政园

拙政园，总体占地面积不算太大。现有的建筑，大多是清咸丰九年（公元 1859 年），拙政园成为太平天国忠王府花园时重建，至清末形成东、中、西三个相对独立的小园。园虽小却体现空间的隐显结合、虚实相间，景致的蜿蜒曲折，形成园中园、多空间的庭院组合，营造出人文景观与自然景观有机组合的无限风光。收到小中见大、点中带面、美中更优的效果。

拙政园三个特征突出。

一是以水为主，不拘一格，突破规则而又不失规则的艺术构思和结构布局。水面占了整体园林的2/3，楼、台、阁、墙的纵横分割，使水面不规则，园林不是中规中矩。过了一景再到一景，变幻莫测。要一条道走到底，不太可能。好在园子并不是太大，又有移步换景之效，令人兴致不减。

二是以花草林木著称，数百年来一脉相承，沿袭不衰。早期拙政园三十一景中，2/3景观取自植物题材，如桃花片、竹涧、垂柳拂地等。同时，一年四季中，花色随之变化，煦风、阳光、冰雪带来不同感受。每至春日，山茶如火，玉兰如雪；夏日之荷，湖面摇曳；秋日之木芙蓉，如锦帐重叠；冬日老梅偃仰屈曲，独傲冰霜。各种景观，各具特色。

三是园林建筑，错落有致。早期多为单体，到晚清时期发生了很大变化。表现在厅堂亭榭、游廊画舫等园林建筑明显增多。如小沧浪，最早为水边一小亭，现这里已是一组水院。由小飞虹、得真亭、志清意远、小沧浪等轩亭廊桥依水围合而成，独具特色。尽管如此，对山水景观而言，拙政园主体空间仍显得疏朗、开阔，但不失小巧。

拙政园的崇高地位和荣誉，实至名归。拙政园的美，就是小中见大，有限中见无限，创新中向前的美。

中国四大名园林，苏州占去了“半壁江山”，一个是前面提到的拙政园，另一个是留园。

留园 称“寒碧山庄”，俗称“刘园”，是苏州古典园林，中国四大名园之一。被列入《世界文化遗产名录》，全国重点文物保护单位，国家AAAAA级旅游景区。位于江苏省苏州市阊门外留园路338号，占地面积23 300平方米。始建于明万历二十一年（公元1593年）。被美誉“吴下名园之冠”。门票价格：55元/人。

留园

留园布局以水池为中

心，分东区、西区、中区 3 个区域，流水、田园、山林、庭园 4 种不同景色。东区的游廊与留园西侧的爬山廊成为贯穿全园的外围廊道，曲折、迂回而富于变化。中区的东南地带开凿水池，西北地带堆筑假山，建筑错落于水池东南，是典型的南厅北水、隔水相望的江南宅院的模式。西区以山景为主。

留园特色：在同一园林中就能领略到流水、田园、山林、庭院 4 种不同景色。多个小空间庭园建筑交汇组合，东部的林泉耆硕之馆、冠云楼、冠云台、待云庵等一组建筑群围成庭园。院中有水池，有涵碧山房、明瑟楼、绿荫轩、曲溪楼、濠濮亭、清风池馆。门户重重，景观变化丰富，是园林建筑空间组合艺术的精华。

假山为土石山，以黄石为主，雄奇古拙，系 16 世纪遗迹。冠云峰系北宋（12 世纪）宫廷征集遗物，高 6.5 米，为苏州各园湖石峰中最高者。左右立瑞云、岫云二峰。园内还保存有刘氏寒碧庄时所集印月、青芝、鸡冠、奎宿、一云、拂袖、玉女、猕猴、仙掌、累黍、箬帽、干霄十二奇石。

北部辟盆景园，陈列盆景名品 500 余盆。西部为土阜曲溪，沿岸植桃柳，土阜缀黄石，漫山枫林，是苏州园林土山佳作。

爱情，是小说、影视中永恒的主题，有千百种解说。这里，有一种新的东方罗曼蒂克式的解说。

东园 · 耦园 正宅居中，有东、西两个花园，故称耦园，又寓含“夫妇归田隐居”之意。被列入《世界文化遗产名录》，全国重点文物保护单位，国家 AAAA 级旅游景区。位于苏州城内仓街小新桥巷，总面积 8000 平方米，为清顺治年间保宁知府陆锦所筑。造园设计独特，是一座以爱情为主题的古典园林，向人们展示了奇妙的东方式罗曼蒂克。耦园三面临河，一面沿街，南北均建有水埠码头，宅居中。园分东、西，园宅之间以重楼贯通。住宅共四进厅堂。前后门均有河埠。该园布局独树一帜，是苏州古典园林中的孤例。门票价格：25 元 / 人。

东园 · 耦园

传统的中国园林造园立意，往往是追求奇构妙筑，供人观景怡悦，而耦园却以夫妻爱情、夫妻恩爱的罗曼蒂克为造园立意，可谓别开生面。耦园的东花园，原名“涉园”，到清光绪初，园为退官后来苏隐居养老的安徽巡抚、署两江总督沈秉成所购得。请了当时有名的画家顾沄在涉园的基础上拓展开辟，这样就形成了今天的耦园。偏于一隅，“耦园住佳偶，城曲筑诗城”，横额“枕波双隐”。取名“耦”，通“偶”，“城”通“成”，即指佳偶连理，又道出了整个园宅的特征，布局上中轴对称、东西对应。耦园，摒弃了世间的纷扰，汇聚了自然的精华，流连于“诗酒联欢”、吟风诵月的风流岁月里，静默在潜心修道、书生意气的自在中，还幸福在鸳梦温暖、两两相随的神仙日子里。如今虽然佳偶不再，但诗城已然。耦园虽小，但以黄石假山著称，宅园紧密结合，园内假山奇丽自然，幽谷深涧，爱月池中夹其间，园内花木葱郁，有置身于“城市山林”之趣。

耦园的正宅，像苏州的古老宅第一样，是一座四进三门楼的古宅院。有门厅、主厅、正厅，前三进为三开间的厅堂和庭院，第四进是五开间的高敞大厅。上下两层，五楼五底，两旁为厢房，是园主人的正宅。入园门是一个大院落，院东一带花墙，院北为一月洞门。进门后，沿着起伏曲折的走廊向东、北行进，即为“城曲草堂”，寓意他们夫妻厌恶官场奢侈豪华的生活，而甘居于草堂白屋的隐居生活。堂二层，中间设大厅三间，为昔日园主宴客的地方，体型庞大，装修精美。堂北有小院三处，堂南有平台。

东花园是耦园的精华部分，为“涉园”故址。布局以山为主，以池为辅，亭台楼榭环山池而筑。楼厅之前，石坪宽敞，黄石假山耸峙，山中辟小道名“邃谷”。东部主峰巍峨，绝壁临池，树木苍翠，极富山林野趣。西部次山低缓平和，为主山衬托。假山东有爱月池，池南端构水阁“山水间”，有明代杞梓木落地罩，跨度约 4 米，高约 3.5 米。所雕松竹梅“岁寒三友”精美绝伦，体量在苏州古典园林中居首位。

西花园以书斋、“织帘老屋”为中心，分隔为前后两个小院，前院有湖石假山逶迤，后院有一座不对称的凹形书楼，伴有湖石花坛。

虎丘为吴中第一名胜，苏州古城的标志性建筑。

虎丘 原名海涌山，据《史记》载吴王阖闾葬于此，传说葬后三日有“白虎蹲其上”，故名。全国重点文物保护单位，国家 AAAA 级旅游景区。位于苏州市金阊区山塘街，距市中心 5 千米，占地面积 300 余亩。始建于隋文帝仁寿元年（公元 601 年）。现存的虎丘塔，建于后周显德六年至北宋建隆二年（公元

虎丘塔

959—961 年），已有 1000 多年历史。初建木塔，后毁，改建为砖塔，素有“吴中第一名胜”的美誉，苏东坡“到苏州不游虎丘者，乃憾事也”的千古名言，使虎丘成为旅游者的神往之地。门票价格：80 元 / 人。

虎丘，山高仅 30 多米，却有“江左丘壑之表”的风范，绝岩耸壑，气象万千，并有三绝九宜十八景之胜。昔日虎丘周边，莳花盛行，外来花船，亦“尽泊虎丘山”，花市遂成为虎丘的一大特色。

虎丘塔，又称云岩寺塔，平面八角砖塔，共 7 层，高 47.5 米，古朴端庄，厚重雄奇。由于地基的原因，塔身自 400 年前就开始向西北方向倾斜 2.34 米，最大倾角将近 3 度，是世界第二斜塔。元代和明代几经修葺，第七层为明崇祯十一年（公元 1638 年）前后修建的。1956 年在塔内发现大量文物，其中有越窑、莲花石龟等罕见的艺术珍品。

虎丘古迹很多，传说丰富。集林泉之致，丘豁之韵，堪称“吴中第一名胜”。沿山路而上，一路可见著名的虎丘十八景。这些名胜古迹都有许多引人入胜的历史传说和神话故事。著名景观有：断梁殿、试剑石、枕头石、真娘墓、千人石、剑池、天下第三泉、孙武亭、望苏台等。剑池幽奇神秘，埋有吴王阖闾墓葬的千古之谜。千人石气势磅礴，令人流连忘返。

现景区围绕恢复历史文化景点、扩大游览面积、完善基础设施、强化生态培育等内容，新建 6 个景区，面积是原来的 2.7 倍。通过雕塑、楹联匾对、碑刻、书法绘画、兵书兵器的陈列，展现孙子兵法的博大精深，进一步展现虎丘景区古朴雄奇、宏伟壮观的画卷，“吴中第一名胜”品牌更加光彩夺目。

角直古镇，中国历史文化名镇——一座具有 2500 多年历史的古镇。

甪直古镇 原名甫里，后改名“角直”。国家 AAAA 级旅游景区，中国历史文化名镇。位于江苏省苏州市吴中区东部，距市中心 25 千米。与苏州古城同龄，悠久的历史孕育了古镇丰富灿烂的文化。镇广场中央矗立着一座独角怪兽“甪端”的雕塑。传说中，此兽可避邪镇恶，佑一方百姓。门票价格：免费，进各景点需另购票。

古镇因桥多，被冠为“桥都”的美称。1 平方千米内原有宋、元、明、清时代的石拱桥 72 座半。现仅存 41 座。桥形各异，造型独特。有多孔和独孔的石桥，也有拱形和平顶等大小不一的桥，被誉为“桥梁博物馆”实不为过。镇内桥街相连，河水相通，名胜古迹星罗棋布，遍布在每个角落。

另外，古银杏也是甪直镇的一大特色，镇上有银杏树 7 棵。

甪直古镇

古镇仍旧留有以卵石及花岗石铺成的街道，深巷两旁为黛瓦白墙、木门木窗、宽梁翘脊的古建筑，多为明清时代所建。古镇 58 条巷子，最深达 150 米，较罕见。河床上来往小船，络绎不绝，井然有序。

已向游人开放的景点有：保圣寺、叶圣陶纪念馆、陆龟蒙陵园、沈宅、王韬纪念馆、萧芳芳影视艺术馆、吴东水乡服饰馆、万盛米行。每年举办甪直水乡服饰文化旅游节，成为传统文化与现代文明相结合的旅游度假胜地。

万盛米行，是一家老字号店铺，始于民国初年，被选进了小学语文教科书叶圣陶小说名篇《多收了三五斗》。文中描述的粜米场景即万盛米行，万盛米行随之闻名海内外。

叶圣陶纪念馆，是叶圣陶当年任教的“吴县第五高等小学”旧址，叶圣陶把甪直比作培育自己成长的摇篮，亲切地称之为“第二故乡”。去世后葬在 4 棵银杏树（保圣寺）旁。

保圣寺，全国重点文物保护单位。一座著名的千年古刹，寺内古物馆里的塑壁罗汉相传是唐代塑圣杨惠之的作品，距今已有 1500 多年的历史。号称江南四大寺院之一。寺内现存建筑有二山门、天王殿、古物馆等。

沈宅，甪直教育家沈柏寒先生的故居，建于 1873 年，距今近 150 年历史。

原建筑面积为3500平方米，现向游客开放的仅720平方米。沈氏拥有众多产业和财富，明末清初以来，俗语“沈半镇”广为流传。

王韬纪念馆，王韬，近代著名思想家，清末改良主义政论家。纪念馆坐东朝西，位于角直中市下塘街6号，占地800平方米，筹建于1998年，是具有清代建筑风格的住宅。

张陵公园，俗称张陵山，位于镇西南1.5千米处。出土不少崧泽、良渚文化时期的文物，如玉镯、玉器、玉瑗、玉管、穿孔玉爷和不少陶器，以及新石器时代墓葬11座，东晋砖墓室5座。发掘出蜀青连岗文化类型与良渚文化类型遗址，证实张陵山当属距今5000 ~ 6000年的文化遗址。

同里人，世代勤奋苦读，知书达理；同里，教育发达，人文荟萃，名人辈出。

同里古镇 原称“富土”，宋代改称“同里”，国家AAAAA级旅游景区。位于苏州城东南部，距苏州市18千米。这里自然条件优越，成为吴地最富庶的地方，距今已有五六千年历史。1986年对外开放。门票价格：100元/人。

同里，清丽古朴，水沃田肥，物丰富庶，人杰地灵，素有“东方小威尼斯”之誉。特点在于明清建筑多，水乡小桥多，名人志士多。镇内有明清两代园宅38处，寺观祠宇47座，士绅豪富住宅和名人故居数百处。河道总长5.14千米，以传统的水稻种植、水产品养殖，使其成为典型的江南“鱼米之乡”。

同里人，自南宋淳祐四年（公元1244年）至清末，同里先后出状元1人，进士42人，文武举人93人。正有如此之人才济济，才创造出同里如此厚重的历史文化。

同里古镇

同里，原有“前八景”“后八景”“续四景”等20多处自然景观，巧妙而自然地把水、路、桥、民居、园林等融为一体，构成了古镇特有的水乡风貌。同里古镇主要有：一园（退思园）、二堂（崇本堂、嘉荫堂）、三桥（太平桥、吉利桥、长庆桥）以及珍珠塔、罗星洲、南园茶社、穿心弄等知名景点。

明清街，古镇商业街之一。1996 年建，长 160 余米，为明清建筑风格，较完整地保留了江南特有的上街、下街两街道平行的格局。

退思园，被列入《世界文化遗产名录》。建于清光绪十一年至十三年（公元 1885—1887 年）。亭、台、楼、阁、廊、坊、桥、榭、厅、堂、房、轩一应俱全，以池为中心，建筑如浮水上。内宅建有南北两幢楼，设十楼十底，以园主名字为畹芗楼，两楼之间由“走马楼”回廊贯通。南北一式落地长窗，是园主与家眷起居之处及藏宝重地。两侧石库门均用清水方砖砌成，以防火防盗。砖木结构的封火门，在同里的明清建筑中，仅此两扇尚属原物，其余都为近世复制。

嘉荫堂，俗称“纱帽厅”。位于竹行街尤家弄口，建于民国十一年（公元 1922 年）。仿明代结构，四进，门窗梁栋雕刻精美，庭院高大宽敞，肃穆庄重。

三桥，即太平桥、吉利桥和长庆桥。三座古石桥鼎足而立，相距不足 50 米，是古镇的桥中之宝。

同里传统习俗，支点罗汉，祈求四季平安。龙灯随着锣鼓翩翩起舞，另有串马灯、串花篮、舞狮子，很是壮美别致，热闹非凡。春节期间，台戏接二连三，东西南北中，遍地开花，百姓一路欢笑赶往戏场，欢快之情溢于言表。平常还有走三桥，“太平吉利长庆”，象征着吉祥和幸福。

同里特色美食“状元蹄”，类似周庄“万三蹄”。同样是猪蹄作原料，但制法甚有不同，炮制法则是不传之秘。同里人宴请宾朋，桌上定有此菜。

周庄古镇四面环水，因河成镇，依水成街，以街为市，有“中国第一水乡”的美誉，是江南六大古镇之一。

周庄古镇 古称“贞丰里”，国家 AAAAA 级旅游景区。位于苏州城东南 38 千米，昆山、吴江、上海三地交界处。北宋元祐元年（公元 1086 年），出现周庄雏形，后渐改称“周庄”，至今已有 900 多年历史。门票价格：100 元 / 人。

周庄古镇，井字形河道上完好保存着 14 座建于元、明、清各代的古石桥。800 多户民居依旧保存着明清时期的建筑风貌。千年历史沧桑和浓郁吴地文化孕育的周庄，以其灵秀的水乡自然风貌，独特的人文景观，质朴的民俗风情，成为江南水乡典范，中国优秀传统古镇文化杰出代表。最为著名的景点如下。

南湖，又称南白荡，一片碧绿、一带金黄，充满了“长烟一空，皓月千里，浮光跃金，静影沉璧”的意境。

双桥，俗称钥匙桥，由一座石拱桥——世德桥和一座石梁桥——永安桥组成。世德桥长 16 米，宽 3 米，跨度 5.9 米；永安桥长 13.3 米，宽 2.4 米，跨度 3.5 米。双桥中，石拱桥横跨南北市河，桥东端有石阶引桥，伸入街巷；石梁桥平架在银子浜口，桥洞仅能容小船通过，桥栏由麻条石建成。

富安桥，原名总管桥。位于中市街东端，横跨南北市河，通南北市街，桥的 4 个角上都有一座楼房。一、二楼之间没有楼梯，须到外面桥阶绕上去。

沈厅，由沈万三后裔沈本仁建于清乾隆七年（公元 1742 年），占地 2900 多平方米，坐东朝西，七进五门楼，共有大小房屋 100 余间。

张厅，江南民居中比较典型的前厅后堂格局，是周庄保存比较完整的明代建筑，为江苏省重点文物保护单位。整个张厅占地面积 1800 多平方米，大小房间 60 余间，前后分为六进，还有一个私家后花园。

全福寺，分为 3 个部分，中间即是全福寺，东西各有一个花园。分别是为了纪念唐朝著名诗人刘禹锡、陆龟蒙和西晋文学家张季鹰而建。

迷楼，原名德记酒店，建于明崇祯年间，始有名于清末。店主李德夫妻，高龄喜得千金，如出水芙蓉，压倒群芳，小楼藏娇而不出嫁。小楼 1993 年重建。

图书馆，1000 多平方米。馆内主要展示了民间的生活用具、农具等，还有当地出土的一些有名的黑皮陶器。

周庄八景，随着岁月变迁，有的陈迹依旧，有的增添了新的光彩，有的却已影踪难觅，被历史风尘所湮没。

美食“万三蹄”，是巨富沈万三家招待贵宾的必备菜。“家有筵席，必有酥蹄”，经数百年的流传，现成为周庄名吃，在景区河道两旁的店铺中均有出售。看上去，一个个酱红色、油亮亮，很能勾起食欲，我们买了两个，在桥边的一家小吃店，傍街临河，点了两碗面条，猪蹄下面条算是午餐，很是过瘾。

南湖，中国革命的航船，从这里扬帆起航。在南湖红船上，伟大的中国共产党诞生了。

嘉兴南湖红船 国家AAAAA级旅游景区。位于浙江省嘉兴市南湖烟雨楼前水面上革命纪念船停泊处。当年南湖的游船已经在抗日战争时期绝迹。为了纪念中共一大在南湖游船上胜利闭幕这一历史事件，1959年仿制了一条当年一大开会的游船，作为一大会议纪念船，停泊在烟雨楼前水面上，被称为“南湖红船”。门票价格：60元/人。

岸上，建有一座“访踪亭”，亭内竖立董必武诗碑，亭额“访踪亭”三字由杨尚昆题写。

南湖历来是江南著名的游览胜地。以前湖中多画舫、精舫、唱曲船、丝网船、网船、挡板船、赤壁船、小洋船、公渡船数种，以供游客游湖。

五代以前，此地尚无园林建筑。后晋天福年间（公元936—944年），在湖畔筑宾舍以为“登眺之所”，才逐渐成为游览区。北宋以后，湖畔陆续兴建园林。明嘉靖二十七年（公元1548年），堆湖心岛，建烟雨楼，形成独特的景观。每当清明、阴历六月廿四“荷诞”“七夕”、中秋，湖上游人如织，烟雨楼前画船歌鼓日夜不停。历代著名文学家、诗人，都慕名而来，吟咏不绝，写下许多脍炙人口的诗篇和文章。

中共一大会址（南湖红船）

民国十年（公元1921年）7月，中国共产党第一次全国代表大会在上海法租界秘密召开。因遭法租界巡捕的袭扰，从上海转移到嘉兴南湖的一条游船上继续举行。8月初，中国共产党第一次全国代表大会闭幕。就是在这条游船上，伟大的中国共产党诞生了，中国革命的航船，从这里扬帆起航。从此，南湖成为光荣的革命纪念地，载入革命史册。

1959年10月1日，南湖革命纪念馆成立。从那以后，每年有数十万游客前来瞻仰，接受革命传统教育。1985 年，邓小平为南湖革命纪念馆题写馆名。

一条红船见证了中国共产党引领中国革命道路的前进方向，拉开了中华民族伟大复兴的宏伟蓝图，成为中国共产党探索救国救民道路的光辉起点。伟大的党培育伟大的精神，伟大的精神滋养伟大的党。无数中国共产党人用生命和鲜血铸就了井冈山精神、长征精神、延安精神……正是这些伟大的革命精神，使中国共产党由小变大，从弱到强，推动中国革命在艰难中奋进，在曲折中前行，取得了举世瞩目的伟大胜利。

正如习近平总书记所概括的：红船精神包括开天辟地、敢为人先的首创精神，坚定理想、百折不挠的奋斗精神，立党为公、忠诚为民的奉献精神。

首创精神是核心，是动力之源。首创精神就是创新精神，创新是一个国家兴旺发达的不竭动力，是一个政党永葆生机的源泉。

车继续向南行驶，过了嘉绍大桥，直达普陀山。

普陀山 国家 AAAAA 级旅游景区。位于钱塘江口、舟山群岛东南部海域，系中国佛教四大名山之一。景区包括普陀山、珞珈山、朱家尖，总面积 41.95 平方千米。其中普陀山本岛 12.5 平方千米，最高峰佛顶山海拔 292 米。普陀山既有悠久的佛教文化，又有丰富的海岛风光，古人称之为“海天佛国”“人间第一清静境”。门票价格：160 元 / 人。

普陀山，大海怀抱，金沙绵亘，景色优美，气候宜人。山、金沙、石、壑、潮、景浑然一体，形成山海兼胜、水天一色的独特景观。景区气候四季分明，夏无酷暑、冬无严寒，属亚热带海洋性季风气候。森林覆盖率达 80% 以上，古树名木繁多，香花异草遍野。尤以普陀鹅耳枥为世界独存，属珍稀濒危国家一级保护植物。山上有国家二级以上保护动物 30 多种，是野生动物的天然乐园。

普陀山景区

普陀山，世界闻名的观音道场、佛教圣地，其宗教活动可追溯至秦。到唐代，海上丝绸之路的兴起，促进了普陀山观音道场的形成，并迅速成为汉传佛教中心，传至东南亚及日、韩等国。至清末，全山已形成 3 大寺、88 禅院、128 茅蓬，僧众数千，史称“震旦第一佛国”。每年的观音香会、朝圣盛典，海内外进香游客摩肩接踵、蜂拥而至。

南海观音立像位于普陀山风景名胜区之东南的龙湾岗巅。这一尊南海观音立像总高 33 米，其中台基高 13 米，铜像高 18 米，莲花座为 2 米，重 70 多吨。佛像基层是面积 1000 多平方米的功德厅，上层供奉 500 尊形态各异的观音铜像，下层大厅饰有观音灵异故事的大型黄杨木雕和以普陀山风景名胜区景色为题材的彩玉浮雕。

游览普陀山的历代名人曾凭各自的观感，分别有“普陀八景”“普陀十景”“普陀十二景”“普陀十六景”之颂赞。普陀山行政管辖区有 10 个景区：南天门景区、西天门至风洞嘴景区、法雨寺景区、普济寺景区、珞珈山景区、百步沙景区、千步沙景区、飞沙岙至梵音洞景区、慧济寺景区、潮音洞至观音跳景区，覆盖 100 多个景点。著名景点有潮音洞、梵音洞、朝阳洞、磐陀石、二龟听法石、百步沙、千步沙、普济寺、法雨寺、慧济寺、南海观音、大乘庵等。每当晴朗无风时，站立西山巅，远眺大海，只见渔舟竞发，波涛滚滚，美不胜收。

游人在普陀山可有数十种游历，可选择观日出看日落，冲浪搏击，随潮涨落，爬山、过壑、钻洞，玩金沙观奇石。特别是众多寺院，随处可参与佛事求拜祈福。也可幽然静处，修身养性。饿了黄鱼、墨斗鱼最为解馋，渴了有“佛瓜”，用普陀山之泉水冲饮，有药用价值。

普陀山美极，任凭遐想，随处游览，自由满足！

天一阁，一个以藏书文化为核心，集藏书的研究、保护、管理、陈列、社会教育、旅游观光于一体的专题性博物馆。

天一阁 全国重点文物保护单位，国家 AAAAA 级旅游景区。位于浙江省宁波市海曙区，占地面积 2.6 万平方米。由退隐的明朝兵部右侍郎范钦主持，建于明嘉靖四十年至四十五年（公元 1561—1566 年），已有 450 多年历史，时藏书 7 万余卷。天一阁是一个以藏书文化为核心，集藏书的研究、保护、管理、陈列、社会教育、旅游观光于一体的专题性博物馆。设有天一阁发展史陈列、中国地方志珍藏馆、中国现存藏书楼陈列、明清法帖陈列等陈列厅。门票价格：30 元 / 人。

天一阁，分藏书文化区、园林休闲区、陈列展览区。

藏书文化区，以宝书楼为中心，有东明草堂、范氏故居、尊经阁、明州碑林、千晋斋和新建藏书库。

园林休闲区，以东园为中心，有明池、假山、长廊、碑林、百鹅亭、凝晖堂等景点。

陈列展览区，以近代民居建筑秦氏支祠为中心，有芙蓉洲、闻氏宗祠和新建的书画馆。书画馆在秦祠西侧，有宅6栋：云在楼、博雅堂、昼锦堂、画帘堂、状元厅、南轩。

宝书楼，即天一阁藏书楼，坐北朝南，砖木结构，硬山顶重楼式建筑，面积约2.6万平方米，通高8.5米。大门开在中轴线，中间是大厅，三开间，地面水磨大方砖铺设，天花为方格“井”字结构，并绘有彩色图案。二层为一个通间，木地板，二层以书橱间隔，前后均开窗。上层为一开间，下层五开间，形成“天一地六”的格局。下层前后有长廊相互沟通。天一阁前为“天一池”通月湖，四周叠砌假山、修亭建桥、种花植草，建筑园林。藏书楼西侧生活区与藏书楼利用防火墙隔开，并使两者的门错开。藏书楼周边有大量的安全出口。

天一阁博物馆的藏品，包括古籍、字画、碑帖、各种出土和传世的陶瓷器、铜器、玉器等，以及地方工艺精品。天一阁现存的古籍善本大都为明代的刻本或抄本，有的已成为海内孤本。藏品中最稀珍的是明代的地方志和科举录，分别有271种和370种。科举录分进士、会试和乡试3种，藏量占该类文献存世量的八成以上。它保存了明洪武四年（公元1371年）首科至明万历十一年（公元1583年）第五十二科完整无缺的进士登科录，堪称镇楼之宝。阁前在天一池增构池亭，凿“天一池”通月湖，园林以“福、禄、寿”作总体造型，环植竹木，用山石堆成“九狮一象”等景点。其藏书和建筑为研究书法、地方史、石刻、石构建筑和浙东民居建筑提供了实物资料。

明州碑林，共有碑173方。年代最早的为宋碑，共8方，其中又以北宋熙宁元年（公元1068年）的《众乐亭诗刻》为最早。碑上刻有钱公辅、王安石、司马光等15人诗20首。碑林大多为明清时期的碑，成为明州碑林的主体。最晚的为1988年立的《天一阁东园记》，记述了天一阁东园的建设情况。

秦氏支祠，建于民国十二年至十四年（1923—1925年），系秦氏族人为祭祖先而建。1981 年被列为市文物保护单位，1994 年向社会开放。

东园位于天一阁东南，占地约 6000 平方米。南楼位于天一阁藏书楼之南，占地 3400 平方米。

麻将起源地陈列馆，原为陈政钥先生家族宗祠，陈列了麻将史、与宁波关系史，并展示了世界各地麻将牌种类。

天一阁博物馆已出版的专著有《天一阁藏明代方志考录》《天一阁丛谈》《天一阁史话》《新编天一阁书目》《甬上工巧拾萃》等。

天一阁，藏书流损，大的史上有数次。清乾隆三十八年（公元 1773 年），因编修《四库全书》，天一阁献出珍本共 638 部。被《四库全书总目提要》采录 473 部，在全国藏书家中贡献最多，造成了天一阁历史上藏书精品最大的一次集中流失。当然，也成就了天一阁在全国民间藏书楼的地位和声望。清道光二十年（公元 1840 年），鸦片战争爆发，宁波府城陷落，天一阁《大明一统志》等舆地类书数十种被英军掠夺。清咸丰十一年（公元 1861 年），太平军攻陷宁波，天一阁藏书被盗出售。民国三年（1914 年），天一阁书籍被盗运往上海，在抗日战争中被炸而焚毁，藏书损失千部。

溪口不仅风景优美，更因蒋氏父子皆出生于此而闻名。

溪口 溪口以剡溪之水而得名。国家 AAAAA 级旅游景区。位于浙江省宁波市西南方向溪口镇，距宁波市区 22 千米。由溪口镇、雪窦山、亭下湖 3 个景区组成，以剡水、古刹、蒋氏故里和幽谷飞瀑名闻遐迩，山水如画，风景秀美，骚人墨客，寻幽探胜。早在汉代就有“海上蓬莱”之誉，古代即已形成“溪口十景”，即奎阁凌霄、武潴浪暖、平沙芳草、碧潭观鱼、松林晓莺、溪船夜棹、锦溪秋月、雪峰晚照、屏山雪霁、南园早梅。特别是西北的雪窦山，名胜古迹众多，为浙东著名旅游胜地，汉代即有人以“海上蓬莱，陆上天台”来赞美它。有全球最大坐姿弥勒等全国唯一性旅游资源，每年

溪口

接待国内外游客达到数百万人次。门票价格：210 元 / 人。

溪口虽小，却曾经是中国政治的一个关注点。蒋介石、蒋经国皆出生于此，在此策划、发生了许多历史事件。张学良也曾被软禁于此，他亲手栽下的 5 棵楠树仍生机勃勃。民国时期，慕名而来者不绝于道。1949 年 4 月，蒋介石离乡去台。蒋氏的出生地、故居别墅、祖墓宗祠、家庵等遗迹错落有致地分布在溪口镇武岭街旁。其中的“玉泰盐铺”“小洋房”“丰镐房”是全国重点文物保护单位。

雪窦山宋时被称为“天下禅宗十刹之一”，是佛教界公认的“未来佛”弥勒佛的道场。正是由于这些独特的人文景观、自然风光和佛教文化构成了溪口独特的旅游资源。

武岭门，是进溪口镇的必经之路，仅是一个小庵堂，旁设茶亭供人歇息。1929 年蒋介石将这里改造成三间二房城楼式城门建筑，取名“武岭”。进武岭门后，三里老街便是蒋介石、蒋经国父子俩从小生活的地方，至民国时期已破败不堪，直至蒋介石离开大陆，始终是一片废墟。1987 年，政府拨款，按原样重建，雕梁画栋，风姿胜旧。

玉泰盐铺，是蒋介石的出生地，位于溪口中街章墙弄口。蒋介石祖父、父亲曾在此经营粮、盐、酒、杂。据《蒋氏宗谱》记载，清光绪十三年（公元 1887 年）九月十五日蒋介石出生于此屋楼上。

小洋房，蒋经国住过的三间二层小平房，风景优美，环境清幽，建于 1930 年。

丰镐房，蒋氏故居，位于溪口下街。丰镐房原有蒋介石祖传房屋六间。1928 年扩建成占地 4800 平方米、建筑面积 1850 平方米的现有规模。整个建筑为传统的前厅后堂、两厢四廊的格局。楼轩相依，廊庑回环，墨柱赭壁，富丽堂皇。前庭及左右还有三个花园，有月洞门相通，中间小天井，而两旁则为东西厢房，东由宋美龄居住，西为毛福梅（蒋介石的原配）住所。厅堂廊庑布满雕饰彩画，取材于古代各种题材的故事传说等。

雪窦寺，是雪窦山风景区的中心，历史悠久，名扬海内外。雪窦寺出了个弥勒佛的化身布袋和尚，而弥勒佛又是国内各寺庙中的第一个佛像。因此，雪窦寺声望居高，才有一尊以中国布袋和尚为原型的、高达 56.74 米的青铜制露天弥勒大佛，端坐在雪窦山乳峰之腹，笑容可掬地接受四方信众顶礼膜拜。真是“笑口常开，笑天下可笑之人；大肚能容，容天下难容之事。”是迄今为止全球最高的坐姿铜制露天弥勒大佛造像，基座上“人间弥勒”4 个大字，为台湾高僧星云大师所题。

除此，景区还有许多建筑和自然景致：西平房、摩河殿、蒋母墓道及墓庐、蒋介石别墅妙高台、锦镜池、千丈岩瀑布、含珠林、隐潭三瀑、徐凫岩瀑布、亭下湖等。

鲁迅故里，鲁迅出生及青少年时代生活、学习、工作的地方。因中学课本学过鲁迅《从百草园到三味书屋》等文章，如今来到这里，处处似曾相识。

鲁迅故里 是一条独具江南风情的历史街区，全国重点文物保护单位，国家 AAAAA 级旅游景区。位于浙江省绍兴市鲁迅中路，占地 50 公顷。始建于清乾隆十九年（公元 1754 年），是原汁原味解读鲁迅作品，品味鲁迅笔下风物，感受鲁迅当年生活情境的真实场所；是绍兴市区保存最完好、最具文化内涵、水乡古城经典风貌和独具江南风情的历史街区；是浙江绍兴的“镇城之宝”。门票价格：免费。

鲁迅故里，由鲁迅纪念馆演化而来，如今已初具规模。一条窄窄的青石板路，两边排列着系列居屋，一溜粉墙黛瓦，竹丝台门。鲁迅祖居（周家老台门）、鲁迅故居（周家新台门）、百草园、三味书屋、寿家台门、土谷祠、鲁迅笔下风情园、咸亨酒店穿插其间，一条小河从鲁迅故居门前流过，乌篷船在河上晃晃悠悠。

鲁迅祖居，即周家老台门，占地 3087 平方米，系鲁迅祖辈世居之地。建于清乾隆十九年（公元 1754 年），为绍兴目前保存最为完好的台门建筑。整个建筑坐北朝南，由台门斗、大厅、香火堂、后楼共四进组成，东西各有厢楼。与三味书屋隔河相望。老台门青瓦粉墙，砖木结构，是一座典型的封建士大夫住宅。鲁迅在绍兴时期，每当节庆或祖先忌日，必去老台门行礼、拜访。

鲁迅故居，原为周家新台门的一部分，砖木结构，占地 2000 余平方米，共分六进，有大小房屋 80 余间，共居住着覆盆桥周氏中的 6 个房族，而鲁迅故居则位于新台门的西面，是鲁迅出生及青少年时代生活、学习、工作的地方。现室内按原状陈列，不少家什系当年原物。

鲁迅故居

百草园，在鲁迅故居的后面，占地近 2000 平方米。原来是新台门周姓十来户人家共有

百草园

三味书屋

的一个菜园，平时种一些瓜菜，秋后用来晒谷。这是鲁迅童年时代的乐园，常来玩耍嬉戏，品尝紫红的桑椹和果蔬。

三味书屋，是清末绍兴城里的著名私塾。约有35平方米，正中上方悬挂着“三味书屋”匾额，是清代著名书法家梁同书所题。鲁迅12 ~ 17岁在这里求学。鲁迅的座位，使用过的物品均按原景设置。塾师寿镜吾，是一位方正、质朴和博学的人，他的为人和治学精神，给鲁迅留下了难忘的印象。

除此，还有景点：鲁迅纪念馆、咸亨酒店、矮矮的泥墙根、风情园、长庆寺、土谷祠、安桥头村等。

这些景点都和鲁迅的生活息息相关，都曾在鲁迅的作品中或多或少出现过，和鲁迅作品中的人物结合密切，很是熟悉，如三味书屋、百草园，闰土、孔乙己、社戏等，参观游览时倍感亲切。

鲁迅文化广场，广场北部塑有鲁迅铜像，面对鲁迅路，系用黄铜铸造。铜像中的鲁迅面容和蔼、仪态安详。透过形象可以明显感受到鲁迅睿智的思想、坚定的信念和坚韧不拔的毅力。铜像旁边竖立有一“鲁迅铜像碑记”石碑。

秋瑾，以提倡女权、妇女解放为己任，为此付出年仅32岁的短暂生命，无愧“鉴湖女侠”“巾帼英雄”之美称。

秋瑾就义纪念碑 位于绍兴市中心轩亭口，为秋瑾烈士就义处。碑为水泥制成，高7米，分上下两层，呈正方形，1930年先贤王子余集资树碑并落成。碑座正面刻有蔡元培撰、于右任书《秋先烈纪念碑记》，碑身镌有张静江书“秋瑾烈士纪念碑”字样，四周设有栏杆。轩亭口原有候轩亭，为唐观察使李绅所建，

巾帼英雄秋瑾

后于亭前临街建有大楼，今亭与楼俱废。现在纪念碑西面建有“轩亭口”牌坊，东面塑有秋瑾汉白玉雕像，其后照壁上镌“巾帼英雄”4个字，系孙中山手书。此处被列为市级文物保护单位。门票价格：免费。

秋瑾，生于1875年11月8日，祖籍浙江山阴（今绍兴市），出生于福建省云霄县。1894年，许配给今湖南省双峰县荷叶镇王廷钧为妻，与唐群英、葛健豪交往密切，后来3人被誉为“潇湘三女杰”。1904年，冲破封建束缚，两度自费东渡日本留学。在东京广交革命友人，积极参与反封建反清廷的革命活动，一贯以提倡女权为己任。她说“女学不兴，种族不强；女权不振，国势必弱”，欲求男女平等。“女子必当有学问，求自立，不当事事仰给男子”“仿欧美新闻纸之例，以俚俗语为文，……以为妇人孺子之先导”。她以“鉴湖女侠”等笔名，在杂志上发表诸多文章，抨击丑恶的封建制度，宣传女权主义，号召救国。因母丧回绍兴，又先后到诸暨、义乌、金华、兰溪等地联络会党。同时，应邀以董事名义主持大通学堂校务。遂以学堂为据点，继续派人到浙江省各处联络会党，自己则往来杭、沪间，运动军学两界，呼应徐锡麟，准备起义。徐锡麟在安庆起义失败，她却拒绝了望她离开绍兴的一切劝告，坚持“革命要流血才会成功”的信念。1907年7月10日，清军包围大通学堂，秋瑾被捕。她坚不吐供，仅书“秋风秋雨愁煞人”以对。同年7月15日凌晨，秋瑾从容就义于绍兴轩亭口，时年仅32岁。

在这里，除了欣赏美景，还可以欣赏美诗，感受凄美爱情故事的绝唱，珍惜纯真而感动的美妙爱情！

沈园 国家AAAAA级旅游景区。位于鲁迅中路，占地70亩，至今已有800多年的历史。因诗人陆游与名媛唐婉的凄美爱情故事和诗歌《钗头凤》成名，是绍兴古城内具有宋代园林特色的著名古典园林。门票价格：80元/人（含晚间）。

陆游，南宋著名爱国诗人，宋高宗绍兴十四年（公元1144年），20岁的陆游和青梅竹马的表妹唐婉结为夫妻。婚后二人情投意合、相敬如宾、幸福美满。

但却引起了陆母的不满，以“陆游婚后情深倦学，误了仕途功名；唐婉婚后不能生育，误了宗祀香火”为由，逼迫孝顺的儿子休妻。陆游遂了母亲的心意，休了爱妻，另娶王氏为妻，而唐婉也被迫嫁给越中名士赵士程，终落得劳燕分飞的地步。

数年后，陆游自在沈园，却意外地遇见唐婉与其丈夫赵士程。正当陆游打算黯然离去的时候，唐婉差人给他送去了酒菜。陆游触景伤情，怅然在墙上奋笔题下《钗头凤·红酥手》这首千古绝唱：

红酥手。黄縢酒。满城春色宫墙柳。东风恶。欢情薄。一怀愁绪，几年离索。错错错。

春如旧。人空瘦。泪痕红浥鲛绡透。桃花落。闲池阁。山盟虽在，锦书难托。莫莫莫。

唐婉见之，感慨万千，愁怨难解，一病不起，终因承受不了沉重的思念，郁郁而终！病中时，唐婉和《钗头凤·世情薄》词一阕：

世情薄，人情恶，雨送黄昏花易落。晓风干，泪痕残。欲笺心事，独语斜阑。难难难。

人成各，今非昨，病魂常似秋千索。角声寒，夜阑珊。怕人寻问，咽泪装欢。瞒瞒瞒。

此后的数十年间，陆游为怀念唐婉，怀念他们之间的爱情，追忆沈园之邂逅等，留下了大量诗篇。正因为这催人泪下的故事和感人至深的诗篇，人们在沈园，除观赏古典园林之外，更多的是怀念诗人，欣赏诗文，感受人世间的美好爱情，以及对执着爱情的赞美和感叹！

沈园务观堂

沈园，实际上已是一个名副其实的爱情主题公园。建筑不多，布局合理。满地绿荫、挖池堆山、栽松植竹、临池造轩，极为古朴。景区由古迹区、东苑和南苑三大部分组成，包含了孤鹤轩、半壁亭、双桂堂、八咏楼、宋井、射圃、问梅槛、琴台和广耜斋等景观，形成了“断云悲歌”“诗境爱意”“春波惊鸿”“残壁遗恨”“孤鹤哀鸣”“碧荷映日”“宫墙怨柳”“踏雪问梅”“诗书飘香”“鹊桥传情”十景。南苑有包括务观堂和安丰堂在内的600多平方米展厅，其中，务观堂主要陈列陆游的手迹复制品和碑刻、拓片；安丰堂则从赤诚报国、勤政爱民、一代诗人、成就辉煌、稽山镜水、置身社会、情系桑梓、婚姻悲剧、抱恨终身、世事沧桑、名园千古等几个方面对陆游坎坷的一生和陆游与沈园的关系作详尽的介绍。

特别是“沈园之夜”最具特色，不容错过。整个夜游把宋代文化、爱情文化和曲艺文化有机结合。游客在“家丁、丫鬟”的引领下，品宋街风味小吃，聆听陆游与唐婉的爱情绝唱，品尝沈园特色的红酥手香糕和黄縢酒，最后观赏沈家大戏，享受到一份厚重爱情为主题的精神文化大餐。

兰亭，1980年修复成明清园林的风格。兰亭四周浅溪淙淙，幽静雅致，园内建筑精巧古朴，是不可多得的园林杰作。

兰亭 相传春秋时越王勾践曾在此植兰，汉时设驿亭，故名兰亭。国家AAAA级旅游景区。位于浙江省绍兴市西南14千米兰亭镇的兰渚山下，兰亭以“景幽、事雅、文妙、书绝”四大特色而享誉海内外，是中国一处重要的名胜古迹。因书法家的一次聚会相邀活动而名传千古，1600多年来，兰亭地址几经变迁，几经兴废。现址为明嘉靖二十七年（公元1548年），时任郡守沈启在兰亭的旧址重建，基本保持了明清园林建筑的风格。门票价格：80元/人。

兰亭御碑亭

兰亭，融秀美的山水风光，雅致的园林景观，独享的书坛盛名，丰厚的历史文化积淀于一体，以“景幽、事雅、文妙、书绝”四大特色而享誉海内外，是中国一处重要的名胜古迹，其内涵可以用“一序”“三碑”“十一景”来概括。

一序即《兰亭序》，东晋永和九年（公元 353 年）三月三日，王羲之与友人谢安、孙绰等名流及亲朋共 42 人聚会于兰亭，行修禊之礼。曲水流觞，饮酒赋诗。他们在酒杯里倒上酒让它从曲水上游缓缓漂下来，如果漂到谁面前停住了，谁就要饮酒作诗，作不出的则要罚酒三觥。活动中共有 11 人各作诗两首，15 人各作诗 1 首，16 人因没有作出诗而罚了酒，总共成诗 37 首，汇集成册称之为《兰亭集》。大家推荐主人王羲之为之作序，王羲之欣然答应，趁着酒兴，用鼠须笔和蚕茧纸一气呵成《兰亭集序》，后人称为“天下第一行书”。通篇 28 行，324 字，凡字有重复者，皆变化不一，精美绝伦。只可惜这样一件书法珍品，到了唐太宗手里，他爱不忍释，临死时竟命人用它来殉葬。从此以后世人便看不到《兰亭集序》的真迹了。每年很多游客都喜欢来这里仿效王羲之兰亭雅集，饮酒赋诗。每年书法节都要在此举行曲水流觞的雅集盛会。

“三碑”即鹅池碑、兰亭碑、御碑。

鹅池碑，鹅池边立石质三角亭“鹅池碑亭”。亭中之碑系清同治年间建，碑上书“鹅池”二字，相传“鹅”字为王羲之所书、“池”字王献之所书，父子合璧，成为千古佳话，被人称为“父子碑”。

兰亭碑，是兰亭的标志性建筑，建于清康熙年间。碑上的“兰亭”两字，为康熙皇帝御笔所书。许多民众都喜欢用手去摸这块残碑，碑已被摸得非常光滑，所以又称“君民碑”。

御碑，八角重檐亭，始建于康熙年间，亭中立一巨碑“御碑”，系清朝原碑，已有 300 多年历史。碑的正面是康熙皇帝公元 1693 年所临写的《兰亭集序》全文，碑的背面是乾隆皇帝公元 1751 年游兰亭时即兴所作的一首七律诗《兰亭即事诗》。祖孙两代皇帝同书一碑，所以又称“祖孙碑”。

十一景，即鹅池、小兰亭、曲水流觞、流觞亭、御碑亭、临池十八缸、王右军祠、书法博物馆、古驿亭、之镇、乐池，都是兰亭非常著名的景点，兰亭的精华所在，包含了一段段非常著名的故事、典故。

书法博物馆，建于 1988 年，依山傍水。里面陈列着《中国书法简史》，以及美籍华人陈亦尧捐献的各种瓷砚，并不定时举办各种书法展览。

乐池，以王羲之《兰亭集序》中“信可乐也”中乐字命名，是新开辟的一处休闲景点，游客可在乐池喝茶聊天，乘坐竹排，享受兰亭美丽的湖光山色。

适逢午间天热，我们驻足餐厅，饮凉饮、吃烤串，权当午餐。

绍兴吕府，世称“吕府13厅”，由13座厅堂排列组合而成，是具有文物价值的明代住宅建筑群。

绍兴吕府 全国重点文物保护单位。是明代嘉靖年间吏部尚书吕本的故宅，位于绍兴城西北隅，新河弄西端，占地面积48亩。建于明万历十一年（公元1583年）前，始建时规模达13 500多平方米，尚存6200多平方米。现仍关闭，正在修复中，遍地建筑材料，一地狼藉，暂无人看管，我们行走其间参观游览。

吕府，主人吕本（公元1503—1587年），明余姚人，字汝立，号南渠，又号期斋，后移居绍兴城中。明嘉靖十一年（公元1532年）进士，嘉靖三十三年（公元1554年）官拜太子太保文渊阁大学士，从一品。

吕府遗迹

绍兴吕府，系吕本的行府。建筑分3条纵轴线，5条横轴线。其中，中纵轴排列轿厅、正厅、中厅、后厅、座楼；东、西纵轴各排列牌楼、前厅、中厅、后厅、座楼4座；每座建筑周围高墙，构成13个封闭院落。每座院落结构相似，皆坐北朝南，前有砖石门楼，左右立照墙，进门为天井，东西列两厢房，正面是厅堂，后有小天井及后门楼。每条纵轴最后一列为楼厅，供女眷居住，两侧各布置厢楼一列，为佣人住房。3条纵轴建筑间有纵向的“水弄”2条，横向的“马弄”1条作为宅内通道。

中纵轴尚存的仪门便是如今的正门。进入仪门，威严开阔、高大庄重的永恩堂赫然在目。永恩堂是吕府的中枢部分，原为正厅，吕本逝后，改为祠堂。永恩堂前原有大门和轿厅，均已毁圮无存。永恩堂7开间，九檩，通面阔36.35米，通进深17.7米，单体建筑面积达643.4平方米，规模为江南厅堂之最。共分7间，明代官位一、二品，宅邸大厅可有7间，这是明代封建等级制度的一种表现。吕本官居一品，永恩堂自然规模宏大，其装饰也精致大气。翘角堆花的屋脊，用材粗大的梁柱，宽阔畅敞的廊轩，龟形花格的窗棂，方砖铺墁的地坪，遥相对称的东西厢房，都无不体现出这座明代建筑浑厚、庄严、豪华地位的特色和当时建筑师们的高度智慧与技巧。大厅正上方悬挂着“永恩堂”3个雄浑大字的匾额，后下方悬挂着明万历十一年神宗皇帝在吕本80寿辰时所赐的“齿德并茂”大匾。两块匾额均系原物，烘托着庄严肃穆的气氛。吕府的真面目在其修复完工后，一定还会有更多看点和惊喜，期待吧！

京杭大运河问世2000多年来，在经济、政治、军事各方面都发挥了巨大作用，至今，仍在不断作出新贡献。

京杭大运河 是“大运河”的一条干线，位于中国东部，被列入《世界文化遗产名录》。是“南水北调”东线工程，也是世界上里程最长、工程最大和最古老的运河之一，与长城、坎儿井并称中国古代的三项伟大工程，使用至今。2021年6月26日上午，京杭大运河北京段举行通航仪式，40千米河道迎来旅游通航。门票价格：免费。

京杭大运河始建于春秋时期，隋王朝在天下统一后即做出了贯通南北运河的决定，至元代京杭大运河全线贯通，明、清两代京杭大运河成为南北水运干线。隋以后的历朝历代，至清朝后期，无论是大一统时期的政权，还是分裂时期的政权，都注重运河的疏凿与完善。其动机无外乎经济、政治、军事等方面，充分利用运河漕运。以运河为基础，建立庞大而复杂的漕运体系，将各地的物资源源不断地输往都城所在地。1912年，津浦铁路全线通车，从此京杭大运河以及沿线城市的地位一落千丈。

新中国成立后对运河进行了大规模整修，使其重新发挥航运、灌溉、防洪和

杭州千年古运河

排涝的多种作用。部分河段已进行拓宽加深，裁弯取直，新建了许多现代化码头和船闸，航运条件有了很大改善和拓展。南方的丝绸、茶叶、糖、竹、木、漆、陶瓷等源源不断运往北方，北方的松木、皮货、煤炭、杂品等也不断由运河南下，使其成为国家北煤南运的黄金水道，南水北调的大动脉。极大改善和推动了沿河农田水利事业的发展，对确保农业稳产高产也起到了十分重要的保证作用，综合利用效益明显。

京杭大运河，南起余杭（今杭州），北到涿郡（今北京），途经浙江、江苏、山东、河北 4 省及天津、北京两市。沟通了海河、黄河、淮河、长江、钱塘江五大水系，全长约 1797 千米，是中国仅次于长江的第二条“黄金水道”，价值堪比长城。它是世界上开凿最早、长度最长的一条人工河道，长为苏伊士运河（190 千米）的 9 倍，巴拿马运河（81.3 千米）的 22 倍。

京杭大运河按地理位置分为 7 段：北京到通州区称通惠河，长 82 千米；通州区到天津称北运河，长 186 千米；天津到临清称南运河，长 400 千米；临清到台儿庄称鲁运河，长约 500 千米；台儿庄到淮安称中运河，长 186 千米；淮安到镇江称里运河，长约 180 千米；镇江到杭州称江南运河，长约 330 千米。

我们这几年已到过通惠河、鲁运河和江南运河参观游览。

运河水不仅承载着南来北往的船只，而且孕育、滋润着沿岸的运河儿女、运河城市。运河边的建筑，如会馆、河埠、码头、桥梁、船闸及漕运衙门等都是为在实际生产中使用而建。运河边也有很多民风民俗，都是祈愿实际生产的收获，直接、真切地体现出劳动人民希望实实在在丰收的愿望。

运河在生产过程中也创造了许多与生产相关的艺术，如各种大运河号子，分类很多，或粗犷简朴，或苍凉雄劲，一方面可以鼓舞精神，另一方面可以组织指挥集体劳动，如山东的《抬土歌》、运河上的纤夫号子、船工号子等。这些既是在实际的运河生产中形成，又实在地有助于生产。

杭州以西湖为代表的景区，不但保持原有品位，也在不断推陈出新。原有“老西湖十景”，现有“新西湖十景”，更有“三评西湖十景”。

杭州西湖 因杭州古名钱塘，又名“钱塘湖”。被列入《世界文化遗产名录》，多处国家级重点文物保护单位，国家 AAAAA 级旅游景区。位于浙江省杭州市西湖区龙井路 1 号，景区总面积 49 平方千米，湖面面积 6.38 平方千米。2000 多年前，秦汉时期，杭州形成了一个内湖，即为西湖。清乾隆年间，杭州人翟灏、翟瀚兄弟合著《湖山便览》一书，记载西湖游览景点 1016 处，为杭州最早的导游书籍。1984 年 9 月，国务院办公厅指出："把杭州建设成为我国东南部的旅游中心和国际上第一流的风景旅游城市"。门票价格：免费，部分景点另收费。

西湖呈近椭圆形，湖底部较为平坦，南、西、北三面环山，湖中白堤、苏堤、杨公堤、赵公堤将湖面分割成若干水面。以"一山二塔三岛三堤"为核心，覆盖 100 多个景点，20 多座博物馆。众多知名景点，加上数十种花草植物，几十种鸟禽鱼类，如伊甸园般的美妙乐园，形成西湖山水自然生态文化景观。

一山——中山公园，是西湖中最大的岛屿，原为清朝行宫御花园。1927 年，为纪念孙中山先生，命名为"中山公园"。进门迎面石阶上书有"孤山"两个大字，孤字没有一点，人们猜测其意为"孤山不孤"，与"断桥不断""长桥不长"并称西湖三怪。岛上名胜古迹甚多，主要的景观包括中山公园、浙江省博物馆、文澜阁、西泠印社、放鹤亭、秋瑾墓、俞楼、慕才亭（苏小小墓）等。

二塔——雷峰塔、保俶塔。雷峰塔原名皇（黄）妃塔，又名西关砖塔，是一座八角形、五层的砖木结构的楼阁式塔，位于西湖南岸夕照山的雷峰顶上，为吴越国王钱俶为祈求国泰民安等而建。保俶塔位于西湖北侧宝石山山顶，现存的砖塔，为六面七级，由元至明、清，保俶塔 6 次毁坏 6 次重建。与雷峰塔隔西湖相对，素有"雷峰似老衲，保俶如美人""一湖映双塔"之说。

三岛——三潭印月景区，在外西湖西南部水域，包括小瀛洲及其南侧三座葫芦状石塔，全岛面积约 7 公顷。湖面三塔始建于北宋元祐五年（公元 1090 年），清朝康熙年间重建。三石塔身呈球状，顶为葫芦状，高出水面 2 米，中空，呈等边三角形分布，每边长 62 米。小瀛洲也称湖心寺，从空中俯瞰，全岛如一个特大

杭州西湖

的田字，构成了“湖中有岛，岛中有湖”的奇景。岛上主要景点包括浙江先贤祠、九曲桥、九狮石、开网亭、竹径通幽、我心相印亭等。

三堤——白堤、苏堤、杨公堤。白堤东起断桥，经锦带桥向西，在“平湖秋月”与孤山相接，长约 1 千米，是欣赏西湖全景和周边诸山的最佳观赏点。苏堤旧称苏公堤，南起南屏山麓南山路，北至岳王庙东，横贯湖中，堤长 2797 米，宽 30 ~ 40 米。苏堤上共有 6 座石拱桥，从南往北分别为：映波、锁澜、望山、压堤、东浦、跨虹。杨公堤又称“西山路”，其走向基本平行于苏堤，是从栖霞岭西侧起，至南山的长堤。有相对于苏堤的“里六桥”：环碧、流金、卧龙、隐秀、景行和浚源。主要景点有曲园风荷、郭庄、刘庄、杭州花圃、金沙港、浴鹄湾、三台梦迹、乌龟潭、茅家埠等。

西施，春秋时期越国美女，中国古代四大美女之一。她忍辱负重，以身救国。

西施故里 国家 AAAA 级旅游景区。位于浙江诸暨城南的苎萝山下浣纱江畔，总面积 1.85 平方千米。按功能划分为一轴一心六区。一轴为南北穿越整个旅游区的浣江游览带，一心指已有一定规模的西施殿景区，六区指主入口管理区、鸬鹚湾古渔村景区、古越文化区、美苑休闲娱乐区、三江口湿地生态保护区、休闲度假区。门票价格：100 元 / 人。

西施，本名施夷光，自幼随母在江边浣纱，故又称“浣纱女”。出生于越国句无苎萝村（今浙江省绍兴市诸暨苎萝村），天生丽质、倾国倾城，是美的化身和代名词。吴国战争结束后跟随越王勾践，后被范蠡献于吴王。死亡不详，一说被吴王所杀，一说勾践灭吴后，西施随范蠡泛五湖而去，不知所终。

西施故里大门

为纪念西施，前人在西施故里诸暨建造了西施殿。岸立一飞檐亭阁，称浣纱亭，亦谓西施亭。沿游步道而下到江边，矗立着一块古朴苍褐的巨型方石，上镌“浣纱石”，相传为西施浣纱处。曾是当年西施与范蠡互赠信物，订下百年之好的地方，故又名“结发石”，历代文人墨客对浣纱石多有吟诵。

古越台依山而筑，正对门楼。台内奉越王勾践，两侧立谋臣范蠡、文种，台中上悬“卧薪尝胆”匾额，尽显励精图治、灭吴雪耻之志。造像系樟木雕刻。

范蠡祠，主要以范蠡军事、政治才能和商业才能及生平业绩为主要展示内容、以其他相关人文故事为衬托。全部建筑由范蠡祠及财神庙、魁星阁、三星庙等相关建筑组成，占地面积2000平方米，建筑面积960平方米。正殿内塑高3.5米范蠡全身铜像一座，铜像背后墙面用木条仿竹简形式，再现《史记》中记载范蠡故事的精彩篇章，所有立柱均镶嵌楹联。范蠡祠共有塑像8座，除范蠡全身铜像外，其余均采取民间传统的贴金彩绘相结合的形式。各种木雕构件琳琅满目，精彩异常，充分展示了江南民间建筑艺术特色。

殿外左右两侧建长廊两条，陈列与范蠡生平业绩相关的诗碑，并以彩绘壁画等形式，生动介绍范蠡卓越的军事、政治和经商才能。其他辅建筑依相应位置而建，错落有致，相关塑像，有比干、赵公明、关公及福、禄、寿三星等。

与西施殿相对是郑旦亭，为八角重檐，上层为三叠檐圆顶，内置巨钟。过郑旦亭，进入盘山碑廊，依山势缓步登高，透过右侧壁上有关西施事迹的图片、诗文陈列，管窥这位绝代佳人以身赴国难的生平事迹。

义乌小商品批发市场，中国最早创办的专业市场之一，国际小商品流通、研发、展示中心。义乌，改革开放的杰作，驰名中外，现以县级市跻身中国大城市行列，无比殊荣。

义乌小商品批发市场 又名“中国小商品城”。位于浙江省义乌市，创建于1982年，是中国最早创办的专业市场之一。从创建以来，经历了多次搬迁与扩建。被国家质检总局授予“重质量、守信誉”市场荣誉称号，是国际小商品的流通、研发、展示中心；还曾被联合国、世界银行等权威机构称为“全球最大的小商品批发市场”。门票价格：免费。

义乌小商品批发市场由中国义乌国际商贸城、篁园市场两个市场簇群组成。商贸城包含5个商区，43个行业，1900个大类，170万种商品，几乎囊括了工艺品、饰品、小五金、日用百货、雨具、电子电器、玩具、化妆品、文体、袜业、副食品、钟表、线带、针棉、纺织品、领带、服装、箱包等所有日用工业品。配套建设了国际物流中心、商城物流中心两个现代物流基地。现代物流基础设施先进，功能完善、高效。“面向世界，服务全国”，在国际、国内都具有极强的竞争力。

网站依托实体市场，以诚信为根本，将7万家网上商铺与实体商铺一一对应绑定，为采购商和经营户提供可控、可信、可溯源的交易保证。以此为基础，推出直面全国各地零售商的采购平台，缩短生产制造到终端销售的距离，为零售商提供优质价廉有竞争力的商品，助力终端销售。

市场商品辐射210多个国家和地区，行销东南亚、中东、欧美等地，年出口量已达总成交额的60%以上。其中，工艺品、饰品、小五金、眼镜等优势行业商品出口量占行业销量的70%以上。市场内60%以上的商户有外贸供货业务，现长驻义乌的外商达8000多人，境外商务机构500余家。其影响深远，还传有不少笑谈。

我们参观游览了商贸城，特意为两个小孙子买了两件电子玩具。晚餐在酒店附近吃自助餐，没想到在此世界知名的商业城，有如此的物美价廉餐食。

太平天国侍王府，是我国现存太平天国建筑中保存最完整、规模最宏大的，雕刻、壁画等艺术品最多的，具有较高的艺术价值，是研究太平天国革命历史的珍贵资料。

太平天国侍王府　全国重点文物保护单位。位于浙江省金华市婺城区金华城东鼓楼里酒坊巷52-3号，曾是太平天国侍王李世贤在浙江的府第，军事指挥所，总面积达63 000平方米，现存建筑面积3000多平方米。建于1861年，现辟为金华市太平天国侍王府纪念馆。门票价格：免费。

侍王李世贤（公元1834—1865年），广西藤县大黎乡人，忠王李秀成的堂弟，太平天国后期的重要将领，1860年被封为侍王。1861年他由安徽、江西进军浙江，5月28日，攻克金华后，遂以金华为中心建立太平天国浙江根据地。侍王府为当年李世贤在浙江的指挥中心。

侍王府原系唐宋时州衙所在，元为宣慰司署，元末朱元璋曾驻此。明时为巡按御史行台，清朝为试士院。太平军攻克金华后，即在原址上大加修葺、构建。整个侍王府建筑规模宏大，分为宫殿、住宅、园林、后勤4部分。毗连宽广的练兵场，主体建筑是大殿（议事厅）、二堂和后堂（又称耐寒轩）。侍王府分东、

太平天国侍王府

西两院，东院现存的建筑有照壁、正厅、后厅、耐寒轩等。照壁高约 6 米，面宽 17 米，上面有许多石雕或砖雕的龙凤图案。照壁为太平军所建，其余的建筑是利用了试院的建筑改建而成的，都是硬山顶、砖木结构的衙署式建筑。正厅又称议事厅，面阔 5 间，是当时李世贤举行重要军事会议的场所。

西院为侍王府住宅，共有四进：一、二进建筑有大量的壁画、梁枋彩绘以及木、石、砖雕等，二进的中厅有“兵营图”“四季捕鱼图”“砍柴图”等壁画，表现了有关太平天国制度、战争以及民间传统的渔、樵、耕、读等内容。

侍王府是太平天国的艺术宝库，1983 年底已发现石雕、砖雕各 11 件，木雕 526 件。大小壁画 119 幅，彩画 407 幅，还有各种图案不计其数。这些艺术品与整个侍王府的建筑风格和谐统一，不仅具有较高的艺术价值，而且也是研究太平天国革命历史的珍贵资料。侍王府壁画、彩画之多为全国之最，超过全国各地太平天国遗址所保存的壁画、彩画之总和。

团龙、壁画、两株千年古柏被称为现存侍王府的三宝。

团龙，是侍王府石雕珍藏品，是迄今太平天国时期最珍贵的文物之一，系镇馆之宝。团龙原嵌在侍王府东院照壁墙正中位，现位于侍王府二殿正中央。直径 1.2 米，重达 1 吨，由一整块大青石雕刻而成，气势非凡，造型独特，龙眼突兀，龙爪刚劲有力，5 只蝙蝠在团龙周围，寓意“五福吉祥”。

国家一级文物——侍王府石雕团龙

壁画和彩画，在西院四进的墙壁和梁架上，尤以《樵夫挑刺图》《四季捕渔图》《望楼兵营图》最为著名。

千年古柏，二株，高数丈，位于耐寒轩前。相传为五代吴越王钱谬亲手种植，历经 1100 多年，如今躯干斜而不倒，枝叶直指云天，因而被誉为“活文物”。

千岛湖景区硕大，湖中大小岛屿1078个，居全国人工湖之首，各种名胜、景致众多，要达到理想的游览效果，需安排充足的时间。

千岛湖景区 又称“新安江水库”。国家 AAAAA 级旅游景区。位于浙江省杭州市淳安县境内，占地面积 982 平方千米。建成于 1960 年，1982 年向游客开放。中国最大的人工湖。呈树枝形，湖中大小岛屿 1078 个，形态各异，群岛分布亦疏亦密，罗列有致。门票价格：130 元 / 人。主要景点如下。

梅峰岛，位于千岛湖中心湖区西端的状元半岛上。距千岛湖镇 12 千米。因群岛星罗棋布、港湾纵横交错、生态环境优美而被确定为千岛湖的一级景点。天气晴好的日子，登上梅峰观景台，可以纵览 300 余座大小岛屿。

猴岛，原名云蒙列岛，由十余个青翠的大小岛屿组成。猴子众多，是名副其实的猴岛。

龙山岛，由于新安江水库蓄水形成。岛上建有海瑞祠，飞檐翘角，从海瑞祠拾级而上，约行 500 级石阶小径可直达宁古钟楼。

锁岛，据称共有 16 万把各式心锁挂满全岛。建有开心锁、智慧锁，中国第一座锁具博物馆。平安锁获世界吉尼斯之最。

千岛湖

三潭岛，位于千岛湖中心湖区与东南湖区交界处。距千岛湖镇 10 千米，景点占地面积 80 公顷。

千岛湖，现已发现古文化遗址、古墓葬和古建筑等多处，五龙岛的新石器时代文化遗址，小塘坞的西周至春秋文化遗址，水碓的春秋战国至晋的文化遗址；还有密山岛的骨塔、密山庵，尹山庵等古代寺庙建筑；以及叶公墓、郑允中墓等古墓葬；瀛山书院、石峡书院、蜀阜书院等；海瑞祠、龙门塔、琅官塔、小金銮；瑶山和芹川的风雨古桥，节孝坊；还有广泛分布在山乡农村的明清民居建筑、宗祠、家庙等。在湖底沉有始于汉唐年间的“狮城”“贺城”两座千年历史的浙西县城。

景区生态环境较好，拥有 448 平方千米的森林面积，岛上森林覆盖率达 93%，并在 1986 年 11 月被林业部（现国家林业和草原局）批复为国家森林公园。有维管束植物 1824 种，种子植物 1698 种，属国家重点保护的树种 20 种，属国家保护植物 18 种。国家一级保护动物有云豹、金钱豹、黑麂、中华秋沙鸭、白颈长尾雉 5 种，国家二级保护动物有猕猴、黑熊、穿山甲、红隼、褐翅鸦鹃、大鲵等 41 种。

千岛湖景区太大，居全国人工湖之首，要达到理想的游览效果，可适当多留一点时间。重点选择自己感兴趣的几处景点游览，有条件的可分多次来景区游览。我们曾两次到千岛湖游，仍感到意犹未尽。

古代文明的创造与传承，往往是以物化的形式再现出来。冯村建村已有 1000 多年历史。其璀璨辉煌的历史文化、人文功绩，通过现存的牌坊与府第生动地展现在世人面前。

绩溪冯村 位于安徽省宣城市绩溪县西部，距县城 32 千米，地处群山环抱之中，平均海拔 400 米以上，左狮子峰，右日象麓山；两峰对峙，称为狮象把门。槐溪水由西向东穿村而过，将整个村庄分割成南北相望的水街。门票价格：免费。

唐咸通六年（公元 865 年），歙州刺史冯子华的长子冯延普，举家从太行山迁居于此，以积极的态度改造居住环境，崇尚文化，继承儒学传统。在南宋咸淳年间（公元 1265—1274 年），就有冯硅、冯云龙登科及第。到了明代，冯村名人迭出，列入科第行列的就有 5 人，其中文科第 4 人，武科第 1 人；而列入仕宦行列的有 14 人之多。清代，又有多人荣登进士。身居官宦的，都能克己奉公，政绩名传，为冯村冯氏家族争得了荣誉。

冯村大夫坊

从村口到村中，依次排列着5座牌坊：恩荣百岁坊、大夫坊、进士第坊、贞烈坊、楠木牌楼（今毁）。其中，大夫坊位于村首，为知州冯兰而立。该坊四柱三门五楼，通体用花岗岩石雕凿而成。进士第坊，省级文物保护单位，位于冯村中街，南北朝向，建于明成化十五年（公元1479年），为进士冯容而立。该坊四柱三门五楼，仿木结构，歇山式楼顶，高8米、宽8.2米，通体为花岗岩石雕凿而成。明间上部有竖式“恩荣”匾，花板中书有“进士第”三字。梁枋采用浮雕工艺，镌刻双龙戏珠、祥云织锦、鸿鹄腾飞、骏马驰骋、麒麟降福、平安如意等精美图案。风格淳朴，气势雄伟，堪称徽州牌坊建筑中的上乘之作。

冯村历史上，皇赐名门府第8幢，依次排列在槐溪两岸。它们是：大夫第、协政第、刺史第、旌封第、州牧第、五马第、进士第、州司马第等。府第坐落在街中心，建筑规格较高，用材、做工都比较讲究。如刺史第，坐北朝南，硬山屋顶，开间、进深各五间，占地面积164平方米。大门两旁有抱鼓石、荷花柱；垂带板上镌刻如意花卉；大门外框用水磨青砖砌筑成2柱单间3楼式门楼，匾额中书“刺史第”三字，四边盘以龙凤纹；抬梁式的木构架，豪华气派，拱轩、人字轩相互增辉；撑拱、驼峰、雀替、平盘斗等构件均有雕刻，内容丰富，技艺精湛。显现出徽派建筑的艺术魅力和文化底蕴。此外，每座府第前均有石质华表、石马槽以及供人歇息的石桥、石凳，让人感悟冯村昔有的繁华岁月和厚重历史。

村中还有13座石桥。这些桥造型巧妙，轻盈枕水。尤以龙门桥别具一格，它建于两山夹峙一水中流之间，桥下有一巨石横亘，石中有一洞尺许，溪水从洞中回旋而去。每当洪水暴涨，急流冲石，汹涌奔腾，气势颇为壮观。

冯村的古民居，清一色的徽式建筑，白墙黛瓦马头墙。其建筑规模较大，做工也比较讲究，追求的是居室的美观、实用和文化品位。冯应元宅，清代早期建筑，坐南朝北，前后两进，中设天井，开间五间，进深七间，占地面积216平方米。在天井东西两侧设7级台阶。这栋民居的砖砌门罩风格独特，采用花团锦簇垂花柱2根和假昂14根，矩形、圆形椽各13根组合而成，给人以古朴、大方、端庄、豪放的艺术感受。

我们不期而至，造访冯氏村庄，为一窥冯氏名村之芳容。到后得知村中有一老人曾历尽艰辛修得《冯氏家谱》，来到这位老人家中，一睹其《冯氏家谱》。没想到似一部洋洋洒洒的“巨著”，厚厚的足有数百页之多。虽然其上并未查到我家这支冯氏，但也钦佩这位老人为冯氏一族续家谱之壮举及成绩。告别老人后，在村中参观浏览，最后依依惜别，感到游历未尽。人上了年纪，这种恋旧、恋古之情尤重，否则，不会绕山绕水来到这尚未开放旅游的偏僻小山村了！

龙川古村，一个典型的胡姓聚族而居的山区古村落，已有1600余年的历史。

绩溪龙川古村 全国重点文物保护单位，国家AAAAA级旅游景区。位于安徽省宣城市绩溪县城东11千米的龙川村。由3个村合并而成，人文景观与自然景观珠联璧合，浑然天成，具有极其浓郁的地方特色和极高的文化价值。门票价格：75元/人。

石金山麓溪水，南流经岭里至岭外，折向东流，在龙川村凤山下入村，穿村汇入登源河。在龙川村形成龙川水街，长约500米，河岸由青石和花岗岩石砌成，

绩溪龙川古村

为清代早期所建。村河相对窄小，枯水期流水潺潺，汛期河水奔腾。龙川水街，具有悠久的历史，保存完好，水街及沿街两边有许多文物古迹、历史建筑，以及商贾店铺，汇聚特产，极具旅游价值。重要文物古迹如下。

奕世尚书坊，国家重点文物保护单位，是龙川的核心景点，是明代正宗石雕牌楼，为徽派石雕之最。

龙川胡氏宗祠，国家重点文物保护单位，建于明嘉靖二十五年（公元1546年），清光绪四年（公元1878年）重修。宗祠坐北朝南，前后三进，占地总面积1271平方米，气势宏伟，装饰精美。尤以保存完好的各类木雕为最，有“徽派木雕艺术宝库”之称，有关专家赞誉它是中国古祠一绝，清朝红顶商人胡光镛的族祠。龙川在明代曾出过两任尚书，户部尚书胡富、兵部尚书胡宗宪。

胡宗宪少保府，以抗倭纪念馆的新形式向游人展示的生平事迹，它共分4个展厅：胡宗宪生平；倭寇肆虐，临危受命；智勇双全，建功东南；剑埋冤狱，魂绕白云。突出表现了胡宗宪抗倭平定海疆的英雄事迹。

思敬堂，为族人思祖敬宗的圣地，并将龙川历代德高望重、有惠于乡里的族人名讳汇录于此。绩溪县乡贤祠共祭祀15位乡贤，其中龙川有3位。

澄心堂，龙川景区已成功挖掘和展示这一非物质文化遗产，恢复澄心堂古造纸工艺现场，将“龙草澄心”作为一项访古旅游项目。

灵山庵，整个庵堂分为三间二进，抬头可看见上方悬挂一匾额“了悟大乘”，即“感悟大乘佛教”。主殿供奉的是观世音菩萨。

棋盘村位于去上庄镇的马路边。进入后才发现冷冷清清，不见一人。正在无措时，小巷深处来了一位大爷，60来岁，向他打听村庄之事。他听我们是来自北京的热心参观者，顿时很热情，带着我们在村里边转边介绍。

棋盘村 全国重点文物保护单位。又名石家村，因全村居民皆姓石，故名，又因地处旺山麓，也称旺山村。北宋开国元勋石守信后裔十五世孙石荣禄迁此建村。村子不大，目前尚未开放。见有一些小规模的建筑施工，也许是在准备开放之中。有这么好的资源，不加以利用，着实可惜！

棋盘村，石氏后人为纪念先辈的功德，显示当年石守信与赵匡胤棋友之谊，故将村庄设计成棋盘。整座村庄坐南朝北，以房舍、街道、水塘和小溪等为元素组成，纵横有序，错落有致，构筑整齐方正。整个村庄的布局如一个棋盘，特别设定村南正中的石氏宗祠为帅府，宗祠前水塘中有按石守信印比例筑砌的印墩，

棋盘村帅印塘

墩上栽的大柏树作为印柄，四周栽有树木翠竹，四季常青，喻示石氏世代为官，绵延不绝。全村以祠堂、方塘为中轴线，每隔30米辟道，村内道路分为三条经线、五条纬线，以石铺成左右对称的巷道，道道相通，每条巷道出口皆有巷门。俨然一幅纵横交错、格局严谨之棋盘。村前的桃花溪象征“楚河汉界”，而一幢幢民居犹如一枚枚的棋子散落其间，名副其实“棋盘上的村庄”。

棋盘村的民居大多是明清时期典型的徽浙派民宅，外观为石库门、小青瓦，白粉墙，马头檀等，石库门的门盖上置有门楼。门楼和门盖中间用青砖嵌白粉线条和砖雕作装饰。外墙高耸，巷道设水圳，直通帅印池塘，保证水源，兼有防火功能，在这样布局紧凑的村庄，防火永远是第一要务。

上庄，典型的安徽民居风格，古风古韵，恬静悠闲。旅游级别虽不高，却因孕育了众多名人而显赫于世。

上庄景区 多个全国重点文物保护单位，国家AAA级旅游景区。位于安徽省绩溪县西北的上庄古镇，距县城38千米。典型的安徽民居风格，白墙黛瓦，小巷曲折悠长，青石板小巷，古风古韵，恬静悠闲。享有“小上海”“文化之乡”“一品锅之乡”的美誉。门票价格：免费。

上庄旅游级别不高，但因孕育了众多名人而显赫于世。有清代宦海“三奇士”之一的胡铁花、知名学者胡适、徽墨大师胡开文、江南才女曹诚英、现代著名诗人汪静之等一批风流人物，且至今仍保存着很多精美的历史遗存。如胡铁花宅、胡适故居、胡开文纪念馆、老胡开文墨厂、石家村、太平天国壁画、曹诚英墓等众多人文和自然景观。上庄还有徽墨、木雕、砖雕等传统制作技艺，是徽墨和徽菜里最有名的一品锅的故乡。

古镇，是典型的徽派古村古镇特色，街道石板铺就，曲里拐弯，幽静深长。位于街道两旁的房屋白墙灰青瓦，伴有小溪小河小塘，上庄小溪两边环境优美，风光旖旎。溪边亭子前有胡适雕像。

上庄古建筑群，全国重点文物保护单位。主要景点如下。

全国重点文物保护单位——上庄古建筑群

胡适故居

胡开文纪念馆。胡开文是清代徽墨四大创始人之一。1915 年胡开文的《地球墨》荣获美国旧金山“巴拿马万国博览会”金质奖章。纪念馆占地 400 多平方米，属“通转楼”式古建筑，馆藏十分丰富。纪念馆以黄金分割线为准建造，科学、雅致、舒适。蜡像还原了制墨工艺过程。

胡适故居。胡适是新文化运动的先驱，荣膺 36 个博士学位的世界著名学者。胡适故居建于清光绪二十三年（公元 1897 年）。故居由一座庭院和四幢徽派房屋组成。院子内有胡适雕像，房屋分为 4 个展厅，展示的东西包括胡适及其家人的简历及一些珍贵的历史照片和文献资料，以及曾经使用过的家具。故居的建筑中分别体现了徽派建筑“砖雕”“石雕”“木雕”的艺术特色。

唐模古村始建于唐，发展于宋元、盛于明清。因其经济活跃，民风淳朴，景致优美而被誉为“唐朝模范村”。

唐模古村 国家 AAAAA 级旅游景区。位于安徽省黄山市歙县十余千米处。是徽州历史悠久、人文沉淀深厚的文明古村。始建于唐，距今千年。黄山市十大景区之一，素有“风雅山水田园，徽派古建长廊”之美誉。门票价格：免费。

唐模古村落在选址和布局上非常讲究人与自然的和谐统一。唐模古村中田园风光幽雅别致、亭坊街桥古韵悠悠。特别是水口园林和潺潺水街，使人倍感优美与平和，有全村同在画中居之感。

唐模景区自然环境优美，人文景观丰富。至今保存着完整的古村落空间格局和历史风貌。恬静的田园风光和古朴的人文景观相得益彰，青山绿水，粉墙黛瓦，是个具有浓郁徽派气息的古村落。水口园林更是皖南古村落水口园林的杰出代表。唐模古村景区现存有省级文物保护单位 4 处、清代祠堂 4 处、清代民居 100 多幢。以及“水街”“许承尧先生墓”、古桥、古井、古祠堂等历史人文景观，“千年

唐模古村

古银杏树”等古树名木和宋、元、明、清时期名家真迹。

古老水街，充满古韵，宁静幽雅别致，是唐模古村的主要特色。一切都围绕其展开：居民们在街旁廊下、店门边休闲、纳凉、聊天；溪流在小桥下流淌，两侧是石板古街和古朴建筑。有檀干园、高阳桥、尼姑庵、许氏大祠及其三座支祠堂，还有中外著名的唐模小西湖及盛名的“同胞翰林”牌坊等。溪流中有各式各样的石桥。木桥位于高阳大桥的西侧，长40米，设有避雨长廊。溪边长廊下设美人靠，走累了不妨临水而坐，十分惬意。

游历其中，如痴如醉。再看，写生的美院学生，多么专心致志、旁若无人。挥动画笔，一点一涂，留下唐模古村美妙的瞬间，这不就是人与自然的和谐统一吗！

棠樾石牌坊群是安徽省现存最大、保存最完好的一处牌坊群。根据文献记载，安徽歙县历代共建牌坊250多座，现存牌坊82座，是名副其实的“牌坊之乡”。

棠樾石牌坊群 全国重点文物保护单位，国家AAA级旅游景区。位于安徽省黄山市歙县城西6千米处。明代永乐年间第一座石牌坊——慈孝里坊建成。此后，又依序相继建起6座石牌坊，前后历时近600年。是明清时期皇帝为表彰棠樾村民的“忠孝节义”而准予建造的。为棠樾村的鲍氏家族旌表本族历史上有卓著功德人物的建筑群。牌坊群由7座巨型石牌坊组成，跨村头石板大道迤逦而建，均是中国古徽州地区具有代表性的石刻古建筑。门票价格：免费。

自南宋以来，棠樾村鲍氏族人或外出行商，或入仕做官，日益兴盛。他们在故乡棠樾修桥铺路、养老济贫、妻妇守节、修祠建坊。这7座牌坊以“忠、孝、节、义”的顺序矗立于棠樾村前大道上，蔚为壮观，见证了棠樾村鲍氏家族在历史上的兴旺与显赫。7座牌坊包括：明成祖为旌表鲍宗岩的慈孝里坊、鲍灿孝子坊、鲍象贤尚书坊、鲍文龄妻节孝坊、鲍漱芳乐善好施坊、鲍文渊妻节孝坊、鲍逢昌孝子坊。

其中3座为明代所建，4座为清代所建。牌坊群中有碑亭、牌坊群，进村一端有鲍氏宗祠，祠内有清乾隆帝“慈孝天下无双里，锦绣江南第一乡”的御书对联。

棠樾石牌坊群虽历明、清两代，但建筑风格浑然一体。明代三坊的结构、规制类似，均为4柱3间3楼。所不同的是前二坊为卷草纹头脊式，后一坊为冲天柱式。清代四坊则均为冲天柱式，高大巍峨。

7座牌坊均采用质地优良的歙县青石料。明代牌坊雕刻古朴典雅，以花卉、鸟兽为主要图案。清代牌坊雕刻内容趋于丰富，不仅包括花卉、鸟兽，还有鱼虫以及祥云等图案，线条也更加细腻、精致。歙县棠樾青石牌坊群，既不用钉，又不用铆，石与石之间巧妙结合，可历千百年不倒。一座又一座经官批御审，一座又一座精心设计施工，一座又一座直冲云霄。历代统治者用这一特殊方式来表彰那些在社会中有贡献的人，这足以证明，历朝历代都极为重视表彰的激励作用。这些不仅给后人留下精神财富，也留下了文化艺术和建筑艺术等多方面财富。

徽州古城，城套城的独特风格，被称为“中国保存最完好的四大古城”之一。

徽州古城 又名“歙县古城”，古称新安郡。国家AAAAA级旅游景区。位于安徽省南部黄山市歙县城徽城镇中心，总占地面积24.7平方千米。始建于明，重修于清。是中国三大地方学派之一的“徽学”发祥地，被誉为“东南邹鲁、礼仪之邦”。与四川阆中、云南丽江、山西平遥并称为“中国保存最完好的四大古城”。门票价格：80元/人。

徽州古城形成了城套城的独特风格，分内城、外廓，有东西南北4个门。此外，还保留着瓮城、城门、古街、古巷等。是千年徽州府治所在地，是中国传统建筑的典型代表，其文物遗存众多。主体建筑有徽州府衙、许国石坊、长庆寺塔、

徽州古城

东谯楼、南谯楼、曹氏二宅、渔梁古坝、渔梁街、斗山街、徽园等，以及镶嵌其间的古色古香的300余幢古民居。唐宋以来建有400多座牌坊，这些徽派建筑是中国传统文化中最精彩、最直观的载体和表现形式之一，对中国传统文化的保护与发展具有重要的现实意义。

徽园，是一仿古旅游区，集牌坊、古民居、祠堂“徽州三绝”于一身，融砖雕、木雕、石雕“徽州三雕”精髓，素有“徽州文化大观园”之称，徽园2000年对外开放，占地2公顷，建筑面积1.8万平方米。主体建筑有：仁和楼、得月楼、茶楼、惠风石坊、徽园第一楼、得意楼、春风楼、过街楼、古戏楼、莲池玉带桥、万金灵龟、九龙九凤壁，以及住宅楼房百余间。

徽州府衙，建于元末明初。隋义宁年间（公元617—618年），越国公汪华即迁于此。宋绍熙年间（公元1190—1194年），州衙毁于大火，随后重建。总占地面积2.4公顷，建筑面积9800平方米。主要包括南谯楼、仪门、公堂、二堂、知府廨组群，整体建筑气势雄伟，规模庞大。

徽州街巷，有斗山街、大北街、打箍井街、中山巷等古街巷。打箍井边方士载宅为明大学士许国府邸部分遗构，已辟为许国生平展览馆。中山巷为阶梯形古巷，基本保持清末风貌，巷内有两柱世科石坊和皖南事变后叶挺将军囚禁处。

许国石坊，又名大学士坊，俗称“八脚牌楼”，位于歙县城内阳和门东侧，跨街而立，立于明万历十二年十月（公元1584年）。其不是通常的四柱而是八柱牌坊，形成四面围合，中国仅此一例，被誉为“东方的凯旋门”。

花山谜窟，玄妙奇巧的石窟景象，全国罕见，堪称中华一绝。

花山谜窟 原称“古徽州石窟群”，国家AAAA级旅游景区。位于安徽省黄山市中心城区（屯溪）篁墩至歙县雄村之间新安江两岸，以新安江为纽带，连接花山、雄村两大景区，呈哑铃状。花山谜窟风景区是黄山山脉的延伸部分，集青山绿水、田园景致、千年谜窟、奇峰怪石、摩崖石刻、石窟庙宇、古建筑等自然景观和人文景观之大成，是一个内容丰富、品位高，适宜各层次游客观赏的综合景区。门票价格：91 元 / 人。

景区以石窟特色为品牌，现已探明的有 36 处。规模恢宏，气势壮观，独具特色。此景本身并不复杂，重点在于一个“谜”字，如此庞大的工程为何史书没有记载？这些洞窟源于何时？如何形成？数以百万立方米石料如何开采和运输？去了何处？最关键的是何用途？至今仍是一个不解之谜。目前，已开发并开放的石窟如下。

花山谜窟

2 号洞，称作“地下长廊”。此洞在半山腰，洞口呈虎口张开之势。洞内有几十根石柱昂然挺立，组成长 80 米，宽 1.5 米的地下长廊。右侧处有一方形洞口，入内方知廊中有廊，其走向相同，但更深，足有百米，水呈翡翠绿色。

24 号洞，称作“二十四根柱”。洞门面山路而开，呈扁长方形，宽约 50 米，高约 30 米，进深莫测，宽绰硕大，气势恢宏。4 排 6 根，共 24 根石柱支撑窟顶。每柱均是三人合抱的方形大石柱，衍入地下。洞内有水，深不见底。水中有红、黄、蓝、白、黑游鱼，其状多怪异。

35 号洞，称作“地下宫殿”，又名“蝙蝠厅”。有一段约 20 米长的引洞。洞口里呈一大厅，总面积约 4000 平方米，26 根周长十几米的石柱顶天立地。环绕大殿有 36 间石房，最小面积仅 2 平方米，石房墙壁厚薄不一，最薄处仅 10 厘米厚。这些石房三面封，仅临殿堂一侧有一门洞，可容一人进出。殿堂边有深潭数口，水呈绿色，清澈见底，经年不涸。

33 号、34 号洞，称作“鸳鸯洞”，与 24 号洞毗邻，有小石门相通。

与许多知名的石窟相比，花山谜窟洞内没有壁画、没有佛像，也没有文字，更无任何史料记载，就是在当地的民间传说中也难寻其踪影。但花山谜窟点多面广，形态殊异。“规模之恢宏、气势之壮观、分布之密集、特色之鲜明为国内罕见，堪称中华一绝”，被誉为“北纬 30 度神秘线上的第九大奇观”。

更让今人不可思议的是，花山有石窟 36 个，而在其东侧延长线的歙县烟村方圆 4 平方千米的 200 多座小山包中也发现了类似的石窟 36 处。花山谜窟谜团众多，带来了各种猜想。目前仅就为什么开凿如此大规模的石窟，相对比较成熟的猜想就有环保巢居说、秘密战备基地说、屯兵说、库房说、采石场说等 20 多种假说。又和许多世界奇观处于同一北纬 30°，更增加了花山谜窟的神秘色彩，期待着世人的破解。

我们带着花山谜窟的不解和神秘感离开，来到同样古老而神秘的屯溪老街。

屯溪老街 又称宋街，俗称老街。全国重点文物保护单位，位于安徽省黄山市屯溪区，全长 1272 米，主要部分 853 米，宽 5 ~ 8 米，面积 13 万平方米。南北朝陈文帝天嘉三年（公元 562 年），屯溪即为休宁县首镇。景区包括 1 条直街、3 条横街和 18 条小巷，由不同年代建成的 300 余幢徽派建筑构成。因其坐落在横江、率水和新安江三江汇流之处，又被称为流动的清明上河图。也是中国保存最完整、最具有南宋和明清建筑风格的古代街市，唯一的“国家历史保护街区”，与北京国子监街、苏州平江路一同当选为“中国历史文化名街”。门票价格：免费。

屯溪老街，历史悠久，历史上屯溪以其水运畅通的优势而成为皖南山区物资集散地和经济中心。明清时期，屯溪是徽州四大古镇之首，全徽商业中心。民国时期，一度经济异常繁荣，被称为“小上海”。新中国成立后，特别是改革开放以来，屯溪的经济建设和各项社会事业得到迅猛发展。作为一个新兴旅游城市，正发生着日新月异的变化。如今老街恢复了原有老字号店铺，如“同德仁”，是

屯溪老街

清同治二年（公元 1863 年）开设的药店，至今已有近 160 年的历史；开辟了古董一条街、文房四宝一条街。“徽州四雕”产品及徽派国画、版画、碑帖、金石、盆景等随处可见。

屯溪老街以徽州古民居建筑风格闻名，保存完好。房屋檐口挑出 80 ~ 100 厘米，可避雨遮阳。店铺鳞次栉比，这里全是马头墙、小青瓦、白粉墙；砖木结构的铺面，精巧玲珑的楼阁，镂刻精美的花纹图案，加上小门、大堂、天井、屋与屋之间的深窄小巷，错落有致，热闹繁华，显示了徽派建筑格局的古朴典雅，别有情趣。建筑内雕梁画栋，徽派建筑砖、石、木三雕特色展现得淋漓尽致。为了适应旅游事业的发展，还在专辟的一段“古代街”上设有茶楼、酒肆、书场、墨庄，古趣盎然。街面建筑大都为前店后坊、前店后仓、前店后宅的格局，呈现出江南城镇古老的风姿。

老街上博物馆众多，其中屯溪老街社区博物馆，为全国首批 5 家生态（社区）博物馆示范点之一。现展览：徽韵老街、贾道流芳。展览叙述了屯溪的历史、老街的形成发展、老街老字号、老街的民风、屯浦归帆场景等。珍贵藏品有国内最大的宋坑金星金晕砚板、法华釉瓷枕、春秋青铜器、金丝楠木徽州床等。二楼主要陈列有新安画派古字画，其中有黄宾虹、汪彩白、金声等大家作品。

还有程德馨酱园复原景。程德馨酱园创建于清代，为徽派酱菜的代表，代表性产品三伏酱油、八香什锦菜、七香酱闻名徽州及江浙赣地区。酱园后进为徽州私塾及卧室场景，展示了徽州商人经商之余不忘读书及美好的生活情趣。此外，二楼还设立有屯溪话欣赏软件，展示了徽州方言的魅力。

老街上的另一个博物馆是万粹楼——中国首家古建筑私人博物馆。四层楼，面积 2000 多平方米，糅合了徽派民居、园林、府第、商铺的风格。馆内陈列着主人收藏的大批文物，以及 500 多件当代名人字画、900 方珍贵砚台。其中一方号称“歙砚之最”的砚台，重达 25 000 多斤（12 500 千克）。还陈列着一对曾经高踞在状元府前华表上俯瞰人间的石雕独角兽，一台 20 世纪 30 年代生产的、至今还能调速并摇头晃脑的日本电风扇，一台 1905 年德国产的缝纫机等。

算盘、珠算，号称中国第五大发明，在中国古代数学史上享有重要地位，对世界科技发展和社会进步亦起到积极的促进作用，不愧为“世界上最古老的计算机”之誉。

程大位珠算博物馆 由程大位故居和程氏宗祠两部分组成。前者为全国重点文物保护单位，后者为安徽省重点文物保护单位。位于黄山市屯溪区渠东

5 号。博物馆设在建于康熙年间的程氏祠堂里。门票价格：5 元 / 人。

程大位故居

程大位（公元 1533—1606 年），字汝思，明代著名数学家。是明代休宁县屯溪镇渠东人，一位学者型商人。他于 1592 年写成的数学巨著《算法统宗》，集明代以前珠算之大成，完善了中国珠算口诀，在中国古代数学史上享有重要地位。

珠算是我国优秀的科学文化遗产，是我国劳动人民的伟大创造，被誉为中国第五大发明。“萌于商周，始于秦汉，成于唐宋，盛于明清”，至今已有 2000 多年历史，对我国社会、经济、文化、科学等的发展起到过重大作用，作出过很大贡献。16 世纪传入日本、朝鲜，以及泰国等东南亚国家，近代传入美洲、非洲和大洋洲的几十个国家，对当地的科技发展和社会进步亦起到积极的促进作用。它以简便易作的计算工具、独特的数理内涵和人皆能学会的技巧，被誉为“世界上最古老的计算机”。2013 年被列入《人类非物质文化遗产代表作名录》。

程大位故居为明代徽州古民居建筑。虽然年代久远，失于修葺，仍不掩盖徽派建筑之特色：马头墙、小青瓦、砖木结构。大门为内外门楼，上饰精美的徽州砖雕，内为天井，四水归堂。两层，一脊二堂三开间，东西厢房列两边，建筑面积 500 多平方米。前堂为客厅，立有程大位雕像和悬挂六角宫灯，横梁上挂“程大位故居”匾额，两厢为程大位及家人住房。大厅布置似教室，正中有程大位挂像及对联两副，内陈列有古今中外各式算盘、程大位著作、程氏宗谱及各种珠算资料、图片。在众多展品中，最令人瞩目的是形状各异的各式精品算盘，大者有 81 档，1.75 米长，小者如戒指算盘，仅 2 厘米长，具有较高观赏价值和文物价值。

故居西侧为“宾园”，程大位号宾梁，故名。园内回廊小径，花草山石，景致幽雅。墙垣窗户均为算盘图案，既具特色，又体现故居主人“珠算宗师”的身份，构思巧妙。

来到博物馆参观，既可领略中国的第五大发明算盘的魅力，亦可体会徽派建筑之特色，可谓“一举两得”。

呈坎，著名八卦村寨，全村现保存着明清建筑100余处，中国古村落建设史上的一大奇迹，被中外专家和游人誉为“中国古建筑艺术博物馆”。

呈坎 原名“龙溪”，别名“八卦村”。有全国重点保护单位21处，国家AAAAA级旅游景区。位于安徽省黄山市徽州区，黄山风景区的南麓，属徽州区的畈、山接合部，平均海拔350米，地域面积82.48平方千米。呈坎依山傍河而建，坐西朝东，背靠大山，地势高爽，选址完全符合“枕山、环水、面屏”的古代风水理论。两条水圳引众川河水穿街走巷，发挥着消防、排水、泄洪、灌溉等功能。由于选址审慎、布局合理，精心设计、施工，古村与自然环境和谐统一。以山为本、以水为魂的山水田园特色显著。呈坎自宋代以后徽商兴起，文化教育事业兴旺发达，在徽州文化历史发展中独树一帜。门票价格：100元/人。

呈坎

呈坎依山傍水，融自然山水为一体，二圳5街99巷，聚集着不同风格的亭、台、楼、阁、桥、井、祠、社及民居，全村现保存着明清建筑100余处。其中有罗东舒祠、长春社、罗润坤宅国家和省级文物保护单位3处。工艺精美的石雕、砖雕、木雕、彩绘，将徽州古建筑艺术的古、大、美、雅表现得淋漓尽致，被中外专家和游人誉为“中国古建筑艺术博物馆”。

呈坎是著名的八卦村寨，我们早已听说，必须一游，一探究竟。到后，深感其名副其实。村口的八卦图就明示了：首先是村名，易经中阳为“呈”，阴为“坎”，于是得名。在村落建设上，按先天八卦图主四卦布局形成：诠释了水火相克生万物，天地容万物的先哲理论。同时呈坎村内古老的龙溪河宛如玉带，呈“S”形自北向南穿村而过，形成八卦阴阳鱼的分界线；村落周边矗立着8座大山，自然形成了八卦的8个方位，共同构成了天然八卦布局。人文八卦与天然八卦融合的巧妙布局，使呈坎成为中国古村落建设史上的一大奇迹。这里历来被视为徽州的风水宝地。深奥的“易经八卦风水”之说，与人类生存环境、社会和谐、村落民居建设神秘地维系在一起。

呈坎5街大体平行，众川河延展，呈南北走向，小巷与大街垂直，呈东西走向。街巷全部由花岗条石铺筑。两侧民宅纵横相接、排列有序。青墙黛瓦、高低错落、黑白相间、淡雅清秀。长街短巷犬牙交错，宛如迷宫。现有宋、元建筑各一幢。漫步街头，一步一景。人在画中，其乐无穷。

呈坎明清建筑不仅数量大，而且祠堂、民居、更楼、石桥类型多样，仅三层楼民居现仍保存7幢。众川河绕村而过，故而呈坎村桥多。其中著名的有元朝修建造型优美的环秀桥、明代修建的江南单孔跨度最大的石拱桥——隆兴桥。

著名景点宝纶阁不能不提，是全国重点文物保护单位。始建于明嘉靖年间（公元1542年），古祠占地5亩余，分前、中、后三进，五层山墙，层层升高，显得气势宏伟、威武，第三进便是宝纶阁，是整个祠堂的精华部分，主持续建此祠的罗应鹤“盖之以阁用藏历代恩纶”，故名“宝纶阁”，后来称整座祠堂为“宝纶阁”。

宝纶阁由3个3开间构成，加上两头的楼梯间，共11开间，“宝纶阁”匾额高挂楼檐。各种架构造型，精湛的石雕、木雕及彩绘，集古、雅、伟、美于一体，堪称明代古建筑一绝。美不胜收，虽历400余年，仍鲜艳夺目，历久不凋。

呈坎历史上科甲不断、英才辈出、人文荟萃。曾出现过许多高官、隐士、高僧、巨贾、诗人、画家、史学家、制墨家、自然科学家；苏东坡在《罗氏族谱》题词中有“文德武功名留简竹，理学真儒后先继续”评说。具体如宋代吏部尚书罗汝楫、安徽省第一部地方《新安志》作者罗愿，元代国子监祭酒罗绮，明代都察院右佥都御史罗应鹤、制墨大家罗龙文、地理学家罗洪先，清代朝议大夫罗宏化、直奉大夫翰林罗廷梅、扬州八怪后起之秀罗聘，近现代钦点内阁中书孙中山秘书罗会坦、文物鉴赏家罗长铭、当代物理学家罗辽复等。其中，罗汝楫、罗愿、罗龙文、罗洪先、罗聘5人《中国名人大辞典》有载。

齐云山，道教名山之一，安徽道教主要活动场所及著名风景游览区。

齐云山 国家AAAA级旅游景区。位于安徽省黄山市休宁县城西15千米处，海拔585米，总占地面积110平方千米。齐云山古称白岳，因遥观山顶与云平齐得名。门票价格：60元/人。

齐云山，主祀真武大帝，仿湖北武当山建制，规模宏大，气势磅礴。历代修

齐云山石刻

建有太素宫、三元宫、玉虚宫、三清殿、东岳庙等建筑。有宫、观、殿、院、馆、楼、阁、亭、台等大小道教建筑108处，后因年久失修及兵火不断，许多建筑相继被毁。现齐云山包括：月华街、云岩湖、楼上楼3个景区。有奇峰36座，怪岩44处，幽洞18个，飞泉洞27条，池潭14方，亭台16座，碑铭石刻537处，石坊3个，石桥5座，庵堂祠庙33处。主要景点如下。

齐云山石刻，全国重点文物保护单位。齐云山石刻遍布，既有雕于山壁岩崖之上，又有刻写路旁石碑之中，字字有韵味，幅幅有传说。

福写崖岩，相传为八仙之一的铁拐李以铁拐为笔，乌云为墨，炼丹峰千尺红崖为纸，书写留下。正看是“喜”，倒看是“福”的奇书妙字。

洞天福地，有栖真岩、忠烈岩、寿字岩三处摩崖石刻。据传，栖真岩是齐云山最早道士、唐朝的栖霞真人修行的地方；忠烈岩是祭祀关公的地方；而寿字岩的寿字是南宋理学大师朱熹的手笔。字体圆润，高九尺九寸（约3.3米），宽六尺六寸（约2.2米），与《周易》卦数相合，故有“齐云山上走一走，延年益寿九十九。寿字底下摸一摸，都能活到一百多”之说。

真仙洞府，崖壁下的许多洞穴，供奉各路神仙塑像。

月华街，是道士与山上居民杂居之所，也是山上的街市，又是香客、游人住宿之地。民居与宫观、院房组成一个密集建筑群。道教修行与民俗生活相融，完美诠释了道教正一派“修行在尘世，尘世即修行”的理念，被誉为道教第一村。

太素宫，占地1600平方米，十分壮观，1994年已按原样重建。

香炉峰，月华街太素宫前，山峰独立挺拔，形似香炉，故名。传说顶上的铁亭、香炉当初是朱元璋所赐。

在上下山的索道上均可见山下田野间用黄色油菜花和绿色植物拼种的各种图标，其中最明显的是一幅太极图案，似乎始终在提示游人，这里是道教名山。

宏村始祖汪彦济因遭火灾之患，举家从黟县奇墅村沿溪河而上，在雷岗山一带建13间房为宅，是为宏村之始。

宏村 被列入《世界文化遗产名录》，国家AAAAA级旅游景区。位于安徽省黄山市黟县山区西部，距县城11千米，离黄山风景区南大门汤口镇40千米。始建于南宋绍兴元年（公元1131年），距今已有890余年历史，明、清古民居，闻名遐迩。黄山市类似的古村还有不少，但都没有宏村那么有名。门票价格：104元/人。

黄山市保留这么多古村，是因为在明清时期，徽商发展到了鼎盛时期，大量有钱的商人纷纷回到家乡购地盖房，不惜成本选用最好的材料，建筑风格统一，高屋几进，粉墙黛瓦，门楼狮抱。配上大红灯笼，色彩简洁，坚固耐用。房子因此能保留上百年乃至数百年。在众多风格独特的徽派民居村落中，宏村是最具代表性的。从整个外观上讲，宏村是古黟桃花源里一座奇特的牛形古村落，既有山林野趣，又有水乡风貌，村中各户皆有水道相连，汩汩清泉从各户潺潺流过，层楼叠院与湖光山色交相辉映，处处是景，步步入画。闲庭信步其间，悠然之情浓烈得让人心醉。

宏村，素有“中国画里的乡村”之美誉，整个古村坐落在山水间，如同一幅山水画。保留完好的明清古建筑就有140多幢，著名景点有：南湖风光、南湖书院、月沼春晓、牛肠水圳、双溪映碧、亭前大树、雷岗夕照、树人堂、明代祠堂乐叙堂等，被誉为徽派建筑和文化的博物馆。进入景区就是南湖，村中的月沼更有风情。民居群坐落在街道巷道池塘两旁，多为二进院落。有些人家还将圳水引入宅内，形成水院，开辟了鱼池。著名的老房子都成了景点，对游客开放，游客可以随时进去参观。由于村子古朴、幽静，房屋、巷道、池塘、流水、老树，布局错落有致，不经意间就是一幅十足的水墨图画。一年四季，村子里都活跃着从全国各地前来写生的学生，他们想用画笔记录下这里的一切，这本身又成了宏村一道美丽的风景线。

西递，中国古代和现代历史的衔接点、明清古民居博物馆、桃花源里人家、古民居建筑的艺术宝库。

西递 别称“西溪”“西川”。被列入《世界文化遗产名录》，国家AAAAA级旅游景区。位于黟县东部。始建于北宋庆历七年（公元1047年）。因

宏村古镇

西递

避朱温之乱，唐昭宗李晔之幼子，由近侍郎胡三公护带至婺源避难，后改姓为胡，取名昌翼。北宋皇祐年间（公元 1049 年）举家迁来西递居住，从而写下了胡氏家族壬派分支在西递 970 余年繁衍生息的历史。奠基于北宋皇祐年间，发展于明朝景泰中叶，鼎盛于清朝初期。历史上有“真李假胡”之说和“明经胡氏”之称。门票价格：104 元 / 人。

西递，以一条纵向的街道和两条沿溪的道路为主要骨架，构成东向为主、向南北延伸的村落街巷系统。所有街巷均以黟县青石铺地，古建筑为木结构、砖墙维护，木雕、石雕、砖雕丰富多彩，巷道、溪流、建筑布局相宜。村落空间变化韵味有致，建筑色调朴素淡雅，体现了皖南古村落人居环境营造方面的杰出才能和成就，具有很高的历史、艺术、科学价值。

西递，从明嘉靖四十四年（公元 1565 年），胡文光出任江西万载县知县到清道光六年（公元 1826 年），这 261 年间胡氏家族就出了 130 多名官吏、数位商人、文人、巾帼夫人、助学忠教的女中豪杰。突出孝廉行善，尊儒重教，多读好书等，才有了“几百年人家无非积善，第一等好事只是读书”的祖训。

西递，整体布局、环境、建筑风格等都完好地保存了明、清时期的古朴风貌和特色。全村有 16 世纪的胡文光刺史古牌坊 1 座，为三间四柱五楼建筑格式；14—19 世纪祠堂 3 幢，尤以胡氏宗祠敬爱堂为代表；各式独具一格建筑形制的厅、堂 20 余幢，如凌云阁、膺福堂、大夫第、西园等；保存完好的明、清古民居建筑 200 余幢（其中 124 幢列入全国重点文物保护单位）。建筑依一横二纵的主要街道错落有致地伫立，大量各具特色的砖雕、木雕、石雕等艺术佳作装饰点缀其间。两条清泉穿村而过，99 条高墙深巷使游客如置身迷宫。此外，有西递牌坊、水口园林、后边溪民俗街、500 年古树、南池月塘、纵横沟渠，还有挂满街道空地、墙壁的腊猪腿。整体环境清新，生活气息浓郁，无愧徽派第一古村落。

安徽旅游标志，中国十大风景名胜唯一的山岳风光。

黄山 原名“黟山”，传说轩辕黄帝曾在此炼丹，改名为“黄山”。被列入《世界文化遗产名录》《世界自然遗产名录》双遗产，世界地质公园，国家AAAAA级旅游景区。位于安徽省南部黄山市境内，面积160.6平方千米。门票价格：190元/人；索道缆车价格：云谷、太平索道为80元/人，玉屏索道为90元/人，西海大峡谷索道为100元/人。

黄山群峰林立，有72峰，36大峰、36小峰，主峰莲花峰海拔1864米，与光明顶、天都峰并称黄山三大主峰。代表景观有“五绝三瀑”。五绝：奇松、怪石、云海、温泉、冬雪。三瀑：人字瀑、百丈泉、九龙瀑。地处亚热带季风气候区，常绿阔叶林、红壤黄壤地带。山高谷深，气候呈垂直变化。云雾多、湿度大、降水多的气候特点，接近海洋性气候。夏无酷暑，冬少严寒，四季平均温度差仅20℃左右。

黄山有动物种类300多种。其中，属于国家一级保护动物的有云豹、金钱豹、黑麂、梅花鹿、白颈长尾雉、白鹳，属于国家二级保护动物的有黄山短尾猴、黄山猕猴、穿山甲、豺、黑熊、大灵猫、小灵猫、獐、苏门羚。

植被覆盖率达83%，森林覆盖率为56%。野生植物有1452种，其中，属国家一级保护植物有水杉，国家二级保护植物有银杏等4种，以黄山命名或首次在黄山发现的植物有28种。

黄山挑山工

破例爬了一回黄山

根据地形和特色黄山可划分为 5 个景区。

温泉景区，位列黄山五绝之一。古称桃源仙境，景区以揽胜桥为中心向四周辐射，桃花溪和逍遥溪贯穿其中。主要景点有人字瀑、三叠泉、桃花溪、桃花潭、鸣弦泉、观瀑楼等。

玉屏景区，黄山素有“前山险，后山秀”之说，通常人们所说的黄山前山，就是指的这一景区。以玉屏楼为中心，天都峰和莲花峰为主体，沿途有“蓬莱三岛”“百步云梯”“一线天”“新一线天”“鳌鱼洞”等景观。玉屏楼，有黄山绝佳处之称，驰名中外的迎客松挺立在玉屏楼左侧。右侧有送客松，楼前有陪客

松、文殊台，楼后是玉屏峰。著名的“玉屏卧佛”就在峰顶，头左脚右，惟妙惟肖。天都峰，位于玉屏峰南，相距 1 千米，是黄山三大主峰中最为险峻之处，海拔 1830 米。上天都的路极为险峻。莲花峰，位于玉屏楼北，是黄山第一高峰，海拔 1864.8 米，峻峭高耸，气势雄伟，宛如初绽的莲花。雨后，纵观八面云海，更为壮观。

北海景区，是黄山景区的腹地，在光明顶与始信峰、狮子峰、白鹅峰之间。是一片海拔 1600 米左右的高山开阔地带，面积 1316 公顷。北海是黄山高山主景区和游览接待区，北海地处黄山中心，东西南北 4 条磴道都至北海，北海另有游览小道与各景点相连，形成网络。北海景区以峰为主体，汇集了峰、石、矼、坞、台和松、云奇景，天工的奇妙布局，琉璃色彩变幻，构成一幅幅伟、奇、幻、险的天然画卷，是黄山的风景窗。狮子峰上的清凉台是观赏云海和日出的最佳处。

白云景区，位于黄山西部，面积 1655 公顷。景区以钓桥庵为中心，钓桥庵位于石人峰下，白云、白门两溪汇合处，海拔 610 米。钓桥庵又名白云庵，明前为道院，清康熙间改为佛庵，后沿用地名至今。

松谷景区，位于黄山北坡，是狮子峰、骆驼峰、书箱峰、宝塔峰之间的山谷合称。通常人们所说的后山，就是指这一景区。游客抵达黄山北大门后，选择从

黄山松

北大门芙蓉岭进山是最佳游览方案。由芙蓉岭徒步上山，需爬6500余级石阶，海拔高差1100米，一路千峰竞秀，万壑争奇。谷中的“芙蓉居”“松谷禅林”等古建筑，则给这静谧的幽谷平添了一层神秘的色彩。

景区先后修建云谷、玉屏和西海三条客运索道，修通并改造温泉至慈光阁、至云谷寺和汤口公路。开辟天都新道、丹霞蹬道、莲花循环道、西海大峡谷游道，立体交通网络基本形成。新建、改扩建多处宾馆、酒店，旅游接待能力和档次明显提高。自驾到黄山，车可直接到达核心区。

九华山，以佛教文化和自然与人文胜景为特色的山岳型佛教名山，中国佛教四大名山之一。

九华山 国家AAAAA级旅游景区。位于安徽省池州市青阳县境内，距青阳县城20千米。景区规划面积120平方千米，由十一大景区组成。与山西五台山、浙江普陀山、四川峨眉山并称为中国佛教四大名山。九华山以地藏菩萨道场驰名天下，享誉海内外。门票价格：160元/人。

九华山气候温和，土地湿润，生态环境优美，森林覆盖率达90%以上，约有植物1460种，动物253种。四季美景不同，让人叹为观止。

九华山古建筑群

九华山文化底蕴深厚。晋唐以来，陶渊明、李白、费冠卿、杜牧、苏东坡、王安石等文坛大儒游历于此，吟诵出一首首千古绝唱。黄宾虹、张大千、刘海粟、李可染等丹青巨匠挥毫泼墨，留下了一幅幅传世佳作。唐代大诗人李白三上九华山，写下了数十首赞美九华山的不朽诗篇。尤其是“妙有分二气，灵山开九华”的诗句，成了九华山的“定名篇”。九华山现存文物2000多件，历代名人雅士的诗词歌赋500多篇，书院、书堂遗址20多处。其中唐代贝叶经，明代大藏经、血经，明万历皇帝圣旨和清康熙、乾隆墨迹等堪称稀世珍宝。

自唐以来，寺院日增，僧众云集，香火之盛甲天下。九华山现存寺庙99座，僧尼近千人，佛像万余尊。长期以来，各大寺庙佛事频繁，晨钟暮鼓，梵音袅袅，朝山礼佛的教徒信众络绎不绝。九华山历代高僧辈出，从唐至今自然形成了15尊肉身，现有5尊可供观瞻，其中明代无瑕和尚肉身被崇祯皇帝敕封为“应身菩萨”。1999年1月发现的仁义师太肉身是世界上唯一的比丘尼肉身。在气候常年湿润的自然条件下，肉身不腐已成为生命科学之谜，引起了社会广泛关注，更为九华山增添了一分庄严神秘的色彩。

21世纪，九华山对外开放，国内外至九华山游览风景名胜的游客和朝山拜佛的佛教信徒络绎不绝。名胜古迹，得到修复和保护，古老的寺庙建筑，大小78座，主要殿宇已修葺一新。全山佛寺所供奉的各种雕制佛像1500余尊。

九华山天开神奇，清丽脱俗，是大自然造化的精品，有“莲花佛国”之称。境内群峰竞秀，怪石林立，九大主峰如九朵莲花，千姿百态，各具神韵。连绵山峰形成的天然睡佛，成为自然景观与佛教文化有机融合的典范。景区内处处清溪幽潭、飞瀑流泉，构成了一幅幅清新自然的山水画卷。还有云海、日出、雾凇、佛光等自然奇观，气象万千，美不胜收，素有“秀甲江南”之誉。代表景点如下。

真身宝殿，俗称“肉身殿”，又称“肉身塔”，坐落在九华山神光岭上。为佛教徒朝谒九华山圣地的主要场所，因主供地藏菩萨，故与一般佛寺不同。

十王峰，为九华山第一高峰。十王峰山水雄奇灵秀，群峰争峙，山中奇峰迭起，怪石嶙峋，涌泉飞瀑，溪水潺潺。

大悲宝殿，占地3000多平方米，是一座供奉观世音菩萨的道场。设计仿古典雅，雄伟壮丽。主楼高达六丈三尺（约21米），殿堂正中是千手千眼观世音菩萨。九华山佛教协会设在此寺，是大型佛事活动的场所之一。

甘露寺，位于化城山腰定心石下。主要的建筑有山门、大雄宝殿、韦驮殿、祖师殿、玉佛楼、禅堂、法堂、客堂及方丈寮等。寺内还设有“九华山佛学院”，被定为全国重点寺院。

百岁宫，始建于明代。也是九华山第二座肉身殿，百岁宫的建筑依山势而建，上下相连，左右贯通，形成一个整体。主要建筑有山门、大雄宝殿、斋堂和寮房等，大殿内供有无瑕肉身像。被定为全国重点寺院。

另外，还有九华山国家地质公园，内外主要地质遗迹十余处，如九华山大断裂带遗迹、江南深断裂带、石台县溶洞群等。地质公园内水资源丰富，溪流、瀑布、潭、泉、池等景观遍布各园区，给地质公园增添了一道亮丽的风景。

九华山“吃、住、行、游、购、娱”服务体系日臻完善，旅游的个性化、人性化、主题化得到充分体现，从不同角度满足游客需求，到九华山旅游观光将变得更加舒适和便捷。

姥山岛，集自然景观、人文景观和渔家文化于一体，以其神奇、优美和无与伦比的生态环境著称。

姥山岛 相传洪水“陷巢州”时，焦姥为救乡邻，自己被洪水吞没，化成了一座山，后人遂称之为“姥山”。位于安徽省巢湖市居巢区境内，全国五大淡水湖之一的巢湖湖心，是湖中最大的岛屿。地处中庙镇西南方向，距北岸中庙3.5千米。地形椭圆，周长约4千米，面积1平方千米，海拔115米。四面皆水，如同一叶漂于水中，是巢湖旅游区的核心景区，也是皖中著名旅游区。门票价格：60元/人（含船票）。

岛上三山九峰，远看三山，近瞧九峰，植被覆盖率达80%以上，以黑松、毛竹、杉木、板栗林为主。山上物产富饶，盛产枇杷、石榴、柑橘、茶叶等。全岛林木葱郁，苍松翠竹，果木成林，四季飘香。如青螺浮水，为八百里巢湖唯一的“湖上绿洲”。姥山岛为巢湖水上天然避风港和船舶停靠处。姥山不仅山绝、水险，景致秀美，而且名胜古迹众多，令人流连忘返。区内有20多处奇洞，大的能容纳100余人，小的可藏20～30人，洞内钟乳怪石嶙峋，十分险妙。姥山岛人文景观丰富。南麓，有一天然避风良港，旧称“南塘”，系元末抗元将领俞通海、廖永安等率水师屯寨姥山时修筑。山腰，望湖而建的圣妃庙，祭祀主湖女神，始建于晋朝。唐代诗人罗隐、宋代词人姜夔均有诗词吟咏此庙，镌刻于廊柱上。山巅有古塔、古塘、古船塘，还建有“望姑”“虎上”“望

巢湖中庙

姥”三亭。著名的文峰塔，又名望儿塔，建于明崇祯四年（公元 1631 年）。塔身是条石垒而成，7 层 8 角，共 135 级，51 米，塔内砖雕佛像 802 尊，李鸿章、刘铭传等所题石匾 25 幅。登塔凭栏远眺，但见水天一色，帆影点点，鸥鹭翔集。姥山岛旅游度假区集自然景观、人文景观和渔家文化于一体，是休闲度假、强身健体的理想旅游目的地。

包公祠是为纪念包龙图阁直学士、开封府尹包拯而建，赞颂包拯一身正气，公正廉洁。包公园由包公祠、包公墓、清风阁、浮庄等景点组成。

合肥包公祠 全称“包孝肃公祠”。“孝肃”二字，是宋仁宗在包公死后赐给他的谥号，以评价肯定包公的忠孝一生。位于安徽省合肥市包河区芜湖路 72 号，占地 1 公顷，是包公园的主体古建筑群。明弘治元年（公元 1488 年），庐州知府宋鉴在包河小洲上修建包公书院，后易名为包公祠。以纪念包龙图阁直学士、礼部侍郎、开封府尹包拯。小洲改称“香花墩”。包公祠背靠合肥老城区的环城南路，三面临水，莲荷盈盈，绿树掩映。由于包拯是人们传颂的清官典型，包公祠也因此闻名遐迩，其与逍遥津、明教寺合称为合肥三大古迹。门票价格：50 元 / 人。

清风阁

包公祠，由大殿、二殿、东西配殿、半壁廊、碑亭组成。风格古朴，庄严肃穆。祠两侧外廊门拱上刻有“顽廉”“懦立”4 个醒目大字。在“包孝肃公祠”大直匾下，黑漆大门上，书有红底金字的对联“忠贤将相”“道德传家”。公祠大门前设照壁，前后正中均绘有一叶青荷，青荷侧旁一枝荷花亭亭玉立，寓意出淤泥而不染。大门两边立着一对“抱鼓石”，正殿两旁立着一对石狮。五开间的正殿中端坐一座巨大的包公铜质塑像。塑像高约八尺（约 2.7 米），一手执笏，一手握笔，古铜色的脸庞上，浓眉长髯，神情端庄严肃。两边分别是王朝、马汉、张龙、赵虎四大护卫的站立塑像，龙、虎、狗铜铡。上方高悬着五方横匾，正中匾额上“色正芒寒”4个大字，左匾“节亮风清”4字，右匾“庐阳正气”4字。殿的上上下下，到处都可以看到历代文人墨客留下的楹联，赞颂包拯一身正气，公正廉洁。

享堂的东壁立有一方石刻《包拯家训》，西壁还立有包拯的《乞不用赃吏疏》和他的诗作碑文。

正殿的东西两厢是陈列室。陈列有《包拯生平简介》、记载包拯事迹的地志书、包氏宗谱、《包拯墓志铭》，以及出土的包氏族人文物木俑、青瓷香熏、影青瓷碗、砚台等。

出正殿东即是著名的廉泉亭。传说廉泉井水清官好人喝了无事，而赃官、不肖子孙喝了都会头痛、闹肚子。

正殿西有一座临河而建的“流芳亭”，相传是包公幼时读书之后休息玩耍的地方。

此外，祠内这些年陆续新建的“包公故事蜡像馆”和“包公文化长廊”也是游人了解包公及参观游览的好去处。

清风阁，是座仿宋楼阁，1999年纪念包公诞辰1000周年时修建。占地33亩，东邻包公墓园，西接包公祠。清风阁景区主要有功德广场、清风阁、陈列馆区3个部分。清风阁主体建筑清风阁高42米，明五暗四，建筑面积1700平方米，共9层，设有电梯。阁内采用雕塑、绘画、多媒体等艺术形式，展示了包拯“孝勤清正”的精神品质和官德修养。登上清风阁的顶层，“包河秀色”尽收眼底。

李鸿章故居，晚清名臣李鸿章家宅，文人士大夫式的住宅，典型的晚清江淮地区民居建筑。

李鸿章故居 又名“李氏家族旧宅”“李鸿章府”。由李府和淮系展馆组成。全国重点文物保护单位，国家AAAA级旅游景区。位于安徽省合肥市庐阳区淮河路步行街中段208号，总占地面积3500平方米，李府占地2000平方米，淮系展馆占地1500多平方米。李家的祖先由江西迁来合肥磨店设置祖宅，建于清同治年间（公元1862—1874年）。李鸿章及其兄弟在合肥广置房产，深宅大院可以覆盖淮河路中段的半条街，时称“李府半条街”。属于文人士大夫式的住宅，庭院和书斋相结合的民居建筑。门票价格：20元/人。

李府由南向北依次为门厅、前厅、中厅和走马转心楼。过厅，正中是一座屏风，

李府

上方高悬一块匾额，上书“钧衡笃祜”4个金色大字，意为李鸿章官显福厚。这四个字是李鸿章七十大寿时光绪皇帝御笔所赐，用以褒奖他对大清帝国所做的功绩。过厅用作李鸿章生平的展厅，厅内展示着与李鸿章有关的图片、资料和实物，展示了李鸿章风云变幻的一生，即“少年科举、壮年戎马、中年封疆、晚年洋务”，多层次多角度地揭示了李鸿章这样一位极具争议的传奇性人物。李鸿章留下大量匾额、对联以及信札等珍贵墨迹。其书法作品雄强朴茂，浑厚庄严，在清代书法史上占据重要地位，具有较高的美学和史学价值。

中厅，又叫福寿堂，高9米，是现存江淮地区最大的晚清私人住宅厅堂。中厅形成了明三暗五的格局，颇具江淮地区富家豪宅的建筑特色。每扇格门上都雕有造型精美的图案，房梁全是斗榫，不用一枚铁钉。大梁两头都雕成象头形状，寓意吉祥（象）。正上方的横梁上雕有“佘太君祝寿图”。东西两厢是李氏后人的书房。中厅上方的长几上，摆有古钟、花瓶、镜子，寓意住宅“终生平静”。东厢房是书房，房中的博古架为“过桥式”，左右两部分可以重叠吻合。

小姐楼，又叫“走马楼”，是李府女眷居住的地方。与前院中间有道墙，墙中间的门，便是二门，墙门把小楼与外界严密隔开，男子严禁入二门半步。小姐楼为封闭回廊式木楼。楼下正中的一方天井，上承天光，下接地气，迎合阴阳调和之风水。小姐楼后一进的楼上摆放着古老的绣床、雕花的梳妆台、大理石面的圆凳。床、台、凳，都是有着几百年历史的红木家具。

老宅有一个后园，始建于故居建成后，是供家眷休闲娱乐的后花园。

从合肥出城，直接向南，到了江西九江。

浔阳楼 因九江古称浔阳而得名，江南十大名楼之一。位于江西省九江市浔阳区滨江东路，紧靠长江。楼始建年代不详，唐代、清代诗人等所咏浔阳楼可窥见。浔阳楼自唐代至清代沿存，且颇具规模，至今已有1200多年历史。初为民间酒楼，是融名楼、名酒、名著于一体的景点。现存浔阳楼，为1989年春，九江市人民政府在浔阳江畔重新修建，占地2000平方米，主楼占地300平方米，建筑面积1000平方米。楼高31米，外三层、内四层、九脊层顶，青砖黛瓦，飞檐翘角，四面回廊，古朴庄重，具有明显的仿宋风格。北面顶檐下悬有由赵朴初题写的“浔阳楼”巨幅匾额。门票价格：20元/人。

浔阳楼

九江自古以来就是长江南岸一座交通要道和经济发达的城市，雄踞长江畔的浔阳楼历来也是名人云集之地，如白居易、韦应物、苏东坡等都曾登楼题咏。留下许多脍炙人口的佳话。更因施耐庵笔下古典名著《水浒传》，小说中的宋江在浔阳楼醉酒题反诗、李逵劫法场等故事使浔阳楼名噪天下，随着名人名著流芳百世而蜚声海内外，吸引着社会各界人士到此参观。浔阳楼是一座具有典型宋代建筑风格的楼宇，又是一个集游览参观、喝茶听书和餐饮于一体的旅游景点。“世间无比酒，天下有名楼”，这副古老的楹联则吸引着无数游客驻足。

一楼大厅东西两壁镶嵌了两幅大型瓷板画，彩绘着“宋公明发配江州城”“浔阳楼宋江题反诗”“黄文炳设计害宋江”“梁山泊好友劫法场”等栩栩如生的画面，为浔阳楼增添了传奇色彩。大厅内还陈列着一套《水浒》一百单八将的人物瓷像，这一作品把一个个英雄好汉形象地展现在游客面前。爱好书画的朋友还可在楼内欣赏到多幅出自名家之手的书画作品和诗词楹联。

二楼忠义堂为当年宋江醉酒题诗处，现仍备有宋江当年喝过的那种酒，称作“蓝桥风月”美酒，以及独具特色的“水浒宴”，在此可体会一番把酒临风的雅兴。二楼还展出了介绍浔阳楼的历史书籍和地方名胜风光图片。

三楼是回廊，主要陈列字画。

四楼为茶室，也是赏景的最佳处，摆满了仿古桌椅。游客在此可远眺庐山、近观长江、鄱阳湖。如请了导游，听其将有关故事娓娓道来，很是有趣。身居高楼，喝茶乘凉休闲，或许还能听上一段精彩评书，实为一种特殊的韵味！

锁江楼，相传九江常遭水患，为了镇锁兴长江水患的孽龙而修建的一组古建群。

锁江楼 又叫江天锁钥楼。位于江西省九江市东北郊1千米处的长江南岸，离长江仅数米远的回龙矶上。始建于明朝万历十三年（公元1585年），历时18年才竣工。由江天锁钥楼（即锁江楼）、文峰塔（即回龙塔）以及4头铁牛等附设建筑组成。门票价格：20元/人。

锁江楼

锁江楼，当时高三层，周围铸有4头铁牛，后毁重建。

文峰塔，又称回龙塔，石雕砖结构，六面锥状，共有7层，高35米。青色厚砖砌成，极为坚固。每层塔的翘角檐边都悬一铜质风铃。每层檐口，为石刻斗拱，塔内壁画有小型空龛及远眺拱门，塔内有梯可上塔顶远眺。在塔内底层东面墙上，现还保存一块明代碑刻，因风雨侵蚀，年久失修，文字甚难辨认。

锁江楼、塔，相映成辉，蔚为壮观。但400年间，不但没有锁住孽龙，恰恰相反，自身却经历了无数劫难：明万历三十四年（公元1606年）八月，九江发生地震，江边岩石崩溃，锁江楼及两头铁牛坠入江中，塔和另两头铁牛幸存。清乾隆嘉庆年间，锁江楼和塔重建。但在清咸丰三年（公元1853年），太平军与清军在九江激战中，铁牛与楼又一次遭炮火毁，塔仍像巨人一样傲然屹立于长江边回龙矶上。1938年6月，日本侵略者的炮舰抵达九江水域后，对宝塔猛烈炮击，宝塔却像不屈的民族一样，炮火轰不倒，仍然威武地耸立在江边，怒视敌人。侵略者也无可奈何地离开宝塔而去，但宝塔也留下了3个弹孔，最大的有一米见方，并向江边倾斜了76厘米，1986年修葺，1988年纠倾加固。锁江楼塔经风雨侵蚀，地震摇撼，战乱洗礼，仍岿然耸立，雄威不减当年。

石钟山，位于长江与鄱阳湖交汇处，古迹文物众多，特色鲜明，有数项奇观，可慢慢游，细细品，定会收获多多！

石钟山 因山石多隙，水石相搏，击出如钟鸣之声而得名。国家AAAA级旅游景区，面积仅0.2平方千米，海拔61.8米，相对高度约40米。北宋大文学家苏轼曾夜泊山下，他的《石钟山记》名闻天下。门票价格：72元/人。

石钟山，实际上是两座山，称上钟山，下钟山，合称“双钟山”。在鄱阳湖口的东南岸，巍然耸立，危崖临流，天高水远，波光浩渺，气势雄伟。

湖口石钟山

石钟山，特色鲜明，有数项奇观。其一，由石灰岩构成，下部均有洞穴，形如覆钟。面临深潭，微风鼓浪，水石相击，声如洪钟，名“石钟山”。其二，傲然屹立于长江、鄱阳湖之滨，风景雄奇秀丽。居高临望长江、鄱阳湖的汇合处，水线分明，江流混浊，湖水碧清，以截然不同的水色“划”出了一条奇妙的界线，堪称鄱湖一大奇景。其三，石钟山吸引着历代众多的文人墨客慕名而至，留下了许多诗文题记石刻，至今保存完好的仍有近200幅。如唐魏征的“清翁方纲”，宋王安石的“古仙洞”，明常遇春的“记怀天地”等都是石质翰墨中的珍品。特别是左河水题咏的：“匡庐侧伴警钟嗔，声慑江湖净混分。天下赃官忧此过，清廉浊腐现真身”之句，更吸引游客的兴趣。其四，是儒家的圣地，又是兵家的要塞。战略要地，自古即为兵家必争之地。其五，古建筑众多，历史悠久。起始唐代，经历代兴废，现仍存怀苏亭、半山亭、绀园、船厅、江天一览亭、钟石、极慈禅林、听涛眺雨轩、芸芍斋、石钟洞、同根树等景点，多为清代重建。

昭忠祠，石钟山的主体建筑，建于山顶。清咸丰八年（公元1858年）彭玉麟等奉上谕建造，祠分前庑后庑，面对江湖，视野开阔。手书碑刻长短联达百余幅。祠前辟有广场，两侧古樟。祠内按湖北曾侯乙古墓出土仿制编钟演奏新创古乐。

石碑，从绿荫深处至锁江亭，沿长廊壁间，陈列着历代与石钟山有关的名家简介。

上谕亭，位于山之北面，为两层八角，又名八角亭。咸丰七年（公元 1857 年）建亭于此，亭名及碑文为曾国藩手书。

浣香别墅，位于山西北面，前后两幢，前幢名听涛眺雨轩，后幢名芸芍斋。中院两廊墙壁镶嵌有唐代魏征，宋代苏轼、黄庭坚，清代郑板桥、彭玉麟、贺寿慈等名人碑刻。

忠烈祠，又名太平遗垒，现为历史文物陈列馆。位于山之西北面。

报慈禅林，位于忠烈祠西面。由僧房、戏台、大雄宝殿、海岛、前院、后院组成。始建于清咸丰八年（公元 1858 年），清光绪二十九年（公元 1903 年）重修，又毁，1980 年修复，重塑观世音菩萨供奉殿中。

白鹿洞书院，宋末至清初数百年间，是中国一个重要文化摇篮，是中国教育文化的重要发祥地之一，被评为“中国四大书院之首”。

白鹿洞书院 全国重点文物保护单位。位于江西省九江市庐山五老峰南麓。始建于南唐升元年间（公元 940 年）。宋代朱熹重建书院，确定了书院的办学规条和宗旨，并奏请朝廷赐额及御书，名声大振。截至 2012 年，白鹿洞书院已形成集文物管理、教学、学术研究、旅游接待、林园建设“五位一体”的综合管理体制。与江西吉安的白鹭洲书院、江西铅山的鹅湖书院、江西南昌的豫章书院，并称为“江西四大书院”。与湖南长沙的岳麓书院、河南商丘的应天书院、河南登封的嵩阳书院，合称为“中国四大书院”，并被评为“中国四大书院之首”。《白鹿洞书院学规》成为中国封建教育的准则和规范，影响了中国历史文化的进程。门票价格：40 元 / 人。

白鹿洞书院

书院，坐北朝南，大四合院建筑，气势恢宏，布局相当考究，屋顶均为“人”字形硬山顶，白墙黛瓦，建筑为石木或砖木结构。新中国成立后，书院得到很好的保护和利用，各级政府先后拨巨款进行三次大的维修，再度兴盛。现有主要景点如下。

书院大门，是一座双层飞檐单门，门上高悬“白鹿洞书院”横额。由近及远依次排列着5个高大的院门，由此构成五大院落，每一院落又各有两至三进。

先贤书院，为白鹿洞书院第一个院落，院门上悬有李时达手书“先贤书院”横匾，有院门、二门、丹桂亭、碑廊、朱子祠、报功祠、花圃等。

朱子祠，为先贤书院主要建筑之一。清康熙四十八年（公元1709年）创建，专祀朱熹。祠中立朱熹自画像石刻，左有张象文《文公朱子专祠碑记》，右有《白鹿洞书院教条》碑刻。作为朱熹纪念馆，室内还陈列“朱熹生平事迹”共9部分。

报功祠，位于朱子祠西，原称先贤祠。曾先后祀李渤、周濂溪、程颐、程灏、张横渠、陈了前、陶靖节、刘西涧父子及其他有功于白鹿洞书院之诸先贤。祠内陈列“白鹿洞书院史展览”共5部分。

棂星门院，位于先贤书院东，为进入书院大门的第二个院落。主要景观有棂星门、泮池、状元桥、礼圣门和礼圣殿。

白鹿书院，位于棂星门院东，为进入书院大门的第三个院落。主要景观有院门、御书阁、明伦堂、鹿洞、思贤台等。白鹿书院门楼重檐灰瓦，檐下花岗岩石额上由赵朴初题写“白鹿书院”四字。

紫阳书院，位于白鹿书院东。为进入书院大门的第4个院落。主要景观有门楼、崇德祠、行台、碑廊等。这一组院落，因朱熹别号为紫阳，故名为紫阳书院。花岗岩门楼上，有“紫阳书院”四字匾额。

延宾院，位于紫阳书院东，为进入书院大门的最后一个院落。原主要建筑有延宾馆门、憩斋、逸园、贯道门、春风楼等。延宾馆建成于明成化五年（公元1469年），用于款待四方来客。

另还有独对亭、流芳桥、枕流石、枕流桥，书院中几处胜境，称为小三峡。

庐山，远观近看，美景无限；诗词歌赋，千古传颂；我国著名的旅游风景区和避暑疗养胜地。

庐山 被列入《世界自然遗产名录》《世界文化遗产名录》双名录，世界地质公园。位于江西省九江市南36千米处，北靠长江，南傍鄱阳湖，南北长约25千米，东西宽约20千米。庐山大部分山峰在海拔1000米以上，主峰汉阳峰海拔1474米。传说殷周时期有匡氏兄弟七人结庐隐居于此，后成仙而去，其所居之

庐山风光

庐山人民剧院

庐幻化为山，故而得名。门票价格：免费；各景点另收费；通票 180 元 / 人；景区交通车：80 元 / 人。

庐山，雄奇秀拔，云雾缭绕，山中多飞泉瀑布和奇洞怪石，名胜古迹遍布。夏天气候凉爽宜人，特征是雨量丰沛，水资源极其丰富，共有 20 条主要河流，呈放射状流向山下鄱阳湖或长江。各条河流的水量均很充沛，长年不断，且水质很好。地质公园内的谷山湖、青山湖、落星湖均属于鄱阳湖的组成部分，水量大，无污染。有植物 1720 种，是一座天然的植物园。有动物、鸟类 171 种，在鄱阳湖国家级候鸟保护区越冬的候鸟达 100 余万只，其中有世界最大的白鹤群，占世界白鹤总数的 95%。

庐山主要风景名胜有五老峰、三叠泉、含鄱口、芦林湖、大天池、花径、如琴湖、锦绣谷、小天池、白鹿洞书院、庐山植物园、庐山博物院、庐山人民剧院等。毛泽东诗“天生一个仙人洞，无限风光在险峰”的吕洞宾修仙而居的仙人洞，是诗景交融、名扬四海的绝境。因毛主席的诗词，仙人洞，乃至庐山为全国民众所熟知，进而名扬海内外。牯岭镇是庐山上一座奇特的山城。东晋高僧慧远（公元 334—416 年）建立东林寺，是中国最早的寺庙园林。到宋代，庐山有寺庙多达 361 座。明清以后，伊斯兰教、基督教、天主教也在庐山建堂传教。经过 1600 多年的发展，庐山已形成一山兼聚五教的罕见现象。我们游览庐山时，远观、近看庐山，深度思考庐山，久久不愿离去，庐山有太多的不一样。

庐山，自古以来深受众多文学家、艺术家的青睐，并成为隐逸之士、高僧名道的依托，政客、名流的活动舞台，成为一座历史悠久的文化名山。千百年来，无数文人墨客、名人志士在此留下了浩如烟海的丹青墨迹和脍炙人口的诗赋篇章，形成庐山专有的特色，无可比拟。

陶渊明、谢灵运、李白、白居易、苏轼、王安石、陆游、徐志摩、郭沫若等1500余位诗人相继登山，自东晋以来，歌咏庐山的诗词歌赋有4000余首，其中不乏珍贵的名篇佳作。李白5次游历庐山，为庐山留下了《庐山遥寄卢侍御虚舟》等14首诗歌。他的《望庐山瀑布》如庐山瀑布一样千古长流，成为最有影响的中国古代诗歌极品。白居易的《大林寺桃花》，造就了一处名胜——花径。他的《庐山草堂记》是记述中国古代山水园林的名作。东晋诗人谢灵运的《登庐山绝顶望诸峤》、南朝诗人鲍照的《望石门》等，是中国最早的山水诗之一，也成就了庐山成为中国山水诗的策源地之一。苏轼以庐山写意的“横看成岭侧成峰，远近高低各不同。不识庐山真面目，只缘身在此山中”诗句，何等的诗情画意，境界高远，而又形象描绘了以景色喻事物的深刻道理，成为千百年来脍炙人口的名篇。凡此种种，不胜枚举。

> 胡耀邦格言：“心在人民，原无论大事小事；利归天下，何必争多得少得”。光明磊落，无私无愧。

共青城富华山 位于南昌和九江黄金旅游线中段共青城内，占地面积1098亩。1990年12月5日，胡耀邦的骨灰安葬于富华山。景区大门是富华山景区的主要出入口，建筑布局为左右开门，两门之间建有两块高达10米的手迹牌坊，“心在人民，原无论大事小事；利归天下，何必争多得少得。”深刻铭记胡耀邦的一生，何等高远！门票价格：免费。

景区内胡耀邦陵园掩映在苍松翠柏之间，庄重而典雅。耀邦陵园，坐西向东，俯瞰鄱阳湖，青山碧水，钟灵毓秀，占地1000平方米，墓碑造型呈直角三角形，代表红旗一角。耀邦陵园墓碑高4.43米，底边长10米，重73吨。三角形花岗岩碑雕刻着中国少先队队徽、中国共青团团徽、中国共产党党徽，右上方胡耀邦雕像栩栩如生。陵墓的墨晶玉花岗岩底座上镌刻着

共青城胡耀邦陵园

“胡耀邦同志生平”。墓碑四周草坪上散落着12块庐山第四纪冰川石，代表当时的12亿中国人民永远陪伴着胡耀邦同志。其中一块冰川石上是由胡耀邦夫人李昭亲笔题写的“光明磊落，无私无愧”8个大字，是胡耀邦“一身正气，两袖清风”的光明写照。陵墓整个造型像一把火炬。

胡耀邦生平馆、共青城创业史馆，坐落在富华山景区北角，占地面积5000平方米，整个建筑呈半圆形。胡耀邦信碑立于入口处左侧，内部布局为3个展厅和回廊，3个展厅分别陈列了胡耀邦同志生前不同时期在共青城艰苦创业的照片与史料。回廊墙壁上镶挂着73块花岗岩大事年表石碑和胡耀邦生前的格言题词。生平馆展示的260张珍贵照片和史料充分反映了胡耀邦光辉的一生和共青城从“共青社”到“共青垦殖场”到“共青城”再到“共青城市”60余年艰苦创业的历程。展示了共青城市厚重的红色历史文化和艰苦创业的“共青精神”。

富华亭，坐落在富华山脚下，属双层玻璃瓦六角亭，名为萧克将军题写，是游客观景、休息纳凉的好去处。富华山标志石于耀邦陵园左侧步行道的中段路旁。石上刻有“富华山”字样，为胡耀邦夫人李昭题写，寓意“富我中华”之意。

鄱阳湖，一个季节性变化巨大的吞吐型湖泊。正是涨水季节，烟波浩渺，我们驾车在跨湖公路桥上慢慢行进、游历后，又驱车进入湖区亲身感受。

鄱阳湖 古称“彭蠡泽”“官亭湖”，是中国第一大淡水湖，也是中国第二大湖，仅次于青海湖。位于江西省北部，长江南岸，跨十余市县，南北长173千米，东西最宽处74千米，平均宽16.9千米，湖岸线长1200千米。湖口水位21.71米时，湖面积3283平方千米，平均水深8.4米，最深处25.1米。蓄水

鄱阳湖风光

量约276亿立方米，是中国最大的淡水湖。湖面以松门山为界，分为南北两部分，南部宽广，为主湖区，湖水较浅；北部狭长，为入江水道，长40千米，最窄处约2.8千米，湖水较深。门票价格：免费。

湖水补给主要包括赣江、抚河、信江、饶河、修河、鄱阳河和西河等河道，经调蓄后，向北由湖口注入长江。

鄱阳湖是一个季节性变化巨大的吞吐型湖泊，洪水期与枯水期面积、蓄水量差异悬殊。每年春夏之交，湖水猛涨，水面迅速扩大，烟波浩渺；但到了冬季，湖水巨降，洲滩裸露，湖面仅剩几条蜿蜒的水道。形成“洪水一片、枯水一线”的景观。

鄱阳湖上名山秀屿，比比皆是。石钟山、大孤山、南山、老爷庙、落星湖，风光如画，景色宜人。各景点通过游船连成一线，即鄱阳湖水上旅游线。

鄱阳湖流域自古以来是中国经济较为发达的富裕地区。中国历史上很多杰出人物，如东汉后期的徐稚、东晋的陶渊明、隋代的林士弘、北宋中叶的刘恕、洪适、南宋中后期的江万里、晚明的朱奄等都在湖区出生和成长。这里发生过如周瑜操练水师，朱元璋与陈友谅之间的鄱阳湖之战，太平军“湖口大捷”，李烈钧在湖口发起“二次革命”等。鄱阳湖是古代从北方进入江西的唯一水道，发生在鄱阳湖上的文人轶事和民间传说则更是难以胜数。唐代诗人王勃在《滕王阁序》中的名句“渔舟唱晚，响穷彭蠡之滨”，描述的正是鄱阳湖上的渔民捕鱼归来的欢乐情景。宋代诗人苏轼在《李思训画长江绝岛图》诗中写的“山苍苍，水茫茫，大孤小孤江中央”，描写的也是鄱阳湖的胜景。

当前，鄱阳湖区设有国家级和省级各类保护区近10个。

中国人民永远缅怀毛主席、周总理、朱委员长等老一辈无产阶级革命家创建和培育中国人民解放军的丰功伟绩。

八一南昌起义纪念塔 位于江西省南昌市西湖区丁公路街道八一大道社区八一广场南端，占地1.7公顷。始建于1977年，为纪念八一南昌起义五十周年，1979年1月8日正式建成。门票价格：免费。

八一南昌起义纪念塔长方体，高53.6米，由塔基、塔座、塔身、塔顶四部分组成。塔座正面镌刻“八一南昌起义简介”碑文，其他三面是“宣布起义”“攻打敌营”“欢呼胜利”三幅大型花岗石浮雕。塔身正面是叶剑英元帅题写的“八一南昌起义纪念塔”9个铜胎鎏金大字，塔顶由一支直立的巨型“汉阳造”步枪和

八一南昌起义纪念塔

一面八一军旗组成。塔身两侧各有一片翼墙，嵌有青松和万年青环抱的中国工农红军旗徽浮雕。纪念塔前有一条长 120 米，宽 14 米的东西向金水河，寓意军民鱼水情。河上东西两侧各架设一座宽 5 米的金水桥，两座金水桥相连接，风格与八一南昌起义纪念塔协调一致。河的南岸中轴线上设置滨水舞台，北岸为观演空间。金水河下设有音乐喷泉。

八一南昌起义纪念塔的建成，表达了亿万人民永远缅怀毛主席、周总理、朱委员长等老一辈无产阶级革命家创建和培育中国人民解放军的丰功伟绩，鼓励国人进行新的长征。

滕王阁，中国三大名楼之一，屡建屡毁，历尽坎坷，20 世纪 80 年代建成新楼，如今才有幸一睹，感之无愧盛名。祝福永世屹立，不再蒙难！

南昌滕王阁 是中国三大名楼之一，国家 AAAAA 级旅游景区。位于江西省南昌市抚河路赣江与抚河故道交汇处。赣江东岸，占地 4.16 公顷。始建于唐永徽四年（公元 653 年）。为唐高祖李渊之子滕王李元婴任洪州都督时所创建而得名，又因初唐诗人王勃诗句“落霞与孤鹜齐飞，秋水共长天一色”而流芳后世。历史上滕王阁先后重建共达 29 次之多，屡毁屡建。1942 年，古建大师梁思成偕其弟子莫宗江根据“天籁阁”旧藏宋画绘制了八幅《重建滕王阁计划草图》。在第二十九次重建之时，建筑师们以此作为依据，并参照宋代李明仲的《营造法式》，设计了这座仿宋式的雄伟楼阁。1989 年 10 月 8 日，第二十九次重建的滕王阁胜利落成。门票价格：50 元 / 人。

历史上滕王阁以时间先后顺序建有 3 处，分别位于山东滕州、江西南昌和四川阆中。

滕王阁主体建筑共 9 层，净高 57.5 米，建筑面积 13 000 平方米。其下部为象征古城墙的 12 米高台座，分为两级。台座以上的主阁取“明三暗七”格式，即从外面看是三层带回廊建筑，而内部却是 3 个明层、3 个暗层及阁楼。瓦件全部

南昌滕王阁

采用宜兴碧色琉璃瓦。正脊鸱吻为仿宋特制，高达3.5米。勾头、滴水均特制瓦当，勾头为“滕阁秋风”四字，而滴水为“孤鹜”图案。台座之下，有南北相通的两个瓢形人工湖，北湖之上建有九曲风雨桥。主阁碧瓦重檐，画栋彩柱，雕门透窗，保留了唐阁“层峦耸翠，上出重霄；飞阁流丹，下临无地”的雄伟气势。

循南北两道石阶登临一级高台。高台的南北两翼，有碧瓦长廊，东墙面上，镶嵌石碑5块。正中为长卷式8块汉白玉横拼而成石碑1幅，约10米长、1米高，外围以玛瑙红大理石镶边。此碑碑文为今人隶书韩愈《新修滕王阁记》。

由一级高台拾级而上，即达二级高台。这两级高台共有89级台阶，而新阁恰于1989年落成开放。高台登阁共三处入口，正东登石级经抱厦入阁，南北两面则由高低廊入阁。正东抱厦前，有青铜铸造的“八怪”宝鼎，鼎座用汉白玉打制，鼎高2.5米左右，下部为三足古鼎，上部是一座攒尖宝顶圆亭式鼎盖。

阁内古雅典丽，琳琅满目，各式名贵材质的浮雕、额匾、壁画、图表等，表现、还原了诸多历史人物、历史事件、典故传说。上乘精美，装点阁楼，尽显了景区的高大上和江西的人杰地灵，物耀天华的璀璨文化。

加上历朝历代文人雅士们以滕王阁为歌咏主题的诗作数不胜数，其中不乏张九龄、白居易、杜牧、苏轼、王安石、朱熹、黄庭坚、辛弃疾、李清照、文天祥、汤显祖等大咖，他们留下的美文，更是给阁楼增色不少。

南昌墩墩海昏侯汉墓，是我国目前发现的面积最大、保存最好、内涵最丰富、格局最完整的典型汉代列侯国都城聚落遗址。

南昌墩墩海昏侯汉墓 位于南昌市新建区大塘坪乡观西村东南约1000米的墩墩山，距离城区约40千米。一般是先参观博物馆，然后再乘电瓶车去参观墓园。墓园除主墓外都已经发掘完毕进行了回填。距今2000多年，墓主是西汉第一代海昏侯刘贺及夫人，还有刘贺长子和次子。“典型的西汉时期列侯墓”，出土文物是西汉王朝灿烂文化的一个缩影。门票价格：60元/人；观光车票：15元/人。

刘贺，海昏侯墓园主墓墓主，汉武帝之孙。海昏侯刘贺原是昌邑王，封地在如今的山东省巨野县一带。后来称帝，仅27天后被废，汉宣帝将刘贺贬为海昏侯，封地在今天江西省南昌市新建区一带，不到5年刘贺在封地去世，终年33岁，而随后本应承袭爵位的刘贺两个儿子也相继死去。在当时被认为是一种“凶兆”，于是汉宣帝便下旨废除了海昏国。直到10年后汉元帝即位，才又封刘贺儿子刘代宗为海昏侯。

目前，遗址面向游客开放的游览区主要是遗址博物馆、刘贺墓园，以及游客中心等。

遗址博物馆，从4个方面展示了遗址历史、文化、艺术、意义及价值。分别是：金色海昏、书香海昏、丹漆海昏、遇见海昏。

海昏侯墓园，2011—2015年经5年挖掘终于重现于世。以海昏侯和侯夫人墓为中心，有祠堂、寝殿、便殿、厢房和墓园墙以及道路和排水系统等各类地面建筑基址。墓园平面呈梯形，有长达868米、保存较完整的墓园墙，墓园面积达到4万平方米，是我国迄今发现的保存最好、结构最完整、功能布局最清晰、拥有最完备祭祀体系的西汉列侯墓园。附近的紫金城址是汉代海昏侯都城。

南昌墩墩海昏侯汉墓

海昏侯墓园，已出土金器、青铜器、玉器、陶瓷器、竹编、草编、纺织品和简牍、木牍等各类珍贵文物 1 万余件。有成套的编钟、编磬、琴、瑟、排箫、伎乐俑；数以千计的竹简、木牍以及有文字的漆笥、耳杯；10 余吨近 200 万枚五铢钱；有惟妙惟肖的青铜雁鱼灯、青铜火锅；镶嵌着玛瑙、绿松石和宝石的青铜镜等，都是汉代考古文物珍品，不少是首次发现。其中，在海昏侯墓出土的金饼中，有一枚写有“海昏侯臣贺”字样的墨书金饼；写有“海昏侯臣贺”等字样的奏牍。众多文物形象再现了西汉时期高等级贵族的奢华生活，具有极高的历史价值、艺术价值和科学价值。

海昏侯墓园，创下了多个中国第一或首次：拥有最完备祭祀体系的西汉列侯墓园；铁编磬在全国是首例；车马陪葬坑是我国长江以南地区首次发现；五铢钱是全国出土最多的。

然而，尽管这位墓主创造了中国考古史上多项之“最”，但仍留下了许多谜团。我们殷切期待，随着考古工作者深入工作，将给我们带来更多惊喜，有更多跨越时空的解答。

景德镇古窑民俗博览区，集文化博览、陶瓷体验、娱乐休闲于一体的陶瓷文化为主题的国家级旅游景区。

景德镇古窑民俗博览区 国家 AAAAA 级旅游景区。位于江西省景德镇市昌江区枫树山蟠龙岗瓷都大道古窑路 1 号，占地 43 万平方米。1979 年筹建，1984 年正式对外开放。门票价格：95 元 / 人。

景德镇古窑始建于五代，在宋、元、明、清后不断发展壮大。

景德镇古窑民俗博览区，主要有历代古窑展示区、陶瓷民俗展示区、水岸前街创意休憩区三大景区。

历代古窑展示区，内有古代制瓷作坊、世界上最古老制瓷生产作业线、宋代龙窑、元代馒头窑、明代葫芦窑、清代镇窑、风火仙师庙、瓷行等景点，展示明清时期景德镇手工制瓷的工艺过程及传统名瓷精品。

陶瓷民俗展示区，有十二栋明、清时期古建筑，有陶瓷民俗陈列、天后宫、瓷碑长廊、水上舞台瓷乐演奏等景观。

水岸前街创意休憩区，有昌南问瓷、昌南码头、耕且陶焉、前街今生、木瓷前缘等瓷文化创意休闲景观。

瓷音水榭，用瓷盘为主要材料的新型民族打击乐器“瓷瓯”进行瓷乐表演。

景德镇古窑民俗博览区

小器作，此作坊主要生产小件器物，以生产日用瓷为主。胎质细腻，造型规整。素以白如玉、明如镜、薄如纸、声如磬著称于世。

大件作，此作坊主要生产大盘、大瓶、大缸之类的陈设瓷。其产品制作难度大，技术要求高。

制瓷作坊，俗称“坯房”，是制作瓷器坯胎兼瓷器坯胎釉下彩绘的工场建筑。成为我国明清时期资本主义萌芽存在的实物例证。

明间，有闾门、店铺、祠堂、民宅等 8 栋建筑。

清园，有 4 栋清代建筑，分别为“玉华堂”“大夫第”、沧溪民宅、窑柴行老板住宅。整个建筑立势轩昂，用料考究。

唐英纪念馆，唐英（公元 1682—1756 年），字俊公，自号蜗寄老人。清奉天（今辽宁沈阳）人，清雍正六年起奉命驻景德镇御厂协理官，前后 20 余年。致力于制瓷工艺的研究，仿古、创新及著书立说，均获得巨大成就。

风火仙师庙，建于清代嘉庆年间（公元 1796—1820 年）。建筑分享堂及后寝两部分，面积为 485 平方米。

景德镇国际陶瓷节，每年 10 月中旬在景德镇举办。节庆期间会举行贸易洽谈及瓷器的精品展览、瓷乐表演等活动。

龙珠阁，自明代开始就是御器厂、御窑厂的代表性建筑，是明清官窑遗址。现已成为景德镇的城徽，景德镇瓷器的象征。

龙珠阁 始建于唐，称聚珠亭。明万历改建，称“环翠亭”。位于景德镇市中心珠山之巅，建筑面积 1650 平方米，高 34.5 米，共 6 层。1925 年重建，称龙珠阁。后被毁，1987 年、1990 年龙珠阁又重建，是一幢仿明重檐宫廷建筑。门票价格：免费。

龙珠阁，采用明四暗七的结构。阁高三层，阔数丈，围以红墙，覆以黄瓦，气象巍峨。阁之大门及内殿梁柱均髹以朱漆，金碧辉煌。阁中前后殿的神龛中设有白瓷趺坐观音、香炉、烛台及纯以夏布调漆为胎，身涂金彩之神像等。二楼则供有三教创始人释迦牟尼、老子李耳、仲尼孔子之塑像。另设有战坛，安放沙盘銮笔。明、清朝在此设立御窑，派太监在此坐镇，监造皇宫用瓷。这里留下了明清两代大量珍贵文物，其周围地底下埋藏着无数宝贵的文物遗存。

龙珠阁，分为与原官窑相关的资料展示和经由古陶瓷研究所复原的官窑瓷展两部分。其中，官窑瓷的展示部分，对景德镇官窑器的研究有不可或缺的重要参考价值。作为官窑遗址和现代官窑器研究成果展示场所，龙珠阁一直是中外陶瓷爱好者关注的地方。

在日本产瓷区濑户市，也有仿景德镇“龙珠阁”屹立于“珠山”之巅。表达濑户人对景德镇龙珠阁的崇敬之情。

景德镇中国陶瓷博物馆，藏品自新石器时代陶器和汉唐以来各个不同历史时期的陶瓷名品佳作，涵括了景德镇千年制瓷历史长河中的代表品种，展示了景德镇灿烂的陶瓷历史和文化，无愧为中国制瓷工业的代表。

景德镇中国陶瓷博物馆 前身是景德镇陶瓷馆。位于景德镇市区昌南大道自东向西约 2 千米处，占地面积 1.2 公顷，建筑面积 4500 余平方米，展厅面积 2500 多平方米。1954 年 1 月正式建馆开放。该馆是国内第一家陶瓷专题博物馆，2009 年被评定为“国家二级博物馆”。门票价格：免费。

景德镇中国陶瓷博物馆，由 5 个展厅组成。

第一展厅，由五代、宋代和元代三部分组成。其中以宋代的影青瓷、印花瓷和元代的青花瓷、高温颜色釉瓷最为夺目。

第二展厅，主要以明代官窑器为主，在这一时期的官窑器制作和装饰手法主要有青花、青花斗彩、五彩、红绿彩和颜色釉等。

第三展厅，展出的是景德镇陶瓷史上最为璀璨的清代陶瓷。此时景德镇陶瓷工艺已经是集天下之大成了，集中了如汝窑、龙泉窑、哥窑等各大名窑的陶瓷技术。而景德镇特有的青花装饰技法也有了进一步的提高，分水法的使用青花装饰达到了中国绘画的效果。陶烧瓷炼技术的成熟在郎窑红、钧红、裂纹釉等高温颜色釉瓷中得到了体现。而对景德镇现代陶瓷业影响深远的粉彩技术也在清代陶瓷业的激烈竞争中应运而生，并且粉彩装饰技艺在清代晚期达到了第一个高峰。也就是在这一时期，确定了景德镇陶瓷向绘画装饰方面发展的大趋势，为景德镇现代陶瓷在世界陶瓷业中占有一席之地打下了牢固的基础。

景德镇中国陶瓷博物馆

第四展厅，民国时期的陶瓷展。这个时期由于诸多的历史原因造成了景德镇陶瓷史上的一次衰退。整个陶瓷界只有在陶瓷绘画领域一枝独秀，出现了以珠山八友为代表的一批陶瓷彩绘艺术家，留下了许多传世佳作。

第五展厅，景德镇现代陶瓷展。展出了自新中国成立以来的陶瓷精品。

现藏于馆内的文物精品众多。如粉彩薄胎碗、仿木纹碗、王琦绘粉彩桃园三结义瓷板画、长花釉双耳瓶、粉彩寿桃蒜头瓶等。

在原基础上，国家投入巨资，正在兴建新馆。世界水平的陶瓷博物馆水平标准——景德镇中国陶瓷博物馆的主体工程已顺利完工，目前正在进行紧张的外装修和景观施工。建成后占地 8 万余平方米，建筑面积 2 万余平方米，收藏陈列瓷器品可达 40 万件。博物馆将集中国古瓷之精华，汇天下名瓷之大成，全面展示古今中外的陶瓷文化，堪称中国一流。

国家级文化与生态旅游景区，具有丰厚徽州文化底蕴的古村落，中国最美乡村。

婺源江湾 国家AAAAA级旅游景区。位于江西省婺源县境内东北部，距县城28千米，面积27.4平方千米。始建于隋末唐初，最初有滕、叶、鲍、戴姓的人家在江湾河湾处聚居，始称“云湾”。北宋神宗元丰二年（公元1079年），萧江第八世祖江敌始迁云湾，子孙逐渐繁衍成巨族，后改称江湾。门票价格：60元/人。

婺源县，具有东亚季风区的特色，气候温和、雨量充沛、霜期较短、四季分明。由宋至清，婺源江湾景区内山水环绕，风光旖旎，物产丰富，文风鼎盛，群贤辈出。孕育出状元、进士与官宦38人，文人学士19人，传世著作92部，其中15部16卷选入《四库全书》。是当之无愧的婺源“书乡”代表。村中至今还较完好地保存着众多古建、古井、古亭、古桥，处处透露出古徽州文化的神韵，极具历史价值和观赏价值。代表性景点如下。

江湾景区

培心堂，具有徽州民居典型的三开多进制特征，布局紧凑，砖雕图案，栩栩如生，匾额寓意深邃。“千古文章传性道，一堂友孝乐天伦”“泉水温随时令转，庭花笑引客人来”。同时，也表现了徽商“仁心为质”的经商道德理念。

萧江宗祠，又名永思祠，始建于明朝万历六年（公元1578年），占地面积达2400平方米。分前院、前堂、中堂、后堂四进。前院为宽敞花园；前堂梁材檐椽巧饰雕琢、画面生动、形态逼真；中堂粗梁大柱，鼓式石础，石阶、石栏、月台各具特色，匾额楹联措辞秀丽、授意深长；后堂高于前堂，有楼阁安放灵牌。曾被誉为江南七十座著名宗祠中“最好的一座宗祠”，为婺源古代四大古建之首。

江永纪念馆，位于江湾北门街58号，经过整修，于2002年5月对外开馆。分别对江永的生平事迹、一生主要著作、业绩以展柜、展牌、实物展出，成为江西省第一家乡镇办的历史文化名人纪念馆。

三省堂，位于江湾景区内，是清末民初教育家、佛学家江谦的祖居。他成绩卓著，孙中山曾授予其三等嘉禾章。

北斗七星井，体现了“天地人合一”的中国风水学最高原则。

江湾的建筑布局卓具特色，一街六巷，纵横交错，新旧有序，千年延展，不乱方阵。且每条巷道各有个性，不见雷同，古朴优雅，自成一景。从后龙山俯瞰，正中部位的巷道，构成一个硕大的“安”字。江湾的老街还保持着明清时期的风韵，仍可感受到一些古江湾明清时期的商业气息。

江湾人引以为傲的后龙山，生态环境保护堪称典范。如同原始森林，满山古木，遮天蔽日，给依山而建的江湾古村增添了不少神韵。

景区文化源远流长，各种风俗活动，各具特色，如皇菊茶文化节、江湾“豆腐架”、婺源傩舞、婺源板龙灯等。

李坑，婺源古村落精品线上的另一颗璀璨明珠，同样为中国最美乡村。

婺源李坑 是一个以李姓聚居为主的古村落，国家AAAA级旅游景区。位于江西省上饶市婺源县秋口镇李坑村，距婺源县城12千米。李坑自古文风鼎盛、人才辈出。自宋至清，仕官富贾达百人，村里的文人留下传世著作达29部，南宋年间出了一位武状元。门票价格：60元/人。

李坑街景

李坑，村落沿山谷而建，一条小河流水，弯弯曲曲，将古村一分为二，沿河而上，青石板路纵横交错，明清古建古色古香，茶楼酒肆位居两侧。整个村子群山环抱、山清水秀、风光旖旎。各种溪桥数十座沟通两岸，构筑了一幅小桥、流水、人家的美丽画卷。尤其到了夜晚，宁静和祥和笼罩着村落，亮起的街灯、家灯，及高高挂起的大红灯笼，一股人间烟火的味道，不愧为婺源精品线上的一颗璀璨的明珠。

李坑以美食著称，街道两旁，各种特色美食叫人无以拒绝。我们小尝了最具代表性的如下几种。

李坑炙肉，创制于婺源县李坑村，始于唐代。如羊肉串式烤制，烤熟的炙肉，形体收缩，焦黄略红，外脆内松，其味特香。

花菇石鸡，李坑名品。此菜堪称山珍之巧配，甚为名贵，采用黄山特产山珍花菇与石鸡同蒸。肉鲜甜润，酥嫩爽口，回味隽永。据说有降血压、减少胆固醇及抗癌作用。

清焖荷包鲤，1 千克左右的荷包红鲤鱼及香菇数朵，加油、盐、米酒、姜片等清焖。熟即起锅，加葱花上桌。色红醇香、肉嫩汤鲜、有壮阳补肾等特点。

李坑蒸鸡，用约 1.5 千克重母鸡一只，板栗、小葱、姜、盐、酱油、绍酒、冰糖、鸡汤、菜油若干，经腌、烧、蒸，至鸡肉熟烂时取出，反扣在盘中即成。鸡色红，板栗黄，鸡肉酥而味醇厚，板栗绵软而含鸡鲜，春节时期的传统佳肴。

李坑糯米酒，糯米蒸熟，倒在篾筛待其凉却，拌上酒曲倒入酒缸，让其加温发酵，直至呈露酒酿。加上冷却的开水，那就是盈香满室、不啻琼浆玉液的米酒。真纯质朴，具有乡土本色的美味，滋补身体、调剂血脉，李坑谣谚：男人喝正月，女人喝坐月（生孩子）。

走进李坑，沿着小溪经大夫弟、申明亭，再沿溪而上即可达光明茶楼。在这里品茶，体验小桥流水人家的魅力，别有一番情趣。

车行到三清山界地，天已全黑。为节省时间，我们决定住到离景区最近的一家“三清宾馆”。不顾天黑路险，一路爬山。好不容易赶到才发现，宾馆已关门停业，搞得我们措手不及，前不邻村，后不挨店，四周茫茫山野，漆黑一片。为保险起见，还是下山去路经的一家酒店吃住，结果酒店客人已满。正觉无奈之际，出来一人，愿意带我们去一农家乐，只是条件差点。这时，已到饥不择食的地步，管他三七二十一。到了一看有十来间客房，没人住宿，我们自然很顺利入住。虽条件较差，但解了燃眉之急，凑合一晚。

三清山 又名“少华山”“丫山”，是道教名山，列入《世界文化遗产名录》，世界地质公园，国家 AAAAA 级旅游景区。位于江西省上饶市玉山县与德兴市交界处，核心景区 3780 公顷。因玉京、玉虚、玉华三峰宛如道教玉清、上清、太清三清尊神列坐山巅而得名。其中玉京峰最高，海拔 1819.9 米，是江西第五高峰，也是信江的源头。门票价格：120 元 / 人。

三清山，花岗岩峰林微地貌景观类型，主要有峰峦、峰墙、峰丛、石林、峰柱、石锥、岩壁、峡谷和造型石景9种类型，是研究花岗岩微地貌形成演化的关键地区。在核心景区范围内，有奇峰48座，造型石89处，景物、景观384处，堪称天下花岗岩微地貌的天然博物馆。其中“东方女神”“巨蟒出山”两处标志性造型景观，为世界“绝景”。

三清山，位于长江流域中游，地表水为沟谷溪流水系，流入信江、鄱阳湖。水源均来自雨水，雨量丰沛，水量充足，径流发育，瀑布极多，如八磜龙潭瀑布、玉帘瀑布、石涧瀑布、冰玉洞瀑布等。

三清山植物是中国亚热带地区植物种类最丰富的地区之一，呈垂直分布，有253科984属2373种。不但物种丰富而且保存大量的珍稀品种。

三清山已知昆虫1327种，脊椎动物401种：兽类22科67种，鸟类47科226种，爬行类11科49种，两栖类8科23种。国家重点保护野生动物57种；列入濒危动物56种。其中中华鼠耳蝠、藏酋猴等为三清山特有动物。

三清山玉京峰北山，为历史文物分布区。这些文物主要包括星罗棋布在林壑间若隐若现的宫、观、殿、府、庙、亭、台、塔、坊、丹井、石雕、题刻等在内的石构建筑群，目前已发现230多处。这些古建筑，在数十平方千米内有规律地配置在特定的位置上，既原始质朴，又内蕴玄真，与自然浑然一体，在中国建筑史上独树一帜。三清山也因此被称为“中国道教文化古建筑露天博物馆”。

明代为三清山道教活动的鼎盛时期，山上的道教建筑也如雨后春笋般大量出现。至明景泰年间，山上已经建起龙虎殿、方士羽化坛、玉零观、纠察府、演教殿、九天应元府、潘公殿、方壕上、天门石坊、飞仙台、流霞桥、石阶“众妙千步门”“冲虚百步门”等建筑，并重建三清观，改建三清宫。三清山道教古建筑群气势恢宏，

三清山风光

与三清山的自然风光融为一体。特别是三清宫，位于三清山北部三清福地南侧九龙山口的龟背石上，海拔1533米，是三清山道教的标志性建筑。现存的三清宫即为明代所建，坐南朝北，前殿后阁，左右厢房，两层两进。前殿高5.38米，后阁比前殿地基高2.3米，两殿总面积206平方米，包括附属建筑，占地总面积1750平方米。整个殿内梁、柱、墙、池、门以花岗岩铺造为主，镶嵌得严丝密缝，是古代建筑艺术的精品之一。宫门上方悬挂清同治八年（公元1869年）立的“三清福地”匾额一块。三清宫建筑和布局有一个特别之处：正殿供奉道教三清三位尊神，后殿供奉观音及八罗汉，共为同一殿堂，道、佛和谐相处。

其他文物古迹还有：遗址灵济庙、老子宫观、丹炉、观宇九天应元府、三清宫等，石塔方士羽化坛石塔、风雷塔，以及岩壁浮雕石像24尊，石雕神像30余尊。壁刻峰名、景物和地名63处，笔力刚劲，雕工精湛，传字神韵。

武夷山，中国著名的风景旅游区和避暑胜地。自秦汉以来，武夷山就为羽流禅家栖息之地，留下了不少宫观、道院和庵堂故址。

武夷山 三教名山。被列入《世界文化遗产名录》《世界自然遗产名录》双名录，全国重点文物保护单位（武夷山崖墓群），国家AAAAA级旅游景区。位于江西与福建西北部两省交界处，福建省西北的崇安县境内。主要景区面积70平方千米，平均海拔350米，是中国著名的风景旅游区和避暑胜地，素有“碧水丹山”“奇秀甲东南”之美誉。武夷山西部是全球生物多样性保护的关键地区，分布着世界同纬度带现存最完整、最典型、面积最大的中亚热带原生性森林生态系统，典型的丹霞地貌。武夷山还曾是儒家学者倡道讲学之地。门票价格：140元/人。

武夷山九曲溪

武夷山，以山貌雄伟和生物多样性而闻名于世，主峰黄岗山位于江西省铅山县桐木村境内，其最高峰海拔 2157.8 米，为大陆东南第一峰，是整个华东地区的最高山峰，号称“华东屋脊”“武夷柱”。

已知植物 3728 种，已知动物 5110 种。先民的智慧，文人雅士的驻足、游历，在武夷山九曲溪两岸留下众多的文化遗存：有高悬崖壁距今 3750 余年不朽的架壑船棺 18 处；有朱熹、游酢、熊禾、蔡元定等鸿儒大雅的书院遗址 35 处；有堪称中国古书法艺术宝库的历代摩崖石刻 450 多处，其中有古代官府和乡民保护武夷山水与动植物的禁令 13 处；有僧道的宫观寺庙及遗址 60 余处；有占地 48 万平方米的汉代闽越王城遗址，是座 2200 多年前的“现代化”城市。

相传道教有三十六洞天，七十二福地，皆仙人居处游憩之地。世人以为通天之境，祥瑞多福，咸怀仰慕。已成为中国锦绣河山之胜景。武夷山是道教名山，列三十六洞天中的第十六升真元化洞天。

武夷宫，又名会仙观、冲佑观、万年宫，坐落在大王峰的南麓。前临九曲溪口，是历代帝王祭祀武夷君的地方，也是宋代全国六大名观之一。始建于唐天宝年间（公元 742—756 年），迄今已有 1200 多年的历史，是武夷山最古老的一座宫殿。历代屡修屡毁，2008 年主殿又重新修复。庭院里的两株桂树，则是宋代遗存，是 700 ~ 1000 年的古树。

天游峰，海拔 408 米，相对高度 215 米。它是一条由北向南延伸的岩脊，削崖耸起，壁立万仞，高耸群峰之上。峰上有一涧沿崖壁流到峰底，形成高差约 120 米泉。涧旁的石壁上，有历代摩崖石刻近百处。其中最大一幅为“第一山”，系道光壬辰冬武显将军岭南徐庆超题写。

九曲溪，源于森林茂密的武夷山自然保护区，全长 62.8 千米。景区的一段河流受多组岩层断裂方向控制，形成深切河曲。9.5 千米长的河流，直线距离仅 5 千米，水流清澈，水源充沛。其水上木筏行走系一胜景，我们也去体验了一番，感觉良好。

大红袍景区，因举世闻名的大红袍茶生长于此而得名。位于武夷山风景区的中心部位，著名大峡谷“九龙窠”内。大红袍茶生长在九龙窠谷底靠北面的悬崖峭壁上。这里叠着一大一小两盆景式的古茶园，六株古朴苍郁的茶树，枝繁叶茂，已有 340 余年的历史。2007 年，最后一次采摘自 350 年母树的 20 克大红袍茶叶被中国国家博物馆珍藏，这也是现代茶叶第一次被藏入国家博物馆。今后，武夷山将不再制作母树大红袍茶叶。

水帘洞，武夷山著名的七十二洞之一。位于章堂涧之北，水帘洞顶危岩斜覆，深藏于岩腰之内，洞口斜向大敞，两股飞泉倾泻自百余米的斜覆岩顶，宛若两条游龙游走山间，又像两道珠帘，从长空垂向人间，故又称珠帘洞。

武夷山小吃种类繁多，有紫溪粉、熏鹅、瘦肉羹、清明粿、光饼、千层糕、胡麻饭、朱子孝母饼等。

龙虎山，中国道教发祥地。道教开山鼻祖张道陵，在龙虎山前后达30余年。张道陵第四代孙张盛在三国或西晋时已赴龙虎山定居。此后张天师后裔世居龙虎山，至今承袭63代，历经1800多年，形成中国文化史上传承世袭“南张北孔（夫子）”两大世家之一。

龙虎山 道教名山。东汉中叶，正一道创始人张道陵曾在此炼丹，传说“丹成而龙虎现”，因此得名。被列入《世界自然遗产名录》，世界地质公园，全国重点文物保护单位，国家AAAAA级旅游景区。位于江西省鹰潭市西南20千米处，其中天门山最高，海拔1300米。龙虎山主要风景区有上清宫景区、天师府景区、龙虎山景区、仙水岩景区、岩墓群景区、象鼻山排衙石景区、独峰马祖岩景区。门票价格：165元/人（含观光车）。

龙虎山，是中国典型的丹霞地貌风景，中国道教发祥地。上清河位于龙虎山景区内，长约43千米，从南东至北西流贯全区，36峰，八大景观。龟峰，因山石相叠如龟，故名。天门山，最高峰海拔1300米，山坡陡险，谷地幽深，怪石遍布，森林茂密，巍峨壮观。金枪峰，海拔118米，峰柱高约60米。象鼻山，高约100米，像一只汲水巨型石象。排衙峰，长约2千米，含三清论道峰、八戒梦仙峰、鲤鱼峰、状元峰、蜡烛峰、大刀切峰等。天门山瀑布群，有三叠姊妹瀑布、青云瀑布、云台山瀑布、峨眉峰瀑布、香炉峰瀑布、河豚堡瀑布等。

龙虎山

龙虎山属中亚热带温暖湿润季风气候区，其特点是四季分明，气候温和，年平均气温 17.9℃，光照充足，雨量丰沛，无霜期长。据统计，2012 年区域内植物达 100 科 460 种以上。兽类 40 多种，鸟类 170 余种，以及众多以蛇为主体的爬行类动物。

据道教典籍记载，道教开山鼻祖张道陵，在龙虎山前后达 30 余年。从事过炼丹创道、编写道书、广招弟子和以符水为人治病等大量活动。四方从其学者达千余人。

第四代天师张盛还归龙虎山，修复祖天师玄坛及丹灶故址，每岁以三元日登坛传箓。这一时期的龙虎山正一道处于一种隐居深山、潜心修炼、充实改造教义思想的阶段，并没有在社会上产生广泛的影响。特别是当时道教内部有以寇谦之为首的“北天师道”和由葛洪、陆修静等创立的“南天师道”，还有魏华存夫人创立的茅山上清派，形成了龙虎山、阁皂山、茅山“三山”鼎立的局面。经过很长一段时期的改良，革新教义思想，正一道教完成了由民间道教向官方道教的历史性转变。

从唐朝开始，其影响显露出来，得到上层社会的信奉和肯定。唐朝皇帝推崇道教，自称为道祖老子的后裔，确立了道教的皇宗地位。在此背景下，龙虎山正一道得到了皇权的扶植。两宋以后，得到更进一步发展，天师的地位有了实质性的提高。皇帝不仅命天师统领“三山”道教，而且还向天师询问治国之策，赐建府第，赐天师号，设立授箓院。张天师成为由皇帝诰封的道教正一派领袖，天师府成为了江南道教的活动中枢。元至明朝，正一道继续发展。清朝初期至雍正年间，朝廷对正一道教仍是宠幸不二。五十二代天师张应京碑敕封为正一嗣教真人，掌天下道教事。雍正九年，还赐帑银十万两，大修龙虎山宫观殿宇，购置良田赡养道众。1800 多年间，他们多次得到封建王朝的崇奉和册封，最高时官至一品，位极人臣，形成中国文化史上传承世袭“南张北孔（夫子）”两大世家之一。龙虎山地区在道教兴盛时，先后建有十大道宫，81 座道观，50 座道院，10 个道庵，其繁荣景象可见一斑。

上清古镇，一个具有千年历史的古镇，道教氛围浓厚，道教文化源远流长。

上清古镇 旧名“沂阳市”。位于江西省鹰潭市贵溪市西南部上清宫景区内，距鹰潭市区 25 千米。两晋时渐有人聚居，始于清乾隆三十年（公元 1765 年）称上清镇。依水而建，群山环抱，自然环境优美。富有特色的名胜古迹，古朴淳

天师祖庙

厚的民俗风情，使古镇闻名于世。门票价格：10元/人。

上清古镇，名胜古迹众多。长约2千米的上清古街上有长庆坊、留侯家庙、天师府、留侯第、天源德药栈、天主教堂等景点。沿河鳞次栉比的吊脚楼和船埠头更让小镇显现出江南水乡的风格。河畔浣纱村妇、捣衣少女、戏水孩童，以及片片渔舟、凫水白鸭形成了一条韵味十足的古镇风景线。镇东面有上清宫、东岳宫，东北面有象山书院，泸溪河对岸有明朝（公元1368—1644年）宰相夏言的故里——桂洲村。

上清古镇，古色古香，有历代遗留下来的众多古民居，以明清为主。高高的马头墙，别致的门第，鹅石古道，方砖厅堂，通光天井，石雕窗花，古韵依旧，使人充分感受到古建筑的氛围。沿泸溪河的民居形成了江南建筑的特色——吊脚楼。这种建筑以木柱支撑，上为厅堂、住房，下为厨房。晚上望窗外明月，听潺潺水声，确实富有一番静谧的诗情画意。白天凭栏远眺，群峰连绵，村舍相望，山岭凉亭，车马行人尽收眼底。古镇市景繁荣，明清时招徕了不少徽州、樟树人来此定居经商，人口猛增。

千年来古镇凝聚着劳动人民的智慧与汗水，留下许多名人轶事，为古镇留下了不朽的记载，给古镇增添了永不磨灭的历史光彩。

天师府，历代天师的起居之所。历史上被皇帝赐号“宰相家”“天真人府”，被尊为道教祖庭。

天师府 全称“嗣汉天师府”，亦称“天真人府”。位于江西省鹰潭市贵溪市上清古镇，距太清宫1千米，离龙虎山主峰十五里（7.5千米）许。天师府于宋崇宁四年（公元1105年）始建于上清镇关门口，元延祐六年（公元1319年）重建于上清镇长庆坊，明太祖洪武元年（公元1368年）建于今址，是从第四代天师开始的生活起居之所和祀神之处。原称“真仙观”，建在龙虎山脚下，系宋徽宗赵佶赐予三十代天师张继先的私宅。元延祐六年（公元 1319 年），由第三十九代天师张嗣成迁建于今址，即今上清镇西。明太祖洪武元年（公元 1368 年），赐白金 15 镒（18 千克），在今址上清镇中心重建。后又经 10 多次修建，现存木构建筑均为清乾隆、嘉庆和同治年间旧物。门票价格：150 元 / 人。

占地 24 000 多平方米，建筑面积 11 000 多平方米。整个府第由府门、大堂、后堂、私第、殿宇、书屋、花园等部分构成。规模宏大、雄伟壮观、建筑华丽、工艺精致，是一处王府式样的建筑，也是我国封建社会“大府第”之一。院内豫樟成林、古木参天、浓荫散绿、环境清幽，昔有“仙都”“南国第一家”之称。明代的建筑大部分已毁于清康熙年间，现存 6000 平方米左右的建筑，占地 5 万平方米，有房舍 500 多间，多是清代乾隆、同治年间重建的遗物。全部雕花镂刻，米红细漆，古色古香，楼台殿阁金碧辉煌，曲径回廊不计其数。府内古木参天，是历代张天师的起居之所。

天师府

天师府的建筑布局呈“八卦”形，是道教的独有建筑风格。主要建筑有府门、仪门、玄坛殿、真武殿、提举署、法箓局、赞教厅、万法宗坛、大堂、家庙、私第（即三省堂）、味腴书屋、敕书阁、观星台、纳凉居、灵芝园，以及厢房廊屋等。

张道陵，中国道教创始人，后人尊他为张天师，而张天师的名号也被历代帝王特许世袭。现在的张天师是张道陵的第六十三代孙。自张天师到来后，其后人已历经 63 代 1800 余年。天师府是全国重点对外开放的道观之一，上清镇也因中国道教发源地而闻名天下。明初，上清镇即形成于今日的规模，至明代后期，上清镇已相当繁荣。镇上的街道弄巷至今依然保留着古代建筑的格局。尤其是沿泸溪河畔的十多个码头，宽厚坚实的麻石砌成的台阶，被一代代人的脚踩得溜光，成为上清镇悠久而古老历史的见证。

天师府西侧有一座“万法宗坛”，始建于明嘉靖五年（公元 1526 年），是历代天师奉旨祀神演法之所，也是道教正一派祖庭的重要标志。

瑞金，第二次国内革命战争时期，中央革命根据地中心，中华苏维埃共和国临时中央政府所在地，中国工农红军长征出发地。

瑞金革命遗址及纪念馆 全国重点文物保护单位，国家AAAAA级旅游景区。位于江西省东南部的瑞金市，被称为中国的“红色故都”。瑞金革命遗址及瑞金中央革命根据地纪念馆，是为纪念毛泽东、朱德等老一辈无产阶级革命家创建的中央革命根据地，缔造的第一方面军的历史而建立的专题性纪念馆，由革命旧址和历史陈列厅两部分组成。门票价格：免费；部分景点收费。

最先，中华苏维埃共和国临时中央政府驻瑞金叶坪，后迁沙洲坝，后又从沙洲坝迁往云石山，直至长征。临时中央政府的三次变迁，形成了瑞金叶坪、沙洲坝、云石山三大革命旧址群。

叶坪，位于瑞金城东北6千米处，占地面积约500亩，四周围有砖墙。有革命旧址和纪念建筑物22处，保存最为完好。

瑞金中国红色政权遗址

沙洲坝，位于瑞金城西6千米处。这里有毛泽东等的故居旧址，有中华苏维埃共和国政府大礼堂和中央及各部门旧址。特别是有一口曾入选小学教科书的著名水井，称作“红井”。红井是毛主席带领身边工作人员在当地挖掘的一口水井，为附近的群众解决了饮水问题。新中国成立后，沙洲坝人民给这口井取名为“红井”，并在井边立了纪念碑，上书：“吃水不忘挖井人，时刻想念毛主席”。半个多世纪以来，它滋润了一代又一代的沙洲坝人，至今仍是游人必到景点，我们自然也到了红

吃水不忘挖井人

井，并亲手提水饮用，圆了小学时代的梦。

云石山，位于瑞金西 18 千米处，是一个高不足百米，方圆不足千米的独立小山头。1934 年 7—10 月，中国共产党苏区中央局和中华苏维埃共和国临时中央政府驻此。毛泽东、朱德曾经在这里办公和住宿。举世闻名的二万五千里长征，也是从这里起步的。

中央革命根据地历史陈列厅，建于 1979 年，收藏文物 10 265 件。其中一级藏品 45 件，二级藏品 224 件，三级文物 540 件，史料 10 220 份，图书、杂志 2000 多册。这些文物史料和艺术展品系统地介绍了中央革命根据地创建、巩固、发展等全过程。翔实、生动地再现了毛泽东、周恩来、朱德等老一辈无产阶级革命家在此期间战斗、工作和生活的风貌，以及领导苏区广大军民创建中华苏维埃共和国中央革命根据地的革命斗争历史。

除此之外，旧址群内还有不少文物陈列。参观这些具有深刻意义的革命景点，亲身探寻当年革命遗迹，是接受爱党爱国教育的好方式。

瑞金，是中国革命的摇篮，在中国革命史上有着举足轻重的地位。为了中国人民的解放事业，瑞金作出了巨大贡献与牺牲。据历史记载：瑞金共有 4.9 万人参加了红军，参加长征的就有 3.1 万人，仅有名有姓的革命烈士就有 17 393 人。瑞金的一山一水，都留下了老一辈革命家的足迹，瑞金的一草一木，都经历过革命的洗礼。

毛泽东、朱德、周恩来等新中国的缔造者与领导者，在瑞金史诗般的战斗历程，诠释了中国革命以星星之火、燎原之势，由小到大、由弱变强的艰辛历程。展示了中国共产党人坚定信念，不屈不挠，前赴后继的奋斗精神。

80 多年前，红军万里长征在此渡过了第一条河，人称“长征第一渡”。

于都长征第一渡 全国重点文物保护单位。位于江西省于都县东门于都河边。1934 年 10 月 16 日，中央红军各部队在于都河以北地区集结完毕。从 17 日开始，中央红军主力及中央、军委机关共 8.6 万余人，踏上战略转移的征途，开始了著名的二万五千里长征。门票价格：免费。

在第五次反“围剿”期间，由于党内左倾机会主义的错误领导和国民党反动军队的重兵“围剿”及经济封锁，中央红军在根据地内英勇苦战一年，仍然没有打破敌人的“围剿”。根据地日益缩小，危在旦夕，红军被迫转移。

于都河并不算一条特别秀美或者壮阔的江河，它在中国革命史上却有着不朽

于都长征第一渡

的声名。80多年前，红军万里长征在此渡过的第一条河，人称“长征第一渡”。红军8.6万人，分布在于都城东门等10个渡口，渡河历时9天。当时，河上没有一座桥，为了保证红军顺利渡河，于都人民大力支援红军，他们调集所有的民船摆渡，打火把参加架设浮桥，送茶送饭。红军渡河时，于都人民男女老幼从四面八方涌到桥头，向红军将士送上一杯杯茶水、一顶顶斗笠，把红军送上了漫漫征程，也期盼着亲人一路平安，早日归来。中央革命军事委员会、红军总部、中央直属机关人员，包括毛泽东、朱德、周恩来、张闻天、博古等都是从县城东门渡口渡过于都河开始长征。

为了缅怀先辈伟业，于都县人民政府于1996年在此兴建了占地16亩的纪念碑园。纪念碑高为10.18米，寓中央机关、红军总部及毛泽东、朱德、周恩来等领导同志于10月18日傍晚在此渡河长征之意；该碑身为双帆造型，寓中央红军由此扬帆出征之意；底座宽大厚实，象征中央红军出征脚步坚实有力、一往无前、充满希望之意；四周栅栏环绕，借以围护花草树木，以使环境优美、四季如春，象征长征精神万古长青。碑园西侧为当年渡口，现立有杨成武将军题“长征渡口”石刻碑，不远处有新建的1100平方米中央红军长征出发纪念馆，陈列面积434平方米，展线长161米，分为序厅、悼念厅、陈列室。用文字、图表、照片，沙盘、油画、实物及声、光、电等现代化手段，直观展示中央红军长征出发的历史，再现中国革命大转折及苏区人民支援红军的历史场景。

新中国成立后，于都人民自强不息，在党和国家的关怀下，先后在当年红军渡河口上，建起了8座大桥，使两岸百万于都人民结束了摆渡的历史。其中位于县城的3座分别被命名为“长征大桥”“红军大桥”“渡江大桥”。

赣州古城墙，我国唯一保存至今的宋代砖城，是兼军事防御和抵御洪水双重功能的古城墙。

赣州古城墙 全国重点文物保护单位，位于江西省赣州市。始建于汉代，距今有 2000 年的历史，后梁扩建，奠定了赣州古城墙的基础。北宋熙宁年间（公元 1068—1077 年）始用砖石修筑城墙，同时修筑城内排水沟福寿沟，以后各代都曾修缮和加固。整个城池共有镇南、西津、百胜、涌金、建春 5 门。其中前 3 座城门还有二重或三重瓮城。清朝咸丰年间，为了防止太平军攻城，又在赣州城的主要交通要道口兴建了东门、小南门、大南门、西津门、八镜台 5 座炮城。赣州因城池非常坚固，又有江水相助，易守难攻，有“铁城赣州”之称。门票价格：免费。

城楼八境台

1958 年拆除百胜门经镇南门至西津门的南段城墙。现存城墙全长 3664 米，全部濒临章江、贡江，分为东、西两段，保存了炮城、马面、弩台等军事设施。城墙内部为夯土，外用砖石包砌，宽在 6 ~ 8 米，高约 7 米。有宋石墙 25.25 米，宋砖墙 19.80 米，是我国唯一保存至今的宋代砖城，墙上有大量的铭文砖，包括宋至民国各个时代。

赣州现存古城范围 3.05 平方千米，近似三角形，城周长 7300 多米。赣州城西北高东南低，西北段城墙至新北门，城墙高相差 4 ~ 5 米。垛口完好的城墙有 2420 米，墙上警铺残存 10 个，八境台是几经损毁又修复的唯一城楼。原叫石楼，后知军孔宗翰从楼上所见到八景，绘制《南康八境图》，得名八境台。宋至今，多有名人大家诗赋颂扬之，其所称八境也多有变迁，楼也从最初的木结构变为现在的钢筋混凝土仿木结构。赣州城“有十三门”，新中国成立后尚有 7 门。现存西门、北门、建春、涌金 4 门，保存完好的炮城有八境台和西津门炮城。

城门“护城河”约 2000 米，宽 20 ~ 60 米，深 3.30 ~ 5.30 米，通行主要靠浮桥。后建成多座固定桥，浮桥被移走或拆除。

赣州古城墙，铭文城砖数量众多，已知 521 种，覆盖宋、元、明、清、民国各时期，最早为北宋熙宁二年（公元 1069 年）。其文化、美术、雕刻、历史价值高，意义重大，既是研究城墙的重要资料信息，又有很高的鉴赏价值。

蒋经国旧居，1940—1945 年蒋经国偕夫人蒋方良及子女蒋孝文、蒋孝章居所。

赣州蒋经国旧居 花园塘一号官邸。位于赣州老城区北部建国路北端，面积为 170 多平方米，该建筑保存完好。系一幢砖木结构的俄式建筑，呈“凸”字形，鱼鳞板墙，板瓦屋面。门票价格：免费。

赣州蒋经国旧居

蒋经国于 1939 年 3 月来到赣南，任江西省第四行政区督察专员兼保安司令。

蒋经国来到赣南以后，大力推行所谓“赣南新政”。实行“禁赌、禁烟、禁娼”的“三禁”，提出要达到人人有工做、人人有饭吃、人人有衣穿、人人有屋住、人人有书读”的“五有”。同时在生产方面，大力垦荒、兴修水利、植树造林、开采矿业、平抑物价、发展交通、兴办教育。

蒋经国曾在这里接待过政、军各界知名人物、国民党要员、美国代表、苏联顾问等各方人士。现旧居内有蒋经国在赣南主要事迹陈列、蒋氏夫妇卧室、保姆和孩子的寝室，以及当年用过的办公桌等。

白鹭洲书院，和庐山白鹿洞书院、铅山鹅湖书院、南昌豫章书院齐名，合称为古代江西四大书院，书院跨越千年，在中国历史上举足轻重。

白鹭洲书院 位于江西省吉安市内赣江江心的白鹭洲头。南宋吉州知军江万里创建于南宋淳祐元年（公元 1241 年），历经 780 多年的历史兴衰，也曾影响一时，在江西书院史上占有一席之地。门票价格：10 元 / 人。

白鹭洲，位于吉安市区城东的赣江之中，长 1.5 千米，宽 0.5 千米，为一梭形绿洲，由江水挟带泥沙沉积而成，形似白鹭。洲上茂林修竹绿荫如盖，成为百鸟栖息之所。白鹭洲名来源于青莲居士李白的诗句，而书院则依洲而定名。江西书院跨越千年，在中国历史上举足轻重。如今在书院原址，是江西省的一所重点中学——白鹭洲中学。

白鹭洲书院，自宋代创建以来，一直延续到清代末年，其间因水患、战火屡毁屡建，从白鹭洲迁出又迁回。

现存的云章阁、风月楼以及一排排的斋舍，是清同治二年（公元 1863 年）最后一次修建时所遗留。尚有中山院、文山院、红楼，均系民国三年（1914 年）重建。洲中心现存的鹭池，则是明代万历二十年（公元 1592 年）重修书院所开辟。此外，还有泮月池、复古亭等。

云章阁高 8.7 米，占地 274 平方米，是原书院藏书、山长讲学和就寝之处，现仍完好如初。

风月楼，以其独特的建筑风格博得众人赞叹，它雄踞洲的北端，三层方形建筑，占地面积 115 平方米，楼高 14.7 米。底层称为“浴沂亭”，二层名“风月楼”，三层曰“魁星阁”。楼顶雕龙画凤，层楼飞檐，雄伟壮观。登上风月楼顶，极目四望，远眺近看，无限风光尽收眼底，令人心旷神怡。

白鹭洲书院自宋代创建，迤于清代。780 多年来，作为教育胜地，一直文风鼎盛，桃李满天下，造就了大批人才。尤其是培养了像刘辰翁等历史众星，以及文天祥这样出类拔萃的世代楷模，的确是这所书院的骄傲。

白鹭洲书院

史料记载，白鹭洲书院的办学宗旨是敦教化、兴理学、明节义、育人才。办学特色突出，教学质量、学术水平都很高。宋宝祐四年（公元 1256 年），金榜 601 名进士，其中吉州占 44 名，且大多数为白鹭洲书院学生，几乎占全国录取人数的 1/10，为全国之最。21 岁的书院学生文天祥独占鳌头，宋理宗高兴地说：“此天之祥，乃宋之瑞也”，他亲笔题写了“白鹭洲书院”匾额，悬挂在书院大门上。从此，白鹭洲书院更是名扬天下。

文天祥，抗击外族侵略的民族英雄，他的民族气节和爱国主义精神，感人至深，成为中华民族宝贵的精神财富，受到历朝历代的推崇及无数英雄义士的效仿。

文天祥纪念馆 国家AAAA级旅游景点，省级文物保护单位。坐落于吉安县城东，处于105国道与吉井公路交汇点上，占地面积120余亩，建筑总面积2200平方米，距吉安市区10千米。建于1984年，1992年文天祥就义709周年正式向游客开放，是江西省最大的一座历史名人专题纪念馆。门票价格：免费。

文天祥纪念馆

文天祥（公元1236—1283年），字宋瑞，号文山，南宋庐陵（今吉安）人。抗击外族侵略的民族英雄。1283年1月9日，在大都菜市口英勇就义。

文天祥死后留下了大量诗文，其中如《过零丁洋》中的“人生自古谁无死，留取丹心照汗青”；狱中所作的《正气歌》以及死后从其衣带中发现的“衣带诏”等，都已成为光照日月、气壮山河的绝唱。

为了纪念缅怀伟大的民族英雄，建文天祥纪念馆。主体建筑是一组中轴对称的仿古建筑群，在山岗之上，布局严谨，气派非凡。进入纪念馆，高大精美的牌坊，威严端庄，从山门开始经临安桥、99级台阶进入文天祥生平展览区。展览区由正气堂、西厢、西庑、诗屏、东庑、东厢相互衔接，形成一个四合院。为二层楼阁，红柱黄瓦，挑角飞檐；底层中为天井，中央为文天祥塑像；四周长廊连接文山阁、四贤祠、竹居、状元楼、诗碑楼等。文天祥纪念馆分5个展厅、6个部分：少年立志，尽忠报国；宦海沉浮，忧国忧民；起兵勤王，扶危社稷；万里羁囚，慷慨悲歌；咏心写史，一代诗豪；千古俎豆，万世楷模。120米展线，可谓文天祥史迹荟萃一堂。通过文献文物、手迹、著作、图表、雕塑、碑刻和复原实景，及当今名人的书画作品等形式，完整介绍了民族英雄文天祥的生平业绩。

文天祥墓在吉安县富田乡，距吉安市约50千米，于1284年修建。1982年、1983年经政府两次拨款修葺、立碑。

井冈山，一块红色的土地，一个绿色的宝库，集革命人文景观和优美自然风光于一体。

井冈山 国家 AAAAA 级旅游景区。位于江西省吉安市境内，地处湘东赣西边界，距井冈山市新城区 35 千米，是集人文景观、自然风光和高山田园于一体的山岳型风景旅游区。门票价格：190 元 / 人（通票）。

井冈山，既有名垂千古的朱、毛会师广场，又有灯火照亮九州的茅坪、茨坪；既有享誉全球的黄洋界，又有被载入中华货币史册的 100 元人民币背面主景的井冈山主峰。井冈山旅游主要景物景观有：革命文物、山石、瀑布、溶洞、高山田园风光、次原始森林、珍稀动植物、温泉等 9 类。

井冈山革命根据地是中国共产党于 1927 年 10 月在湖南、江西两省边界罗霄山脉中段创建的第一个农村革命根据地。点燃了“工农武装割据”的星星之火，为中国革命的中心工作完成从城市到农村的伟大战略转移，走上农村包围城市，开辟了武装夺取政权的新道路。

1927 年 9 月 9 日，毛泽东领导的秋收起义爆发，但因敌众我寡，很快遭遇重挫。当时，许多指战员情绪低落，思想混乱，甚至有人擅自离队。为扭转这种严峻局面，9 月 29 日，工农革命军到达永新境内的三湾村，在这里，毛泽东对部队进行了著名的“三湾改编”。主要内容有 3 个方面：一是在组织上进行改编，将部队从一个师缩编为一个团；二是确定支部建在连上，实行党对军队的领导；三是设立士兵委员会，实行军队的民主制度。这些措施保证了党对军队的绝对领导，奠定了政治建军的基础。三湾改编之后，全军士气为之大振，解决了军队建设和根据地建设的一些重大问题。随后和朱德领导的武装会师，在井冈山创建了中国第一个农村武装革命根据地和一支新型的人民军队。毛泽东还创造性地提出了“三大任务”“三大纪律和六项注意”等，这些宝贵的人民军队建军思想，为人民军队的

井冈山

红军套餐

建设和发展指明了方向。至此，井冈山根据地初步建成。开创了在革命转入低潮的形势下，重新聚集革命力量，武装夺取政权的新局面。

“井冈山是革命的山、战斗的山，也是英雄的山、光荣的山”2016 年，习近平总书记在视察江西时，瞻仰了井冈山革命烈士陵园，他指出，“回想过去那段峥嵘岁月，我们要向革命先烈表示崇高的敬意，我们永远怀念他们、牢记他们，传承好他们的红色基因。”

巍巍井冈山，滚滚赣江水。伟大的井冈山精神永放光芒，始终激励着共产党人攻坚克难、砥砺奋进。沿着井冈山的山间小路，我们阔步走向民族复兴的康庄大道；八角楼的灯光，始终映照共产党人的奋斗征程。

井冈山属中亚热带湿润性季风气候，四季分明、雨量充沛、光照充足，具有冬长、夏短、秋早、春来晚的特点。最佳旅游时间为每年的 4—10 月。

特产有石耳、香菇、烟熏笋、井冈红米酒、井冈翠绿茶和井冈矿泉水。

我们特意在饭店品尝了著名的特色“红军套餐”，由一饭一菜一汤，即红米饭、南瓜汤、秋茄子组成。品味当年红军的生活，吃得精光，的确别有一番风味！

主要景点如下。

井冈山革命烈士陵园，位于茨坪风景区的中心景区北面的北岩峰上。建于 1987 年，同年 10 月建成并开放。1997 年 10 月，邓小平题字“井冈山革命烈士纪念碑”。陵园包括陵园门庭、纪念堂、碑林、雕像园、纪念碑五大部分。顺山而上的宽阔台阶分为两组，第一组 49 级，象征 1949 年新中国成立；第二组 60 级，寓意陵园是在井冈山

井冈山革命烈士陵园

革命根据地创建60周年的1987年建成。纪念堂大门上方烫金横幅“井冈山根据地革命先烈永垂不朽”是彭真1987年题写。纪念堂设有瞻仰大厅、陈列室、吊唁大厅、忠魂堂等。门票价格：免费。

瞻仰大厅，正面汉白玉墙面的“死难烈士万岁”6个大字是毛泽东1946年为革命烈士题写的。正面玻璃柜存放的是井冈山革命烈士的名册。大厅内放置花圈、花篮。

瞻仰大厅，左侧陈列室有51位新中国成立后去世的、参加过井冈山斗争的领导人的挂像，他们当中有开创井冈山革命根据地的主要领导人毛泽东、朱德、彭德怀、陈毅。右侧陈列室有54位新中国成立前牺牲的革命先烈，他们都是在井冈山斗争时的老红军、老干部。瞻仰大厅后为吊唁大厅，吊唁大厅四周墙面嵌刻的是在井冈山革命斗争时期壮烈牺牲的烈士英名录，共有15 744位。厅中有一块汉白玉的无字碑安放在正上方，这是对在井冈山革命斗争中牺牲的那些没有留下姓名的革命烈士立的一块无名碑，以示人们对无名先烈的深切怀念。

陵园的绿化配置主要是采用柏树、黄杨、桂花、杜鹃、松、杉及山樱花等，庄重而肃穆。

穿着当年红军灰蓝服装，戴着八角帽，来自全国各地的年轻人，挤满了这里。他们在列队宣誓，排队瞻仰，回忆革命岁月，重温入党誓词。

龙江书院，全国重点文物保护单位，国家AAAAA级旅游景区。位于江西省井冈山市龙市镇，背依五虎岭，面临龙江河，书院因龙江而得名。始建于清道光二十年（公元1840年），是由原宁冈、酃县（今湖南炎陵县）、茶陵三县的客籍

龙江书院

绅民捐款集资修建的，是当年三县客籍人的最高学府。整座书院，分中、前、后三进，面积2000余平方米。大小房屋100多间，现存42间，系砖木结构。新中国成立后，政府多次拨款按原貌维修。门票价格：免费。

龙江书院，坐西南朝东北，砖木混合结构，通面阔38.16米，进深53.40米，占地面积2037.7平方米。中间为门厅，大门门首悬挂“龙江书院”黑漆描金木匾，中厅“明道堂”为授课场所，后进“文星阁”可登高远眺。阁顶藻井饰双龙戏珠浮雕，栩栩如生，依次以天井相接。左右回廊与两侧厢房相通，书院前用麻石条砌置泮池，辟“状元桥”拱跨其上。整个书院建筑具民族风格，雕梁画栋，悬檐翘角，回廊曲径相通，恢宏壮观。

书院管理得法，治学严谨，有一整套严格完整的管理制度。计有规定20条，方方面面均有详细规定，并定期派出生员赴鹭州、豫章等书院学习，影响很大，培养了大批人才。

红军时期，毛主席在龙江书院创办了第一期工农革命军军官教导队，为湘赣边界工农武装割据斗争培养了一大批优秀军政人才。龙江书院是中国人民解放军军政院校摇篮。秋收起义和八一南昌起义两支工农兵武装会师后，毛泽东和朱德在龙江书院会面。红四军党的第一次代表大会也在龙江书院召开。

红军会师广场，位于砻市龙江河东侧。1927年，毛泽东率领秋收起义部队到达井冈山，开始了“工农武装割据”。1928年4月28日，朱德、陈毅所率的部队与农军，也转移到达井冈山，在宁冈砻市同毛泽东领导的秋收起义部队会师。

会师广场

1928 年 5 月 4 日，2 万多人在此隆重召开军民大会，庆祝朱、毛率领的两支红军会师和中国工农红军第四军（后改称中国红军第四军）成立。当年，这里是一块沙洲，开会的会台是用禾桶、木头、门板搭成的，顶上覆盖晒垫。新中国成立后，原貌修复，并在会台前方矗立了一尊毛泽东、朱德握手铜像，以纪念朱、毛会师和红四军的诞生。门票价格：免费。

井冈山会师极大地打击了国民党反动派的嚣张气焰，保存了一大批坚定的红军政治干部和军事干部，聚集了湘赣边界武装力量的精华，壮大了井冈山革命根据地的武装力量，坚定了边界党和群众建立与发展罗霄山脉中段政权的信心和决心，加快了井冈山星星之火的燎原之势，极大地增强了井冈山革命根据地的军事实力，推动了井冈山的革命斗争继续向纵深发展，在中国革命史上具有极其深远的伟大意义。

我们在少儿时期，就常常看到毛、朱会师的画像，至今仍历历在目，终于有机会亲身来到会师广场，见到广场上毛、朱会师紧握双手的高大形象，自然而然勾起我们对中国革命历程的浮想联翩。

茅坪毛主席旧居，茅坪位于黄洋界西面，面积 40 平方千米，距茨坪 32 千米，距龙市 16 千米，是井冈山斗争时期党、政、军最高领导机关所在地。四周群山环抱、树木茂密，发源于黄洋界西麓的茅坪河流贯全境。现保存的革命旧址 20 多处，其中属全国重点文物保护单位有 6 处，属省、县级重点文物保护单位有 8 处。主要有八角楼毛泽东和朱德、陈毅旧居，中共井冈山前委和湘赣边界特委旧址、中共湘赣边界第一次代表大会和湘赣边界工农兵政府旧址、红四军士兵委员会旧址等。门票价格：免费。

茅坪八角楼——毛主席旧居

毛主席茅坪旧居，为谢氏慎公祠后面的一栋土砖结构的两层楼房，二楼上的一个房间是毛主席住过的卧室。房屋空间较小，光线有些昏暗，房间顶部有一个天窗，倚中医八卦之理，修成了与众不同的八边形，当地群众称之为“八角楼”。

八角形的天窗，既能采光，又能增加房间的立体空间，读书写字仍需点上煤油灯照亮，这就是我们平常所说的“八角楼的灯光”。

房间里陈列了床、茶几、靠背椅、桌子，这些都是当年保留下来的原物。就是在这里，借着煤油灯微弱的灯光，毛泽东写下了《中国的红色政权为什么能够存在》《井冈山的斗争》两篇光辉著作。全面总结了井冈山斗争的经验；分析了中国革命的性质、动力和任务；提出了“工农武装割据”的思想；阐述了红色政权能够存在和发展的 5 个条件；回答了红旗到底能打多久的疑问。从而坚定边区军民对敌斗争的必胜信心，为农村包围城市、武装夺取政权的革命道路形成，奠定了坚实的基础。

黄洋界

黄洋界，黄洋界景区包括：黄洋界、大井，八面山和上井。位于茨坪西北面 17 千米。山顶海拔 1343 米，这里峰峦叠嶂，地势险峻，气象万千，时常弥漫着茫茫的云雾，好像汪洋大海一望无际，故又名“汪洋界”。1928 年 8 月 30 日，著名的黄洋界保卫战就发生在这里。当时红军以不足一个营的兵力，打退了敌人 4 个团的进攻。该战充分动员群众，灵活运用战术，利用有利地形，尽显了人民战争的威力，保卫了井冈山，保卫了中国革命的“星星之火”，对中国革命和红军的发展具有重要意义。

黄洋界保卫战胜利，毛泽东欣然命笔，写下著名的《西江月·井冈山》：“山下旌旗在望，山头鼓角相闻。敌军围困万千重，我自岿然不动。早已森严壁垒，更加众志成城。黄洋界上炮声隆，报道敌军宵遁。”何等气势磅礴，何等乐观自信！

到如今仍保留着当年的红军哨口工事、红军营房以及毛泽东、朱德和红军战士从宁冈挑粮走过的小路及路边的荷树。黄洋界，十里横排，高山迭影，雄伟险峻，一望无际，1965 年 5 月，毛泽东在诗词《水调歌头·重上井冈山》中写道：“过了黄洋界，险处不须看。”在这里还可以观看到：日出、峰峦、云海、杜鹃等自然景观。设钢筋水泥纪念碑，高 12 米，底长 4 米，宽 2.8 米，正面镌刻着朱德的题字“黄洋界保卫战胜利纪念碑”，背面是毛泽东的手迹“星星之火，可以燎原”8 个字。同时在竖碑的前面增建了一个横碑，横碑高 6.96 米，底长 10.94 米，宽 2.6 米，正面是毛泽东手书的《西江月·井冈山》；背面是朱德手书的“黄洋界”3 个大字。

炎帝陵，中华民族始祖炎帝神农氏的安寝福地，享有“神州第一陵”之誉。

炎帝陵 全国重点文物保护单位，国家 AAAAA 级旅游景区。位于湖南省株洲市炎陵县城西 17 千米处的鹿原陂，占地面积 3836 平方米。炎帝陵祭祖大典被评为全球最具影响力的根亲文化盛事。门票价格：78 元 / 人。

陵园保持了浓郁的清式建筑风格，红墙黄瓦，金碧辉煌，古木参天，庄严肃穆，气势恢宏，富有民族传统风格。分为四进：一进为午门；二进为行礼亭，是炎黄子孙奉祀始祖的地方；三进为陵殿；四进为墓碑亭。亭后是炎帝墓冢。

帝陵殿是炎帝陵景区的主体景点，沿陵墓南北纵轴线均衡对称布局，坐北朝南，南北长 73.4 米，东西宽 40 米，面积 4936 平方米，建筑面积 903 平方米。封土高 5.58 米，进深 6.64 米，宽 28.9 米。

炎帝陵

神农大殿坐落在炎帝陵殿中轴线东侧，占地面积 2 万余平方米，建筑面积 1413 平方米，清式仿古建筑，神农大殿面长 37 米，宽 24 米，高 19.6 米，由大殿、东西配殿、连廊和两个四方亭组成，大殿外廊挺立着 10 根高浮雕蟠龙石柱，高 5.4 米，直径 0.8 米，蟠龙栩栩如生。

大殿后墓碑亭两侧有拱门道路可通。园长 100 米，面积 6400 平方米，建筑面积280平方米。东西碑廊各长40米。廊壁嵌历代御祭文碑51块，记事文碑5块。东西碑廓之间有九鼎台，园北面是弧形照壁，镶石刻壁画《神农功绩图》。

此外，还有其他一些景点，如圣火台、炎帝陵牌坊、咏郎亭、五子庙、神农洗药池、咏丰台、鹿原亭、天使馆、炎帝陵阙门、炎帝雕像等。

炎帝崩葬炎陵鹿原陂后，世人对他的祭拜就一直未间断过，距今已有几千年历史。祭祀方式有：官祭、民间祭。官祭以公祭或告祭为主，民间祭以告祭为主。多选在重大节日及炎帝生辰日（阴历四月二十六日）。文祭有祭文、颂文、碑文等，从古至今，炎帝陵官方祭祀活动中文祭都是必不可少的。还有物祭、火祭、乐祭、龙祭等。

炎黄子孙祭奠炎帝，是千百年来后人为缅怀炎帝丰功伟绩所形成的一套祭祀活动。以表达期望风调雨顺、平安吉祥的心愿，表达华夏后裔对炎帝精神的崇敬之情。继承和发扬炎帝坚韧不拔的开拓精神、百折不挠的创新精神、自强不息的进取精神、大公无私的奉献精神。通过扩大炎帝陵祭典的社会影响力，能进一步弘扬爱国主义精神，增强民族凝聚力，增强炎黄子孙的归属感。激发炎黄子孙同心协力，为实现国家的繁荣昌盛、中华民族的伟大复兴而共同努力奋斗，有利于祖国统一，社会和谐发展。

衡山，“五岳”之一，中国著名的道教、佛教圣地。

衡山 因其位于星座二十八宿的轸星之翼，犹如衡器，可称天地，故名衡山，又名南岳、寿岳、南山，为“五岳”之一。国家级自然保护区，国家AAAAA级旅游景区。位于湖南省中部偏东南部，绵亘于衡阳、湘潭两盆地间，主体部分位于衡阳市南岳区、衡山县和衡阳县东部，总面积640平方千米。“南岳”一词最早出现于春秋战国时期的慎到所著《慎子外篇》，周朝时在山顶建祝融庙，山下建“明堂”，秦代，祝融峰上有祝融君祠，魏晋时，南岳道教已是宫观林立。隋开皇九年（公元589年）诏定衡山为南岳，环山有寺、庙、庵、观200多处，主要山峰有回雁峰、祝融峰、紫盖峰、岳麓山等，最高峰祝融峰海拔1300米。门票价格：110元/人，环保车票价（往返）：78元/人。

清末主要是对一些寺观进行了大规模的修葺和增建，使南岳佛教五大丛林上封寺、祝圣寺、福严寺、南台寺、大善寺得以重振，两次大规模地重修和增建了南岳庙，并重修祝融殿，扩建玄都观，新建雪浪亭、监岳祠等。特别是清光绪五年（公元1879年），由社会募捐1.2亿两白银重修南岳大庙，历时3年竣工，另外，利用余款增修了祝融殿、寿佛殿、祝圣寺、御碑亭、御书楼、注生殿、辖神祠等多处。较以前历次重修工程都浩大，南岳大庙面貌至今未变。

衡山区域内已记录高等植物 266 科、973 属、2149 种，其中国家一级保护植物有银杏、南方红豆杉、钟萼木共 3 种；国家二级重点保护植物共 13 种；列入《濒危野生动植物种国际贸易公约》附录的植物有 21 种。

动物共计有 64 科、186 种。其中哺乳动物 33 种、鸟类 104 种、两栖类 49 种。已记载的昆虫 1835 种，国家重点保护的一级动物有黄腹角雉 1 种，二级保护动物 21 种。

衡山——寿比南山石碑

南岳衡山，被称为“文明奥区”，是因为它有着远古而悠久的文明，是中华文明的重要发源地之一。现“南岳衡山”牌楼为 1988 年重建。南岳及其附近地区发掘了上千座古墓葬，出土了一大批先秦时代的文物，发现了 74 处殷商和周代的文化遗址。南岳为华夏观象制历中心，黄帝、颛顼、尧、舜均制历于南岳，然后入主中原，夏禹制“夏历”也在南岳。几经战乱，南岳寺庙至今尚存 12 处，对外开放 5 处，且曾先后举行开光法会和传戒盛会、学术研讨会，规模盛大，活动频繁。南岳道观，自晋初至后各代多有兴建，唐代最盛，多至 28 所。南岳衡山寿文化遗迹无处不在，南岳大庙是集南岳寿文化之成的建筑，显眼处满目是“寿”字，而御碑亭的楹枋上更是写有 100 个形态各异的篆体“寿”字，故又名“百寿亭”。清光绪年间，在现南岳区范围内，先后共有书院 17 处。衡山也受到名人墨客的青睐，李白、杜甫等多次游历衡山，留下不朽诗文。有祝融峰、天柱峰等 72 峰，有藏经殿、方广寺、大善寺、南岳大庙、万寿大鼎等众多景观。

衡山不愧为国家级自然保护区，旅游资源极其丰富，一次游览总觉不够，有机会打算再来。

韶山，伟大领袖毛泽东，1893 年 12 月 26 日诞生于此。

毛泽东同志故居 全国重点文物保护单位，国家 AAAAA 级旅游景区。位于湖南省韶山市韶山乡韶山村土地冲上屋场，距湘潭市区 40 千米，总建筑面积 472.92 平方米，建筑面积 223 平方米。建于中华民国初年。故居坐南朝北，属于土木结构的“凹”字形建筑，东边是毛泽东家，西边是邻居，中间堂屋两家共用。为南方农宅形式，坐南偏东，土木结构，泥砖墙，青瓦顶，一明二暗，左右辅以厢房，进深二间，后有天井、杂屋，共 13 间半房屋。1929 年，故居被国民党政府没收，遭到破坏，1950 年按原貌修复，1983 年 6 月 27 日邓小平在门额匾上题字“毛泽东同志故居”。门票价格：免费。

毛泽东，1893 年 12 月 26 日诞生于此，在这里生活了 17 年。1910 年秋，毛泽东胸怀救国救民大志外出求学。

1921 年春，毛泽东回到这里教育全家投身革命。其弟弟、妹妹均参加革命，并先后为革命而牺牲。

新中国成立后，毛泽东于 1959 年 6 月 25 日，1966 年 6 月 17—28 日，两次回韶山，拜谒父母亲合葬墓，省视故居；视察韶山学校和韶山人民公社，畅游韶山水库，宴请烈士家属和老地下党员、自卫队员及亲友并座谈；调查农民生产、生活情况，填词《七律·到韶山》：“别梦依稀咒逝川，故园三十二年前。红旗卷起农奴戟，黑手高悬霸主鞭。为有牺牲多壮志，敢教日月换新天。喜看稻菽千重浪，遍地英雄下夕烟。”

故居东厢房第二间是毛泽东父母亲的卧室，第三间是毛泽东少年时代的卧室兼书房。1925 年 2—8 月，毛泽东偕杨开慧回韶山开展农民运动时，居住在这里，并在这个卧室的阁楼上召开秘密会议，培养和发展了毛新梅等加入中国共产党，建立中共韶山支部。东厢房第一间通常是吃饭的地方，1927 年初，毛泽东考察湖南农民运动回韶山时曾在这里召开调查会。

韶山毛泽东同志故居

韶山毛泽东同志纪念馆

韶山毛泽东同志广场

故居的附近还有毛泽东少年时代读书的私塾、游泳的池塘等遗址。1950 年，人民政府将旧居收归国有，并按原貌进行加固维修后，对外开放。1964 年在距故居 1 千米外新建了旧居陈列馆，后改名为“韶山毛泽东同志纪念馆”，面积 5900 平方米。陈列毛泽东革命实践活动的部分文物和照片，并负责故居的保护工作。除了毛泽东故居，主要景点还有铜像广场、滴水洞。

铜像广场，毛主席的铜像矗立在广场。这里背衬韶峰，是韶山冲的中心，距主席故居、毛氏宗祠、韶山毛泽东同志纪念馆都很近。主席铜像是按主席在开国大典上的形象设计的，坐西南、朝东北。主席身躯伟岸，双手握书卷，身着中山装，双眼炯炯，微露笑容，神采奕奕。铜像高 6 米，红花岗石基座高 4.1 米，全高 10.1 米，铜像重 3.7 吨。基座上“毛泽东同志”5 个大字金光闪烁。主席铜像广场十分广阔雄伟，植有松、柏，花坛中植有冬青、山茶、月季等花卉。广场长 183 米（寓意主席身高 1.83 米），宽 12.26 米（寓意 12 月 26 日是主席的生日），总面积 102 800 平方米。其中，瞻仰区 1500 平方米，纪念区 1700 平方米，集会区 6300 平方米，休闲区 93 300 平方米。如今这里已是韶山，乃至全国最吸引游人的景点。每年 12 月 26 日毛主席诞辰日，都有大量从全国各地自发来这儿的人们，到这里献花敬礼，瞻仰伟人雄姿，拍照留念，寄托哀思。感受一代伟人骄人风采和无往而不胜的巨人力量。我们去时恰逢倾盆大雨，广场积水似小河。冒雨到广场主席铜像前瞻仰，照相留念。

滴水洞，位于韶山冲西边的角落里，与主席故居相距 3 千米，是韶山风景中一个著名的景点群。由滴水幽壑、虎歇坪、龙头山等自然风光与滴水洞一号等建筑组成。如今滴水洞对游人开放。滴水洞一号楼是滴水洞景区的主体建筑，它是一栋青砖青瓦的平房别墅，看上去朴素且大方，现已辟为展室，内有毛泽东主席当年在这里使用过的办公室、卧室、会客厅、会议室等。

桃花源，因陶渊明写下了千古杰作《桃花源诗并序》而名声大噪。

桃花源 国家 AAAAA 级旅游景区。位于湖南省常德市桃花县西南，规划面积 157.55 平方千米，外围保护区 96.9 平方千米。桃花源沅水风光带水域 44.85 平方千米，主体景区 15.8 平方千米。公元前 2000 多年已存在，始建于晋代，到唐宋时发展到鼎盛阶段，在元代时毁于战乱，明清以后又开始复兴。桃花源风景幽寂，林壑优美。2017 年 8 月，开放试运营。门票价格：128 元 / 人。

陶渊明，字元亮，又名潜，世称靖节先生，江西九江人。东晋著名诗人、辞赋家、散文家，被誉为“古今隐逸诗人之宗”“田园诗派之鼻祖”。作品共传世诗 125 首，文 12 篇，被后人编为《陶渊明集》。元嘉四年（公元 427 年），卒于浔阳。陶渊明自幼受儒学影响，志在四方，也想建功立业，一展宏图。但在老庄盛行的年代，又受到道家的影响，向往自然，眷念田园。在他的身上，同时

桃花源风光

具有儒家和道家两种修养。直到中年以后，东晋义熙元年（公元405年）8月，陶渊明最后一次出仕，为彭泽令。11月，程氏妹卒于武昌，陶渊明作《归去来兮辞》，解印辞官，才正式开始了他的归隐生活，直至生命结束。此时的陶渊明，更接近于一般农民的生活。期间他创作了许多反映田园生活的诗文，如《归园田居》5首、《杂诗》12首等。

千古杰作《桃花源诗并序》，用浪漫主义的大手笔构造了一个没有纷争，没有剥削，没有压迫，丰衣足食，怡然自乐的理想王国——桃花源。反映了人民群众对和平宁静，幸福美好生活的向往，也体现了人民群众对黑暗社会的抗议。《桃花源诗并序》问世之后，石破天惊，使桃花源声名大振。现实中的桃源山、桃源观、桃花山、桃川宫（即桃源山濒临之沅江一带）等名胜景物随之闻名遐迩。历代以来，孟浩然、李白、韩愈、苏轼等大文豪都曾到过这里并留下墨宝。现桃花源景区内面积达到了150多平方千米，同时还有沅江风景线、战国彩菱城遗址、热市温泉等可供游览。在这里，可以享受到宁静的田园风光，《桃花源诗并序》里所描绘的“芳草鲜美，落英缤纷”的意境尚可寻觅。

桃花源古建

桃花源景区呈锤子形，斜置于桃源县西南，凭山水走势和地貌特征，将桃花源主体景区划为5个自然区：避秦处（秦人村）、灵境湖、桃花山、桃源山和桃仙岭；将桃花源沅水风光带水域，大致划为4个自然段：一线天风光段、夷望溪风光段、凌津滩风光段和武陵川风光段。山川自然妙造，有3个明显特征，以致成为内有避秦绝境，外有水网迷津的物质基础。第一特征，峡谷、盆地、流水，山生绝境。第二特征，沅水桃源段分分合合，江心洲众，连环水网，重重迷津。第三特征，山峦叠嶂，山重水复，律韵自然。还有众多动、植物点缀其中，以及跨国道大牌坊、天宁碑院、渊明祠等100余处景点。历史上各朝各代名人雅士均向往桃花源。特别是唐代著名诗人、文学家、仕宦、道人等更是趋之若鹜，仅留下诗文的唐代名人就多达四五十人。

张家界森林公园，以其独特的石英砂岩峰林构成的优美自然风貌，原始次森林古野景观著称于世。

张家界森林公园 被列入《世界自然遗产名录》，国家地质公园，国家AAAAA级旅游景区。原为国营林场，20世纪80年代初才被发现其独特的山林风貌，丰富的旅游资源，是张家界最早开发的风景区。1982年国务院批准成立我国第一个国家森林公园，公园面积7.2万亩。境内孤峰如巨笋傲指苍穹，溪流如条条彩带铺展于千谷万峡之间。金鞭溪之幽、黄石寨之雄、腰子寨之险、琵琶溪之秀、杉刀沟之野、袁家界之奇，无不被人叹为观止。门票价格：森林公园大门票248元；天子山索道上行50元、下行42元；黄石寨索道上行48元、下行38元；百龙电梯上行53元、下行43元；十里画廊观光小火车往返30元。

张家界景区，以奇山异岭闻名，最难得的是若干独立的山峰组成石林，或在峡谷中，或在天地间。排列成伍，聚集成林，既惊险又秀美。你不得不为它们的奇特而目瞪口呆，也不得不为大自然这般的鬼斧神工而惊叹！张家界公园拥有黄石寨、金鞭溪两条精品游览线。

黄石寨为张家界公园最大观景台，海拔1300米，四周可俯瞰公园全景，俗称“不上黄石寨，枉到张家界”。黄石寨游览线精华景点有：天书宝匣、定海神针、南天一柱、前花园、金龟探海等。登黄石寨有两条路，一条从前门上山，另一条乘黄石寨索道直达最高峰。

金鞭溪精品游览线：金鞭溪，因张家界标志景点金鞭岩得名。自老磨湾至水绕四门，全长7.5千米。两岸石柱危峰摩肩接踵，顶天立地，溪水涓涓，串成一汪汪水潭、瀑布，古木奇花、珍禽异兽同生共荣，构成极为秀丽清幽的生态环境，

张家界森林公园

被称为“世界最美峡谷”。主要景点有：迎宾岩、金鞭岩、紫草潭、千里相会、水绕四门等。

乘百龙电梯上山，随人流前行。一路上，看山的游人如织，在僻径小道上艰难向前移进，时而走走，时而停停，一睹峰林的各种姿态。到达山顶，登上“天子阁”，张家界的群峰一览无余，尽收眼底，美不胜收。

晚上，观看大型歌舞演出“魅力湘西”。

芙蓉镇，因著名演员刘晓庆在这里拍摄电影《芙蓉镇》，而更加声名远播。

芙蓉镇 原名“王村”，国家 AAAA 级旅游景区。位于湖南省湘西州永顺县的南端，海拔 927 米。因有瀑布穿梭点缀其中，又被叫作“挂在瀑布上的千年古镇”。芙蓉镇与龙山里耶镇、芦溪浦市镇、花垣茶峒镇并称为湖南的四大名镇。门票价格：100 元 / 人。

芙蓉镇，是一个有着千年历史的小镇，一个融合了自然景观和民族风情于一体的旅游胜地，是猛洞河风景区的门户，寻幽访古的绝好景点。芙蓉镇的四周青山环绕，绿水长流，五里长街两旁的土家吊脚楼，一条条小巷古朴幽深。饱经历史摧残的石板路显得坑坑洼洼，一不小心容易滑倒。破旧不堪的门板、吊脚楼上的青苔，处处突显淳厚古朴的民族风情。让游客沉醉，赞不绝口。踩着桩子，穿过瀑布，再往前走几步，正式进入古镇。

溪州铜柱，现存于芙蓉镇的民俗风情馆内，铜柱五千余斤（约 2500 千克），高丈二（约 4 米），深埋于土，形八面，内中空。铜柱建于后晋高祖天福五年

芙蓉镇

（公元 940 年），是楚王马希范与溪州刺史彭士愁多年交战后谈和结盟的见证。铜柱虽历经千年风雨洗刷，霜雪侵蚀，但仍然清晰如初。是研究土家族古代历史的重要文献，被土家族视为神物。

五里石板街，街两旁是板门店铺和土家民居吊脚楼，一条石板小路直通酉水岸边的渡船码头。从码头向左望去，可以看到芙蓉镇大瀑布和悬崖边的飞水寨。

大瀑布，芙蓉镇让人印象最为深刻的就是穿城而过的大瀑布，这也是每个游客来到芙蓉镇必到的景点。芙蓉镇大瀑布是湘西地区最大、最壮观的一道瀑布，瀑布高 60 米、宽 40 米，水流从悬崖两侧倾泻而下，声势浩大，十里（5 千米）之外都能听见水流的撞击声。“挂在瀑布上的千年古镇”由此得名。

土司行宫，瀑布边的土司行宫也是芙蓉镇的一大特色景点。这里曾是土司的避暑山庄。行宫侧面是悬崖峭壁，宫前飞瀑流水，气势磅礴。行宫依山而建，立水而居，地形险要，有着一夫当关，万夫莫开的地理优势。

土人居穴遗址，该座遗址位于芙蓉镇大瀑布下的入水口，是早期土人居住的地方。面积不大，但详细介绍了土家先民的历史。

当然，来到芙蓉镇一定要品尝“刘晓庆米豆腐”。

凤凰古城，中国现今保存最完好的四大古城之一。

凤凰古城 国家 AAAAA 级旅游景区。位于湖南省湘西土家族苗族自治州沱江两岸。建于清康熙时，被完好地保留了下来。因沈从文小说《边城》中描写湘西人民淳朴和浓厚的民族风情而闻名于世。门票价格：免费，部分景点需购票。

凤凰古城不大，古老的民居青瓦白墙，木栏装饰，一般都 2 ~ 3 层，建筑朴实典雅。一排排依山而建，鳞次栉比，高低错落有致。青石板街道的润滑，诉说着久远的过去；具有民族特色的吊脚楼，随便而自然地排列于沱江两岸，风情万种。来这儿的游人很多，狭窄的街道上，漂亮的风雨桥上，甚至是江中的小船上，各个景点都人满为患。尽

凤凰古城

管如此，我们还是耐心地从一个景点进入另一个景点，仔细参观游览。

主要景点有：沈从文故居、熊希龄故居、杨家祠堂、东门城楼、古城博物馆、沱江泛舟等。整个古城不大，适合走路游览。常规路线是从北门城楼走到东门。景点中首推沈从文故居，是位于凤凰古城中营街的一座典型的南方古四合院。一座火砖封砌平房建筑，分前后两进，中有方块红石铺成的天井，两边是厢房，大小共 11 间。马头墙装饰的鳌头，镂花的门窗，不仅小巧别致，古色古香，而且非常有历史价值。其实，说去游凤凰古城，看的不仅是风景，更是历史，更是文明。

在游览中，一个重要内容，就是不能不品尝各种特色小吃：甜米酒、血粑鸭、酸汤鱼、米粉、腊肉等。

在沱江泛舟，最好是晚间。华灯初上，五光十色的霓虹灯将沱江两岸古色古香各式建筑装饰照亮，这时小家碧玉的凤凰古城显得更加雍容华贵，魅力十足。人们说，或许这才是凤凰古城最美的样子！

除了泛舟，在广场还有篝火晚会，可欣赏民族歌舞，有兴趣还可参与进去。

矮寨特大悬索桥，目前世界上峡谷跨径最大的钢桁梁悬索桥，首座塔梁分离式悬索桥。

矮寨特大悬索桥　位于湖南省湘西土家族苗族自治州吉首市，跨越矮寨镇附近的德夯河流山谷，距吉首市区约 20 千米，于 2012 年 3 月 31 日建成通车。桥面与谷底垂直高差达 330 余米，主跨径 1176 米。大桥为四车道高速公路特大桥，设计车速 80 千米 / 小时，设计汽车荷载为公路 -1 级，桥面设计风速 34.9 米 / 秒。大桥由湖南省交通规划勘察设计院设计，是长沙至重庆公路通道，吉首至茶洞高速公路控制性工程，是首座塔梁分离式悬索桥。门票价格：100 元 / 人。

矮寨大桥景观

矮寨特大悬索桥，在 G209，2303 千米处上空 330 米处跨越德夯大峡谷，是目前世界上峡谷跨径最大的钢桁梁悬索桥。主桥采用钢桁加劲梁，梁高 7.5 米，梁宽 27 米，节段梁长 14.5 米，全桥共 69 节，主梁全长 1000.5 米。由于桥位地形险要，交通极为不便，使得大桥钢桁梁架设成为世界级的难题。大桥创下“4 个世界第一”：一是大桥主跨 1176 米，跨峡谷悬索桥创世界第一；二是首次采用塔、梁完全分离的结构设计方案，创世界第一；三是首次采用岩锚吊索结构，并用碳纤维作为预应力筋材，创世界第一；四是首次采用“轨索滑移法”架设钢桁梁，创世界第一。国内十几位顶级桥梁专家对“轨索滑移法”给予高度评价，一致认为这是一项由中国自主研发的、在国际桥梁界极具分量的原创性科技成果。

该桥毗邻风景秀丽的德夯风景区，下方则是著名的“矮寨公路奇观”。大桥如一道彩虹横跨峡谷，与周围的自然景观完美地融合在一起。大桥除了具有实用意义、建筑意义，创造了设计、建筑上的“4 个世界第一”外，该桥的观赏性同样引人注目，跨度和高度令人惊叹，成为一处新的备受青睐的观光旅游景区。既可站在山岭高处观赏大桥全景，还可在桥上观景台观赏德夯峡谷的优美景致。此外，大桥的建设，极大地改善了目前湘渝两省市的交通现状，对两省市乃至中西部的对接，促进当地经济发展都具有极其重要的意义。

德夯苗寨，一块神奇的土地，一颗巧夺天工的风景明珠。

德夯苗寨 德夯，苗文意为“美丽的峡谷”。位于湖南省湘西土家族苗族自治州首府吉首市西郊，距吉首市区 24 千米，总面积约 190 平方千米。这个自成一体的德夯风景区内，山势跌宕，绝壁高耸，峰林重叠，形成了许多断崖、石壁、瀑布、原始森林。溪河交错，峡谷深壑，瀑布飞泻，群峰竞秀；四季如春，气候宜人，有丰富的动、植物资源，自然风光秀丽迷人。有落差达 216 米的流纱瀑布，如白练凌空，似银纱悬壁；有海拔 700 多米的盘古峰，绝壁千仞，天险难度；有公路奇观——矮寨天险，湘渝公路上最险段，从山麓到山顶全长只有 6 千米，却转了 13 道弯。公路似白带迂回盘旋于青山之上，车行中，伸手可抓到窗外白絮般的云雾。门票价格：100 元 / 人。

矮寨镇沿溪上行 4 千米到达德夯苗寨。德夯苗寨位于德夯风景区的核心部位，苗寨依山而建，九龙溪穿寨而过。沿岸筒车、水碾、古渡、小舟、石桥伴以苗家吊脚楼，一派田园诗情。四周山色清幽，悬崖如削，千山环抱，飞瀑直泻，民居飞檐翘角，半遮半掩。封火墙、吊脚楼、雕花窗，造型奇特，格调鲜明，无不显示出苗寨的古朴。在青山绿水间，可看到一条条光滑的石板路，一座座精巧的石拱桥，一群群赤足红装的浣纱苗女，还有那古老的石碾和水车，在水力的带动下，咕咕噜噜、咿咿呀呀，不知疲倦地旋转着。这里，苗族人民的风俗习惯保持得很完整。节庆四月八、跳鼓舞、三月三歌会、赶秋、接龙、推牛以及苗岭情歌，民风古老淳朴。他们以歌为媒，自由恋爱。女人喜戴银饰，穿无领绣花衣；男人爱结绑腿，吹木叶。他们自己种桑养蚕、纺纱织布、印染装饰，手工织品巧夺天工。他们沿用古老的方法榨油、造纸、碾米、织布，用水车提水灌田，构建了一幅美丽动人的田园风光自然景观，与古朴优雅的苗族风情人文景观的完美融合，吸引着大批中外游客慕名前来。

德夯苗寨风景

晚间的苗族歌舞晚会，在寨子中间的大厅中举行，篝火晚会在寨子中心广场上举行。由于下雨，我们去的当晚只有歌舞晚会。大厅内座无虚席，四周还有许多站客。苗族小伙和姑娘一波又一波上台表演，时而欢快狂舞，时而轻歌曼舞，表现苗族村寨的典雅漂亮，苗族人的生活、劳作、爱情，也表示对游人的欢迎和感谢。最后，邀请游客一道跳起欢快的集体舞，华都也兴致勃勃地参与其中，晚会达到高潮，在器乐、歌声和舞步声中结束。

当晚就住在一户农家溪边的吊脚楼上，古老的木床、厚重的棉被、昏暗的烛光，屋外潺潺流水声……着实又体验了一把50年前在黎平侗乡曾经的经历。

下面要去的是重庆著名旅游胜地，乌江画廊核心景区的璀璨明珠龚滩古镇。

龚滩古镇 国家AAAA级旅游景区，中国历史文化名镇，重庆市第一历史文化名镇。位于重庆市酉阳县乌江、阿蓬江的交汇处，占地面积133平方千米，距酉阳城区70余千米。据可考资料载，古镇已有1700余年历史，自古以来便是乌江流域乃至长江流域著名的货物中转站。历史上因水陆物资的转换而发展，后因水运的衰落而失去繁荣，是世界上唯一在大江大河边上保存完好的千年古镇。门票价格：20元/人。

龚滩古镇依山傍江

龚滩古镇景区，主要包括：龚滩古镇、乌江山峡百里画廊、阿蓬江峡谷，其他特色景点，如马鞍城、桃花湖、红花洞。古镇现存长约3千米的石板街、150余堵别具一格的封火墙、200多个古朴幽静的四合院、50多座形态各异的吊脚楼，独具地方特色，是国内保存完好且颇具规模的明清建筑群。龚滩古镇有景点几十处，蕴藏着许多美丽或凄凉的传说故事。如三教寺、锦楼、织女楼、鸳鸯楼、檐灯、巨人梯、董家祠堂、鲤鱼跳龙门、武圣宫等。古镇居于乌江天险的中段，山、水、建筑融为一体，以独特的山水环境而闻名。

龚滩古镇水陆交通发达，G319国道线通古镇，自重庆沿乌江航道可直达龚滩。黔江，自古以来即是川、渝、黔、湘、鄂客货中转站，酉阳已开通到龚滩的旅游专线。

龚滩古镇青石板街，青幽如玉，串联全镇。街边是古色古香、临崖高挑的木制吊楼，是访古、猎奇、探险的理想景区。古镇每年除了接待大量的旅游者以外，还有不计其数的采风者和画家、摄影家前来进行艺术创作活动，被学者称之为乌江画廊上最理想的艺术创作基地。

我们的目的就是旅游，探幽猎奇，在古镇畅游，凡是知名景点都走到，居高眺望乌江远景，来到江边近距离体验，一切都随性、自由、快乐、满足。

武隆天生三桥，深切型峡谷的杰出代表，反映地质地貌演化历史的杰出范例。

武隆天生三桥 被列入《世界自然遗产名录》，国家AAAAA级旅游景区。位于重庆市东南部武隆区乌江下游，武陵山和大娄山峡谷地带。包括芙蓉洞、天生三桥、后坪冲蚀型天坑喀斯特地貌，总面积380平方千米。门票价格：730元/人。

天生三桥，包括天龙桥、青龙桥和黑龙桥。以天龙桥为例，其是最早形成的，桥高235米，桥厚150米，桥宽147米，平均拱高96米，平均跨度34米。但桥高、桥厚和桥宽均居天生桥的第二位，屈居于黑龙桥之后。

后坪天坑群，由于受水长期冲刷而形成，其形成时间在200万~230万年以内，形态典型，保存完好。其中的箐口天坑形态完美，可通过3000米长的二王洞直达天坑底部，属世界罕见。天龙天坑，为十字形天坑，由天龙桥、青龙桥和周边的山壁合围而成，口部直径522米，口部面积19万平方米，最大深度276米，总容积3167万立方米。还有神鹰天坑、牛鼻洞天坑、石王洞天坑、打锣凼天坑、天平庙天坑等。天坑大多绝壁万丈，形态呈不规则圆桶形等，长、宽、高、深都约数百米。有的天坑上部数条瀑布似银河倒挂，轰鸣作响，极为壮观。瀑布汇集成河流，流入地下河，形成地下水，再从洞中涌出。

武隆天坑风光

景区内还有许多峡谷裂缝。如阎王沟岩溶峡谷全长2300米，总深度约500米，谷深林幽。特别是下段，谷底深切，两岸下部近直立，宽度极小，气势逼人，行走其中，感受别样，具有极高的旅游观赏价值。对了解该地区的水文、地貌发育演化史也有重要意义。

另外，景区内还有二王洞、三王洞、麻湾洞、宝塔石林、瀑布、溪流、树林、文凤山苏维埃政府纪念碑等。

特别是天福官驿站，建于唐武德二年（公元619年），已有1400余年，是古代黔州和涪州官方信息传递的重要驿站，位于喀斯特深山峡谷之中，环境幽绝，古朴神秘。被电影《满城尽带黄金甲》遴选为唯一外景拍摄地而名扬天下，是天生三桥景区重要景点之一。

金佛山，典型的喀斯特环境，动、植物种类出奇丰富，地形地貌奇特而神秘，绝佳的优质旅游资源。

金佛山　又名“金山”，古称“九递山”。被列入《世界自然遗产名录》，国家AAAAA级旅游景区。位于重庆市南川区境内，占地面积1300平方千米，风景区规划面积 441 平方千米，保护区面积 522 平方千米，被誉为“东方的阿尔卑斯山”。属大娄山山脉，由金佛、箐坝、柏枝三山等 108 峰组成。主峰凤凰岭（风吹岭），高 2238 米，是大娄山脉最高峰。金佛山就如高昂的龙头雄踞在这条山系的北端。每当夏秋晚晴，落日斜晖把层层山崖映染得金碧辉煌，如一尊金身大佛闪射出万道霞光，异常壮观而美丽。“金佛山”也因此而得名。门票价格：90 元 / 人。

金佛山属亚热带湿润季风气候，具有冬短、春早、夏长，雨热同季、气候垂直变化等明显的特点。由于特殊的气候条件，时而云走雾至，云海波涛翻滚，时而雨过天晴，云、雨、霞、雾、雪、风形成了独特美丽的奇光异彩气象景观、许多优美的水体景观，以及“飞流直下三千尺”的龙岩飞瀑、水花岩瀑、三层瀑等。

金佛山属典型的喀斯特地质地貌，由于特殊的地理位置和气候条件，在古老的过去，缓冲了第四纪冰川的袭击，较为完整地保持了古老而又不同地质年代的原始自然生态，山势雄奇秀丽，景色深秀迷人。峰谷绵延数十条大小山脉，屹立 100 多座峭峻峰峦。区内天然溶洞星罗棋布，以位于睡佛肚脐上的古佛洞最为著名，雄大幽深，洞中有山、有河、有坝，洞中有洞，层层交错。金佛山喀斯特是世界台原喀斯特的典范，顶部为波状起伏的古夷平面，台原周边的两级圈闭陡崖雄伟壮丽，一级陡崖和二级陡崖周长分别为 50 千米和 60 千米，高差 150 ~ 500 米，是金佛山喀斯特提名地和缓冲区的边界。

重庆金佛山风光

金佛山森林覆盖率达 95% 以上，素有动、植物王国之称。植物多达 5099 种，其中古生植物 250 余种，特有植物 136 种，稀有濒危植物 82 种，珍稀植物 52 种，其中银杉、银杏、大叶茶、方竹、杜鹃王树属国家一级保护植物，被誉为“金山五绝”。动物有 500 多种，其中属于国家一级保护动物有金钱豹、云豹、华南虎、白冠鹤、红腹角鸡、金丝猴、黑叶猴、梅花鹿等。

金佛山景区开始整体性开发，拥有天星度假区、碧潭幽谷景区、牵牛坪景区、高穴子景区、药池坝景区等 12 个景区。

碧潭幽谷景区，位于景区西部，属溪口峡谷型生态旅游景区，景区峡谷长 3.5 千米，分 5 个体验段，需要游览 90 ～ 120 分钟。景区原始神秘，自然天成。

牵牛坪景区，位于金佛山西坡山顶，包含景点有：金龟朝阳、金佛洞、原始森林等。踏着老树蔽日的芬兰木栈道，切身用“五觉”体验金佛山神奇之风。

高穴子景区，位于金佛山顶，由牵牛坪景区往南而行，会看到喀斯特地貌形成的奇峰异崖，包含石人峰、南天门、鹰嘴岩、锦屏峰等 10 余个地质奇观景点。

金山大绝壁及栈道景区，是金佛山最为雄奇的景观，以前金山大绝壁只能远观，无路可行。自游览栈道开通以后，景区内金山大绝壁上“悬挂”着一条全长 3.5 千米的绝壁栈道。游人行走时可谓凌波微步、步步惊心。但游客可在栈道上更好地观赏金佛山绝壁和洞穴。雾日可穿云而行，晴天可一览众山。

2009 年 7 月 21 日，金佛山索道正式对外运行，从此金佛山西、南、北旅游大环线全面贯通。

前一晚入住金佛山酒店，环境很好，早餐也很丰盛。吃完早餐收拾行装准备离去，按惯例对车胎进行检查。突然发现右后轮外侧胎划破一块，胎皮已微微翻起，估计是前两天进入德夯苗寨，在乱石铺就的道上行走时划开的，是否有碍，不得而知，给我们的心情带来些许忐忑。

万盛石林 国家 AAAA 级旅游景区。属喀斯特地质公园类自然风景旅游区。位于重庆市万盛区石林镇，距城区 20 千米，规划面积 4.7 平方千米。万盛石林是在距今 4.65 亿～ 6 亿年期间，在海洋环境中沉积下来的，比云南昆明石林形成时间早 2 亿年左右，是我国目前考证最为古老的石林，也是中国第二大石林，被喻为“石林之祖”。门票价格：50 元 / 人。

景区集山、水、林、石、洞于一体，以地表石林、地下溶洞等喀斯特地貌景观为主。形成一系列各不相同的观赏景点，十分吸引人。在这里，群峰壁立，奇峰危石，千姿百态，景象万千。石门、石寨、石柱等，酷似人工堆叠，却无人工痕迹；有如飞禽走兽的石头，栩栩如生、惟妙惟肖；景象自然多姿，田园阡陌、炊烟袅袅，清泉碧池、悬崖飞瀑。其主要景观有：情郎峰、香炉山、巨扇、地缝、一线天、化石、石鼓、将军石等数十处，显示出万盛石林景观的美感与灵性。

化石种类繁多，主要有石扇、石鼓、石塔、石芽、剑峰石、蘑菇石等。这些化石对研究云贵高原及四川盆地东南部盆边山区的地质演变、海洋生物演变，有着很高的科学考察价值。

万盛石林景区，不仅地表怪石林立，且地下溶洞遍布。有天门洞、过街楼洞、凉风洞、仙女洞、关马洞、偷牛洞、九龙洞、观音洞等。其中，数天门洞景观独特，造型别致，洞内石笋、石柱、石花、石幔等，如玉器晶莹，如宫殿辉煌，可谓“天造地设，鬼斧神工”。

另外，景区发现并开发了3个石峡地缝景点，平行排列在景区东部，依次为莲花峡、鸟鸣峡、听泉峡。其中听泉峡最为秀美，是一个由岩溶塌陷、断裂形成的峡谷，长近300米，宽1～2米，深约80米，有一窄道通入。初入峡，峡极窄，道极险，行人只能成单列而过。但见峡涧峭壁，均由重达数吨，大小形状相似的方形石头向上层层叠成，且每层间的缝线横竖有规有矩，恰如人工用石头砌成的墙体一般，真是一个难得的盖世奇观，令人叹为观止，连声叫绝。继续前行，峡越深，光越暗，壁如刀削，危岩如同虎踞。树丛枯枝藤蔓如蛇蝎遍布，遮天蔽日。将到峡口，逐渐变得开朗，峡中暗河、流水从石隙、乱石堆中汩汩溢出。如鼓乐，沙沙声，锵锵调，叮咚悦耳，宛如悠扬琴声，听泉峡由此得名。离开听泉峡，拾级而上，不到10步路，便到了峡口——升天关。升天关是由几块小石头撑起一块数吨重的大石头形成的一道天然缝隙。一次过一人，而且身体呈匍匐状，方能出入自如。

重庆万盛石林风光

万盛石林古属夜郎王国辖地，这里世代生活着能歌善舞的苗族同胞，灿烂多姿的苗族风情赋予了石林浓郁的民族风俗旅游特色，这里每天都会为游客表演精彩的苗族歌舞。特别是一年一度的“踩山会”，是在万盛石林举行的苗族重要节日，有斗牛、斗马、上刀山等民族特色节目的表演。

大足石刻，创于晚唐、盛于两宋，是保存最为完好的中国古代著名石刻艺术。

大足石刻 古号“海棠香国”。被列入《世界文化遗产名录》，全国重点文物保护单位，国家AAAAA级旅游景区。大足石刻是宝顶山、北山、南山、石门山、石篆山5处摩崖石刻造像的统称。以佛教题材为主，共计石刻造像70余处，总计10万尊。位于重庆市西北部大足区境内，占地面积167平方千米。以佛教造像为主，儒、道造像并存，美轮美奂，璀璨夺目。真正体现了外来佛教文化与中国传统儒教、道教文化的历史性融合，集中呈现了中华民族忠孝、诚信、礼义、廉耻的核心价值理念。至今影响着中国，感动着世界，是中国晚期石窟艺术的杰出代表作。与敦煌莫高窟、云冈石窟、龙门石窟、麦积山石窟中国四大石窟齐名。其中以宝顶山和北山石刻最为著名。门票价格：115元/人。

北山摩岩造像

宝顶山石刻，位于大足宝顶镇，海拔527.83米。由第六代祖师的一代宗师赵智凤历时70余年，总体构思组织开凿而成，是一大型佛教密宗道场。包括以圣寿寺为中心的大佛湾、小佛湾近万尊大型佛教密宗道场，凡佛典所载，无不备列。几乎将一代大教搜罗毕尽，且以“神的人化，人的神化”创新形式和精湛技艺，将佛教典故民族化、生活化、世俗化，为各类文化层次旅游者所能欣赏和感悟。近万尊造像宛如一卷镌刻在500多米长崖壁上的连环图画，前后内容连接，雕刻无一雷同，把中国石窟艺术推上了最高峰。其中的千手千眼观音像更是被誉为“国宝中的国宝”。

北山石刻，古名龙岗山，位于龙岗镇以北1.5千米，海拔545.5米。造像题材51种，造像近万尊，造像崖长约300米，高为7～10米，是大足佛教石窟艺术鉴赏旅游胜地，人物造像个性鲜明，体态优美。观音造像秀美、雕刻精细、栩栩如生、保存完好无损，堪称东方美神之大荟萃。普贤菩萨像被誉为“东方维纳斯”，文殊菩萨像被誉为“东方美男子”，数珠手观音像被昵称为“媚态观音”，故北山石刻有“中国观音造像的陈列馆”之美誉，被公认为是“中国石窟艺术皇冠上的一颗明珠”。136号转轮经藏窟堪称北山石刻“镇山之宝”。

南山石刻，地处龙岗镇南2千米，海拔514米，崖面长86米，高3.5～10.2 米。摩崖造像一共有15龛，是中国石窟艺术中罕见的神仙体系最多、最集中、最完备的纯道教造像，也是大足石刻中书卷气最浓的一处石窟。在中国宋代道教石窟中，此窟雕刻最为精美，有着极高的宗教、历史、艺术价值。

石门山石刻，地处城东石门山山巅，沿岩崖造像，崖全长71.8米，崖高3.4～5米，造像12龛窟。尚存造像20件，碑碣、题刻8件，培修8件，是大足石刻中规模最大的一处佛、道教合一造像区。作品造型丰满，神态逼真，将神的威严气质与人的生动神态巧妙结合，在中国石刻石窟艺术中独树一帜。

石篆山石刻，位于三驱镇佛会村，海拔444.6米，是中国最早的儒、释、道三教合一造像区，计有造像9组，约5000躯。其中“诃利帝母像”是最具有史学研究价值的石刻群。特别是6号龛，儒家石窟造像“孔子十哲龛”世界少有。

大足石刻以佛教造像为主，儒、道教造像并陈，是中国晚期石窟造像艺术的典范。规模之宏大，艺术之精湛，内容之丰富，保存之完好，更是世界罕见。此外，还有古刹圣寿寺，创建于南宋。庙宇巍峨，雕梁满目，坐落于山势峻秀、环境幽雅的林木之中。万岁楼，一座造型别致的二层飞檐翘角楼阁。刻于公元1163—1189年间的《赵懿简公神道碑》，系宋代四大书法家之一的蔡京所书，为书法艺术之珍品。22章《古文孝经碑》，则被史家们称之为“寰宇间仅此一刻”。

合川钓鱼城，古战场攻防构筑物遗迹和遗址，举世无双，无与伦比，被欧洲人誉为“东方麦加城”“上帝折鞭处”。

合川钓鱼城 全国重点文物保护单位，国家AAAA级旅游景区。钓鱼城原为钓鱼山，位于重庆市合川区嘉陵江南岸5千米处，占地2.5平方千米。嘉陵江、涪江、渠江三面环绕，俨然兵家雄关，是驰名巴蜀的远古遗迹。13世纪，南宋依山筑城，抗击蒙军，持续了整整36年。钓鱼城之战不仅是南宋王朝与蒙古大军之间的生死决战，更是改变中国历史和世界历史的一场意义重大之战。抗敌守军，众志成城、坚韧与顽强，创下了中外战争史上罕见的以弱胜强的战例。钓鱼城因此被欧洲人誉为“东方麦加城”“上帝折鞭处”。门票价格：60元/人。

钓鱼城，主要景观有：城门、城墙、皇宫、武道衙门、步军营、水军码头等遗址，有钓鱼台、护国寺、悬佛寺、千佛石窟、皇洞、天泉洞、飞檐洞等名胜古迹。还有元、明、清三代遗留下的大量诗赋辞章、浮雕碑刻，以及许多可歌可泣、动人的故事与传说。

钓鱼台，是传说中巨神留下足迹的石台，台前留有5个孔穴，被称为插竿石。

古城墙，倚悬崖绝壁而建，雄伟坚固，长17里（8.5千米），城墙上有瞭望孔、炮台口、炮座遗址。居高临下，易守难攻，为36年的坚守发挥了重要作用。

古军营，是原钓鱼城守军的驻所，位置适中，道路四通八达，一有军情，无论东西南北，部队即可迅速出击。后被元军焚毁，700多年来一直荒废，只留下依稀的残基可寻。现在遗址上平整了校场，修复了部分营房。

跑马道遗址，总长8.5千米，路面宽3.5米，可供“三马并进，五人并行”。是贯穿全城的军事交通命脉。遇有军情，军士即可通过跑马道迅速到达战斗地点。

钓鱼城护国门

护国门，是钓鱼城8座城门中最为宏伟的一道险关，位于城南第二道防线上。左倚悬崖绝壁，右临万丈深渊嘉陵江，上书“护国门”和“全蜀关键”，是扼守城内外交通的重要孔道，宋蒙双方在这里经历了上百次惨烈的战斗。但此门一直未被攻破，不愧是“一夫当关，万夫莫开”的雄险之地！

上天梯，岩壁上开凿的一条栈道。登上天梯，是一处宽阔平台，是蒙哥大汗派来说降的晋国宝斩首于此的刑场。还有守军制造弹药、铁雷、火炮等遗址。

忠义祠，始建于明清时期，是钓鱼城重要的古建筑群。该祠占地4000多平方米，建筑面积2000多平方米。祠正堂挂“忠义千秋”的牌匾，陈列着钓鱼城守将长生牌位，他们的守城之功不能忘却，永世铭记。

悬空卧佛，位于护国寺西南边，是由一尊悬空的崖壁凿成的、雕刻精美、造型大气的卧佛。身长11米，肩宽2.2米，端庄慈祥，神态自然，“一卧千古”，全国独一无二。虽历经36年硝烟战火，仍然保存完好，不能不说真奇迹也。

水井，悬空卧佛脚下有一眼井，井水从崖缝中渗出。据说，山上有很多这样的井。这些井水，可是当年在山上坚守抗元的南宋军民维持生命之源。

悬空卧佛旁，雄关险道，有千佛崖、三圣岩，崖壁上有许多名人题刻、造像等。

解放碑，中国人民抗战胜利的精神象征，中国唯一一座纪念中华民族抗日战争胜利的纪念碑。

重庆解放碑 全称抗战胜利记功碑暨人民解放纪念碑，又名“抗战胜利记功碑”“人民解放纪念碑”。全国重点文物保护单位。位于重庆市渝中区民族路177号，解放碑商业步行街中心地带。始建于1946年10月31日，1947年8月落成。1950年10月1日，时任西南军政委员会主席刘伯承为“人民解放纪念碑”题写碑名，是重庆城市发展的缩影。门票价格：免费。

解放碑，正面向北偏东。为八面柱体盔顶钢筋混凝土结构，碑边长2.55米，通高27.5米，碑内连地下共8层，设有旋梯达于碑顶，碑顶向街口的四面装有自鸣钟，碑台周围为花圃，总占地面积62平方米，保护范围面积642平方米。1958年，环解放碑座辟建圆形花坛，面积280平方米。东、西两面设花岗石铺地的8级台阶，供游客上碑座瞻仰、游览。碑座周围装有喷漆铁栏杆，台上为节日检阅和文艺演出活动场地。

重庆人民解放纪念碑

1997年，建设以解放碑为中心的购物广场，对解放碑进行保护性的维修整治。既突出了解放碑的纪念意义，又与商业中心融为一体。将碑座平台换成花岗石，设置三层梯形带状式的花圃环绕碑座，花圃以各种盆花为主伴以常绿植物。碑座上安装4个乳白色蘑菇式的花台和4个乳白色立体装饰花灯。

朝天门，为历代地方官接天子（皇帝）圣旨的地方，嘉陵江和长江的枢纽，也是重庆最大的水路客运码头。

重庆朝天门 重庆原有的 17 座古城门之一。位于重庆半岛东北尖角处，重庆市渝中区渝中半岛的嘉陵江与长江交汇处。三面环水，一面靠山，襟带两江，壁垒三面，地势中高，两侧渐次向下倾斜，人行石阶沿山而上。始建于公元前 314 年，为历代地方官接天子（皇帝）圣旨的地方，故而得名。明初扩建重庆旧城，按九宫八卦之数造城门 17 座。朝天门是其中规模最大、最雄伟的一座。重庆公路碑 0 千米设在此。城门上原书 4 个大字“古渝雄关”。门票价格：免费。

朝天门，著名景点有来福士广场、夫归石、慈云寺、两江、朝天门长江大桥等。

重庆朝天门

朝天门，建在江崖高处，门外是下到码头的长坡，远看十分雄伟，城门为双层结构，正门之外还有瓮城。瓮城门与朝天门正门呈直角，在各门中最为险固，易守难攻，所以朝天门的军事意义只是震慑性的，其重要性，主要还是体现在经济和政治意义上。

1927 年，重庆设市，进行市政建设改造，朝天门城楼拆毁。至少有 650 多年历史的古代重庆城的象征——朝天门城楼，从此在人间消失了。

洪崖洞，古重庆城门之一，21 世纪兴建成兼具观光旅游、休闲度假等功能的旅游区，形成 11 楼走出去都是马路的山城特色重点景观。

重庆洪崖洞 原名洪崖门，是古重庆城门之一，国家 AAAA 级旅游景区。位于重庆市渝中区解放碑沧白路，地处长江、嘉陵江两江交汇的滨江地带。全长约 1.2 千米，占地面积 4.6 万平方米。最早始建于战国时期（公元前 314 年），经历代重修，至清代重庆城区划分为 29 坊，城门外编为 15 厢，洪崖门内地区属

洪崖坊，附廓之区为洪崖厢。主要景点由吊脚楼、仿古商业街等景观组成。门票价格：免费。

商业建筑总面积逾60 000平方米，以具有巴渝传统建筑特色的“吊脚楼”风貌为主体。通过分层筑台、吊脚、错叠、临崖等山地建筑手法，把餐饮、娱乐、休闲、保健、酒店和特色文化购物六大业态有机整合在一起，形成了别具一格的“立体式空中步行街”，成为具有层次与质感的城市景区、商业中心。

洪崖洞一共有11层，夜晚灯光晚上6时开灯、10时熄灯，可望吊脚楼群夜景，逛山城老街，赏巴渝文化，烫山城火锅，看两江汇流，品天下美食。形成了“一态、三绝、四街、八景”的经营形态。一态：文化休闲业态；三绝：吊脚楼、集镇老街、巴文化；四街：动感酒吧街、巴渝风情街、盛宴美食街、异域风情街。四街分别融汇了时尚元素，主题迥异，特色鲜明。成为重庆娱乐生活、夜生活的标向。八景：洪崖滴翠、两江汇流、吊脚楼群、洪崖群雕、城市阳台、巴文化柱、滨江好吃街、嘉陵夕照。

动感酒吧街，位于第五层，有日本、韩国、意大利、土耳其等30多个国家和地区的全球连锁酒吧入驻。其特色是异地美食，异域艺术。

巴渝风情街，位于第一层，主要展示时尚潮流，巴渝风情，仿古典民居，工艺作品。

盛宴美食街，位于第四层，街道长百米，宽七八米，街道由青石板铺成。展现的是“另类美食城”的特色，集中了中外名食及各种小吃等。

异域风情街，位于第九至十层，有各国美食餐厅，还有临江景的咖啡厅。紧靠江边，既可品美食，又可看江景，很惬意。

洪崖滴翠，洪崖洞一带曾是林木苍翠。一条小溪从山林间渗出，沿大阳沟、会仙桥一直流到洪崖洞附近，形成一道瀑布悬空而下，落至崖间再作涓涓细流。

两江汇流，长江与嘉陵江交汇于重庆朝天门码头，形成具有山水都市“自然特质”和“核心气质”的标志美景。

吊脚楼群，绝壁悬崖上的“吊脚楼群”，是独特的巴渝传统建筑，是这一城市旅游景观的真实写照。顺崖而建、高低错落、依山就势，被誉为新重庆的“城市名片”。

洪崖群雕，在城市阳台广场中央位置，高约 13 米，宽约 8 米，黄铜巨型雕塑。再现了老重庆沿江风情。

城市阳台，是洪崖洞民俗风貌区的配套项目，面积约 7000 平方米，可容纳 1000 人同赏两江汇流的景观。为重庆最大的一个城市交通转换站，可乘坐扶梯或观光电梯直上解放碑或到达洪崖洞的任何一层楼。

重温历史，缅怀先烈。感悟革命的艰辛，幸福生活的来之不易。重庆白公馆，一处使后人缅怀英烈并为之扼腕叹息的革命遗迹。

重庆白公馆 位于重庆市沙坪坝区歌乐山。1939 年，戴笠在歌乐山下选址时看中了它，便用重金将其买下，改造为迫害革命者的监狱。它和渣滓洞一并被人们称作“两口活棺材”。白公馆里关押的都是军统认为“案情严重”的政治犯。门票价格：免费。

白公馆，1938 年起被国民党特务机关当作秘密监狱。1939 年军统特务头子戴笠为审讯、关押的保密起见，将其选中为军统局本部直属看守所。原白公馆大门终日关闭，从侧面一小门进出，原储藏室改为地牢，原防空洞改为刑讯洞。院墙上写有标语。1943 年“中美合作所”成立后，白公馆曾改为来华美军人员招待所，到 1945 年又作为特别看守所重作监狱。

白公馆

至重庆解放前夕，关押的除息峰监狱撤销后转移来的“政治犯”，如黄显声、许晓轩等 20 余人外，还有重庆行辕二处第二看守所羁押的刘国鋕、周从化、周均时、张泽后等 30 人。抗日爱国将领黄显声，同济大学校长周均时，爱国人士廖承志，中共党员宋绮云、徐林侠夫妇及幼子（也就是大家熟悉的小萝卜头）也关押在这里，最多时曾有 200 多名“政治犯”被关押于此。

从 1949 年 9 月 6 日至 11 月 29 日，军统集中营对“政治犯”进行集体大屠杀，仅 20 人脱险，尤以 11 月 27 日最为惨烈。目前有案可查的死难者总数是 321 人，其中经审查已定为烈士者共计 285 人。加上 5 个随父母牺牲的小孩，共是 290 人。叛徒及未定性者计 31 人。

电影《烈火中永生》和歌剧《江姐》里绣红旗的情节是最感人的。发生在白公馆的男牢平二室，这里曾关押《红岩》小说的作者之一罗广斌，以及丁地平、陈然、刘国鋕。当他们得知新中国成立后，按捺不住激动和喜悦的心情，并坚信重庆即将解放，凭借想象亲手制作了一面五星红旗，准备到重庆解放时高举着它，冲出牢房，去迎接那激动人心的时刻。

但是，在重庆 11 月 27 日大屠杀那天，只有罗广斌一人从虎口脱险。小萝卜头原名宋振中，随父母、共产党人宋绮云夫妇在狱中度过 8 年，慢慢长大。然而，在重庆解放前夕，特务们残忍地杀害了宋绮云夫妇及年仅 8 岁的小萝卜头。多年以后，烈士车耀先的女儿车毅英这样描述当时的所见所闻：“白公馆里人去楼空，渣滓洞的余火还在冒烟。渣滓洞楼下的 8 间牢房里堆满了烧焦的尸体，没有头，没有足，只有一块块焦黑的躯体。围墙的缺口处、房前屋后、厕所内，另有 20 多具尸体躺在那里。松林坡上 3 个大坑，满是尸体，血水横流。看见一个个死难者睁目仇恨的眼神、紧握的拳头和流出的鲜血，我说不出一句话。歌乐山上一点声音也没有，可怕的寂寞，一片荒凉。”

可见，在旧制度、旧中国覆灭之际，敌人在失败面前，完全丧失人性、丧心病狂。白公馆的先烈们面对死亡毫不畏惧，对革命怀着必胜的坚定信念。什么是革命的精英？什么是民族的脊梁？先烈们就是最好的代表，他们就是革命精英，他们就是民族脊梁。

我们已经是第二次走进白公馆，重温历史，缅怀先烈，不忘过去，努力当下！

丰都鬼城，是集儒、道、佛为一体的民俗文化艺术宝库，是长江黄金旅游线上最著名的人文景观之一。

丰都鬼城 旧名“酆都鬼城”，又称为“幽都”“鬼国京都”“中国神曲之乡”。国家 AAAA 级旅游景区。位于重庆市丰都县的长江北岸。源于汉代，距今已有近 2000 年的历史。景区分为鬼城名山风景区和鬼王石刻风景区。门票价格：100 元 / 人。

鬼城，顾名思义，有鬼神出没，恐怖至极。从重庆顺长江而下，鬼城隐匿在岸边山峦中，更添几分神秘与阴森。唐代大诗人李白写就“下笑世上士，沉魂北丰都”诗句，更使鬼城之名远扬。经明清鬼小说的渲染，更加神秘怪诞。主要景观有：名山、双桂山、鬼国神宫、阴司街等，是国内最大的鬼神文化人文景观。这里建筑奇特壮观，密集程度大，时代跨度长，文化价值高，在全国实属罕见。此外，还有汇南汉墓群、树人大鬼石刻、低海拔的四坪森林公园、三抚原始林场、龙河风景区（溶洞、漂流）等自然景观。

名山，原名“平都山”，因北宋苏轼题诗“平都天下古名山”而更名。海拔287.3米，面积0.45平方千米。相传汉代有阴长生、王方平两人曾先后在平都山修道成仙，白日飞升。道家就把这里列为道都的“洞天福地”之一。至唐代，有人误将“阴”“王”两姓连缀为“阴王”，于是名山逐步被传说附会为“阴王”（阴间之王）所居之地，演变成“阴曹地府”的鬼都了。并随之陆续建起了许多与“阴曹地府”相关的寺庙殿宇：哼哈祠、报恩殿、奈何桥、玉皇殿、百子殿、无常殿、大雄宝殿、鬼门关、黄泉路、望乡台、天子殿、二仙楼、城隍殿、九蟒殿等30多座。鬼城仿阳间司法体系，营造了一个等级森严，融逮捕、羁押、庭审、判决、教化功能于一炉的“阴曹地府”，惩治生前作奸犯科者。虽阎王、判官、小鬼只是传说虚妄的，但其惩恶扬善的社会教化功用又为人所称道。配合鬼城还有各种各样的民间传说和故事。

丰都鬼城

其中，“阴曹地府”塑像群分别模拟人间诉讼、法庭、监狱等，构思奇特，神态逼真，集中反映了中国人的神和鬼、天堂和地狱的观念。丰都鬼城是人们用类似人间的法律机制，凭想象建造的“阴曹地府”，有“阎王殿”“鬼门关”“阴阳界”“十八层地狱”等一系列阴间机构。各关卡的鬼神形象又是千姿百态，峥嵘古怪。刑具也令人恐怖万分，不寒而栗！

特别是奈何桥，是传说“过三关”的第一关。传说中，人去世便要喝下孟婆汤，过了奈何桥，就将前世忘却，投向新生。游客过奈何桥，可夫妻牵手通过，走双数步；或是单身前来的人，走单数步，方可幸福平安。桥上抹有香油，走过不可滑倒，否则便有坎坷之嫌。人死后魂都要过奈河桥，善者有神佛护佑顺利过桥，恶者被打入血河池受罪。另两关是鬼门关和黄泉路。

名山景区林木苍翠，建筑精美，暮鼓晨钟，江山一脉；朝霞夕照，风光醉人，庙宇殿堂神像森罗，楼台亭阁依山而立；名人骚客流墨遗雅，碑刻诗联韵味隽永，有苏轼、陆游、范成大等历代名人的碑刻题咏。

西沱古镇，有“一脚踏三县”的称誉，与长江明珠——石宝寨隔江相望。

西沱古镇 原名“西界沱”，古为“巴州之西界”，位临长江南岸回水沱而得名。为巴郡与东郡交界地，今仍是石柱、忠县、万州区的交界地，十大中国历史文化名镇、巴渝新十二景之一，重庆市最具活力小城镇。位于重庆市石柱土家族自治县。西沱古镇历史悠久，早在清朝乾隆时期，这里就“水陆贸易、烟火繁盛、俨然一郡邑。”如今是长江上游重要的深水良港，黄水国家森林公园的重要旅游门户。门票价格：免费。

古镇有新石器和商周文化遗址，有“龙潭映月”“雾海连云”“宾流玉带”“石柱擎天”“旗山点翠”等自然景观，以及密如蜂房的“龙河悬棺”等川东十大绝景。有“江南龙宫”“玉石洞”等大型溶洞和“水上乐园”、原始森林等自然风光。但古镇最为引人瞩目的景点要数云梯街，云梯街垂直长江，呈龙形向上。云梯长约 500 米，高差近 160 米。共有 113 个台阶、1124 步青石梯。从长江边向上仰望，好像一挂云梯直插苍天；从街顶向下俯瞰，特别是有云雾的时候，犹如置身在云端间。因此，人们赞美它为“云梯街”，又叫“通天街”。云梯街是长江沿线唯一垂直江面的街道，这在中外建筑史上有着极为重要的科考研究价值，专家称之为“万里长江第一街”。街两旁保存着明清遗留下来的层层叠叠的土家民居吊脚楼，其间还有“紫云宫”“禹王宫”“万天宫”“桂花园”等著名景点建筑。目前，正在维修建设中。

云梯上行入口处

古镇中还有至今保护完好的汉砖，以及罕见的第三纪冰川时期巨大的古树化石群。

石宝寨，是中国目前仅存的几座木结构建筑之一，被称江中盆景、长江“小蓬莱”。

石宝寨 全国重点文物保护单位，国家AAAA级旅游景区。位于忠县长江北岸，距忠县城区45千米，古称“石宝”。明末农民义军，据此为寨，故名石宝寨。清乾隆初年，借助架于石壁上的铁索在山顶修建了一座寺庙，嘉庆年间依山取势修建9层楼阁，1956年扩建为12层，通高56米。如今这里已成为眺望长江景色的最佳去处。门票价格：50元/人。

12层塔楼

寨楼依山而建，飞檐展翼，造型奇异，蔚为壮观。整个建筑由寨门、寨身、阁楼（寨顶石刹）组成。

寨门，为砖石结构，高6米余，上题有瓷嵌“小蓬莱”三字。寨门正反两面，有“五龙捧圣”“哪吒闹海”等浮雕，精巧细致，栩栩如生。

寨身，由寨门到寨顶，攀登要通过依山而建的12层塔楼。由一条迂回曲折的转梯相连，每一层石壁上都有历代流传下来的石刻、画像和题诗，每一层凭窗都能远眺气象万千的长江。

寨顶，海拔230米，为1200平方米的平坦石坝，有古庙天子殿，创建于康熙、乾隆年间，是此寨最高点。登殿凭眺，滚滚长江，碧空帆影，无限景色，一览无余。正殿迎门墙壁上有一巨大壁画，画的是女娲补天的故事。画面下方，有一遗石，形状甚似石宝寨。古刹后殿，有一石孔，口大如杯，称“流米洞”。

寨内有三组雕塑群像，其一为巴蔓子刎首保城的故事，其二为张飞义释严颜的三国故事，其三为巾帼英雄秦良玉的故事。寨顶有古刹一座，名“兰若殿”。寨下有古朴雅致的石宝街。

我们驾车先到西沱古镇，计划参观游览完古镇后再返回县城过江，去石宝寨。在西沱游览时，从云梯街下到江边码头，才注意到有轮渡在两岸来回。出于好奇，去江边一打听，恍然大悟。对面就是石宝寨，每隔1小时就有一班轮渡来回，正好有一班船马上起航。我们立即购票上船，去到对岸，直接去石宝寨游览。石宝寨名气大但景点不大，2小时参观完，就在镇上午餐。买了不少当地橙子，又乘船返回西沱，节省了近三四个小时车程，既少跑许多路、省不少事，还在长江上乘了轮渡横渡长江。

张飞庙，庙内保存的珍贵字画碑刻等稀世文物200余件，被誉为“巴蜀胜景、文藻胜地”。

张飞庙 又名“张桓侯庙”。全国重点文物保护单位，国家AAAA级旅游景区。原位于飞凤山麓，系为纪念三国时期蜀汉名将张飞而修建，与云阳县城隔江相望，离重庆市区382千米。始建于蜀汉末期，后经宋、元、明、清历代修葺扩建，距今已有1700余年的历史。三峡大坝建成以后，此庙被淹没，溯江而上30千米，从原云阳老县城对岸的飞凤山搬迁至盘石镇龙安村，仿原庙建筑，修建了一座新张飞庙。为三峡库区全淹全迁的重点风景名胜古迹。2003年7月19日“搬旧如旧”的张飞新庙开馆。门票价格：30元/人。

关羽被东吴杀害后，勇毅刚直的张飞急于为义兄报仇，在阆中被部将张达、范疆所害，取其首级投奔东吴。行至云阳，闻说吴蜀讲和，便将其首级抛弃江中，为一渔翁捕鱼时打捞上岸，埋葬于飞凤山麓，世人在此立庙纪念，故有张飞“头在云阳，身在阆中”之说。

张飞庙利用地形地貌，依山坐岩临江。山水园林与庙祠建筑浑然一体，相互衬托。庙内主要建筑有正殿、旁殿、结义楼、助风阁、望云轩、杜鹃亭和得月亭等。前5个建筑为纪念张飞而建，庙内塑有张飞像，后两个建筑为纪念唐代诗人杜甫在此客居两年而建，是难得的文武合庙，构成一组宏伟壮观、独具一格的古建筑群。庙外梯道、石桥、瀑布、亭台楼阁、峻岩、古木等场景，秀美清幽，既有北方建筑的雄奇，又有南方建筑的俊秀，更

张飞庙

有园林点染、竹木掩映、曲径通幽，因此，张飞庙素有“巴蜀胜景”的美称。

张飞庙内现存着大量的书法珍品。远至汉唐，近至明清，无数名人墨客在这里挥毫抒情，赋诗留联。馆内收藏的碑刻、楹联、匾额、字画等及新石器时期以来的其他文物千余件，多为稀世珍品。素有“三绝”：文章绝世，书法绝世，镌刻绝世之盛誉。流派众多，风格各异。在字画廊、碑室、助风阁、《出师表》展室等亭阁里，游者可见到琳琅满目的题刻汇集，以及收藏于此的各种书画珍品。它们或纵横磅礴、苍劲挺拔，或温润隽秀、绵里藏针，既有颜真卿、苏轼、黄庭坚、米芾等书法大家的手迹，又有岳飞泼墨挥毫的前、后《出师表》，还有郑板桥清静幽雅的竹、石、兰等。莽张飞庙内弥漫着的是一股浓浓的书卷气，享有“文藻胜地”之美誉。

白帝庙，长江三峡上一处重要的人文景观。庙内陈列众多诗文碑刻，历代诗人，如李白、杜甫、苏轼等都曾登白帝，留下大量诗篇，因此，白帝城又有“诗城”之美誉。

白帝庙

白帝城 即“白帝庙”，位于重庆市奉节县长江瞿塘峡西口白帝山上，建筑面积 1785 平方米，主体建筑海拔 245 米，距县城 10 千米。白帝城历史可以上溯至西汉末年，王莽大将公孙述叛据蜀，自号白帝，在白帝山筑城，名白帝城。明武宗正德七年（公元 1512 年），四川巡抚毁公孙述像，改祀曾入蜀劝阻公孙述称帝的汉将马援，同时祀土神、江神，改白帝庙为“三功祠”。明嘉靖十二年（公元 1533 年），巡抚等鉴于三国时蜀主刘备在白帝城托孤的故事在民间广为流传，在庙内改祀刘备、诸葛亮，塑立雕像，改三功祠为“义正祠”。明嘉靖三十六年（公元 1557 年），又在庙内添加关羽、张飞像，取“明君良臣”之意，改义正祠为“明良殿”。从此之后，便奠定了白帝庙内祀刘先帝的格局。清道光、咸丰、同治年间，白帝庙均进行过维修。1977 年，白帝城文物管理所成立，又进行了大的维修。如今，汉城城垣遗址大多已不复存在，仅有少数地段还保存有依稀可辨的墙体。长江三峡蓄水后，白帝城与北岸分离，成为江中一孤岛，现靠一座美丽的风雨桥连通。门票价格：100 元 / 人。

白帝城，以白帝庙为主。白帝庙在景区的最高点，步道几乎是环绕着山体盘旋而上。林木茂密，处处遮阳，相当舒服。山道有凉亭，在亭台附近，可以看到典型的夔门景致，与 10 元人民币背面的图案相似度极高。游客纷纷在此逗留拍照，我们也不例外。

白帝城，残垣就像一个葫芦形，前大后小，前低后高，三面环水，一面靠山。古城之内，建筑遗留下来的汉砖、汉瓦，地下埋藏的文物也很丰富。从白帝城出土的有陶豆、莲花灯、铜锅、铜镜、铜鼎、青瓷虎子、瓷酒壶等。

白帝庙，周围绿树葱郁，楼台亭阁点缀其间。特别是朝霞如锦，白云出岫的时候，更有着仙山琼阁般的魅力。白帝庙内主要有托孤堂、明良殿、武侯祠、观星亭等古建筑，有东碑林、西碑林、悬棺陈列室、文物陈列室、字画陈列室，以及太平天国家具陈列室等参观游览点。白帝城是长江三峡上一处重要的人文景观。庙内陈列有众多的诗文碑刻，瞿塘峡悬棺遗物和隋唐文物等，极具观赏价值。白帝山是远观“夔门天下雄”的绝佳位置。白帝城拥有多座城门，具有强烈的军事堡垒特征。地势雄伟，据险易守，历来为兵家必争之地。

长江夔门

从毛主席诗句“神女应无恙，当惊世界殊”中，我们知道了长江三峡著名的神女峰，一直想一睹其芳容。另外，小三峡又是近些年声名鹊起的、新开发的旅游景点，为了游览这两地，我们来到长江边上的巫山县，在这里住了两天，参团乘小游轮畅游了大宁河的小三峡。

小三峡 是指长江三峡大宁河口至大昌古镇的一段水域，核心区仅30多千米。国家AAAAA级旅游景区。河面宽三四十米，水流平静，水清见底，峡江两岸，花木繁茂，环境自然原生态。包括龙门峡、巴雾峡和滴翠峡，即小三峡。门票价格：150元/人（含船票）。

游览小三峡，一般是从巫山县城边的大宁河口上船（可乘20多人的柴电混合动力游览船），逆水而上，进龙门峡，经巴雾峡，至滴翠峡，然后折回。游人在船上可以欣赏两岸高耸的峰峦和奇峰怪石，流泉飞瀑，不时有猴群出现的青翠欲滴的山坡。原先船到浅滩，游人可到滩下活动，捡几粒三峡石，三峡大坝修建后，已无滩可活动了。在一些山崖的高处，可以看到在峭壁的岩洞里，有古代神奇的悬棺；在岸边的岩壁上，还可以看到古代栈道的遗迹。但我们所在船的导游指向远处山壁，称那是悬棺，我们可是左顾右盼，使足了劲，也没看个明白。

龙门峡段最短，不到5千米，雄壮巍峨。两山对峙，形若一门，素有“雄哉，

小三峡

龙门峡”之誉。有最长的古栈道遗迹及龙门桥、龙门泉、青狮卫门、九龙柱、灵芝峰等景点。

巴雾峡段长10多千米，是小三峡最幽深、最秀丽的一段峡谷。这里两岸怪石嶙峋，形成一组组天然雕塑，个个妙趣横生。巨龙、猛虎、骏马，分别取名为龙进、虎出、马归山。

滴翠峡是小三峡中最长的一段峡谷，20千米长的峡谷显得幽深、秀丽。峡内群峰竞秀，绝壁连绵，有“无限秀美处，最是滴翠峡”之誉。主要景观有水帘洞、摩崖佛像、绵羊崖、赤壁摩天、悬棺、双鹰戏屏、飞云洞等。

一次最不成功的旅游经历。游览完小三峡，第二天，驾车去神女峰，高德导航，在险峻的大山中绕行。路的一边靠山，另一边悬崖峭壁，路上空无一人一车。快到景点时看到一辆运砖的小货车侧翻在山沟中，车上砖头撒落一地，看得人胆战心惊。华都忍不住在一旁不断地提醒：“小心！”“小心点！”到了江边“景点”，尚在建设中，零星的三五人在零敲碎打。向他们打听神女峰的具体位置，他们也不清楚。在草丛和灌木丛中，我们沿着一条又陡又小，几乎不成路的小路向江边

险峻的群山

盘山公路

远处山谷中的长江

回吧，别冒险了！

方向走下去，试图去寻找神女峰。路向下越来越险，附近全是树林灌木，什么也看不见。但隐约可看到远远深壑处的曲折长江，躺在高山峡谷中，径仄幽深。渐渐小路也消失，不敢再往前走了。回头爬到起始处，决定还是不去神女峰了，回吧！这是最不成功的一次旅历。

折腾一番，沿着长江边公路走，准备穿越这段“无名山地”抄近路赶到下一个旅游地——兴隆天坑地缝。快到中午，路边有一小饭店，于是停车吃饭。与老板聊天，他介绍旁边有一岔路，大约 5 千米可到达神女峰景区，匆匆用完午餐驾车前往，没想到景区不让外来车辆进入，到神女峰，只能乘景区内的摆渡车，而摆渡车又因人太少不发车（至少要 20 人），没办法只好等。等了 1 个多小时，也就来了 2 位。此时已是下午 3 时，天空十分阴沉，犹如 5 时、6 时，看来不会再有人来了，景区坚持不发车。无奈！只好悻悻离开。当天要赶到兴隆镇，路程还远着呢！山区行车，又是雨又是雾，有很长一段，约 30 千米，全在群山峻岭中盘旋。路窄弯多，浓雾大得仅能看清一二十米内路面。有时，几米开外就看不清。一路上两人提心吊胆，心都提到嗓子眼了。双闪灯不停地闪，车速极低，不时按响喇叭……也不知开了多久，终于安全出山来到一小镇，还碰上镇上有两家在办丧事，天色已晚，实在不敢再贸然前行。好不容易才在一背街找到旅馆住下，晚餐也凑合了！明天不打算再向前了，走另一条大路返回 G42 主路。

第二天，我们从小镇返回到 G42，径直来到“昭君村”。游览后开车向北，当晚住进了神农架景区的木鱼镇。

昭君村全景

昭君故里 原名“烟墩坪”，又名“王家湾”。位于今湖北省兴山县（西汉南郡秭归）西北宝坪村，距兴山县城约 6 千米。长江的一条清澈支流——香溪，流经村前，溪水半绕着一峰青山，山腰天生一方平地，平地上的那座村落，得名“宝坪村”，即我们此次游览的“昭君故里”。门票价格：30元/人。

“昭君进宫”歌舞

王昭君，名嫱，西汉人，中国古代四大美女之一。晋时因避司马昭讳改称明君或明妃。汉元帝时被选入宫。竟宁元年（公元前33年）作为汉朝属国的南匈奴首领呼韩邪入京朝觐天子并自请为婿，元帝遂将宫女王嫱赐之。

宝坪村又名昭君村，面临香溪水，背靠纱帽山，清流四季，云雾缭绕，幽静清恬，神仙属地。村内众多古迹，楠木井、娘娘井、梳妆台、望月楼、玉字崖、明妃墩、琵琶桥等。20世纪80年代以来，又重建了昭君宅，新建昭君纪念馆，长廊碑林，汉白玉的昭君塑像以及周边众多辅助设施等。一个古色古香，具浓郁汉文化特色，既高雅又纯朴的山乡村寨重现，和宝坪村的青山、梯田、溪流、竹林共同形成了天、地、人、文浑然天成的人间仙境。一尊高2.8米的昭君汉白玉雕像，再现了昭君闭月羞花的美貌和竦动左右的才气，充分展示了作为大汉使者和匈奴王后的丰丽与端庄，为中华大地民族间的亲善友好作出了贡献。一场“昭君进宫”的华丽而逼真的演出，再现了2000年前，昭君被选进宫，亲邻夹岸相送，昭君三步一揖，五步一拜，难舍难分，泪洒香溪的动人场面，更是给景区添色不少。

王昭君是中国古代四大美女之一，是被历代诗人、画家、作曲家们着墨最多的一位古代女性，不仅是因她的美貌和才华，更是因她的坎坷经历，以及作出的贡献和牺牲。她以博大胸襟和毕生精力架起了一道横贯古今的和平友好彩虹，难怪人们称颂昭君为“美的化身”“和亲使者”“中华民族团结的象征”具有深远的历史意义和现实意义。

神农架以原始、神秘闻名于世，有“神农天园”“华中屋脊”之称。

神农架风景区 相传上古神农氏在此搭架上山采药而得名。被列入《世界自然遗产名录》，世界地质公园，国家AAAAA级旅游景区。位于湖北省神农架林区的西南部，横亘于长江、汉水之间，方圆3250平方千米，平均海拔1700米。主要景点有神农顶、风景垭、板壁岩等。门票价格：130元/人。

神农架位于中国地势第二、第三级阶梯交界处，由大巴山脉东延的余脉组成中高山地貌，区内山体高大，由西南向东北逐渐降低。山峰多在 1500 米以上，其中海拔 3000 米以上的山峰有 6 座，海拔 2500 米以上的山峰有 20 多座，最高峰神农顶海拔 3106.2 米，成为华中第一峰，神农架因此有“华中屋脊”之称。西南部的石柱河，海拔仅 398 米，为境内最低点。相对高差达 2708.2 米。

神农架，位于中纬度北亚热带季风区，气温偏凉而且多雨，年平均气温为 12℃，年降水量 900 ~ 1000 毫米。海拔每上升 100 米，季节相差 3 ~ 4 天。由于一年四季受到湿热的东南季风和干冷的大陆高压的交替影响，以及高山森林对热量、降水的调节，形成夏无酷暑、冬无严寒的宜人气候，立体气候和小气候十分明显，“东边日出西边雨”的现象常有发生，亦有“六月雪，十月霜，一日有四季”之说。

神农顶

神农架以原始、神秘闻名于世。区内山高谷深，林木茂密，气候复杂多变。独特的自然环境、人文历史，造就了极其丰富、珍贵的自然人文景观，也孕育了景色宜人、钟灵毓秀的旅游环境。有 4 个显著特点：自然性，神农架以自然景物称胜于世：自然的山，自然的水，自然的风，清新干净的空气；神秘性，神农架历史悠久，古老神奇，特异的自然奥秘，美妙的民间传说，极富原始与梦幻色彩；丰富性，具有富饶的生物资源，壮丽的自然风光，古老的民族文化，粗朴的民俗风情，可供各种情趣的旅游；整体性，神农架方圆 3250 平方千米，丰富多样的游览资源，彼此互相联系，交相烘托，相得益彰，共同构成一个包罗万象、五彩缤纷的大型游乐园。

景区内有红石沟、长岩屋、红花营、神农顶、神农谷、阴峪河大峡谷、神农架群石地质奇观、大寨湾大峡谷、金丝燕洞等景观。神农架山体高大，植被茂密，是一个巨大的储水库。山间溪流密布各条沟谷，深潭、激流湍滩、瀑布展示出别样的水域风景。主要有坪堑水库、麻线坪水库、大龙潭、石槽河、九冲河、金猴岭、三连瀑等景观。另有神秘的原始森林、高山草甸、箭竹林、杜鹃林、藤本植物、古树名木、名贵中药材、金丝猴、白化动物等，还有云雾、日出、佛光、冬季雪景等奇观。

神农架国家级自然保护区内物种丰富，森林覆盖率达 98%。据不完全统计，保护区内有高等维管束植物 3216 种，有野生兽类、鸟类、鱼类和两栖类动物 493 种，有昆虫 4143 种。其中，金丝猴、金雕等 73 种动物被列为《国家重点保护动物名录》（2021 版），国家保护的有益或者有重要经济、科学研究价值的野生动物 259 种，呈现多样的人与自然和谐共存为主题的森林景观。特别是还有野人出没的传说，引来无数人的好奇和探秘！

武当山，中国道教名山。武当派是中国道教的一个重要流派，张三丰创立于明代。武当山古建筑群规模宏大，主题突出，井然有序，体现了道教“崇尚自然”的思想，保持了自然原始风貌。

武当山 又名“太和山”，古有“太岳”之称，中国道教名山。被列入《世界自然遗产名录》，全国重点文物保护单位，国家森林公园，国家地质公园，国家 AAAAA 级旅游风景区。位于湖北省西北部十堰市丹江口市境内，古称“方圆八百里”，总面积 312 平方千米。门票价格：243 元 / 人。

武当山，中央呈块状突起，四周低下，周边高峰林立，天柱峰海拔 1612 米，形成许多悬崖峭壁的断层崖地貌。气候垂直层带明显，兼有丰富多彩的局部小气候，大体可分三层气候区。

动、植物资源丰富。有植物 758 种，水杉、珙桐树被列为国家一级重点保护树种；银杏、香果树、篦子三尖杉、金钱松、山白树、榧树、水青树、杜仲、胡桃、鹅掌楸等被列为国家二级重点保护树种，其中，南岩老虎岩前的一株银杏树，胸径 1.35 米，高约 20 米，树龄约 600 年以上，被誉为“武当银

络绎不绝的登山人

杏之王”，全山药材有617种。有鸟类130种，兽类49种，昆虫1055种，有二三十种国家一、二级保护动物。

武当山金殿

有七十二峰、三十六岩、二十四涧、十一洞、十池、十石、九泉、九井、九台、三潭等胜景。风景名胜区以天柱峰为中心，有上、下十八盘等险道及“七十二峰朝大顶”和“金殿叠影”等。

武当山古建筑群，以天柱峰金殿为中心，以官道和古神道为轴线向四周辐射，采取皇家建筑法式统一设计布局。据不完全统计，明代有各种建筑500多处，大小为楹2万多间。清代至民国，或毁于兵火，或遭破坏，或坍塌，建筑规模逐渐缩小。现存的重要道教宫观有太和宫（金殿）、紫霄宫、南岩宫等。太和宫是武当山的最高胜境，无论是道士还是香客游人，只有登上顶峰，走进太和宫，才是真正意义上的到了武当山。金殿是中国现存最早的铜铸木结构建筑。净乐宫、玄岳门位于武当山镇东4千米处，为进入武当山的第一道门户，又名玄岳门。紫禁城建于明永乐十七年（公元1419年），该石雕建筑在悬崖陡壁之上，设计巧妙，施工难度大，是明代科学与艺术相结合的产物。此外，还有玄天玉虚宫、纯阳宫、复真观、琼台观等。

武当派是中国道教的一个重要流派，张三丰创立于明代，以崇拜“真武大帝”为主神，武当山被道教尊为玄天真武上帝的修炼圣地。

武当山上可以坐滑竿，从南岩到金殿10多千米的石级山路，收费80元。另外有索道，一点设在琼台中观，另一点设在距金殿下100米处的绣球峰和狮子峰之间。单向运行时间不到半小时，往返票价70元。

诸葛亮，三国时期杰出的政治家、军事家和思想家，忠臣楷模，智慧化身，“三顾频烦天下计，两朝开济老臣心”。

襄阳隆中 全国重点文物保护单位，国家AAAA级旅游景区。位于湖北省襄阳市西山环拱之中，距城西约 20 千米，地处隆中风景名胜区内。总面积 209 平方千米，是三国时期杰出的政治家、军事家和思想家诸葛亮与叔父隐居之地。门票价格：63 元 / 人。

诸葛亮（公元 181—234 年），字孔明，号卧龙，汉族，徐州琅琊阳都（今山东临沂市沂南县）人。三国时期蜀汉丞相、杰出的政治家、军事家、散文家、发明家。诸葛亮为匡扶蜀汉政权，呕心沥血，鞠躬尽瘁，死而后已。在世时封武乡侯，死后追谥忠武侯。其散文代表作有《出师表》《诫子书》等。曾发明木牛流马、孔明灯等，并改造连弩，可一弩十矢俱发。于公元 234 年在陕西宝鸡五丈原逝世。诸葛亮在后世受到极大尊崇，成为后世忠臣楷模，智慧化身。

古隆中石坊

古隆中，至今已有 1800 多年历史。有着丰富的人文景观和优美的自然环境，是三国时期诸葛亮青年时代（17 ~ 27 岁）和其叔父躬耕隐居之地，诸葛亮在此地抱膝高吟，躬耕陇亩隐居长达 10 年之久，并且在这里结束隐居生活。诸葛亮在隆中的 10 年中，博览群书，广交士林，密切关注天下大事，随着年龄和知识的增长，在政治上逐渐成熟。频繁的社会交往，名士的垂青，又使他的政治影响不断扩大。刘备“三顾茅庐”，引发《隆中对》，出世辅佐刘备成就了一番争夺天下的伟业。地因人而名，古隆中便成为“垂千古”“永清幽”的胜地，被世人称为智者摇篮，三分天下的策源地，三国文化的源头，吸引中外无数游人的足迹与眼光。

隆中山峦叠翠，溪水潺流，一派田园风光。《三国演义》曾这样描写隆中：“山不高而秀雅，水不深而澄清；地不广而平坦，林不大而茂盛；猿鹤相亲，松篁交翠。”主峰隆中山海拔 306 米，隔谷相望的大旗山，一头高昂，一头缓缓下垂，形如卧虎；山上茂林修竹，郁郁葱葱，望之巍然深秀；山下泉水、池塘，山涧小溪流水潺潺。

隆中景点起源于西晋。明代形成了“隆中十景”，即草庐亭、躬耕田、三顾堂、小虹桥、六角井、武侯祠、半月溪、老龙洞、梁父岩、抱膝石。新中国成立后又先后修建或新建了隆中书院、诸葛草庐亭、吟啸山庄、铜鼓台、长廊、观星台、棋盘石、琴台、孔雀寨、猴山等众多景点。

至今为止，新建的各种建筑，留名、题词或楹联等丰富，每处均隐藏说不尽的传说故事，丰富诸葛亮的名望人生，启迪人们的思考和智慧。

进入古隆中山口，必经一座三门石坊，正中雕刻着“古隆中”3个大字，背阴写着“三代下一人”，寓意诸葛亮是夏、商、周以后近千年来唯一的人物，也是中华民族智慧的象征。两边除镌刻着杜甫“三顾频烦天下计，两朝开济老臣心”的诗句外，还有摘自诸葛亮《诫子书》一文中的“澹泊明志，宁静致远”8个大字。如果说，春秋战国的百家争鸣，奠定了中国古代哲学思想、政治思想乃至社会思想的根基，那么，汉晋之间的群雄纷争，则孕育了战略思想的空前进展。此后中国历史上的战略构思和设计，基本上再未能超出三国的模式和框架。《三国演义》小说的名气，与三国时期的谋略思想发达紧密相关。所谓“少不读《水浒》，老不读《三国》”云云，正是民间口碑对它们的定位。如今，实地参观游览古隆中，对诸葛其人的凭吊，对三国轰轰烈烈风云变幻的遐想、审视，由小说回归史实，考察这一时期的战略思想，或许是一件很有意思的事。探讨三国战略对世道人心的影响，挖掘三国战略的文化积淀及其在国人竞争行为中的观念濡染，推究本土战略思想的历史渊源，则可能更有意义。

福胜寺，明清时期规模最大，有邓州八景之一“竹林禅观”之称。

南阳福胜寺 全国重点文物保护单位。福胜寺位于河南省邓州市城区内，建于北宋时期，时建时毁，而今仅福胜寺塔遗存。塔初建时为13级，高20余丈（约67米），后为兵乱所毁。现存的梵塔共7层，高38.28米，通体呈八棱圆锥状，是一座庄严古朴的楼阁式密檐砖塔。塔檐由青砖砌成，每层都有较高的塔身，塔身由下而上，逐层递减。塔柱、斗拱突出，层次分明。塔内建有塔心石，脚踏塔道悟佛音。塔内第一、第二、第三层有梯，可盘旋而上，4层以上则无梯可攀。每层塔体都有圆形塔心室，4～7层，塔室连为一体，形似罐状。南北两面有砖券拱门，可以远眺。塔身周围，每面都有砖浮雕的佛龛群，约有25种，1300多块佛龛。这些佛龛上，浮雕着天王、菩萨、金刚、罗汉、黄巾力士等佛法神像，造型奇特。整个塔体气势磅礴，雄伟壮观，充分显示了我国建筑技巧的民族风格和特色。门票价格：10元/人。

福胜寺塔，1986年从其地宫中发现一批稀世珍宝：金棺、银椁、舍利子、佛

福胜寺塔

牙、鎏金双龙银壶、紫红色玻璃葫芦等。其中发现的佛牙，比北京西北灵光寺建佛牙塔时间还早39年，是继陕西临潼庆山寺、扶风法门寺等重大发现后，我国佛教考古方面的又一重大发现。福胜寺塔从而闻名遐迩，蜚声国内外。

然而，塔寺当前破败不堪，脏乱差的现状与塔的价值完全不配，不知何故。走在塔寺前窄狭的小街上，不禁会问，何时才能够再现它当年的辉煌？

南阳府衙，秦始皇设置郡县制以来，留下的中国唯一保存完整的府级官署衙门，弥足珍贵！

南阳府衙 全国重点文物保护单位。位于河南省南阳市区民主街西部北侧。始建于何时不详。自秦昭襄王设置南阳郡直至隋代以前，南阳皆为郡守治所。府衙南北长300米，东西宽240米，面积72 000平方米，现存明清建筑100余间。南阳知府衙门，布局严谨、规模宏大、气势雄伟，是南阳历史文化名城的一颗璀璨明珠，具有较高的历史、艺术、科学和文化价值，现为南阳市区著名人文景点之一。门票价格：40元/人。

南阳知府衙门博物馆，现存建筑保留了元、明、清三代的建筑。坐北朝南，轴线对称，主从有序，中央殿堂，两侧辅助，布局多路，院落数进。

中轴线两侧左文右武，前堂后寝。单檐硬山式建筑。它是清代全国215个知府衙门中到2013年保存完整、规制完备的唯一府级官署衙门。府衙的照壁呈凹形，高5米，宽22.5米，用青砖砌成，砖上有“南阳府城”“南阳府”砖铭。

照壁前左、右两侧现有召父、杜母坊遗址，是为纪念两汉时治南阳政绩卓著的两位贤太守召信臣、杜诗而建的。大门前筑女儿墙，两侧是八字墙，墙体内各镶石碑4通。进入面阔3间、进深2间、拱券式的大门，便是仪门。

仪门为礼仪之门，仪门形制同大门。凡新官到任，至仪门前下马，由迎接官员迎入仪门内。皇帝临幸，宣读圣旨或举行大典，重大祭祀活动，也要大开仪门。仪门之后便是大堂。

大堂是知府开读诏书，接见官吏，举行重要仪式的地方。堂正中设公案，两侧列“肃静”“回避”及其他仪仗等。大堂面阔 5 间，进深 3 间，是中轴线上主体建筑，也是第三进院落。檐下置斗拱，斗拱疏朗，梁架奇巧，明亮宽敞。

南阳府衙

大堂之后的二堂是府衙长官处理一般公务的地方，有庄重威严的气氛。穿过二堂大门 20 米，便是三堂（后堂）。

三堂规模与大堂相仿，是知府接待上级官员和商讨重要政事的地方。后堂东有偏院，为知府眷属住所。后堂西南有花厅，厅北为“师竹轩”，为知府签署公文、案卷和日常办公的地方。转西为“爱日堂”，于堂前凿池植莲，为政余憩息之所。

堂后为府衙花园，为知府及家眷的休憩场所。后堂再北为后府，西半部为马号，东部有团练宾兴馆。最北部为操场，训练团勇的地方。

刚离开襄阳隆中，诸葛躬耕之所，又来到南阳，同为诸葛躬耕之地，哪是真，哪是伪？谁来评说？正是“名高天下，何必辨襄阳南阳”。

南阳武侯祠 全国重点文物保护单位。位于河南省南阳市西郊卧龙岗上，占地 12 万平方米。初建于魏晋，盛于唐宋，是诸葛亮青年时代“躬耕于南阳”的旧址和历史祭祀诸葛亮的地方。门票价格：60 元 / 人。

南阳卧龙岗武侯祠，坐西向东偏南，现存殿堂房舍 267 间，主要建筑由东向西排列在一条中轴线上，分前后两重，从山门至大拜殿及左右两廊为前部，是人们祭祀诸葛亮的场所。后部的诸葛茅庐、古柏亭、野云庵、躬耕亭、伴月台、小虹桥、抱膝石、老龙洞、躬耕田，是根据诸葛亮“躬耕”时的生活起居兴建的纪

武侯祠

念性建筑物。最后是宁远楼，亦名清风楼。山门之外有“诸葛井”和“澹宁读书台”。左侧院有关张殿、三顾堂等。台下有诸葛书院。整个卧龙岗总体格局气度不凡，结构幽雅古朴，环境精致清新，意境如诗如画，既不失名士祠的严谨肃穆规格，也保留了故居园林的活泼清新景象。

步入武侯祠山门，迎面是大拜殿，殿中彩塑诸葛亮及其儿子诸葛瞻、孙子诸葛尚的大型泥塑像。大殿前侧为明代碑廊，镶嵌有岳飞书写的前、后《出师表》石刻。祠后部分建筑主要有诸葛茅庐、野云庵、古柏亭、伴月台、宁远楼等。

诸葛茅庐，亦称诸葛庵，现今的茅庐系砖木结构，八角挑檐，外围有八角回廊，屋顶覆盖茅草。茅庐正门上悬挂郭沫若书的“诸葛草庐”匾额，内额“诸葛庐”是1940年国民政府监察院院长于右任所书，后额“南阳诸葛庐”为清光绪二十年（公元1894年）南阳知府傅凤飏所书。一间小亭，可揽三朝书法家墨宝，何其珍贵矣！

野云庵、躬耕亭、伴月台等一众建筑小巧玲珑，各具特色，配置得当。

武侯祠右侧有清同治年间新增设的庭院，这是为纪念刘备三顾茅庐而特意修建的。庭院后面建有三顾堂，内有刘备、诸葛亮大型塑像。

武侯祠最为重要的景观，当属排列有序的400余块碑碣石刻，篆、隶、楷、草皆有。在全国诸多武侯祠中当属首位。其中篆书《汉诸葛孔明旧庐指道碑荫》，隶书《草庐对》，楷书《诸葛传》，草书《出师表》等，在书法艺术和雕刻技术上都有相当高的造诣，是研究我国书法艺术的宝贵资料。其中岳飞手书的前、后《出师表》碑，世称“三绝”碑。一为文章绝，出师表为千载名篇；二为书法绝，岳飞的书法可谓苍劲峭拔，龙飞凤舞，尤见忠武之气流于笔端；三为刻工绝，宛如手书。三者结合，可谓珠联璧合，相得益彰，名副其实，对游客颇具吸引力。

另外，武侯祠的廊壁间、殿堂上数不清的匾额楹联，或悬于檐下，或挂于屋梁，颇受游客青睐，路过游客无不驻足仰头瞻望，赞叹不已！

洛阳中国国花园，以隋唐历史文化为基础，牡丹文化为主要内容，融历史文化、牡丹文化和园林景观于一体。

洛阳中国国花园 国家AAAA级旅游景区。位于河南洛阳洛河南岸隋唐古城遗址上，面积66.8万平方米。自西向东共分为6个景区：西入口景区、牡丹文化区、牡丹历史文化区、堤面游赏区、东入口景区、生产管理区。种植牡丹1080个品种，60余万株，种植乔、灌木及各类植物100科150属180多个品种380余万株。在环境布置上以植物见长，自然流畅，突出体现了传统皇家园林的造园风格。门票价格：10 ~ 40元/人（根据季节时间及花期而变化）。

中国国花园，以牡丹千姿百态的植物、奇石叠翠的山峦、风情各异的亭台楼阁汇集了一个个牡丹历史故事传说。碧水荡漾的湖泊、古风古韵的建筑……美景无限，占尽风流。国花园之美、之清、之幽，堪称洛阳园林之翘楚。展示了古建国家级旅游景区的奔放与和谐，是洛阳最佳牡丹观赏园和主要游览赏花场所。

花圃

中国国花园，东入口景区，主体是古建筑群，额基部的彩绘生动逼真，栩栩如生。绘有牡丹、凤凰的彩图，象征着富贵、吉祥，并附有洛阳著名的旅游景点龙门石窟、白马寺和享有盛名的“洛阳唐三彩”。个个色彩斑斓、绚丽多姿！沿台阶下到广场，两旁凉亭走廊，挂有许多与牡丹相关的诗词图画。廊尽头再向前，进入景区大道，两旁即是各种主题的各色牡丹园。欣赏牡丹从这里开始。

牡丹雍容华贵、国色天香、富丽堂皇，寓意吉祥富贵、繁荣昌盛，是中华民族兴旺发达、美好幸福的象征。洛阳牡丹花朵硕大，品种繁多，花色奇绝，五彩缤纷，万紫千红。花开时，洛阳城花海人潮，竞睹牡丹倩姿芳容。我们慕名千里而去，时间上晚了一点，只赶上尾声。虽没看到花开如海，人似潮涌的举城欢乐，还是来到牡丹园，感受到了以牡丹为园林的主体。形成牡丹景观，多则千株或数万株，或丛植，或群植，各种造型，分门别类，姹紫嫣红，花团锦簇，艳冠群芳，蔚为壮观。

洛阳春日最繁华，红绿阴中十万家。谁道群花如锦绣，人将锦绣学群花。

春日洛阳人观赏牡丹是一种风俗，从古至今沿袭不变，并且越来越盛。赏花时间4月左右，大约20天。花开之时，也是全城沸腾之日，只有等到牡丹凋谢之后，古城才慢慢趋于平静。

洛阳牡丹的人工栽培始于隋，盛于唐，甲天下于北宋。几经变迁，几经兴衰。洛阳牡丹刚强坚挺，传至全国。当今，更是传到意大利、德国、法国、日本、美国、荷兰、南非、澳大利亚等国和中国台湾、香港等地区。

龙门石窟，世界上绝无仅有的皇家石窟，是世界上造像最多、规模最大的石刻艺术宝库。以北魏和唐代的开凿活动规模最大，长达150年。位居中国各大石窟之首。

龙门石窟 别称：伊阙。被列入《世界文化遗产名录》，全国重点文物保护单位，国家AAAAA级旅游景区。位于河南省洛阳市洛龙区伊河两岸的龙门山与香山上，密布于伊水东西两山的峭壁上，建于北魏孝文帝太和十八年（公元494年）迁都洛阳的前几年，多为皇家贵族所建。此后在东魏与西魏、北齐与北周、隋、唐、五代、北宋、明都有修复和续作，连续大规模营造达800余年之久。在龙门的所有洞窟中，北魏洞窟约占30%，唐代占60%，其他朝代仅占10%左右。被联合国科教文组织评为“中国石刻艺术的最高峰”，位居中国各大石窟之首。门票价格：90元/人。

龙门石窟

龙门石窟，密布于伊水东西两山的峭壁上，南北长达1千米，共有97 000余尊佛像，最大的佛像高达17.14米，最小的仅有2厘米。西山崖壁上有北朝和隋唐时期的大、中型洞窟50多个，代表洞窟有古阳洞、宾阳中洞、莲花洞、皇甫公窟、魏字洞、普泰洞、火烧洞、慈香窑、路洞等，北魏时期的代表洞窟有潜溪寺、宾阳南、北洞、敬善寺、摩崖三佛龛、万佛洞、惠简洞、奉先寺、净土堂、龙花寺，极南洞等为唐代代表洞窟。东山全是唐代的窟龛，其中大、中型洞窟有 20 个，如二莲花洞、看经寺洞、大万伍佛洞、高平郡王洞等。

龙门石窟延续时间长，跨越朝代多，以大量的实物形象和文字资料从不同侧面反映了中国古代政治、经济、宗教、文化等许多领域的发展变化，对中国石窟艺术的创新与发展作出了重大贡献。

奉先寺，是龙门石窟规模最大、艺术最为精湛的一组摩崖型群雕，因为它隶属于当时的皇家寺院奉先寺而得名。此窟开凿于唐高宗初，上元二年（公元 675 年）建成后，长宽各 30 余米，洞中佛像明显体现了唐代佛像艺术的特点，面形丰肥、两耳下垂，形态圆满、安详、温存、亲切，极为动人。主佛莲座北侧的题记称之为“大卢舍那像龛”，这里共有九躯大像，中间主佛为卢舍那大佛，为释迦牟尼的报身佛，佛像通高 17.14 米，头高 4 米，耳朵长达 1.9 米，整尊佛像，宛若一位睿智而慈祥的中年妇女，令人亲敬。有人评论说，在塑造这尊佛像时，把高尚的情操、丰富的感情、开阔的胸怀和典雅的外貌完美地结合在了一起，因此，她有巨大的艺术魅力。奉先寺大型艺术群雕以其宏大的规模、精湛的雕刻高踞于中国石刻艺术的巅峰，成为中国石刻艺术的典范之作，也成为唐朝这一大时代的象征。

潜溪寺，是龙门西山北端第一个大窟，高、宽各 9 米多，进深近 7 米，建于 1300 多年前的唐代初期。主佛阿弥陀佛端坐在须弥台上，整个姿态给人以身体各部比例匀称、神情睿智、静穆慈祥之感。左侧为大弟子迦叶，右侧为小弟子阿难。两弟子旁边分别为观世音菩萨与大势至菩萨。阿弥陀佛与两侧的两位菩萨共称为西方三圣，即掌管西方极乐世界的三位圣人，是佛教净土信仰的对象。

其他具有代表性洞窟还有：以精美浮雕而闻名的宾阳中洞，有 1.5 万尊小佛而得名的万佛洞，因窟顶雕有一朵高浮雕大莲花而得名的莲花洞，龙门石窟造像群中开凿最早、佛教内容最丰富、书法艺术最高的古阳洞，因窟门刻有诸多唐代药方而得名的药方洞，以及老龙洞、惠简洞、看经寺、香山寺、白园等。

还有“龙门二十品”，选自龙门石窟中北魏时期二十方造像题记，是魏碑书法代表。魏碑上承汉隶，下开唐楷，兼有隶楷两体之神韵。其中十九品在古阳洞，一品在慈香窟。这些都表现了中国数千年文化发展，体现了宗教、书法艺术、雕刻艺术源远流长、博大精深和历史悠久。我们生活在一个安稳、繁荣、幸福的国度，游览纵横千年古迹，了解学习这些历史、文化，欣赏高超精湛的书法雕刻，精美的宗教艺术，是何等惬意！

但是，也目睹了龙门石窟自建造以来，受到人为盗凿，破坏十分严重。特别是唐武宗时期灭佛运动，使石窟蒙难。清末和民国初年游记史料记载了当时石窟造像被盗严重。此外，民国政府为从南京迁都洛阳，修建龙门西山下道路时也炸毁了大量的山麓佛龛。由于战乱，管理空虚，1930—1940 年龙门石窟造像受到疯狂盗凿，许多头像、碑刻、浮雕被日本、美国的文物商人收购。这些野蛮和犯罪，在今天的物质文明和精神文明不断进步中，是应该被抛弃和杜绝了！但观世界却不是这样，前几天电视新闻播放，由于战争、恐怖主义，一些国家文物古迹还在遭受严重破坏、摧毁，叫人多么痛心！

白马寺，中国第一古刹，世界伽蓝，也是佛教传入中国后兴建的第一座官办寺院。有中国佛教的“祖庭”和“释源”之称。

白马寺 汉明帝遣使求法，“时白马负经而来”，后以白马寺命名。全国重点文物保护单位，国家 AAAA 级旅游景区。位于河南省洛阳市老城以东 12 千米，洛龙区白马寺镇内。建于东汉永平七年（公元 64 年），距今已有 1900 多年的历史，屡建屡毁，1972 年，对寺院进行全面修复，前后持续 10 年，使千年古刹面貌为之一新。1987 年、1990 年又进行维修、加固、扩建，现存的遗址古迹为元、明、清时所留。门票价格：35 元 / 人。

摄摩腾和竺法兰在此译出《四十二章经》，传为中国汉译佛典之始，同时译的还有《十地断结》《佛本生》《法海藏》《佛本行》等，已佚失不传。东汉时绝大部分佛经都在洛阳翻译，该寺是最重要的译馆。

白马寺

白马寺本院坐北朝南，为一长形院落，总面积约 4 万平方米。整个寺庙布局规整，风格古朴。寺大门之外，广场南有近些年新建石牌坊、放生池、石拱桥，其左右两侧为绿地。左右相对有两匹石马，大小和真马相当，形象温和驯良，这是两匹宋代的石雕马，身高 1.75 米，长 2.20 米，作低头负重状。

主要建筑有天王殿、大佛殿、大雄宝殿、接引殿、毗卢阁等，均列于南北向的中轴线上。有 5 重大殿和 4 个大院以及东西厢房。汉时的台、井依稀可见。

白马寺山门采用牌坊式的一门三洞的石砌弧券门，明嘉靖二十五年（公元 1546 年）曾重建，红色的门楣上嵌着“白马寺”的青石题刻，它同接引殿通往清凉台的桥洞拱形石上的字迹一样，是东汉遗物，为白马寺最早的古迹。山门内东西两侧有摄摩腾和竺法兰二僧墓。

5 重大殿由南向北依次为天王殿、大佛殿、大雄殿、接引殿和毗卢殿。每座大殿都有造像，多为元、明、清时期的作品。毗卢殿在清凉台上，清凉台为摄摩腾、竺法兰翻译佛经之处。东西厢房左右对称。整个建筑宏伟肃穆，布局严整。此外，还有碑刻 40 多通，对研究寺院的历史和佛教文化有重要价值。

天王殿为单檐歇山式，东西面阔 5 间，南北进深 4 间，内供明代夹纻弥勒佛像、泥塑四大天王像、韦驮天将像等。

大佛殿为单檐歇山式，东西面阔 5 间，南北进深 4 间，内供一佛，文殊、普贤二菩萨，迦叶、阿难二弟子，二供养人，观音菩萨等塑像。

大雄殿为悬山式，东西面阔 5 间，南北进深 4 间，内供释迦、阿弥陀、药师“三世佛”，韦驮、韦力二天将，十八罗汉等 23 尊元代夹纻造像。

接引殿，硬山式，面阔 3 间，进深 2 间，内供阿弥陀佛及观世音、大势至二菩萨像。

毗卢阁，重檐歇山式，位于清凉台之上，东西面阔 5 间，南北进深 4 间，内供毗卢佛及文殊、普贤二菩萨。

齐云塔，始建于东汉明帝时，称“释迦舍利塔”，后屡毁于战火，至金大定十五年（公元 1175 年）得以重修。为四方形密檐式砖塔，13 层，高约 25 米，是洛阳一带现存最早的金代地面建筑之一，清代改称“齐云塔”。

此外，近些年还先后建有：钟鼓楼、法宝阁、藏经阁、泰式佛殿、卧玉佛殿、玉佛殿、六祖殿等。

洛阳北魏宣武帝景陵，气势壮观，结构完整，风格朴实，色调素雅，是我国目前挖掘开放时间最早的帝王陵。

洛阳北魏宣武帝景陵 全国重点文物保护单位。位于洛阳市北 8 千米处的邙山上。洛阳古墓博物馆西院，是一雄伟壮观的大冢，具有较高的历史、考古、

景陵大门

文物、建筑、科研和观赏价值。1991年对景陵进行发掘是新中国成立以来经国家批准科学发掘的第二座皇帝陵，也是我国目前挖掘开放时间最早的帝王陵。现与古墓博物馆合为一处旅游点。门票价格：免费。

宣武帝为北魏第八代皇帝，名元恪，孝文帝第二子，公元500—515年在帝位。在位16年，继承了其父的一系列改革政策，公元515年死于洛阳，年仅33岁，被葬于邙山景陵。宣武帝之死，成为北魏衰亡的转折点，从此，这个曾经兴旺发达过的政权内部开始纷争不断，皇帝废立无常，王朝处于风雨飘摇之中。

景陵，封土略呈圆形，平顶，直径110米，现高24米。黄土夯筑而成，夯层厚10～15厘米，也有超过20厘米的。地宫置于封丘之下，坐北面南，由墓道、前甬道、后甬道和前、后墓室构成，全长56米余，甬道内设三道封门墙和一石门。墓室平面近方形，顶部为四角攒尖式，高约9.3米。墓室壁十分坚固。地面铺砌石板，西侧墓室壁有石棺床。棺床长方形，置于墓室西部，由15块方形大青石板拼成。墓道前20米处建有总面积200平方米的宣武帝祭堂，堂内四壁镶嵌8幅描绘元恪生平的工笔画，展柜中陈列40余件景陵和北魏出土文物及复制品。

景陵，宋金时代和民国年间曾遭盗掘，出土文物少。现已复原出方形四足砚、青瓷盘口龙柄壶、石帐座、残石灯、钵和唾盂等10余件文物。由此证明，地宫内陈设已超越了北魏陵制规定的不设明器、不置素帐和瓷瓦之物的限制，对研究北魏时期的葬俗、陵寝制度等有重要的参考价值。其中，具有南方风格的青瓷器，对于研究南北朝时期的南北方关系具有十分重要的意义。

洛阳关林庙，武圣关羽葬首之所，我国唯一“林、庙、冢”合祀的古代经典建筑。

洛阳关林庙 是武圣关羽葬首之所，因墓前植有古柏千株，故称“关林”。全国重点文物保护单位，国家AAAA级旅游景区。位于河南省洛阳市城南7千米的关林镇。始建于汉代，重修于明万历二十年（公元1592年），占地180亩，现存明清殿宇廊庑150余间，后院还建有一清代石龙碑亭。门票价格：40元/人。

关林大门

关羽一生，以忠义和勇猛见称。从三国到隋，人们把他视为盖世英雄，忠义化身。隋以后则把关公作为神灵顶礼膜拜。

洛阳关林，由“千秋鉴”楼、大门、仪门、拜殿、大殿、二殿、三殿、奉敕碑亭、关冢等建筑组成，形成了关林气势高昂、威严庄重的皇家气派格局。

关林庙，立于广场上的“千秋鉴”楼，为旧时“灯影锣鼓话兴亡”的所在。分立于大门两侧的明代石狮，高大威猛不可侵。正门为5开间3门道，朱漆大门镶有81个金黄乳钉，享有中国帝王的尊贵品级。仪门“威扬六合”匾额为慈禧太后御笔，端庄厚重，弥足珍贵；连接仪门和拜殿的石狮御道为海内外关庙所独有，甬柱顶雕石狮104尊，百狮百态，圆润生动，毫无石刻的生硬之感，代表了乾隆时期中原石刻艺术的最高成就。大殿气宇轩昂，金碧辉煌，气度万千。我们熟悉的关羽造型，头戴12冕旒王冠、身着龙袍，正气威严。身旁站立捧大印的儿子关平和持刀的周仓像。二殿厅中塑有关羽的坐像。两翼有陪殿，“张飞殿”“五虎殿”。三殿厅内有关公秉蜡看“春秋”的坐像及卧像。四周壁画有关公战吕布、镇荆州、战长沙等。后院还建有一清代石龙碑亭，在亭碑上额刻篆“敕封碑记”，碑面书写：“忠义神武灵佑仁勇威显关圣大帝林”。其主体建筑上的龙首之多，为中原之最。建于清康熙年间的敕封碑亭，结构端庄，八角亭彩饰繁华、木雕精美。

关冢始于汉末，如今绿草如茵，高峻出尘。冢前的石墓门为清康熙四十六年（公元1707年）所立，题额“钟灵处”。墓门两侧刻有“神游上苑乘仙鹤，骨在天中隐睡龙”的对联。

“关林翠柏”是“洛阳八小景”之一。千百年来，关羽作为忠义化身、道德榜样，受到了民众的普遍敬仰。他的“忠义仁勇”体现了我中华民族之精神，由此形成的“关公信仰”这一特殊文化现象，千百年来经久不衰。

洛阳石刻艺术馆是中国专题性博物馆，位于关林庙内。1981年对外开放，该馆专门收藏洛阳历年来出土的石刻文物，有藏品近千件。其中一级品25件，二级品332件，有两个基本陈列室，共展出石刻513件，很是珍贵。

府城玉皇庙，建筑结构严谨，形制美观，雕刻精细，一座奇特神妙的道教艺术宝库。

府城玉皇庙 全国重点文物保护单位。位于山西省晋城市泽州县府城村北山岗上。坐北朝南，建筑布局为三进院落，长方形，南北长 110 米，东西宽 32 米。计有殿宇楼亭 110 间，占地面积 4000 余平方米，为较有规模的古建筑群。玉皇庙创建年代不详，据庙内现存明代碑刻记载：“隋时居民聚之北阜，建庙宇三楹，内绘三清神像”。其中玉皇殿为北宋熙宁九年（公元 1076 年）在原址上重建，题名“玉皇行宫”。金泰和七年（公元 1207 年）重修，金贞祐年间部分被毁，元顺帝至元元年（公元 1335 年）重建。成汤殿建于金。余为元明清建筑。殿内有宋元明塑像 300 余尊。门票价格：100 元 / 人。

玉皇庙，主要建筑在中轴线上，由南向北依次排列：头道山门、仪门、成汤殿、献亭、玉皇殿、东西配殿；两庑二十八宿殿、十二辰殿、十三曜星殿、关帝殿、蚕神殿及厢房、钟鼓二楼，建筑鳞次栉比，错落有致。

玉皇庙大门

头道山门前，建有东西两个碑廊，保存着庙宇沿革历史的资料。进入山门是前院，正中是二道山门，造型为单檐悬山顶，琉璃装饰，与钟鼓楼顶上琉璃孔雀兰构件相互增辉，十分鲜艳。

过二道山门是中院，正殿为成汤殿，面阔三间，进深三间，单檐悬山顶，古雅朴实，塑有成汤像。诸神殿居于中院正中，并有木雕阁楼三幢。东偏殿是东岳殿，奉祀东岳大帝黄飞虎及夫人贾氏，还有儿子及麾下四大将等。西偏殿是三王殿，奉祀牛王、马祖、天钱冒祖等。东西两侧分别为药王殿、五道殿、高谋祠，内塑药王、五道将军、文王夫妇。南殿，西为地藏菩萨殿，内塑十殿阎君；东为六瘟殿，内塑六瘟神像。

后院大殿为玉皇殿，单檐歇山顶，面宽三间，进深六椽，板门直棂窗。整个建筑结构严谨，形制美观，雕刻精细。殿宇粗壮的梁柱斗拱结构、门窗墙壁以及神台上镶嵌的浮雕砖饰还保留着宋金时期的建筑风格。殿内塑有玉皇大帝、普天星君。左右偏殿分别为三垣、四圣塑像。东西廊房为九曜星、六太尉和十二辰、二十八宿塑像。

东垛殿是三元殿，奉祀三元神。殿里的塑像是宋代作品，但是经过历代重装，已失去本来面貌。西垛殿奉祀天蓬、天猷、黑煞、真武四圣，是清代重塑。

后院东庑的上三间奉祀十三星君。塑像是明代的作品，其中金星、水星都是青年女性形象。水星形态端丽，神情娴静；金星手抱琵琶，神情忧郁。东庑中三间是关帝殿，奉祀关圣帝君；下五间奉祀蚕神等，塑像多尊，大都是明清时期的作品。后院西庑的上三间奉祀十二元辰真君，每尊神像所戴的冠上都有图形，画着鼠、牛、虎、兔、龙、蛇、马、羊、猴、鸡、狗、猪作为标识，这组塑像是元代作品。西庑下八间奉祀二十八宿星君。

该庙的精华所在之一，是 14 座殿堂内保存的 260 余尊历代彩塑神像，艺术地展现了中国道教诸神系统，几乎是汇聚人、鬼、神、仙共一堂。其道教塑像之丰富，雕塑技术之精湛则为国内所罕见，是一座奇特神妙的道教艺术宝库，是研究道教史和雕塑艺术的宝贵遗产，具有极高的历史价值和审美价值

该庙的精华所在之二，作者凭借丰富的想象力和聪明才智，第一次将在天文学中观察天体运行、四季变化、经纬定位的 28 组赤道星座与唐代五行家袁天罡确定的 21 种动物同金、木、水、火、土和日、月融合于人，创造出有血有肉的“虚日鼠”“房日兔”“轸水蚓”“亢金龙”等各种神话人物形象。在这些人格化了的天界神灵中，把老者的慈祥、妇女的端庄，文官的稳重、武士的威猛刻画得栩栩如生。再加上塑像本身的大动作之体态以及衣纹彩带的飞舞飘逸，不仅充分显示出神仙们超凡脱俗、仙风道骨的外貌特征，而且使全殿彩塑产生了气势磅礴、呼之欲出的艺术效果。

该庙的精华所在之三，成就最高的当数元代艺术大师刘銮雕塑的二十八宿泥塑像，这是中国古代雕塑艺术现实主义与浪漫主义完美结合的优秀范例，在全国现已发现的古代塑像遗物中独一无二，尚属孤品。

庙内除保存着这些数量众多的道教彩塑外，还存有宋、金、元、明、清各代碑刻 10 余通，大量的装饰性砖雕、石雕、木雕、碑碣和琉璃构件等，给游人以美的艺术享受。

府城关帝庙，一座具有 1000 多年历史的文物古迹，最有名的就是石雕，价值无比，具有极高的历史、文物、艺术、美学价值。

府城关帝庙 全国重点文物保护单位。位于山西省晋城市泽州县城北 10

千米处的金村镇府城村。坐北朝南，四进院落，占地 400 平方米。建于唐，在中轴线上依次为山门、戏台、关帝殿、三义殿。西侧建筑有廊庑、钟鼓楼、僧楼。院内有松树 1 株，枝叶繁茂；圣君殿高台的东侧，还生长着一株直径超过 20 厘米的槭树，片状果实极似关公的青龙偃月刀。关帝庙最有名的就是石雕，每个院落都不同。门票价格：免费。

二进院的石雕最富童趣，北过亭的廊柱上刻着山羊和骏马，吃奶的小羊羔和啃脚丫的小羊羔。门道两侧有 3 个狮子大家庭，狮子父母带着一群狮宝宝在门前石鼓上嬉戏，这些造像天真、活泼、可爱，深受小朋友们喜欢。

府城关帝庙大门

三进院正殿为关帝圣君殿，面阔三间，进深八椽，单檐悬山顶，九架前廊式建筑，斗拱五踩重昂。台基高 1.3 米，建筑面积 125.8 平方米，前廊 4 根滚龙柱雕刻精美；每根石雕龙柱上都缠绕着两条巨龙，石雕龙、木雕龙、砖雕龙、琉璃龙，大大小小几十条龙攀附在廊柱上，把整个大殿变成了水上龙宫。

四进院正殿为三义圣殿，面阔三间，进深六椽，单檐歇山顶，七架前廊式建筑，五踩双翘出斜拱，内檐两山绘有壁画，供奉着“桃园三结义”的主角人物刘、关、张。前廊下的四根人物石雕柱是艺术精华聚集区。从东面看起，第一根柱上雕刻的是“郭子仪子婿拜寿”的场景片段：柱上“七子八婿，皆显贵朝廷”。郭子仪端坐堂上，喜形于色，惬意地享受着儿女们的一片心意。官员、女眷、士兵、家丁、童子、乐手等等，姿态各异，栩栩如生。第二根石柱是隋唐著名人物：持月牙板斧的瓦岗寨寨主程咬金、惯用撒手锏的秦琼、手拿梅花枪的罗成等。第三根柱子上是姜太公钓鱼、踏着风火轮的哪吒、展翅飞翔的雷霆子、游走地下的土行孙。最后一根柱上，雕刻着盛唐时期山东寿张县百岁老人张公艺九世同堂和治家有方的故事，以及皇帝李世民贞观九年，赐“义广和堂”金匾，张公艺献百忍图，皇帝夫妇访问时看到的大家庭和谐生活。以上 4 柱均展示大唐时期臣子报效国家，百姓和谐治家的伦理文化。

除此，庙内还有许多其他各种造型的石雕，给游人以美的享受。

皇城相府，康熙皇帝老师，《康熙字典》总阅官，文渊阁大学士兼吏部尚书陈廷敬故里。

皇城相府 原名“中道庄”，国家AAAAA级旅游景区，位于山西省晋城市阳城县北留镇，总面积3.6万平方米，由内城、外城、紫芸阡、西山院等部分组成。内城建于明崇祯年间，外城完工于清康熙四十二年，皇城相府是清代康熙皇帝的老师，《康熙字典》总阅官文渊阁大学士兼吏部尚书陈廷敬的故里，后因康熙皇帝两次下榻于此，故名“皇城”。门票价格：120元/人。

陈廷敬（公元1638—1712年），字子端，清顺治十五年（公元1658年）中进士，由翰林院庶吉士、日进起居注官、侍讲学士、侍读学士、内阁学士、礼部侍郎、工部尚书、户部尚书、刑部尚书、吏部尚书，直至康熙四十二年（公元1703年），拜文渊阁大学士。他长期担任康熙皇帝的经筵讲官，同时主持编纂了《康熙字典》《佩文韵府》《明史》《大清一统志》等重要的文化典籍，为《康熙字典》的总阅官。一生升迁28次，参与国家政要军机40余年，成为康熙皇帝的股肱之臣。为清王朝的发展，康熙盛世的形成，尤其是为康熙皇帝文治武功的施展起到了重要的辅佐作用，功勋显赫。康熙皇帝对他极为器重，曾多次赐诗、赐联、题字。以示为其功德的褒奖。康熙五十一年（公元1712年）四月，陈廷敬病逝，享年74岁，康熙特命皇三子诚亲王胤祉率满汉文武大臣前往祭奠，御赐挽诗，然后遣官护丧归葬故里。

皇城相府一隅

明清两代，陈氏家族是当地旺族，家境殷实，教育得当，因而人才辈出。从明孝宗到清乾隆（公元1501—1760年）的259年间，共出现了41位贡生，19位举人，并有9人中进士，6人入翰林。享有“德积一门九进士，恩荣三世六翰林”之美誉。在此期间，38人走上仕途，奔赴大半个中国为官，足迹遍及14个省区市，且多政绩显赫，百姓称颂，致仕去官时民为立祠。有作品传世的诗人达33人之多，成为清代北方声名显赫的文化大家族。在陈氏家族鼎盛期的康熙年间，居官者达 16 人之多。出现了“父翰林、子翰林、父子翰林；兄翰林、弟翰林、兄弟翰林”，父子同编一典《康熙字典》的盛况，堪称北方第一文化巨族。

皇城相府，建筑群分内城、外城两部分，有院落 16 座，房屋 640 间，总面积 36 580 平方米。

内城有大型院落 8 座，为明代建筑风格。尤其是 7 层百尺（约 33 米）河山楼及附属建筑 107 间藏兵洞，是明代建筑中的珍品，也显示出古老古堡风格。

外城建有前堂后寝、左右内府、书院、花园、闺楼、管家院、望河亭等，布局讲究，雕刻精美。康熙御赐的“午亭山村”匾额及对联至今保存完好。

外城城门外有高达 8 米的御书楼。外城内有大小石牌坊两座，铭刻着“德积一门九进士，恩荣三世六翰林”之功德。

整个皇城相府的建筑特征是：枕山临水、依山就势、随形生变、城墙雄伟，层楼叠院、错落有致、古朴庄严、浑厚坚固、鳞次栉比，是朴实典型的官宅民居。在河山楼内还有井、碾、磨，并有暗道直通城外，聚甲藏弩、护城保庄、抵御外侵。主要景点有：御书楼、石牌楼、陈氏宗祠、斗筑居、中道庄、树德院、世德院、河山楼、屯兵洞、麒麟院、容山公府、御史府、小姐院、南书院、管家院、止园、紫云阡，是一处罕见的明清两代城堡式官宦住宅建筑群，被誉为“中国北方第一文化巨族之宅”，给中华民族留下了一笔丰厚而值得研究的历史文化遗产。

整座建筑反映了明末社会状态及清初政治面貌和宗教信仰，有极高的观赏价值和研究价值。

> 大寨村，举世无双的世界名村，人文名胜得天独厚。大寨精神，震撼着来往的人们，在建设中国特色社会主义的伟大历史进程中，大寨精神是一笔宝贵的精神财富，具有重要的现实意义。

大寨村 山西省著名的特色景区和全国农业旅游示范点，国家 AAAA 级旅游景区。位于太行山西部，山西省东侧，距离太原约 150 千米。门票价格：48 元 / 人。

大寨是举世无双的世界名村，人文名胜得天独厚。众多政界要人、社会名流、五大洲 130 多个国家的各界友人都曾到大寨参观访问，七沟八梁一面坡上留下了他们的足迹和身影，大寨精神，震撼着来往的人们。

大寨在 20 世纪 70 年代，曾风靡全中国，家喻户晓。它代表的是一种艰苦奋斗、自力更生、埋头苦干、建设家园的伟大精神。党中央、毛主席号召“农业学大寨”，给全国人民指引出一条自力更生的农业发展道路，全国农村，甚至是各行各业都掀起学习大寨热潮。我们亲身经历了那个火热年代，对大寨和大寨精神有着一种特殊的情感。这次 8 省市旅游，特意绕道返京，专程到大寨参观游览。

来到山负虎踞龙盘之雄、水占含华毓秀之胜的大寨森林公园，爬上有名的虎头山，这里绿树成荫、松柏成林、满山苍翠，蕴含着一种自然美的神韵。

在周恩来总理纪念亭和叶剑英元帅吟诗处，和“虎头山”石碑拍照留影。

三战狼窝掌，山、水、林、田、路综合治理。在 1.88 平方千米的土地上，植树造林 1000 多亩，整修良田 800 多亩。修筑盘山公路 6 千米，建蓄水池 6 个，盘山水渠 14 千米。铺设地下水管道 30 000 多米，旱地灌溉面积达 400 亩，实现了农业机械化、水利化。

瞻仰了陈永贵塑像、墓地和展览。陈永贵墓左侧百米处，有郭沫若汉白玉纪念碑。据说，郭老的部分遗骨分撒在虎头山上。

展览分 7 个单元，从思想领先、自力更生起直到深化改革、扩大开放，用许多照片、实物展示了一代大寨人的思想境界。

大寨新居四周依山筑砌百余米长的下窑洞上砖楼的民居建筑，是其他山村所没有的大寨特色宅居景点。

大寨文化广场“农业学大寨”巨型标牌仍是那样辉煌夺目，昭示着新时代的新含义。

今天的大寨，已经成为优美的公园山村，一个成熟的农业旅游区，吸引了 1000 余万人次慕名前来参观、学习、旅游。愿这个曾经的名寨名村，不断焕发出新的魅力青春，在新时代发展道路上前进。

大寨文化广场

线路五

晋陕宁蒙线——中西部美景之旅

这条线路是山西、陕西、宁夏和内蒙古中部四省区，简称晋、陕、宁、蒙。面积约 162 万平方千米。气候特征是冬季寒冷干燥，夏季高温多雨，春秋短暂，日照充足，南北温差大，山地平原温差大，昼夜温差大。年平均气温 4 ~ 14℃，夏、秋季旅游最佳。

山西和陕西两省是我国最具历史文物价值的地区之一，宁夏和内蒙古却是最具西北荒漠、草原特色的省份之一。这条线路被列入《世界文化遗产名录》的景点 8 个，全国重点文物保护单位 700 多处，AAAAA 级旅游景区 21 个，AAAA 级旅游景区 210 多个。

之前，对山西的理解只停留在表面，直到游完一圈才深入到内涵。山西曾是中国最富足的省份之一，晋商在当时如雷贯耳，孕育了王家、乔家、曹家一系列的商贾巨富和他们的高宅深院；看过皇城相府，才能真正体会到什么叫家族对国家、对社会的影响力和贡献力，难以想象的陈家一门。当然，山西远不止这些，还有至今仍受到顶礼膜拜的关老爷故乡关林的金碧辉煌和奢华；中国四大石窟、三山五岳、五大佛寺等大景。去了大寨，才深深感到，那种改天换地、艰苦创业的奋斗精神，永远是中国人民取之不尽用之不竭的财富。

都说中国旅游，地上看山西，地下看陕西，一点不假，已发掘的秦兵马俑一面世就列入了世界八大奇迹，不知秦始皇陵、昭陵、乾陵的地下还会有什么惊世的发现呢！半坡遗址也曾轰动一时，法门寺的地宫虽小但价值连城，影响深远。陕西当然也不仅是地下，地上也有许多独一无二，如延安的系列革命圣地王家坪、杨家岭、枣园对中国革命，乃至中国社会进程的贡献是世界有目共睹的。

宁夏、内蒙古，细细品来，其上的风景名胜粗犷而豪放，美丽尽显其野性。不论是河水奔流的九曲黄河，还是静卧了千年的西夏王陵，须弥山、成吉思汗陵、五当召、大昭寺，哪个不是豪气冲天，又带有某种狂野的质美。中国工农红军长征会师在这里，宣告举世闻名的二万五千里长征胜利结束。这样的大手笔，何等的豪气，何等的壮举，何等的伟业！

这条线上的美食特色，主要是系列面食和牛羊肉，山西面皮，陕西羊肉泡馍，宁夏五绝：枸杞、甘草、发菜、滩羊皮、贺兰石，以及内蒙古不柴不膻的牛、羊肉。

这个区域交通总体不错，都有高速和国道、省道相通，特别是京新高速的通行，给晋、宁、蒙的交通带来了极大的便利，所有景区交通都很方便。值得注意的是，在大草原和荒漠上驾车，容易产生疲劳感，疲劳驾驶在任何时候都要杜绝，出事故仅在瞬间！

晋、陕、宁、蒙4省区游的第一天，计划宿山西大同，路上只打算去一个景点——大同火山群，因而时间很充裕。

快到大同时，下高速向北行，不到半小时就到达“大同火山群国家地质公园”。园区内布满了许多大型土包，天气很好，看得很清楚。园区内山岗延绵，据说都是火山，真是名副其实的火山群。

大同火山群 我国第四纪火山群，是位于山西省大同市和阳高县境内火山锥体的死火山群。海拔高度大多在1100 ~ 1400米，有30多个。划分为东、南、西、北4个区域。这些火山锥一个个犹如地底幽灵突兀而起，给人一种狂野而又诡秘的印象。最为著名者则如狼窝山、昊天寺山、金山、黑山、阁老山、双山、马蹄山和老虎山等。门票价格：免费。

根据火山外部形态特征，可分为4类。一是穹窿状，由玄武岩组成，没有火山口。二是壳状，由玄武岩组成。三是半圆形，系火山喷发物沿山前裂隙喷出，依山坡流动而成。四是马蹄状，由玄武岩流、火山碎屑物组成。

大同火山群昊天寺

从高空鸟瞰大同火山群落，观察得最完整、最富意境、最为形象、最富有生命形态特色。如狼窝山，火山口直径达500米左右，口深30 ~ 50米，是最为深邃的一座；昊天寺山，火山口自然锥体最为完整，明代时，口正中建起了一座名为昊天寺的佛刹而得名，是大同市最著名的自然标志物；黑山像一只正在蠕动爬行的“大海蜇”金山更像一颗正划破夏夜空，冲向远方的光亮耀眼的“彗星”；阁老山，像一枚金光闪闪的“桃心”；马蹄山就是一个巨型的“马蹄”。

专家认为，整个大同火山群是包括了盾形、穹窿状、岩渣和层状4种基本类型的锥体火山群落，是东亚大陆的稀有自然遗产，不但应该给予珍惜和保护，而且更应该让人们认识它、了解它，逐渐使它成为国人，特别是青少年的科普教育基地和对国内外游客开放的游览观光胜地。

园区核心区，环境不错，道路、停车场都很好。我们就近上到一个火山口，没任何标识，到火山口的路全是杂草、乱石，比较难走。私采乱挖现象比较严重，据说火山石是建筑好材料，自然遗产亟待开发、利用和保护。

三年后，从新疆自驾回京路过大同，又第二次去了火山公园。这次给我们的印象非常好，整个景区整齐划一，绿化不错，道路平坦，增设了各式标牌指示。在观景台上，视野开阔，景区尽收眼底，四周的火山群清晰可见，错落起伏，车行进到昊天寺，佛刹巍峨庄严，熠熠生辉。近距离游览参观后，又在景区路游观景，景致纷呈，顿觉心旷神怡，舒坦惬意。

云冈石窟雕刻在我国四大石窟中以造像气魄雄伟、内容丰富多彩见称，是具皇家风范的佛教艺术宝库，其继承并发展了秦汉雕刻艺术，吸收和融合了佛教艺术的精华，具有独特的艺术风格。

云冈石窟 被列入《世界文化遗产名录》，全国重点文物保护单位，国家 AAAAA 级旅游景区。位于山西省大同市城西约 16 千米的武州山南麓、武州川的北岸，石窟依山开凿，东西绵延约 1 千米。存有主要洞窟 45 个，大小佛龛 252 个，石雕造像 51 000 余躯，最大佛像高达 17 米，最小佛像高仅有 2 厘米，为中国规模最大的古代石窟群之一。开凿从北魏文成帝和平初年（公元 460 年）起，

云冈石窟第二十窟

一直延续至孝明帝正光五年（公元524年）止，前后60多年，距今已有1500多年的历史。代表了5—6世纪时期中国高超的佛教艺术成就。此后不同时期的辽皇室又曾对武州山石窟寺进行过延续10年之久的大规模修整，是佛教艺术东传中国后，第一次由一个民族用一个朝代（北魏数十年）雕琢而成，是具皇家风范的佛教艺术宝库，是公元5世纪中西文化融合的历史丰碑。是中国第一处由皇室显贵主持开凿的大型石窟。中华人民共和国成立后，设置专门保护机构，在原有基础上，石窟文物得以妥善保护、整修，并对公众开放。门票价格：120元/人。

云冈石窟，造像众多，规模宏伟，内容丰富多彩，雕刻艺术精湛，堪称公元5世纪中国石刻艺术之冠，被誉为中国古代雕刻艺术和佛学宗教的宝库。按照开凿的时间可分为早、中、晚三期，不同时期的石窟造像风格也各有特色。早期的"昙曜五窟"，气势磅礴，具有浑厚、古朴的西域情调。中期石窟则以精雕细琢、装饰华丽著称于世，显示出复杂多变、富丽堂皇的北魏时期艺术风格。晚期窟室规模虽小，但人物形象清瘦俊美，比例适中，是中国北方石窟艺术的榜样和"秀骨清像"的源起。此外，石窟中留下的乐舞和百戏杂技雕刻，也是当时佛教思想流行的体现和北魏社会生活的反映。景区一眼望去，洞窟、佛龛、佛像大大小小，布满石壁，整体规模宏大，精彩纷呈，而每一窟又都具有自身特色。

第一、第二窟为双窟，位于云冈石窟东端，是研究北魏建筑的形象资料。

第四窟，南壁窟门上方有北魏正光纪年（公元520—525年）铭记，这是云冈石窟现存最晚的铭记。

第五、第六窟亦为双窟，位于石窟中部。主像为三世佛，中央坐像高17米，是云冈石窟最大的佛像，地面到窟顶高达20米。北魏孝文帝时开凿，窟四壁满雕佛龛、佛像，规模宏伟，雕饰富丽，技法精练，是云冈石窟中最具代表性的一个。

第七窟，菩萨坐于狮子座上，其余菩萨，形象优美逼真。窟顶浮雕飞天，生动活泼，各以莲花为中心，盘旋飞舞，舞姿动人。

第九、第十窟，同期开凿，分前后两室，刻有飞天，体态优美。室壁上刻有佛龛、乐伎、舞伎，造像丰富，动感强。

第十二窟，正壁上端刻有伎乐天人，手执弦管、打击乐器，神情迥异，形象逼真。他们手中的排箫、箜篌等古典乐器十分珍贵，是研究中国音乐的重要资料。

第十五窟，雕有1万余尊小佛坐像，人称万佛洞。

第十六至第二十窟，是云冈石窟最早开凿的5个洞窟，通称"昙曜五窟"。为当时著名高僧昙曜首开，开凿了雄伟壮观的5窟，揭开云冈石窟开凿的序幕。整体布局严整，风格和谐统一，造型雄伟，浑厚质朴，刻画细腻，生动感人，为云冈石窟雕刻艺术的代表作，是中国佛教艺术发展史的第一个巅峰。

云冈石窟形象地记录了印度及中亚佛教艺术向中国佛教艺术发展的历史轨迹，反映出佛教造像在中国逐渐世俗化、民族化的过程。多种佛教艺术造像风格在云冈石窟实现了前所未有的交融贯通。

云冈石窟是石窟艺术“中国化”的开始。云冈中期石窟出现的中国宫殿建筑式样雕刻，以及在此基础上发展出的中国式佛像龛，在后世的石窟寺建造中得到广泛应用。云冈晚期石窟的窟室布局和装饰，更加突出地展现了浓郁的中国式建筑、装饰风格，反映出佛教艺术“中国化”的不断深入。

游览云冈石窟，感到震撼，是一次中国古代造像、雕刻、建筑、佛学、音乐、美学等文化艺术的综合享受和熏陶。

华严寺，中国现存年代较早、保存较完整的一座辽金寺庙建筑群，兼具辽国皇室宗庙性质，地位显赫。

华严寺 依据佛教经典《华严经》而命名。全国重点文物保护单位，国家 AAAA 级旅游景区。位于山西省大同市平城区下寺坡街 459 号，占地面积 66000 平方米。现对公众开放。门票价格：65 元 / 人。

华严寺坐西向东，山门、普光明殿、大雄宝殿、薄伽教藏殿、华严宝塔等 30 余座单体建筑分别排列在南北两条主轴线上，布局严谨。明中叶以后，华严寺分为上、下二寺，具有极高的历史、文物、科学价值。

上华严寺，以大雄宝殿为中心，分为两院。有山门、过殿、观音阁、地藏阁及两厢廊庑，布局严谨，高低错落。

大雄宝殿，始建于辽，重熙七年（公元 1038 年），后毁于战争，金天眷三年（公元 1140 年）依旧址重建。殿身东向，建筑面积达 1559 平方米，矗立在 4 米余高的月台上。台上有一清式三间牌坊，左右分别是六角钟、鼓亭。单檐庑殿顶，正脊上的琉璃鸱吻是中国古建筑上最大的琉璃吻兽。殿内空间

上华严寺大门

面积大，便于礼佛等各项活动。殿内中央佛坛上塑有5尊佛，其两侧有二十诸天侍立，神情不一，姿态各异。殿内四壁满布21幅巨型壁画，画面长136.8米，高6.4米，面积876平方米，关于佛教故事及各种人物5000余个。采用各种景物相隔联之传统手法，设色以石青、石绿为主，辅以沥粉贴金，色彩艳丽，画工精细，保存完好。殿顶的天花板彩绘龙凤、花草、梵文等，构图繁复。殿外的殿墙上嵌有4块石碑，为南宋著名理学家朱熹书写的《易经》碑。

华严宝塔，是继山西省应县木塔之后全国第二大纯木榫卯结构的方形木塔，通高43米。上景金盘，下承莲池，特别是塔下近500平方米的千佛地宫，采用100吨纯铜打造而成，内供高僧舍利及千尊佛像，金碧辉煌，全国唯一，是传统与现实完美结合的典范之作。

下华严寺位于上寺的东南侧，相距不远。以薄伽教藏殿为中心，有辽代塑像、石经幢、楼阁式藏经柜和天宫楼阁等。

下寺大殿为薄伽教藏殿，意为佛教的经藏殿，辽重熙七年（公元1038年）建。佛坛上布列辽代彩塑29尊，分3组：从北至南，分别以过去佛、释迦牟尼、未来佛为本尊。三尊佛像前端坐四大菩萨，由北而南依次为大悲观音、大智文殊、大行普贤、大愿地藏。利用造像的不同仪态，使群像结构紧凑、密集而不重叠。整个色调以墨绿、红、金为主。

在佛坛上的诸菩萨像中，以一尊面带微笑的“合掌露齿”菩萨像最为生动，堪称“神品”。塑像高约2米，赤足站立在莲花台上，体态丰盈、上身薄袒、衣饰贴体、肘悬飘带、发束高冠、身姿略侧、颈项微斜、双目半睁、朱唇小开、两手合十、举至胸前、露齿微笑，被赋予“东方维纳斯”之雅号。

天宫楼阁在薄伽教藏殿内四周，依壁有两层楼阁式藏经柜，共38组。楼阁雕工极细而富于变化，是中国唯一的辽代木构建筑模型，具有重要的科学研究价值，称为“海内孤品”。藏有明、清藏经1700余函，18 000多册，其中有明代永乐和万历年间刻印的佛经1700多册，还有一套清代完整的《龙藏》。

2010年12月，大同10处文物古建中共设置了近百块匾额，在华严寺内增加了“仰酬洪泽”“凌虚思远”“京华大观”“契合乾坤”等牌匾。

善化寺，辽金时期最杰出的古代建筑之一，包括了建筑本身及泥塑、壁画、碑记等众多珍贵文物，具有重要的文物价值、历史价值和研究价值。

善化寺 原名开元寺，俗称南寺，为国立寺院。全国重点文物保护单位，国家AAAA级旅游景区。位于山西省大同市平城区南寺街6号，占地面积约20 000平方米。始建于唐开元年间，五代后晋时改名“大普恩寺”，辽末毁，金天会年间（公元1128年）重修。明代续修，明正统十年（公元1445年）始更名善化寺。门票价格：免费。

善化寺，坐北朝南，主要建筑沿中轴线渐次展开，为天王殿、三圣殿、大雄宝殿，层层叠高。东有文殊阁（已毁），西为普贤阁。天王殿、三圣殿、大雄宝殿、普贤阁均为辽金时期原构。善化寺建筑高低错落，主次分明，左右对称，是中国现存规模最大、最为完整的辽金时期建筑。

天王殿，现为山门，面阔5间，进深2间，单檐庑殿顶，是中国现存金代时期最大的山门。左右塑四大天王像，横眉怒目，姿态威严。

三圣殿，建于高约1.5米的砖砌台基之上。殿面阔5间，进深4间，单檐庑殿顶。

大雄宝殿乃善化寺之最大殿宇，面积1200多平方米。大殿面阔7间40.7米，进深5间25.5米，单檐五脊顶。前有月台，左右设有钟鼓二楼。大雄宝殿内正中供有5尊佛像，从东向西依次排列：东方阿闪佛、南方宝生佛、中央毗卢遮那、西方阿弥陀佛、北方微妙闻佛。其下有弟子、菩萨侍立，是辽金原作。殿内东西两侧台上排列24尊护法天王塑像，造型优美，神态自然，装束各异，栩栩如生。殿内西、南两壁墙上，存有清康熙二十五年至四十七年（公元1686—1708年）所绘壁画，内容均为佛教故事。

大雄宝殿

善化寺内辽金时期建筑及泥塑、壁画、碑记等珍贵文物，反映了当时的建筑特色，对于了解北方少数民族对于唐代建筑的传承、融合，互为烘托的支撑和共同发展，具有重要的文物价值、历史价值和研究价值。

大同九龙壁是中国现存九龙壁中建筑年代最早、最大的一座，比北京故宫、北海的九龙壁早300余年，大小约是北海九龙壁的2倍。

大同九龙壁 全国重点文物保护单位。位于山西省大同市和阳街。建于明洪武二十五年至二十九年（公元1392—1396年）。大同九龙壁成就了大同“龙壁之城”的美称，现存有9座龙壁，大同九龙壁是其中最著名的一座。门票价格：10元/人。

九龙壁，原为明太祖朱元璋第十三子朱桂代王府的照壁。王府坐北朝南，呈长方形，建筑规模宏大，气势雄伟。中轴线上前有九龙照壁，是一座完整的王城府邸。现今的东华门、西华门、皇城口、石宰门正是当时王府四门的遗址。该府于明崇祯末年（公元1644年）毁于兵火。王府照壁九龙壁因隔和阳街而立，故保存至今。

九龙壁位于城内大东街（和阳街）路南，坐南朝北，该壁东西长45.5米，壁高8米，厚2.02米，是中国现存规模最大，建筑年代最早的一座九龙壁，堪称中国九龙壁之首。壁上均匀协调地分布着9条飞龙，两侧为日月图案。壁面由426块特制五彩琉璃构件拼砌而成。9条飞龙气势磅礴，飞腾之势跃然壁上。龙的间隙由山石、水草图案填充，互相映照、烘托。壁顶覆盖琉璃瓦，顶下由琉璃斗拱支撑。壁底为须弥座，高2.09米，敦实富丽，上雕41组二龙戏珠图案。腰部由75块琉璃砖组成浮雕，有牛、马、羊、狗、鹿、兔等多种动物形象，生动活泼，多彩多姿。

沧桑九龙壁

每当朝阳升起，金光万道，九龙壁似涂上了一层耀眼的光辉，巨龙仿佛腾身游动，万缕金光在龙身上跳耀，巨龙昂首摆尾，盘绕弯曲，腾空而起，似在云海中翻腾，在流云中穿行，惟妙惟肖，煞是好看。

传说九龙壁建成后的一天，忽然雷雨交加，有两个霹雳飞向九龙壁，其前方形成两眼深泉，分别腾起一黄一黑两条巨龙，昂首向九龙壁前大坑中喷注清泉。代王遂令将水坑修成倒影池，成为九龙壁不可分割的一部分了。两清泉成井，一甜一苦，甜水井可供人食用，苦水井却能治病。

四牌楼，始建于明洪武五年（公元1372年）。整体布局严谨，宏伟壮观，金碧辉煌，精美实用。

四牌楼 位于山西省大同市区老城内。始建于明洪武五年（公元1372年），1952年拆除，2012年在原址重建。门票价格：免费。

明开国元勋徐达将军驻守大同，在魏唐辽元旧土城南增筑大同城墙，周长十三里（6.5千米），略呈方形布局，每面设一门，共四门。开设两条主干道，每条道连接相对的两门，呈“十”字交汇于城中，以此交汇点之道口四面分别建一四柱三间三楼木构瓦顶冲天柱牌坊，其布局呈“口”字形围合，俗称“四牌楼”，形如当今之环岛。牌楼以街之名为坊额，分别为：和阳街、永泰街、清远街、武定街。环岛上牌坊的基座上有四牌楼的简介。牌楼整体布局严谨，宏伟壮观、金碧辉煌、精美实用。路人可以此为标识，又可驻足交流。这里曾是大同城的热点，热闹一时，后逐渐淡去，但四牌楼却数百年忠实地值守于此。直到清末，大同城再次兴起，四牌楼也重现繁华景象。南来北往的人们汇集在古城内，作为必经之路的四牌楼，也就成了一个人们休闲聊天、信息交流的地方，天下事、新鲜事在四牌楼汇聚，又从四牌楼散播到四面八方。现随着大同城的发展，旅游业的兴起，重建后的四牌楼变成了一个繁忙的交通环岛，从早到晚，周边车水马龙，人来人往。直到暮晚，四牌楼依然不寂寞，一天的忙碌隐去，这里依然热闹非凡。特别是夜色中的四牌楼，经霓虹灯的装扮，更是灯火辉煌，漂亮至极，这里自然变成了游客们的打卡地，人们纷纷慕名前来拍照留念。

四牌楼

释迦塔，中国现存最高、最古且唯一木构塔式建筑，被称作“世界三大奇塔”之一。

释迦塔 全称“佛宫寺释迦塔”，俗称“应县木塔”。被列入《世界文化遗产名录》，全国重点文物保护单位，国家AAAA级旅游景区。位于山西省朔州市应县城西北佛宫寺内。建于辽清宁二年（宋至和三年，公元1056年），金明昌六年（南宋庆元元年，公元1195年）增修完毕，与意大利比萨斜塔、巴黎埃菲尔铁塔并称“世界三大奇塔”。2016年，获世界吉尼斯纪录认定，为世界最高的木塔。塔高67.31米，底层直径30.27米，呈平面八角形。全塔耗材红松木料3000立方米，2600多吨，纯木结构、无钉无卯。门票价格：60元/人。

释迦塔，位于寺南北中轴线上的山门与大殿之间，属于“前塔后殿”的布局。塔建造在4米高的台基上。第一层立面重檐，以上各层均为单檐，共5层6檐，各层间夹设有暗层，实为9层。因底层为重檐并有回廊，故塔的外观为六层屋檐。底层南北各开一门，2层以上设平座栏杆，2～5层每层有4门，均设木隔扇。每层装有木质楼梯，游人逐级攀登，可达顶端。

塔内各层均塑佛像。一层为释迦牟尼，高11米。内槽墙壁上画有6幅如来佛像，门洞两侧壁上也绘有金刚、天王、弟子等。二层坛座方形，上塑一佛二菩萨和二胁侍。

应县木塔

塔顶作八角攒尖式，上立铁刹。塔每层檐下装有风铃。

释迦塔，设计大胆，继承了汉、唐以来富有民族特点的重楼形式。充分利用传统建筑技巧，广泛采用斗拱结构，全塔共用斗拱54种，每个斗拱都有一定的组合形式。有的将梁、坊、柱结成一个整体，每层都形成了一个八边形中空结构层。

塔内重点文物：供奉着两颗佛牙舍利，经考证确认为是释迦牟尼灵牙遗骨。莲花台下八力士，形象生动逼真。明、清及民国匾、联54块。另还有一批珍贵的辽代文物，尤其是辽刻彩印，填补了中国印刷史上的空白。文物中以经卷为数较多，有手抄本，有辽代木版印刷本，有的经卷长达 30 多米。为纪念画家慧能大师绘制的“采药图”，原来曾藏在第四层佛像腹内。

恒山，国家地理重要标志，与东岳泰山、西岳华山、南岳衡山、中岳嵩山并称为中华五岳。承载着中华文明符号，孕育出深远浓厚的地域民俗文化。

恒山 全国重点文物保护单位 7 处，国家 AAAA 级旅游景区。位于山西省大同市浑源县城南 4 千米处，占地 147.51 平方千米，其中主景区面积 122.38 平方千米。自古即为中国北方著名的风景游览胜地和重要的道教发祥地之一，是中华锦绣山河的杰出代表。恒山山脉，祖于阴山，发脉于管涔山，东西绵延五百里（250 千米），锦绣一百零八峰，呈东北走向。叠嶂拔峙，横亘塞上，辖有 13 处景色独特、功能各异的子景区。门票价格：47 元 / 人；索道上行 90 元 / 人，下行 80 元 / 人，全程 160 元 / 人。

北岳恒山

从明代弘治六年（公元 1493 年）开始的改祭争论，一直延续到清初顺治年间，祭祀北岳的地点才由河北曲阳移至山西浑源，封祀合一争论就此落幕。从此山西浑源就成了国家祭祀北岳恒山的地方，享受曾经古北岳（今河北）时的政治待遇。

恒山因其险峻的自然山势和地理位置的特点，成为兵家必争之地。许多帝王、名将都在此打过仗，这是恒山在五岳中最引以为自豪的，并且将古代关隘、城堡、烽火台等众多古代战场遗迹保存了下来。

恒山所在地浑源县属温带半干旱大陆性气候，四季分明。4—10 月平均气温 7℃以上，是游览度假的适宜季节，游览时间可达 210 天。

恒山是一座断层山，距今已有 5 亿年，峰峦沟谷相对高差达 1000 米以上，是海河支流桑干河与滹沱河的分水岭。

恒山主峰分东、西两峰，东为大峰岭，西为翠屏峰，两峰对峙，风格独具，断崖绿带，层次分明。素有18景之称：磁峡烟雨、云阁虹桥、虎口悬松、果老仙迹、云路春晓、断崖啼鸟、危岩夕照、金鸡报晓、茅窟烟火、奕台鸣琴、玉羊游云、脂图文锦、岳顶松风、幽窟飞石、仙府醉月、紫峪云花、石洞流云、龙泉甘苦。

此外，还有奇观：金龙峡，悬崖中腰有“云阁”古栈道盘绕。

恒山松，风格别致，形状奇特。其中4株唐代古松，傲然挺立，气势不凡。

桃花洞，聚集恒山桃花群，历百年而茁壮常新，清明前后桃花盛开，红若香珠，灿若彩霞，点缀着山谷，传递着春意。

恒山云，缕缕白云，飘忽不定，变幻无穷。

恒山庙，以北岳庙为首，稳坐于西峰之上、苍松之间，或隐或露。

摩崖碑刻，多处摩崖及北岳庙中清代御祭恒山文碑20余通，弥足珍贵。

悬空寺，巧妙的建筑形式，造就名扬中外的独特寺庙，堪比“壮观”还要多一点。

悬空寺 原名“玄空阁”。全国重点文物保护单位，国家AAAA级旅游景区，是国内仅存的佛、道、儒三教合一的独特悬空寺庙。位于山西省大同市浑源县城南4千米处，占地面积152.5平方米，建筑面积400平方米，建有大小房屋40间。始建于魏孝文帝元宏太和十五年（公元491年），距今1500多年。古代工匠根据道家“不闻鸡鸣犬吠之声”的要求修建了悬空寺，历代又都对悬空寺做过修缮，明清时期的建筑达到极盛，现存以明清建筑为主体。门票价格：130元/人。

悬空寺，距地面高约80米，高悬于深山峡谷石崖中间，崖顶峰突出部分似一把伞，使古寺免受雨水冲刷。山下的洪水泛滥时，也免于被淹。四周的大山减少了阳光的照射时间。优越的地理位置是悬空寺能完好保存的重要原因之一。其建筑特色可以概括为“奇、悬、巧”三个字。

悬空寺，表面看上去支撑全寺的仅十几根碗口粗的木柱，其实并非如此。秘密在于凿洞穴设巨木承重支撑的建筑工艺，巧借岩石暗托，颇具奇特构思：第一，在确定的寺庙最底层（大约离山底地面80米）的山体处掘出一平台；第二，在平台处沿地面石墙打一巨大洞穴，外大内略小，具一定深度；第三，选定一种叫铁杉木的木材加工成长木方，并用桐油浸泡处理，以使其异常坚硬，并防止病虫侵蚀；第四，将长木方从细的一头开始打入石洞穴，细头部位事先用木楔处理好，打入后充分固定；第五，将寺庙房屋建造在木方上，即以木方为横梁，梁上设立柱，立柱上再搭梁、枋等，按中国传统建筑的榫、卯、梁、檐架组合，将建筑材料整合为一体。有了框架之后，屋顶、板壁、门窗、栏杆接连铺设，一层层殿阁跃然而出。殿堂与山墙体接触部分，继续凿深呈洞窟，以扩大空间面积，形成窟连殿，殿连窟形制。寺庙建有山门、钟、鼓楼、禅房、佛堂、大殿、配殿等，特别是南、北两座三层楼，有 1 ~ 3 层，南楼是纯阳宫、三官殿、雷音殿，北楼是五佛殿、观音殿、三教殿。全寺共有殿阁 40 间，佛像 80 多尊，佛、道、儒三教合一。以两层栈道，闭环形式将寺庙错落有致、布局紧凑、庄严肃穆的殿堂和楼阁衔接起来；下部巧借几根木柱支撑，加重了悬的气势，形成精巧奇绝、巍峨雄伟的悬空寺，可谓是中华建筑、宗教、雕塑、艺术、文化等的集大成者。

传说唐开元二十三年（公元 735 年），李白游览悬空寺后，在巨石上书写了“壮观”二字，但壮字多了一点，寓意：“比壮观还要多一点”。明代大旅行家徐霞客称悬空寺为“天下巨观”。

浑源悬空寺

八路军出师抗日的首战大捷之地，几十年只闻其名、未见其身。此次终于一睹其风采，了却心愿，由衷地高兴。

平型关大捷遗址 全国重点文物保护单位，全国爱国主义教育示范基地，全国百个红色旅游经典景区之一。位于山西省灵丘县城西南 30 千米的蔡家峪、小寨、乔沟、白崖台、关沟一带。遗址保护面积 8.6 平方千米，距灵丘县城 35 千米。为内长城上的一个重要关隘。关口为明正德六年（公元 1511 年）修筑，清代始称平型关，关口为平型关战役标志性遗址，现存已非关楼原貌。景区包括平型关大捷纪念馆、纪念碑、将帅广场、主战场乔沟、老爷庙争夺战遗址和 115 师指挥所旧址、烽火台等 13 个景点。门票价格：免费。

平型关大捷纪念馆

平型关当年战场

1937 年 9 月，日军占领山西天镇、广灵、大同。八路军第 120 师从西面驰援雁门关，八路军第 115 师从东面配合作战，对灵丘县平型关的日军实施攻击。23—25 日，在平型关与日军第 5 师团发生激战，歼灭日军 1000 多人，击毁汽车 100 余辆。缴获大批武器弹药及其他军用物资，取得八路军出师抗日的首战大捷。平型关大捷打破了日军不可战胜的神话，长了中国军民的志气，灭了日本侵略者的威风，大快人心，也大大增强了全国军民的抗战信心，具有伟大的历史意义。

我们参观了平型关大捷纪念馆，重温了平型关大捷的历史场面；在将帅广场，聆听老一辈革命家对大捷的评判，缅怀将帅们的丰功伟绩；站在当年的主战场乔沟旁，憧憬当年惊心动魄的歼敌场景；远眺东侧 1 千米山岭上的大捷纪念碑，致以崇高的敬礼。然后，开车沿县道上山，在山垭口公路旁野餐，后翻过垭口，下到平型关遗址，拍照留念。

五台山，慕名已久，之前曾错过多次机会，直到古稀之年才得以圆梦。遗憾的是当天天气不太好，前一晚刚下过雨，但各寺庙游人仍人满为患。五台山，名不虚传。

五台山风景名胜区 五台山，又名“清凉山”“紫府山”“灵鹫峰”，由一系列大山组成。其中五座高峰（东台望海峰、南台锦绣峰、西台挂月峰、北台叶斗峰、中台翠岩峰）峰顶平坦如台，故名五台。被列入《世界文化遗产名录》，全国重点文物保护单位，国家AAAAA级旅游景区，中国十大名山之一，四大佛教圣地之一，世界五大佛教胜地之一。位于山西省忻州市五台山台怀镇，中心地区距忻州市150千米。占地面积达607平方千米，最高海拔3061米。环境优美，河流纵横，森林、草场众多，气候较寒冷，盛夏天气凉爽，为避暑胜地。门票价格：通票135元/人；显通寺、塔院寺另收费。

五台圣境

五台山，是文殊菩萨的道场，是中国唯一一个青庙（汉传佛教）与黄庙（藏传佛教）共存的佛教道场。现存宗教活动场所共86处，有寺庙124处，青庙99处，黄庙25处，其中，国家重点文物保护单位6处：显通寺、菩萨顶、塔院寺、罗睺寺、碧山寺、佛光寺；其他著名的还有：南山寺、黛螺顶、金阁寺、万佛阁等。特别是显通寺，其前身大孚灵鹫寺，为中国最早的佛教寺院，开创了中国佛教先河，也成就了五台山，成为中国著名佛教中心。

五台山，植被丰富，共有植物100科386属661种。其中，草本植物501种、木本植物160种。陆生脊椎动物63科149属205种。昆虫以五台种命名新种20多种。

五台山还有众多文物，各种佛像雕像、泥塑、壁画，以及牌楼、佛塔、彩壁、碑碣等。

五台山风景名胜区，每年游人如织，香火旺盛，盛夏住宿、交通都十分紧张。费了九牛二虎之力，好不容易找到住宿的地方。停车场半地下，仅能停几辆车，进出同一口，窄小，30度坡，90度拐角，每次出入又惊又险！

在台怀景区只游览了显通寺、塔院寺、南山寺，出大门参观了佛光寺。

显通寺 全国重点文物保护单位，位居五台山十大青庙和五大禅寺之首。始建于东汉永平十一年（公元 68 年），北魏称大灵鹫寺，唐称大华严寺，明初称大显通寺。占地面积约 8 万平方米，各种建筑 400 余间，是五台山历史最悠久、规模最大的寺院。现存建筑均为明、清构建，中轴线上从南至北七进殿依次为：观音殿、大文殊殿、大雄宝殿、无量殿、千钵文殊殿、铜殿、藏经楼。建筑各具特色，辉煌壮丽。殿堂、厢房布局严整，中轴线分明，配殿左右对称，铜殿铸于明万历三十八年（公元 1610 年），共用铜 10 万斤（5 万千克），是中国国内保存最好的铜殿之一。显通寺单收门票价格：10 元 / 人。

大佛殿即大雄宝殿，清光绪二十五年（公元 1899 年）重建，重檐九脊顶，“凸”字形平面，四周环廊。殿前檐廊下额枋、雀替雕龙。殿内供“三世佛”、十八罗汉等，背面为“三大士”像。

大雄宝殿

无量殿为纯砖结构，明万历三十四年至四十年（公元 1606—1612 年）建，明崇祯九年（公元 1636 年）补修。殿内四壁铸佛像万尊，故又名万佛殿。殿身比例和谐，制作工精，柱额、斗拱、梁架、屋顶及吻兽脊饰等完好无损。四周隔扇棂花图案和裙板上花鸟人物，工艺尤佳。

铜殿，是在明万历三十七年（公元 1609 年）先后铸成的三座铜殿，其中一座已毁。铜殿方形，外观重檐两层，高约 5 米，四周隔扇上棂花图案和壶门花鸟装饰，形象生动，工艺绝佳，内壁四面铸满小佛万尊，中央台上端坐一尊大佛，故称“万佛如来”。

铜塔位于铜殿前两隅。原为五座，形制略同，象征着五个台顶，人们至此，犹如朝拜五台。现仅存两座，明万历三十八年（公元 1610）造，完好无损。塔为八角形，13 级，高约 7 米。塔内及周身雕佛、菩萨、力士、弟子、诸天、罗汉等像。

大钟楼在寺东南隅，明天启四年（公元 1624 年）建，重万斤，是五台山巨钟之一。

此外，寺内还保存有铜铸十一面千钵文殊、华严经字塔、小木作八角形楼阁式塔、北魏铜铸旃檀佛像、石雕菩萨等，也都是富有历史、艺术价值的文物。

塔院寺 全国重点文物保护单位。位于五台山台怀镇，有殿堂楼房130余间，占地面积15 000平方米。始建于元大德五年（公元1301年），尼泊尔工匠师阿尼哥设计建造，明万历九年（公元1581年）重建，为全国重点寺院。塔院寺坐北朝南，由横列的殿院和禅堂僧舍组成。中轴线上排列有影壁、牌坊、石阶、过门、山门、钟鼓楼、天王殿、大慈延寿宝殿、塔殿藏经阁，以及山海楼、文殊寺塔等建筑。寺前有木牌坊三间，玲珑雅致，为明万历年间所筑。寺内主要建筑，大雄宝殿在前，藏经阁在后，舍利塔位居其中。因寺院中有释迦牟尼舍利塔、佛足迹图碑和教主文殊菩萨的发塔，被佛教信徒视为圣地。各殿塑像保存完好，藏经阁内木制转轮藏二十层，各层满放藏经，供信士礼拜与僧侣颂诵。

天王殿内供着观音菩萨像，背后立着一座法令碑，再后才是护法神韦驮像，两旁是四大天王的塑像。

大雄宝殿，又叫大慈延寿宝殿，殿中供着释迦牟尼佛和文殊、普贤菩萨像，两旁是十八罗汉像。清朝康熙皇帝题写的“景标清汉”匾、乾隆皇帝写的“揽妙曼云”匾、嘉庆皇帝写的“尊胜法幢”匾，均挂在大雄宝殿内。

大白塔

白塔寺，寺内以舍利塔为主，塔基座正方形，藏式，全部用米浆拦和石灰砌筑而成，总高约60米，基座8角形，造型优美，其上由粗及细13层轮状建筑，称13天。塔顶是4.52米高的风磨铜宝瓶，塔刹、露盘、宝珠皆为铜铸，塔腰及露盘四周各悬风铎，252个铜铃风吹作响，声音悦耳，极富古刹风趣，加之白塔处于五台山的中心台怀镇，四周分布着众多寺庙，所以它便成了五台山的标志。塔基4角建有四个小亭，在小亭的衬托下，使大白塔显得更加壮丽美观。环绕塔基造有可避风雨的长廊，大白塔的下层塔殿内供奉着释迦牟尼佛，以及文殊、观世音、普贤、地藏四菩萨。在青山绿丛之中，高耸的白塔格外醒目。门票价格：10元/人。

文殊寺塔，高2米多，虽不及大白塔雄伟，但因供奉着五台山教主文殊菩萨的头发，前来拜塔的僧人、香客仍然不少。

藏经楼，又叫藏经阁或大藏经阁，在大白塔的后面。藏经楼为二层楼房，面阔五间，内供释迦牟尼佛、阿弥陀佛、药师佛、迦叶佛等佛像9尊。正中上方，挂有一块木匾，匾上的字，系清朝乾隆皇帝所写，丰满而端庄，又不失秀丽，是十分珍贵的书法艺术品。楼内还有远近闻名的转轮藏。藏经阁现存汉、蒙、藏多种文字经书2万多册，其中属于宋以后至清乾隆年间版本的2000多册经卷为国家善本书，是研究我国佛教理论的珍贵资料。

1948年，毛泽东、周恩来等东渡黄河，挺进河北途中，路过五台山时曾在塔院寺住过。如今，塔院寺方丈院已被辟为毛主席路居陈列馆，馆内有毛主席、周总理和任弼时同志等的卧室。室内陈列着当年的床铺、桌凳、笔墨等复制品。

南山寺建筑依托山势，层次高低分明，错落有致。寺院最下面有一堵大型影壁。

南山寺 位于台怀镇南2千米。依山势而建，海拔在1700米以上，共有殿堂窑房300余间，占地37 175平方米，规模之大在五台山首屈一指。创建于元代，当时叫"大万圣佑国寺"。清光绪年间再行修建，称为极乐寺。清末，寺院主持普济和尚募得巨资，将原有的三部分合建成一体，称为南山寺，连续施工23年，终于形成今天的规模。

佑国寺精湛石雕艺术

南山寺整个建筑群由七层三大部分组成，下三层名为极乐寺，上三层叫作佑国寺，中间一层称作善德堂。坐东朝西，悬于陡峭山坡，宏伟壮丽。共有18处院落，七重大殿，依山而建，108级台阶，拾级而上，层次分明、错落有致。寺门前是砖雕影壁，寺内围墙、栏杆均存汉白玉浮雕，有花鸟鱼虫、飞禽走兽；有历史人物，佛经故事，以其精美的彩塑、石雕艺术及佛音乐而享誉五台山，是以儒、释、道三教合一为特色的古刹。

大雄宝殿，为佑国寺的主体建筑，殿中供奉释迦牟尼佛，两旁站立者为阿难和迦叶两大弟子。佛坛前正中是文殊骑狮石像，右侧为木雕普贤菩萨，左边为石雕送子观音，殿两壁是十八罗汉。该殿的造像之精，在五台山寺庙中颇有名气。

特别是送子观音，托、抚着天真活泼的小孩，使人倍感亲切。

上三层的佑国寺，这里可说是石雕的海洋，几乎是无石不雕。一进院共有石刻图案 316 幅，以“穆桂英挂帅”“天女散花”“苏武牧羊”等最为人们所熟悉；二进院共有 360 幅，有“孟母择邻”“太公钓鱼”的故事等；三进院共 294 幅，有“三顾茅庐”“孙悟空、猪八戒登仙山”等情景。整个佑国寺浮雕图案近千幅，内容之丰，数量之多，刻工之精，堪称一绝。

天王殿，内供奉弥勒佛像，还设有五台山全貌和台怀镇沙盘。南北两壁复制五代敦煌壁画《五台山图》，记录了五台山当时的地形地貌及历史建筑，具有极高的学术价值。

站在“望峰台”上向南眺望，可远观五台山五峰。

佛光寺，唐代木结构建筑中的杰作，反映了唐建古朴风雅的特色，是中国现存最早、最完整的木结构建筑。

佛光寺 全国重点文物保护单位。位于佛光山的山腰，有“亚洲佛光”的美称。创建于北魏孝文帝时期（公元 471—499 年），隋唐时就已是五台名寺，在敦煌壁画上就有“大佛光寺”之称记载。唐武宗会昌灭佛，寺庙被毁。唐大中十一年（公元 857 年），主殿东大殿得以重建。门票价格：15 元 / 人。

佛光寺建在半山坡上，东、南、北三面环山，西面地势低下开阔。寺因势而建，坐东朝西。全寺有院落三重，分建在梯田式的寺基上。寺内现有殿、堂、楼、阁等 120 余间。其中，东大殿 7 间，为唐代建筑；文殊殿 7 间，为金代建筑，其余的均为明、清时期的建筑。

影壁与山门

建于唐代的山腰大殿为正殿，坐东向西，称东大殿。东大殿居高临下，雄伟古朴，气势壮观，是五台山最大佛殿之一，无论在构造做法上，还是在造型比例上，都集中地反映了唐代木结构建筑的特点，在中国乃至世界建筑史上都占有重要地位。东大殿采用梁柱木结构作为框架，以柱子承重，以榫卯固定接头，是一种柔性结构体系，已接近于现代框架结构。

佛光寺的文殊殿，其年代之久、规模之大，仅次于东大殿。它建于金天会十五年（公元1137年），为节约木材，扩大空间，采用了金、元时常用的建筑处理手段减柱法。

佛光寺的建筑堪称瑰宝，佛光寺的唐塑、壁画和墨迹也久负盛名，它们合称为寺里的四绝。仅大殿内的佛坛上就有唐代彩绘泥塑佛像主像5尊，胁侍28尊，另有两尊是建殿施主和建殿主持人，共35尊；另罗汉296尊（原为500尊）。这些塑像布局合理，形姿各一，体态丰满，面目浑厚圆润，生动逼真，线条自然流畅。正殿内现存的十几平方米唐代壁画，人物上千，描绘了佛教故事，其中右次间内柱前额上的横幅，人物姿态都极优美，富有唐代特征，而其颜面、胡须笔法则部分保留了汉画的风格。大殿左右四梁下均有唐人题字，这些墨迹字迹清晰，笔法沉劲，实在不可多得。

离开佛光寺，一路驱车前行，来到阎锡山故居。

阎锡山故居 全国重点文物保护单位，国家AAAA级旅游景区。位于山西省定襄县城东北22千米的河边村。始建于1913年初，至1937年抗日战争爆发前夕，先后建成了都督府、得一楼、上将军府、二老太爷府、穿心院、东花园、西花园以及子明慈幼院，长达24年完工。整个建筑群坐东向西，原占地面积61 834平方米，近30座院落，800余间房屋。现存18座院落575间房屋，占地面积38 000平方米，建筑面积18 000平方米。门票价格：50元/人。

阎锡山故居，总体设计分为上下两院，东西花园。上院包括古牌楼式的大门及三进院落，地面全由青砖或鹅卵石砌成几何图案。建筑1～3层，以中国传统的宫殿式建筑为主，含会客室、家族会议室，可远眺村内外景致的最高楼等。下院规模较小，是其寝居、办公等较为隐秘事务场所。另外，还有遍布主要建筑物下面的地下室、地道，以及连接东西花园的暗道、偏门。

故居院落及建筑

故居整体气势恢宏、不拘一格，变幻诡异。一组组精湛美妙的各种石雕、砖雕、木雕使人流连忘返。以古典中式为主，融进近、现代元素的建筑群，更体现民国初年北方庄园、民居建筑的艺术，是研究阎氏家族繁衍兴衰的珍贵实物，也是研究民国初年仿古建筑的活体标本。其鲜明的民间民俗色彩和中西结合的建筑艺术风格显示了其独特的文化价值、美学价值与历史价值。

阎锡山故居，已部分辟为河边民俗博物馆。馆内陈列品以民俗文物为主，按照农、食、住、行、娱、信为内容的六大系列布局。包括民间面塑、刺绣、雕刻、饮食、信仰、婚俗、春节、元宵节和民俗一条街等共58个陈列室，总面积1980平方米。这些展室既相对独立，又交叉关联，生动地反映了晋北清末民初独特的民俗文化和异彩纷呈的民间艺术。

代县历史悠久，是中国历史上著名的北陲政治要地、军事强藩、商埠重镇和文化名城，位于山西省东北部，秦统一六国后，代县始建县，名广武县。经过2000多年的繁衍变化，更名为代县，2001年属忻州市至今。代县是长城大县，长城总长度达48 013米，有赵长城、汉长城、北齐长城、明长城，具有重要的军事价值，历来为兵家必争之地。孕育了众多的名胜古迹，全国重点文物保护单位4处，省级重点文物保护单位8处，市、县级重点文物保护单位100多处。

代县边靖楼 又名谯楼，俗称鼓楼。全国重点文物保护单位。位于代县县城中央，是代县的标志性建筑。初建于明洪武七年（公元1374年），距今已有600多年的历史。一是纪念平叛成功；二是楼上置鼓，为安定边塞和极目赏景，含有远眺警戒来敌的意思，故名。后毁于大火，清年间重修。1999年代县人民政府又一次大型修整。门票价格：15元/人。

边靖楼

边靖楼，为砖木结构，总高36米。楼下为砖券洞台基，基高13米，长43米，宽33米，台基有南北通向10米高的石券楼洞，可供通行。楼建于台上，楼身高26米，宽7间，深5间。楼呈三层四檐歇山顶，面宽五间，进深三间，以明台计，面宽29.65米，进深19.30米。上一层施重檐五铺作双昂斗拱，第二层施平座斗拱五铺作双抄里边偷心，下层无斗拱，三层四周均有廊。楼上正面悬挂着“雁门第一楼”和“声闻四达”两巨匾，北面悬挂“威镇三关”巨匾，整个建筑雄伟壮观，细腻精巧。登楼四眺，山河辽阔，塞上风光无限。

代县阿育王塔 又称“圆果寺塔”，俗称“白塔”。全国重点文物保护单位。始建于隋仁寿元年（公元601年），木结构，称“龙兴”。坐落在山西代县古城圆果寺内，与边靖楼遥相对峙，竞相争高。唐宋几经废兴，唐大中元年（公元847年）重建，改“龙兴”为“圆果”。后寺毁，仅塔独存，元至元十二年（公元1275年）改建为砖塔。清康熙二十年（公元1681年）地震毁坏，三十三年（公元1694年）补修。门票价格：免费。

阿育王塔

塔为圆锥体、佛教藏式造型。由主塔和附属小塔构成，全用砖砌，塔通高40米。塔基平面为长方形，南北长50米，东西宽30米，高1.5米，塔建于塔基正中央。塔座平面圆形，砖砌，周长60米，作仰覆莲瓣及重涩混肚与方涩的须弥座式，四周刻有花饰、莲瓣和陀罗尼经。塔身为上肩略宽的圆形覆钵式，刹身为砖作相轮11层，1～3层柱头之间只用阑额一层。第四层平面略呈圆形，外观如同一圆锥体，这是塔的主要部分，也是塔的精华所在。周身如同一组雕塑艺术群，五光十色、光艳夺目，其高度约占全塔通高的1/3。塔身上接刹顶，上覆盖盘，中装金顶宝珠，造型秀美，雄健挺拔，雕艺高超，为我国藏式塔中之佳作。八面八角的角锥体，刻塑出虎、狮、象、龙和佛、菩萨等形象。3层塔心室北壁前并列2尊石雕释迦多宝佛像，佛座上枋刻有贞观二年为太宗皇帝寿诞造像的题记。3层南门边框上保存着唐代线刻云纹，表面留有宋代游人的题刻等。

代县文庙 全国重点文物保护单位。位于山西省代县城内，创建于唐代，具体时期不详，元时因战争而毁，元至正二十七年（公元1367年）重修，明、清两代不断增修，清同治年间大修历时两年，形成现在的规模。1983—1986年国家又拨款进行维修。代县文庙是代县现存规模最大、保存最完整的古建筑群，是华北现存最大的县级文庙。门票价格：免费。

孔子雕像与大成殿

我们到过大大小小不少文庙，建筑结构差不多，几乎是统一标配。

文庙坐北朝南，共有三重院落，前院主要建筑有棂星门、戟门、泮池等。泮池前有古槐两株，为唐代建庙时所植，干粗两围，一株已中空。棂星门前，还有“万仞坊”，其两侧有东西对称的“仰圣”“崇贤”二坊。由院两侧的小门进到中院。

中院是文庙的主体建筑，内有祭祀孔子的大成殿，单檐歇山顶，面宽 7 间，进深 5 间，殿及各坊以绿色琉璃瓦覆顶，金碧辉煌，布局疏朗，定期在这里举行隆重的祭奠。两侧的房舍，是学生读书的地方。大成殿的规模和建造规格、装饰是区分整个文庙级别档次的重要依据。

后院为崇圣祠，是祭祀孔门后学和历代大儒的地方。每年春、秋两季，忻州学生来文庙读书，都必须到这里祭奠，以表示他们对先圣的崇仰。

文庙之东西两侧，置各种建筑机构：忠义祠、文昌阁、明伦堂和节孝祠。忠义祠左右是清代学正、训导办公地。这些建筑与文庙一起，组成一组宏大而完整的儒学建筑群。

雁门关，长城上的重要关隘，是“外三关”之一，重要的军事要塞，兵家必争之地。

雁门关 又名“西陉关”“雁门塞”“西隆关”。被列入《世界文化遗产名录》，全国重点文物保护单位，国家 AAAAA 级旅游景区。位于山西省代县城北约 20 千米处的雁门山中，是长城上的重要关隘。和宁武关、偏头关合称为“外三关”，与平型关、紫荆关、倒马关“内三关”对应。门票价格：60 元 / 人。

雁门关东临隆岭、雁门山，西靠隆山，两山对峙，形如闸门，每年大雁往飞其间，故称雁门。春秋战国时期，赵武灵王在此置雁门郡，唐朝置关，名曰西陉关，也名雁门关。明洪武七年（公元 1374 年）将关城移于此处，重新筑关。

沿着公路前行，进入一条狭谷，两侧层峦叠嶂，怪石凌空险恶。翻过一道陡

雁门关

峭山梁，雁门关即跃入眼帘，一会就达景区服务中心。天高云淡，阳光明媚，环境很好，心情愉悦。购摆渡车票到景区大门，广场有一壁浮雕和杨家将的石雕像群。杨家将曾在此与辽兵鏖战，多人为国捐躯，杨六郎曾在此“威震三关”，为国固守边疆，其英勇故事，家喻户晓、脍炙人口。

沿着大道爬坡上坎，穿过明月楼城门，来到城墙北门。门额嵌镶“雁门关”石匾，左右嵌镶砖刻对联一副：“三关冲要无双地，九塞尊崇第一关”，门前“世界文化遗产”和“全国重点文物保护”两块石碑也很显著。进关门很快到达西门，西门也叫“宁边楼”，门额嵌镶一方“地利”石匾，之上筑有杨六郎庙。进入西门向东走 200 米左右到达东门，其上筑有楼台，名曰雁楼，门额嵌镶一方“天险”石匾。城楼左建有靖边寺，供奉赵国名将李牧。大门前一对石狮、一副石旗杆和一面石碑，碑文记述李牧率兵屡胜匈奴的丰功伟绩。

另外，在景区四周还分布有威远楼、烽火台、驿站、雁塔、碑林、关帝庙、府衙、练兵校场等一大批景点。

雁门关，作为军事要塞，兵家必争之地，最早的记载可追溯至周时期。纵览雁门关兴衰的历史，从西周开始，这里发生的大小战争就达 2000 多次。自公元前 4 世纪至 20 世纪，发生在这里的著名战事，据不完全统计就有 140 余次。中国历史上许多著名事件，从帝王将相到抗击外族入侵的英雄、名将大多都曾在此留下过足迹，其英雄业绩，不胜枚举；其生动故事，广为人知；其著名战事，脍炙人口。这座名关，为中华各民族从对抗到融合、从分裂到团结的过程作出了巨大的历史贡献。

宁边楼

广武汉墓群，广武风景名胜区，位于山西省朔州市山阴县张家庄乡，距朔州市区 40 多千米，面积 17.36 平方千米。具有鲜明的边塞文化特点。景区主要包括宏大神秘的汉墓群，雄浑险要的辽金时代旧广武城，蜿蜒盘旋的明长城，明代造型奇特的新广武城等。

广武汉墓群 全国重点文物保护单位。位于山阴县新、旧广武村迤北的开阔地上。由于这里临近北方古战场，数百年间遗留下庞大的汉墓群，都是战乱时期死亡将士的墓葬，广武汉墓群是其中较大的一处墓群，一望无垠。古墓群无遮无拦，素面朝天，裸露在广袤的荒野上。一个土堆就是一个墓穴，也有人说其中许多是合葬墓。广武汉墓群位于新、旧广武村北 1 千米处，冢丘密集，保存较完整的就有 250 余座。封土高 2 ~ 10 米，多数高 6 米左右，少数高 10 米以上，冢顶略呈方形，推知坟丘原为覆斗形。此处有为数更多的西汉土坑墓和东汉砖室墓遍布其间。这些小型墓，地表已无封土，因洪水冲塌等自然事故，墓葬屡遭破坏，墓中的随葬器物时常暴露散失，墓地上也常见汉代砖瓦。为了加强对墓群的保护，1987 年建立了广武文物保管所。门票价格：免费。

广武汉墓群

来到这里，不自觉就会被古代边塞诗人们慷慨激昂的战争诗词所感染，一边行进，一边远眺近观，边走边念诵，甚而大声唱响："葡萄美酒夜光杯，欲饮琵琶马上催。醉卧沙场君莫笑，古来征战几人回。""秦时明月汉时关，万里长征人未还。但使龙城飞将在，不教胡马度阴山。""青山处处埋忠骨，何须马革裹尸还。"眼前这无数的土冢，正是这种精神、情景的最好写照！这些曾经的兵士，用生命护卫着汉室的无限江山不受外族入侵，千百年之后，依然排列着整齐的阵形伫立在塞外的秋风之中守护着疆土。

这些汉墓群是否古代士兵埋骨之处，至今仍争议不断。有一种说法，这些土堆叫作乱冢；另一种说法，这些土堆是宋时杨家将为了蒙蔽辽人，在这里建造的；

还有一种说法，是富裕百姓的坟墓。不论何种，如此规模墓冢，恐怕以上说法很难自圆，而“全国重点文物保护单位”碑不假。这里还修建了恢宏的牌楼，宽阔的雕塑广场，以及高大的博物馆。

广武城，明长城山西重要关堡，车直接开到古城中心，有一小小健身广场，旁有一小小商店，我们就地以自带的干粮午餐后游览古城。

广武城 全国重点文物保护单位。广武城有新、旧两座，新城紧傍长城而筑，旧城在新城西，居长城之外，是明长城山西重要关堡。位于山西省山阴县城南 40 千米、雁门关外勾注山下。广武城建于明洪武七年（公元 1374 年），重建于明万历三年（公元 1575 年）。广武新、旧两城是山西省现存最完整的古城之一，是研究古代军事史的重要实物资料。门票价格：免费。

旧广武，雄踞关口，南接长城，对峙敌楼，望烽火台，进可攻退可守，是中国历史上汉民族与北方少数民族发生战争的重要据点。旧广武始建于辽、金时期，为雁门关前的防御据点。今存完整城墙系明、清加修。古城墙周长 1652 米，城墙高 8 米，下宽 5 米，上宽 3 米多。外表全部砖砌，石条做基。最上沿矮墙置垛口、望洞和射孔，城墙东、南、西设城门。原城门上有门楼，已遭破坏，整个城墙雄伟稳健。城内街道建筑布局基本保留原制，为四街八巷。城内耸立着两株挺拔茂盛的古柏树，据考证古柏树已有 800 余年的历史。两香柏一雌一雄，相距 4 米，高约 17 米，雌柏周长 3.2 米，雄柏周长 3.14 米，此双柏在全国罕见。

广武城

新广武，相比旧城而言著名得多，明洪武与万历年间建，位于雁门关北 3 千米处，在旧广武城东面 2 千米左右，周长 2 千米。大致东起雁门关，西到宁武旧城，全长大概有 20 千米。极目望去，通向远方的长城每隔一段距离还有一座烽火台的遗迹。如今只剩下两个城门和断断续续的城墙，原城墙高 10 米，底宽 5 米，石条做基，通体包砖。古城内设东关、南关、大北关、小北关 4 道关门，大北关关楼上有石碑“三晋雄关”字样。城内由瓮城、中城、南瓮城三道防线组成，中城状如簸箕，南瓮城形似斗状，故有“金斗银簸箕”之称，意即城防坚固。从残留的遗迹来看，新广武城比旧广武城地势更为险要，更有利于作战。它倚山傍险，虎踞要冲，固若金汤。锁钥中原的北大门和战略要点，保卫中原的第二道防线，历来为兵家必争之地。明、清两代均在此设重兵驻守。平时屯种，战时出征，在和平时期还兼有易市、榷场等的经济职能。

广武明长城，明洪武七年修筑，属内长城，全长约 20 千米（从新广武到西安峪）。土墙尚存 13 千米，剩余部分为残迹。沿山脊缓行，随山势的曲折而起伏，宛如首尾不见的巨龙。

宁武天池，罕见的高山湖泊，仅次于长白山天池的第二大山顶湖，我国三大高山天池之一。

宁武天池 也叫“祈莲池”“祈莲泊”“母海”等。海拔 1800 米。位于宁武县城西南 20 千米，桑干河和汾河分水岭上的东庄村附近。形成于新生代第四纪冰川期，距今有 300 万年的历史。门票价格：10 元 / 人。

宁武天池，以及周围的小海、琵琶海、鸭子海、老师傅海等天然湖泊共有 15 个之多，各具特色，散落在海拔 1771 ~ 1849 米，长 1.6 千米，宽 1 千米，总面

宁武天池

积约 2 平方千米的土地上，池蓄水量 800 万立方米，水深 20 余米。生存着多种鱼类等水生动物，炎夏鱼儿腾跃水面，泛起层层涟漪，波光粼粼，风光秀丽。其中，天池面积最大，被大小湖泊所围绕，犹如众星拱月。四周高山环绕，树木掩映，天地湖群，流水清澈，别具一番美景。

天池最早成为游览胜地，可追溯到战国时期，距今大约 2300 多年。天池正式辟为皇家游览观光胜地是在北魏时期。隋大业四年（公元 608 年），隋炀帝杨广北方巡游、狩猎，于天池边修建了规模宏伟华丽的汾阳宫。达官贵人、文人骚客等都慕名而来，如欧阳修、范仲淹、元好问等都曾来此游乐览胜，盛赞天池美景，留下名句佳作。后来，建筑不幸毁于战火。

近些年，开发旅游资源，宁武县社会各界集资在天池区域修复了盛唐时的海瀛寺，增设了游艇、游船、垂钓、风景摄影等多种游乐设施。新植了松柏林带，修建了直达池滨的公路，定期举行庙会、游览等活动。拓展以天池胜景为中心的旅游，纳入芦芽山区风景名胜大旅游区，游览天池的盛况正日胜一日。我们当年到来，这里还在基建，如修筑道路、停车场等。

宁武万年冰洞，自然景观，自然奇迹，居全国 9 个冰洞之首，与“火山”共存，可谓奇观。

宁武万年冰洞国家地质公园 国家 AAAA 级旅游景区。位于宁武县城西 50 千米处的春景洼乡，海拔 2300 米。形成于新生代第四纪冰川期，距今约 300 万年，故名万年冰洞。洞内制冷机制极强、冰储量多，现仅开发近百米。门票价格：120 元 / 人。

芦芽山盛夏时节万年冰洞冰柱

万年冰洞，位列全国 1 万多个洞穴中仅有的 9 个冰洞之首，是全球非冻土带的最大冰洞。直径 15 米、深 30 余米，呈直立桶状，分成上、下 5 层，最宽处直径有 20 多米，最窄处 10 多米，每层可容纳数十人。通道顶部有冰期留下来的水平层冰，四周衬砌着间冰期形成的次生厚冰。通过钻冰洞，走上、下冰梯和冰栈，可到各层观光，下部有冰洞通往山体深处。

冰洞奇特之处在于以本地的气候条件论，根本构不成结冰的环境，可洞内却四季冰封。即使三伏炎夏，洞外绿草如茵、百花盛开，洞内也寒气逼人。冰雕玉砌，且愈往地层深处冰层愈厚，四周充满了洁白的坚冰。形成的冰柱、冰帘、冰瀑、冰花、冰佛、冰床、冰钟、冰人、冰菩萨等，大大小小，晶莹剔透，婀娜多姿，雄伟壮丽，千奇百怪。加上配以各种彩灯、彩光，做成各种造型或赋予各种生动名目，更是栩栩如生，惟妙惟肖。

更让人们惊叹不已的是：与冰洞相距不到200米处，有一处千年不熄的地火，当地人称千年火山，即有一系列千年火洞，可见直径3 ~ 20米大大小小残留的大坑，半焦的树干、烧倒的枯木，星星之烟火，都是地下煤层自燃的产物。这一冰一火，本是相克，却奇妙地共存于同一山体，可谓举世奇观。

冰洞不仅受中外游人的青睐，游人慕名接踵而来，也受到国内外专家学者高度关注，成为研究我国二叠系晚期到三叠系初期古地理、古生物的典型重要科研基地。

宁武石门悬棺，长江以北迄今为止发现的唯一崖葬群，极具考古研究价值。

宁武石门悬棺 位于山西省忻州市宁武县东寨镇小石门村西极为幽僻的山谷内，入口石壁如门，称石门。谷内空间不大，但四周林木葱翠，古建专家认为这是一块风水宝地。门票价格：25元/人。

宁武石门悬棺

第一次亲临现场，目睹棺木裸露在外的棺葬方式，在湿漉漉的乱石杂草地上，还感到有点阴森可怕。环顾周围的石壁，高仅10 ~ 20多米，皆上下陡直光滑，壁顶覆盖着绿树灌丛，杂乱无章。石壁上悬挂木棺，有的嵌在岩洞里，有的露在石壁外，有的用木桩支撑，也有的用铁链吊捆。既有一棺独悬，也有双棺并列，还有3棺排列，距地面高度不一，但皆能看得非常清晰，有11具之多。除此之外，在石门周围一带的山壁上，还有零星的悬棺分布。悬棺多在石崖石洞等避水阴凉干燥处，距地面高低不一，有近百米、数十米、十数米不等的高度。关于悬棺的放置方法至今仍是一个千古之谜，据说江西龙虎山景区正以人民币百万之巨悬赏破解之人。

石门悬棺的悬葬方式大致可分为洞穴式：在悬崖高处的天然石洞或人工石洞里放置棺木；悬吊式：悬崖高处用铁链将棺木吊挂起来；悬桩式：悬崖上凿洞，平插上木桩，将棺木搁置在木桩上；栈道式：在悬崖中间凿孔插桩，铺成一个微型栈道，将棺木搁在栈道上。

芦芽山一带的民间盛行土葬，而悬棺葬当地人称为石葬，可能是一种异常的葬俗。专家分析，其石葬缘由有六七种可能。

宁武悬崖栈道，佛教界罕见的水平帘洞式悬空古刹栈道群，攀爬既艰难也刺激。

宁武悬崖栈道 位于山西省忻州市宁武县城西35千米处，清真山的九峰山间，是在山壁上开凿出来连接几个寺庙的小道，从而构成了我国佛教界罕见的水平帘洞式悬空古刹栈道群，栈道总长21千米。门票价格：35元/人。

悬崖上的几座悬空佛寺始建于唐代，由总长21千米的栈道联通，年久失修、荒芜，近来，已修复栈道2.5千米及部分佛寺。罗汉殿下的台阶为全国五大回声建筑之一，名为“回声阶”。悬崖栈道的攀爬较为艰险，需要两个小时的时间，途中要攀登悬崖、台阶，还要穿越仅可容一人通过的山间隧道。

宁武悬崖栈道

明末，闯王李自成攻下北京，崇祯皇帝四皇子来此出家，法号晓安，先于其师坐化，山巅有晓安的塑像和清代所修晓祖宝塔。要达顶须从寺庙穿过山门拾级而上，一路绿树成荫，鸟语花香，水声潺潺。罗汉殿是悬崖栈道的第一处建筑，也是栈道的起点。殿后的天然石洞，有十八罗汉朝观音的塑像。沿着栈道转过一处险地，钻过一处石洞，又是一座面南坐北的大殿——毗卢殿，内有如来佛祖法身。由毗卢殿继续东向而行，时而可快步移动，时而需弯腰爬行，时而要蹲挪移。千余米的栈道上共有石洞 15 个，其中最长 15 米。西禅院高耸于 300 余米的石壁凹地，是寺庙住持的寓所。从西禅院石门洞中钻出折向北行，有大佛殿遗址，甚是壮观，可惜已毁。由大佛殿遗址向西北石阶攀援，渐至翔凤山巅。一座气势宏伟的 4 层石塔建于之上，这就是晓祖墓葬宝塔。我们充分体验了悬崖栈道，并原路返回。

北武当山，遗存下大量道教庙宇建筑群，入列名副其实的道教历史名山。

北武当山 又名真武山，国家 AAAA 级旅游景区。距山西省太原市约 120 千米，海拔 1437 米。相传，当年真武大帝要在北方寻找一山作为行宫，山西此地龙王山当选并称北武当山，一直沿用至今。原来的玄天庙改扩建为真武庙，并建大大小小各式庙宇。从此，山西的北武当山与湖北武当山一样，逐渐成为名副其实的道教历史名山。门票价格：72 元 / 人。

随着岁月逝去，庙观大都经过多次毁坏和修葺。其中仅明万历年间，就曾进行过两次大修，不仅将已毁的玄天大殿修复一新，还将“五里黄土五里沙，五里石阶往上爬”的登山道路改造成 1455 级石阶。清康熙、雍正、乾隆年间，又相继建成正殿、玄天庙、老母殿、龙王庙、灵宫庙和山下太和宫。清道光二十八年（公元 1848 年），金顶南天门修整一新，并在大门上刻了“武当山”三字。清咸丰至光绪年间，又数次修葺。

北武当山

经历长达 1000 余年风雨变化，遗存下至今所见的北武当山道教庙宇建筑群。如今公路已开通，不仅爬坡有路可寻，乘车可直达万神庙，登山十分方便。入山口有“威震北天”石牌坊。车径直开到山上停车场，再往山顶爬。本打算当晚住山上，联系管理人员，看了房间，价格高不说，太简陋，还特别冷，只好下山到了真武宫酒店住宿。偌大一酒店，只住了我们两人。

北武当山主峰四周几乎都是悬崖峭壁，只有“天梯”石阶可攀。沿着石阶，一路是奇峰、趣石、苍松和庙宇。四周望去，一览众山小，可看很远，自然景观幽静秀美。

主要山石景观：古猿望日、石猪受难、九龙出洞、石象守山、天壶倾露、石羊朝圣、石龟下蛋、石虎、石蛤蟆、龟蛇斗智等，最令人称奇的是“龟蛇斗智”奇观。

主要奇松景观：鸳鸯松、迎客松、托天松、母子松等，最使人叹为观止的是“擎天探海松”。

主要奇峰峭壁：千仞壁、舍身崖、鹰嘴崖等，以及生长在上、呈垂直分布的各种造型的树木、灌丛、花草等植被。

主要建筑：万神庙、灵宫庙、山神土地庙、二龙庙、乔松室、三官庙、火神庙、龙王庙、黑虎庙、玄天大殿和太和宫等。

北武当称之北顶，其巅称作金顶，到达金顶，众山延绵天外。薄云飘逸，微风扑面，松涛声阵，溪流潺潺，蔚为壮观，彰显了道教名山的和谐统一。

碛口，是重要的水陆交通中转枢纽，水旱码头小都会，九曲黄河第一镇。

碛口 国家级风景名胜区，中国历史文化名镇。位于山西省临县城南48千米处的黄河边，因黄河第二大碛——大同碛得名。门票价格：免费。

自古以来，碛口下游，黄河河道中有暗礁和激流，落差巨大，船只不适合通行。上游来的商船只能在碛口停泊，自陕、甘、宁、蒙等运来大批的粮油、皮毛、药材等货物改走陆运。自太原等陆路驮运至碛口的棉布、绸缎、茶叶、陶瓷等物品，转销于大西北。从清乾隆年间始，此后200余年是中国北方著名的商贸重镇。五里长街，店铺林立，商贾云集。船筏在黄河里穿梭，驼铃在山谷里回荡，每日有500余只木船来往于碛口码头，民间有“驮不尽的碛口，填不满的吴城”“青定头，南峪口，拴起骡子跑碛口”的民谣，见证了碛口当年的繁华。

碛口——九曲黄河第一镇

现在，由于铁路、公

路交通的发达，取代了大部水上运输，碛口已失去昔日商镇的作用和繁华，但却留下了一批名胜古迹，吸引着南来北往的游人。

大同碛，位于碛口古街西南500米的湫水河入黄河处，是秦晋峡谷间最大的一个碛。碛上游段，河面收缩，水流湍急、浊浪惊天，下游百米处，河宽水缓，形成了千米之长的天然沙浴场。

古镇，街道、店铺是清代传统建筑。依地形而建，主街道时曲时折，后街只有200余米，却转了十八道弯，街道都用石头铺砌，店铺都是平板门，门前都有高圪台。在主街道南有二道街、三道街，一条比一条短，形成了梯形的建筑格局，到民国初年，店铺林立，多达200余家。

黑龙庙，坐落在碛口卧虎山，整体建筑奇伟壮观。

古渡，过去是水上交通枢纽，今日是黄河漂流，冲浪的理想去处。

西湾民居，明、清古建筑群，依山傍水，总面积约3万平方米，现保存基本完好的有40处院落。横两街、竖五巷，有序地联系各院落，具有浓郁的黄土文化特色。整个建筑群，布局合理，各处木雕、砖雕、石雕更是独具匠心，沿街沿巷的石匾，各具神韵。

李家山民居，位于碛口南5千米，系明清时期李氏家族所建。整个民居分布在黄土山坡上，以窑洞为主，错落叠置有序，多数为四合院。较大的四合院都是水磨青砖对缝砌筑，无论造型结构、装饰图案、雕刻艺术都十分精美。著名画家吴冠中评价说：这样的房子，走遍全世界都难以找到。

除此之外，风景名胜还有：毛主席东渡黄河纪念碑、寨子山民居、黄河峡谷天然石雕、孟门南山寺等。

晋祠，中国现存最早的古典宗祠园林建筑群，颇具江南园林风韵，具有极高的艺术价值，难老泉、侍女像、圣母像被誉为“晋祠三绝”。

晋祠 原名“唐叔虞祠”“晋王祠”。全国重点文物保护单位，国家AAAA级旅游景区。位于山西省太原市晋源区晋祠镇，离太原市中心25千米。晋祠原为纪念西周初年（公元前11世纪）武王次子、晋国开国侯（后被追封为晋王）及其母后邑姜后而建。北魏以后历朝历代，北齐、隋、唐、宋、元、明、清都曾对晋祠重修扩建，达到如今的宏大规模。门票价格：80元人。

晋祠，是中国现存最早的古典宗祠园林建筑群。现存有300年以上的建筑98座、塑像110尊、碑刻300块、铸造艺术品37尊，是集庄严壮观与清雅秀丽，

山西太原晋祠大门

晋祠圣母殿

宗祠祭祀建筑与自然山水完美结合的典范。

建筑群，按三个区域划分：中轴部有水镜台、金人台、对越坊、献殿、钟鼓楼、鱼沼飞梁、圣母殿等，是晋祠的主体建筑；北部有文昌宫、东岳祠、关帝庙、三清祠、唐叔祠、待风轩、三台阁、读书台、吕祖阁和舍利生塔等；南部有胜瀛楼、白鹤亭、三圣祠、真趣亭、难老泉亭、水母楼、公输子祠和十方奉圣禅寺等。整体建筑结构严谨、布局合理、大气庄严、小巧玲珑、古木古树、流水小桥，颇具江南园林风韵，具有极高的艺术价值。其中，圣母殿、鱼沼飞梁、献殿被誉为不同时期的建筑精品，被视为国宝级建筑。

塑像，圣母殿内的 43 尊宋代彩色泥塑，是反映中国宋代宫廷人物的现实主义作品。塑像写实传神，表情各异，清秀典雅，是中国雕塑艺术宝库中的珍品。

碑刻，以唐太宗李世民亲自书写的《晋祠之铭并序》和武则天亲自作序的“华严经石刻”最为珍贵。《晋祠之铭并序》是一通集史学、文学、政治、书法于一体的丰碑，是文笔俱佳的行书杰作，开创了中国行书碑文之先河，是一部研究、探讨盛唐时期的政治、文化、文学、书法艺术等方面的珍贵“石史”。

除此之外，晋祠还有许多凄美故事和动人传说：难老泉、铁人、千年柏、复生槐等，更是增添了晋祠的神秘和神往。

很早就听说晋祠文物古迹众多，不乏精品，多年前就想来此一览，这次终于如愿。晋祠优美的自然山水、厚重的历史文化和精湛的人文艺术，在这里是如此完美地融合、天人合一地展现，美不胜收，不枉此行矣！

孔祥熙故居是太谷城内现存最大、保存最完整、具有清代中期建筑风格的一座宅院。

孔祥熙故居 全国重点文物保护单位。坐落在太谷城内师范学校院内，总面积 6325 平方米，建于清咸丰十年（公元 1860 年）。门票价格：50 元 / 人。

孔祥熙故居，现存正院、厨房院、书房院、戏台院、墨庄院、西花园及部分残损的东花园。它由多个横向排列的套院组成，每个套院均沿中轴线方向分割为多个四合院，各院间用明廊、抱厦或过厅相隔，各院之间也有垂花门、宝瓶门和八角或月牙门相通，隔墙则用多种造型的窗户予以装饰。宅院造型各异，风格多样，整体典雅纯正，细部玲珑剔透，宽窄相济，显得十分和谐。主体建筑均使用斗拱飞椽，造型美观大方。木构部分雕梁画栋，沥粉堆金，宛若七彩虹霓。房子里面陈列着许多家具，有床榻、案几、桌椅、橱柜。用料名贵，做工考究，雕工精美。

孔祥熙故居

正院为三进楼院建筑，南楼是主人居所，该楼建筑华丽，用料讲究，高耸宏大，是全院的最高建筑，体现了主人的地位。东西楼为女眷居住，二层为未婚女子的“绣楼”。东、西各设东、西花园，西花园凿地为池，具有小桥流水、亭榭湖石的南方园林特色。

曹家大院，建筑风格独特，整个建筑雕梁画栋，龙楼凤阁，鳞次栉比。信步廊庑迂回，举目檐牙高啄，实属高大气派的豪门宅院！

曹家大院 以多福、多寿、多子而称为“三多堂”，是太谷区巨商首富北恍曹氏家族一处“寿”字形宅院。全国重点文物保护单位。位于山西省太谷县城西南 5 千米处北恍村，占地面积 10 638 平方米，建筑面积 6348 平方米。保存着明、清、民国风格的建筑群，陈列着无数珍品，1995 年开放。门票价格：60 元 / 人。

曹家大院

建筑造型酷似古代祭祀用的三头庞大的“牛”“羊”“猪”形。大院分南北两部分，东西并排着三个穿堂大院，上面连接着三座三层高楼，内套15个小院，房舍270间。整座院落，院中有院，院院相连，布局严谨，其间有精湛的雕工绘画艺术，非常精美。楼顶还建有三个亭式重楼，飞阁凌空，是曹家护院家丁巡逻之地，也是主人举杯邀月之所。三多堂不仅以其雄伟壮观的建筑闻名遐迩，而且有无数珍品深藏院中。

曹家首创曹三喜共有7个儿子，各有堂号，其中四儿子堂号为“三多堂”，生意最兴盛，支撑着曹家门户，成为曹家商业代表。清道光、咸丰年间，商业达到鼎盛，大江南北都有曹家的铺面，达640余座，资产高达1200万两白银，雇员37 000人。后跨出国门，到达日本及莫斯科、巴黎、伦敦等，把国内的茶叶、布匹输往国外，引进日本的钢铁、高丽的人参、俄罗斯的金属制品等。在晋、蒙间走出了一条“茶叶之道”，可与历史上的“丝绸之路”相媲美。其经营项目，包罗万象，涉及布匹、绸缎、皮毛、盐业、药材、茶叶、酿造、粮食、杂货以及典当、票号、钱庄等众多领域，民间有“凡是有麻雀飞过的地方都有曹家商号”的说法。

曹家发迹，基于对人员要求：忠实可靠，聪明能干；有严格的管理制度和纪律；讲求生意道德、恪守诚实信誉等。鉴于此，曹家才生意兴隆，经营致富。

惜于光绪甲午、庚子年后，由于战争、商业竞争、子孙的骄奢淫逸、经营失误等，优势尽失，导致失败，终于走完自己的辉煌历程。

三多堂又是曹氏陈列馆，它陈列有四大项目12个内容，数千件文物工艺，数千张照片，再配以绘画、书法、模型及现代化灯光、音响效果，较好地反映了曹家全盛时期的概貌。

三多堂建筑，因其构思缜密、布局严谨、建造考究、铺陈毗连而有机统一，高低相间而主次分明，错落有致又浑然一体，实为中国明、清建筑中罕见精品，堪称中国民宅奇葩。

明清家具，一共陈列有400多件，最为珍贵的是用92块天然花纹大理石镶成的“百寿大屏风”，背面刻有100个寿字，且施以金粉。“寸土寸金”的“红木半圆桌”，立体造化的“大理石座镜”以及数百件明、清家具，有“皇家看故宫，民间看曹家”之说。

瓷器有近 2000 件，从掸瓶、罐，到碗、碟、盘，大大小小，琳琅满目。其中不乏许多明、清珍品。

“珍宝馆”展出的清宫国宝金火车头钟，此系法国给清廷的贡品，这一件国宝是慈禧太后逃往西安路经北恍向曹家借款的抵押物。另一件珍宝是明代大画家仇英临摹北宋张择端的《清明上河图》，卷长 7.74 米，宽 0.45 米，上有 1643 个人物，208 头牲畜，生动逼真，价值连城。同时展出的还有羽毛镜、商朝白燕古陶、哥窑碎瓷等珍品。

此外，三多堂还展出有清代大书法家赵铁山的 40 余幅书法真迹、形意拳发展史、根雕艺术展、太谷宫灯展以及太谷县史等。

在这座雄浑凝重的深宅大院身上，永恒地凝结着当时社会经济、政治、哲学、伦理、文化、艺术、科学、建筑、民俗等等诸多方面的信息，是后人研究明、清晋商，乃至了解当时历史社会的一座内容极为丰富生动的博物馆。

乔家大院，一座具有北方传统民居建筑风格的古宅，是集中反映晋中地区民俗事物的博物馆，也是我国保存下来最为完整的一座民居建筑。

乔家大院 又名“在中堂”。全国重点文物保护单位，国家 AAAAA 级旅游景区。位于山西省祁县乔家堡村，始建于清乾隆二十年（公元 1755 年）。整个院落呈双“喜”字形，由四堂一园组成。分为 6 个大院，内套 20 个小院，313 间房屋，建筑面积 4175 平方米，三面临街，四周是高达 10 余米的全封闭青砖墙。大门为城门洞式，是一座具有北方传统民居建筑风格的古宅，从始建到建成，中间经过近两个世纪，仍保持了整体建筑风格的浑然天成，俨然一座中外合璧、雄伟壮观的城堡式古建筑群。门票价格：115 元 / 人。

乔家大院

乔家是典型的继承了传统文化的家族，从排辈起名到家规、经商，无一不显示出儒家思想的要义，潜移默化地影响到乔家一代又一代后人。

乔家从发迹到衰落，一共传了 7 世。乔贵发是乔氏家族的发家始祖，原系一贫苦农民，他的一生富有传奇色彩。他白手起家，挂出了“广盛公”名号，后改“复盛公”的牌子。他勤劳、坚毅、诚信经营，屡屡出奇制胜，这为他的成就奠定了基础。

第四代乔致庸，活到 89 岁，年少时弃学从商，为乔家的发展起到至关重要作用，创造了乔家的辉煌，使乔家成为山西富甲一方的商户。乔致庸为光大门庭，不断大兴土木，修建乔家大院。乔致庸治家很严，其家规有六不，经商理念是一信、二义、三利。这些家规、理念既杜绝了祸起萧墙的根由，又成为家庭持盈保泰、生意兴隆的保证。

第七代乔映霞为人精明强干，敢作敢为，思想激进，深受家风祖规熏陶，主持乔家后，事业心强，治家严谨。在他的努力下，乔家事业蒸蒸日上，达到了鼎盛。至清末，乔家在中国各地有票号、钱庄、当铺、粮店 200 多处，资产达到数千万两白银。

直到光绪年间，受到外资、内政双重挤压，以及军阀混战、外族入侵，乔家生意从这时开始缓慢下滑至一蹶不振。1950 年，在公私合营大潮当中，复字号结束，所幸的是，乔家大院建筑群得以完好保存至今。

清乾隆年间，乔家始起大兴土木，不断购置宅基地，扩大地盘，改造原有宅院，兴建新院新楼房，赋予新名。内五外三院，若干四合院，分主院、侧院，形成院接院，院内有院，南北 6 个大院。主楼 4 座，门楼 1 座，更楼 1 座，眺阁 6 座，楼间或连接或对峙，瓦房、砖木结构，房顶变化无穷，门窗各式各样。封堵巷口，兴建祠堂、大门、回廊，增加花园、土地祠、书塾，增设客厅、灶房、浴室、“洋厕”等。用树木、石雕装点庭院，楼房有的壁厚、窗小、坚实牢固，有的窗大格玻璃，西洋装饰，采光效果很好，门、窗、椽檐、迎门、掩壁、阶石、栏杆雕刻装饰都十分精细，砖雕、木刻、彩绘随处可见。以人物典故、花卉鸟兽、琴棋书画为题材，造型无不精巧，独具匠心。再配以各种绘图、楹联、匾额、题字等，大院格局浑然天成，最终形成双“喜”字形、四堂一园构成的庄园式城堡建筑群。

毛泽东主席“生的伟大，死的光荣”的题词是对刘胡兰最恰如其分的评价。刘明兰纪念馆位居全国个人纪念馆首位，当之无愧。

刘胡兰纪念馆 全国青少年教育基地，爱国主义教育示范基地，全国重点烈士纪念建筑物保护单位。前身为刘胡兰烈士陵园，坐落在刘胡兰的家乡——

刘胡兰雕像及墓园

山西省文水县云周西村。现占地面积 79 000 余平方米，位居全国个人烈士纪念馆首位，距太原市区 85 千米。始建于 1956 年，1957 年 1 月 12 日，刘胡兰就义 10 周年时落成并对外开放。门票价格：免费。

1959 年改称刘胡兰纪念馆，1959 年、1976 年、1996 年曾几度调整布局，重新整修扩建。主要建筑物由毛泽东题词纪念碑、党和国家其他领导人的题词碑、刘胡兰雕像、广场、纪念碑、刘胡兰事迹陈列室、刘胡兰事迹影视室、七烈士纪念厅、纪念刘胡兰就义 50 周年书画室、陵墓等组成。整体建筑以纪念碑与陵墓为中轴线对称分布，凝重典雅。刘胡兰是唯一由毛泽东、邓小平、江泽民三代领导人题词的革命烈士。馆藏有烈士遗物 74 件。

步入馆门是 1 万多平方米的广场，洁白高大的毛泽东题词纪念碑矗立在广场花坛中央，碑的正面镌刻着毛泽东题词："生的伟大，死的光荣"；背面刻着郭沫若书写的《中共中央晋绥分局关于追认刘胡兰同志为中国共产党正式党员的决定》。过展览大厅是陵园，刘胡兰的忠骨就安葬在北端正面高台上，台上翠柏苍松，墓上绿草茵茵；墓前是采用最优质湖南汉白玉重塑的胡兰雕像，雕像气宇轩昂、正气凛然，令人肃然起敬。

半个世纪以来，全国各地成千上万的人们，110 多个国家和地区的数千万友人，络绎不绝地前来参观访问。追悼烈士英雄事迹，学习烈士革命精神，思索和谱写自己的人生。

平遥古城，中国"保存最为完好的四大古城"之一，古城墙是古城最具特色的景区，最具游览价值。

平遥古城 旧称"古陶"。被列入《世界文化遗产名录》，国家 AAAAA 级旅游景区。位于山西省中部平遥县，北距太原 90 千米。始建于周宣王时期，明洪武三年（公元 1370 年）扩建，距今已有 650 余年的历史，现还较为完好地保留着明清时期县城的基本风貌，是中国"保存最为完好的四大古城"之一。门票价格：130 元 / 人。

平遥古城，自秦朝实行“郡县制”以来，一直是县治所在地，名为中都县，北魏改名为平遥县。明朝初年，始建城墙，全面包砖石，明、清两代先后有 25 次维修，更新城楼，增设敌台。清康熙四十三年（公元 1704 年）筑四面大城楼，使城池更加壮观。城墙周长 6163 米，墙高约 12 米，垛堞高 2 米，顶宽 3 ~ 5 米，现存有 6 座城门瓮城，4 座角楼和 72 座敌楼，东设有点将台，位于上东门和下东门之间城墙顶上。东南角筑奎星楼和文昌阁，古城墙是古城最具特色的景点，最具游览价值，是中国现存规模较大、历史较早、保存较完整的古城墙之一。城墙内街道、铺面、市楼保留明清形制，整座城市周正，街道横竖交织，街巷排列有序，由纵横交错的四大街、八小街、七十二条蚰蜒巷构成。市楼位于城市中央，明清街位于南北中轴线上。重要建筑分列主街左右两侧：城隍庙、文庙、清虚观居左，县衙、关帝庙、佛教寺院居右。平遥也被称作“龟城”，南门是头，北门是尾，东西四座城门为四条腿，城内街、巷仿佛龟背上的花纹，组成了一个庞大的八卦。古城主要景点如下。

平遥古城楼

重点民居，建于公元 1840—1911 年，充分体现了汉民族建筑、风俗、文化特色：布局严谨、主次分明、左右对称、轮廓起伏、深邃隐秘、外观古朴、内置豪华。精巧的木雕、砖雕和石雕配以浓重乡土气息的剪纸窗花、随处可见，精心布置、惟妙惟肖、栩栩如生，是迄今汉民族地区保存最完整的古代居民群落。

平遥县衙，坐落于古城中心，始建于北魏，定型于元明清，距今已有 600 多年历史，南北长 200 余米，东西宽 100 余米，占地 26 000 余平方米，是中国现有保存完整的四大古衙之一，也是全国现存规模最大的县衙，整个建筑群主从有序，错落有致，结构合理，每天游人络绎不绝，是参观者首选。

日升昌票号，位于西大街路南，建筑格外雄伟，占地面积 1600 多平方米，成立于清道光三年（公元 1823 年），开中国民族银行业先河，一度操纵 19 世纪整个清王朝经济命脉，其分号遍布全国 30 余个城市，远及欧美、东南亚等国，以“汇通天下”著称于世。

文庙，祭祀孔子的地方，位于城东南隅。始建于唐贞观初年，金大定三年

（公元1163年）重建，规模宏大，规制齐全，为主要旅游景点之一。

清虚观，位于东大街东段路北。始建于唐显庆二年（公元657年），几经更名，清代时复称清虚观。现为县综合博物馆。

除此之外，古城内还有其他一些景点，如城隍庙、镖局等。另外，离古城10余千米外还有双林寺、镇国寺等景点，也极具价值，可供游人游览。至于传说、故事、民俗活动，以及各种特色小吃等，更是吸引众多游人。

第一次游览古城，来去匆匆，只感觉时间过得真快，主要景点走到，但来不及更深入细致游览。两年后，又第二次驾车游览。

绵山旅游资源丰富，人文、自然景观有机交融，景致优美，极具生机。但由于气候原因，没有尽兴，打算寻机会再来。

绵山风景区 绵山，古称“绵上”，又名“介山”，中国历史文化名山，国家AAAAA级旅游景区。位于介休市东南20千米处，绵山大部分山峰在海拔2000米以上，最高峰海拔2487米，由北向南，跨介休、灵石、沁源三市县境，绵山风景区面积40平方千米。始建于北魏，历朝历代都有扩建，依山就势兴建了不少佛寺道观，山势陡峭，多悬崖绝壁，苍松翠柏，自然景色非常优美。门票价格：158元/人，观光车：50元/人。

绵山景区

相传春秋之时，晋国贵族介子推，跟随晋文公重耳逃亡十余年，曾在饥饿时割下自己大腿上的肉给重耳吃。晋文公还国为君后，介子推携母亲到绵山隐居，晋文公派人寻找，为逼迫介子推出山，采取放火烧山办法，却把介子推和他母亲烧死其中。文公得知，悲愤交加，命将绵山改为介山，又将“环绵山山中而封之，以为介推田”，以示怀念，并于清明节前一天，即介子推被焚的日子，不许烧火，家家户户只能吃冷饭，谓之“寒食节”。

绵山，山势巍峨壮丽，奇峰迭起，树木茂密，山顶草甸碧绿如茵，又有马跑泉、蜂房泉等大小泉水20余处，瀑布10余处。绵山早在北魏之时就有寺庙建筑，唐初时已具有相当规模的佛教禅林。山上文物古迹颇多，俗称“九里十八弯，二十四座诸天小庙，各处罗列”。有抱腹岩、龙头寺、大罗宫、玉皇阁、五龙庙等禅寺庙宇，不但自然景观迷人，而且名胜古迹、人文景观甚多，有六大特色。

奇：抱腹岩之大，抱 200 余间殿宇及一两百万游人于内而不满。

险：天桥 300 余米，几乎都是 75 度以上绝壁，其惊险程度比华山千尺幢毫不逊色。

秀：水涛沟树木曲径怪石，流水潺潺，瀑布各异，既有北方山水的险峻粗犷，又有江南名山的秀丽多姿。

博：绵山共有 88 座寺庙，2000 余间殿宇，仅大罗宫道教建筑群面积即达 3 万平方米，为全国之最。

精：绵山虽屡遭劫难，但仍保留有许多古建筑和碑刻，具有很高的文物价值。

古：绵山寺庙历史悠久，其中，铁瓦寺是我国最早的山区佛教寺院，抱腹寺始建于三国曹魏时期，回銮寺建于唐代之前，五龙寺为北宋前建筑。

1999 年开放以来，建成十大游览区 225 个景点，交通、通信、食宿等一系列服务设施齐备、方便。在三晋大地乃至全国掀起了绵山旅游热，绵山游客量连连攀升，游绵山可从介休南行 20 多千米到绵山山麓兴地村，参观第一景点回銮寺古刹，回銮寺是由于唐太宗欲登山礼佛未成，至此回銮，故名。现存元、明、清历代石碑 17 通，记录着寺院兴衰。院内古松、龙槐、杉楸等树木葱茏，形似伞盖，给古刹增添了勃勃生机。

驱车去绵山，快到景区时就感到天气阴沉、雾气笼罩，50 米之外就看不清，驱车勉强行进。到达景区搭乘交通车上山，路上天气似乎转晴，暗自高兴，老天不负我等真诚，可是不一会又阴转小雨。车一路爬坡，在山峰间奔跑，在悬崖峭壁上穿行，好不容易到了第一站——龙头寺，冒雨参观游览。乘车到达终点站水涛沟，一个小时不到，雨停了，却浓雾弥漫，整个山脉笼罩在一片雾气中，10 多米外就什么也看不清了。我们过独木桥，爬天梯，坚持乘摆渡车，走走停停，上上下下，虽然麻烦，但安全轻松一些，重要景点大多去看一看，照相打卡。直到回转下山，雾气仍未减分毫。

王家大院，名不虚传，参观后才体会到中国私宅大院的规模、功能、精髓，绝对不是徒有虚名，而是实至名归。

王家大院 全国重点文物保护单位，国家 AAAA 级旅游景区。位于山西省灵石县城东 12 千米处的中国历史文化名镇静升镇。王氏家族经明、清两代，历

300余年修建而成王家大院，包括五巷六堡一条街，总面积达25万平方米，是清代民居建筑的集大成者，有“中国民间故宫”“华夏民居第一宅”“山西的紫禁城”之称。素来有“王家归来不看院”的美誉。门票价格：55元/人。

王家大院尽显华夏民居第一宅的规模和气势，叫“微城”比叫“大院”更确切。城由5条巷子、5座城堡、5座祠堂构成，其中，五座古堡的院落布局分别被喻为龙、凤、龟、麟、虎五瑞兽，当前被辟为“中国民居艺术馆”“王氏博物馆”。其开放的高家崖、红门堡、孝义祠堂三大建筑群先后建于清康熙、雍正、乾隆、嘉庆年间，加起来约5万平方米，还不足整个大院的1/4。共有大小院落123座，房屋1118间，其总的特点是：依山就势、随形生变、层楼叠院、错落有致、气势宏伟、功能齐备，基本上继承了我国西周时即已形成的前堂后寝庭院风格，既提供了对外交往的足够空间，又满足了内在私密氛围要求，做到了尊卑贵贱有等，上下长幼有序，内外男女有别。且起居功能一应俱全，充分体现了官宦门第的威严和宗法礼制的规整。再加上匠心独具的砖雕、木雕、石雕，装饰典雅，内涵丰富，实用美观，兼容南北情调，具有极高文化品位。

建筑特色体现主要是高家崖、红门堡两部分。大门进去便是高家崖，完全按照封建等级制度建造，官宦门第威严和宗法礼制规整可见一斑。大大小小院落之间，上下左右相通门多达65道，“院内有院，门里套门”，如迷宫一般。

从高家崖过一石桥便是红门堡，红门堡建筑群依山而建，比高家崖修建时间早，规模也更大。这里更像一座真正城堡，整个建筑群由低到高分为4层，左右对称，中间一条主干道和3条横巷子形成一个很规整的“王”字造型。堡内29座院落依主人身份和喜好而建，在结构和装饰上各具特色，无一雷同，有江南园林的感觉，这也是王家大院特色之一。

另外，王家大院建筑，有着“贵精而不贵丽，贵新奇大雅而不贵纤巧烂漫”的特征。凝结着自然质朴、清新典雅、明丽简洁的乡土气息。

王家大院砖雕、木雕、石雕题材丰富，技法娴熟，大量采用了世俗观念认可的各种象征、隐喻、谐音，甚至禁忌的艺术形式，体现了清代建筑装饰风格。将儒、道、佛思想与传统民俗文化融为一体。

建筑装饰，形式多样，做工极佳，体现了中国古代北方地区民居“坚固、实用、美观”的建筑特点。

珍贵文物藏品有：圣旨一道、“千工床”一张、大清万年一统天下全图，许多用红木、梨木、榉木等珍贵硬木精心打造的书柜式多宝阁、精美古典家具，以及众多楹联匾额等。

王氏家族，源出太原，元仁宗皇庆年间（公元 1312—1313 年），先祖王实迁至静升村后，从耕作与兼营豆腐业开始，由农及商，由商到官，家业渐大，家资渐厚，声名渐高，盛于清康熙、乾隆、嘉庆年间。王家大兴土木，营造宅第，总面积达 25 万平方米；在当地还办有义学，设有义仓，修桥筑路、蓄水开渠、赈灾济贫等，善举不断，直到清道光年间逐渐衰败，大院内再无人居住。

洪洞大槐树寻根祭祖园，全国以“寻根”和“祭祖”为主题的唯一民祭圣地。

洪洞大槐树寻根祭祖园 国家 AAAAA 级旅游景区。位于山西省洪洞县，占地 40 万平方米，建于 2006 年。景区分为“移民古迹区”“祭祖活动区”“民俗游览区”“汾河生态区”四大主题区域。有碑亭，二、三代大槐树，千年槐根，祭祖堂，广济寺，石经幢，移民浮雕图，中华姓氏苑等 60 余处风景文化景点。门票价格：80 元 / 人。

大槐树寻根问祖园

明洪武、永乐年间发生在山西洪洞的大移民，是中国历史上规模最大、范围最广、有组织、有计划的一次迁徙，这对恢复生产、增加人口、发展经济、开发边疆、民族团结、文化交流等都具有一定的历史意义。洪洞大槐树移民分布达30个省份，2217个县市。海外移民主要分布在亚洲、非洲、欧洲、美洲、大洋洲的100多个国家。

随着改革开放的深入，以古大槐树移民遗址为载体的“根祖文化”活动空前活跃，蓬勃发展，为顺应这一历史潮流，洪洞县委、县政府，举办了洪洞大槐树寻根祭祖节。在1991年、2006年、2007年、2018年都获得了巨大的成功，九州大地乃至四海大槐树后裔，思乡寻根之情，回乡祭祖之潮与日俱增。

2006年当地政府投入巨资，打造建成洪洞大槐树寻根祭祖园。主要景点有：大门槐根造型，东西跨度20米，高13米，其造型古老沧桑、伟岸厚重、支根入土、虬劲有力，寓意大槐树后裔同门、同根、同祖、同心。

影壁，景区的标志性景观。

碑亭（古大槐树处），建在第一代大槐树的遗址上，碑高3米，宽0.8余米，碑冠在盘龙细雕之中篆书“纪念”二字，碑阳镌刻“古大槐树处”5个隶体字，以及由第一代古大槐树滋生的第二代大槐树，距今已有近400年的历史。由二代大槐树同根滋生的第三代大槐树也有近百年的历史。

千年槐根，此根大约生长在宋元时期，距今1000年左右，远在明初移民之前。槐根高度6.2米，其中外露部分4.2米，槐根盘枝错节，形象奇特，能让人产生丰富的联想，是一棵罕见的大型古槐真根。

三组浮雕，以大槐树为背景，从左至右为：移民国策、移民惜别、移民迁徙，通过朝堂决议、大槐树下、讲不完的故事三组移民情景雕塑向我们形象地展示了大槐树下的移民历史。

祭祖堂，整个祭祖园的核心，坐北朝南，面阔112米，进深55米，总占地面积6160平方米。堂前置露天铜鼎香炉，堂内设1230个移民先祖姓氏牌位，不仅体现传统文化，而且突出“祭祖”主题，是全国最大的百家姓祠堂，是天下民祭第一堂。

望乡阁，位于祭祖堂东侧，是专门用来接待远方归客的地方。

献殿，是祭祀时用来摆放供品的地方，也是主祭人员的主要活动场所。

溯源阁，位于祭祖堂西侧，与望乡阁对称，是大槐树主体建筑“一堂两阁”之西阁，建筑造型为仿古四角攒尖顶三檐双层建筑，上层有爬廊与祭祖堂相连。

中华姓氏苑，主要由中华民族的姓氏来源、发展演变，以及56个民族从古至今用过的11 969个姓氏，姓氏郡望、堂号、堂联、家训等姓氏文化布置而成，人们可在这里欣赏到一场中华姓氏文化的盛宴。

除此之外，还有洪崖古洞、牌坊、三座桥、槐木化石等，还诞出许多移民故事传说，如“解手”“小脚趾为两瓣”“思乡鸟”“折槐枝与供神树”“一家庄”等。

广济寺规模宏大，殿宇雄峙，佛像金身，僧众济济，香客不断。

洪洞广济寺 又名“宏济寺”。原址位于洪洞城内永安里，金承安年间迁徙贾村汾河畔，现位于洪洞大槐树公园内。建于唐贞观二年（公元 628 年），宋时进入全盛，名扬三晋。广济寺规模宏大，2006 年重建，主要建筑有山门、钟鼓楼、大雄宝殿、藏经楼、西方三圣殿、观音殿、玉佛殿、关公殿、祭祖堂、大戏台等。建筑众多，错落有致，与祭祖园一并构成园中有寺，寺中有园。门票价格：60 元 / 人。

广济寺

山门左侧有一棵荫蔽数亩的大槐树，是明初迁民之时，办理公差事务的地方，后名扬天下，古槐后裔认为祖，视为根。

石经幢，广济寺仅存遗物，顺治八年汾河洪水暴涨退后，石经幢移至古大槐树北侧，佛教界称为“楞严幢”。塔高 10 米有余，八角形，全部青石砌成，分三层，最底层是释迦牟尼佛在菩提树下讲法的一组佛教故事，雕刻得十分精美。中层雕刻的是 8 个骑狮的武士，上层雕刻吹拉弹唱、喜怒哀乐的图案，精美传神。塔顶层有 14 个刻字。石经塔建筑选料之精、造型之奇、图案之精美，神、佛、军事、音乐艺术融为一体，为塔中之奇，千百年来，风吹雨淋，图案完好无损，文字清晰，实为罕见，视之为稀世之宝。

广胜寺，始建于东汉桓帝建和元年，1800 年间，受尽磨难，几经损毁、重建、整修、扩建。

洪洞广胜寺 原名“俱庐舍寺”，亦称“育王塔院”。全国重点文物保护单位。坐落于山西省洪洞县，始建于东汉桓帝建和元年（公元 147 年），唐代

改称广胜寺。景区分为上、下两寺和水神庙三处建筑，上寺在山顶，下寺在山麓，相距千米多，下寺的建筑基本上都是元代修建的，上寺则大部分经明代重建。广胜寺1800年间，受尽磨难，几经损毁、重建、整修、扩建。新中国成立后，在国家主持、投资，及广胜寺职工的共同努力下，广胜寺得以维护、修补修缮，在原有基础上保持到至今状况。门票价格：80元/人。

上寺由山门、飞虹塔、弥陀殿、大雄宝殿、天中天殿、观音殿、地藏殿及厢房、廊庑等组成。山门内为塔院，飞虹塔矗立其中，塔平面八角形，13级，高47.31米，塔身青砖砌成，各层皆有出檐。全身用黄、绿、蓝三彩琉璃装饰，一二三层最为精致，设计十分巧妙，为我国琉璃塔中的代表作。向后为弥陀殿，内奉阿弥陀佛、观音和大势至菩萨，称“西文三圣”。大雄宝殿5间，毗卢殿5间，内奉毗卢、阿闪、弥陀三佛及胁侍菩萨、护法金刚等像，铁铸佛像35尊，四周壁画，以后壁十二圆觉技艺最佳。寺内碑碣数十通。

下寺由山门、前段、后殿、垛殿等建筑组成。前殿5开间，内塑三世佛及文殊、普贤二菩萨，均属原作。殿内四壁满绘壁画，1928年被盗卖出国，藏于美国堪萨斯城纳尔逊艺术博物馆。残存于山墙上部16平方米的画面，内容为善财童子五十三参，画工精细，色彩富丽，为建殿时的作品。

广胜寺特色：元代壁画、下棋图、捶丸图、水神庙、霍泉、飞虹塔琉璃塔、《赵城金藏》等，件件均是极为珍贵的建筑、文物精品。其中，最为珍贵的飞虹塔、《赵城金藏》、水神庙元代壁画，并称为“广胜三绝”，名扬天下，具有极高的历史、艺术价值。

“苏三离了洪洞县，将身来在大街前。未曾开言我心内惨，过往的君子听我言。”这是我们熟知的戏剧《苏三起解》中苏三的唱词。由于苏三故事曲折动人，苏三也成了家喻户晓的人物。当年的“苏三供堂”“苏三监狱”也由此而闻名，我们慕名来到苏三监狱所在的明代监狱参观游览。

明代监狱 位于山西省洪洞县政府院内西南。始建于明洪武二年（公元

明代监狱

1369年），距今已有600余年历史，是中国现存唯一明代形制的监狱，也是现存的最早监狱。门票价格：36元/人。

苏三，是一个被旧制度和官吏、坏人相互勾结，被诬陷杀人而屈打成招，打入死囚牢房等待问斩的良家妇女，后因巧被做官的丈夫搭救而洗清冤屈。以苏三为主角的故事、剧目广为上演传播，苏三名闻全国，几乎成了一个家喻户晓的冤屈代表人物。由于苏三故事曲折动人，当年的“苏三供堂”“苏三监狱”也由此闻名，历朝历代长期被保存维护，得以传至如今。

现存的苏三监狱建于明代，分普通牢房和死囚牢房，两组建筑相连为一体，普通牢房12间、禁房2间。死囚牢房处于后院，门上画有龙的第七子狴犴，长得似虎，人们误称为“虎头牢”。牢门只有1.6米高，所有进入死囚牢的人都要在狴犴像前低头，显示对法律的敬畏。苏三就曾被关押在此，里面有苏三的塑像，死牢阴暗潮湿、阴森恐怖，围墙高厚坚实，有多项设施防止囚犯越狱。如墙里灌装流沙，门窗装有狭小网铁丝，过道顶上布有铁丝网，网上挂有铜铃，牢门双墙双门，一扇从右开，一扇从左开等。过道的尽头墙上有狱神的供位，囚犯入狱都要参拜狱神，狱神下面的墙基处一小洞，是运送死尸的出口。

参观牢狱，大开眼界，原来封建官府对待狱犯还有这么多的规矩、防范，招招精心，招招实用。

尧庙，是一座集纳丰富历史文化和五千年文明史的国祖庙，历代均为国家级祭祀之所，清康熙、光绪帝以及慈禧太后都曾御驾临此。

尧庙 原建于汾河西岸古平阳城（今临汾市），晋惠帝元康中徙汾东，现位于临汾市秦蜀路南端，唐显庆三年（公元658年）迁至今址，占地5.33公顷，距今已1300余年。历代均为国家级祭祀之所，并进行过多次修葺与扩建，清康熙和光绪帝以及慈禧太后都曾御驾临此。今存山门、五凤楼、广运殿、寝宫等，棂星门、仪门已毁。门票价格：50元/人。

尧是五帝之一，姓伊祁，名放勋，尧庙南8里（4千米）伊村人，生活十分艰苦，13岁被封到陶地（现山西襄汾县陶寺乡）任职，15岁被封到唐地为唐侯，因而亦称陶唐氏。16岁被推为首领，在位90年。他定都平阳，划定九州，形成中国最早的格局；钦定历法，广凿水井，推进农耕，用古朴的科学推动了人类的进步；设立“华表木”“敢谏鼓”，实行禅让，开民主政治之先河；教化民众，协和万邦，创尧天舜日之盛世。孔子赞尧曰：“唯天为大，唯尧则之”，帝尧高寿114岁而终，庙内还有10多座石碑，上面记载了尧王的丰功伟绩。

尧庙仪门及五凤楼

尧造围棋丹朱善之

尧庙，是一座集纳丰富历史文化和五千年文明史的国祖庙，俗称三圣庙，是中国专门纪念尧、舜、禹三位先祖的庙宇。尧在4000多年前就定都平阳，平阳成为华夏文明最早的发祥地之一，素有华夏第一都之称。

五凤楼，进了尧庙，首先看到的是秀丽的五凤楼，当年尧王和他的4位大臣（两位宰相两位阁老）被喻为“五凤”，他们常登此楼远望，“五凤楼”之名便由此而来，距今已有1300多年的历史。楼高19.3米，三层12檐，楼底有砖建窑廊三孔，有直通三层角柱13根，甚为雄伟，楼顶直立陶人30余个，陶狮为中，风吹可上下走动，十分美观。

尧井亭，五凤楼的后面有尧井亭。距今已有1600多年的历史，亭为六角高檐楼阁形式，小巧玲珑，非常别致。亭中水井据说是尧王亲手所掘，井的直径8寸（约0.3米），井壁为两层，外层有卯榫砖9块一圈，叠圈砌成。相传尧井通海，至今井下泉水汩汩，清冽可饮。

广运殿，亦称尧宫，是召见众臣共商国是的地方，是庙内的主体建筑。曾为大火毁，1999年复建。殿高23米，通进深26.3米，通面宽43米。殿内有12米通顶立柱42根，大殿龛内，有高达2.8米的唐塑尧王像，两边站着两位宰相和两位阁老。

寝宫，广运殿后是寝宫，距今1300多年。宫龛内塑有尧王和其夫人的像。据说尧王的夫人是鹿仙女，生于姑射山中。

除了轴线上的主体建筑外，尧庙还有其他一些附属建筑和文物古迹：华表、虞舜殿、祭祖堂、天下第一鼓、中华帝尧钟、尧典壁廊、蟠龙图雕、千家姓纪念壁、石刻二十四节气图、尧宫古柏、各种楹联等。

唐代铁铸释迦牟尼佛头像，是我国现存最早、体积最大的铁佛头像。其铸造工艺高超，技术精湛，为研究我国古代铸造史、铸造工艺提供了珍贵史料。

临汾铁佛寺 也叫“大云禅寺”。全国重点文物保护单位。位于山西省临汾市城内鼓楼南街西侧，占地5617平方米。建于唐贞观六年（公元632年），现在的寺院为清康熙五十四年（公元1715年）重建。宝塔内唐代铁铸释迦牟尼佛头像，高6.3米，重约15吨，是我国现存最早、体积最大的铁佛头像。门票价格：8元/人。

大云禅寺金顶宝塔

寺院由山门、献亭、中殿、方塔、藏经阁等建筑组成。方塔是寺内现存最完整的建筑，也是全寺精华所在。方塔6层，1～5层为方形，6层为八角，按八卦方位排列建造。塔高30余米，由水磨青砖砌成，各层四面及檐围脊、饰件表面均铺设黄绿色琉璃瓦，使宝塔更加色彩斑斓、金碧辉煌。塔底层长宽各12米，第一层中空，置铁铸佛头，塔身遍布人物、禽兽、草木、花卉、鱼虫，造型生动、表情丰富、形神兼备，塔顶宝珠金光闪闪。整个宝塔格外耀眼夺目，气势万千。

铁佛头宽 5 米，高达 6 米，由 300 余块长宽各约 50 厘米，厚 6 ~ 10 厘米的生铁铸接而成。造型比例适中，面部丰满慈祥，耳聪目善喜气，完全是一艺术精品，系唐代原作，充分体现了我国古代造像、雕塑、冶金等多专业结合的综合技艺。

丁村民宅，典型的明清民宅建筑群，历时 400 余年。每座民居，各有特色，异常珍贵，既是实用住宅，又是精美的文物艺术品。

丁村民宅 全国重点文物保护单位。位于山西省襄汾县城南 4 千米汾河东岸，是典型的明清民宅建筑群，有明清民宅院落 33 座，房舍 498 间，占现村庄的大部分面积，基本是明清时期丁村的原有布局。建于明神宗万历二十一年（公元 1593 年），最晚的建于民国年间，历时 400 余年。门票价格：21 元 / 人。

丁村民宅，以丁姓聚居而得名。最早的丁村民宅，各院落建筑布列不同，造型雕刻亦异，多数建筑上留有年款题记和匠师姓名，是研究我国北方村庄民宅布局和建筑形制的重要实例。

大门

民宅群分中院、南院、西院、北院四大组。由于宗族的繁衍发展，反映在院群坐落上的时代差异特别明显。以村中心明代建筑观音堂为领首，以丁字小街为经纬，分北、西、南三方，在建筑的时代风格上各有不同。北院、中院、西院、南院分别以明代、清雍乾、清乾嘉、清道咸年代为主。这些民院、民宅历史年代跨度大，基本沿袭汉唐以来四合院风格，房子大多高大宽敞，由正房、东西厢房和南房组成，中间有一天井，布局大气精致，建筑气派讲究，结构严谨。横径曲巷，院院贯通，连接巧妙，建造别致，上下层级科学，主配合理，充分反映了晋南地区汉民族的心理、爱好、风尚和习俗。

丁村民宅突出的特点是注重装饰，在建筑的各个部位，大多有木雕、石雕、砖雕，尤其是木雕，举目皆是。在斗拱、雀替、博风板、栏额、门楣、窗棂、影壁、匾额上，无处不点缀着雕品。就连柱础、石阶和小小门墩儿上，都装饰得美观大方。

那些琳琅满目的浮雕、阴雕、阳雕包括人物、鸟兽、花草、静物；单幅雕、组雕、连环雕，技艺都巧夺天工，内容均是民间故事，显示忠孝节义的，愿吉祥如意的，鼓舞人们斗志的，以及表现民间民俗的。各种雕刻，无一不是构图缜密、玲珑剔透，为古色古香的建筑增添锦绣和光辉。并且这些木雕、砖雕、石刻表现在建筑构件上，多而不絮，精美大方，内容丰富多彩，数量恰到好处。从生活到礼法，寓意深刻；从戏曲到社火，华而朴实；从民俗到治家洋洋大方，是我国珍贵的古代民俗“活化石”。不仅反映了黄河流域淳厚的民风习俗，而且显示了我国博大精深的传统文化，是察古证今，以今索古的重要资料，同时也是劳动人民智慧的结晶。丁村民宅前后经历了400余年的历史，得以保存到如今，真是奇迹，难能可贵。

在描述这一段时，我翻开了几年前拍摄的相关照片，这些建筑真是美极了。每一扇门、一户窗、一段屋脊，甚至每一块石头，都是不多不少，恰到好处，似一副对联横批所言“天作之合”。

以丁村民宅为基础，国家还开辟了“丁村文化陈列馆”和“丁村民俗博物馆”，藏品7000余件，游人在这儿可欣赏到众多精美艺术品。这些珍贵文物反映了晋南地区汉民族的岁时节令、衣食住行、人生礼仪、婚丧嫁娶、民间工艺、宗教信仰等习俗。游人在这儿还可体验到民间书画、剪纸、木版年画、刺绣品、麦塑等传统文化艺术。

丁村遗址，从发掘出人齿、石器及动物等化石的特征和地层堆积的情况判断，距今约有10万年之久。丁村被定为旧石器时代中期文化遗址。

丁村遗址 丁村是“丁村人”“丁村文化”的发源地，是我国乃至世界上重要的旧石器时代文化遗址，也是我国自主发掘、研究的第一个旧石器遗址。经历了1953—1954年、1976—1980年、2013—2017年3次正式发掘，是我国旧石器考古学的发祥地之一，我国旧石器考古的里程碑。门票价格：免费。

“全国重点文物保护单位”碑

我们专程去遗址现场，除了荒坡，就是乱草岗。但运气不错，在一条僻静乡村的小马路土堆荒草边找到了遗址唯一的象征——一块“全国重点文物保护单位”的碑牌，照相打卡，心满意足！

没有自驾，这些景点不可能到达，没有“全国重点文物保护单位”碑牌，到了景点面前也免不了是见面不相识、擦肩而过的结局。

壶口瀑布，中国一处大型峡谷瀑布景观，世界上最大的黄色瀑布。

壶口瀑布 黄河奔流至此，两岸石壁峭立，河口收束狭如壶口，故名壶口瀑布。国家 AAAAA 级旅游景区。壶口瀑布处于秦晋峡谷的南段，南距龙门约 65 千米，距孟门 5 千米。河西属陕西省宜川县境，河东与山西省吉县相连。壶口瀑布是中国第二大瀑布，世界上最大的黄色瀑布。门票价格：100 元 / 人。

壶口一带，黄河西岸下陡上缓，形成狭谷，谷底宽约 400 米，坡高约 150 米，龙王坡呈下陡上缓之狭谷，黄河的横剖面呈谷中谷的形态。在龙王辿以北，河幅宽度和狭谷宽度一致，河水充满狭谷，常水位流量 1000 ~ 3000 立方米 / 秒，水面宽 400 余米。龙王辿始下，水到壶口，在平整的谷底冲成一道深槽，在大河槽中套了一个小河槽。小河槽宽 30 ~ 50 米，深约 30 米。壶口以上，水在宽槽中流行，到了末端，400 米宽的水面一下子全部倾注到 30 ~ 50 米宽的深槽中，形成瀑布，这就是举世闻名的“壶口瀑布”。

壶口瀑布

壶口瀑布蔚为壮观，滔滔黄水奔腾而下，万千澎湃，浊浪滔天，浪花飞溅，烟云弥漫，狂涛怒吼，声震数里。瀑布高度在枯水期可达 15 ~ 20 米，夏、秋之际可达 45 米。在洪水时，洪流滚滚，涌出深槽，瀑布就变成一股激流而下，瀑布形消失。河水沿深槽下行 5 千米便是孟门，出孟门之后，水面展宽，水势变缓，又恢复到龙王辿以上的景象。

每年都有许多人专程到壶口看瀑布，因气候、时间等原因，看到的瀑布远不及想象。华都 2012 年陪华蓉大姐去时，就很失望！这次，我们运气较好，正逢涨水，壶口瀑布极为壮观，水流以排山倒海之势，飞泻直下，烟波浩渺，黄浪滚滚。水流从上而下跌落槽中，形成排排瀑布，尽管因槽中流水多，水位抬升，看到的瀑布落差没那么高，但那种急流咆哮、翻江倒海之势，犹如千军万马，奔腾而下。在底部升起阵阵浪花雾气，如烟云如繁花，远望又似茫茫一片，令人十分震撼！

过了两年，我们再次去壶口，水没有前次大，大槽中的小槽可见，瀑布清晰可见，特别还见到彩虹横跨瀑布口上，运气不错！

壶口景区及附近还有不少景点：孟门山及孟门夜月、龙洞、空中悬浮、四铭碑亭、明代码头、同治长城、古战场等。午饭后，在壶口岸边的市场买了几斤陕西苹果、西部甜瓜，在这里度过难忘的半天。

普救寺，是和《西厢记》故事密切关联的建筑。由于小说、戏曲的传播，普救寺亦名声大噪，现经修复，规模恢宏，形制古朴，结构特别，别具一番风味。又因园内莺莺塔号称中国现存的四大回音建筑，普救寺成为蜚声中国的游览胜地。

普救寺 国家 AAAA 级旅游景区。位于山西省永济市蒲州古城东 3 千米的峨嵋塬头上，依塬而建，东西宽 200 米，南北长 350 米，总面积约 7 万平方米。建设时间不详，但隋朝初年即有，时叫西永清院，唐朝至今，因战火、自然灾害，多次被毁，又多次修葺。1986 年，政府拨出专款，对普救寺进行修复。如今，一座按原样修复的普救寺，又出现在三晋大地上。山门上悬挂着中国佛教协会原会长赵朴初题写的寺名横匾。门票价格：40 元 / 人。

普救寺，坐北朝南，居高临下，由寺院和园林两部分组成，寺院部分在前，园林部分在后。普救寺的寺院建筑，大致分布在三条轴线上，由前至后，西轴线上的建筑有大钟楼、塔院回廊、莺莺塔、大雄宝殿，最后为花园；中轴线上有天王殿、菩萨洞、弥陀殿、罗汉堂、十王堂、藏经阁；东轴线上有前门、僧舍、枯木堂、正法堂、斋堂、香积厨等。普救寺的后面，是一组园林建筑，假山、竹林、

弥陀殿与莺莺塔

小桥、水池点缀其间，高低错致，径幽回旋。还有引人遐想的莺莺亭、拜月台，景色秀丽，令人心醉。普救寺景致众多，最有名的当属：大雄宝殿、莺莺塔。

这里发生的《西厢记》中的故事，是一出优美、曲折、搞笑，最后终成眷属的张生与莺莺一见钟情的爱情故事。

大雄宝殿，内供三尊伫立石佛，均是80年代修复普救寺时在舍利塔后33米处的地下出土的，南北朝时期的作品。其中，释迦牟尼佛像高3.9米，另外两尊佛像出土时没有头，现今佛像头部是后加上去的。

莺莺塔，雄峙于普救寺西侧，方形，砖砌筑，古朴端庄，独立擎天，在明嘉靖三十四年（公元1555年）的大地震中被毁掉，现今是公元1563年重修。全塔13层，高36.76米，造型精美，设计考究，具有奇特回声效应，为中国现存四大回音建筑之一，也是世界六大奇塔之一。

舜帝陵景区，集历史、文化、人文、自然、景观于一体，规格高，设施齐全，是人们寻根祭祖、陶冶情操、修身健体、休闲娱乐的佳境胜地。

舜帝陵庙 中华民族“五帝”之一的舜帝陵庙。全国重点文物保护单位，国家AAAA级旅游景区。位于山西省运城市鸣条岗西端，占地70亩，神道13亩，奉祀香火地17亩。始建于唐开元二十六年（公元738年），陵冢起于禹时，后因战火、地震灾害等多毁多建，现存建于清嘉庆二十一年（公元1816年）。门票价格：54元/人。

舜帝，姓姚，名重华，是我国氏族社会后期部落联盟领袖。幼丧母，以孝悌而闻名天下，曾辅佐尧帝，后即位，又咨询四岳，挑选贤人，治理民事，特别是命禹治平水患，使民安居乐业，故受万民拥戴。死后葬于鸣条岗。其传统道德之精髓，在华夏子孙的心目中依然闪耀着绚丽夺目的光辉。

舜帝陵景区由风景区和陵庙区两大部分组成。

舜帝陵

风景区由舜帝广场、神道、百花园、植物园组成。景区内道、路、阡、陌与皋、夔、稷、契4座桥相互连接，交通便利。博物馆、会展中心坐落园内，四有亭、同善亭、牡丹亭、月季亭、圣贤亭、懿德亭点缀其中。

陵庙区，坐北向南，分为外城、陵区、皇城三部分。山门以南为外城，自南向北依次为石牌坊、重华桥、娥皇桥、女英桥、护城河、古柏广场、舜歌南风坐像、生死相依的一组千年古柏、柏林。进入重华门，即为陵区，砖砌的方形墓冢，陵高3米，周围51米，陵前嵌有邢其任书写的“有虞帝舜陵”石碑，旁立“有虞氏陵”石碣1块，陵冢上槐柏交翠，郁郁葱葱，陵上有数千年五指神柏。元代献殿、清代享厅排于前，关公祠、敤首祠列于左右，整个陵区威严、肃穆，王陵气势尽显。陵后为皇城，又名“离乐城”，皇城城墙高大雄伟，城内以戏楼、卷棚、献殿、正殿、寝宫为中轴，东西廊房、钟鼓二楼左右对称，正殿为重檐歇山顶。殿内舜帝塑像正襟南面，身着衮服，头戴冕旒，神态庄严，栩栩如生。皋、夔、稷、契4位大臣在两旁恭敬而立。以陵在前、庙在后的建造布局在历代皇家陵园中十分罕见。

运城盐湖，古老而又典型的内陆咸水湖，世界第三大硫酸钠型内陆湖泊。

运城盐湖 也称“河东盐池”“中国死海”。国家AAAA级旅游景区。位于山西省运城市南，东西长30千米，南北宽5千米，总面积132平方千米，湖

中国死海——运城盐湖

面海拔 324.5 米，最深处约 6 米，是山西省最大的湖泊。门票价格：10 元 / 人。

几年前，我们到过世界著名旅游景点约旦死海，曾在海中泡澡，泡一会后皮肤发红。懂行的人告诫我们，每次最好不要超过 20 分钟，否则有损皮肤。

我们慕名来到中国自己的“死海”——运城盐湖。的确，这儿比较有生气，既集死海的神奇，又像死海水一样含有丰富的钠、钙、镁等有益于人体的微量元素，使运城盐湖成为世界上少有的盐水漂浮胜地。这里景色也很美：水草丰富、芦苇茂密；湖中阡陌纵横、银岛万千、碧波浩渺、湖光闪闪；环绕盐湖的数十平方千米湿地常年栖息着数十种候鸟，故自古就有银湖之美称。

在这里可以享受到死海的黑泥沐浴和盐水漂浮，还可以饱览盐湖风光之旖旎，探寻华夏盐文化之神秘，运城盐湖实在是一处不可多得的集绿色、生态、文化、健身、旅游、娱乐、休闲于一体的旅游胜地。

浴资 18 元 / 位，矿泉水疗 60 元 / 位，死海漂浮 60 元 / 位，黑泥养生 60 元 / 位，三绝套餐 198 元 / 位。

运城关帝庙，全国规模最大的关帝庙，被誉为“关庙之祖”“武庙之冠”，无愧于关老爷的家乡。

运城关帝庙 全国重点文物保护单位，国家 AAAA 级旅游景区。位于山西省运城市解州镇西关，占地 22 万平方米。创建于隋开皇九年（公元 589 年），宋、明、清历朝历代及新中国成立后多次扩建和重修，达到现时规模。门票价格：60 元 / 人。

关羽，解州人（今运城），武艺超群，义薄云天，与刘备、张飞三结义。一生征战南北，曾水淹七军，千里走单骑、过五关斩六将、斩颜良诛文丑、义释曹操、夜读《春秋》等相关故事传遍天下，家喻户晓，妇孺皆知。

关帝庙崇宁殿

解州关帝庙，分街南、街北两大部分：街南称结义园，由结义坊、君子亭、三义阁、莲花池、假山等建筑组成；街北是正庙，坐北朝南，仿宫殿式布局，主轴线上分前院和后宫两部分，前院依次是照壁、端门、雉门、午门、山海钟灵坊、御书楼和崇宁殿，两侧是钟鼓楼、大义参天坊、精忠贯日坊、追风伯祠，后宫以气肃千秋坊、春秋楼为中心，左右有刀楼、印楼对称而立，横线上分中、东、西三院，中院是主体，东院有崇圣祠、三清殿、祝公祠、葆元宫、飨圣宫和东花园，西院有长寿宫、永寿宫、余庆宫、歆圣宫、道正司、汇善司和西花园，以及前庭的万代瞻仰坊、威震华夏坊。全庙共有殿宇百余座，规模宏大，布局合理，主次分明，给人以大气、恢宏、豪华、保存最完好之感，真正感觉不愧是关老爷的故乡，受到额外之关顾，全国冠首，实至名归。

解州关帝庙这样的建筑规模，令我们感慨万千，身临其境，边游览边议论：古关帝庙遍布九州，我们到过不少，规模居前三的是解州关帝庙、洛阳关帝庙、当阳关帝庙，但首推还是当下解州关帝庙，解州是关羽出生和成长之地，洛阳是关羽首级埋葬之地，当阳是安葬关羽身躯之地，三地之集合，关羽才是完满的。

关羽之所以成为整个民族所崇尚的忠义英雄，信奉的关帝圣人，最主要还是关公文化是以“忠、义、仁、勇”为核心的伦理精神，提倡和推崇忠义节孝、神勇武威。信奉关公就是信奉交往忠义，做人诚信，尽忠社稷，生为人杰、死亦鬼雄。正是体现了中华民族之精神，有着广泛的人民群众基础，无疑，共同信仰和价值观增强了整个华夏民族的认同感和凝聚力。

三门峡水库是黄河上第一个大型水利枢纽工程，根治黄河工程体系最重要的组成部分。

三门峡水库 位于河南省三门峡市。1957 年 4 月 13 日，三门峡水利枢纽正式开工建设。1960 年 4 月大坝主体基本竣工，并开始蓄水，担负着黄河下游防洪、防凌的重任，保护着冀、豫、鲁、皖、苏 5 省 25 万平方千米范围内 1.7 亿人口的生命财产安全。该枢纽运营以来，已经形成了独特的生态系统和自然环境。门票价格：30 元 / 人。

三门峡水库

黄河在陕西省的潼关至河南省的孟津，即陕州区一带为太行山脉所阻，以巨大的水力，冲出三路山口，后人把这三道激流，自东至西，称为“人门”“神门”“鬼门”，即三门。而在三门之间依然矗立河心的岩石，则分别被称作人、神、鬼三岛。

新中国成立后，由经济恢复阶段走向第一个五年计划建设的第一年，三门峡水库工程，列入中苏援助工程项目之中。中、苏专家120余人，行程12 000余千米，进行黄河现场大查勘。在查勘中肯定了三门峡坝址。苏联专家柯洛略夫说：任何其他坝址都不能代替三门峡为下游获得那样大的效益，都不能像三门峡那样能综合地解决防洪、灌溉、发电等各方面的问题。

记得中、小学时就对黄河三门峡建设水库印象深刻，知道是一项巨大工程。多年来，一直想到三门峡目睹一番，这次专门规划路途，绕行一段来此一游，但高德导航却出现两次失误，路上耽误了不少时间，傍晚才赶到。站在高高的山路上，望见不远处的黄河，在傍晚夕阳余晖的映照下，金光灿灿，煞是好看，赶快沿着公路下行，驶向河谷大坝。在大坝门口，车被拦住，大坝关闭不让进入，心情一下跌进深渊，沮丧极了！还好，在大坝有关人员指引下，车可停在路边，步行到大坝下河滩边远远参观一下，没想到和我们同样遭遇的人还不少，都在大坝下河边观景，很热闹。正值汛期，大坝泄洪，只见巨大水流从泄洪口奔腾跃出，形成粗壮巨大的水流柱重重落下，白浪翻滚，响声震天，水雾缭绕，的确十分壮观！

古魏城遗址，系周代遗址，历史久远，处于一段群雄逐鹿，诸侯王国混乱纷争的年代。演绎了漫长的历史，留下许多脍炙人口的故事传说，还埋藏了诸多历史文物，给后人研究提供了机会和价值。

古魏城遗址 全国重点文物保护单位。位于山西省芮城县城关镇北2.5千米处，东西长1.5千米，南北宽1.3千米，现残存北城墙1500米，宽4～7米，高7米。夯窝直径6厘米。建于周代，距今2000多年。门票价格：免费。

古魏城遗址

古魏城遗址，系周代遗址，武王伐纣后，分封姬姓子弟于此，为魏国，古魏国经营了500多年。到了公元前661年，魏、耿、霍等国被晋国所灭，魏都城自然就不复存在了。遗址南北城墙在地面可见，残存的土垣高高低低、断断续续，已是林木繁茂，苍松翠柏，俨然一风景区。东起柴涧村、铁家庄，西至后龙泉村、城南沟村，南至永乐宫门前，北至永乐宫北0.5千米，呈方形，周长4500米。残留于地面之上的城墙高出地面1～7米，城址宽度一般在13～15米，城墙板筑而成，古城东南、西北、东北三个城角保存较好，城外侧都有月牙状的夯土台，近2平方千米的区域内，除了农舍田地外，还有永乐宫、广仁王庙等景点。遗址内出土有东周时期的罐、瓦等遗物，在城西柴涧村有西周晚期到春秋早期的墓葬群，出土过数批青铜器。据说，前些年曾有当地不法之徒，公然在保护区内挖掘盗窃古墓，出土变卖文物，构成犯罪，被判刑6～10年不等。中国文物保护之路任重道远矣！

广仁王庙经过1000多年风雨和不断修葺，仍不失唐代风貌。整个建筑古朴雄浑，显示了唐代建筑风格。

广仁王庙 五龙泉水从庙基前涌出，俗称“五龙庙”。全国重点文物保护单位。位于山西省芮城县城北4千米古魏城城垣遗址内。建于唐大和五年（公元831年），一座四合院形的庙堂建筑，它与永乐宫、古魏城等形成了一个天然的文物群。门票价格：35元/人。

广仁王庙，由正殿、戏台、厢房组成，戏楼与正殿相对，浑然一体，构成了一座完整的四合院形的庙堂建筑。四周有围墙，东南角辟有小门。

广仁王庙

正殿坐北向南，五开间四架椽进深三间，单檐歇山顶，柱头斗拱为五铺双抄偷心造，各种斗欹部的幽度极深，拱瓣棱角明显，内部搁架铺作斗拱硕大，叉手长壮，侏儒柱细短，构成极平缓的厦坡，据说，只有五台山南禅寺可与之相比。殿内无柱，梁架全部可见，整个建筑结构简练，古朴雄浑，充分显示了唐代建筑风格。

在正殿墙上，嵌有唐碑两通。一为《广仁王龙泉记》，唐宪宗元和三年（公元808年）所立，字体雄浑劲秀，详细地记载了引龙泉之水灌溉农田的事迹；

另一碑为《龙泉记》，唐文宗大和六年（公元 832 年）所立，记载了扩建修葺五龙庙始末。这两通碑对研究我国唐代中叶水利发展史具有一定价值。

芮城永乐宫，一处在国内、外都有较大影响的古建筑，以壁画艺术闻名天下，是我国现存壁画艺术的瑰宝，可与敦煌壁画媲美。

芮城永乐宫 原名“大纯阳万寿宫”，是为奉祀中国古代道教“八洞神仙”之一的吕洞宾而建，因原建在芮城永乐镇，被称为永乐宫。全国重点文物保护单位。位于山西省芮城县城北约 3 千米处的龙泉村东，建在原西周的古魏国都城遗址上。占地总面积 8.6 万平方米，始建于定宗贵由二年（公元 1247 年），包括彩绘壁画在内，元顺帝至正十八年（公元 1358 年）竣工，施工期长达 110 多年，几乎同元代相始终。门票价格：50 元 / 人。

三清殿

吕洞宾，原名吕岩，号纯阳子，唐贞元十四年（公元 798 年）生于芮城永乐镇。吕洞宾出身宦门，祖父吕渭、父亲吕让，皆为唐朝名宦。吕洞宾是唐末著名道学家、养生学家，一生遍游各地，悬壶济世，教化渡人，民间相关故事传说流传极为广泛。

永乐宫，建筑规模宏伟，布局严谨，中轴线长 500 米。排列着龙虎殿、三清殿、纯阳殿、重阳殿 4 座高大的元代殿宇，是我国古建筑中的优秀遗产。在四座大殿内满布壁画，总面积达 960 平方米，题材丰富，画技高超，继承了唐、宋以来优秀的绘画技法，又融汇了元代的绘画特点，形成了永乐宫壁画的可贵风格，成为元代寺观壁画中最为引人瞩目的一章。

龙虎殿，共绘有壁画 80 平方米，有神荼、郁垒、天丁、力士、城隍、土地诸神像，画面虽有残损，但唐宋工笔人物画的风格仍旧鲜明。

三清殿，是永乐宫中一座最重要的殿宇，殿中四壁满布巨幅壁画《朝元图》。画面高 4.26 米，长 94.68 米，面积达 429.56 平方米，是 290 个天神朝拜元始天尊的盛大道教礼仪，完成于元泰定二年（公元 1325 年）。画中人物均在 2 米以上，构图宏伟，气势磅礴，神情各异，绘画笔法生动变化，色彩富丽堂皇，集唐宋壁画艺术之大成，是我国古代寺观壁画发展到巅峰的杰作，是迄今为止所知的中国古代最大人物画像，也是 13、14 世纪世界绘画史极为重要的作品。1963 年《朝元图》摹本首次在日本展出，引起国际震撼，被誉为世界艺术瑰宝、东方画廊。

纯阳殿，亦名混成殿，供奉全真教师祖吕洞宾。殿中壁画以连环画形式绘制了吕洞宾神游教化故事 52 幅，计 212.62 平方米，完成于元顺帝至正十八年（公元 1358 年），壁画内容为研究我国宋、元社会生活提供了不可多得的宝贵资料。

重阳殿，又名七真殿，供奉全真教祖师王重阳，王重阳师承吕洞宾。殿中壁画以连环画形式绘制了王重阳画传 49 幅，总计 150 平方米。壁画反映了宋、元社会生活、历史风貌，具有很高的历史参考价值。

关于永乐宫壁画，还有一段不寻常的乔迁经历，原本的壁画在芮城之南，1959 年修建三门峡水库，永乐宫正位于计划中的蓄水区，水库建成后永乐宫将变成“龙宫”。为保留壁画，当时来自全国各地的现代“鲁班”们，以极精细的手工技术，将壁画分离成近 500 块，运到现址后再逐块拼好。这项工程历经 5 年，完成后壁画上的切缝小得难以辨别，完美保留了壁画的旷世神韵。中华工匠们的聪明才智和高超技艺何等神奇！

西岳庙，始建至新中国成立，历朝历代十数次大规模扩建、修葺、维护，祭祀定制，加爵晋封，致使规模宏大，庙貌鼎新。

西岳庙 全国重点文物保护单位，国家 AAAAA 级旅游景区。位于陕西省华阴市区东约 1.5 千米的岳镇东端，南北长 525 米，东西宽 225 米，周长 1825 米，墙高 10 米，占地面积 124 000 平方米。汉武帝元光元年（公元前 134 年）建集灵宫于黄甫峪口，东汉时迁于现址，后改称西岳庙。西岳庙供奉西岳华山兵神金天王，是道教主流全真派圣地，为历代帝王祭祀华山之神要地。西岳庙内碑刻极多，现存后周“华岳庙碑”，明重刻“唐玄宗御制华山碑铭”，明万历刻“华山卧图”，图首附王维、李白、杜甫、陈抟等唐宋名人游华山的题诗和华山图，还有乾隆御书“岳莲灵澍”石额。门票价格：20 元 / 人。

1979 年，西岳庙文物管理所正式成立，收回了中轴线建筑的管护权，对石雕、石刻、古建筑采取了保护措施，搜集、整理了一些历史文化资料，征集了一批珍贵文物。到了 20 世纪 80 年代，先后修了金城门、棂星门及西城墙部分塌陷段，拆除了庙门前棋盘街 17 家单位 36 户居民住房，形制今日。1996 年，西岳庙打开了尘封半个多世纪的正门——灏灵门，正式对外开放。2014 年 1 月 1 日，清乾隆皇帝御制“重修西岳华山庙碑记碑”复立揭碑，《重修西岳华山庙碑记》详细记载了西岳庙的历史，是研究华山西岳庙历史的重要文献。

西岳庙，现制是明清建筑风格的宫殿御苑式古建筑群落，其轴线与华山主峰形成一线，布局为坐北向南长方形的重城式大庙，朝向华山主峰，主要建筑沿着南北轴线左右对称。四周城墙建于明代，整个西岳庙布局严谨，内城外廓，一条中轴线贯穿南北，形成重城式多单元空间结构，亭、堂、楼、坊相错其间。西岳庙建筑群前后分为 6 个空间，在由北至南的中轴线上依次排列着灏灵门、五凤楼、棂星门、金城门、灏灵殿、寝宫、御书楼、万寿阁。

西岳庙

第一空间大门灏灵门，是西岳庙主体建筑，大殿正中门楣上悬有“灏灵殿”金字匾额，殿内供奉“西岳华山之神”牌位，悬挂有清同治皇帝御书“瑞凝仙掌”、慈禧太后御书“仙掌凌云”和光绪皇帝御书“金天昭瑞”三块龙纹图案金字匾额。

第二空间为五凤楼后面院落，五凤楼是西岳庙主城南大门，整个南城墙上布满楼阁宫阙，宏伟壮观、富丽堂皇。沿御道前行，院内西南是巨大的“五岳石残碑”“唐玄宗御制华山铭碑”，院内东南有御香亭。院内东西两侧各代名碑林立，篆、隶、行、草琳琅满目，享有“小碑林”之美誉。

第三空间即棂星门到金城门之间院落，棂星门整体外观如同一座雄伟壮丽的七楼八柱形牌楼，在较长拱头昂首上雕刻的九条龙头，显示其高贵等级。因此，棂星门有西岳庙“九龙口”之称。院内中心石牌坊耸立，艺术水准极高，整个牌坊造型优美，结构灵巧。牌坊东西两侧是两座明代祭碑，高大雄伟，气势壮观，东面是明洪武三年“昭示五岳河渎碑”，西面是明万历年间“华阴县重修西岳庙记碑”。

第四空间主要建筑有灏灵殿（正殿）等，位于灏灵殿之南，花木扶疏，环境清幽。金城门内气氛森严，庄严肃穆，三拱金水桥之栏板望柱上雕有形态各异的石狮和各种名贵花卉，雕工精致细腻，桥下玉带河，河水源自醴泉，汇入庙后苑内放生池。

第五空间主要建筑有御书楼等。

第六空间主要建筑有万寿阁、游岳坊、望河楼等，整个建筑呈现前低后高格局，6个空间相互衬托，协调对比，形成不可分割的整体。

西岳庙，整体结构严谨，金碧辉煌，古朴端庄，富有皇家气息。之前没想到，去后大为震惊：在此处居然有这样一座古典建筑艺术佳作，中国文化遗产珍品。

华山，以高、险名列五岳之首，攀爬自然相对艰难。为了积蓄精力，我们提前一天来到华山镇，住进酒店，养精蓄锐。一早来到景区停车场，购得大巴车票，乘车半个多小时，到达山下。乘缆车上山后，华都腿疼不便，就近休息，我一人爬上山顶一游。游人很多，几乎都是中青年，像我这样的七旬老翁凤毛麟角，颇有几分得意，不觉更是快马加鞭，不只行走，有些地方还需手脚并用，攀、爬，才能再上一层。到达山顶，眺望远方，八百里秦川，绵延千里。“会当凌绝顶，一览众山小”的感觉，好不美哉！好不爽哉！

华山 是我国著名五岳之一的“西岳”。全国重点文物保护单位，国家AAAA级旅游景区。位于陕西省华阴市境内，距西安120千米，它南接秦岭，北瞰黄渭，扼守着大西北进出中原的门户，素有“奇险天下第一山”之称。门票价格：160元/人；华山北峰三特索道门票：80元/人次，华山西峰太华索道门票：140元/人次，华山西峰索道交通车票：40元/人次。

华山雄峰

华山，是中华民族文化的发祥地之一，道教圣地，道观20余座，其中玉泉院、东道院、镇岳宫被列为全国重点道教宫观。三皇及十数位帝王都曾到华山进行过大规模祭祀活动，李白、杜甫等文人墨客咏华山的诗歌、碑记和游记不下千余篇，摩崖石刻多达上千处，相关神话故事无数。华山有东、西、南、北、中五峰，峰峰给人以仙境美感，处处以奇险甲天下，华山著名景区多达210余处。

东峰，又称朝阳峰，海拔2096.2米，是华山主峰之一，观日出的好地方，东

峰由一主三仆 4 个峰头组成，朝阳台所在的峰头最高。山岗如削出的一面坡，高数十丈，古人手脚并用爬行方能达峰巅，今已开辟登峰台阶路，游人可拾级而登，安全到达。东峰顶长满巨桧乔松，浓荫蔽日，环境非常清幽，游人可自由穿行其间，有景观数十处，华岳仙掌列为关中八景之首。此外，还有杨公塔、青龙潭等景观。

南峰，海拔 2154.9 米，是华山最高主峰，也是五岳最高峰，古人尊称它是“华山元首”，峰顶最高处即是华山极顶，登山人都以能攀上极顶而引以为豪。南峰由一峰二顶组成，峰顶最高处就是历代文人墨客们豪情大发、赋诗挥毫之处。因此，留给后世诗文记述颇多，峰顶摩崖题刻更是琳琅满目，俯拾皆是。宋代名相寇准写下了“只有天在上，更无山与齐。举头红日近，回首白云低”脍炙人口的诗句。主要景观有落雁峰、仰天池、黑龙潭、南天门等。

西峰，又称莲花峰、芙蓉峰。海拔 2082.6 米，华山主峰之一，西峰为一块完整巨石，浑然天成，西北绝崖千丈，陡峭巍峨，似刀削锯截，其阳刚挺拔之势是华山山形之代表。南崖有山脊与南峰相连，脊长 300 余米，是华山著名的险道之一。西峰上景观比比皆是，有翠云宫、莲花洞、巨灵足、斧劈石、舍身崖等，并伴有许多美丽神话传说，以沉香劈山救母故事流传最广。峰上崖壁题刻遍布，工、草、隶、篆，琳琅满目，煞是壮观。

北峰，又名云台峰，海拔 1614.9 米，为华山主峰之一，北峰四面悬绝，上冠景云，下通地脉，巍然独秀，有若云台，上通东西南三峰，下接沟幢峡危道，峰头是由几组巨石拼接，浑然天成。绝顶处有平台，是南望华山三峰的好地方。峰腰是攀登华山绝顶途中休息场所，1996 年开通的登山缆车站，即在峰之东壁。

峰上景观颇多，如真武殿、焦公石室、白云仙境、石牌坊等，且各景点均伴有美丽的神话传说。1949 年，中国人民解放军在华阴民众帮助下，打破“华山自古一条路”传说，攀上北峰，奇袭残匪，创造智取华山的奇迹，北峰也成为爱国主义教育和革命传统教育现场与课堂。

中峰，又称玉女峰，华山主峰之一，海拔 2037.8 米，居东、西、南三峰中央，峰上林木葱茏，环境清幽，奇花异草繁多。峰头有道舍玉女祠，传说是春秋时秦穆公女弄玉修身之地，因此，中峰多数景观都与玉女故事有关，如玉女祠、玉女崖、玉女洞、玉女洗头盘等，玉女祠、玉女像均为后人重建塑，其姿容端庄秀丽，古朴严谨。古人抒写玉女及玉女峰的诗文较多，是不可多得的有关中峰的宝贵资料。

蓝田猿人是继北京猿人之后，我国发现的最重要的人类化石。

蓝田猿人遗址 中国人类的发源地之一。全国重点文物保护单位。位于陕西省蓝田县公王岭，距西安约 50 千米，1964—1966 年发掘，属古遗址类，这一发现扩大了我国猿人的分布范围，丰富了人类物质文化记录，为研究人类起源提供了珍贵的科学资料。蓝田猿人遗址纪念亭建在蓝田县公王岭的山腰上，这是一座飞檐高翘、精致玲珑、具有鲜明民族风格的六角碑亭，亭内竖立着蓝田猿人化石出土纪念碑，碑上雕刻着蓝田猿人的复原胸像，碑身下刻“蓝田猿人头盖骨化石出土处”，背面有郭沫若题词。门票价格：12 元 / 人。

蓝田猿人遗址

蓝田猿人遗址，包括蓝田县公王岭和陈家窝两个地点，据古地磁测定，两个地点的地史年代至少分别距今 75 万 ~ 80 万年和 53 万年。

公王岭遗址中更新世早期的红色土中，出土一件 30 岁左右的女性头骨化石，其脑容量为 778 毫升，较北京人更为原始，被命名为“蓝田人”。遗址中还发现了用火遗址，伴出的哺乳动物化石有 42 种，其中多数属华北地区中更新世动物群常见种，这说明公王岭附近当时的气候比较温暖湿润。

陈家窝出土 1 件总体形态与北京人接近的老年女性下颌骨化石，被命名为“直立人陈家窝亚种”。在该地，还出土一批石器和14种华北地区中更新世常见的动物群化石，缺少南方的动物种，说明二者之间有一定的时代差异，或许说明其间当地气候发生了一定的变化。

蓝田猿人地点出土的石制品不多，在公王岭含人类化石的红色土层中发掘石器共13件，其中直刃刮削器1件，石片4件，石核7件，有使用痕迹的石片1片，若加上周围地区中更新世地层中出土和采集的共200余件。

尽管年代测定数据尚不统一，但仍可认为公王岭是迄今为止中国长江以北发现最早的人类化石遗址之一，显示了蓝田猿人有明显的原始性，如果说古都西安是中华民族深厚历史文化的一个重要符号，那么毋庸置疑，蓝田猿人遗址是古都西安最厚重的一个文化符号。

黄河流域规模最大、保存最完整的原始社会母系氏族村落遗址。2021年10月18日，半坡遗址入选“百年百大考古发现”名单。

半坡遗址 全国重点文物保护单位，国家一级博物馆。位于陕西省西安市东郊灞桥区浐河东岸，占地面积约5万平方米。发现于1953年春，年代为公元前4800年—公元前4300年，距今6300～6800年。共发现房屋遗迹45座、圈栏2处、窖穴200多处、陶窑6座、成人墓葬174座、幼儿瓮棺73座，以及生产工具和生活用具近万件文物。1958年在遗址上建成半坡遗址博物馆，是中国第一座史前遗址博物馆，还在3000平方米的原始村落居住区盖起保护大厅。门票价格：55元/人。

半坡遗址

半坡遗址大致形状为南北稍长、东西略短的不规则椭圆形，分为居住区、氏族公共墓地和制陶区三部分。居住区，在聚落中心，周围有一条人工挖掘的宽6～8米，深5～6米大壕沟围绕，中间又有一条宽2米、深1.5米小沟将居住区分为两部分，形成既有联系，又相区分的两组布局，每一部分有一座供公共活动用的大房屋，还有若干小房子，其间分布着窖穴和牲畜圈栏。大壕沟外北边是公共墓地，东边是制陶作坊窑址群。

房子有圆形、方形和长方形，有的是半地穴式建筑，有的是地面建筑，有“堂”的雏形，及“前堂后室”格局。圆形房子直径一般在 4 ~ 6 米，方形或长方形房子面积小的 12 ~ 20 平方米，中型的 30 ~ 40 平方米，最大的复原面积达 160 平方米，储藏东西的窑穴分布于各房子之间，形状多为口小底大圆袋状，家畜饲养圈栏均呈长方形。

制陶窑分布集中，可分为竖穴式和横穴式，窑室较小，直径只有 1 米左右，彩陶工艺是主体之一，如人面鱼纹彩陶盆。

葬墓均在居住区内房子周围，以钵、盆与瓮或两瓮相对扣为葬具。

半坡村落中心，是一座约 160 平方米的大房子，进门后，前面是活动空间，后面为 3 小间，前面空间是供氏族成员聚会、议事场所，后面 3 个小间是氏族公社最受尊重的老祖母或氏族首领住所，老人和儿童的“集体宿舍”。

半坡遗址共出土石、骨、角、陶、蚌、牙等材料的各种生产工具 5275 件，另有陶制半成品 2638 件。

半坡遗址日常生活用器具主要是陶器，收集陶片在 50 万片以上，完整和能够复原器皿近 1000 多件，从其形状、质地和生活需要来看，可分为饮食用器、

水器、饭炊器和储藏器等不同类别。

出土文物中，还有许多装饰品，计有 9 类 1900 多件。

半坡遗址的发掘，首次对一个原始氏族聚落遗址进行大面积揭露，确立了一个新文化类型，为研究我国黄河流域原始氏族社会性质、聚落布局、经济发展、文化生活等提供了较完整的资料，对研究我国原始社会历史和仰韶文化的分期具有重要科学价值。

秦始皇兵马俑，被誉为“世界第八大奇迹”。到过兵马俑的人，几乎每个人都对其赞不绝口，对它给予了充分的肯定，认为其成为世界级奇迹、稀世珍宝当之无愧。

秦兵马俑坑 即秦始皇兵马俑，是制成兵马（士兵、战马等）形状的陶俑。被列入《世界文化遗产名录》，全国重点文物保护单位，国家 AAAAA 级旅游景区。位于陕西省西安市临潼区秦始皇陵兵马俑坑内，被誉为“世界第八大奇迹”。史记秦始皇从 13 岁即位，营建陵园，死后两年才草草完工，修筑时间长

秦兵马俑

达38年之久。1974年3月，在秦始皇帝陵东的西杨村村民杨志发抗旱打井时，发现秦始皇陵兵马俑坑，经考古工作者的发掘，才揭开了埋葬于地下2000多年的秦俑宝藏。1975年国家决定在俑坑原址上建立博物馆，1979年10月1日秦始皇兵马俑博物馆开始向国内外参观者展出。门票价格：120元/人。

秦兵马俑，是世界十大古墓稀世珍宝之一，也是制成兵马（战车、战马、士兵）形状的殉葬品，是古代墓葬雕塑的一个类别。

秦兵马俑，是秦始皇陵的一部分陪葬坑，位于陵园东侧1500米处，坐西向东，长方形，东西长230米，南北宽62米，深约5米，共有3个兵马俑坑，呈“品”字形排列，总面积达19 120平方米，足有50多个篮球场那么大。

秦兵马俑，是世界最大的地下军事博物馆，俑坑布局合理、结构奇特，在深5米左右坑底，每隔3米架起一道东西向承重墙，兵马俑排列在墙间空档过洞中，俑坑内有8千多兵马俑，根据发现先后分为一、二、三号坑。

一号俑坑，呈长方形，东西长230米，南北宽62米，深约5米，总面积14 260平方米，四面有斜坡门道，俑坑中最多的是武士俑，大部分手执青铜兵器，战车与实用车大小一样。

二号俑坑，呈曲尺形，位于一号坑东北侧和三号坑东侧，东西长96米，南北宽为84米，总面积约为6000平方米，坑内建筑与一号坑相同，但布阵更为复杂，兵种更为齐全，是3个坑中最为壮观的军阵。

三号俑坑，位于一号坑西端北侧，与二号坑东西相对，南距一号坑25米，东距二号坑120米，面积约为520平方米，整体呈“凹”字形，由南北厢房和车马房组成，从内部布局看，应为一、二号坑的指挥部。

工匠们用写实的艺术手法将秦俑表现得十分逼真，栩栩如生，这个庞大的官兵群体中，一个不同一个，不仅是形象，尤其在神态、个性的刻画方面，显得自然而富有生气，如将军俑的形象：身材魁梧，身着双重短褐，外披彩色鱼鳞甲，头戴双卷尾长冠，昂首挺胸，巍然伫立，有非凡的神态和威严的魅力；一般战士的神态：有的嘴唇努起胡角反卷，内心似聚积着怒气；有的立眉圆眼，眉间的肌肉拧成疙瘩，似有超人的大勇；有的浓眉大眼，阔口厚唇，性格憨厚淳朴；有的舒眉秀眼，头微低垂，性格文雅；有的侧目凝神，机警敏锐；有的垂着首，似乎若有所思。整个群体显得活跃、真实、富有灵气，纵观这千百个将士俑，其雕塑艺术成就完全达到了一种完美的高度。

就是战马塑造，都不是简单的机械模仿，而是着力彰显它们内在的生机、动力、威猛和灵性。

俑坑青铜兵器极大地丰富了秦兵器研究的领域，有弓、弩、箭镞、铍等十数种。其中长铍、金钩等都是兵器考古史上首次发现，兵器铸造的标准化工艺、兵器表面防腐处理技术的发现和研究填补了古代科技史研究的空白。

绝大部分陶俑形象都充满了个性特征，逼真、自然而富有生机。而秦俑的设计者为了再现秦军奋击百万、气吞山河的磅礴气势，他们不仅仅在于追求单个陶俑的个体形象，而是精心设计了一个由 8000 余件个体高大的俑群构成的一组规模庞大的军阵体系。

正是由这千百个充满生气、神态各异的陶俑构成整体静态军阵地，达到了一种意想不到的艺术效果。

几乎用了一整天来参观游览，心灵震撼，感触颇多。这几年去了几十个国家旅游，每到一些著名景点，往往会为别国旅游景区的历史规模所震动、惊羡。来到兵马俑，感到其巨大规模、恢宏气势、久远历史，可与任何世界景观媲美。为祖国感到无比骄傲，更为中国 5000 年历史文明感到自豪！兵马俑，绝无愧于“世界第八大奇迹”。

唐华清宫虽然因众多历史事件和故事传说发生于此，有沐浴胜地和离宫别苑之称，但仍旧多年荒芜，直至近现代才有所回暖。

唐华清宫 又称“华清宫”，是唐代封建帝王游幸的别宫。全国重点文物保护单位，国家 AAAAA 级旅游景区。位于陕西省西安市临潼区。始建于唐贞观十八年（公元 644 年），鼎盛于唐玄宗执政以后，安史之乱，政局突变，华清宫的游幸也随之迅速衰落，唐以后各代皇帝再很少出游华清宫。清康熙四十二年（公元 1703 年）冬西巡时也重修过华清池（原华清宫），华清池及骊山所存古建，大约就是清初重建后所保留下的格局。民国时期，也有过几次整修。到新中国成立前已

唐华清宫

是汤池寥落，宫殿萧疏，一片破败景象。新中国成立后，自 1959 年起进行了大规模的扩建，辟汤池、修殿宇、建宾馆、开花园，使古老的华清宫焕发了青春，成为人民群众游乐之处。门票价格：120 元 / 人。

华清宫，背山面渭，倚骊峰山势而筑，规模宏大，建筑壮丽，楼台馆殿，遍布骊山上下，充分利用了有利地形，建筑布局严谨，曲折萦回，成为一座结构不凡、富丽堂皇的庞大宫殿建筑群。主要殿舍以温泉为中心，构成华清宫的核心，然后向山上、山下展开，依山而设，依峰走势，布设不同类型和用途的楼阁亭榭，同时还有青松翠柏、荔枝园、芙蓉园、梨园、椒园、东花园等分布其间，把整个华清宫装扮得格外妖娆，华清宫的建筑依山面水，鳞次栉比，除宫城（罗城）外，还有缭墙环绕，缭墙之外，又罗列不少建筑。

宫城区，即罗城，华清宫的重要建筑都布设在这里，周围绕以罗城，分设四门：北门（津阳门）、东门（开阳门）、南门（昭阳门）、西门（望京门）。以南北门相对为中轴线，宫内以墙相隔分为三个区域：东区、中区、西区。宫城外与缭墙之间，在宫城东西两侧及北布置了许多殿、观、坛、台及花园，与宫城中的建筑遥遥相望，生机盎然。缭墙外，共四门，西缭墙内侧有一夹道可登山，正西有复道自缭墙可通长安。骊山上宫中建筑含西绣岭及东绣岭等部分。

抗战时，张学良、杨虎城发动“西安事变”，蒋介石从五间厅住所逃到骊山山腰，被张、杨士兵发现抓获，后在中国共产党斡旋下，西安事变和平解决，促成国共两党合作，共同抗日。

1990 年，在唐代宫廷汤池遗址上建成仿唐博物馆，后又建芙蓉园景区，骊山华清池景区日趋完善，形成规模旅游景区。

西安城墙是古老城垣，用于军事，防御设施齐备，防御能力强大，对研究封建社会的城市建设、历史、军事和建筑艺术，都有着很高的价值。

西安城墙 全国重点文物保护单位，国家 AAAAA 级旅游景区。位于陕西省西安市中心区，轮廓呈封闭的长方形，有著名的西安钟鼓楼，主城门是四座原有城门。始建于明太祖洪武三年（公元 1370 年），洪武十一年（公元 1378 年）竣工，是在明太祖“高筑墙、广积粮、缓称王”的策略指导下，在隋、唐皇城的基础上建成，当时是西安的府城。明太祖朱元璋将次子朱樉册封为秦王，藩封、府治同在一城，因而城池规模宏大坚固，再加上后来明、清屡次修葺、增建，是中国现存规模最大、保存最完整的古代城垣。门票价格：54 元 / 人。

西安城墙

现存城墙为明代建筑，从隋、唐至现代，历经5次大的修筑而成，最初的西安城墙用黄土分层夯打而成，后来又将整个城墙内外壁及顶部砌上青砖，城墙顶部设水槽。

西安城墙，完全围绕“防御”战略体系，城墙的厚度大于高度。墙高12米，顶宽12～14米，底宽15～18米，周长13.74千米。城门有四，每门城楼三重：闸楼、箭楼、正楼。正楼高32米，长40余米，为歇山顶式，四角翘起，三层重檐，底层有回廊环绕，古色古香，巍峨壮观。城墙包括护城河、吊桥、闸楼、箭楼、正楼、角楼、敌楼、女儿墙、垛口等一系列军事设施，城墙四角各有角楼一座，城墙外有城壕，城墙上外侧筑有垛墙，共5984个，上有垛口，可射箭和瞭望，内侧有女儿墙，城墙每隔120米有一座马面（也叫敌台），城墙上共有敌台98座，上面都建有驻兵的敌楼，每个马面宽20米，从城墙向外伸出12米，高低、结构和城墙相同。使城墙外侧呈锯齿形，每个马面上建有可供驻守军队的卡房（也叫敌楼）3间，城墙四角都有突出城外的角台，除西南角是圆形外，其他都是方形，角台上修有较敌台更为高大的角楼，有马道通向城头，缓上无台阶，全城还建有马道11处。

西安城墙的防御性很强，城外的护城河为第一道防线；河上设有吊桥，是进出的唯一通道，闸楼负责升降，白天降落在护城河两岸，供人出入，晚上升在空中，就断绝了进城的道路。城门外有间楼（也叫谯楼），用以打更和报警，为第二道防线；闸楼后边是箭楼，高30余米，外面墙体笔直，箭孔密布，这是第三道防线；箭楼和正楼之间是瓮城，面积9348平方米，若敌人攻进此处，即形成“瓮中捉鳖”之势，这是第四道防线；第五道防线自然是正城门了。

西安城墙现有城门18座，形成时间和规格各不相同。到民国时期，城门逐渐失去了原有的军事防御需要，为了交通方便，人们在原有的四座城门两边新券了门洞。其余14座新开的城门，有的是在被战火打开的城墙豁口上重建的，有的是在唐皇城城门遗址旁新建的，有的是为了纪念伟大人物新建。

西安城墙，是一本无字的史书，是古老城市的醒目标志，为研究明代的历史、军事和建筑等提供了不可多得的实物资料，对研究封建社会的城市建设、历史、军事和建筑艺术都有着很高的价值。

大明宫，是唐帝国最宏伟壮丽的宫殿建筑群，也是当时世界上面积最大的宫殿建筑群。

大明宫国家遗址公园 被列入《世界文化遗产名录》，全国重点文物保护单位，国家AAAAA级旅游景区。位于陕西省西安市太华南路，大明宫地处长安城北部的龙首原上。始建于唐太宗贞观八年（公元634年），面积3.2平方千米，平面略呈梯形，毁于唐末，现建设遗址公园，是西安城市建设大遗址保护和改善民生的重点工程，并成为世界文明古都的重要支撑，有助于进一步提升西安的城市特色。公园景区分内、外圈，外圈免费开放，内圈景点须购门票，门票价格：60元/人，观光摆渡车需单独购票：30元/人，套票价格：90元/人。

大明宫即大唐皇宫，是唐朝的国家象征，是举世闻名的唐长安城“三大内”（太极宫、大明宫、兴庆宫）中最大最为辉煌壮丽的建筑群，整座大明宫东西宽1.5千米，南北长2.5千米，原宫墙周长为7.6千米，四面共有11座门，已探明的殿台楼亭等遗址有40余处，内圈主要景点之一大明宫微缩景观对此有很好的体现。主要宫殿沿中轴线分布，对称严整，等级森严，前部由丹凤门、含元殿、宣政殿、紫宸殿等组成的南北中轴线，后部以太液池为中心组成内庭，分布着麟德殿、三清殿、大福殿、清思殿等数十座殿宇楼阁。“玉阶三重镇秦野，金殿四墉抚周原。平楼半入南山雾，飞阁旁临东野春”是唐代诗人对大明宫的描述。大明宫从建成之日起，存世222年，作为大唐中枢，大明宫命运和唐帝国命运是紧密相连的，在222年时间里，从唐高宗开始，先后有17位皇帝在此居住、朝政，大明宫见证了大唐前所未有的荣耀，也目睹了这个大帝国不可逆转的衰落，历史长河冲刷掉了曾经的辉煌，大明宫也在三次战争中被毁。

大明宫

大明宫国家遗址公园有六大亮点：①由8千米宫

墙、宫门、中轴构成的大规模遗址格局形制；②独特的东方古建筑遗址地标性标志，如紫宸殿、含耀门等；③在科学复原研究基础上建设的大明宫微缩景观；④集考古、科研、科普、游艺和旅游于一体的遗址中心；⑤以 IMAX-3D 电影、实物、电子、模型和标牌合二为一的遗址阐释系统；⑥“月光大明宫”的夜景观系统。其中，最值得关注的有二：其一，看 3D 影片，一路听讲解，参观微缩景观三部曲（套票），体会到此一游之真谛；其二，来这里感受当年大明宫规模的宏伟壮丽，唐王朝之富强繁盛，中国历史之辉煌灿烂。

大雁塔是玄奘法师为供奉从印度带回的佛像、舍利和梵文经典而建造的一座砖塔。

大雁塔 又名：慈恩寺塔。被列入《世界文化遗产名录》，全国重点文物保护单位，国家 AAAAA 级旅游景区。位于陕西省西安市南大慈恩寺内。始建于唐永徽三年（公元 652 年），仿西域建筑形式的砖土形 5 层方塔，塔高 64.7 米，塔基底边长 25.5 米，占地 2061 平方米。门票价格：40 元 / 人。

大雁塔

大雁塔是砖仿木结构的四方形楼阁式塔，具有中国传统建筑艺术风格，由塔基、塔身、塔刹三部分组成，全塔通高 64.7 米，塔基高 4.2 米，南北长约 48.7 米，东西长约 45.7 米，塔身底层边长 25.5 米，呈方锥形，每层四面均有券门。

大雁塔最初仿西域窣堵坡形制，砖面土心，不可攀登，每层皆存舍利，由玄奘法师亲自主持修建，而后经历代改建、修缮，由原西域窣堵坡形制逐渐演变成具有中原建筑特点的砖仿木结构，成为可登临的楼阁式塔，这一过程生动地体现了古印度佛教建筑艺术传入中国并逐渐中国化的过程。

大雁塔基座皆有石门，门楣、门框上均有精美的线刻佛像及砖雕对联，底层南门洞“二圣三绝碑”，碑文高度赞扬玄奘法师西天取经，弘扬佛法的历史功绩和非凡精神，世称《雁塔圣教》。这两块碑石是唐高宗永徽四年（公元653年）由玄奘亲手竖立于此的，至今保存完好。

进入南门，洞壁两侧镶嵌有多通明代题名碑，其中“名题雁塔，天地间第一流人第一等事也”，乃当时“雁塔”之风光写照。此外，还有描写玄奘辉煌一生的《玄奘负笈像碑》《玄奘译经图碑》，在塔内一层通天明柱之上，悬挂着4副长联，写的是唐代的历史、人物、故事。

一层塔室内，平卧有一通“玄奘取经跬步足迹石”，所刻图案生动地反映了玄奘当年西天取经的传说故事，以及他万里征途，始于跬步的奋斗精神。

二层塔室内，供奉着一尊铜质鎏金的佛祖释迦牟尼佛像，系明初宝贵文物，被视为“定塔之宝”，在两侧的塔壁上，还附有文殊菩萨、普贤菩萨壁画两幅。

三层塔室中，存有珍贵的佛舍利，属一乘佛宝。

四层塔室内，供奉着两片长约40厘米，宽约7厘米的贝叶经，上面刻写着密密麻麻的梵文，弥足珍贵。

五层塔室内，陈列着一通释迦如来足迹碑，是由玄奘法师晚年所刻制的佛足造像复制而成。

六层塔室内，悬挂有唐代诗圣杜甫与岑参、高适、薛据、储光羲5位诗人，相约同登大雁塔，以酒筹助兴赋诗述怀，每人五言长诗一首，流传千古不衰。

七层是大雁塔的最高处，可向四周远眺，古城四方四景尽收眼底。塔顶莲花瓣上字，连环为诗句，可有数种念法。

专家预估，大雁塔下可能藏有千年地宫。玄奘当年所带回的贝叶梵文佛经、金银佛像、舍利等大量宝物到底珍藏在哪里，至今是谜，有可能藏于大雁塔下的地宫内，据说，探地雷达曾经探测出大雁塔地下有空洞。

昭陵是唐太宗李世民与文德皇后长孙氏的合葬陵墓。

昭陵 全国重点文物保护单位，国家AAAA级旅游景区。位于陕西省咸阳市礼泉县烟霞镇九嵕山的主峰上，周长60千米，占地面积200平方千米。唐太宗决定把昭陵作为自己的归宿之地，等他驾崩后与皇后合葬，随即开始了大规模的营建工程，自贞观十年（公元636年）起，至贞观二十三年（公元649年）埋葬唐太宗，营建工程才基本结束，建设持续了13年之久。除主陵墓道地宫以外，还在陵山周围建起了规模宏大的建筑群，共有180余座陪葬墓，是中国历代帝王陵园中规模最大、陪葬墓最多的一座，是唐十八陵中最具代表性的一座帝王陵墓，被誉为“天下名陵”，通俗说来即为现代的一个大型陵园或墓园。门票价格：15元/人。

昭陵，开创了唐代帝王陵寝制度“因山为陵”的先例，既能节俭民力又能防盗的建议，具有积极意义。普遍认为昭陵的风水为中国历代帝陵之最佳。时昭陵由五品陵令管理，官兵守卫，每年还要祭祀，已知历代皇帝祭陵碑30余通。昭陵是仿照唐长安城的建制设计，由宫城、皇城和外郭城组成，连同陪葬墓在内，绵延数十里，能望很远。陵园向阳，空气清新、视野开阔、气势宏大、蔚为壮观。昭陵大致上采用两种方式来表现陪葬者的亲疏与等级：一是用墓葬地理位置来表现，二是用墓葬规格来表现。

主要遗址有：昭陵主陵、栈道遗迹、北司马门遗址、西阙门遗址、献殿遗址、寝宫遗址。

唐太宗李世民昭陵遗址

主要文物：昭陵祭坛东西两庑房内原置有六匹石刻骏马浮雕像，即著名的“昭陵六骏”，其中“飒露紫”“拳毛䯄”二骏，于1914年被盗运美国宾夕法尼亚大学博物馆，其余四骏现存西安市碑林博物馆。昭陵六骏刻于贞观十年，各高2.5米，横宽3米，皆在青石平面上起图样，雕刻人马形状的半面及细部，并使高肉突起，姿态神情各异，线条简洁有力，威武雄壮，造型栩栩如生，显示了唐代雕刻艺术的成就。

在司马门内列置了十四国君长的石刻像，反映了贞观时期国内各民族大团结，唐对西域的开拓以及与邻邦关系友好的盛况。

陪葬墓有193座，是历代帝王陵寝之冠。陪葬人数有300人之多：有长孙无忌、程咬金、魏征、秦琼、尉迟敬德、长乐公主、韦贵妃等，先后发掘了徐懋功、尉迟敬德、程咬金、张士贵、郑仁泰、长乐公主、韦贵妃等40余座陪葬墓。有的陪葬墓石刻极为精美，温颜博墓前的石人、魏征墓碑首的蟠桃花饰、尉迟敬德墓志十二生肖图案和石椁的仕女线刻图等，皆为当时艺术精品。墓内还发现大量精致的工艺品，如李绩墓中出土的“三梁进德冠”，造型精致，花饰俊美，加之各墓之前的精美石雕，更是点缀陵园的繁华景象。

昭陵地面建筑虽已毁坏殆尽，但陵园遍布丰富的古迹和文物，还藏有大量的古代美术工艺品及其他文物。昭陵博物馆展示众多墓碑和墓志，仍保存了大量有关唐代的政治、经济等各方面的史料，展示了初唐书法、雕刻艺术的高超水平等。

乾陵是唐高宗李治和皇后武则天的合葬陵，世界上仅有的一座二帝陵。

乾陵 是唐王朝第三代皇帝唐高宗李治和皇后武则天的合葬陵。全国重点文物保护单位，国家 AAAA 级旅游景区。位于陕西省咸阳市乾县城北 6 千米的梁山上，占地 1002.71 平方千米。始建于盛唐（公元 684 年），所有营建工程经历了武则天、中宗，至睿宗执政初期才全部竣工，历时长达 57 年之久，采用“因山为陵”的建造方式，陵区仿京师长安城建制。除主墓外，乾陵还有 17 个小型陪葬墓，葬有其他皇室成员与功臣，乾陵是唐十八陵中主墓保存最完好的一个，也是唐陵中唯一没有被盗的陵墓。门票价格：100 元 / 人。

乾陵神道石雕

公元 690 年，武则天改唐为周，建立了“武周”政权，成为中国历史上唯一的一位女皇帝，所以从埋葬者的身份来讲，他们既是一对夫妻，又是两朝皇帝，一个“李唐”，一个“武周”，成为世界上独一无二的一座二帝陵。

陵园地面建筑仿唐长安城格局营建，分为宫城、皇城和外郭城，陵园内原有城垣两重，内城占地 230 万平方米，外城“周 40 千米”。乾陵是唐代帝王陵墓中唯一发现有双重城垣的陵墓，反映了当时中国古代都城的整体格局。陵园整体占地 100 余公顷，规模宏大，建筑富丽雄伟，石雕高大浑厚，堪称“历代诸皇陵之冠”。

如果说唐太宗的昭陵开创了“依山为陵”的先例，那么乾陵就是依山为陵的典范，创建了一个围绕山峰安置陵寝的自然效果，奠定了唐代“依山为陵”葬制的基本模式，它包括内外两重城墙、一座陵寝、一对天然阙台、一条笔直宽阔的神道、对称排列的113件成组石雕群等，整个设计与周围的自然环境和谐地融为一体，成为后代帝陵尤其是明、清帝陵修建陵园时所效仿的对象，也代表了唐代高度发展的封建文化和石雕刻艺术，所以乾陵又被冠以“唐代露天石雕艺术博物馆”的美誉。千百年来，作为乾陵的主人之一武则天，历代史学家对她褒贬不一，她给后人留下了太多的不解之谜，这一系列之谜围绕着乾陵，留给了世人无限的猜测和想象，其中，自然以无字碑最是神秘，被砍了头的61蕃臣像最是遗憾！

乾陵无字碑

乾陵61蕃臣（人头全部损毁）

除此之外，乾陵还有如下景点：永泰公主墓、章怀太子墓、懿德太子墓、仿唐乾陵地宫、乾陵博物馆等。

法门寺因安置佛祖释迦牟尼指骨舍利，为华夏王朝所推崇，而成为我国古代四大佛教圣地之一。

法门寺 因舍利而置塔，因塔而建寺，原名阿育王寺。全国重点文物保护单位。位于陕西省宝鸡市扶风县城北10千米处的法门镇，东距西安市120千米，西距宝鸡市96千米。始建于东汉末年桓灵年间，距今有1800多年历史。唐贞观年间，阿育王塔改建为四级木塔，唐高祖李渊武德七年（公元 624 年）敕建并改名“法门寺”，沿用至今。门票价格：100 元 / 人。

法门寺

唐代尊奉法门寺佛指舍利为护国真身舍利，每 30 年开启一次法门寺地宫，200 多年间，曾有 8 位皇帝六迎二送供养佛指舍利于皇宫供养，每次迎送声势浩大，朝野轰动，皇帝顶礼膜拜，等级之高，绝无仅有。

佛教仪轨，将佛指舍利及数千件稀世珍宝一同封入塔下地宫，用唐密曼陀罗结坛供养。唐乾符元年（公元 874 年）正月四日，唐僖宗李儇最后一次送还佛骨。自贞观年间起，唐花费大量人力财力对法门寺进行扩建、重修工作，寺内殿堂楼阁越来越多，宝塔越来越宏丽，区域也越来越广，最后形成了有 24 个院落的宏大寺院，寺内僧尼由魏时的 500 多人发展到 5000 多人，是“三辅”之地规模最大的寺院。

1981 年 8 月 24 日，宝塔半边倒塌，1986 年政府决定重建，1987 年 2 月底重修宝塔，适逢四月初八佛诞生日，“从地涌出多宝龛，照古腾今无与并”，在沉寂了 1113 年之后，2499 件大唐国宝重器，簇拥着佛祖真身指骨舍利重回人间。这批文物包括：4 枚佛祖释迦牟尼真身指骨舍利，这是目前世界仅存的佛指舍利；唐皇室供奉的 121 件（组）金银器；首次发现的唐皇室秘色瓷系列；东罗马等地的琉璃器群；上千件荟萃唐代丝织工艺的丝（金）织物，其中包括武则天等唐皇帝后绣裙、服饰等稀世珍宝。这些奇珍异宝数量之多、品类之繁、等级之高、保存之完好是极为罕见的，具有十大之最，对中国古代社会、政治、文化、科技、外交、美术等方面的研究，都具有极其重要的价值。

这是继半坡、秦兵马俑之后我国又一次重大考古新发现，1988 年，法门寺正式开放并举办了国际性的佛指舍利瞻礼法会，海内外诸山长老及各界代表共 300 余人参加了法会。

2001 年博物馆又扩大建设，20 多年来，法门寺在前任方丈澄观、净一法师的住持下，相继建成大雄宝殿、玉佛殿、禅堂、祖堂、斋堂、寮房、佛学院等仿唐建筑。

历时 3 年于 2009 年 5 月 9 日建成的法门寺合十舍利塔高 148 米，造型如同合十的双手，中间镂空部分是一座传统形式的唐佛光大道塔，塔前铺设了一条长达 1230 米、宽 108 米的佛光大道，一些源于佛教经典题材的景观小品及金色菩萨像点缀在大道两侧，大道两头分别是可容 10 万人的朝圣广场与山门广场。

法门寺佛学院自 2004 年 11 月 11 日正式开学。

目前，法门寺文化景区已成为陕西西线旅游的龙头单位和世界佛教朝拜中心、佛教文化研究中心及海内外人士向往的旅游胜地，集历史文化、佛教文化、唐密曼陀罗文化、唐茶文化和大唐珍宝陈列于一寺。

彬县大佛寺是中原文化鼎盛时期，唐代都城长安附近的重要佛教石窟寺。

彬县大佛寺 又称“应福寺”“庆寿寺”。被列入《世界文化遗产名录》，全国重点文物保护单位，国家 AAAA 级旅游景区。位于陕西省彬州市城西 10 千米西兰公路旁的清凉山脚下。建于唐贞观二年（公元 628 年），全寺共有 107 个大小石窟，25 个佛龛，大小造像 1498 尊。门票价格：20 元 / 人。

大佛寺石窟，地处丝绸之路北道的主干线上，贞观二年（公元 628 年），唐太宗李世民为纪念抗击薛举、薛仁杲大战中阵亡将士所建，名“应福寺”。仁宗皇帝为其养母刘太后举国庆寿时，改名“庆寿寺”，人们因其佛像高大雄伟，从明景泰年间俗称大佛寺并沿用，此后，历代多有重修。

大佛寺石窟

全寺依山势凿窟，雕石成像，共 130 孔洞窟，错落有致地分布于 40 米长的东西向立体崖面上，共有佛龛 446 处，造像 1980 余尊，分为 4 部分：大佛窟、千佛洞、罗汉洞、丈八佛窟，被清代学者毕沅誉为“关中第一奇观”。

大佛窟，全寺最大的石窟，窟平面为半圆形，直径约 34 米，高 31 米，窟内有一佛二菩萨石胎泥彩塑像 3 尊，阿弥陀佛（俗称大佛）倚崖居中，高 20 米、肩宽 13 米、手高 4.5 米、指长 2 米，宝石蓝螺髻护顶，秀眉慈目，两耳垂肩，金面方脸，慈祥威严，左手着膝，右手端举，掌心向外，无名指微微前屈，披衣袒胸，腰系佩带，趺坐于莲花台上，整个造型肃穆端庄，雄伟传神。

侍立大佛东西两侧的观世音菩萨和大势至菩萨，均身高 15.6 米，头戴宝冠，身着华丽璎珞，下系羊肠大裙，神态俊雅恬静。

大佛头像后雕刻有花边、坐佛、飞天，构成富丽祥和的背光。此外，窟内佛龛尚有造型各异的小造像 400 余座。此窟规模宏大，造像雄伟，雕刻精致，展现出一派佛国世界里和谐、欢快的气氛，不论雕塑技艺，还是构思都堪称我国古代造型艺术中的上乘。

千佛洞，窟中造像300余尊，除少数为立体外，大部分是浮雕，形象千姿百态，大多袒胸露腹，飘逸飞动，如歌如舞，反映了唐代自由开放的社会时尚。

罗汉洞，位于大佛窟西侧，有 100 多尊大小不等、高低各异的造像，窟中以释迦牟尼佛为主像，余为其弟子、菩萨、力士等造像。

丈八佛，还有一段美妙的传说故事：大佛的名声远扬，丈八佛从不服气到甘拜下风，最后毕恭毕敬地做了大佛的侍从，在大佛寺，一晃待了千年。

护楼，大佛寺的主体建筑，共 5 层，高 38 米，起着保护大佛窟的重要作用。下部两层由砖石砌成，坚固而宽阔，两边修有石阶可达平台，底层中间有砖砌甬洞可进出大佛窟，第二层正面有砖砌拱洞 3 孔，可正面瞻仰大佛，为游客观赏拍照之处。两层基座之上，是两层木构绕廊楼阁，第一层上建有献殿及楼台，近可俯视大佛雄姿，远可眺望山川风光，第二层上有小厅及楼台，最上一层为飞檐式六角楼顶，斗拱交错，檐牙高啄，中央高悬“庆寿寺”匾额，整个楼阁结构奇巧，雕梁画栋，金碧辉煌，气势恢宏。

昭仁寺大殿是唐太宗李世民为长武浅水原大战中阵亡将士建的纪念性建筑物。

昭仁寺大殿 俗名铁佛寺，我国古代佛教建筑。全国重点文物保护单位。位于陕西省长武县城内东街。建于唐贞观十三年（公元 639 年），原寺已毁，历代多次重修，现存大殿为宋代重建，殿梁架结构颇为特殊，是中国古代建筑中罕见的一例。门票价格：6 元 / 人。

原寺规模很大，后毁，现寺院南北长 70 米、东西宽 22 米，由山门、六角亭、大雄宝殿和东西厢房组成。

大雄宝殿面阔、进深各三间，长、宽各 10.6 米，殿高约 8.5 米，单檐歇山灰

昭仁寺大殿

瓦顶，有脊饰，基座高 1 米，前有月台，殿内无柱，其构架为九梁十八担的三间挑角，梁架由 4 根角梁和 4 根转角梁架叠的八卦悬顶方式起拱，承托檩条和椽子，结构独特、精巧，很符合力学原理。

昭仁寺现存 10 余处佛像和造像碑，最重要的有北魏佛教造像碑 3 通，造像碑风格古朴，具有北方少数民族艺术特色。此外，还有北周造像碑 1 通，隋代造像碑 1 通，隋代圆雕观音菩萨 1 尊，唐代圆雕佛像 1 尊，唐代经幢残体 1 节。

寺内所存唐碑“邠州昭仁寺碑”，碑文为楷书，共 40 行，每行 44 个字，全碑共有 3000 余字，记述了李世民在武德元年（公元 618 年）击败薛举、薛仁杲父子的陇东故事，其书法与其他唐碑有所不同，气清而遒丽，势爽而不滑，骨力劲健，体妍韵清，刻工精美传神，是我国古代书法艺术的珍品，相传为朱子奢撰文、由虞世南或欧阳询所书，碑原立大殿西北，后迁殿前，1975 年对大殿进行维修保护，建立碑亭。

红军长征翻越六盘山时，毛泽东豪情满怀，写下了著名诗篇《清平乐·六盘山》，从此，六盘山名扬四海。

六盘山红军长征纪念馆 国家 AAAA 级旅游景区。位于宁夏回族自治区隆德县六盘山上，海拔 2832 米，距隆德县城 14 千米，占地面积 2159 平方米，由 1986 年所建的六盘山红军长征纪念亭改扩建，于 2005 年落成，由纪念馆、纪念碑、纪念广场、纪念亭、吟诗台 5 部分组成。门票价格：免费。

六盘山红军长征纪念馆

80 余年前，中国共产党领导的工农红军为了北上抗日，突破敌人的围追堵截，跨越万水千山，战胜无数艰难险阻，谱写了惊天地、泣鬼神的伟大革命篇章。1935 年 10 月初，毛泽东、周恩来等同志率领中央红军，翻越六盘山，到达陕北。在翻越六盘山时，毛泽东豪情满怀，写下了著名诗篇《清平乐 · 六盘山》。

纪念馆，由展厅、纪念碑、红旗造型的影壁墙、青铜雕塑等部分组成。纪念馆由“红军不怕远征难”“红旗漫卷西风”“三军过后尽开颜”“不到长城非好汉”4 部分组成，展示了红军长征中的上百件遗物、文物、图片资料。

纪念碑，坐落在纪念馆顶部平台上，高 26.8 米、长 18 米、宽 4.5 米，东西两侧分别嵌着毛主席的著名诗词《七律 · 长征》和《清平乐 · 六盘山》手写体。

纪念广场，占地 10 000 平方米，两组群雕再现了当年回汉人民喜迎红军和红军翻越六盘山的辉煌场面，墙壁由 3 面红军军旗组成，上面镌刻着“长征精神永放光芒”8 个大字。

纪念亭、吟诗台，坐落在纪念馆对面的山峰上，使整个景区气势恢宏、景象壮观，当年毛泽东就是在这里构思了那首著名诗词《清平乐 · 六盘山》。

> 将台堡，本身就是一军事地名，最早筑于秦昭襄王时期，是战争的产物，历代都有所修建。红军三大主力在将台堡会师，宣告中国工农红军长征胜利结束。

将台堡红军会师纪念馆 将台堡又名“西瓦亭”。全国重点文物保护单位。位于宁夏回族自治区固原市西吉县南部葫芦河与马莲川河交汇处，距县城 30 千米。战国秦长城遗址依稀可见，原高凸之地，传说为古代军事要塞的点将台。民国初年在此筑城堡，由此得名将台堡。面积 1.1 万平方米，南北长 110 米，东西宽 101 米，堡墙高 10 米。1936 年 10 月 22 日，中国工农红军一、二、四方面军在将台堡会师，标志着红军长征胜利结束。门票价格：免费。

中国工农红军长征将台堡会师纪念碑

为纪念红军三大主力会师暨长征胜利结束 60 周年，在将台堡修建了江泽民题写的“中国工农红军长征将台堡会师纪念碑”。2006年，为纪念中国工农红军长征胜利暨将台堡会师70周年，对将台堡纪念碑进行了维修，并修建了红军纪念园。纪念园内设有三军会师展厅、建设成就展厅、将军翰墨碑林等。

我们来自贵州遵义，遵义会议是中国革命从胜利走向胜利的起点。追忆70年前红军长征足迹，我们来到将台堡——红军长征会师胜利结束之地，重温红军长征从危机走向胜利的全过程。“红军长征创造了中外历史的奇迹。革命理想高于天，不怕牺牲、排除万难去争取胜利，面对形形色色的敌人决一死战、克敌制胜，这些都是长征精神的内涵。我们要继承和弘扬好伟大的长征精神。有了这样的精神，没有克服不了的困难。我们完全有信心有决心有恒心实现中华民族伟大复兴的中国梦。”

北魏是须弥山石窟的开创期，至今1500多年，被誉为“东方佛教艺术宝库，丝绸之路上的明珠”。

须弥山石窟 全国重点文物保护单位，国家AAAA级旅游景区。位于宁夏回族自治区固原市城西北55千米处六盘山北麓须弥山上，始凿于北魏孝文帝太和年间（公元477—499年），距今1500多年，成为古代丝绸之路规模最大的一处佛寺禅院，中国十大石窟之一。门票价格：50元/人。

须弥山，原本是指印度传说中佛教名山，“须弥”是梵文音译，意为宝山。须弥山石窟是北朝、隋唐时期的大型石窟艺术造像，是中国西北黄土高原上少有的风景区，具有重要艺术价值，须弥山石窟所处位置自古以来就是中原通往河西走廊、大漠南北交通的枢纽和战略要地。

须弥山石窟

须弥山博物馆，建筑面积5558平方米，陈展面积4500平方米，现存洞窟162座，分布在由南往北自然形成的8个区域：大佛楼区、子孙宫区、圆光寺区、相国寺区、桃花洞区、松树洼区、3个窑区和黑石沟区，保存较为完好的造像500余躯，汉藏文题刻题记53则，碑刻3方，残碑13块，壁画20余平方米，在保存的500余躯造像和壁画、题记中，无论是佛教人物造像，还是彩绘壁画和佛教传说故事，都各自保留着鲜明的时代特征，无论是20多米高的大佛，还是只有0.2米高的供养人，都精工细雕，既有浮雕，又有近似于圆雕的高浮雕，充满了浓厚的生活气息。

纵观这些造像，造法古朴，面形丰满，与云冈、敦煌石窟的早期造像有相似之处。第二十四与三十二窟开凿年代比之稍晚，但这里已是“标准的”一佛二菩萨，其造型特点为脸型清癯，体型修长，佛穿双领下垂大袍，菩萨穿汉式对襟袖襦，与十四窟大不相同。佛像造型和衣着特点，正是太和改制后南朝汉式衣冠和“秀骨清相”的艺术风格流传到北方的反映。

北周石窟，数量之多，规模之大，造像之精美，在须弥山石窟中占有突出的地位。与北魏石窟相比，其最大的变化是中央塔柱小龛已不见，代之以大龛及发髻低平、面相方圆、两肩宽厚、腹部鼓出的大型造像，给人以厚重敦实之感。现存造像最多的第四十五、四十九两窟，有比真人还大的造像40余尊，龛内有的是立佛，一般皆为一佛一菩萨，装饰性的雕刻，如幔帐式的佛龛；龛边龙嘴衔口的流苏；龛领上的各种小佛；龛座下手执各种乐器的伎乐人，或吹横笛，或弹琵琶，或击羯鼓，窟顶围绕塔柱，还雕有一对相向手舞足蹈的伎乐飞天，披巾飘动，显示了北朝音乐艺术的盛况。

阳光普照下，游览须弥山石窟，穿行在众多窟、寺、洞之间。窟、佛都分散在几个丹霞地貌的山体上，洞窟大大小小，密密麻麻，或呈单个体，或聚集成众，或面对日月，或隐寺庙中。我们忽而爬山，忽而穿洞，就在这一路中，欣赏有极高艺术价值的20.6米高的大佛，也是全国大型石窟造像之一；观赏具有“须弥之光”的6尊群佛，佛像完全掏空山体凿成，造像精美，雕刻精湛，至今1500多年仍保存完好，全国独一无二，无不使人感到震撼。同时，须弥山至今仍留给我们太多谜团，也不断搅动着我们思绪，起名须弥山者何许人也？是谁最早开凿了须弥山石窟？须弥山大佛真是河南洛阳龙门石窟卢舍那大佛的克隆吗？何时揭下菩提树、桃源洞的神秘面纱？等等。无论怎样，宏伟、精美、神秘、无价，离开了还想再来，这就是我们的最终体会。

清晨驾车从固原出发，宁夏的天空瓦蓝瓦蓝的，飘过淡淡白云，空气清新。我们计划到达中卫住宿，路经同心县时，参观游览了伊斯兰教大寺。

同心清真大寺 全国重点文物保护单位。位于同心县西北角的高地上，是宁夏现存规模最大、历史最久的一座伊斯兰教建筑。建于明万历年间（公元1573—1620年），距今400多年，是在原喇嘛寺基础上修改的，从照壁、礼拜

同心清真大寺

殿脊檩处墨书题词看，清乾隆五十六年（公元1791年）和光绪三十三年（公元1907年）曾两次重修，是一座把我国传统木结构建筑和伊斯兰木刻砖雕装修艺术融为一体的建筑，建筑面积2870平方米，分为内外两院，外院较为宽敞，穆斯林重大节日常聚于此。门票价格：15元/人。

同心清真大寺，门朝北，有一砖砌照壁，长9米、高6米，照壁中心有“同心清真大寺”6个字，与照壁形成对照的是3个砖砌券门，中门上书“清真寺”3个大字，左右两个券门分别书写有“忍心”“忍耐”门额，镌刻有阿拉伯文砖雕和花卉图案，技艺精湛、秀美，券门上部有四角攒尖顶的2层邦克楼一座，通过瞳洞，沿台阶可登高达10米的莳台，上建礼拜殿、邦克楼、阿訇住房等建筑。

礼拜大殿，坐西朝东，由两座歇山顶和一个卷棚顶勾连搭，面阔5间，进深9间，内有20余根明柱支撑，木板铺地，墙壁装饰有《古兰经》文书法，大殿宽敞，可以容纳千余人同时礼拜，殿外装饰精致，翘檐斗拱，庄重朴素，视野开阔，殿前南北讲堂各5间，与大殿形成三合院式布局。

1936年中国工农红军西征时，曾在这里成立了陕甘宁省豫海县回民自治政府。

沙坡头是第一个国家级沙漠生态自然保护区，情趣无穷，年轻人的乐园。

沙坡头景区 乾隆年间，因在黄河岸边形成的大沙堤而得名沙陀头，谐音沙坡头。国家AAAAA级旅游景区。位于宁夏回族自治区中卫县城西20千米处的腾格里沙漠南缘，黄河北岸。在这里，集大漠、黄河、高山、绿洲于一体，既具西北风光之雄奇，又兼江南景色之秀美，可以骑骆驼漫游沙海，乘羊皮筏子黄河漂流，感受滑沙听鸣声的乐趣，赞赏千里沙

国际滑沙中心

漠变绿洲的奇迹，真是妙不可言，其乐无穷！门票价格：50 元 / 人。

沙坡头景区，是第一个国家级沙漠生态自然保护区，是中国三大鸣沙奇观之一的沙坡鸣钟所在地。丰硕的治沙成果于 1994 年被联合国授予“全球环保 500 佳单位”的光荣称号，同年被国务院授予“科技进步特别奖”，被世人称为“沙都”，2004 年被国家体育总局授予“全民健身二十个著名景观”。作为国家 AAAAA 级旅游景区、国家级沙漠生态自然保护区的沙坡头，一直以来是喜爱沙漠风光的旅行者们向往的地方。浩瀚的黄金沙海之畔，滚滚黄河之水奔流而下，造就了一幅壮美而梦幻的西北奇观，黄河在此处转向东流，一改之前的汹涌澎湃，而变得平静舒缓，在此处滋养了美丽富饶的宁夏平原，“天下黄河富宁夏”誉满中华大地。

除此之外，以沙漠、黄河为背景，成就了许多旅游项目，在这里玩沙，既惊险又刺激，如滑沙滑索、飞越黄河、沙漠越野车、冲浪听鸣钟、沙漠铁人三项运动等，这里是年轻人的天堂，我们古稀老人已不能亲身体验，只作壁上观，也很快乐了。所谓“百米沙坡削如立，碛下鸣钟世传奇，游人俯滑相嬉戏，婆娑舞姿弄清漪”正是这一景观的写照。

不尽的无限感慨！“年轻”的老人们，赶快抓紧，迈开你的双腿，驾着你的爱车，上路吧！旅游会让你们变得更年轻，退休生活更美好！

一座三教合一的寺庙，数十百菩萨、神仙和先生济济一堂，各有规矩、各司其职，很是和谐。

中卫高庙保安寺 国家 AAAA 级旅游景区。位于宁夏回族自治区中卫县城北鼓楼北街路北，由市中心鼓楼向北步行 5 分钟即到。经历代增建重修，至清代时已成为一处规模较大的古建筑群，占地 6895 平方米。始建于明永乐年间（公元 1403—1424 年），距今已近 600 年。门票价格：20 元 / 人。

高庙保安寺主殿

中卫高庙保安寺是一座三教合一的寺庙，很奇特。庙牌坊上有一副对联：“儒释道之度我度他皆从这里；天地人之自造自化尽在此间。”横批是："无上法桥"，尽释该庙宗旨。庙里供奉不仅有佛、菩萨，还有玉皇、圣母、文昌、关公，佛、道、儒三教的圣像，济济一堂。

高庙前有保安寺，山门朝南，两侧建有厢房，正面为单檐歇山顶的大雄宝殿。

殿后为高庙，24 级台阶，拾级而上，经牌坊、南天门、中楼，最后是高达三层的五岳、玉皇、圣母殿。这些主要建筑，都在中轴线上，层层相连，逐层升高，在主体建筑的两侧，还有钟楼、鼓楼、文楼、武楼、灵官殿、地藏殿等配殿，结构紧密，气势雄伟。

主体建筑与辅助建筑之间飞桥相连，极富变化，整个建筑群以其殿宇精巧、檐牙相啄、翼角高翘、曲廊有致而闻名遐迩，享誉海内外。高庙的独特之处不仅在于其完美的造型，更妙的是集儒、道、佛三教于一庙，共塑有各类神像 174 座，逼真精美之极，令人目不暇接。

罗汉堂为现代作品，500 罗汉根据所事专业分工，造型独特，别具一格，其各自表情万种、千姿百态、栩栩如生，越看越觉得有趣！

地狱宫中却另一番景象，置景森严，令人惊心动魄，千殿阎罗，冲冠怒目，善恶有报，发人深省，充分体现弃恶扬善，伸张正义之本意，越看越觉得有理！

石空大佛寺是重点佛教寺院，开凿于唐代，具有悠久的历史，重要的文物价值，但明显疏于投资、管理，甚是可惜！

石空大佛寺 俗称"大佛寺"。位于宁夏回族自治区中宁县余丁乡金沙村双龙山南麓，双龙山古时称"石空山"，所以石窟以"石空"而命名。大佛寺面临黄河，北靠长城，距中宁县城 20 千米，是宁夏回族自治区重点佛教寺院，约开凿于唐代，在西夏、元代作了重要修缮和增塑。门票价格：10 元 / 人。

大雄宝殿

石空大佛寺，曾经规模很大，有楼阁式山门、天王殿、韦驮殿，两旁还有钟鼓楼，山门一副古对联云："座下莲华压倒西湖六月景，瓶中杨柳带来南海一枝春"。

20 多座洞窟错落有致，凿

于山崖陡壁之下的沙砾崖中，自东向西随山势依次排列，已发掘13个洞窟，分上、中、下3个洞窟群，时称“三寺”。

上寺，有两层，第一层有大雄宝殿，塑有华严三圣，中间释迦牟尼佛，持说法状，佛像高3米，另有左右配殿；第二层有灵光洞、百子观音洞、万佛洞，供奉地藏王菩萨及许多小佛像，其神态各异，慈悲安详，栩栩如生。

中寺，9间无梁寺洞，它是整个石窟中心，主体建筑，曾被收录在《中国名胜大辞典》中。这个洞宽敞宏大，供奉石胎泥塑的释迦牟尼佛座身像，姿态雍容，面露温和慈祥，左右两菩萨额正中眉宇间有一颗红色吉祥痣，造型似盛唐时风格，形态动人，原有阿难、迦叶两弟子站陪，现已倾倒毁坏，两侧有彩色壁画，壁画有里外两层。

下寺有5个洞窟，第一个可能是住僧人的，里面还凿有一小洞；第二个娘娘洞；第三个药王洞；第四个龙王洞；第五个睡佛洞，内塑佛涅槃像，阿难、迦叶等十大弟子侍立身后。

据记载：曾经的清代石空寺僧侣数百之众，香火旺盛，“石空夜灯”或“石空灯火”，是当地十景之一，有诗赞美：“叠嶂玲珑竦石空，谁开兰若碧云中？僧闲夜夜燃灯坐，遥见清山一滴红。”

具有特殊佛教意义的108数字，数塔也数108。

108塔

青铜峡108塔 因塔数108而得名。全国重点文物保护单位，国家AA级旅游景区。位于银川市南60千米的青铜峡水库西岸崖壁下，建于西夏时期，是中国现存最大且排列最整齐的实心式喇嘛塔群。塔群依山势而分12层，108座覆钵塔按奇数排列呈等腰三角形，气势恢宏，妙趣横生。塔群始建时为土坯塔，历经元、明、清数次修缮，由土坯塔改变成砌砖塔。门票价格：60元/人。

108塔是中国现存的大型古塔群之一，坐西面东，依山临水，按1、3、3、5、5、7、9、11、13、15、17、19的奇数排列成十二行，每层塔前用砖砌护墙一道，地面用砖铺墁，总计108座，形成总体平面呈三角形的巨大塔群。塔群中最上面一座形体较大，高5米，塔基呈方形，为过洞式喇嘛塔，面东壁有龛门。2～12层高2.5～3米，均为实心喇嘛塔，塔座平面有八角或“亚”字形的须弥座，上建塔身，刹顶施相轮伞盖宝珠，塔体分为4种类型：第1层塔身覆钵式，2～4层为八角鼓腹锥顶状，5～6层呈葫芦状，7～12层呈宝瓶状。该塔初建时塔心正中立一竖木，土坯砌筑，外施粉彩，后代重修时，在土坯塔体外另用砖包砌，并抹泥皮和粉妆，1987—1988年对塔群进行了加固修缮，安装了金属宝顶和塔群护栏、台阶。

在加固维修清理前塔群坍塌堆积物时，多座塔基的堆积中曾出土有西夏文题记的帛书和佛祯，还有砖雕佛像8尊、彩绘泥塑像4尊、彩绘泥塑卧像1尊、泥塔模103件、陶塔刹顶3件和建筑残件瓦当、龙首等遗物。

在明、清两代，这里是香火旺盛的佛教寺院建筑的中心，受到善男信女的养护与崇拜。佛教把人生烦恼归结为108种，为清除烦恼，规定贯珠108颗，念佛诵经108遍，晓钟108响，建筑108塔意为消除烦恼，是国内外罕见的一座群塔，其历史艺术科学价值为世人所瞩目。

离开青铜峡黄河大峡谷景区108塔，到了青铜峡市地标景区——黄河楼与黄河文化园。

黄河楼 国家AAAA级旅游景区。位于黄河西岸宁夏回族自治区青铜峡市滨河大道西侧，占地1636亩，建筑面积23 600平方米，高108米，共11层，地上9层，地下2层。始建于2010年7月，2012年10月建成。在黄河文化、灌溉文化、农耕文化、回族文化、黄河新韵5个方面，面向宁夏全区乃至全国挖掘、整理文化内涵，反映黄河金岸灵魂。运用LED-3D技术、实物、场景等元素，再现数千年来从大禹治水到人民治黄、开发黄河造福人类的历史，充分展示“黄河大文化”。

黄河楼

黄河文化园位于楼之东侧，设10个主题园区。门票价格：50元/人。

黄河楼，是宁夏回族自治区打造沿黄城市带标志性建筑物，由主楼、角楼、牌楼、十二生肖图腾柱、镇河铁牛等附属建筑和雕塑组成。黄河楼主楼由地下、城台、楼阁3部分组成，为明清仿古建筑。

中华黄河楼共11层，地上9层（包括两层夹层），地下2层。

地上一层主题黄河颂，展示黄河之水天上来之磅礴气势，厘清黄河上下五千年纵横之源流，纵观世界四大古国之大河文明，诠释黄河乃中华民族母亲河，体现中华传统黄河农耕文明之凤凰涅槃，突显天下黄河富宁夏的地域特色。

地上二层主题黄河情，解读黄河为中华文明之摇篮地，追溯中华民族于洪荒上古在黄河流域之金色童年，礼拜根出黄河流域之三皇五帝大禹等中华人文始祖，表达黄河流域元典时代诸子百家之智慧星河，标榜源于黄河流域之中华汉字，弘扬发于黄河流域之中国四大发明等科技光芒。

三至七层主题黄河风，容纳甲骨、青铜、陶瓷、玉石和非物质文化遗产等文物精粹，以器载道挥洒中华黄河文明之典雅风范。

八层主题黄河心，为游客观光层。

规模宏大、气势非凡的西夏王陵墓群，具有很高的科学、历史、考古价值。

西夏王陵 又称“西夏帝陵”“西夏皇陵”，是西夏历代帝王陵及皇家陵墓。全国重点文物保护单位，国家AAAA级旅游景区。位于宁夏回族自治区银川市西部30千米的贺兰山东麓，南北长约10千米，东西宽约5千米，总占地面积约为50平方千米，海拔1150～1220米，特殊的自然地理及良好的地基使西夏王陵成功度过了西北地区历史上的多场大地震。初建时每个陵园均有地下陵寝、墓室、地面建筑和园林，独立占地都在10万平方米左右，形制与布局大体相同。1998年9月23日，西夏博物馆在西夏陵区

西夏王陵三号陵遗址

内东侧建成，以展示西夏陵区出土文物及介绍西夏历史概况为主要内容，自2011年始全年开馆。门票价格：95元/人（含25元电瓶车票）。

宋仁宗景祐五年（公元1038年），党项族首领李元昊建立西夏。他将祖父李继迁、父亲李德明迁葬于贺兰山东麓，此后，在西夏国存续期间，除神宗李遵顼、献宗李德旺和末主李晛葬处不详之外，每一任皇帝都埋葬于此，明代洪武年间就已明确。这片王陵规模宏大、气势非凡，站在景区，一眼望不到边，游览必须乘景区观光车。

西夏王陵中帝陵共有9座，1号、2号、3号、5号、7号和9号陵位于平原之上，4号、6号和8号陵则依山而建，每一座帝陵均坐北朝南，呈纵向长方形，占地面积达10万平方米以上。在这些帝陵之间的4个区域，集中分布着至少254座陪葬墓，陪葬墓主人一般为爵高位重的皇亲国戚或贵族官僚，每座帝陵的陪葬墓多寡不等。此外，9座帝陵现存碑亭遗址共16处，窑址几十处，祖庙1座。截至2014年，除7号陵和182号陪葬墓外，其余墓葬的墓主人尚无法得到最终确认。

西夏陵邑遗址是一个平面布局，呈长方形的建筑群体，坐北朝南，偏东20度。遗址中围墙、院落、殿堂等遗迹清晰可辨，其表面散布大量砖、瓦、滴水、脊兽等建筑材料，以及碗、盘、瓶等瓷器碎片。遗址最外围是一圈土筑墙垣，残高1米多，宽3米，南面正中间的位置有城门遗址，但已在现代施工中被翻土掩埋，东、西墙南北两端原似各有一座门址，西城墙开有一面侧门，并筑有瓮城，城内建筑自南而北自然形成三部分，发掘清理主要集中在第二部分中院一带。

考古工作者从中发现了一些很珍贵的西夏文物，有西夏文字，有反映西夏人游牧生活和市井生活的绘画，有各式各样雕塑作品，有各个时期流通钱币，有各类铜器、陶棋子，以及大量造型独特的石雕和泥塑，为研究西夏文明史提供了很有价值的实物。在“中国20世纪100项考古大发现”评选活动中榜上有名，充分说明西夏王陵在中国考古学史上具有的科学价值和重要地位。

我们有研究生同学，随父辈从东北援建西北，来到银川，同学时常给我们夸道他的第二故乡银川，今日到来，果然名不虚传。

银川市简称“银”，又称“凤凰城”，是宁夏回族自治区的首府，素有“塞上江南、鱼米之乡”的美誉，被《中国国家地理》评为“中国十大新天府”之一，占地9491平方千米，常住人口229.31万人，是自治区政治、经济、文化中心，旅游资源丰富，风景名胜众多，我们重点游览了如下景点。

银川玉皇阁 始建年代不详，供奉真武帝，遂称其为玉皇阁。位于银川

银川玉皇阁

市兴庆区解放东街和玉皇阁南、北街的交会处，清乾隆三年（公元1738年）毁于地震，后重修。玉皇阁通高22米，占地约1040平方米，在一座长36米、宽28米、高8米的台座上，台座正中辟有南北向的拱形门洞，西北侧外部有石条台阶可登上台座。台座中央为高达14.1米的两层重檐歇山顶大殿，殿宽5间，进深2间，底层向南接出券棚殿5间，正中辟有玲珑俏美的券棚抱厦，大殿东西两侧是两层重檐飞脊的亭式钟鼓楼，从底层大殿内侧的木梯登上顶层，是一层宽敞的殿堂，殿外以回廊相通，绕以朱漆栏杆，可凭栏四望。整个建筑群结构严谨、布局巧妙，重楼叠阁，飞檐相啄，古朴典雅。清晨在阳光斜照下，玉皇阁玉立清新，煞是精致秀美，是银川市仅存的古代木结构高层楼阁，其独特的建筑风格、高超的建筑技巧，充分体现了银川古代能工巧匠的精湛技术，为宁夏重点文物保护单位。门票价格：15元/人。

银川钟鼓楼 又称“十字鼓楼”“四鼓楼”，俗称“鼓楼”。位于银川市解放东大街和鼓楼南北街十字路口交叉处，楼总高36米，占地576平方米，由台基、楼阁、角坊组成。始建于清道光元年（公元1821年），为宁夏知府赵宜喧主持建造，并手书了洞额石刻题记。光绪三十四年（公元1908年），宁夏地方绅商捐资在台基上又建了三层楼梁架，后因“款绌停辍”，民国六年（公元1917年），贺兰县知事余鼎铭接续重建，并在四角增盖了券棚顶角坊。新中国成立后，人民政府对钟鼓楼进行了多次加固维修，并在四周增辟了环形花坛，楼上建立了党

银川钟鼓楼

史陈列室。钟鼓楼为宁夏的重点文物保护单位。门票价格：5 元 / 人。

钟鼓楼，台基呈正方形，边长 24 米，高 8.5 米，用砖石砌筑。落成后的钟鼓楼，曾悬大钟一口，台基四面辟有宽 5 米的券顶门洞，中通十字，与解放东西街、鼓楼南北街相通，四面洞额有石刻题字，东曰“迎恩”，南曰“来薰”，西曰“挹爽”，北曰“拱极”，东面门洞两侧各辟一券门，南券门额上题为“坤阖”，内为一耳室，北券门额上题为“乾辟”，从北券门沿券砌暗道石阶可登至台基之上，台基中心建有十字歇山顶重檐三层楼阁，每层楼阁四面围以环廊，楼阁顶脊饰以龙首，中置连珠，呈二龙戏珠之势，整体宏伟壮观、雕梁画栋、古朴典雅。

钟鼓楼，还具革命纪念意义，1926 年，是中共宁夏特别支部办公地址，1949 年宁夏解放，9 月 26 日，解放军兵团司令杨得志、政委李志民，以及地方知名人士，同在钟鼓楼上检阅了中国人民解放军入城仪式。

海宝塔寺位于银川市北郊，是一座有着 1600 多年历史的古刹，寺院中的海宝塔是寺内的中心建筑，亦是宁夏始建年代最古老的佛教建筑。

海宝塔寺 又称海宝禅院，是宁夏最古老的佛教建筑。全国重点文物保护单位，重点佛教寺院。位于银川市兴庆区西北部，占地面积 20 000 平方米。门票价格：10 元 / 人。

海宝塔寺，坐西向东，正门是三间歇山殿堂式山门，匾额“海宝塔寺”为赵朴初题，寺内建筑都排列在一条东西向的中轴线上，层次分明，宏伟壮观，山门、天王殿和大雄宝殿及两侧厢房组成前院，韦驮殿、卧佛殿与两侧厢房组成后院。

海宝塔

海宝塔，又名“黑宝塔”，俗称“北塔”，位于大佛殿和韦驮殿之间，是寺内的主体建筑，始建年代不详，南北朝大夏（公元 407 年）重修，距今 1600 多年，清乾隆三年（公元 1738 年）毁于地震，现存为乾隆四十三年（公元 1778 年）重修。

海宝塔，是一座方形 9 层 11 级楼阁式砖塔，通高 53.9 米，建在一处方形宽阔的台基地上，台高5.7米，边长19.7米，台上四周有青砖砌花墙，东面正中有石阶可以登临塔座门，塔身平面呈方形，四壁出轩，每层四面设券门，均向外略有突出，构成鲜明的十二角形，塔身内为上下相通的方形空间，各层之间以木板相隔，沿木梯可登至顶层，塔身四面转角处均悬有风铃，风吹铃响，更觉宁静悠扬，塔上端为砖砌四角攒尖顶，顶上置方体桃形绿色琉璃塔刹。海宝塔建筑风格独特，方形的塔身，四面的券门，众多的棱角，四角的尖顶，为中国古塔所罕见，被视为中国古代建筑的杰作。在塔上，放眼四望，可一览银川塞上江南风貌。

西部影城，建于原始古堡基础之上，孕育了中国电影许多之“最”，享有“中国电影从这里走向世界”的美誉。

银川镇北堡西部影城 国家AAAAA级旅游景区。位于宁夏回族自治区银川市镇北堡贺兰山东麓，作家张贤亮于1993年创办，是一处服务优良的集旅游观光、娱乐、休闲、餐饮、住宿、购物为一体的体验型旅游景区，故有“宁夏之旅，必游影城”的说法。门票价格：80元/人。

镇北堡西部影城，距银川市火车站25千米，距河东机场60千米，110国道和银川绕城高速直达影城，是贺兰山东麓旅游景区的亮点。

镇北堡西部影城

镇北堡西部影城，原址为明、清时代的边防城堡，是在一个原始古堡的基础上修建的，保持并利用了古堡原有的奇特、雄浑、苍凉、悲壮、残旧、衰而不败景象，突出了它的荒凉感、黄土味、原始化、民间化的审美内涵，尽可能地保留了它的创新性和特殊审美价值，享有中国电影的许多美誉。

镇北堡西部影城有各类影视片重要场景300余处，修建了“长坂坡街道”“老银川一条街”“明城”“清域”等一批影视拍摄场景，并从民间收集非物质文化表演项目近80项，如织布、擀毡、打铁、刺绣、耍猴、斗鸡等。影城已经发展成为中国古代北方小城镇缩影，集中了大量中华传统物质文化与非物质文化遗产，再现了祖先生活方式、生产方式和娱乐方式。通过导演全面设计、整体构思并运

电影《牧马人》景点

用不同艺术手法借助镜头给观众带来了视觉、听觉上的冲击和震撼，让人们对剧中人物留下深刻印象。迄今为止，这里已拍摄了获得国内外大奖的《牧马人》《红高粱》《黄河谣》《老人与狗》《大话西游》《新龙门客栈》《绝地苍狼》等百余部影视作品。艺术家们在这片西部风光中心尽兴地发挥了他们的想象力和创造力，同时，也吸引着无数中外游客光顾。

镇北堡西部影城名不虚传，孕育了许多之最：走出的明星最多，拍摄的影片最多，获得国内外大奖的影片最多，最具荒凉、原始、粗犷的自然原始风貌，最适合拍摄西部题材影片，因此，被誉为“中国一绝”“东方好莱坞”，被评为“中国最受欢迎旅游目的地”。

贺兰山岩画始年不详，学术界尚有三种说法，是自远古以来活跃在这一地区的少数民族的杰作，是一处珍贵的民族艺术宝库。

贺兰山岩画 全国重点文物保护单位，国家 AAAA 级旅游景区。位于南北长 200 多千米的贺兰山腹地，距银川城区 50 余千米。贺兰山岩画始年不详，大致从春秋战国到西夏时期，是自远古以来活跃在这一地区的少数民族的杰作。门票价格：60 元 / 人，景区往返电瓶车票：10 元 / 人。

贺兰山岩画

岩画在全国许多省份都有分布，在南方云南、广西较多。贺兰山岩画分布在宁夏贺兰山东麓三市九县（区），共 27 个地点，其中，银川市境内的贺兰山东麓共有 12 个岩画点。

贺兰山，在古代是匈奴、鲜卑、突厥、回鹘、吐蕃、党项等北方少数民族驻牧游猎、生息繁衍的地方。他们把生产生活的场景，凿刻在贺兰山的岩石上，来表现对美好生活的向往与追求，再现了他们当时的审美观、社会习俗和生活情趣。

贺兰山岩画的年代，目前学术界尚有分歧，主要有以下三种说法：旧石器时代晚期说法、新石器时代晚期说法、早期铁器时代说法。

贺兰山岩画有着明显的地貌特征，一般分布在沟口内外山体上和沟口外洪积扇荒漠草原上。

贺兰口位于贺兰山中段的贺兰县金山乡境内，山势高峻，海拔1448米，山口景色幽雅，奇峰叠嶂，潺潺泉水从沟内流出，有千余幅个体图形的岩画分布在沟谷两侧绵延600多米的山岩石壁上。其题材、内容与表现手法都十分广泛，富有想象力，画面艺术造型粗犷浑厚，构图朴实，姿态自然，写实性较强，以人像为主的占总数的一半以上，其次为牛、马、鹿、狼、鸟等动物图形，给人一种真实、亲切、肃穆和纯真的感受，众多岩画为后人了解和研究古代游牧民族的历史、文化、经济状况、风土人情提供了极为珍贵的文物资料。

在荒凉的群山中，隐藏着一座小巧玲珑、殿塔亭阁集于一体、古色古香的寺庙北武当寿佛寺，至今已300多年，在宁夏回族自治区全境颇有名气。

北武当寿佛寺 又称“北武当”。位于巍巍绵延五百里贺兰山北段的东山麓，距石嘴山市区仅5千米，坐北朝南，依山而建，占地约12 000平方米，建筑面积4300余平方米。建于崇祯十年（公元1637年），至今已300多年。寿佛寺原是道教寺观，到了乾隆年间演变为佛教寺院，是一座名扬宁夏全境的古寺。门票价格：10元/人。

北武当寿佛寺

北武当寿佛寺，是前后四进院落组成的建筑群体，左右对称，进了山门，穿过大殿，就相继看到了观音楼、无量殿、宝塔、大佛殿等，这些建筑均位于建筑群体中轴线上，两侧有钟鼓楼、配殿等，山门、观音楼为2层歇山顶建筑，钟鼓楼是两层十字歇山顶亭式建筑，重檐飞脊，玲珑剔透。大佛殿前矗立着一座5层宝塔，塔高20米，砖砌的楼阁式塔，平面呈正方形，四壁门洞山轩，使塔身形成许多棱角，其结构与银川市海宝塔十分相似，只是比海宝塔矮小，但仍是古朴壮观。整个武当庙寺院建筑群高低错落、前后有序、庄重威严、结构紧凑、布局合理、非常壮观，虽属中国古建筑风格，但格外端庄秀丽，别具一格。由于它的神奇传说，吸引周围几百里善男信女到庙烧香拜佛，求神灵保佑，人群延绵数里之长，香火缭绕，盛况空前。

寿佛寺以佛为主，佛、道、儒合一，曾是这座古寺的一大特点，然而据这里的住持介绍说，现在这里供奉的主要是佛，道和儒的踪迹已荡然无存，这一段历史如何演变不得而知，但这里曾经遭受过严重破坏，是这座古寺挥之不去的惨痛一页。

成吉思汗是2000年来影响世界最重要的人物之一。成吉思汗陵是圣地，是“全体蒙古的总神祇”，同时，也具有世界文化价值。

成吉思汗陵 全国重点文物保护单位。1954年由青海塔尔寺迁回故地伊金霍洛旗，距鄂尔多斯市区40千米，占地面积约55 000多平方米，具有浓厚的蒙古民族风格。门票价格：120元/人。

成吉思汗陵，主体是由3个蒙古包式的宫殿一字排开构成，3个殿之间有走廊连接，在3个蒙古包式宫殿圆顶上，金黄色琉璃瓦在灿烂阳光照射下，熠熠闪光，圆顶上部有用蓝色琉璃瓦砌成的云头花，是蒙古民族所崇尚的颜色和图案。

建筑分正殿、寝宫、东殿、西殿、东廊、西廊6个部分。

成吉思汗陵

中间正殿高达26米，平面呈八角形，重檐蒙古包式穹庐顶，上覆黄色琉璃瓦，房檐则为蓝色琉璃瓦，东西两殿为不等边八角形单檐蒙古包式穹庐顶，覆以黄色琉璃瓦，高23米。整个陵园造型，犹如展翅欲飞的雄鹰，极显蒙古民族独特的艺术风格。

殿正中摆放成吉思汗雕像，高 5 米，身着盔甲战袍，腰佩宝剑，相貌英武，端坐在大殿中央，塑像背后弧形背景是“四大汗国”疆图，标示着 700 多年前成吉思汗统率大军南进中原，西进中亚和欧洲的显赫战绩。

后殿为寝宫，安放 4 个黄缎罩着的灵包，包内分别供奉成吉思汗和他的 3 位夫人灵柩，灵包前摆着大供台，台上放置着香炉和酥油灯，以及成吉思汗生前用过的马鞍等珍贵文物。

东殿安放着成吉思汗第四子拖雷（元世祖忽必烈之父）及其夫人的灵柩。自窝阔台及其长子之后，蒙古族皇帝都是拖雷子孙，所以其地位极为显赫。

西殿供奉着象征九员大将的九面旗帜和苏鲁锭，苏鲁锭即为大旗上铁矛头，成吉思汗南征北战中，用它指挥过千军万马，传说成吉思汗死后，其灵魂便附在其上，因此，在蒙古人民心目中，苏鲁锭是十分神圣的。

在正殿的东西廊中有大型壁画，主要描绘了成吉思汗出生、统一蒙古各部、西征、东征、遇难等重大事件，壁画还表现了成吉思汗的孙子忽必烈统一中国，定都大都（今北京），于公元 1271 年正式改国号为元，并追封成吉思汗为元太祖的盛况。

成吉思汗在艰难困苦条件下，奋发而起，以惊人的胆略、恢宏的气度、百折不挠的精神顽强奋斗，统一了蒙古各部，建立了大蒙古国，缔造了现代意义上的蒙古民族，同时也为蒙古族人民树立了极大的民族自信心和自豪感。成吉思汗淳朴诚恳、忠诚信义、胸怀大度、勇敢团结、百折不挠、九死不屈等优秀品质，也对蒙古民族共同心理素质形成产生了不可估量的影响。成吉思汗陵是圣地，是“全体蒙古的总神祇”，它已经根植于每一个蒙古人内心深处，成为蒙古民族文化中不可或缺的组成部分。

从中国历史看，成吉思汗不但是蒙古民族伟大缔造者，也是中华民族的英雄。成吉思汗和他的子孙前仆后继，统一蒙古高原，进而统一全中国，结束了中国自唐末以来 400 多年长期分裂战乱的局面，建立了疆域空前辽阔的元朝，基本奠定了今天中华民族的版图。正因如此，成吉思汗陵作为纪念成吉思汗的标志，不但象征着蒙古民族的统一，而且也标志着中国的长久统一。

从世界历史看，成吉思汗是 2000 年来影响世界最大的人物之一，在千年更替之际，美国《时代》杂志评选“对本千年十个影响最大的人物”，成吉思汗荣膺榜首。他的影响力远远超过了彼得大帝、凯撒大帝、拿破仑等人，他和他的子孙所建立的大帝国，改写了世界版图，深刻影响了欧洲历史进程，他使得人类之间实现了“最广大而开放的一次握手”，所以，至今世界各国人民对成吉思汗和蒙古文化仍然充满了兴趣，鄂尔多斯的成吉思汗陵理所当然地具有世界文化价值。

没有想到，在大青山深处，还有这么一处宏大、美丽的建筑群五当召，与西藏的布达拉宫、青海的塔尔寺和甘肃的拉卜楞寺齐名，是中国藏传佛教的四大名寺之一。

五当召 原名“巴达嘎尔召”，意即“白莲花庙宇”。全国重点文物保护单位，国家AAAA级旅游景区。位于内蒙古自治区包头市石拐区东北约45千米的吉忽伦图苏木五当沟内的大青山深处，占地300多亩。始建于清康熙年间（公元1662—1722年），乾隆十四年（公元1749年）重修，赐汉名广觉寺。第一世活佛罗布桑加拉错以西藏扎什伦布寺为蓝本兴建，经过康熙、乾隆、嘉庆、道光、光绪年间的多次扩建，逐步扩大至今日规模，因召庙建在五当沟的一座叫作敖包山的山坡上，所以通称其名五当召。五当召依地势面南而建，有大小殿宇、经堂、僧舍2500余间，占地300多亩，分布在1.5千米长的山坡上，是一幢层层依山垒砌的白色建筑，群山环绕，为苍松翠柏掩映，雄浑壮观，是内蒙古自治区最大藏传佛教寺院，是中国藏传佛教的四大名寺之一。门票价格：60元/人。

五当召

五当召的主体建筑位于山谷内一处突出的山坡上，由六殿、三府、一陵组成，两侧还建有一栋喇嘛舍房。整个建筑采用西藏式建筑风格，平顶方形楼式结构，布局严谨、合理。其中最大的建筑为苏古沁独宫，里面供奉着最大的铜铸佛像释迦牟尼，黄教创造人宗喀巴及历代佛师，苏古沁独宫的西边为讲授佛教教义的却依林独宫，东边为五当召的中心建筑洞阔尔独宫，紧靠其后的为圪希德独宫，另外，还有阿会独宫和日本伦独宫。除六殿外，三府为甘珠尔府、章嘉府、洞阔尔佛爷府，以及山坡最上层的苏波勒盖陵，即塔陵。

五当召是内蒙古地区有名的学问寺，它为了弘扬佛法，专门设有供喇嘛们学习经典，研究佛学的学塾（札仓），学塾分四部分：时轮学部，设于1750年；显教学部，设于1752年；密宗学部，设于1800年；菩提道学部，设于五世少佛时期，是本召设置最晚的学部。著名史学家达摩陀罗在《白莲念珠》中记载，“五当召的经学最为有名，到19世纪末时，本召僧侣仍有八百余名。”

除了建筑本身，各殿堂的壁画、雕塑和大量其他文物均具有很高的艺术价值。其中，一级文物143件套、二级文物112件套、三级文物182件套，包括许多历史、艺术价值极高的重要文物，在三级以上可移动文物中，有高达10米的弥勒佛铜像，9米高的宗喀巴铜像，两座高1.3米、直径近2米的鎏金曼陀罗铜城，多件清代景德镇官窑瓷器等，而金铜佛像达331尊，其中元、明时期的佛像达19尊，唐卡近500幅，有多套数十幅为一套的组画唐卡，绘制精美，画法细腻，这些文物使五当召文物收藏数量、品相、等级都位列内蒙古自治区文物收藏前列，有些在国内都是少有的文物精品。

历史上，五当召是享有特权的政教合一寺院，设有监狱、法庭，并有武装。

大召寺是呼和浩特最早建成的黄教寺院和最早兴建的喇嘛教寺院，贵尊为“皇庙”，建筑宏伟，珍藏品极为丰富，是一处闻名中外的旅游胜地。

大召寺 又名“弘慈寺”，后改为“无量寺”，又称“银佛寺”。是一座属于格鲁派（黄教）的藏传佛教寺院。全国重点文物保护单位，国家AAAA级旅游景区。位于呼和浩特市玉泉区南部，占地面积30 000多平方米，其中建筑面积为8000多平方米，是呼和浩特最早建成的黄教寺院和最早兴建的喇嘛教寺院，也是蒙古少有的不设活佛的寺庙，在蒙古地区有较大影响。明代蒙古土默特部落的首领阿拉坦汗于明万历七年（公元1579年）主持创建，清康熙年间（公元1662—1722年）扩展规模，渐呈现制。门票价格：35元/人。

大召寺

因康熙皇帝曾在此住过几日，为了表示对皇帝的尊敬，僧侣们取消了活佛的转世规定。

清朝顺治皇帝迎达赖五世赴京时，曾歇宿于大召寺内，后康熙皇帝铸“皇帝万岁”金牌供于大殿银佛之前，大召寺则被尊为“皇庙”。

大召寺不仅是一处佛教圣地，还是一处闻名中外的旅游胜地，辉煌的召庙建筑、珍贵的文物和艺术品，以及神秘的恰木舞蹈和佛教音乐，构成大召独特的“召庙文化”。

大召寺平面布置采用汉庙形式，主要建筑有山门、天王殿、菩提过殿、九间楼、经堂、佛殿等，其中经堂和佛殿连在一起，统称为“大殿”。大殿是整个寺庙中唯一汉、藏结合风格的喇嘛庙，有双层三开间前殿，后卫经堂和佛殿，在佛堂正中供有一尊 2.55 米高的银铸释迦牟尼佛像，经历 400 余年沧桑变化，至今仍然保存完好；佛像前面是通天柱，有一对金色木雕巨龙，蟠于木柱之上，作双龙戏珠状；在银佛左右分别是宗喀巴和达赖喇嘛三世、四世铜像。殿前汉白玉方形石座上，有明天启七年（公元 1627 年）铸造的一对空心铁狮，昂首仰视，形象别致。另外，在大召山门屋檐下悬有“九边第一泉”名匾，指大召玉泉井。

大召寺珍藏品极为丰富，银佛、龙雕、壁画成为大召寺“三绝”，是明代历史遗物，具有极高工艺水平和观赏价值。其他文物还有明宣德炉，清康熙皇帝用

大召寺释迦八塔

过的龙凤孔雀伞，康熙皇帝时皇宫的8个珍珠八宝宫灯，康熙皇帝的“万岁龙牌”，清乾隆皇帝赐的鎏金财神，明、清两代唐卡以及宗教活动使用的各种法器、面具等，都是极为珍贵的历史文物和艺术珍品，是研究蒙古族历史和宗教文化的珍贵资料。

新中国成立后，国家投巨资对大召寺进行了大规模修缮，大召寺与席力图召隔街相望，两寺金碧辉煌，古色古香，香火鼎盛，法号齐鸣，重现了明、清年代“召城”的风采。大召寺西侧是保留完好的明清一条街，青砖灰瓦，飞檐斗拱，闻名遐迩。

清·固伦恪靖公主府是康熙帝六女儿恪靖公主府邸，建于清康熙年间，在这里曾演绎了一段满蒙和亲的爱情佳话。

清·固伦恪靖公主府 全国重点文物保护单位。位于呼和浩特市新城区通道北路62号，占地40余公顷。建于清康熙四十二年（公元1703年），距今300多年。公主府是康熙皇帝的六女儿下嫁喀尔喀蒙古土谢图汗部敦多布多尔济郡王后赐建的府邸，不仅建筑格局基本完整，其内外檐装修的精美，制作工艺的精湛仍清晰可见，是国内保存最为完整的一座皇家品级建制的公主府邸，也是清早期官式建筑的代表性作品。2009年正式对外开放。门票价格：30元/人。

固伦恪靖公主府，主体建筑保存完好，四进五重院落，前有影壁御道，后有花园马场，府门、仪门、配房、厢房、后罩房等依例分布。展厅14间，面积1500平方米，展出文物74件套，档案8件，家具28件套，文物127件套，电子沙盘1处，“童子夯”泥塑1组，“公主额驸进膳”人物场景1处，大型创作油画1幅。陈列划分3个板块：主题陈列、原

清·固伦恪靖公主府

状陈列、相关内容为主题的3D影院，陈列展览《公主府概况》《公主、额驸生平陈列》，重要建筑静宜堂、寝宫、匾额等。

固伦恪靖公主府，是研究清代北部边疆地区建筑及其历史不可多得的实物依据，也是边疆各族人民友好团结、共同开发边疆、建设边疆最好的历史见证。

一切都趋于宁静，所有景点都关门闭户，只见远处一座座风电机扇叶仍在风中不紧不慢地旋转，草场已变枯黄，一切都预示着：今年草原旅游已结束，明年请早！我们多少有些失望，但还是到了辉腾锡勒和黄花沟地质公园。

青松草原

辉腾锡勒 蒙语，汉语意“寒冷的山梁”，俗称“灰腾梁”。位于内蒙古自治区乌兰察布市中部，距市区67千米，面积600平方千米，平均海拔2100米，植被覆盖率85%以上，距离京藏高速和110国道28千米，也是京津冀晋周边里程最近、风光最好的草原，区位优越、交通便利，被中外游客誉为“天堂草原，清凉乐园”。门票价格：90元/人。

辉腾锡勒，草原天然湖泊星罗棋布，素有“九十九泉”之称，是世界少有且保存完好的天然高山草甸型草场。辉腾锡勒风能质量高，是建设风电最理想的场所，可开发建设成为草原避暑胜地和亚洲最大的风力发电场。每年夏季5—9月，这里山清水秀、花香草长、牛羊成群、瑰丽多姿，是度假避暑胜地。这里既有游牧草原苍凉的格调，又有江南水乡明媚的秀色，每到旅游季节，整个草原蓝天白云、绿草如茵、野花点点、毡包座座、牛羊片片、牧歌悠扬、奶茶飘香，绘成一幅美轮美奂的草原风情画。虽然，由于季节进入深秋，景点已关闭，但从草原上星罗棋布的白色蒙古包、还在悠闲吃着草漫步在草原的牛羊，以及略有起伏、草已枯黄的片片草场……，感觉得出夏日草原的生机、繁忙和欢快。这里离京不远，我们打算另安排时日专程再来。

黄花沟地质公园 国家AAAA级旅游景区。位于内蒙古中部的乌兰察布辉腾草原腹地，黄花沟如一道蜿蜒的山谷，长达10多千米，沟深约300米。由于地理地形受环境作用，地壳地貌的特殊改变，环境气候独特，夏季平均气温18℃，植被覆盖率达90%以上，以花岗岩奇峰、峡谷、森林、草原、溪流、湖泊、风力发电等共同组合成黄花沟美妙的大自然生态奇观，闻名遐迩。门票价格：90元/人，小火车：65元/人，观光车：30元/人，索道单程：50元/人。

黄花沟地质公园标牌

我们去时已进入10月，草已枯黄，一年一度的草原旅游季已到尾声，几乎没有了游人，只有零星的马匹在悠闲地吃草、漫步。成片的白色蒙古包，人去包空，所有景点都关门闭户，远处一座座风电机扇叶仍在风中旋转。我们在“黄花沟地质公园”石碑处照相留影，公园也冷冷清清，静静地躺卧在夕阳下。好不容易，也不知什么方向，终于在黄昏时找到一家小型“农家乐”，夫妻二人尚未离去，可让我们住宿。价格不菲不说，还没暖气没伙食，我们带了一路的新电饭煲，一次没用过，居然在即将回到北京时派上了用场，熬了一锅小米粥，就着榨菜、鱼罐头，对付了一餐，还别有风味，丰富了一路旅游的经历。可是到了晚上，却冻得不行，不能入睡。真正体会到了“寒冷的山梁”的含意和滋味，好不易熬到天亮，仓皇驾车逃离。辉腾草原，够有意思，给我们留下深刻记忆！没有玩够，还会再来。

不再游览景点，直接返京，下午安全到家。中西部晋陕宁蒙线旅游正式圆满结束！

草原